Die Schrift

Die Schrift
Verdeutscht von Martin Buber
gemeinsam mit Franz Rosenzweig

4

Die Schriftwerke

Verdeutscht von Martin Buber

—

LAMBERT SCHNEIDER

8., verbesserte Auflage der neubearbeiteten
Ausgabe von 1962
Lambert Schneider im Bleicher Verlag
Gerlingen 1997

Neuausgabe

Die Deutsche Bibliothek – CIP-Einheitsaufnahme

Die *Schrift* / verdeutscht von Martin Buber
gemeinsam mit Franz Rosenzweig. – Gerlingen : Schneider.
Einheitssacht.: Testamentum vetus ⟨dt.⟩
Frühere Ausg. im Hegner-Verl., Köln, Olten
ISBN 3-7953-0940-9 (Neuausg.)
NE: Buber, Martin [Übers.]; EST

Bd. 4. Die Schriftwerke. – Neuausg., 8., verb.
Aufl. der neubearb. Ausg. von 1962. – 1997
Beil. u.d.T.: Buber, Martin: Zur Verdeutschung des letzten Bandes der Schrift
ISBN 3-7953-0944-1
NE: Buber, Martin: Zur Verdeutschung des letzten Bandes der Schrift

© 1976 Verlag Lambert Schneider GmbH, Heidelberg
© 1997 Lambert Schneider im Bleicher Verlag GmbH, Gerlingen
Alle Rechte vorbehalten. Jede Vervielfältigung nur mit Genehmigung
des Verlages. Printed in Germany.
Gesamtherstellung: Wilhelm Röck, Weinsberg

DAS BUCH DER
PREISUNGEN

1

¹ O Glück des Mannes,
der nicht ging im Rat der Frevler,
den Weg der Sünder nicht beschritt,
am Sitz der Dreisten nicht saß, |
² sondern Lust hat an SEINER Weisung,
über seiner Weisung murmelt tages und nachts! |
³ Der wird sein
wie ein Baum, an Wassergräben verpflanzt,
der zu seiner Zeit gibt seine Frucht
und sein Laub welkt nicht:
was alles er tut, es gelingt. |
⁴ Nicht so sind die Frevler,
sondern wie Spreu, die ein Wind verweht. |
⁵ Darum bestehen Frevler nicht im Gericht,
Sünder in der Gemeinde der Bewährten. |
⁶ Denn ER kennt den Weg der Bewährten,
aber der Weg der Frevler verliert sich. |

2

¹ Wozu tosen die Weltstämme,
murren Nationen – ins Leere! |
² Erdenkönige treten vor,
mitsammen munkeln Erlauchte
wider IHN, wider seinen Gesalbten: |
³ »Sprengen wir ihre Fesseln,
werfen wir ihre Seile von uns!« |
⁴ Der im Himmel Thronende lacht,
mein Herr spottet ihrer. |
⁵ Dann redet in seinem Zorn er zu ihnen,
verstört sie in seinem Entflammen: |
⁶ »Ich aber,
belehnt habe ich meinen König
auf Zion, meinem Heiligtumsberg.« |

⁷ – Berichten will ichs zum Gesetz,
ER hat zu mir gesprochen:

»Mein Sohn bist du,
selber habe ich heut dich gezeugt. |
⁸ Heische von mir und ich gebe
die Weltstämme als Eigentum dir,
als Hufe dir die Ränder der Erde, –|
⁹ du magst mit eisernem Stab sie zerschellen,
sie zerschmeißen wie Töpfergerät.« |
¹⁰ Und nun, Könige, begreifts,
nehmet Zucht an, Erdenrichter! |
¹¹ Werdet IHM dienstbar mit Furcht
und flohlocket mit Zittern! |
¹² Rüstet euch mit Läutrung, sonst zürnt er,
und am Wege seid ihr verloren,
wenn entbrennt über ein kleines sein Zorn.
O Glück aller, die sich an ihm bergen! |

3

¹ Ein Harfenlied Dawids:
als er vor seinem Sohn Abschalom auf der Flucht war. |

² DU,
wie viel sind meine Bedränger worden!
Viele stehen wider mich auf, |
³ viele sprechen von meiner Seele:
»Keine Befreiung ist dem bei Gott.«
/ Empor! / |
⁴ DU aber bist ein Schild um mich her,
meine Ehre und was hochträgt mein Haupt. |

⁵ Meine Stimme zu IHM – ich rufe,
er antwortet mir von seinem Heiligtumsberg.
/ Empor! / |
⁶ Ich, hinlegte ich mich und entschlief, –
ich erwachte, denn ER hat mich gehalten. |
⁷ Vor Volks Mengen fürchte ich mich nicht,
die ansetzen wider mich rings. |

⁸ Steh auf, DU,

befreie mich, mein Gott!
schlugst ja alle meine Feinde aufs Kinn,
die Zähne der Frevler zerbrachst du. |
⁹ DEIN ist die Befreiung:
über dein Volk deinen Segen!
   / Empor! / |

4

¹ Des Chormeisters, zum Saitenspiel,
ein Harfenlied Dawids. |

² Wann ich rufe, antworte mir,
Gott meiner Bewahrheitung!
In der Enge weitetest du mirs,
leih mir Gunst, hör mein Gebet! |

³ Mannessöhne, bis wann
wird meine Ehre zum Schimpf,
wollet Leeres ihr lieben,
wollet Täuschung ihr suchen?
   / Empor! / |

⁴ Erkennts nun: ja, ausgesondert
hat ER sich einen Holden,
ER hört es,
wann ich zu ihm rufe! |
⁵ Erbebet
und sündiget nimmer!
Besprechts in eurem Herzen,
auf eurem Lager,
und werdet still!
   / Empor! / |
⁶ Opfert Opfer des Wahrbrauchs
und werdet sicher an IHM! |

⁷ Viele sprechen:
»Wer läßt Gutes uns sehn?!«
Bannergleich heb über uns
das Licht deines Antlitzes, DU! |

⁸ Freude gibst du mir ins Herz,
beßre als da ihnen viel Kornes und Mosts ward. |
⁹ In Frieden will ich zugleich
niederliegen und schlafen,
denn du bist es, DU,
der mir Sitz schafft, einsam, gesichert. |

5

¹ Des Chormeisters, zum Gesumm,
ein Harfenlied Dawids. |

² Meinen Sprüchen lausche, DU,
achte auf mein Seufzen, |
³ merk auf die Stimme meines Stöhnens,
o mein König und mein Gott,
denn zu dir bete ich. |
⁴ DU,
morgens hörst du meine Stimme,
morgens rüste ich dir zu,
und ich␣spähe. |

⁵ Denn nicht bist du eine Gottheit,
die Lust hat am Frevel,
ein Böser darf nicht bei dir gasten, |
⁶ Prahler sich dir vor die Augen nicht stellen,
die Argwirkenden hassest du alle, |
⁷ die Täuschungsredner lässest du schwinden. –
Ein Greuel ist DIR der Mann von Bluttat und Trug. |

⁸ Ich aber,
durch die Fülle deiner Huld
komme ich in dein Haus,
werfe mich hin
zu deiner Heiligtumshalle
in deiner Furcht. |
⁹ DU,
leite mich in deiner Wahrhaftigkeit
um meiner Verleumder willen,

mache gerad vor mir deinen Weg! |

¹⁰ Denn kein Festes ist deren einem im Mund,
ihr Eingeweid ist Verhängnis,
ein geöffnetes Grab ihr Schlund,
ihre Zunge glätten sie. |

¹¹ Büßen lasse sie, Gott,
von ihren Ratschlägen mögen sie fallen,
um die Fülle ihrer Abtrünnigkeiten
stoße sie fort,
denn sie sind dir widerspenstig. |

¹² Aber freuen werden sich alle,
die sich an dir bergen,
in die Zeit hin werden sie jubeln,
da du sie überschirmst,
sich entzücken an dir,
die deinen Namen lieben. |

¹³ Denn du bists, der segnet den Bewährten, DU,
wie mit einem Schilddach krönst du ihn mit Gnade. |

6

¹ Des Chormeisters, zum Saitenspiel auf der Achten,
ein Harfenlied Dawids. |

² DU,
nimmer strafe in deinem Zorn mich,
nimmer züchtige in deiner Glut mich! |

³ Leih Gunst mir, DU,
denn ich bin erschlafft,
heile mich, DU,
denn mein Gebein ist verstört, |

⁴ und sehr verstört ist meine Seele.
Du aber, DU, bis wann noch –! |

⁵ Kehre wieder, DU,
entschnüre meine Seele,
befreie mich
deiner Huld zu willen! |

⁶ Denn im Tod ist kein Deingedenken,

im Gruftreich, wer sagt dir Dank?!|

7 Müd bin ich von meinem Ächzen,
allnächtlich schwemme ich mein Bett,
meinen Pfühl flöße ich mit meiner Träne, |
8 stumpf ward mein Auge vom Gram,
stierend auf all meine Bedränger. –|

9 Weichet von mir,
ihr Argwirkenden alle,
denn gehört hat ER die Stimme meines Weinens. |
10 Gehört hat ER mein Flehen,
ER nimmt mein Beten an. |
11 Zuschanden werden, sehr verstört
alle meine Feinde,
sie kehren sich hinweg,
zuschanden werden sie im Nu. |

7

1 Eine »umirrende Weise« Dawids,
die er IHM sang, wegen der Reden Kuschs des Benjaminiten. |

2 DU, mein Gott,
an dem ich mich berge,
befreie mich von all meinen Verfolgern,
rette mich!|
3 sonst zerreißt man löwengleich meine Seele,
zerspellt, und kein Rettender ist. |

4 DU, mein Gott,
habe ich dieses getan,
gibts an meinen Händen Falsch, |
5 fertigte ich Böses dem mir Friedgesinnten zu
– da ich entschnürte den,
der mich bedrängt hatte ums Leere! –, |
6 verfolge der Feind meine Seele, hole ein
und stampfe zur Erde mein Leben,
lasse meine Ehre wohnen im Staub!
/ Empor! /|

PREISUNGEN

⁷ Steh auf, Du, in deinem Zorn,
erhebe dich
wider das Aufwallen meiner Bedränger,
rege dich mir zu
in dem Gericht, das du entbietest!|
⁸ Umringt die Gemeinde dich dann der Nationen,
über ihr hin kehre zur Höhe!|

⁹ Du, der Urteil spricht den Völkern,
rechte für mich, Du,
nach meiner Wahrhaftigkeit,
nach meiner Schlichtheit, die an mir ist!|
¹⁰ Daß der Frevler Bosheit doch ende
und du festigest den Wahrhaftigen!
Der Herzen und Nieren prüft,
Gott, Wahrhaftiger! –|
¹¹ Mein Schild ist bei Gott,
dem Befreier der Herzensgeraden,|
¹² Gott, dem wahrhaftigen Richter,
dem Gottherrn, alletag dräuend.|

¹³ Wetzt jener nicht wieder sein Schwert,
spannt seinen Bogen und festet ihn?|
¹⁴ Für sich selber festigt Todeszeug er,
macht er seine Pfeile zu Bränden!|
¹⁵ Wohl, um Arg sind seine Wehn,
mit Pein geht er schwanger,
aber Täuschung gebiert er.|
¹⁶ Ein Loch bohrt er,
er schaufelt es aus,
aber er fällt
in die Grube, die er machte.|
¹⁷ Seine Peinigung kehrt ihm aufs Haupt heim,
auf seinen Scheitel senkt sich seine Unbill.|

¹⁸ Danken will ich Ihm
gemäß seiner Wahrhaftigkeit,
harfen dem Namen
Sein, des Höchsten.|

8

¹ Des Chormeisters, nach der Kelterweise,
ein Harfenlied Dawids. |

² Du, unser Herr,
wie herrlich ist dein Name
in allem Erdreich!

Du, dessen Hehre der Wettgesang gilt
über den Himmel hin, |
³ aus der Kinder, der Säuglinge Mund
hast du eine Macht gegründet,
um deiner Bedränger willen,
zu verabschieden Feind und Rachgierigen. |

⁴ Wenn ich ansehe deinen Himmel,
das Werk deiner Finger,
Mond und Sterne, die du hast gefestet, |
⁵ was ist das Menschlein,
daß du sein gedenkst,
der Adamssohn,
daß du zuordnest ihm! |

⁶ Ließest ihm ein Geringes nur mangeln,
göttlich zu sein,
kröntest ihn mit Ehre und Glanz, |
⁷ hießest ihn walten
der Werke deiner Hände.
Alles setztest du ihm zu Füßen, |
⁸ Schafe und Rinder allsamt
und auch das Getier des Feldes, |
⁹ den Vogel des Himmels
und die Fische des Meers,
was die Pfade der Meere durchwandert. |

¹⁰ Du, unser Herr,
wie herrlich ist dein Name
in allem Erdland! |

9

¹ Des Chormeisters, nach »Stirb für den Sohn«,
ein Harfenlied Dawids. |

² Danken will ich D I R
mit all meinem Herzen,
all deine Wunder will ich erzählen, |
³ an dir mich freun und entzücken,
deinem Namen harfen, o Höchster, |
⁴ wann meine Feinde rückwärts sich kehren,
straucheln, vor deinem Antlitz entschwinden. |
⁵ Denn du entbotest Recht mir und Urteil,
saßest auf dem Stuhl
als ein Richter des Wahrspruchs, |
⁶ beschaltest die Erdstämme,
machtest den Frevler schwinden,
ihren Namen wischtest du aus
für Zeit und Ewigkeit. |

⁷ Der Feind, vernichtet sind sie,
Trümmerhaufen sinds in die Dauer;
die Städte, die du gestürzt hast,
entschwunden ist ihr Gedächtnis. –|
⁸ E R aber sitzt für die Zeit,
festet seinen Stuhl zum Gericht, |
⁹ er selber
richtet die Welt mit Wahrspruch,
urteilt den Nationen mit Geradheit. |

¹⁰ So wird E R ein steiler Horst
für den Geduckten,
ein Horst für die Stunden der Drangsal. –|
¹¹ An dir wissen sich sicher,
die deinen Namen kennen,
denn die dich suchen, verlässest D U nicht. |

¹² Harfet I H M ,
der auf dem Zion Sitz hat,
meldet seine Handlungen unter den Völkern! |
¹³ Denn als einer, der Bluttat heimsucht,

hat er derer da gedacht,
nicht vergessen hat er
den Schrei der Gebeugten. –|
¹⁴ Leih Gunst mir, Du,
sieh, wie ich von meinen Hassern gebeugt bin,
du, der mich enthebt den Toren des Sterbens, |
¹⁵ damit ich all deine Preisung erzähle,
in den Toren der Tochter Zion
jauchze um dein Befreien. –|

¹⁶ Stämme sind in der Grube versunken,
die sie bereitet hatten,
im Netz, das sie heimlich legten,
hat ihr Fuß sich verfangen. |
¹⁷ Kund hat Er sich getan,
Gericht hat er bereitet,
durch das Wirken seiner Hände
verstrickt ist der Frevler worden.
  / Auftönen: Empor! /|

¹⁸ Zum Gruftreich müssen die Frevler kehren,
alle Stämme, die Gottes vergessen. |
¹⁹ Denn nicht in die Dauer
wird vergessen der Dürftige werden,
die Hoffnung der Gebeugten
schwinden auf ewig. –|
²⁰ Steh auf, Du!
nimmer trotze das Menschlein!
gerichtet sollen werden die Stämme
vorm Antlitz dir!|
²¹ Furcht weise, Du, ihnen zu,
die Stämme sollens erkennen:
das Menschlein sind sie.
  / Empor! /|

10

¹ Warum, Du, verbleibst du in der Ferne,
verhehlst dich für die Stunden der Drangsal?

² Bei der Hoffart des Frevlers fiebert der Gebeugte,
– verfangen mögen sie sich in den Ränken, die sie spinnen! |
³ Wenn der Frevler lobpreist
– um die Begier seiner Seele! –,
und der Gewinnsüchtige segnet,
lästert er IHN. |
⁴ Der Frevler, nach seiner Hochnäsigkeit:
»Der sucht nie heim!
da gibts keinen Gott!«
sind all seine Ränke. |
⁵ Geraten doch seine Wege
zu aller Stunde,
in der Höhe sind deine Gerichte,
von ihm weg,
alle seine Bedränger –
er bläst auf sie. |
⁶ Er spricht in seinem Herzen:
»Nie wanke ich,
auf Geschlecht um Geschlecht einer,
der nicht im Bösgeschick ist.« |
⁷ Meineids voll ist sein Mund
und Trügerein und Erpressung,
unter seiner Zunge
Peinigung und Arglist. |
⁸ Er sitzt auf der Lauer der Gehöfte,
in Verstecken würgt er den Unsträflichen,
seine Augen stellen dem Elenden nach. |
⁹ Er lauert im Versteck
wie der Löwe in seinem Dickicht,
er lauert, den Gebeugten zu haschen,
er hascht den Gebeugten,
da er ihn in sein Netz zieht. |
¹⁰ Jener duckt sich, bückt sich und fällt,
die Elenden ihm in die Klauen. |
¹¹ Er spricht in seinem Herzen:
»Der Herrgott vergißt,
hält sein Antlitz versteckt,
sieht nie her, in die Dauer.« |
¹² Steh auf, DU!

Gottherr, heb deine Hand!
nimmer vergiß die Gebeugten!|
¹³ Weshalb darf der Frevler Gott lästern,
in seinem Herzen sprechen:
»Du suchst nicht heim!«|
¹⁴ Du hast es gesehn!
denn du selber,
auf Pein und Gram blickst du,
es in deine Hand zu geben
überläßts der Elende dir,
die Waise –
du selber bist Helfer geworden.|
¹⁵ Zerbrich den Arm des Frevlers!
der Böse,
sucht man nach seinem Frevel,
nie mehr findet man ihn. –|

¹⁶ König ist ER
in Weltzeit und Ewigkeit!
Geschwunden sind jene Stämme
aus seinem Land!|
¹⁷ Das Begehren der Gebeugten,
gehört hast du es, DU:
festigst ihr Herz,
dein Ohr merkt auf,|
¹⁸ zu rechten
für die Waise, für den Geduckten.
Nie mehr wüte jener fortan
den Menschen hinweg aus dem Land!|

11

¹ Des Chormeisters,
von Dawid.

An IHM berge ich mich!
Wie doch sprecht ihr zu meiner Seele:
»Auf euren Berg flattere, Vöglein!|

² Denn die Frevler, da, spannen den Bogen,
bereiten ihren Pfeil auf der Sehne,
im Dunkel zu schießen auf Herzensgerade. |
³ Werden die Grundpfeiler geschleift,
der Bewährte – was kann er wirken?!« |
⁴ ER in seiner Heiligtumshalle,
ER, im Himmel sein Stuhl,
seine Augen schauen,
seine Wimpern prüfen
die Adamskinder. |
⁵ ER, als ein Wahrhaftiger prüft er,
den Frevler und Unbill-Liebenden haßt seine Seele. |
⁶ Er regnet Essenbrand auf die Frevler;
Feuer und Schwefel und Samumwind,
das ist ihre Bechergebühr. |
⁷ Denn ER, ein Wahrhaftiger,
liebt Wahrhaftigkeit,
Gerades will schauen sein Antlitz. |

12

¹ Des Chormeisters, auf der Achten,
ein Harfenlied Dawids. |

² Befreie, DU!
denn zuend ist der Holdmütige,
denn aus ists mit der Treue
unter den Adamskindern. |
³ Wahnspiel reden sie
jedermann mit seinem Genossen,
glatter Lippe
mit zweierlei Herz reden sie. |
⁴ Ausrotte ER
alle glatten Lippen,
die großrednerische Zunge! |
⁵ sie, die sprechen:
»Durch unsre Zunge sind wir überlegen,
unsre Lippen sind mit uns,
wer ist uns Herr!« |

⁶ »Ob der Vergewaltigung der Gebeugten,
ob des Ächzens der Dürftigen
jetzt stehe ich auf«,
spricht ER,
»in Freiheit setze ich
ihn, den man bebläst.« |
⁷ Sprüche von IHM,
reine Sprüche sind sie,
Silber, ausgeschmolzen im Schüttofen zur Erde,
geseigert siebenfach. |
⁸ Hüten wirst du sie, DU,
wirst einen bewahren vor dem Geschlecht da in Weltzeit, |
⁹ die sich frevlerisch ringsum ergehn,
da Gemeinheit obenauf kam
bei den Adamskindern. |

13

¹ Des Chormeisters,
ein Harfenlied Dawids. |

² Bis wann, DU,
vergissest du dauernd mein?
bis wann
versteckst du dein Antlitz vor mir? |
³ bis wann
muß ich Ratschläge hegen in meiner Seele,
Kummer in meinem Herzen tagüber?
bis wann
erhebt sich mein Feind über mich? |

⁴ Blicke her,
antworte mir,
DU, mein Gott!
erleuchte meine Augen,
sonst muß ich entschlafen zum Tod! |
⁵ sonst wird sprechen mein Feind:
»Ich habe ihn übermocht!«,
werden meine Bedränger jauchzen,

daß ich wanke. |
6 Ich aber,
an deiner Huld sichre ich mich,
mein Herz wird jauchzen um dein Befreien. –

Singen will ich IHM,
denn er hat es mir reifen lassen. |

14

1 Des Chormeisters,
von Dawid.

Der Nichtige spricht in seinem Herzen:
»Da gibts keinen Gott!«
Verderbt, greulich ward ihre Sitte,
keiner ist mehr, der Gutes tut. |

2 Vom Himmel nieder lugt ER
auf die Adamskinder,
zu sehn, ob ein Begreifender west,
ein nach Gott Fragender. |

3 Alles ist abgewichen,
angefault sind sie mitsammen,
keiner ist mehr, der Gutes tut,
auch kein einziger mehr! |

4 Haben sies nicht erkannt,
die Argwirkenden alle,
die verzehren mein Volk:
sie verzehren ein Brot,
drüber IHN man nicht anrufen kann! |

5 Dort, sie schrecken zusammen im Schreck,
denn Gott ist im bewährten Geschlecht: |

6 »Den Ratschlag des Gebeugten
wolltet ihr zuschanden machen?!«
Ja, ER ist seine Bergung. |

7 Wer gibt vom Zion her
Befreiung Jifsraels!

Wann kehren läßt ER
Wiederkehr seinem Volk,
wird Jaakob jauchzen,
wird sich Jifsrael freun. |

15

¹ Ein Harfenlied Dawids.

DU,
wer darf gasten in deinem Zelt?
wer wohnen auf deinem Heiligtumsberg? |
² Der in Schlichtheit geht,
der Wahrhaftigkeit wirkt,
der treulich redet in seinem Herzen, |
³ mit seinem Zungenkram nicht umherrennt,
seinem Genossen Übles nicht tut,
Hohn auf den ihm Nahen nicht lädt, |
⁴ der Verworfne ist in seinen Augen verächtlich,
aber die IHN Fürchtenden ehrt er,
verschwur zum Übel er sich, ändert ers nicht, |
⁵ sein Geld gibt er nicht auf Zins,
Bestechung nimmt er wider Unsträfliche nicht:
der dies tut,
wird in Weltzeit nicht wanken. |

16

¹ Ein Sühngedicht Dawids.

Behüte mich, Gott,
denn an dir berge ich mich! – |

² Ich spreche zu IHM:
»Mein Herr bist du,
mein Gut,
nichts über dich!«, |
³ zu den Heiligen, die im Lande sind:

»... mein Herrlicher,
an dem all meine Lust ist.« |

4 Mehren mögen sich die Trübnisse ihnen,
die einen Anderen freiten,
nie gieße ich mit
ihre Opfergüsse – von Blut! –,
nie trage ich ihre Namenrufe
auf meinen Lippen. – |

5 Du,
meine Anteil- und Becher-Gebühr!
du bists, der mein Los umfängt. |
6 Schnurmaße fielen mir zu
in der Mildigkeit,
wohl, anmutig ist mir das Eigen. – |

7 Ich segne IHN,
der mich beraten hat,
wohl, nachts mahnen mich meine Nieren. |
8 Ich hege IHN mir stets gegenüber.
Wenn er mir zur Rechten ist,
nie kann ich wanken. |

9 Darum freut sich mein Herz,
jauchzt meine Ehre,
ja, mein Fleisch wird sicher wohnen. |
10 Denn du überlässest nicht
meine Seele dem Gruftreich,
du gibst nicht zu,
daß dein Holder die Schluft besehe. |

11 Du lehrst mich kennen
den Pfad des Lebens,
Sättigung mit Freuden
ist vor deinem Antlitz,
Mildheit in deiner Rechten
immerdar. |

17

¹ Ein Gebet Dawids.

Höre Wahrhaftiges, DU,
merke auf mein Wimmern,
lausche meinem Gebet
von Lippen ohne Trug!|

² Von deinem Antlitz
fährt meine Gerechtigkeit aus,
deine Augen schauen Geradheit.|
³ Geprüft hast du mein Herz,
gemustert nachts,
mich ausgeschmolzen,
nie findest du mehr,
wovon ich gesonnen hatte:
»Nie trete es mir über den Mund.«|

⁴ Bei den Händeln der Menschen
im Wort deiner Lippen bleibend,
hüte ich mich der Pfade des Durchbrechers, –|
⁵ da mein Schreiten ich halte in deinen Geleisen,
wanken nie meine Tritte.|

⁶ Ich bins, der dich rief,
ja, Gott, du antwortest mir,
neige mir dein Ohr,
höre meinen Spruch!|

⁷ Wunderbar erzeig deine Hulden,
Befreier der sich Bergenden du
vor den Aufständischen,
mit deiner rechten Hand!|

⁸ Behüte mich
wie das Püpplein im Augapfel,
im Schatten deiner Flügel
verstecke mich!|

⁹ Vor den Frevlern, die mich gewaltigen,
meinen Seelenfeinden, die mich umzingeln!|

¹⁰ Ins Fett schließen sie ihr Herz ein,
   mit ihrem Mund reden sie Hoffart. |
¹¹ Bei unserm Schreiten – jetzt umringen sie uns,
   sie setzen ihre Augen darauf,
   einen zur Erde zu neigen. |
¹² Es scheint ein Löwe, dens lüstert zu zerreißen,
   ein Leu, der sitzt in Verstecken. |

¹³ Steh auf, Du,
   tritt seinem Antlitz entgegen,
   stürze ihn ins Knie!
   entrinnen mache meine Seele
   vorm Frevel mit deinem Schwert, |
¹⁴ vor den Leuten mit deiner Hand, Du,
   vor den Leuten aus der Weile!

   Der Anteil jener ist noch im Leben,
   mit deinem Gespeicherten füllst du ihren Bauch, –
   mögen satt werden die Söhne,
   mögen sie ihren Kindern ihren Rest hinterlassen! |
¹⁵ Ich aber,
   in Wahrhaftigkeit
   werde ich dein Antlitz schauen,
   mich sattsehn beim Erwachen
   an deiner Gestalt. |

18

¹ Des Chormeisters.
  Von Seinem Knecht, von Dawid,
  der zu Ihm die Worte dieses Gesangs redete
  am Tag, da Er ihn vor dem Griff all seiner Feinde
    und vor der Hand Schauls gerettet hatte, |
² er sprach:

  Ich minne dich,
  Du, meine Stärke! |
³ Du, mein Schroffen, meine Bastei,
  und der mich entrinnen macht,

mein Gott, mein Fels, an dem ich mich berge,
mein Schild, Horn meiner Freiheit,
mein Steilhorst!|
⁴ Gepriesen, rufe ich, ER,
schon bin ich von meinen Feinden befreit.|

⁵ Mich umfingen Stricke des Todes,
Sturzbäche Unheils umgrausten mich,|
⁶ Stricke des Gruftreichs umrangen mich,
mich überraschten Schlingen des Tods.|
⁷ Da mir angst war, rufe ich IHN,
ich schreie zu meinem Gott:
von seiner Halle hört er meine Stimme,
mein Schrei zu seinem Antlitz kommt in seine Ohren.|

⁸ Da schütterte, zitterte die Erde,
die Gründe der Berge erbebten,
erschüttert, denn auf flammte er.|
⁹ Hoch entstieg Dampf seiner Nase,
Feuer fraß aus seinem Mund,
Kohlengluten zündeten draus.|

¹⁰ Er neigte die Himmel, fuhr nieder,
Wetterdunkel ihm unter den Füßen,|
¹¹ er ritt auf dem Cherub, flog an,
schoß herab auf Schwingen des Sturms.|
¹² Finsternis setzt er als sein Versteck
rings um sich, als seine Verschirmung,
Finsterkern der Wasser,
Dichtgewölk der Lüfte,|
¹³ von dem Schein vor ihm her
verwallte sein Gewölk, –
Hagel und Feuerkohlen!|

¹⁴ So donnert im Himmel ER,
der Höchste gibt aus seine Stimme,
Hagel und Feuerkohlen,|
¹⁵ seine Pfeile schickt er, sprengt sie um,
Blitze viel, tummelt sie hin.|
¹⁶ Sichtig wurden die Betten des Wassers,
offenbar die Gründe des Lands,

von deinem Dräuen, Du,
vom Sturmanhauch deiner Nase. –|

¹⁷ Er schickt von oben, er nimmt mich,
er enttaucht mich den vielen Wassern,|
¹⁸ er entreißt mich meinem trotzigen Feind,
meinen Hassern, denn sie waren zu stark mir.|
¹⁹ Sie überraschten mich am Tag meines Scheiterns,
aber Er ist mir zur Stütze geworden,|
²⁰ in die Weite hat er mich herausgeholt,
schnürt mich los, denn er hat an mir Lust.|

²¹ Er läßt mirs reifen nach meiner Wahrhaftigkeit,
nach der Lauterkeit meiner Hände wendet er mir zu.|
²² Ja, ich habe Seine Wege gehütet,
von meinem Gott habe ich mich nicht fortgefrevelt.|
²³ All seine Rechtsgeheiße sind ja vor mir,
und seine Satzungen, ich lasse sie nicht von mir weichen.|
²⁴ Schlicht bin ich bei ihm gewesen,
vor meinem Fehl habe ich mich behütet.|

²⁵ Er wandte mir zu nach meiner Wahrhaftigkeit,
nach der Lauterkeit meiner Hände vor seinen Augen. –|
²⁶ Mit dem Holden bist du hold,
mit dem schlichten Mann bist du schlicht,|
²⁷ mit dem Geläuterten bist du lauter,
aber mit dem Krummen bist du gewunden.|
²⁸ Ja, du bists, der gebeugtes Volk freimacht
und überhebliche Augen erniedert.|
²⁹ Ja, du bists, der meine Leuchte erhellt.
– Er, mein Gott, durchscheint meine Finsternis. –|
³⁰ Ja, mit dir berenne ich die Zinne,
mit meinem Gott erspringe ich die Schanze.|
³¹ Der Gottherr, schlicht ist sein Weg,
schlackenlos ist Sein Spruch,
ein Schild ist er allen, die sich an ihm bergen.|

³² Ja, wer ist ein Gott außer Ihm,
wer ein Fels neben unserem Gott!|
³³ dem Gottherrn, der mit Macht mich umpanzert
und schlicht zu werden gibt meinem Weg!|

³⁴ Er macht mir die Füße hindinnengleich,
auf meine Kuppen stellt er mich hin, |
³⁵ er belehrt meine Hände zum Kampf,
läßt meine Arme den Erzbogen spannen. –|
³⁶ Du gabst mir den Schild deiner Freiheit,
deine Rechte bestätigt mich,
deine Antwort macht mich reich. |

³⁷ Du weitest meinen Stapf unter mir,
meine Knöchel schwanken nicht mehr, |
³⁸ nachjag ich meinen Feinden, erreich sie,
wende nicht, bis sie vertilgt sind, |
³⁹ ich zerschmettre sie, daß empor sie nicht können,
sie fallen unter meine Füße. |

⁴⁰ Du panzerst mit Macht mich zum Kampf,
duckst unter mich, die wider mich sich empörten, |
⁴¹ meiner Feinde gibst du den Nacken mir hin,
meiner Hasser, daß ich sie schweige. –|
⁴² Sie schrein, doch da ist kein Befreier,
auf IHN zu, nicht antwortet er ihnen. |
⁴³ Ich zerreibe sie wie Staub vor dem Wind,
wie Gassenkot leere ich sie hin. |

⁴⁴ Aus des Volkes Fehden ließest du mich entrinnen,
zum Haupt von Stämmen setztest du mich ein.
Volk, das ich nicht kannte, sie dienen mir, |
⁴⁵ aufs Hören des Ohrs gehorchen sie mir,
Söhne der Fremde, sie schmeicheln mir, |
⁴⁶ Söhne der Fremde, sie zermürben,
aus ihren Schlössern schlottern sie herbei. |

⁴⁷ ER lebt!
gesegnet mein Fels!
erhaben der Gott meiner Freiheit, |
⁴⁸ der Gottherr, der mir Rächertum gab,
der Völker unter mich trieb, |
⁴⁹ vor meinen Feinden ließ mich entrinnen! –
Wohl, du enthebst mich den wider mich Empörten,
du entreißest mich dem Manne der Unbill. |

⁵⁰ Darum danke ich dir
unter den Erdstämmen, DU,
deinem Namen harfe ich:|
⁵¹ der seinem König große Befreiungen schafft,
hold tut an seinem Gesalbten, an Dawid,
und an dessen Samen
auf Weltzeit.|

19

¹ Des Chormeisters,
ein Harfenlied Dawids.|

² Die Himmel erzählen die Ehre Gottes,
die Tat seiner Hände meldet das Gewölb:|
³ Sprache sprudelt Tag dem Tag zu,
Kunde zeigt Nacht der Nacht an,|
⁴ kein Sprechen ists, keine Rede,
unhörbar bleibt ihre Stimme, –|
⁵ über alles Erdreich fährt ihr Schwall,
an das Ende der Welt ihr Geraun.|
⁶ Dem Sonnenball setzte ein Zelt er an ihnen,
der fährt wie ein Bräutigam aus seinem Gemach,
entzückt sich wie ein Held, zu laufen die Bahn,|
⁷ vom Ende der Himmel ist seine Ausfahrt,
sein Umschwung an ihren Enden,
nichts bleibt vor seiner Hitze verborgen.|

⁸ SEINE Weisung ist schlicht,
die Seele wiederbringend,
SEINE Vergegenwärtigung treu,
den Einfältigen weisemachend,|
⁹ SEINE Anordnungen sind gerade,
das Herz erfreuend,
SEIN Gebot ist lauter,
die Augen erleuchtend,|
¹⁰ SEINE Fürchtigkeit rein,
auf ewig bestehend.

SEINE Rechtsgeheiße sind Treue,
sie bewähren sich miteinander: |
¹¹ die köstlicher sind als Gold,
als Feinerzes viel,
süßer sind als Honig
und Seim der Waben. |

¹² Warnen läßt sich durch sie auch dein Knecht,
in ihrer Wahrung ist vieler Lohn. |
¹³ Irrungen – wer unterscheidets?
von verborgenen ledige mich! |
¹⁴ Auch vor Vermeßnem halte ein deinen Knecht,
nimmer möge es über mich walten!
Dann werde ich schlicht sein können,
entledigt der vielen Abtrünnigkeit. |

¹⁵ Zugnaden seien
die Sprüche meines Mundes,
das Tönen meines Herzens
vor deinem Antlitz, DU,
mein Fels, mein Erlöser! |

20

¹ Des Chormeisters,
ein Harfenlied Dawids. |

² Antworte dir ER
am Tage der Drangsal,
Horst sei dir
der Name von Jaakobs Gott! |
³ Er sende dir Hilfe
vom Heiligtum her,
vom Zion her bestätige er dich! |
⁴ Er nehme an den Gedenkteil
all deiner Hinleitspenden,
von deiner Darhöhung
die Aschenhebe noch!
/ Empor! / |

⁵ Er gebe dir
  nach deinem Herzen,
  und all deinen Ratschluß
  erfülle er! |
⁶ Jubeln wollen wir
  in deiner Befreiung,
  im Namen unsres Gottes
  Fahnen schwingen.
  ER erfülle
  all deine Wünsche! |

⁷ Jetzt weiß ich,
  daß ER befreit
  seinen Gesalbten,
  ihm antwortet
  vom Himmel seiner Heiligkeit,
  mit den Heldenkräften
  seiner befreienden Rechten. |
⁸ Diese da des Fahrzeugs
  und diese da der Rosse,
  wir aber –
  des Namens SEIN, unsres Gottes,
  gedenken wir. |
⁹ Jene knicken ein, fallen,
  wir aber,
  wir erstehn und überdauern. |

¹⁰ Befreie, DU,
   o König, der antwortet uns
   am Tag unseres Rufens! |

21

¹ Des Chormeisters,
  ein Harfenlied Dawids. |

² – DU, in deinem Siege
  freut der König sich,

in deinem Befreien
wie jauchzt er sehr! |
³ Das Begehr seines Herzens,
gegeben hast dus ihm,
das Anliegen seiner Lippen
hast nie du versagt.
 / Empor! / |
⁴ Ja, du überraschest ihn
mit Segnungen des Guten,
setzest auf sein Haupt
ein Diadem von Edelerz. |
⁵ Er bat dich um Leben,
du gabst es ihm,
Länge der Tage
in Zeit und Ewigkeit. |
⁶ Seine Ehre ist groß
durch dein Befreien,
Hehre und Glanz
ließest du auf ihn nieder. |
⁷ Ja, du setztest ihn ein
zu Segnungen auf ewig,
beseligtest ihn
mit der Freude an deinem Antlitz. |
⁸ – Ja, der König ist sicher an IHM,
durch die Huld des Höchsten wird er nicht wanken. – |
⁹ Langen wird deine Hand
an all deine Feinde,
deine Rechte erlangen
deine Hasser. |
¹⁰ Du wirst sie versetzen
wie in einen Feuerofen
zur Stunde deiner Antlitzerscheinung. –
ER in seinem Zorn
wird sie verwirren,
fressen wird sie das Feuer. – |
¹¹ Ihre Frucht, von der Erde weg
wirst du sie schwinden lassen,
ihre Brut von den Menschenkindern. |
¹² Wenn sie Böses dir zuneigen,

Ränkewerk planen,
sie werden nichts vermögen. |
¹³ Denn du setzest sie rücklings,
dann zielst du mit deinen Sehnen
ihnen ins Antlitz. |

¹⁴ – In deinem Sieg rage, Du!
Wir wollen singen und harfen
deinem Heldentum. |

22

¹ Des Chormeisters, nach »Hindin Morgenröte«,
ein Harfenlied Dawids. |

² Mein Gott, mein Gott,
warum hast du mich verlassen?
Fern bleiben meiner Befreiung
die Worte meines Notschreis. |
³ »Meine Gottheit!« rufe ich tags
und du antwortest nicht,
nachts, und nicht wird mir Stillung. |

⁴ O Heiliger du,
auf Jifsraels Preisungen thronend, |
⁵ an dir wußten unsre Väter sich sicher,
sicher, und du ließest sie entrinnen, |
⁶ zu dir schrien sie und durften entschlüpfen,
an dir gesichert wurden nie sie beschämt. |

⁷ Ich aber, Wurm und nicht Mensch,
Hohn der Leute, verachtet vom Volk, – |
⁸ die mich sehn, spotten mein alle,
verziehn die Lippe, schütteln den Kopf: |
⁹ »Wälz es auf Ihn!« – »Der läßt ihn entrinnen,
rettet ihn, denn er hat an ihm Lust!« |

¹⁰ Ja, du bists,
der aus dem Leib mich hervorbrechen ließ,
mich sicherte an der Brust meiner Mutter. |

¹¹ Auf dich bin ich vom Schoß an geworfen,
vom Leib meiner Mutter her bist du mein Gott. |
¹² Nimmer bleibe mir fern,
nah ja ist die Bedrängnis,
da ist ja kein Helfer! |

¹³ Umringt haben mich viele Farren,
Baschans Stierrecken mich umschränkt. |
¹⁴ Ihr Maul sperren sie wider mich auf,
eine Löwenschar, reißend und schreiend. |
¹⁵ Ich bin hingeschüttet wie Wasser,
trennen wollen sich all meine Knochen,
mein Herz ist worden wie Wachs,
in meinen Eingeweiden zerflossen, |
¹⁶ meine Kraft ist dürr wie ein Scherben,
an meinen Schlund geklebt meine Zunge.

Du rückst mich in den Staub des Todes! |
¹⁷ Hunde haben mich ja umringt,
umkreist mich eine Rotte von Bösgesinnten,
sie fesseln mir Hände und Füße, |
¹⁸ zählen kann ich all meine Knochen.
Jene blicken herzu, sie besehn mich, |
¹⁹ sie teilen unter sich meine Kleider,
über mein Gewand lassen sie fallen das Los. |

²⁰ Oh Du,
nimmer bleibe fern!
du mein Wesensstand,
zu meiner Hilfe eile! |
²¹ Rette meine Seele vorm Schwert,
meine Einzige vor der Tatze des Hundes, |
²² befreie mich aus dem Maul des Löwen, –
wider Wisenthörner gibst du mir Antwort! |

²³ Ich will von deinem Namen meinen Brüdern erzählen,
inmitten der Versammlung will ich dich preisen: |
²⁴ »Ihr IHN Fürchtenden, preiset ihn,
aller Same Jaakobs, ehret ihn,
erschauert vor ihm, aller Same Jiſraels! |
²⁵ Denn er hat nicht mißachtet,

hat nicht verschmäht
die Gebeugtheit des Gebeugten,
hat sein Antlitz vor ihm nicht versteckt,
hat gehört, wenn er zu ihm gestöhnt hat.« |
²⁶ Von dir her ist mein Preisen
in großer Versammlung. –
Meine Gelübde will ich bezahlen
den ihn Fürchtenden zugegen. |

²⁷ Essen sollen die sich Hinbeugenden
und sie sollen ersatten,
preisen sollen IHN, die nach ihm fragen!
Aufleben soll euch auf ewig das Herz! – |
²⁸ Bedenken werdens
und werden umkehren zu DIR
alle Ränder der Erde,
vor dir sich bücken aller Stämmewelt Sippen. – |
²⁹ Denn SEIN ist die Königschaft,
er waltet der Weltstämme. |

³⁰ Gegessen haben sie nun
– und haben sich gebückt –
alle Markigkeiten der Erde,
sie knien vor ihm,
die in den Staub waren gesunken,
wer seine Seele nicht halten konnte am Leben. |
³¹ Der Same darf ihm nun dienen,
erzählt wird von meinem Herrn dem Geschlecht, |
³² die kommen, die melden
seine Bewährung
dem nachgeborenen Volk:
daß ers getan hat. |

23

¹ Ein Harfenlied Dawids.

ER ist mein Hirt,
mir mangelts nicht. |

² Auf Grastriften
lagert er mich,
zu Wassern der Ruh
führt er mich. |
³ Die Seele mir
bringt er zurück,
er leitet mich
in wahrhaftigen Gleisen
um seines Namens willen. – |
⁴ Auch wenn ich gehn muß
durch die Todschattenschlucht,
fürchte ich nicht Böses,
denn du bist bei mir,
dein Stab, deine Stütze –
die trösten mich. |
⁵ Du rüstest den Tisch mir
meinen Drängern zugegen,
streichst das Haupt mir mit Öl,
mein Kelch ist Genügen. |
⁶ Nur Gutes und Holdes
verfolgen mich nun
alle Tage meines Lebens,
ich kehre zurück
zu Deinem Haus
für die Länge der Tage. |

24

¹ Von Dawid, ein Harfenlied.

SEIN ist die Erde und was sie füllt,
der Boden und seine Siedler. |
² Denn selber er gründete ihn über Meeren,
festigte über Strömungen ihn. |

³ – Wer darf SEINEN Berg ersteigen?
wer darf stehn an seinem Heiligtumsort? |
⁴ – Der an Händen Unsträfliche,
der am Herzen Lautere,

der zum Wahnhaften nicht hob seine Seele
und zum Truge nicht schwur. |
⁵ Segen erhebt er von IHM,
Bewahrheitung vom Gott seiner Freiheit. |
⁶ Dieses ist das Geschlecht
derer, die nach ihm fragen.
– Die dein Antlitz suchen, Jaakob ists.
/ Empor! / |

⁷ – Hebet, Tore, eure Häupter,
erhebt euch, Pforten der Weltzeit,
daß der König der Ehre komme! |
⁸ – Wer ists, der König der Ehre?
– ER, sieghaft und heldisch,
ER, heldisch im Kampf. |
⁹ – Hebet, Tore, eure Häupter,
hebt sie, Pforten der Weltzeit,
daß der König der Ehre komme! |
¹⁰ – Wer ist das, der König der Ehre?
– ER, der Umscharte,
das ist der König der Ehre.
/ Empor! / |

25

¹ Von Dawid.

Zu dir, DU,
hebe ich meine Seele. |

² Mein Gott,
an dir sichre ich mich.
Möge nimmer zuschanden ich werden,
mögen meine Feinde sich an mir nimmer ergötzen! |
³ Alle auch, die auf dich hoffen,
zuschanden werden sie nicht,
die werden zuschanden,
die ums Leere haben verraten. |

⁴ Laß mich, DU, deine Wege erkennen,

lehre mich deine Pfade! |
⁵ Führe mich in deiner Treue den Weg,
so lehre mich!
Denn du bist der Gott meiner Freiheit,
auf dich hoffe ich all den Tag. |

⁶ Gedenke deines Erbarmens, Du,
und deiner Hulden,
denn sie sind von der Urzeit her. |
⁷ Der Versündigungen meiner Jugend
und meiner Abtrünnigkeiten
wolle nimmer gedenken,
deiner Huld nach gedenke du mein,
um deiner Güte willen, Du! – |

⁸ Gut und gerade ist Er,
drum unterweist er die Sündigen
in dem Weg. |
⁹ Des Wegs führt er die sich Hinbeugenden
im Rechtsgeheiß,
lehrt die sich Beugenden seinen Weg. |
¹⁰ Alle Seine Pfade,
Huld und Treue sind sie
denen, die wahren seinen Bund,
seine Vergegenwärtigungen. – |
¹¹ Um deines Namens willen, Du,
so verzeih meinen Fehl,
denn sein ist viel. |

¹² Wer ists, der Mann, der Ihn fürchtet?
ihn unterweist er im Weg, den er wähle. |
¹³ Seine Seele nächtigt im Guten,
sein Same ererbt das Land. |
¹⁴ Sein Einvernehmen ist der ihn Fürchtenden,
sein Bund ists, sie erkennen zu lassen. |
¹⁵ Auf Ihn ist mein Augenmerk stets,
denn er ists,
der aus dem Netz holen wird meine Füße. |

¹⁶ Wende dich zu mir
und leihe mir Gunst,

denn einsam bin ich und gebeugt. |
17 Meines Herzens Beengungen weite,
aus meinen Nöten hole mich hervor! |
18 Sieh meine Gebeugtheit und Pein
und ertrage all meine Sünden! |
19 Sieh meine Feinde an,
daß ihrer viele sind
und sie unbilligen Hasses mich hassen! |
20 Behüte meine Seele,
rette mich,
lasse nimmer zuschanden mich werden,
denn ich berge mich an dir. |
21 Schlichtheit und Geradheit
mögen mich bewahren,
denn ich hoffe auf dich. |

22 Gilt, o Gott, Jifsrael ab
aus all seinen Einengungen! |

26

1 Von Dawid.

Rechte für mich, DU,
denn ich, in meiner Schlichtheit bin ich gegangen
und an DIR habe ich mich gesichert,
ich werde nicht schwanken. |

2 Prüfe mich, DU, und erprobe mich,
schmilz mir Nieren und Herz aus! |
3 Denn Holdschaft zu dir ist mir vor den Augen,
ich ergehe mich in der Treue zu dir. |
4 Ich saß nicht bei Leuten des Wahnspiels,
bei Verhohlenen trat ich nicht ein, |
5 ich hasse die Versammlung der Bösgesinnten,
bei Frevlern sitze ich nicht. |

6 Ich bade meine Hände in Unsträflichkeit,
daß ich deine Opferstatt umkreisen darf, DU, |
7 Stimme des Danks hören zu lassen,

all deine Wunder zu erzählen. |
8 DU, ich liebe den Hag deines Hauses,
den Ort, wo dein Ehrenschein wohnt. |

9 Entraffe nimmer meine Seele mit Sündern,
mein Leben mit Blutmenschen, |
10 an deren Fingern Zuchtlosigkeit ist
und deren Rechte voll ist die Bestechung! |

11 Mich aber, der in meiner Schlichtheit ich gehe,
gilt mich ab und leihe mir Gunst! – |
12 Mein Fuß tritt auf ebenen Plan:
in den Weihversammlungen segne ich IHN. |

27

1 Von Dawid.

Mein Licht und meine Freiheit ist ER,
vor wem mich fürchten?
Die Trutzwehr meines Lebens ist ER,
vor wem erschrecken? |

2 Nahen Bösgesinnte wider mich,
mein Fleisch zu fressen,
gegen mich meine Bedränger und Feinde,
straucheln die, fallen. |

3 Wenn ein Heerlager wider mich lagert,
nicht fürchtet mein Herz,
wenn ein Kampf ersteht wider mich,
dabei bin ich gesichert. |

4 Eines habe von IHM ich erwünscht,
das ists, was ich suche:
Sitz zu haben in SEINEM Haus
all meine Lebenstage,
SEINE Mildigkeit schauen zu dürfen,
morgendlich in seiner Halle zu sein. |

5 Denn er verwahrt mich in seiner Schirmung

am Tag des Bösgeschicks,
er versteckt mich im Versteck seines Zeltes,
auf den Fels hebt er mich. |

⁶ Und dann hebt sich mein Haupt über meine Feinde
rings um mich her,
opfern werde ich in seinem Zelte
Opfer mit Jubelschmettern,
singen und harfen Ihm. – |

⁷ Höre, Du, meine Stimme, ich rufe,
leihe Gunst mir, antworte mir! |
⁸ Dir spricht mein Herz nach:
»Suchet mein Antlitz!« –
dein Antlitz suche ich, Du! |
⁹ verstecke dein Antlitz nimmer vor mir!

Nimmer lehne im Zorn deinen Knecht ab!
Meine Hilfe bist du gewesen,
nimmer verstoße mich,
nimmer verlasse mich,
Gott meiner Freiheit! |
¹⁰ – Ja, mögen mich mein Vater, meine Mutter verlassen,
Er holt mich heim. – |

¹¹ Weise mir, Du, deinen Weg,
leite mich auf ebenem Pfad
um meiner Verleumder willen! |
¹² Gib mich nimmer dem Übermut meiner Bedränger,
denn Lügenzeugen stehn auf wider mich,
der Unbill Schnaubende! – |

¹³ Oh vertraute ich nicht,
Seine Güte zu sehn
im Lande des Lebens! |
¹⁴ Hoffe zu Ihm!
sei stark,
dein Herz straffe sich,
und hoffe zu Ihm! |

28

¹ Von Dawid.

Zu dir rufe ich, Du,
mein Fels, sei nimmer mir taub!
Sonst, schweigst du mich ab,
gleiche ich den in die Grube Gesunknen. |
² Höre die Stimme meines Gunsterflehns,
wann ich stöhne zu dir,
wann meine Hände ich hebe
zur Zelle deines Heiligtums! |

³ Zieh mich nimmer hinweg mit den Frevlern,
mit den Argwirkenden,
die Frieden reden mit ihren Genossen
und Böses ist in ihrem Herzen! |
⁴ Gib ihnen nach ihrem Wirken,
nach der Bosheit ihrer Sitten,
nach dem Tun ihrer Hände gib ihnen,
das von ihnen Gefertigte laß auf sie kehren! – |
⁵ Denn sie achten nicht auf SEINE Werke
und auf das Tun seiner Hände:
er wird sie niederreißen und nicht wiedererbaun. |

⁶ Gesegnet ER,
denn er hat gehört
die Stimme meines Gunsterflehns! |
⁷ ER ist meine Wehr und mein Schild,
gesichert an ihm war mein Herz,
und mir ist geholfen worden.
Fröhlich ist nun mein Herz,
durch meinen Gesang will ich ihm danken. |
⁸ ER ist Wehr seinem Volk,
Trutzwehr der Befreiungen
seines Gesalbten ist er. |

⁹ Befreie dein Volk,
segne dein Eigentum,
weide sie,

trage sie
bis in die Weltzeit hin!|

29

¹ Ein Harfenlied Dawids.

Zollt IHM, Göttersöhne,
zollt IHM Ehre und Macht!|
² zollt IHM seines Namens Ehre,
werft euch IHM im Erglänzen der Heiligung hin!|

³ SEIN Schall ist über den Wassern,
der Gott der Ehre hat gedonnert,
ER über den vielen Wassern.|
⁴ SEIN Schall ist in der Kraft,
SEIN Schall ist in dem Glanz,|
⁵ SEIN Schall bricht Zedern entzwei,
zerbrochen hat ER die Libanonzedern.|
⁶ Wie ein Kalb läßt er sie hüpfen,
Libanon und Sirjon wie ein Wisentjunges.|
⁷ SEIN Schall haut Feuerlohen aus,|
⁸ SEIN Schall macht die Wüste sich winden,
sich winden, ER, die Wüste von Kadesch.|
⁹ SEIN Schall macht die Hindinnen kreißend sich winden
und er schält die Wälder ab.
Und in seiner Halle
spricht alles: Ehre!|

¹⁰ ER thronte schon über der Flut,
als König thront ER in Weltzeit.|
¹¹ ER wird Wehr seinem Volke geben.
ER wird sein Volk segnen mit Frieden.|

30

¹ Ein Harfenlied, Sang der Weihung des Hauses, von Dawid.|

² Erheben will ich dich, DU,
denn du hast mich heraufgewunden,
ließest meine Feinde sich meiner nicht freun.|

³ Du, mein Gott,
zu dir habe ich gestöhnt,
und du hast mich geheilt. |
⁴ Du, mein Gott,
aus dem Gruftreich hast du meine Seele geholt,
hast mich belebt
hervor aus den in die Grube Gesunknen. |
⁵ Harfet Ihm, ihr seine Holden,
bekennt euch zum Gedenken seiner Erheiligung! |
⁶ Denn einen Nu in seinem Zorn,
ein Leben in seiner Gnade!
Am Abend geht ein Weinen zu nachten,
und um den Morgen ists Jubel. |

⁷ Ich freilich, ich hatte gesprochen
in meiner Zufriedenheit:
»Auf Weltzeit wanke ich nie.« |
⁸ Du, mit deiner Gnade
hattest du Wehr meinem Berge bestellt, –
du verstecktest dein Antlitz,
ich ward verstört. |
⁹ Angerufen habe ich dich, Du,
um Gunst meinen Herrn angefleht: |
¹⁰ »Was für Gewinn ist an meinem Blut,
an meinem Sinken zur Schluft?
kann der Staub dich bekennen?
kann er deine Treue vermelden? |
¹¹ Höre mich, Du, leihe mir Gunst!
Du, sei ein Helfer mir!« |
¹² Du wandeltest meinen Trauergang mir zum Reigen,
du öffnetest mein Sackgewand
und umschürztest mich mit Freude, |
¹³ auf daß das Ehren harfe dir
und nicht stille werde:
Du, mein Gott,
in Weltzeit will ich dir danken. |

31

¹ Des Chormeisters,
ein Harfenlied Dawids. |

² An dir, Du, berge ich mich,
in Weltzeit möge ich nimmer zuschanden werden!
In deiner Wahrhaftigkeit laß mich entrinnen! |

³ Neige dein Ohr mir zu,
eilends errette mich,
werde zum Trutzfelsen mir,
zum Basteienhaus, mich zu befrein. |

⁴ Ja, du bist mein Schroffen, meine Bastei,
um deines Namens willen
wirst du mich leiten,
wirst du mich führen, |

⁵ aus dem Netz wirst du mich holen,
das sie heimlich mir legten.
Ja, du bist meine Trutzwehr. |

⁶ In deine Hand
verordne ich meinen Geist:
du giltst mich ab,
Du, Gott der Treue! |

⁷ Ich hasse sie,
die Dunstgebilde hüten des Wahns,
ich aber, zu Dir hin
sichere ich mich. |

⁸ Jauchzen werde ich, mich freuen
an deiner Huld,
der du meine Gebeugtheit ersahst,
die Bedrängnisse meiner Seele erkanntest, |

⁹ und nicht beschlossest du in Feindeshand mich,
stelltest meine Füße ins Weite. |

¹⁰ Gunst leihe mir, Du,
denn ich bin bedrängt.
Stumpf ward im Gram mein Auge,
meine Seele und mein Leib. |

¹¹ Denn im Kummer verzehrt sich mein Leben,

meine Jahre in Ächzen,
in meinem Fehlgehn strauchelt die Kraft mir,
und meine Gebeine erstumpfen. |
¹² Vor all meinen Bedrängern ward ich ein Hohn,
meinen Anwohnern gar sehr,
ein Schrecken meinen Bekannten,
die mich draußen sehn, entflattern vor mir. |
¹³ Vergessen bin ich wie ein Toter dem Herzen,
wie ein verlornes Gerät bin ich worden. |

¹⁴ Ja, ich höre das Flüstern der Vielen,
ein Grauen ringsumher,
da sie mitsammen wider mich munkeln:
sie ränkeln, mir die Seele zu nehmen. |
¹⁵ Ich aber,
bei dir sichere ich mich, DU,
ich spreche: Du bist mein Gott. |
¹⁶ In deiner Hand sind meine Fristen,
rette mich vor der Hand meiner Feinde,
vor meinen Verfolgern! |
¹⁷ Laß dein Antlitz über deinen Knecht leuchten,
befreie mich in deiner Huld! |
¹⁸ DU,
nimmer kann ich zuschanden werden,
da ich dich habe angerufen!
zuschanden werden die Frevler,
werden zum Gruftreich geschweigt, |
¹⁹ die Lügenlippen verstummen,
die wider den Bewährten frech reden,
mit Hoffart und Verachtung. |

²⁰ Wie reich ist dein Gut,
das du verspart hast
denen, die dich fürchten,
gewirkt hast
ihnen, die sich an dir bergen,
den Menschenkindern zugegen! |
²¹ Du versteckst sie
im Versteck deines Antlitzes
vor den Zettelungen der Leute,

versparst sie in einer Schirmung
vorm Streit der Zungen. −|
²² Gesegnet ER,
denn wunderbar lieh er mir seine Huld
in eingeengter Stadt! −|

²³ Ich freilich,
in meiner Bestürzung hatte ich gesprochen:
»Abgeschnitten bin ich,
von deinen Augen hinweg!«
Jedoch du hattest gehört
die Stimme meines Gunsterflehns,
als ich stöhnte zu dir.|

²⁴ Liebet IHN,
ihr seine Holden alle!
Die Getreuen wahrt ER,
aber er zahlt nach dem Faden
dem, der hoffärtig handelt.|
²⁵ Seid stark,
euer Herz straffe sich,
die all ihr harret auf IHN!|

32

¹ Von Dawid, eine Eingebungsweise.

O Glück dessen,
dem Abtrünnigkeit getragen,
Versündigung zugehüllt ward!|
² O Glück des Menschen,
dem eine Verfehlung nicht zurechnet ER,
da in seinem Geiste kein Trug ist!|

³ Als ichs verschweigen wollte,
morschten meine Gebeine
von meinem Geschluchz alletag,|
⁴ denn tages und nachts
wuchtete auf mir deine Hand,
verwandelt war mein Saft

in Sommerdörrnisse.
/ Empor! /|

⁵ Meine Sünde wollte ich dir kundtun,
mein Fehlen verhüllte ich nicht mehr,
ich sprach: »Eingestehen will ich
IHM meine Abtrünnigkeiten!« –
und du selber trugst den Fehl meiner Sünde.
/ Empor! /|

⁶ Um dies bete jeder Holde
zu dir in der Stunde des Findens!
Beim Anspülen vieler Wasser, gewiß,
an ihn gelangen sie nicht. |
⁷ Du bist mir ein Versteck,
vor der Drangsal bewahrst du mich,
mit dem Jubel des Entrinnens
umgibst du mich.
/ Empor! /|

⁸ »Ich will dir eingeben,
ich will dich unterweisen
im Weg, den du gehn sollst,
raten will ich,
auf dich ist mein Augenmerk. |
⁹ Nimmer seid wie ein Pferd,
wie ein Maultier ohne Verstand,
mit Zaum und Halfter
muß man bändigen seine Wildheit,
[sonst dürfte nie es dir nahn]!« |

¹⁰ Viele Schmerzen hat der Frevler,
wer aber sich sichert an IHM,
den umgibt er mit Huld. |
¹¹ Freut euch an IHM,
jauchzt, ihr Bewährten,
jubelt auf,
all ihr Herzensgeraden! |

33

1 Jubelt, ihr Bewährten, um IHN!
Den Geraden ist Preisung geziemend. |
2 Sagt IHM Dank zur Leier,
auf zehnsaitiger Laute spielt ihm, |
3 singt ihm einen neuen Gesang,
trefflich rührets zum Schmettern! |

4 Denn gerade ist SEINE Rede,
alles was er macht ist in Treuen. |
5 Er liebt Wahrheit und Recht,
SEINER Huld ist das Erdreich voll. |

6 Durch SEINE Rede sind die Himmel gemacht,
durch den Hauch seines Munds all ihr Heer. |
7 Die Meereswasser stapelt er staudammgleich,
gibt in Speicher die Wirbel. |

8 Fürchten muß sich vor IHM alles Erdreich,
vor ihm erschauern alle Siedler des Bodens! |
9 Denn er ists der sprach und es ward,
er der gebot und es erstand. |

10 ER zerbröckelt den Rat der Weltstämme,
erstickt die Pläne der Völker, – |
11 SEIN Rat, in die Zeiten besteht der,
seines Herzens Pläne für Geschlecht um Geschlecht. |

12 O Glück des Stammes, dem ER Gott ist,
des Volks, das er zu eigen sich wählte! |

13 Vom Himmel nieder blickt ER,
er sieht alle Adamskinder, |
14 von der Feste seines Sitzes beschaut er
alle Siedler der Erde, |
15 der ihr Herz bildet zumal,
der unterscheidet all ihre Gemächte. |

16 Keine Befreiung wird dem König
durch die Fülle der Heermacht,
der Held wird nicht errettet

durch die Fülle der Kraft, |
17 Täuschung ist das Roß zur Befreiung,
durch seine Machtfülle hilfts nicht entschlüpfen. |

18 Da, SEIN Augenmerk ist
auf die ihn Fürchtenden,
die seiner Huld Harrenden, |
19 ihre Seele vom Tode zu retten,
sie in Hungersnot am Leben zu halten. |

20 Unsre Seele wartet IHM zu,
er ist uns Hilfe, uns Schild. |
21 Ja, an ihm freut sich unser Herz,
denn an seinem Heiligungsnamen
haben wir uns gesichert. |

22 Sei deine Huld, DU, über uns,
gleichwie wir geharrt haben dein! |

34

1 Von Dawid,
als er vor Abimelech sein Gebaren änderte, und der
trieb ihn fort und er ging. |

2 Segnen will ich allstündlich IHN,
stets ist in meinem Mund seine Preisung. |
3 Um IHN preist sich meine Seele,
die sich Beugenden hörens und freun sich. |
4 Sagt von SEINER Größe mit mir,
erheben wir seinen Namen mitsammen! |

5 Ich habe IHN gesucht
und er hat mir geantwortet,
aus all meinen Grausen hat er mich gerettet. |
6 Die auf ihn blicken, schimmern auf,
nimmer wird ihr Antlitz beschämt. |
7 Der Gebeugte da hat gerufen
und ER hat gehört,
aus all seinen Bedrängnissen hat er ihn befreit. |

⁸ Es lagert ein Bote von IHM
rings um die ihn Fürchtenden
und schnürt sie los. |

⁹ Schmeckt und seht, wie ER gut ist, –
o Glück des Mannes, der sich an ihm birgt! |
¹⁰ Fürchtet IHN, ihr ihm Geheiligten,
denn die ihn Fürchtenden haben keinen Mangel. |
¹¹ Jungleun müssen darben und hungern,
aber die nach IHM fragen ermangeln nicht alles Guts. |

¹² Geht, Söhne, her, hört mir zu,
IHN fürchten will ich euch lehren. |

¹³ Wer ist der Mensch,
der Lust hat am Leben,
Tage liebt, Gutes zu sehn? |
¹⁴ Wahre deine Zunge vorm Bösen,
deine Lippen vorm Trugreden, |
¹⁵ weiche vom Bösen, tu Gutes,
trachte nach Frieden, jage ihm nach! |

¹⁶ SEINE Augen gehn auf die Bewährten hin,
seine Ohren auf ihr Stöhnen, |
¹⁷ SEIN Antlitz auf die Täter des Bösen,
ihr Gedächtnis von der Erde zu rotten. |
¹⁸ Jene schrien und ER hörte,
aus all ihren Bedrängnissen rettete er sie. |
¹⁹ Nah ist ER denen gebrochenen Herzens,
und die am Geist Geduckten befreit er. |

²⁰ Des Bewährten Bösgeschicke sind viele,
aber aus allen rettet ER ihn. |
²¹ Er behütet alle seine Gebeine,
von ihnen wird nicht eines gebrochen. |
²² Töten wird den Frevler das Bösgeschick,
des Bewährten Hasser werden es büßen. |
²³ ER gilt die Seele seiner Knechte ab,
nicht büßen alle, die sich bergen an ihm. |

35

¹ Von Dawid.

Bestreite Du, meine Bestreiter,
bekriege meine Bekrieger! |
² Schild und Tartsche erfasse,
in meiner Hilfe steh auf! |
³ Zücke Lanze und Axt
meinen Verfolgern entgegen!
Sprich zu meiner Seele:
»Ich bin deine Befreiung!« |
⁴ Zu Schande und Schimpf sollen werden,
die nach der Seele mir trachten,
zurück prallen, sich schämen,
die Böses mir planten, |
⁵ sie sollen werden wie Spreu vor dem Wind,
und der stößt, SEIN Bote ists! |
⁶ Ihr Weg werde Finsternis
und Schlüpfrigkeiten,
und der sie jagt, SEIN Bote ists! |
⁷ Denn grundlos legten sie mir ihr Grubennetz aus,
grundlos schaufelten sie meiner Seele. |
⁸ Verheerung komme an den, eh ers erkennt,
sein Netz fange ihn, das er gelegt hat,
in der Verheerung falle er drein! |
⁹ Meine Seele aber,
jauchzen wird sie um IHN,
sich entzücken an seinem Befreien! |
¹⁰ Sprechen werden all meine Gebeine:
O Du, wer ist dir gleich,
der den Gebeugten errettet
vor dem, der stärker als er ist,
den Gebeugten, den Dürftigen
vor seinem Berauber! |

¹¹ Unbillzeugen stehn auf,
heischen von mir, was ich nicht kenne. |
¹² Sie zahlen mir Böses für Gutes,

Verwaisung ists meiner Seele. |
13 Ich ja, wann sie erkrankten,
Sackleinen war mein Kleid,
in Kasteiung beugte ich meine Seele
[mein Gebet kehre mir in den Busen!], |
14 als wärs mir ein Genosse, ein Bruder,
bin ich einhergegangen,
wie der um die Mutter trauert,
düsterfarben, war ich gebückt; |
15 bei meinem Ausgleiten aber
frohlocken sie, rotten sie sich,
rotten wider mich sich zusammen,
schlagsüchtig, ich erkenne sie nicht, |
16 zerren und wollen nicht ruhn,
mit ruchlos lallender Fratze
fletschen sie wider mich ihre Zähne. |

17 Mein Herr,
wie lang siehst du es an?!
Wiederkehren laß meine Seele
von ihren Verheerungen,
von den Leun meine Einzige! |
18 Ich will dir danken
in großer Versammlung,
in mächtigem Volk
will ich dich preisen. |
19 Nimmer dürfen über mich sie frohlocken,
die lügnerisch mich befeinden,
die grundlos mich hassen
einkneifen das Aug! |
20 Denn Friedlosigkeit reden sie,
wider die Gelaßnen im Land
ersinnen sie Reden des Trugs. |
21 Ihren Mund weiten sie wider mich,
sprechen: »Ha! ha!
nun hats unser Auge ersehn!« |
22 Gesehen hast du es, DU!
nimmer schweige, mein Herr,
nimmer bleibe mir fern! |

²³ Rege dich, erwache
für mein Recht, mein Gott,
mein Herr, für meinen Streit! |
²⁴ Rechte für mich
nach deiner Wahrhaftigkeit,
Du, mein Gott!
Nimmer dürfen über mich sie sich freuen, |
²⁵ nimmer dürfen in ihrem Herzen sie sprechen:
»Ha! unsre Seelenlust!«,
nimmer sprechen: »Wir haben ihn verschlungen!« |
²⁶ Zuschanden müssen werden und sich schämen zumal,
die sich über mein Bösgeschick freuen,
in Schande sich kleiden und Schimpf,
die großtun wider mich! |
²⁷ Jubeln werden, sich freuen,
die Lust haben an meiner Bewahrheitung,
stets werden sie sprechen:
»Groß ist Er,
der Lust hat am Frieden seines Knechts!« |
²⁸ Und austönen wird meine Zunge
deine Bewährung,
all den Tag deinen Preis. |

36

¹ Des Chormeisters,
von Seinem Knecht, von Dawid. |

² Ein Erlauten der Abtrünnigkeit, vom Frevler:
»Drinnen in meinem Herzen
gibts keinen Schrecken Gottes –
ihm in die Augen!« |
³ denn glattgemacht hat der es ihm
– in seinen Augen –:
um seinen Fehl zu befinden,
den hassenswerten! |
⁴ Die Reden seines Mundes,
Arg ists und Trug,

er hat aufgehört zu begreifen,
gutzutun, |
⁵ Arg plant er noch auf seinem Lager,
er stellt sich auf den unguten Weg,
nicht überdrüssig wird er des Bösen. |

⁶ Du,
am Himmel ist deine Huld,
deine Treue bis in die Lüfte, |
⁷ deine Bewährung Gottesbergen gleich,
deine Gerichte dem großen Wirbel,
Mensch und Tier machst du frei, Du. |
⁸ Wie köstlich ist deine Huld, Gott:
die Menschenkinder,
im Schatten deiner Flügel
dürfen sie sich bergen, |
⁹ am Mark deines Hauses sich laben,
du tränkst sie vom Bach deiner Wonnen. |
¹⁰ Denn bei dir ist der Born des Lebens,
in deinem Lichte sehen wir Licht. |

¹¹ Erhalte deine Huld
denen, die dich kennen,
deine Bewährung
den Herzensgeraden! |
¹² Nimmer komme an mich
der Fuß der Hoffart!
die Hand der Frevler,
nimmer scheuche sie mich! |
¹³ Dort, sie fallen,
die Argwirkenden,
werden umgestoßen
und vermögen sich nicht zu erheben. |

37

¹ Von Dawid.

Entflamme nimmer gegen die Bösgesinnten,
beneide nimmer die Täter des Falschs, |

² denn schnell werden sie erschlaffen wie Gras,
werden welken wie grünes Kraut.|
³ Sei gesichert an IHM und tue gut,
wohne im Land und weide in Vertrauen,|
⁴ und erquicke dich an IHM,
und deines Herzens Wünsche wird er dir geben.|
⁵ Wälze IHM deinen Weg zu
und sei gesichert bei IHM,
er wirds tun.|
⁶ Er führt hervor wie das Licht deine Wahrheit,
dein Recht wie die Mittagshelle.|
⁷ Sei IHM still und erharre ihn!
Entflamme nimmer gegen einen,
dem sein Weg gelingt,
gegen den Menschen, der Ränke auftut!|
⁸ lasse vom Zorn, entsage dem Grimm,
entflamme nimmer, nur zum Bösen taugts!|

⁹ Denn ausgerottet werden die Bösgesinnten,
aber die auf IHN hoffen, die erben das Erdland.|
¹⁰ Ein geringes noch,
und kein Frevler ist mehr da,
du achtest auf seinen Ort –
er ist nicht mehr!|
¹¹ Aber die Hingebeugten erben das Land,
erquicken sich an der Fülle des Friedens.|
¹² Ränkelt gegen den Bewährten der Frevler,
fletscht er wider ihn seine Zähne,|
¹³ mein Herr lacht seiner,
denn er sieht, wie herankommt sein Tag.|
¹⁴ Ein Schwert haben die Frevler gezückt,
sie haben ihren Bogen gespannt,
den Gebeugten, Dürftigen zu fällen,
die Wegesgeraden zu schlachten, –|
¹⁵ in ihr eigenes Herz kommt ihr Schwert,
ihre Bogen werden zerbrochen.|

¹⁶ Besser ist dem Bewährten Geringes
als der vielen Frevler Gepränge,|

¹⁷ denn der Frevler Arme werden zerbrochen,
aber die Bewährten hält ER. |
¹⁸ ER kennt die Tage der Schlichten,
ihr Eigentum bleibt auf Weltzeit. |
¹⁹ Zur Zeit des Bösgeschicks werden sie nicht zuschanden,
sie werden satt in den Tagen des Hungerleidens. |
²⁰ Ja, die Frevler gehen verloren,
SEINE Feinde, wie die Pracht der Auen
schwinden sie, im Rauch schwinden sie hin. |
²¹ Der Frevler entleiht und will nicht bezahlen,
der Bewährte aber gönnt und gibt. |
²² Ja, SEINE Gesegneten erben das Land,
SEINE Verfluchten werden ausgerottet. |
²³ Von IHM her sind die Stapfe des Mannes
bereitet, an seinem Weg hat er Lust, |
²⁴ wenn er fällt, wird er nicht hingestreckt,
denn ER ists, der seine Hand hält. |
²⁵ Ich war jung, alt auch bin ich worden
und sah nie einen Bewährten verlassen
und seinen Samen suchend nach Brot: |
²⁶ all den Tag vergönnt er und leiht,
sein Same ist zum Segen. |

²⁷ Weiche vom Bösen, tu Gutes,
und so wohne auf Weltzeit! |
²⁸ Denn ER liebt die Gerechtigkeit
und verläßt die ihm Holden nicht,
auf Weltzeit sind sie behütet,
der Frevler Same aber wird ausgerottet. |
²⁹ Die Bewährten erben das Land,
und ewig wohnen sie drauf. |
³⁰ Weisheit tönt der Mund des Bewährten,
Gerechtigkeit redet seine Zunge, |
³¹ seines Gottes Weisung ist ihm im Herzen,
nie schwanken seine Schritte. |
³² Der Frevelsschuldige bespäht den Bewährten
und sucht ihn zu töten, – |
³³ ER überläßt ihn nicht seiner Hand
und schuldigt ihn nicht, wann man ihn richtet. |

³⁴ Hoffe IHM zu,
hüte seinen Weg,
und er wird dich erhöhn,
zu erben das Land,
die Ausrottung der Frevler
wirst du besehn. |
³⁵ Ich sah einen Frevler trotzig
und sich entfaltend wie ein üppiger Sproß, |
³⁶ man zog vorüber –
da war keiner mehr,
ich suchte ihn –
er war nicht zu finden. |
³⁷ Hüte den Schlichten,
sieh auf den Geraden:
daß Nachblieb hat ein Mann des Friedens. |
³⁸ Die Abtrünnigen aber,
mitsammen werden sie vertilgt,
ausgerottet wird der Nachblieb der Frevler. |
³⁹ Das Freiwerden der Bewährten,
von IHM her ists,
ihre Trutzwehr in der Stunde der Drangsal. |
⁴⁰ ER hilft ihnen,
er läßt sie entrinnen,
entrinnen läßt er sie vor den Frevlern,
er befreit sie,
denn an ihm haben sie sich geborgen. |

38

¹ Ein Harfenlied Dawids,
zum Gedenkenlassen. |

² DU! nimmer
strafe in deinem Grimm mich,
züchtige in deiner Glut mich! |
³ Denn in mich sind deine Pfeile gefahren,
deine Hand fährt auf mich ein. |
⁴ Kein Heiles ist an meinem Fleisch

von deinem Dräuen her,
kein Friede in meinen Gebeinen
von meiner Sünde her. |
⁵ Denn meine Verfehlungen
überlagern mein Haupt,
gleich einer schweren Last,
allzu schwer sind sie mir worden. |
⁶ Stinkig, faulig sind meine Beulen
von meiner Torheit her, |
⁷ verkrümmt, geduckt bin ich gar sehr,
düsterfarben gehe ich all den Tag, |
⁸ ja, voller Brands sind meine Lenden,
kein Heiles ist an meinem Fleisch. |
⁹ Gar sehr bin ich erlahmt und zerschlagen,
schluchzen muß ich
vor dem Tumult meines Herzens. |
¹⁰ Mein Herr,
gegenwärtig dir ist all mein Begehren,
mein Ächzen ist vor dir nicht versteckt. |
¹¹ Zuckend pocht mein Herz,
meine Kraft hat mich verlassen,
das Licht meiner Augen –
auch die sind nicht mehr mit mir. |
¹² Meine Lieben, meine Genossen,
seitab stehen sie meiner Plage,
meine Nahen,
fernhin haben sie sich gestellt. |
¹³ Schlingen legen,
die nach der Seele mir trachten,
die mir Böses suchen reden Verhängnis,
Trügerei murmeln sie all den Tag. |
¹⁴ Ich aber bin gleich einem Tauben,
höre nicht,
gleich einem Stummen,
der seinen Mund nicht öffnet, |
¹⁵ gleiche einem Mann, der nicht hört,
in dessen Mund keine Entgegnungen sind. |

¹⁶ Denn dir zu harre ich, Du,

du bists, der antworten soll,
mein Herr, mein Gott!|
¹⁷ Denn ich spreche:
Sonst frohlocken sie um mich,
wann mein Fuß wankt, tun sie über mich groß!|
¹⁸ Denn fürs Ausgleiten halte ich mich bereit,
stets ist mir gegenwärtig mein Leiden.|
¹⁹ Denn ich melde meine Verfehlung,
um meine Sünde sorge ich mich.|
²⁰ Die mich ums Leben befeinden, sind Menge,
viele sind, die mich hassen aus Lug,|
²¹ die Böses zahlen für Gutes,
sie behadern mich
dafür, daß ich nachjage dem Guten.|
²² Nimmer verlasse mich, DU,
mein Gott, sei nimmer mir fern,|
eile zu meiner Hilfe,
²³ mein Herr, meine Befreiung!|

39

¹ Des Chormeisters, für Jedutun,
ein Harfenlied Dawids.|

² Gesprochen hatte ich:
»Bewahren will ich meine Wege
vorm Sündigen mit meiner Zunge,
verwahren meinen Mund mit Zaumwerk,
solang noch der Frevler vor mir ist!«|
³ Zu Tiefstille bin ich verstummt,
schweigen muß ich vom Guten,
doch mein Leid ist aufgerührt,|
⁴ mein Herz glüht mir im Innern,
bei meinem Seufzen entbrennt ein Feuer –
ich rede mit meiner Zunge:|

⁵ Lasse, DU, mein Ende mich kennen,
meiner Tage Maß, was es sei,
kennen will ich, wie ich hinfällig bin.|

⁶ Spannenbreite, ach, gabst du meinen Tagen,
meine Weile, vor dir ist sie wie nichts,
allsamt ein Dunst nur ist all der aufrechte Mensch.
   / Empor! /|

⁷ Nur als ein Schattenbild geht jedermann,
nur Dunst ist, um was sie lärmen,
man schüttet auf und kennt nicht, wers heimst. |
⁸ Und nun, was hoff ich, mein Herr?
Mein Harren, dir gilt es. |
⁹ Rette mich aus all meinen Abtrünnigkeiten,
sezte mich des Nichtigen Hohn nimmer aus!|
¹⁰ Ich bin verstummt, ich öffne nicht meinen Mund,
denn du bists, ders gemacht hat. |
¹¹ Tu ab von mir deine Plage,
vor deiner Hand Befehdung muß ich dahin!|
¹² Mit Strafen für Fehl
züchtigst du den Mann,
zerfaserst mottengleich seine Pracht.
Ein Dunst nur ist aller Mensch!
   / Empor! /|

¹³ Höre, DU, mein Gebet,
meinem Stöhnen lausche,
zu meinen Tränen bleib nimmer taub!
Ein Gast ja bin ich bei dir,
ein Beisaß wie all meine Väter, –|
¹⁴ laß sichs abheften von mir,
daß ich aufblinken kann,
eh ich gehe und nicht mehr bin!|

40

¹ Des Chormeisters,
von Dawid, ein Harfenlied. |

² – Erhofft, erhofft habe ich IHN,
und er hat sich zu mir geneigt,
hat mein Stöhnen erhört. |

³ Hoch zog er mich
aus dem brodelnden Loch,
aus dem Moorschlamm,
stellte auf Gestein meine Füße,
festigt meine Schritte. |
⁴ Und er gab mir in den Mund
neuen Gesang,
Preisung unserem Gott.
Viele schauens
und erschauern
und werden sicher an IHM. |

⁵ – O Glück des Mannes,
der einsetzte IHN
als seine Sicherheit
und sich nicht kehrte
an Ungestüme,
in Täuschung Verstrickte! |

⁶ – Viel hast du getan,
DU, mein Gott,
deiner Wunderwerke,
deiner Planungen
an uns
– nichts ist dir anzureihn! –,
will ich melden,
will ich reden,
Übermenge sind sie dem Erzählen. |

⁷ Nach Schlachtmahl, Hinleitspende
gelüstets dich nicht:
Ohren hast du mir gebohrt.
Darhöhung, Entsündungsgabe
heischest du nicht. |
⁸ Nun spreche ich:
Da komme ich
mit der Rolle eines Buchs,
auf mir ists geschrieben: |
⁹ Zu tun dein Gefallen,
mein Gott, habe ich Lust,

deine Weisung ist meinem Innern inmitten. |

¹⁰ Ich bringe Wahrhaftiges aus
in großer Versammlung,
da, meine Lippen verhalte ich nicht,
selber weißt du es, Du, |
¹¹ deine Bewährung hülle ich nicht
mitten mir im Herzen,
dein Betreuen,
dein Befreiertum
spreche ich aus,
nicht verhehle ich
deine Huld,
deine Treue
großer Versammlung. |

¹² Du, enthalte du mir dein Erbarmen nicht vor!
deine Huld,
deine Treue
mögen stets mich behüten! |
¹³ Denn mich umzingeln
Bösgeschicke bis zur Unzahl,
meine Fehle holen mich ein,
daß ich aufzusehn nicht vermag:
Übermenge sind sie,
mehr als Haare meines Haupts, –
und mein Herz verläßt mich. |
¹⁴ Lasse, Du, dirs gefallen
mich zu erretten,
Du, zu meiner Hilfe eile! |

¹⁵ Zuschanden müssen werden und sich schämen zumal,
die mir nach der Seele trachten, sie hinzuraffen,
zurückprallen, zu Schimpfe werden,
die an meinem Bösgeschick sich erlustigen, |
¹⁶ erstarren zufolge ihrer Schande,
die zu mir sprechen: Ha! ha! |
¹⁷ Entzücken sollen sich, sich freuen an dir
alle, die nach dir trachten,
stets sollen sprechen:

»Groß ist ER!«,
die dein Befreiertum lieben. |

18 Ich hier,
gebeugt und bedürftig, –
mein Herr plane für mich!
Was mir aufhilft,
was mich entrinnen macht
bist du:
mein Gott, säume nimmer! |

41

1 Des Chormeisters,
ein Harfenlied Dawids. |

2 O Glück dessen, der auf den Schwachen bedacht ist!
Am Tag des Bösgeschicks läßt ER ihn entschlüpfen. |
3 ER bewacht ihn, hält ihn am Leben,
daß er beglückt sei auf Erden
– nimmer gibst du ihn dem Übermut seiner Feinde! – |
4 ER stützt ihn auf dem Bette des Siechtums
– all sein Lager wendest du, da er krank ist –. |

5 Ich da habe gesprochen:
»DU, leihe mir Gunst,
heile mein Gemüt, denn dir habe ich gesündigt! |
6 Böses sprechen von mir meine Feinde:
›Wann stirbt er, daß schwinde sein Name!‹ |
7 Und kommt einer, sichs zu besehn,
Wahnspiel redet er,
sein Herz sammelt sich Arg ein,
kommt er auf die Gasse, redet ers aus. |
8 Einig tuscheln sie sichs zu wider mich,
wider mich all meine Hasser,
sie spinnen Böses mir an: |
9 ›Unheimlich Ding ist ergossen in ihn,
nun er sich legte, steht er nie wieder auf!‹ |
10 Auch der Mann meines Friedensbunds,

auf den ich mich verließ,
Mitesser meines Brots,
macht die Große Ferse über mich. |
¹¹ Du aber, DU, leihe mir Gunst!
richte mich auf,
daß ichs ihnen bezahle!« |

¹² Daran habe ich erkannt,
daß du Lust hast an mir:
daß mein Feind nicht jubeln darf über mich. |
¹³ Mich da
in meiner Schlichtheit,
du hast mich gefaßt,
stelltest mich vor dein Antlitz
auf Weltzeit. – |

¹⁴ Gesegnet ER,
der Gott Jifsraels,
von der Weltzeit her und für die Weltzeit!
Jawahr, jawahr! |

42

¹ Des Chormeisters,
eine Eingebungsweise der Korachsöhne. |

² Wie die Hinde lechzt
an Wasserbetten,
so lechzt meine Seele,
Gott, nach dir. |

³ Meine Seele dürstet
nach Gott, nach dem lebenden Gottherrn:
wann darf ich kommen,
mich sehn lassen vor Gottes Antlitz? |

⁴ Meine Träne ist mir Brot worden
tages und nachts,
da man all den Tag zu mir spricht:
Wo ist dein Gott? |

⁵ Dieses will ich gedenken
und ausschütten meine Seele in mir:
wie im Schwarme ich zog,
voran wallte zu Gottes Haus
mit der Stimme Jubels und Danks,
im Rauschen des Festreihns. |

⁶ Was versenkst du dich, meine Seele,
und rauschest in mir!
Harre auf Gott!
ja, noch werde ich ihm danken
seines Antlitzes Befreiungen,
meinem Gott. |

⁷ In mir versenkt sich meine Seele,
drum daß ich gedenke dein
vom Lande des Jordan,
der Hermonsgipfel
vom Geringen Berg: |

⁸ Wirbel ruft dem Wirbel
beim Hall deiner Rinnen,
all deine Brandungen,
deine Wogen,
über mich sind sie gefahren. – |

⁹ Tags, daß seine Huld ER entbiete,
und nachts bei mir ist sein Sang,
Gebet zum Gottherrn meines Lebens. |
¹⁰ Ich spreche zu meinem göttlichen Fels:

Warum hast du mich vergessen?
warum muß ich düsterfarb gehn
in der Umklammerung des Feinds? |

¹¹ Mit Mordqual mir ins Gebein
höhnen mich meine Bedränger,
da sie all den Tag zu mir sprechen:
Wo ist dein Gott? |

¹² Was versenkst du dich, meine Seele,
was rauschest du in mir!
Harre auf Gott!

ja, noch werde ich ihm danken –
meines Antlitzes Befreiungen,
ihm, meinem Gott.|

43

¹ Rechte für mich, Gott,
streite meinen Streit!
vor dem unholden Stamm,
vorm Mann des Trugs und des Falschs
laß mich entrinnen!|

² Du bist ja der Gott meiner Trutzwehr,
warum hast du uns verabscheut,
warum muß ich düsterfarb gehn
in der Umklammrung des Feinds!|

³ Sende dein Licht und deine Treue,
die sollen mich leiten,
mich zu deinem Heiligtumsberg kommen lassen,
zu deinen Wohnungen hin:|

⁴ daß ich zu Gottes Opferstatt komme,
zum Gottherrn meiner jauchzenden Freude
und Dank sage dir auf der Leier,
Gott, mein Gott!|

⁵ Was versenkst du dich, meine Seele,
was rauschest du in mir!
Harre auf Gott!
ja, noch werde ich ihm danken –
meines Antlitzes Befreiungen,
ihm, meinem Gott.|

44

¹ Des Chormeisters,
von den Korachsöhnen, eine Eingebungsweise.|

² Gott!

Mit unsern Ohren haben wirs gehört,
unsre Väter habens uns erzählt,
Werk, das du wirktest in ihren Tagen,
in den Tagen von voreinst. |

³ Du selbst, deine Hand, hast Stämme enterbt,
sie aber eingepflanzt,
hast Nationen zerschellt,
sie aber ausgeschickt. |

⁴ Nicht mit ihrem Schwert ja ererbten das Land sie,
ihr Arm, nicht befreite er sie,
sondern deine Rechte, dein Arm
und deines Antlitzes Licht.
Ja, du hast sie begnadet. |

⁵ Du bist es, mein König, o Gott –
entbiete Jaakobs Befreiungen! |

⁶ Mit dir
rammen wir unsre Bedränger,
mit deinem Namen
zerstampfen wir die wider uns Erstandnen. |

⁷ Ja, nicht mit meinem Bogen sichre ich mich,
mein Schwert, nicht wirds mich befrein, |

⁸ du ja befreist uns von unsern Bedrängern,
unsre Hasser lässest zuschanden du werden. |

⁹ Gottes preisen wir uns all den Tag,
in Weltzeit danken wir deinem Namen.
/ Empor! / |

¹⁰ Wohl, du hast uns verworfen
und hast uns Schimpf angetan,
zogst in unsern Scharen nicht aus, |

¹¹ triebst uns vor dem Bedränger zurück,
daß sich vollplünderten unsere Hasser, |

¹² gabst wie Schafe uns hin, die als Fraß gehn,
unter die Erdstämme worfeltest du uns, |

¹³ verkauftest dein Volk für ein Ungeld,
nicht steigertest du ihren Preis, |

¹⁴ machtest unsern Anwohnern aus uns einen Hohn,
Spott und Posse denen rings um uns her, |

¹⁵ machtest ein Gleichnis aus uns unter Stämmen,

ein Kopfschütteln unter Nationen. |
16 All den Tag ist mir mein Schimpf gegenwärtig,
die Schamröte meines Antlitzes hüllt mich, |
17 vor der Stimme des Höhners und Hudlers,
vor des Feindes, des Rachsüchtigen Antlitz. |

18 All dies ist gekommen an uns,
und doch haben wir dein nicht vergessen,
nicht gelogen haben wir deinem Bund. |
19 Nicht wich zurück unser Herz,
bog von deinem Pfad ab unser Schritt, |
20 wenn du uns ducktest am Ort der Schakale,
uns umhülltest mit Todesschatten. |
21 Hätten wir des Namens unsres Gottes vergessen,
zu fremder Gottheit unsre Hände gebreitet, |
22 würde Gott dieses nicht erforschen?
er kennt ja die Heimlichkeiten des Herzens. |
23 Ja, um dich werden all den Tag wir gewürgt,
wie Schafe für die Schlachtbank geachtet. |

24 Rege dich!
warum schläfst du, mein Herr!
erwache!
nimmer verwirf uns in die Dauer! |
25 warum versteckst du dein Antlitz,
vergissest unsre Not, unsre Umklammrung! |
26 Unsre Seele ist ja gesenkt in den Staub,
unser Leib klebt am Boden. |
27 Steh auf
zur Hilfe uns!
gilt uns ab
deiner Huld zu willen! |

45

1 Des Chormeisters, nach »Lilien«,
von den Korachsöhnen, eine Eingebungsweise, ein Freund-
schaftsgesang. |

2 Von guter Rede summt mir das Herz,

ich spreche: Einem König gilt mein Tun.
O meine Zunge, geschwinder Schreibergriffel! |

3 Schön, schön bist du vor Menschensöhnen,
Gunstreiz ist dir auf den Lippen ergossen,
drum: Gott hat dich in die Zeit hin gesegnet. |

4 Gürte, Held, dein Schwert an die Hüfte,
deine Hehre und deinen Glanz! |
5 Dein Glanz ists: dringe durch!
reite
für die Sache der Treue,
der gebeugten Wahrhaftigkeit,
und im Furchtgebietenden unterweise dich deine Rechte! |
6 Deine gespitzten Pfeile
– Völker fallen unter dir hin –
ins Herz der Feinde des Königs! |

7 Dein Stuhl ist Gottes
in Zeit und Ewigkeit,
ein Stab der Geradheit
der Stab deines Königtums. |
8 Du liebst Wahrhaftigkeit
und hassest Frevel,
drum hat Gott, dein Gott dich gesalbt
mit Öl des Entzückens
vor deinen Gefährten. |

9 Myrrhe, Aloe, Kassia,
all deine Gewandkammern sinds,
von Elfenbeinhallen her
erfreut dich Saitenklang, |
10 unter deinen Köstlichen sind Königstöchter,
zur Rechten dir steht die Gemahlin
in Ofirmetall. |

11 Höre, Tochter, sieh her,
neige dein Ohr
und vergiß dein Volk und das Haus deines Vaters! |
12 Begehrt deine Schönheit der König,
er ist ja dein Herr,

so bücke dich ihm! |
13 Und die Tochter Tyrus mit Spende,
dein Anlitz sänften
die Reichen der Völkerschaft. |
14 In schwerer Pracht ganz
ist die Königstochter im Binnenraum,
aus Goldgeflechten ihr Kleid, |
15 über Buntgewirk
wird sie zum König geführt,
Mädchen ihr nach,
ihre Genossinnen:
»Für dich hat man sie kommen lassen.« |
16 Sie werden geführt mit Freudenrufen und Jauchzen,
sie kommen in die Königshalle. |

17 An deiner Väter Statt
werden dir Söhne sein,
zu Fürsten wirst du sie setzen
in allem Land. – |

18 Gedenken will ich deinen Namen
in allem Geschlecht und Geschlecht,
drum: Völker werden dir danken
in Zeit und Ewigkeit. |

46

1 Des Chormeisters,
von den Korachsöhnen, in der Jugend-Tonart, ein Gesang. |

2 Gott ist uns Bergung und Wehr,
als Hilfe in Bedrängnissen
gar sehr befunden. |
3 Drum fürchten wir nicht,
ob die Erde wechselt,
ob die Berge wanken
im Herzen der Meere. |
4 Mögen seine Wasser toben, schäumen,
vor seinem Hochfahren die Berge schüttern:
/ Empor! / |

⁵ Ein Strom ist, dessen Läufe
 erfreun die Gottesstadt,
 heiligste Wohnungen des Höchsten. |
⁶ Gott ist drinnen in ihr,
 nie wird sie wanken:
 helfen wird ihr Gott
 um die Morgenwende. |
⁷ Weltstämme toben,
 Königreiche wanken –
 er gibt seine Stimme aus:
 die Erde birst! |
⁸ Bei uns ist ER der Umscharte,
 Jaakobs Gott uns steiler Horst.
   / Empor! / |

⁹ Geht aus, schaut SEINE Werke,
 der Erstarren einsetzt auf Erden: |
¹⁰ die Kriege verabschiedet er
 bis ans Ende des Erdreichs,
 er zerbricht den Bogen,
 die Lanze splittert er,
 er verbrennt die Wagen im Feuer: |
¹¹ »Lasset ab und erkennt, daß ich Gott bin!
 erhoben unter den Stämmen,
 erhoben will ich auf Erden sein.« |
¹² Bei uns ist ER, der Umscharte,
 Jaakobs Gott uns steiler Horst.
   / Empor! / |

47

¹ Des Chormeisters,
 von den Korachsöhnen, ein Harfenlied. |

² Alle Völker ihr, klatscht in die Hand!
 schmettert Gotte mit Jubelhall zu! |
³ Ja, ER, der Höchste, ist furchtbar,
 großer König ob allem Erdreich! |

⁴ Er zwingt unter uns Völker,

Nationen uns unter die Füße, |
⁵ er erwählt uns unser Eigentum,
den Stolz Jaakobs, den er liebt.
/ Empor! / |

⁶ Hoch stieg Gott unter Schmettern,
ER beim Hall der Posaune. |
⁷ Harfet Gotte zu, harfet! |
harfet unserm Könige, harfet!
⁸ Denn König alles Erdreichs ist Gott –
eine Eingebungsweise spielt auf! |
⁹ Die Königschaft trat Gott an
über die Weltstämme,
Gott setzte sich
auf den Stuhl seines Heiligtums. |
¹⁰ Versammelt sind die Edeln der Völker,
das Volk von Abrahams Gott.
Ja, Gottes sind die Schilde des Erdreichs,
sehr erhöht ist er. |

48

¹ Ein Gesang, Harfenlied der Korachsöhne. |

² Groß ist ER und sehr gepriesen
an der Stadt unseres Gottes,
dem Berg seines Heiligtums: |
³ gipfelschön,
Entzücken alles Erdreichs
ist der Zionsberg,
der nördliche Rücken.
Burg des mächtigen Königs! |
⁴ Gott tat an ihren Palästen sich kund
als steiler Horst. |
⁵ Denn da, Könige trafen zusammen, –
mitsammen zogen sie her. |
⁶ Kaum sahn die, so mußten sie staunen,
verstört waren sie, waren bestürzt. |
⁷ Ein Zittern faßte sie dort,

ein Krampf wie der Gebärenden: |
8 mit einem Winde von Osten her
zerbrichst du die Tarschisch-Schiffe. – |
9 Wie wirs gehört hatten, so sahn wirs
an SEINER, des Umscharten, Stadt,
an der Stadt unseres Gottes:
aufrecht hält Gott sie auf Weltzeit.
   / Empor! / |

10 Wir besinnen, Gott, deine Huld
drinnen in deiner Halle. |
11 Wie dein Name, Gott, so ist dein Preis
hin an die Enden der Erde.
Der Bewährung voll ist deine Rechte, |
12 des freut sich der Zionsberg,
die Töchter Jehudas jauchzen
um deiner Gerichte willen. |

13 Umkreiset den Zion, umzirkt ihn,
zählt seine Türme, |
14 setzet euer Herz an seinen Wall,
erklimmet seine Paläste,
damit ihrs erzählet
dem späten Geschlecht: |
15 Ja, dieses ist Gott,
unser Gott ists
in Weltzeit und Ewigkeit,
er wird uns lenken
über den Tod. |

49

1 Des Chormeisters,
von den Korachsöhnen, ein Harfenlied. |

2 Hört dies, ihr Völker alle,
lauschet, all ihr Siedler der Weile, |
3 so Söhne der Leute,
so Söhne des Herrn,

Reicher und Dürftiger mitsammen! |
⁴ Weisheit wird reden mein Mund,
Vernunft ist das Tönen meines Herzens. |
⁵ Ich neige einem Gleichspruch mein Ohr,
ich erschließe zur Leier mein Rätsel. |

⁶ Warum soll ich fürchten
in den Tagen des Bösgeschicks,
da die Fehlhaftigkeit
mich umkreist meiner Fersenschleicher, |
⁷ die sich sicher wähnen durch ihre Habe,
ob der Fülle ihres Reichtums sich preisen! |
⁸ Kann doch den Bruder gültig abgelten niemand,
kann Gotte für ihn Deckung nicht geben |
⁹ – zu teuer ist die Abgült ihrer Seele,
man muß drauf in Weltzeit verzichten –, |
¹⁰ daß er noch in die Dauer lebe,
nicht die Grube sehen müsse! |
¹¹ Nein, sehn muß er! Sterben die Weisen,
schwinden auch Narr und Tölpel mitsammen,
¹² andern lassen sie ihre Habe, | ihr Innres,
ihre Häuser auf Weltzeit,
ihre Wohnungen auf Geschlecht um Geschlecht.
Sie riefen ihre Namen
über Ländereien aus, |
¹³ aber der Mensch, in der Köstlichkeit
darf er nicht übernachten,
er ist dem Vieh zu vergleichen, das stummgemacht wird. |

¹⁴ Dies ist der Weg jener, die Dreistigkeit hegen,
ihnen nach müssen, denen ihr Mundwerk gefällt.
/ Empor! / |
¹⁵ Wie Schafe traben sie ins Gruftreich,
der Tod ists, der sie weidet,
während morgendlich mit dem Ihren schalten die Geraden.
Ihr Gebild soll im Gruftreich zermorschen,
es braucht keinen Söllerbau mehr! |
¹⁶ Meine Seele jedoch wird abgelten Gott
aus der Hand des Gruftreichs, wenn er mich nimmt!
/ Empor! / |

¹⁷ Nimmer fürchte, wenn reich wird ein Mann,
    wenn das Gewicht seines Hauses sich mehrt! |
¹⁸ Denn im Tod nimmt er all das nicht mit,
    seine Gewichtigkeit sinkt ihm nicht nach. |
¹⁹ Wenn er beim Leben auch segnet seine Seele:
    »... und man dankts dir, daß du gütlich dir tatst«, |
²⁰ kommen muß sie zum Geschlecht seiner Väter,
    die für die Dauer das Licht nicht mehr sehn. |
²¹ Der Mensch in der Köstlichkeit, –
    vernimmt er nicht,
    ist er dem Vieh zu vergleichen, das stummgemacht wird. |

50

¹ Ein Harfenlied Aſsafs.

   Der Gottherr, Gott, E R hat geredet,
   aufgerufen hat er die Erde
   vom Aufstrahlen der Sonne
   bis zu ihrem Untergang. |
² Vom Zion, Vollendung der Schönheit,
   ist Gott erschienen |
³ – unser Gott kommt.
   nimmer schweigt er! –,
   vor ihm her frißt ein Feuer,
   rings um ihn stürmt es sehr. |
⁴ Er ruft dem Himmel droben, der Erde,
   zu urteilen seinem Volk: |
⁵ »Ladet mir die mir Holden,
   die überm Schlachtmahl schlossen meinen Bund!« |
⁶ Und der Himmel meldet seinen Wahrspruch,
   da Gott selber Richter ist:
       / Empor! / |

⁷ »Höre, mein Volk, ich will reden,
   Jiſsrael, wider dich will ich zeugen,
   ich, Gott, dein Gott. |
⁸ Nicht um deine Schlachtopfer mahne ich dich,
   sind doch deine Darhöhungen stets mir zugegen. |

⁹ Ich mag aus deinem Hause den Farren nicht nehmen,
  aus deinen Pferchen die Böcke. |
¹⁰ Denn mein ist alles Waldgetier,
  auf dem Bergetausend das Wild, |
¹¹ ich kenne alle Vögel der Berge,
  das Gewimmel des Felds ist bei mir. |
¹² Hungerte ich, ich sagte dir es nicht an,
  denn der Boden und seine Fülle ist mein. |
¹³ Soll das Fleisch der Stiere ich essen,
  trinken das Blut der Böcke?! |
¹⁴ Opfere Gotte Dank,
  zahle dem Höchsten so deine Gelübde! |
¹⁵ Und dann rufe mich am Tage der Drangsal,
  ich will dich losschnüren und du wirst mich ehren.« |

¹⁶ Zum Frevler aber sagt Gott:
  »Was hast du aufzuzählen meine Gesetze
  und trägst meinen Bund in deinem Munde! |
¹⁷ Und du bist es, dem Zucht verhaßt ist,
  und wirfst hinter dich meine Reden. |
¹⁸ Siehst einen Dieb du, gefällts dir bei ihm,
  und bei Verbuhlten hast du dein Teil, |
¹⁹ deinen Mund schickst auf Böses du aus,
  und deine Zunge spannt den Betrug vor. |
²⁰ Sitzest du, verredest du deinen Bruder,
  gibst Unglimpf auf den Sohn deiner Mutter. |
²¹ Dieses hast du getan –
  schwiege nun ich, du meintest, es sei,
  daß ich deinesgleichen wäre.
  Ich ermahne dich, ich reihe dirs vor die Augen: |
²² vernehmt dies doch, ihr Gottesvergeßnen,
  sonst zerreiße ich, und da ist kein Retter! |
²³ Wer Dank opfert, ehrt mich.
  Wer Weg macht,
  Gottesfreiheit lasse ich ihn ansehn.« |

51

¹ Des Chormeisters,
ein Harfenlied Dawids: |
² als zu ihm Natan der Künder gegangen kam, damals
als er zu Batscheba eingegangen war. |

³ Gunst leihe mir, Gott,
nach deiner Huld!
nach der Fülle deines Erbarmens
lösche meine Abtrünnigkeiten! |
⁴ wasche mich völlig ab
von meinem Fehl,
von meiner Sünde reinige mich! |

⁵ Denn meine Abtrünnigkeiten,
selber erkenne ich sie,
meine Sünde ist mir stets gegenwärtig |
⁶ – an dir allein habe ich gesündigt,
das in deinen Augen Böse getan –,
damit du wahr erscheinst in deinem Reden,
klar in deinem Richten. |

⁷ Wohl, wurde gekreißt ich in Fehl,
empfing brünstig mich meine Mutter in Sünde, |
⁸ wohl, doch hast du Gefallen an Treue
bis in den Fibern,
machst im Geheimsten Weisheit mir kenntlich: |
⁹ entsündige mich mit Ysop,
daß ich rein werde,
wasche mich,
daß ich weißer werde als Schnee! |

¹⁰ Lasse mich hören Entzücken und Freude,
jauchzen sollen die Gebeine,
die du geschlagen hast! |
¹¹ Verstecke dein Antlitz vor meinen Sünden,
all meine Fehle lösch aus! |
¹² Ein reines Herz schaffe mir, Gott,
einen festen Geist erneue in meinem Innern! |
¹³ Verwirf mich nimmer von deinem Antlitz,

den Geist deiner Heiligung nimm nimmer von mir! |
14 Laß das Entzücken deiner Freiheit mir kehren,
mit dem Geist der Willigkeit stütze mich: |
15 ich soll die Abtrünnigen lehren deine Wege,
daß die Sündigen umkehren zu dir. |

16 Rette aus Bluttat mich, Gott,
Gott meines Freiwerdens:
jubeln soll meine Zunge
deine Bewährung! |
17 Mein Herr, öffne meine Lippen,
und mein Mund wird deinen Preis melden. |
18 Denn Gefallen am Schlachtmahl hast du nicht, daß ichs gäbe,
    Darhöhung schätzest du nicht zugnaden: |
19 Schlachtmahle für Gott sind ein gebrochener Geist,
ein gebrochenes, zerschlagenes Herz,
Gott, du wirsts nicht verschmähen. – |

20 Tue Zion gut in deiner Gnade,
baue die Mauern Jerusalems auf, |
21 dann wirst du dir Schlachtmahle des Wahrbrauchs gefallen
    lassen,
Darhöhung und Ganzopferbrand,
dann sollen auf deine Schlachtstatt Farren dargehöht werden. |

52

1 Des Chormeisters,
eine Eingebungsweise Dawids: |
2 als Doeg der Edomiter kam und es Schaul meldete und zu ihm
    sprach: Dawid ist in das Haus Achimelechs gekommen. |

3 Was preisest du dich der Bosheit, Gewaltsmann,
als einer Gotteshuld all den Tag! |
4 Verhängnis plant deine Zunge,
einem geschliffnen Schermesser gleich,
Täter der Trügerei! |
5 Du liebst Böses mehr als Gutes,
Lüge mehr als Wahrheit reden.
/ Empor! / |

⁶ Du liebst alle Reden des Verblüffens,
  Zunge des Betrugs!|
⁷ So wird Gott auch für die Dauer dich stürzen,
  dich raffen, aus dem Zelte dich reißen,
  dich entwurzeln aus dem Lande des Lebens!
  / Empor! /|

⁸ Die Bewährten werden schaun und erschauern,
  und auflachen werden sie über ihn:|
⁹ »Da ist der Mann,
  der Gott zu seiner Trutzwehr nicht machte
  und sich sicherte mit der Fülle seines Reichtums,
  auf seine Verhängnismacht trotzte!«|
¹⁰ Ich aber bin wie ein üppiger Ölbaum
  in Gottes Haus,
  ich weiß mich sicher in Gottes Huld
  für Weltzeit und Ewigkeit. –|
¹¹ Auf Weltzeit will ich dir danken,
  denn du hast es getan,
  deinen Namen erharren, denn er ist gütig,
  den dir Holden zugegen.|

53

¹ Des Chormeisters, nach »Die Krankheit ...«,
  eine Eingebungsweise Dawids.|

² Der Nichtige spricht in seinem Herzen:
  »Da gibts keinen Gott!«
  Verderbt, vergreuelt haben sie das Falsch,
  keiner ist mehr, der Gutes tut.|

³ Vom Himmel nieder lugt Gott
  auf die Adamskinder,
  zu sehn, ob ein Begreifender west,
  ein nach Gott Fragender.|

⁴ All das ist abgewichen,
  angefault sind sie mitsammen,

keiner ist mehr, der Gutes tut,
auch kein einziger mehr!|

5 Haben sies nicht erkannt,
die Argwirkenden,
die mein Volk Verzehrenden:
sie verzehren ein Brot,
drüber Gott man nicht anrufen kann!|

6 Dort, sie schrecken zusammen im Schreck,
da Schreckendes nicht geschah,
denn Gott hat deines Belagrers Gebeine zerstreut.
Du machst sie zuschanden,
denn Gott hat sie verworfen. —|

7 Wer gibt von Zion her
Befreiungen Jifsraels!
Wann kehren läßt Gott
Wiederkehr seinem Volk,
wird Jaakob jauchzen,
wird sich Jifsrael freun.|

54

1 Des Chormeisters, zum Saitenspiel,
eine Eingebungsweise Dawids, —|

2 als die Sifiter kamen und zu Schaul sprachen: Versteckt sich
   nicht Dawid bei uns?|

3 Gott, mit deinem Namen befreie mich,
mit deiner Gewalt urteile mir!|

4 Gott, höre mein Gebet,
lausche den Sprüchen meines Munds!|

5 Denn Abgefremdete erheben sich wider mich,
Wütige trachten mir nach der Seele,
sie halten Gott sich nicht entgegen.
    / Empor! /|

6 Da, Gott ist Helfer mir,
mein Herr ist Stütze meiner Seele:|

⁷ auf meine Verleumder kehre sich das Böse,
in deiner Treue schweige sie! |
⁸ In Willigkeit werde ich opfern dir,
deinem Namen danken, DU, denn er ist gütig, |
⁹ denn aus aller Drangsal hat er mich gerettet,
meine Feinde darf mein Auge besehn. |

55

¹ Des Chormeisters, zum Saitenspiel,
eine Eingebungsweise Dawids. |

² Lausche, Gott, meinem Gebet!
nimmer hehle dich meinem Flehn! |
³ merke auf mich, antworte mir!
Ich streife mit meiner Klage umher.
Verstört bin ich |
⁴ von der Stimme des Feindes,
vor dem Martern des Frevlers,
denn sie rollen Arg auf mich nieder,
im Zorn behadern sie mich. |
⁵ Mein Herz windet sich mir im Innern,
Todesängste sind auf mich gefallen, |
⁶ Furcht und Zittern kommt mich an,
zugehüllt hat mich der Schauder, |
⁷ daß ich spreche:
Wer gibt eine Schwinge mir gleich der Taube,
ich entflöge und suchte Wohnung, |
⁸ wohl, ich flatterte fernhin,
nächtigte in der Wüste!
/ Empor! / |
⁹ Ich ereilte mir ein Entrinnen
vor dem sausenden Wind, vor dem Sturm. |

¹⁰ Wirre, mein Herr,
spalte ihre Zunge!
Denn ich sehe Unbill und Streit in der Stadt, |
¹¹ tags und nachts umkreisen sie die
auf ihren Mauern,

ihr im Innern sind Arg und Pein, |
12 ihr im Innern ist Verhängnis,
nicht rührt sich von ihrem Markte
Erpressung und Betrug. |

13 Doch nicht ein Feind höhnt mich
– ich wollte es tragen –,
nicht mein Hasser hat großgetan wider mich
– ich wollte mich vor ihm verstecken –, |
14 nein, du, ein Mensch mir gleichwert,
mein Gefährte und mein Vertrauter, |
15 die miteinander süßes Einvernehmen wir pflogen,
ins Haus Gottes gingen im Getümmel. – |
16 Der Tod überrumple sie!
lebend sollen sie sinken ins Gruftreich!
denn wo sie gasten, ist Böses ihnen im Innern. |

17 Ich, zu Gott rufe ich
und ER wird mich befrein, |
18 abends, morgens und mittags
klage ich und ich stöhne. –
Gehört hat er doch meine Stimme, |
19 hat meine Seele abgegolten in Frieden
vor dem Angriff auf mich,
denn zu vielen waren sie mir entgegen. |
20 Erhören wird der Gottherr und antworten ihnen,
er, der von ureinst her thront,
/ Empor! /
da es für sie kein Wechselseits gibt
und sie Gott nicht fürchten. |

21 Jener legt seine Hand an die ihm Befriedeten,
seinen Bund gibt er preis, |
22 glatt sind die Rahmworte seines Munds,
aber Angriff ist sein Herz,
seine Reden dünken weicher als Öl,
aber gezückte Degen sind sie. |
23 Wirf auf IHN dein Geschick,
er selber wird dich versorgen,
er gibt auf Weltzeit nicht zu,

daß ein Bewährter wanke.|
²⁴ Du selber, Gott, wirst sie senken
in die Brunnentiefe der Grube,
die Männer von Bluttat und Trug
erreichen die Hälfte nicht ihrer Tage.
Ich aber, ich weiß mich sicher an dir.|

56

¹ Des Chormeisters, nach »Verstummte Taube unter Fernen«,
von Dawid, ein Sühngedicht, –
als ihn die Philister festhielten in Gat.|

² Gunst leihe mir, Gott,
denn die Leute schnappen nach mir,
bekriegend umklammern sie mich all den Tag,|
³ all den Tag schnappen meine Verleumder,
ja, viele sinds, die mich hochher bekriegen.|
⁴ Den Tag, da ich fürchten müßte,
ich, mit dir bin ich sicher.|
⁵ An Gott, dessen Rede ich preise,
an Gott habe ich mich gesichert,
ich fürchte mich nicht,
was kann Fleisch mir tun!|

⁶ All den Tag trüben sie meine Worte,
wider mich ist all ihr Planen zum Bösen,|
⁷ sie reizen auf, setzen Nachsteller an,
die bewachen meine Fersen.
Gleichwie sie meiner Seele zuharren:|
⁸ zum Arg ein Entrinnen ihnen!
in den Völkerzorn laß, Gott, sie sinken!|
⁹ Selber zählst du mein Schleichen –
in deinen Schlauch tu meine Träne,
ist nicht in deiner Zählung auch sie?|
¹⁰ Dann müssen rückwärts meine Feinde sich kehren
am Tag, da ich rufe, –
dies erkannte ich, daß Gott für mich ist.|
¹¹ An Gott, dessen Rede ich preise,

an IHM, dessen Rede ich preise, |
12 an Gott habe ich mich gesichert,
ich fürchte mich nicht,
was kann ein Mensch mir tun! |

13 Deine Gelübde, Gott, liegen mir ob,
Dankbarkeit will ich dir zahlen, |
14 denn du rettest meine Seele vom Tod,
nicht wahr? meine Füße vom Anstoß,
einherzugehen vor Gottes Antlitz,
im Lichte des Lebens. |

57

1 Des Chormeisters, »Verderbe nimmer«,
von Dawid, ein Sühngedicht, –
da er vor Schaul auf der Flucht war in der Höhle. |

2 Leihe Gunst mir, Gott, leihe mir Gunst,
denn an dir birgt sich meine Seele.
Ich berge mich im Schatten deiner Flügel,
bis vorüberzog das Verhängnis. |

3 Ich rufe zu Gott dem Höchsten,
dem Gottherrn, ders vollführt über mich. |
4 Er wird vom Himmel senden und mich befrein,
mag auch höhnen, der nach mir schnappt.
   / Empor! /
Senden wird Gott
seine Huld und seine Treue. |

5 Meine Seele ist inmitten von Löwen,
liegen muß ich bei Sengenden,
Menschenkinder sinds,
deren Zähne sind Speer und Pfeile,
deren Zunge ein scharfes Schwert. |
6 Schwinge dich über den Himmel, Gott,
über alles Erdreich deine Ehre! |

7 Sie hatten ein Netz für meine Tritte befestigt,

er bog mir die Seele zurück,
sie hatten vor mir eine Grube gebohrt,
nun fielen sie mitten hinein.
/ Empor! /|

⁸ Fest ist mein Herz, Gott,
fest ist mein Herz,
singen will ich, harfen will ich. |
⁹ Ermuntre dich, meine Ehre,
ermuntre dich, du Laute und Leier,
ermuntern will ich das Morgenrot. |

¹⁰ Unter den Völkern will ich dir danken,
mein Herr,
unter den Nationen dir harfen, |
¹¹ denn bis an den Himmel groß ist deine Huld,
bis an die Lüfte deine Treue. |
¹² Schwinge dich über Himmel, Gott,
über alles Erdreich deine Ehre! |

58

¹ Des Chormeisters, »Verderbe nimmer«,
von Dawid, ein Sühngedicht. |

² Treulich: redet ihr, Gottwesen, Wahrspruch?
richtet ihr mit Geradheit die Menschenkinder? |
³ Vielmehr herzhaft wirkt ihr Verfälschung,
im Land wägt ihr die Unbill eurer Hände dar! –|
⁴ Abgefremdet sind die Frevler vom Schoß an,
vom Mutterleib an abgeirrt die Redner der Täuschung. |
⁵ Ein Gift haben sie, dem Schlangengift ähnlich,
sind gleich der tauben Otter, die ihr Ohr verstockt, |
⁶ welche nicht hört auf die Stimme der Zaubrer,
des erzklugen Haftbannhefters. |

⁷ – Gott, zermalme ihnen die Zähne im Mund,
das Gebiß der Leuen zerkrache, Du! |
⁸ Sie sollen zerrinnen wie Wasser, die sich verlaufen!
– Spanne der nur, wie gekappt sind seine Pfeile! |

⁹ Wie die Schnecke verrinnt, muß er zerlaufen! –
Fehlgeburt des Weibes, schaun sie die Sonne nie! |
¹⁰ Eh sies merken, eure Stacheln des Wegdorns:
ob er lebensfrisch ob ausgedörrt ist,
schon hats ihn hinweggestürmt. |

¹¹ Freuen soll sich der Bewährte,
denn er hat Ahndung geschaut,
er darf seine Tritte baden
im Frevlerblut. |
¹² Sprechen wird der Mensch:
Gewiß, Frucht ist dem Bewährten,
gewiß, Gottheit west,
im Erdlande richtend! |

59

¹ Des Chormeisters, »Verderbe nimmer«,
von Dawid, ein Sühngedicht:
als Schaul gesandt hatte und sie das Haus bewachten,
   ihn zu töten. |

² Vor meinen Feinden rette mich, mein Gott,
steilhin entrücke mich vor den gegen mich Aufgestandnen! |
³ Vor den Argwirkenden rette mich,
befreie mich vor den Männern der Bluttat! |
⁴ Denn da lauern sie auf meine Seele,
die Trotzigen reizen wider mich auf –
nicht meine Abtrünnigkeit ists, meine Sünde nicht, Du! |
⁵ Ohne Verfehlung rennen sie an, richten sich:
rege dich mir entgegen und sieh – |
⁶ bist du, Du, Gott, Umscharter, doch der Gott Jiſsraels!
Erwache, all den Weltstämmen zuzuordnen!
Leih nimmer Gunst all den Arg Tückenden!
   / Empor! / |

⁷ Abendlich kehren sie wieder,
heulen wie das Hundepack
und umkreisen die Stadt, |

⁸ da geifern mit ihrem Mund sie,
Schwerter sind auf den Lippen ihnen,
denn: »Wer hörts?!«|
⁹ Du aber, DU, wirst ihrer lachen,
wirst all der Weltstämme spotten.|

¹⁰ Meine Trutzwehr! ich warte dir zu.
Ja, Gott ist mein Horst!|
¹¹ Mein Gott der Huld überrascht mich,
Gott läßt mich niedersehn auf meine Verleumder. –|

¹² Erwürge sie nimmer,
sonst möchte es mein Volk einst vergessen!
mit deinem Heere treibe sie um,
laß sie sinken, unser Schild du, mein Herr,|
¹³ durch ihres Munds Sünde, ihrer Lippen Gered,
daß sie sich in ihrer Hoffart verfangen,
vom Meineid, von der Heuchelei selbst erzählen.|
¹⁴ Vollziehs in der Grimmglut, vollziehs,
und nichts sind sie, und sie erkennen,
daß Gott in Jaakob der Waltende ist
– bis an die Ränder der Erde.
/ Empor! /|

¹⁵ Und kehren sie abendlich wieder,
heulen wie das Hundepack
und umkreisen die Stadt,|
¹⁶ sie die umhertreiben nach Fraß
und, werden sie nicht satt, knurren:|
¹⁷ ich, deine Wehr will ich singen,
morgendlich bejubeln deine Huld.
Denn du bist mir ein Horst geworden,
eine Zuflucht am Tag, da ich bedrängt war.|
¹⁸ Meine Wehr! ich spiele dir auf:
Ja, Gott ist mein Horst,
mein Gott der Huld!|

60

¹ Des Chormeisters,
nach »Lilie«, eine Bezeugung, ein Sühngedicht Dawids –
zum Lehren –:|
² als er mit dem Aramäer des Zwiestromlandes und mit dem
Aramäer von Zoba focht und Joab kehrte zurück und
schlug Edom im Salztal, zwölftausend.|

³ Gott, du hast uns verworfen,
du hast uns durchbrochen,
du hast gezürnt –
laß es uns wiederkehren!|
⁴ Du hast das Land erschüttert, zerspellt –
heile seine Risse, es wankt ja!|

⁵ Hast du Hartes dein Volk sehen lassen,
hast uns mit Wein zum Taumel getränkt,|
⁶ den dich Fürchtenden gabst du ein Bannerzeichen,
daß es sich abzeichne vor der Redlichkeit her.
/ Empor! /|
⁷ Damit deine Freunde losgeschnürt werden,
befreie mit deiner Rechten, antworte uns! –|

⁸ Gott hat in seinem Heiligtum geredet:
»Ergötzen will ich mich,
Sichem will ich verteilen,
die Tiefebne von Sfukkot vermessen,|
⁹ mein ist Gilad und mein Mnasche,
Efrajim Helmwehr meines Hauptes,
Jehuda mein Richtstab, –|
¹⁰ Moab ist Waschbecken mir,
auf Edom werfe ich meinen Schuh,
schmetterst du, Philistien, noch über mich auf?«|

¹¹ Wer bringt mich in die verschanzte Stadt?
wer geleitet mich bis nach Edom?|
¹² Nicht du, Gott, der du uns hast verworfen,
und zogst, Gott, mit unsern Scharen nicht aus?|
¹³ Schenke vor dem Dränger uns Hilfe:
Befreiertum von Menschen ist Wahn! –|

¹⁴ Mit Gott werden wir Mächtiges tun,
er ists, der niederstampft unsre Bedränger. |

61

¹ Des Chormeisters, auf Saitengerät,
von Dawid. |

² Höre, Gott, mein Wimmern,
merke auf mein Gebet! |
³ Vom Ende des Erdreichs rufe ich zu dir,
wann mein Herz verzagt:
Auf den Fels, mir zu ragend, geleite mich! |
⁴ Denn du bist mir Bergung gewesen,
Turm der Wehr vorm Antlitz des Feinds. |

⁵ Ich will gasten in deinem Zelt für die Zeiten,
will mich bergen im Versteck deiner Flügel.
/ Empor! / |
⁶ Denn du bist es, Gott,
der auf mein Geloben gehört hat,
hat herausgegeben das Erbe
derer, die deinen Namen fürchten. – |

⁷ Tage füge zu den Tagen des Königs,
Jahre ihm wie Geschlecht um Geschlecht! |
⁸ Er throne vor Gott in die Zeit,
Huld und Treue bestimme, daß sie ihn hüten! |

⁹ So will deinem Namen ewig ich harfen,
tagtäglich mein Gelöbnis zu zahlen. |

62

¹ Des Chormeisters über Jedutun,
ein Harfenlied Dawids. |

² Nur auf Gott zu ist Stille meine Seele,
von ihm her ist meine Befreiung. |
³ Nur er ist mein Fels, meine Befreiung,

mein Horst – ich kann nicht gar wanken. |

⁴ Bis wann wollt einen Mann ihr bedrohn
– allsamt ihr zu morden bereit –,
wie eine geneigte Mauer,
eine eingestoßene Wand? |

⁵ Nur ratschlagend, wie ihn von seinem Hochstand zu stoßen
an Täuschung haben sie Gefallen,
sie segnen jeder mit seinem Mund
und verfluchen mit ihrem Innern.
   / Empor! / |

⁶ Nur zu Gott sei still, meine Seele,
denn von ihm her ist meine Hoffnung. |
⁷ Nur er ist mein Fels, meine Befreiung,
mein Horst – ich kann nicht wanken. |

⁸ Bei Gott ist meine Freiheit und Ehre.
Der Fels meiner Macht,
meine Bergung ist in Gott. |
⁹ Seid allstündlich sicher an ihm,
Volk, schüttet euer Herz vor ihm aus!
Gott ist die Bergung uns.
   / Empor! / |

¹⁰ Nur ein Dunst sind die Menschensöhne,
eine Täuschung die Mannessöhne,
auf der Waage müssen hochschnellen sie
mehr als ein Dunst noch mitsammen. |

¹¹ Mit Bedrückung sichert euch nimmer!
laßt euch nimmer umdunsten von Raub!
Habe, wenn sie gedeiht,
setzt das Herz nimmer daran! |

¹² Eines hat Gott geredet,
zwei sinds, die ich habe gehört:
daß Gottes die Macht ist, |
¹³ und dein, mein Herr, ist die Huld,
denn du,
du zahlst jedermann nach seinem Tun. |

63

¹ Ein Harfenlied Dawids, –
als er in der Wüste Jehuda war. |

² Gott! mein Gottherr bist du,
ich sehne dich herbei.
Meine Seele hat nach dir gedürstet,
mein Fleisch ist fahl worden nach dir
im Heideland, matt, ohne Wasser. |

³ So habe ich im Heiligtum dich erschaut,
deine Macht und deine Ehre zu sehen, |
⁴ denn besser ist deine Huld als das Leben:
meine Lippen dürfen dich loben. |
⁵ So will ich in meinem Leben dich segnen,
mit deinem Namen heben meine Hände. |
⁶ Wie an Fett und Mark wird meine Seele ersatten,
jubelnder Lippen preist dann mein Mund. |

⁷ Gedenke auf meinem Lager ich dein,
in Nachtwachen murmle ich dir zu. |
⁸ Denn du bist mir Hilfe gewesen,
im Schatten deiner Flügel habe ich gejubelt. |
⁹ Nachgehangen dir hat meine Seele,
mich hat deine Rechte gehalten. |

¹⁰ Und jene, die zur Verheerung
trachten mir nach der Seele,
sie kommen ins unterste Erdreich, |
¹¹ man liefert jeden dem Schwerte zuhanden,
sie werden Gebühr der Schakale. |
¹² Doch der König wird sich freuen an Gott,
preisen wird sich, allwer bei ihm schwört,
daß der Mund der Lügenredner gestopft ward. |

64

¹ Des Chormeisters,
ein Harfenlied Dawids. |

² Höre meine Stimme, Gott, wann ich klage!
vor Feindes Schrecknis bewahre mein Leben!|
³ Verstecke mich vorm Klüngel der Bösgesinnten,
vor der Argwirkenden Getümmel,|
⁴ die wie ein Schwert ihre Zunge wetzen,
als ihren Pfeilbogen spannen bittere Rede,|
⁵ in Verstecken auf den Schlichten zu schießen,
plötzlich schießen sie auf ihn, fürchten sich nicht.|
⁶ Sie machen böse Rede sich fest,
erzählen, wie sie Schlingen legen wollen,
sprechen: »Wer wirds durchschaun!|
⁷ Die Verfälschungen mögen aufspüren sie,
wir habens geschafft!
nachgespürt wird der Spur,
aber das Innre des Mannes, das Herz ist tief!«|
⁸ Da schießt sie Gott mit dem Pfeil,
plötzlich sind ihnen die Schläge geschehn,|
⁹ womit jenen sie straucheln machen wollten:
über sie ihre Zunge!
Schütteln müssen sich, allwer sie ansieht,|
¹⁰ fürchten müssen sich alle Menschen,
melden müssen sie Gottes Werk
und seine Tat begreifen.|
¹¹ An IHM freut sich der Bewährte,
an ihm birgt er sich,
es preisen sich alle Herzensgeraden.|

65

¹ Des Chormeisters,
ein Harfenlied Dawids, ein Gesang.|

² Dir ist Preisung geziemend,
Gott, auf dem Zion,
dir wird Gelübde bezahlt.|
³ Hörer du des Gebets,
zu dir hin darf alles Fleisch kommen.
⁴ Die Reden der Verfehlungen,

überwältigen sie mich:
unsre Abtrünnigkeiten,
du bists, der sie bedeckt. |
⁵ O Glück dessen,
den du wählst und näherst,
daß in deinen Höfen er wohne!
Mögen wir ersatten
an dem Gut deines Hauses,
der Heiligkeit deiner Halle! |
⁶ Furchtgebietend,
in Wahrhaftigkeit antwortest du uns,
Gott unserer Freiheit,
Sicherheit aller Enden der Erde
und des Meeres der Fernen! |
⁷ Der mit seiner Kraft aufrichtet Berge,
umpanzert mit Heldengewalt, |
⁸ der schwichtigt das Toben der Meere,
das Toben ihrer Wogen,
und das Rauschen der Nationen! |
⁹ Erschauern die Siedler der Enden
von deinen Zeichen,
die Aufgänge des Morgens und Abends
machst du jubeln. |

¹⁰ Du ordnest dem Erdreich zu
und heißest es strotzen,
vielfältig bereicherst du es,
mit dem Gottesbach voller Wasser
zurichtest den Kornstand du ihnen.
Ja, so richtest du es her: |
¹¹ seine Furchen netzend,
senkend seine Schollen,
du lockerst es mit Rieselregen,
du segnest sein Gesproß. |

¹² Mit deinem Gute krönst du das Jahr,
von Fette triefen deine Geleise, |
¹³ die Anger der Wüste triefen,
mit Gejauchze gürten sich die Hügel, |
¹⁴ die Wiesen bekleiden sich mit Schafen,

mit Getreide umhängen sich die Täler,
sie schmettern einander zu,
sie singen gar. |

66

¹ Des Chormeisters, ein Gesang, ein Harfenlied.

Schmettert Gotte zu, alles Erdreich! |
² harfet der Ehre seines Namens!
setzt als Ehrung ein seinen Preis! |
³ Sprecht zu Gott:
»Wie furchtbar sind deine Taten!
Ob der Fülle deiner Macht
schmeicheln dir deine Feinde, |
⁴ alles Erdreich, dir werfen sie sich hin,
harfen dir, harfen deinem Namen.«
  / Empor! / |

⁵ Geht, seht die Handlungen Gottes an,
über den Menschensöhnen er furchtbar am Werk! |
⁶ der das Meer in Trockenes wandelt,
durch den Strom ziehn sie zu Fuß –
da freun wir uns sein! |
⁷ der mit seiner Heldenkraft waltet in die Zeit,
auf die Weltstämme spähn seine Augen,
die Störrigen – nimmer dürfen sie sich überheben!
  / Empor! / |

⁸ Segnet, Völker, unseren Gott,
laßt hören die Stimme seiner Preisung! |
⁹ der unsre Seele setzte ins Leben
und nicht zugab, daß unser Fuß wanke! – |
¹⁰ Wohl, geprüft hast du uns, Gott,
uns ausgeschmelzt, wie Silber man schmelzt: |
¹¹ du hast uns kommen lassen ins Verlies,
Marter uns gesetzt an die Hüften, |
¹² auf dem Kopf uns reiten lassen die Leute,
wir sind gekommen in Feuer und Wasser, –
aber herausgeführt hast du uns, ins Genügen. |

¹³ Mit Darhöhungen in dein Haus will ich kommen,
zahlen will ich dir meine Gelübde, |
¹⁴ was hervorstießen meine Lippen,
mein Mund redete, da ich bedrängt war, |
¹⁵ will dir Darhöhungen von Fettschafen höhen
samt dem Aufrauchen von Widdern,
Rinder samt Böcken dir dartun.
/ Empor! / |

¹⁶ Geht her, höret, ich will erzählen,
ihr Gott Fürchtenden alle,
was er meiner Seele getan hat! |
¹⁷ Mit meinem Munde rief ich zu ihm,
Erhebung war mir unter der Zunge.
¹⁸ Hätte ichs in meinem Herzen auf Arg abgesehn,
nicht hören würde mein Herr, |
¹⁹ jedoch Gott hat es gehört,
hat auf die Stimme meines Betens gemerkt. |
²⁰ Gesegnet Gott,
der mein Gebet nicht abwandte,
seine Huld nicht von mir! |

67

¹ Des Chormeisters, zum Saitenspiel,
ein Harfenlied, ein Gesang. |

² Gott leihe uns Gunst, segne uns,
er lasse mit uns leuchten sein Antlitz! –
/ Empor! / |
³ Daß man auf Erden erkenne deinen Weg,
in aller Stämmewelt dein Befreien! |

⁴ Die Völker danken dir, Gott,
die Völker danken dir alle, |
⁵ die Nationen freun sich und jubeln.
Denn du richtest Völker mit Geradheit,
Nationen, du leitest sie auf Erden.
/ Empor! / |

⁶ Die Völker danken dir, Gott,
  die Völker danken dir alle. |
⁷ Die Erde gab ihr Gewächs,
  Gott, unser Gott segnet uns. |
⁸ Gott segnet uns,
  und ihn fürchten alle Ränder der Erde. |

68

¹ Des Chormeisters,
  von Dawid, ein Harfenlied, ein Gesang. |

² Gott steht auf,
  seine Feinde zerstieben,
  seine Hasser entfliehen
  vor seinem Angesicht. |

³ Wie Rauch verweht, da es weht,
  wie Wachs angesichts des Feuers zerfließt,
  schwinden die Frevler angesichts Gottes, |
⁴ die Bewährten aber freun sich,
  ergötzen sich vorm Angesicht Gottes,
  entzücken sich in der Freude. |

⁵ Singet Gotte zu,
  harfet seinem Namen,
  tragts empor ihm,
  der auf Dunkelwolken reitet,
  mit »Hie Er! ist sein Name«,
  jubiliert ihm vorm Angesicht, |
⁶ dem Vater der Waisen,
  dem Anwalt der Witwen,
  Gott im Hag seines Heiligtums! |
⁷ Gott
  setzt die Vereinsamten wieder in Hausstand,
  führt die Gefesselten heraus zu Gedeihen,
  jedoch die Störrigen müssen wohnen im Kahlland. –|

⁸ Gott,
  als einher vor deinem Volke du fuhrst,

als du durch die Einöde schrittest,
/ Empor! /|
⁹ schütterte die Erde,
auch die Himmel troffen
angesichts Gottes
– dies ist ein Sinai! –,
angesichts Gottes,
des Gottes Jiſsraels. |

¹⁰ Einen Regen der Freigebigkeit
schwingst nieder du, Gott,
dein Eigentum, das erschöpfte,
du selber richtest es auf, |
¹¹ dein Rudel, sie werden drin seßhaft,
in deiner Güte richtest du her
für den Gebeugten, o Gott! |

¹² Mein Herr gibt den Spruch aus
– der Heroldinnen groß ist die Schar –: |
¹³ »Die Könige der Scharen,
sie müssen entflattern, entflattern,
aber die Anmutige des Hauses,
verteilen darf sie die Beute |
¹⁴ – wollt liegen ihr zwischen den Hürden?! –,
Taubenflügel, silberüberspannt,
Gefieder dran aus grüngelbem Feinerz. |
¹⁵ Wann der Gewaltige die Könige drin zerspreitet,
schneeig wirds auf dem ›Schattenbühl‹.« |

¹⁶ Ein gottmächtiger Berg, Baschans Berg,
ein vielgiebliger Berg, Baschans Berg! |
¹⁷ Warum beschielet ihr, gieblige Berge,
den Berg, den Gott sich zum Sitze begehrt hat?
einwohnen auch wird ER da in die Dauer! |

¹⁸ Gottes Reiterei sind Myriaden,
Tausendschaften im Wechselzug,
mein Herr unter ihnen:
der Sinai im Heiligtum! – |
¹⁹ Aufgestiegen bist du zur Höhe,
hast Gefangne gefangen,

Gaben genommen an Menschen,
und sinds Störrige auch,
um nun einzuwohnen:
»Hie Er! Gott!« |

20 Gesegnet mein Herr!
Tagtäglich lädt er sichs für uns auf,
die Gottheit ist unsre Befreiung!
/ Empor! / |
21 Die Gottheit ist für uns,
Gottheit der Befreiungstaten,
bei IHM, unserm Herrn,
kann man dem Tod auch entfahren. |

22 Wohl, Gott zerrüttet das Haupt seiner Feinde,
den Haarscheitel dessen,
der in seinen Verschuldungen sich ergeht. |
23 Mein Herr hat gesprochen:
»Aus Baschan hole ich zurück,
hole zurück aus den Strudeln des Meers, |
24 damit deinen Fuß du rüttelst im Blut,
die Zunge deiner Hunde ihre Gebühr von den Feinden habe.« |

25 Sie sehn deine Gänge an, Gott,
meiner Gottheit, meines Königs Gänge ins Heiligtum: |
26 voran Sänger, hinterher Saitenspieler,
inmitten paukenschlagender Jungfraun. |
27 – Segnet in Weihversammlungen Gott,
meinen Herrn, ihr aus Jifsraels Quell! – |
28 Dort ist Binjamin, der Jüngste, der sie befehligt:
die Fürsten Jehudas, ihr Kriegslärm,
die Fürsten Sbulums, die Fürsten Naftalis. |

29 – Entboten hat dein Gott deine Macht! –
Erhalte in Macht, Gott, was du an uns wirktest, |
30 von deiner Halle über Jerusalem hin!
Zoll sollen Könige darbringen dir. |
31 Beschilt das Getier im Rohr,
die Horde der Stierrecken
unter den Völkerkälbern,
was um Silberbarren einhertrampt! –

Er zersprüht die Völker, die Lust haben an Schlachten!|
³² Herbeilaufen werden aus Ägypten die Bronzegeschmückten,
Äthiopien wird seine Hände Gott zueilen lassen.|

³³ Königreiche der Erde,
singt Gotte zu,
harfet meinem Herrn!
/ Empor! /|
³⁴ Ihm, der durch die Himmel des Urhimmels reitet!
Da, er gibt seine Stimme aus, Stimme der Macht!|
³⁵ Übergebt die Macht Gott!
Über Jifsrael seine Hoheit,
seine Macht in den Lüften!|
³⁶ – Furchtbar du aus deinen Heiligtumen, Gott,
Gottheit Jifsraels! –
Er gibt dem Volke Macht und Kernfestigkeit:
gesegnet sei Gott!|

69

¹ Des Chormeisters, nach »Lilien«,
von Dawid.|

² Befreie mich, Gott,
denn das Wasser kommt an die Seele.|
³ Ich sinke in das strudelnde Moor
und ist kein Stand,
ich komme in die Tiefen des Wassers,
der Schwall spült mich hinweg.|
⁴ Ich habe mich müd gerufen,
meine Kehle ist entflammt,
meine Augen zehren sich auf,
wie ich harre auf meinen Gott.|
⁵ Mehr wurden als Haare auf meinem Haupt,
die grundlos mich hassen,
Menge wurden, die mich schweigen wollen,
die aus Lug mich befeinden.
Wo ich nicht raubte, da soll ich erstatten.|
⁶ Du, Gott, du kennst meine Torheit,

meine Verschuldungen sind dir nicht verhohlen. |
7 Laß beschämt nimmer werden an mir
die auf dich hoffen, mein Herr, Du Umscharter,
laß zu Schimpfe nimmer werden an mir
die dich suchen, Gott Jiſsraels! |
8 Denn deinetwegen trage ich Hohn,
hüllt Beschimpfung mein Antlitz ein. |
9 Entfremdet ward ich meinen Brüdern,
ausheimisch den Söhnen meiner Mutter. |
10 Denn der Eifer um dein Haus hat mich gefressen,
das Höhnen deiner Höhner ist auf mich gefallen. |
11 Weinte ich in der Kasteiung die Seele mir aus,
wurde es mir zur Verhöhnung; |
12 gab ich Sackleinen mir als Kleid,
wurde ich zum Gleichwörtlein ihnen. |
13 Von mir schwatzen, die umsitzen im Tor,
und der Met-Zecher Klimperlieder. |
14 Ich aber, mein Gebet ist zu dir,
Du, um eine Stunde der Gnade.
Gott, in der Fülle deiner Huld
antworte mir
mit der Treue deiner Freiheit! |
15 Reiße mich aus dem Schlamm,
daß ich nimmer versinke,
entrissen sei ich meinen Hassern
und den Wassertiefen! |
16 Nimmer spüle mich der Schwall des Wassers hinweg,
nimmer verschlinge mich der Strudel,
nimmer mache der Brunnen seinen Mund über mir zu! |
17 Antworte mir, Du,
denn gütig ist deine Huld,
nach der Fülle deines Erbarmens
wende dich zu mir! |
18 Versteck dein Antlitz nimmer vor deinem Knecht,
denn ich bin bedrängt,
eilends antworte mir! |
19 Nahe meiner Seele,
löse sie aus,
um meiner Feinde willen

gilt mich ab!|
20 Du, du kennst
meine Verhöhnung, meine Beschämung, meinen Schimpf,
dir gegenwärtig sind all meine Bedränger.|
21 Der Hohn hat mein Herz gebrochen,
versehrt bin ich worden.
Ich hoffte auf ein Zunicken,
da ist keins,
auf Tröster,
ich finde sie nicht.|
22 Sie haben Wermut in meine Labung gegeben,
für meinen Durst geletzt mich mit Essig.|
23 Ihr Tisch werde vor ihnen zur Falle,
den Zufriednen zur Schlinge!|
24 finster seien ihre Augen, sichtlos!
ihre Hüften lasse stets schwanken!|
25 dein Dräun schütte über sie,
sie erreiche die Flamme deines Zorns!|
26 öd werde ihr Lagerring,
in ihren Zelten sei ein Insasse nimmer!|
27 Denn sie jagen, den selber du schlugst,
beim Schmerze deiner Durchbohrten erzählen sie sichs.|
28 Gib Fehl noch über ihre Verfehlung,
in deinen Bewährtspruch mögen nimmer sie kommen!|
29 Gewischt seien sie aus dem Buche des Lebens,
bei den Bewährten seien sie nimmer geschrieben!|
30 Ich aber,
ein Gebeugter und Schmerzensreicher, –
dein Befreien, Gott, entrücke mich steilhin!|
31 Preisen werde ich im Gesang Gottes Namen,
im Dank seine Größe sagen, –|
32 besser dünkt das IHN als ein Stier,
ein Farre, ein gehörnter, gehufter.|
33 Die sich Beugenden sehens, sie freun sich,
ihr, die ihr nach Gott fraget, euer Herz lebe auf!|
34 Denn ER hört auf die Dürftigen,
seine Gefesselten verachtet er nicht.|
35 Preisen sollen ihn Himmel und Erde,
die Meere und allwas sich drin regt!|

³⁶ Denn Gott wird Zion befreien,
aufbauen die Städte Jehudas,
daß man dort siedle und sie ererbe! |
³⁷ Der Same seiner Knechte wirds eignen,
die seinen Namen lieben, werden drin wohnen. |

70

¹ Des Chormeisters,
von Dawid, zum Gedenkenlassen. |

² Gott, mich zu erretten,
DU, zu meiner Hilfe eile! |
³ Zuschanden sollen werden und sich schämen,
die nach der Seele mir trachten,
zurück prallen, zu Schimpfe werden,
die Lust haben an meinem Übel, |
⁴ kehrtmachen zufolg ihrer Schande
die sprechen: Ha! ha! |
⁵ Entzücken sollen sich, sich freuen an dir
alle, die nach dir trachten,
stets sollen sprechen:
»Groß ist Gott!«,
die dein Befreien lieben. |
⁶ Ich hier,
gebeugt und bedürftig, –
Gott, eile mir herbei!
Was mir hilft,
was mich entrinnen macht
bist du:
DU, säume nimmer! |

71

¹ An dir, DU, habe ich mich geborgen,
möge ich in Weltzeit nimmer zuschanden werden! |
² in deiner Wahrhaftigkeit

rette mich und laß mich entrinnen!
neig dein Ohr mir zu und befreie mich!|

³ werde mir zum Felsenhag,
dahin ich stets kommen darf!
Geboten hast du, mich zu befreien,
denn du bist mein Schroffen und meine Bastei.|

⁴ Mein Gott,
lasse mich vor der Hand des Frevlers entrinnen,
vor dem Griff des Verfälschers und Nötigers!|

⁵ Denn meine Hoffnung bist du, mein Herr,
DU meine Sicherheit von meiner Jugend auf.|

⁶ An dir habe ich mich vom Schoß an gehalten,
vom Leib meiner Mutter an bist du mein Entbinder,
dir stets gilt mein Preisen.|

⁷ Wie ein Erweis bin ich vielen geworden,
da du meine Bergung in Macht bist.|

⁸ Mein Mund füllt sich deines Preises,
all den Tag deines Ruhms.|

⁹ Schleudre nimmer fort mich zur Zeit des Alters,
wann meine Kraft dahin ist, verlasse mich nimmer!|

¹⁰ Denn meine Feinde sprechen gegen mich,
die meine Seele überwachen, beraten sich miteinander,|

¹¹ sprechend: »Gott hat ihn verlassen,
jaget, packt ihn, denn kein Retter ist mehr!«|

¹² Gott, bleib mir nicht fern!
mein Gott, zu meiner Hilfe eile!|

¹³ Zuschanden sollen werden, dahingehn,
die meine Seele behadern,
Hohn und Schimpf um sich schlingen,
die nach meinem Bösgeschick trachten!|

¹⁴ Doch ich, ich will stetig harren
und all deiner Preisung noch fügen hinzu.|

¹⁵ Mein Mund wird deine Bewährung erzählen,
all den Tag dein Befreierwerk,
denn Abzählungen kenne ich nicht.|

¹⁶ Ich komme
mit meines Herrn, DEINEN, Heldengewalten,
stifte deiner Bewährung Gedächtnis,

deiner allein. |
17 Gott, von meiner Jugend an hast du mich belehrt,
und bis nun vermelde ich deine Wunder. |
18 Auch bis zu Alter und Greisentum,
Gott, verlasse mich nimmer,
bis ich vermeldet habe dem Geschlecht deinen Arm,
deine Heldengewalt allem was kommt, |
19 und deine Bewährung, Gott, bis zur Höhe,
wie du Großes getan hast, –
Gott, wer ist dir gleich! |
20 Der du uns hast sehen lassen
Bedrängnisse viel und Übel,
umkehrend belebst du uns,
und aus den Wirbeln des Erdreichs,
umkehrend, lässest du uns steigen. |
21 Mehren willst du meine Größe,
und dich wendend tröstest du mich. |

22 Ich auch, ich will dir danken
mit Lautengerät,
deiner Treue, mein Gott,
spielen dir auf der Leier,
Heiliger Jifsraels! |
23 Mir jubeln die Lippen,
wenn ich dir harfe,
und meine Seele, die du abgegolten hast. |
24 Meine Zunge auch, all den Tag
tönt sie deine Bewährung aus,
daß zuschanden sind, daß sich schämen,
die nach meinem Bösgeschick trachteten. |

72

1 Von Schlomo.

Gott,
deine Rechtsbräuche dem Könige gib,
deinen Wahrspruch dem Königssohn! |

² Er urteile deinem Volke in Wahrheit,
in Gerechtigkeit deinen Gebeugten! |
³ Frieden tragen dann die Berge dem Volk zu,
die Hügel in Wahrhaftigkeit. |
⁴ Er rechte für die Gebeugten des Volks,
befreie die Söhne des Dürftigen
und ducke den Unterdrücker! |
⁵ Man fürchtet dich mit dem Sonnenschein dann,
angesichts des Monds für Geschlecht der Geschlechter. |
⁶ Er senke sich wie Regen auf die Matte,
wie Rieseln, Getröpfel zur Erde. |
⁷ In seinen Tagen sproßt der Bewährte,
Friedens Fülle ist, bis es keinen Mond gibt. |
⁸ Er befehligt vom Meere zum Meer
und vom Strom zu den Rändern der Erde. |
⁹ Schiffsmächte knien ihm vorm Angesicht,
seine Feinde lecken den Staub. |
¹⁰ Die Könige von Tarschisch und den Inseln,
Zinsspende entrichten sie,
die Könige von Saba und Sseba,
Tribut nahen sie dar. |
¹¹ Ihm bücken alle Könige sich,
alle Stämme dienen ihm. |
¹² Denn er rettet den Dürftigen, der aufstöhnt,
den Gebeugten, dem kein Helfer ist. |
¹³ Ihn dauert des Armen und Dürftigen,
die Seelen der Dürftigen befreit er, |
¹⁴ löst ihre Seele aus Pressung und Unbill,
teuer ist in seinen Augen ihr Blut. |
¹⁵ Er lebe!
Man gibt ihm von Sabas Gold,
man betet für ihn beständig,
all den Tag segnet man ihn: |
¹⁶ »Er sei wie Schwellen des Getreids überm Erdland,
am Haupte der Berge
woge libanongleich auf seine Frucht,
mögen der Stadt sie entblühen wie Kraut der Erde! |
¹⁷ Sein Name bleibe auf Weltzeit,
angesichts der Sonne pflanze sein Name sich fort,

mögen alle Stämme sich segnen mit ihm,
ihn glücklich heißen.«|

18 Gesegnet ER, Gott,
Der Gott Jifsraels,
der Wunder tut, er allein, |
19 gesegnet der Name seiner Ehre
auf Weltzeit,
mit seinem Ehrenschein fülle sich alles Erdland!
Jawahr, jawahr!|

20 Zu Ende sind die Gebete Dawids Sohnes Jischajs. |

73

1 Ein Harfenlied Afsafs.

Gewiß, gut ist zu Jifsrael Gott:
zu den am Herzen Lautern. |

2 Ich aber, ein weniges noch,
so bogen ab meine Füße,
ein Nichts, und mein Schritt kam ins Stolpern. |
3 Denn eifersüchtig war ich auf die Prahler,
da den Frieden der Frevler ich sah. |
4 Denn keine Beklemmungen gibt es für sie,
heil und feist ist ihr Wanst, |
5 in der Menschenpein sind sie nie,
mitsamt den Leuten werden sie nicht geplagt. |
6 Drum ist Hoffart ihr Halsgeschmeid,
hängt Unbill als Putz ihnen um. |
7 Aus dem Fett dringt ihr Auge hervor,
drüber ziehn die Malereien des Herzens. |
8 Sie grinsen und reden im Bösen,
Bedrückung reden sie von oben her. |
9 Sie setzen an den Himmel ihren Mund,

und ihre Zunge ergeht sich auf der Erde. |
10 Drum jenes: »Bringe er sein Volk nur wieder hierher,
Wassers können sie sich schlürfen die Fülle!« |
11 Und sie sprechen: »Wie kennte Gott das!
gibts Kenntnis beim Höchsten?!« |
12 Da sind nun diese: Frevler,
zufrieden hin in die Zeit
haben sie Macht erlangt! |
13 Nur ins Leere
klärte ich mein Herz,
badete meine Hände in Unsträflichkeit, |
14 war geplagt doch all den Tag,
morgendlich ward Züchtigung mir! |
15 Hätte ich gesprochen: »Erzählen will ichs wies ist!«,
da hätte ich das Geschlecht deiner Söhne verraten. |
16 Doch wie ich plante dies zu erkennen,
Pein war es meinen Augen, |
17 bis ich an Gottes Heiligtume kam,
auf jener Späte konnte ich nun achten: |
18 nur auf Schlüpfriges hast dus ihnen gesetzt,
in Berückungen lässest du sie verfallen. |
19 Wie werden sie zu Starrnis im Nu,
verscheiden, schwinden vor Grausen! |
20 Wie einen Traum nach dem Erwachen, mein Herr,
verlachst du, wann du dich regst, ihr Schattengebild. |
21 Wenn aufgor mein Herz,
ich mirs schneiden ließ in die Nieren, |
22 dumm war ich und erkannte nicht,
ein Vieh bin ich bei dir gewesen. |

23 Und doch bleibe ich stets bei dir,
meine rechte Hand hast du erfaßt. |
24 Mit deinem Rate leitest du mich,
und danach nimmst du mich in Ehren hinweg. |
25 Wen habe ich im Himmel!
aber bei dir
habe ich nicht Lust nach der Erde. |
26 Verendet mein Fleisch und mein Herz,
der Fels meines Herzens, mein Teil, Gott bleibt in die Zeit. |

²⁷ Denn, da, die dir fern sind, verlieren sich,
du schweigst alljeden, der abhurt von dir, –|
²⁸ ich aber, Gott nahn ist mir das Gute,
in meinen Herrn, DICH, habe ich meine Bergung gesetzt:
all deine Arbeiten zu erzählen.|

74

¹ Eine Eingebungsweise Afsafs.

Warum, GOTT,
verabscheust du in die Dauer,
raucht dein Zorn
wider die Schafe deiner Weide?|
² Gedenke
deiner Gemeinde,
die du ureinst erwarbst,
erkauftest als Stab deines Eigens!
dieses Zionsbergs,
darauf du einwohntest!|
³ Hebe deine Tritte
zu den Verheerungen, die dauern:
alles mißhandelt
hat der Feind im Geheiligten!|
⁴ Deine Bedränger brüllten auf
drin an deiner Gegenwartsstatt,
setzten ihre Zeichen als Zeichen.|
⁵ Zu kennen wars,
wie wo einer ausholt nach oben
im Baumgeflecht mit Äxten.|
⁶ Und nun, sein Schnitzwerk mitsammen,
sie habens mit Barte und Beilen zerhackt.|
⁷ In Feuer steckten sie
dein Heiligtum,
zum Erdland preisgaben sie
die Wohnung deines Namens.|
⁸ Sie sprachen in ihrem Herzen:
»Ihre Brut mitsammen!«

Sie verbrannten
alle Begegnungsstätten der Gottheit im Land. |
⁹ Zeichen uns sehen wir nicht,
es gibt keinen Künder mehr,
nicht ist einer mit uns,
der kennte, bis wann. |
¹⁰ Bis wann, Gott, darf der Bedränger höhnen?
Darf der Feind deinen Namen schmähn in die Dauer? |
¹¹ Warum ziehst du zurück deine Hand?
Deine Rechte, hervor aus deinem Busen!
beends! |

¹² Ist doch Gott mein König
von ureinst her,
der Befreiungen wirkt
im Innern des Erdlands! |
¹³ Du,
du zerklobest mit deiner Macht das Meer,
du zerbrachst Drachenhäupter überm Wasser, |
¹⁴ du,
du zerstücktest die Häupter des Lindwurms,
du gabst ihn als Fraß dem Wüstenspuk-Volk, |
¹⁵ du,
du erspaltetest Quell und Bachtal,
du,
du vertrocknetest urständige Ströme. |
¹⁶ Dein ist der Tag,
dein auch die Nacht,
du,
du festetest Geleucht und Sonne, |
¹⁷ du,
du errichtest alle Schranken des Erdlands,
Sommer und Winter,
du, du bildetest sie. |

¹⁸ Gedenke dies:
der Feind höhnt DICH!
nichtig Volk schmähn deinen Namen! |
¹⁹ Nimmer gib dem Wildlebenden
die Seele deiner Turtel!

das Leben deiner Gebeugten,
nimmer vergiß es in die Dauer!|
20 Blick auf den Bund!
Denn gefüllt haben sich
die finstern Plätze des Erdlands
mit Triften der Unbill.|
21 Nimmer möge sich abkehren müssen
der Geduckte beschimpft!
der Gebeugte, der Dürftige
sollen deinen Namen preisen!|
22 Steh auf, Gott!
streite deinen Streit!
gedenke deiner Verhöhnung
durch den Nichtigen all den Tag!|
23 Vergiß nimmer
die Stimme deiner Bedränger,
das Toben der gegen dich Aufständischen,
das stetig hinansteigt!|

75

1 Des Chormeisters,
»Verderbe nimmer«, ein Harfenlied Afsafs, ein Gesang.|

2 – Wir danken dir, Gott, wir danken.
Nah ist dein Name ihnen,
die deine Wunder erzählen.|

3 – Ja, ich ergreife die Frist,
selber richte ich mit Geradheit.|

4 Sie wanken,
die Erde mit all ihren Siedlern, –
ich selber
verfestige Säulen.
 / Empor! /|

5 Ich spreche zu den Prahlern:
Prahlet nimmer!,
zu den Frevlern:

6 Hebt nimmer das Horn,| nimmer

hebt euer Horn zur Höhe,
redet frechgereckten Halses! |

⁷ – Ja, nicht vom Aufgang, vom Abend,
nicht von der Bergwüste her einer, – |
⁸ Gott ja ist es, der richtet,
den niedert er und den erhebt er. |
⁹ Ja, ein Becher ist in SEINER Hand,
ein Wein schäumt voller Mischung,
von dem schenkt er ein,
seine Hefen gar müssen schlürfen, trinken
alle Frevler der Erde. |
¹⁰ Ich aber, in die Zeit will ichs melden,
harfen dem Gott Jaakobs. |

¹¹ – ... Und alle Hörner der Frevler haue ich ab,
heben sollen sich die Hörner des Bewährten! |

76

¹ Des Chormeisters, zum Saitenspiel,
ein Harfenlied Afsafs, ein Gesang. |

² Kundworden ist Gott in Jehuda,
in Jifsrael groß ist sein Name. |
³ In Schalem wurde seine Verschirmung,
sein Geheg auf dem Zion. |
⁴ Dort zerbrach er die Flitze des Bogens,
Schild und Schwert und Kriegsgerät.
/ Empor! / |

⁵ Umlichtet bist du,
herrlich vor den Raubbergen her. |
⁶ Beute wurden die Herzensrecken,
entschlummerten in ihren Schlaf,
alle Heermannen fanden nicht ihre Hände. |
⁷ Vor deinem Schelten, Gott Jaakobs,
betäubt ward so Fahrzeug, so Roß. |

⁸ Du, furchtbar bist du,

wer bestünde vor dir
vom Nun deines Zornes an! |
⁹ Vom Himmel ließest Urteil du hören,
die Erde fürchtete und stockte, |
¹⁰ da Gott aufstand zum Gericht,
zu befrein alle Gebeugten der Erde.
    / Empor! / |

¹¹ Denn noch des Menschen Grimm muß dich bekennen,
den Rest der Grimmgluten gürtest du um. – |
¹² Gelobt und zahlet IHM eurem Gott!
Alle rings um ihn her
sollen Zoll dem Furchtgebietenden bringen, |
¹³ der den Übermut der Herzöge stutzt,
furchtbar den Erdkönigen. |

77

¹ Des Chormeisters über Jedutun,
von Aſsaf, ein Harfenlied. |

² Meine Stimme zu Gott – ich muß schrein!
meine Stimme zu Gott, daß er mir lausche! |
³ Am Tag meiner Drangsal suche ich meinen Herrn,
nachts ist hingereckt meine Hand und erlahmt nicht,
meine Seele weigert, sich trösten zu lassen. |
⁴ Will ich Gottes gedenken, muß ich wimmern,
will ich klagen, verzagt mein Mut.
    / Empor! / |

⁵ Du spreizest meinen Augen die Lider,
ich bin aufgerührt und kann nicht reden. |
⁶ Ich erwäge die Tage von einst,
die Jahre der Vorzeiten. |
⁷ Gedenken will ich
meines Saitenspiels in der Nacht,
mit meinem Herzen Klage halten,
und mein Gemüt tappt umher: |
⁸ Wird mein Herr in die Zeiten verabscheun?

wird er nie mehr annehmen zugnaden?|
⁹ ist für die Dauer dahin seine Huld?
der Spruch zuend auf Geschlecht um Geschlecht?|
¹⁰ Hat die Gottheit vergessen, Gunst zu erzeigen,
oder im Zorn ihr Erbarmen versperrt?
/ Empor! /|

¹¹ Doch ich spreche – mein Sänftigen ists –:
Den Jahren der Rechten des Höchsten|
¹² will ich Gedächtnis stiften,
oh Seinem Handeln. –
Ja, gedenken muß ich von einst deines Wunders,|
¹³ nachsinnen all deinem Werk,
um deine Handlungen muß ich klagen.|

¹⁴ Gott, im Heiligen ist dein Weg.
Wer ist Gottheit, groß wie Gott!|
¹⁵ Du bist die Gottheit, die Wunder tut,
du gabst deine Macht unter den Völkern zu kennen:|
¹⁶ du erlöstest mit dem Arme dein Volk,
die Söhne Jaakobs und Jofsefs.
/ Empor! /|

¹⁷ Die Wasser sehen dich, Gott,
die Wasser sehn dich, sie kreißen,
ja, die Urwirbel erbeben.|
¹⁸ In Wasser ergießt sich das Gewölk,
die Lüfte geben den Hall aus,
ja, deine Pfeile ergehn sich.|

¹⁹ Im Radkreisen ist der Hall deines Donners,
die Blitze erhellen den Weltraum,
es bebt, es schüttert die Erde.|
²⁰ Durch das Meer hin ist dein Weg,
dein Steig durch die vielen Wasser,
doch nicht werden deine Tapfen erkannt.|

²¹ Wie eine Schafherde leitest du dein Volk
durch Mosches und Aharons Hand.|

78

¹ Eine Eingebungsweise Aſsafs.

Lausche, mein Volk, meiner Weisung!
neigt euer Ohr den Sprüchen meines Munds!|
² Meinen Mund will ich öffnen im Gleichwort,
Rätsel sprudeln von ureinst.|
³ Was wir hörten, daß wirs erkennen,
und uns unsre Väter erzählten,|
⁴ nicht hehlen wirs ihren Söhnen
in einem späten Geschlecht,
SEINE Preisungen erzählend,
seine Siegesmacht und seine Wunder,
die er getan hat.|

⁵ Er erstellte in Jaakob Zeugnis,
Weisung setzte er in Jiſsrael ein,
die er unseren Vätern entbot,
ihre Söhne sie kennen zu lehren,|
⁶ damit ein spätes Geschlecht erkenne,
Söhne, einst geborene, aufstehn
und ihren Söhnen erzählen,|
⁷ daß auf Gott sie ihre Zuversicht setzen
und nicht vergessen des Handelns der Gottheit
und ihre Gebote wahren|
⁸ und nicht werden wie ihre Väter
ein störriges und widerspenstiges Geschlecht,
ein Geschlecht, das nicht festigt sein Herz
und nicht treu ist mit der Gottheit sein Geist.|

⁹ Die Söhne Efrajims,
wohlbewaffnete Bogenschützen,
die sich wandten am Tage der Schlacht!|
¹⁰ Sie hüteten Gottes Bund nicht,
weigerten sich in seiner Weisung zu gehn.|
¹¹ Sie vergaßen sein Handeln,
seine Wunder, die er sie sehn ließ:|
¹² Wunderbares tat er vor ihren Vätern
in dem Land Ägypten, Zoans Gefild, –|

¹³ er spaltete Meer und führte sie durch,
   staute Wasser wie einen Damm, |
¹⁴ leitete sie mit der Wolke am Tag,
   all die Nacht mit dem Feuerschein, |
¹⁵ Felsen spaltete er in der Wüste
   und letzte sie wie von Urwirbelfülle, |
¹⁶ Rinnsale holte er aus dem Gestein,
   ließ Wasser niederfließen wie Ströme. |

¹⁷ Sie aber sündigten gegen ihn weiter,
   in der Heide widerspenstig dem Höchsten. |
¹⁸ Sie prüften die Gottheit in ihrem Herzen,
   ihrer Seele Atzung erheischend, |
¹⁹ sie redeten wider Gott, sie sprachen:
   »Vermag die Gottheit einen Tisch in der Wüste zu rüsten? |
²⁰ Wohl, den Fels hat er geschlagen,
   und Wasser quoll, Bäche spülten heran, –
   vermag er Brot auch zu geben,
   kann er Wildbret zurichten seinem Volk?« |
²¹ Drum, es hörend, wallte ER auf,
   Feuer entfachte gegen Jaakob sich,
   ja, Zorn stieg gegen Jifsrael. |
²² Denn Gotte vertrauten sie nicht,
   sicherten sich nicht in seinem Befreien. |
²³ Da gebot er den Lüften von oben,
   die Himmelstüren öffnete er |
²⁴ und regnete das Man auf sie hin zum Essen,
   gab ihnen Himmelskorn. |
²⁵ Brot der Recken aß jedermann,
   Zehrung sandte er ihnen zur Satte. |
²⁶ Den Ost hieß er ausziehn am Himmel,
   mit seiner Macht lenkte den Süd er, |
²⁷ und regnete Wildbret auf sie hin wie Staub,
   wie Sand der Meere geflügelte Vögel, |
²⁸ ließ die fallen ins Innre seines Lagers,
   rings um seine Wohnungen hin. |
²⁹ Sie aßen und wurden sehr satt,
   ihr Begehr ließ er zukommen ihnen. |
³⁰ Nicht fremdete sie ihrer Begier,

noch war in ihrem Munde ihr Essen, |
31 da stieg Gottes Zorn gegen sie,
würgte unter ihren Feisten,
die Jünglinge Jifsraels knickte er. |
32 Bei all dem sündigten sie noch,
sie vertrauten nicht seinen Wundern. |
33 Da ließ er im Dunst ihre Tage schwinden,
ihre Jahre in der Verstörung. |
34 Würgte er sie, dann fragten sie nach ihm,
als kehrten sie um und ersehnten die Gottheit, |
35 gedächten, daß Gott ihr Fels sei,
Gottheit, der Höchste, ihr Erlöser. |
36 Mit ihrem Mund wollten sie ihn betören,
ihn täuschen mit ihrer Zunge, |
37 nicht gefestigt bei ihm war ihr Herz,
nicht treu sie in seinem Bund. |
38 Er aber ist erbarmend,
er bedeckt die Verfehlung
und verderbt nicht,
er ließ seinen Zorn vielmal abkehren sich,
er erregte nicht all seinen Grimm. |
39 Er gedachte, daß Fleisch sie seien,
Hauch, der geht und kehrt nicht zurück. |

40 Wie oft widerstrebten sie ihm in der Wüste,
betrübten in der Einöde ihn, |
41 wiederholend prüften sie Gottheit,
den Heiligen Jifsraels probten sie aus. |
42 Nicht gedachten sie seiner Hand,
des Tags, da er sie abgalt vom Bedränger, |
43 als in Ägypten seine Zeichen er setzte,
seine Erweise in Zoans Gefild: |
44 in Blut wandelte deren Flußarme,
daß ihre Rinnsale untrinkbar wurden, |
45 er schickte das Geziefer an sie, und es fraß sie,
den Frosch, und er verderbte sie, |
46 er gab ihr Gewächs dem Schröter,
dem Heuschreck ihren Fleiß, |
47 mit dem Hagel würgte er ihre Rebe,

ihre Maulbeerfeigen mit dem Wettersturz |
⁴⁸ und überlieferte dem Hagel ihr Vieh,
ihre Zucht den Brandflitzen, |
⁴⁹ er schickte die Flamme seines Zornes an sie,
Überwallen und Dräun und Bedrängnis,
Schickung von Boten der Übel, |
⁵⁰ er ebnete seinem Zorn eine Bahn,
er enthielt dem Tod ihre Seele nicht vor
und lieferte ihr Leben der Pest aus |
⁵¹ und schlug allen Erstling in Ägypten,
der Manneskraft Anfangsproß in den Zelten Chams. |
⁵² Er ließ sein Volk hinausziehn wie Schafe,
lenkte wie eine Herde sie in der Wüste, |
⁵³ leitete sicher sie, daß sie nicht erschraken,
da ihre Feinde zuhüllte das Meer, |
⁵⁴ er ließ sie zum Bereich seines Heiligtums kommen,
diesem Berg, den seine Rechte erwarb, |
⁵⁵ er vertrieb Stämme vor ihnen,
verfällte ihnen Eigentum mit der Meßschnur
und hieß in deren Zelten wohnen
die Zweige Jißraels. |

⁵⁶ Gott den Höchsten prüften sie, widerstrebten,
hüteten seine Zeugnisse nicht, |
⁵⁷ wie ihre Väter schwenkten sie ab und verrieten,
schnellten um wie ein trügrischer Bogen. |
⁵⁸ Mit ihren Koppen verdrossen sie ihn,
ereiferten ihn mit ihren Meißeldocken. |
⁵⁹ Gott hörte es und wallte auf,
er verwarf Jißrael gar, |
⁶⁰ er entsagte der Wohnung zu Schilo,
dem Zelt, da er unter den Menschen eingewohnt hatte. |
⁶¹ In die Gefangenschaft gab er seine Macht,
sein Prangen in die Hand des Bedrängers, |
⁶² er überlieferte dem Schwerte sein Volk,
gegen sein Eigentum wallte er auf: |
⁶³ dessen Jünglinge fraß das Feuer,
dessen Maiden ward die Brautpreisung nicht, |
⁶⁴ dessen Priester fielen durchs Schwert,

dessen Witwen konnten nicht beweinen. |

⁶⁵ Mein Herr erwachte einem Schlafenden gleich,
einem Helden gleich, der sich aufrüttelt vom Wein, |
⁶⁶ er schlug seine Bedränger hinten,
Weltzeithohn gab er über sie. |
⁶⁷ Er verwarf das Zelt Jofsefs,
den Stab Efrajim erwählte er nicht, |
⁶⁸ doch er wählte den Zweig Jehuda,
den Berg Zion, den er liebte, |
⁶⁹ baute den Höhn gleich sein Heiligtum,
der Erde gleich, die er auf Weltzeit gegründet, |
⁷⁰ er erwählte Dawid seinen Knecht,
nahm ihn von den Pferchen der Schafe, |
⁷¹ von hinter den Säugenden ließ er ihn kommen,
zu weiden Jaakob, sein Volk,
Jifsrael, sein Eigentum. |
⁷² Und er hat sie nach der Schlichtheit seines Herzens geweidet,
sie geleitet mit der Vernunft seiner Hände. |

79

¹ Ein Psalm Afsafs.

Gott!
Die Weltstämme sind in dein Eigen gekommen,
haben deines Heiligtums Halle bemakelt,
Jerusalem zu Ruinen gemacht, |
² hingegeben den Leichnam deiner Knechte
als Fraß dem Vogel des Himmels,
das Fleisch deiner Holden dem Getier der Erde, |
³ ihr Blut verschüttet wie Wasser
rings um Jerusalem her,
und keiner war, der begrübe. |
⁴ Wir sind ein Hohn unsern Anwohnern worden,
Spott und Posse denen rings um uns her. |
⁵ Bis wohin, Du?
wirst dauernd du zürnen,
wird wie Feuer zünden dein Eifer? |

⁶ Schütte deine Glut auf die Stämme,
 die dich nicht erkennen,
 auf die Königreiche,
 die deinen Namen nicht rufen! |
⁷ Denn man frißt Jaakob,
 seine Trift veröden sie! |

⁸ Gedenke Fehle der Vordern uns nimmer!
 daß dein Erbarmen bald uns überrasche!
 Denn sehr schwach sind wir worden. |
⁹ Hilf uns, Gott unsrer Freiheit,
 wegen der Ehre deines Namens!
 Rette uns, bedecke unsre Sünden
 um deines Namens willen! |
¹⁰ Warum sollen die Weltstämme sprechen:
 »Wo ist ihr Gott?«!
 An den Weltstämmen werde kund uns vor Augen
 die Ahndung des Bluts deiner Knechte,
 des verschütteten! |
¹¹ Vors Antlitz komme dir
 des Gefesselten Ächzen!
 Der Größe deines Armes gemäß
 laß überbleiben die Kinder des Sterbens! |
¹² laß auf unsre Anwohner sich kehren,
 in ihren Busen siebenfach
 den Hohn, mit dem sie dich höhnten,
 mein Herr! |
¹³ Wir aber, dein Volk,
 die Schafe deiner Weide,
 wollen in die Zeit hin dir danken,
 in Geschlecht um Geschlecht
 deine Preisung erzählen. |

80

¹ Des Chormeisters, nach »Lilien«,
 eine Bezeugung Aſsafs, ein Harfenlied.

² Hirt Jiſsraels, lausche!

Der wie Schafe Joſsef lenkt,
der auf den Cheruben Sitz hat,
erscheine!|
³ Vor Efrajim, Binjamin, Mnasche
rege deine Heldengewalt
und komm uns zur Befreiung!|
⁴ Gott,
laß es uns wiederkehren!
lichte dein Antlitz
und wir sind befreit!|

⁵ Du, Gott, Umscharter!
Bis wann zornrauchest du
beim Gebet deines Volks:|
⁶ hast gespeist sie mit Tränenbrot,
mit Tränen sie geletzt dreilingweis,|
⁷ machst unsern Anwohnern uns zum Zwist,
unsre Feinde spotten drauf los!|
⁸ Gott, Umscharter,
laß es uns wiederkehren!
lichte dein Antlitz
und wir sind befreit!|

⁹ Eine Rebe ließest du ziehn aus Ägypten,
vertriebst Stämme, sie aber pflanztest du ein.|
¹⁰ Geräumt hast du vor ihr her,
ihre Wurzeln wurzelte sie ein
und füllte das Land.|
¹¹ Berge wurden von ihrem Schatten verhüllt,
ihre Äste Gotteszedern.|
¹² Ihre Ranken schickte sie bis zum Meer aus,
an den Strom ihre Schößlinge.|
¹³ Warum rissest du ein ihre Wände,
daß alle Wegeswandrer sie rupfen?|
¹⁴ Der Eber aus dem Wald nagt an ihr,
des Felds Gewimmel weidet sie ab.|
¹⁵ Gott, Umscharter,
kehre doch um,
blicke vom Himmel, sieh an,
ordne dieser Rebe zu,|

¹⁶ dem Senkling, den deine Rechte gepflanzt hat,
überm Sohn, den du dir hast erstarken lassen! |
¹⁷ Schon wird sie versengt vom Feuer, verstümmelt!

Mögen sie vor der Drohung deines Antlitzes schwinden! |
¹⁸ Deine Hand sei überm Mann deiner Rechten,
überm Menschensohn, den du dir hast erstarken lassen, |
¹⁹ und nie wollen wir abschwenken von dir!
Belebe uns,
und ausrufen wollen wir deinen Namen! |
²⁰ Du, Gott, Umscharter,
laß es uns wiederkehren!
lichte dein Antlitz
und wir sind befreit! |

81

¹ Des Chormeisters, nach der Kelterweise,
von Afsaf. |

² Jubelt Gotte auf, unsrer Macht,
schmettert dem Gott Jaakobs, |
³ hebt das Harfenspiel an, schlagt die Pauke,
die milde Leier, die Laute dazu! |
⁴ Stoßt zur Neuung in die Posaune,
zum Vollmond am Tag unsres Festes! |
⁵ Denn Satzung für Jifsrael ists,
Gerechtsame für den Gott Jaakobs, |
⁶ als Zeugnis hat ers in Jofsef erstellt,
da gegen das Land Ägypten er ausfuhr,
ich die Sprache hörte, die ich nicht kannte. |
⁷ »Ich habe seine Schulter der Bürde entzogen,
seine Hände entkamen dem Lastkorb — |
⁸ In der Drangsal hast du gerufen
und ich habe dich losgeschnürt,
ich antwortete dir im Donnerversteck,
ich probte dich am Wasser von ›Gezänke‹.
  / Empor! / |

⁹ Höre, mein Volk,
  wider dich will ich zeugen –
  Jiſsrael, wenn du auf mich hörtest! |
¹⁰ ›Nicht sei fremde Gottheit bei dir,
  wirf dich auswärtiger Gottheit nicht hin! |
¹¹ Ich bin dein Gott,
  der dich heraufbrachte aus dem Lande Ägypten.
  Mache weit deinen Mund auf
  und ich will ihn füllen.‹ |
¹² Aber mein Volk hörte nicht auf meine Stimme,
  Jiſsrael willfahrte mir nicht. |
¹³ Da schickte ich es fort in die Sucht ihres Herzens:
  ›In ihren Ratschlüssen mögen sie gehn!‹ |

¹⁴ Daß doch mein Volk auf mich hörte!
  Jiſsrael, möchten sie gehn in meinen Wegen! |
¹⁵ Wie leicht zwänge ihre Feinde ich nieder,
  kehrte meine Hand wider ihre Bedränger! |
¹⁶ schmeicheln müßten ihm Meine Hasser,
  in die Zeit hin wärs ihre Frist, |
¹⁷ es aber würde ich mit Weizenfett speisen,
  aus dem Felsen es sättigen mit Honig.« |

82

¹ Ein Harfenlied Aſsafs.

  Gott steht in der Gottesgemeinde,
  im Ring der Gottwesen hält er Gericht. |
² »Bis wann wollt ihr richten falsch,
  das Antlitz der Frevler erheben!«
      / Empor! / |
³ »Für den Schwachen, die Waise rechtet,
  bewahrheitet den Gebeugten, den Armen, |
⁴ den Schwachen, Dürftigen lasset entrinnen,
  rettet aus der Hand der Frevler!« |

⁵ Sie erkennen nicht, habens nicht acht,
  in Verfinstrung gehn sie einher.

Alle Gründe des Erdreichs wanken: |
6 »Selber ich hatte gesprochen:
›Götter seid ihr,
Söhne des Höchsten ihr alle!‹ – |
7 jedoch wie Menschen müsset ihr sterben,
wie irgendeiner der Fürsten fallen.« |

8 Erhebe dich, Gott,
richte das Erdreich!
Denn du bists, der zu eigen hat
die Weltstämme alle. |

83

1 Ein Gesang, ein Harfenlied Aſsafs. |

2 Gott, nimmer Stillbleiben dir!
du sollst nimmer schweigen,
sollst nimmer rasten, Gottherr! |
3 Denn, da, deine Feinde lärmen,
deine Hasser tragen das Haupt hoch. |
4 Anschlag erlisten sie wider dein Volk,
wider deine Aufgesparten beraten sie sich, |
5 sie sprechen: »Kommt,
wir wollen sie aus dem Stammestum merzen,
nicht mehr gedacht werde des Namens Jiſsrael!« |
6 Ja, von Herzen beraten sie sich miteinander,
wider dich schließen sie einen Bund: |
7 die Zelte Edoms und der Jischmaeliter,
Moab und die Hagarener, |
8 Gebal und Ammon und Amalek,
Philistien samt den Siedlern von Tyrus, |
9 auch Assyrien gliedert sich ihnen an,
sind ein Arm Lots Söhnen geworden.
/ Empor! / |
10 Tue ihnen wie Midjan,
wie Sſiſsra, wie Jabin am Kischonbach, |
11 die vertilgt wurden zu En Dor,
Dünger dem Acker wurden! |

¹² Mache sie, ihre Edeln, wie »Rabe« und »Wolf«,
wie Sebach und Zalmunna all ihre Lehngrafen, |
¹³ sie, die gesprochen haben:
»Wir wollen uns die Triften Gottes ererben!« |
¹⁴ Mein Gott,
mache sie wie ein Stengelgewirbel,
wie Stroh vor dem Wind! |
¹⁵ Wie Feuer, das entzündet den Wald,
wie Lohe, die die Berge umlodert, |
¹⁶ so jage sie mit deinem Sturm,
mit deinem Wetter verstör sie! |
¹⁷ Ihre Gesichter fülle mit Schmach,
daß deinen Namen sie suchen, DU! |
¹⁸ Sie sollen zuschanden und verstört sein auf ewig,
sollen sich schämen und schwinden! |
¹⁹ Dann werden sie erkennen, daß du
– dein Name: ER IST DA –
einzig der Höchste bist
über allem Erdreich. |

84

¹ Des Chormeisters, nach der Kelterweise,
von den Korachsöhnen, ein Harfenlied. |

² Wie freundlich sind deine Wohnungen,
DU, Umscharter! – |

³ Gebangt hat, ja sich verzehrt meine Seele
nach SEINEN Höfen,
mein Herz und mein Fleisch, sie gellen
der lebendigen Gottheit zu. – |

⁴ Auch der Vogel findet ein Haus,
die Schwalbe ein Nest sich,
drein ihre unflüggen Jungen sie legt, –
so deine Opferstätten,
DU, Umscharter,
mein König und mein Gott! |

⁵ O Glück derer, die in deinem Haus sitzen,

noch werden sie dich preisen dürfen!
/ Empor! /|

⁶ O Glück des Menschen, der Macht hat in dir, –
in seinem Herzen die Pilgerstraßen!|

⁷ Durchschreitend das »Tal des Weinens«,
machen sie einen Quellplatz daraus,
den auch der Herbstregen mit Segnung umschlingt.|

⁸ Sie gehen von Tucht zu Tucht:
man wird sich sehen lassen vor Gott
auf dem Zion.|

⁹ »Du, Gott, Umscharter,
höre mein Gebet!
lausche, Gott Jaakobs!«
/ Empor! /|

¹⁰ »Unser Schild du,
sieh her, Gott,
blicke aufs Antlitz deines Gesalbten!«|

¹¹ Ja, besser ist ein Tag in deinen Höfen
als tausend sonst,
ich ziehe vor, an der Schwelle zu stehn
im Haus meines Gottes,
als zu herbergen
in den Zelten des Frevels. –|

¹² Ja, Er ist Sonne und Schild,
Gunst und Ehre gibt Gott,
das Gute versagt Er nicht
ihnen, die in der Schlichtheit gehn. –|

¹³ Du, Umscharter,
Glück ist des Menschen, der sich sichert an dir.|

85

¹ Des Chormeisters,
von den Korachsöhnen, ein Harfenlied.|

² – Begnadet, Du, hast einst du dein Land,

hast für Jaakob die Wiederkehr kehren lassen, |
3 hast den Fehl deines Volkes getragen,
hast all ihre Sünde verhüllt.
   / Empor! / |
4 Du hast dein Aufwallen all eingerafft,
dich abgekehrt von der Flamme deines Zorns. |

5 Laß es uns wiederkehren,
Gott du unserer Freiheit!
Deinen Unmut über uns brich! |
6 Willst du in Weltzeit uns zürnen,
deinen Zorn hinziehn für Geschlecht um Geschlecht? |
7 Willst nicht du, wiederkehrend du uns beleben,
daß dein Volk an dir sich erfreue? |
8 Laß uns, DU, sehn deine Huld,
deine Freiheit gib uns! |

9 – Horchen will ich,
was der Gottherr redet, ER!
Ja, er redet Frieden
zu seinem Volk, zu seinen Holden,
und: »Daß zum Narrenwerk sie nimmer sich kehren!« |
10 Gewiß, seine Freiheit ist den ihn Fürchtenden nah,
daß in unserm Lande der Ehrenschein wohne, |
11 Huld und Treue einander treffen,
Wahrhaftigkeit und Friede sich küssen. |
12 Treue sprießt aus dem Erdland,
Wahrhaftigkeit lugt nieder vom Himmel. |
13 Zugleich gibt ER das Gute
und unser Land gibt sein Gewächs. |
14 Wahrhaftigkeit geht vor ihm her,
setzt zu einem Weg ihre Tritte. |

86

1 Ein Gebet Dawids.

Neige, DU, dein Ohr,
antworte mir,

denn gebeugt und bedürftig bin ich. |
² Behüte meine Seele,
denn ein Holder bin ich,
befreie deinen Knecht,
du mein Gott,
der sich sichert an dir! |
³ Gunst leih mir, mein Herr,
denn zu dir rufe ich all den Tag. |
⁴ Erfreue die Seele deines Knechts,
denn zu dir, mein Herr,
hebe ich meine Seele. |
⁵ Denn du, mein Herr,
bist gut und verzeihend,
reich an Huld den dich Rufenden allen. |
⁶ Lausche, Du, meinem Gebet,
merke auf die Stimme meines Gunsterflehns! |
⁷ Am Tag meiner Bedrängnis rufe ich dich,
denn du antwortest mir. |

⁸ Keines gleicht dir unter den Gottwesen, mein Herr,
keine gleicht deinen Taten. |
⁹ Alle Weltstämme, die du aufgetan hast,
werden kommen, vor dein Antlitz sich werfen,
mein Herr, und deinen Namen ehren. |
¹⁰ Denn groß bist du und wundertätig,
du, Gott, allein. |

¹¹ Weise mir, Du, deinen Weg.
gehen will ich in deiner Treue.
Einige mein Herz,
deinen Namen zu fürchten! |
¹² Ich will dir danken,
mein Herr, mein Gott,
mit all meinem Herzen,
in die Zeit hin ehren deinen Namen, |
¹³ denn groß war über mir deine Huld
und du hast meine Seele gerettet
aus dem untersten Gruftreich. |

¹⁴ Gott!

Vermeßne stehen wider mich auf,
die Schar der Wütigen trachtet mir nach der Seele,
sie halten sich dich nicht entgegen. |
¹⁵ Du aber, mein Herr,
bist Gottheit erbarmend und gönnend,
langmütig, reich an Huld und Treue. |
¹⁶ Wende dich mir zu, leihe mir Gunst,
gib deinen Sieg deinem Knecht,
befreie den Sohn deiner Magd! |
¹⁷ Tu an mir ein Zeichen zum Guten,
meine Hasser sollen sehen, in Schanden,
daß selber DU mir hilfst und mich tröstest. |

87

¹ Von den Korachsöhnen, ein Harfenlied, ein Gesang.

Seine Gründung auf den Heiligungsbergen, |
² ER liebt sie,
die Tore Zions
mehr als alle Wohnstätten Jaakobs. |

³ Ehrenreiches ist geredet von dir,
Stadt Gottes:
/ Empor! / |
⁴ »Lasse ich des Ungetüms und Babels gedenken
um die mich Erkennenden,
da, Philistiens, Tyrus' samt Äthiopien,
heißts: ›Dieser ward dort geboren‹. |
⁵ Von Zion wird aber gesprochen:
›Mann für Mann ist in ihr geboren,
selber aufrecht hält sie der Höchste‹. |
⁶ ER zählt auf
beim Einschreiben der Völker:
›Dieser ward dort geboren‹.«
/ Empor! / |

⁷ Sie aber singen wie flötenblasend:
»All meine Quellen sind in dir.« |

88

¹ Ein Gesang, Harfenlied der Korachsöhne, des Chormeisters,
nach »Die Sänftigung, zum Wechselsagen«,
eine Eingebungsweise Hemans des Esrachiten. |

² DU,
Gott meiner Befreiung!
Tages schreie ich,
in der Nacht auf dich zu. |

³ Komme vor dich mein Bitten,
neige dein Ohr meinem Jammern! |

⁴ Denn gesättigt ist meine Seele mit Übeln,
mein Leben ist ans Gruftreich gelangt. |

⁵ Ich bin zu ihnen gerechnet,
die in die Schluft sinken,
bin worden wie ein Mann ohne Wesen, |

⁶ unter die Toten geledigt,
gleichwie die Durchbohrten,
die im Grab Liegenden,
derer du nicht mehr gedenkst,
sind sie doch von deiner Hand abgeschnitten. |

⁷ Du hast mich in die unterste Schluft gesetzt,
in Finsternisse, in Strudel. |

⁸ Auf mich hat dein Grimm sich gestemmt,
all deine Brandungen hast du wechselsagen lassen.
/ Empor! / |

⁹ Meine Bekannten hast du von mir entfernt,
hast mich ihnen zum Greuel gesetzt.
Ich bin eingekerkert, kann nicht hinaus, |

¹⁰ aus der Gebeugtheit schmachtet mein Auge.
Ich rufe dich, DU, alltag,
ich breite zu dir meine Hände. |

¹¹ Wirst du an den Toten ein Wunder tun,
oder werden Gespenster aufstehn, dir danken?
/ Empor! / |

¹² Wird deine Huld im Grabe erzählt,
in der Verlorenheit deine Treue? |

¹³ Wird dein Wunder in der Finsternis erkannt,

im Land des Vergessens deine Bewährung? |
¹⁴ Ich aber, zu dir stöhne ich, Du,
am Morgen empfängt dich mein Gebet. |
¹⁵ Warum, Du,
verabscheust du meine Seele,
versteckst du dein Antlitz vor mir? |
¹⁶ Gebeugt bin ich und am Verscheiden von jung auf,
deine Ängste habe ich getragen,
ich bin zerrüttet. |
¹⁷ Über mich sind deine Flammen gefahren,
deine Schrecknisse vernichten mich. |
¹⁸ Sie umringen mich all den Tag wie Gewässer,
sie schlagen über mir zusammen. |
¹⁹ Entfernt hast du von mir
Liebenden und Genossen, –
meine Bekanntschaft ist die Finsternis. |

89

¹ Eine Eingebungsweise Etans des Esrachiten. |

² DEINE Hulden will ich in Weltzeit besingen,
kundtun für Geschlecht um Geschlecht
deine Treue mit meinem Mund. |
³ Ja, ich spreche:
in Weltzeit baut sich die Huld auf,
der Himmel –
an ihm befestigst du deine Treue: |

⁴ »Ich habe den Bund meinem Erwählten gestiftet,
habe Dawid meinem Knechte geschworen: |
⁵ ›Auf Weltzeit feste ich deinen Samen,
baue deinen Stuhl für Geschlecht um Geschlecht‹.«
/ Empor! / |
⁶ Und der Himmel dankt dir dein Wunder, Du,
deine Treue auch in der Versammlung der Heiligen. |

⁷ Denn wer im Luftraum reihte sich DIR an,
ähnelte DIR unter den Gottessöhnen! |

⁸ dem Gottherrn,
hoch gescheut in dem Kreise der Heiligen,
furchtbar über alle rings um ihn her!|
⁹ DU, Umscharter Gott, wer gleicht dir,
Hortesstarker oh Du, und deiner Treue
rings um dich her!|

¹⁰ Du überwaltest den Hochmut des Meers,
wann seine Wellen steigen, du bists, der sie schwichtigt.|
¹¹ Du bists, der das Ungetüm duckte, daß es wie durchbohrt war,
mit dem Arm deiner Macht zerstreutest du deine Feinde.|
¹² Dein ist der Himmel, dein auch die Erde,
das Land und seine Fülle, du hast sie gegründet,|
¹³ Nord und Süd, du hast sie geschaffen.
Tabor und Hermon jubeln um deinen Namen.|
¹⁴ Dein ist der Arm mit der Heldenkraft,
deine Hand ist mächtig, deine Rechte erhoben.|
¹⁵ Wahrheit und Recht sind Grundfeste deines Stuhls,
Huld und Vertrauen empfangen dein Antlitz.|
¹⁶ O Glück des Volkes,
die den Schmetterruf kennen!
DU, im Licht deines Antlitzes gehn sie.|
¹⁷ Um deinen Namen jauchzen sie all den Tag,
durch deine Bewährung sind sie erhoben.|
¹⁸ Denn du bist das Prangen ihrer Macht,
durch deine Gnade erhebst du unser Horn.|
¹⁹ Denn DEIN ist unser Schild,
des Heiligen Jißraels unser König.|

²⁰ Damals hast du in einer Schau zu deinen Holden geredet,
du hast gesprochen:
»Ich habe auf einen Helden Hilfe niedergelassen,
ich habe einen Erwählten erhoben aus dem Volk,|
²¹ ich habe Dawid gefunden, meinen Knecht,
mit meinem Heiligungsöl habe ich ihn gesalbt,|
²² daß meine Hand fest bei ihm sei,
mein Arm auch ihn straffe.|
²³ Nicht soll ihn überrumpeln ein Feind,
ein Sohn der Falschheit ihn nicht beugen,|

²⁴ ich will seine Bedränger zerschlagen vor ihm,
   seine Hasser will ich niederstoßen. |
²⁵ Meine Treue und meine Huld ist bei ihm,
   in meinem Namen erhebt sich sein Horn. |
²⁶ Ich setze auf das Meer seine Hand,
   auf die Ströme seine Rechte. |
²⁷ Der soll mich rufen: ›Mein Vater bist du,
   mein Gott, der Fels meiner Befreiung!‹ |
²⁸ Ich auch mache ihn zum Erstling,
   zuhöchst den Königen der Erde. |
²⁹ Auf Weltzeit wahre ich ihm meine Huld,
   mein Bund bleibt ihm getreu. |
³⁰ Ich setze auf ewig ein seinen Samen,
   seinen Stuhl wie die Tage des Himmels. |
³¹ Verlassen seine Söhne meine Weisung,
   gehn in meinen Rechten nicht, |
³² geben sie meine Satzungen preis,
   wahren nicht meine Gebote, |
³³ will ich zwar mit dem Stecken zuordnen ihrer Abtrünnigkeit,
   mit Streichen ihrer Verfehlung, |
³⁴ aber meine Huld will ich nicht abtrennen von ihm,
   nicht lügen an meiner Treue, |
³⁵ preisgeben will ich nicht meinen Bund,
   die Äußerung meiner Lippen nicht ändern. |
³⁶ Einmal schwur bei meiner Heiligkeit ich:
   ›Sollte je Dawid ich täuschen, ...!‹ |
³⁷ Sein Same soll bleiben auf Weltzeit,
   sein Stuhl mir wie die Sonne zugegen, |
³⁸ wie der Mond, in Weltzeit gefestet,
   ein Zeuge im Luftraum, getreu!«
       / Empor! / |

³⁹ Du aber,
   verabscheut hast du, verworfen,
   bist aufgewallt gegen deinen Gesalbten, |
⁴⁰ hast den Bund deines Knechtes entwürdigt,
   seinen Weihereif preisgegeben zur Erde, |
⁴¹ eingerissen all seine Wände,
   seine Bollwerke in Schutt gelegt. |

⁴² Alle Wegeswandrer dürfen ihn plündern,
   er ist ein Hohn seinen Anwohnern worden. |
⁴³ Du hast die Rechte seiner Bedränger erhoben,
   hast alle seine Feinde erfreut, |
⁴⁴ auch die Felsenhärte seines Schwerts abgekehrt,
   hast ihn im Kampf nicht standhalten lassen. |
⁴⁵ Verabschiedet hast du seine Reine,
   hast seinen Stuhl zur Erde geschleudert, |
⁴⁶ hast seiner Jugend Tage verkürzt,
   hast um ihn Schande geschlungen.
      / Empor! / |

⁴⁷ Bis wohin, DU,
   willst du dich in die Dauer verbergen,
   wird wie Feuer zünden dein Grimm? |
⁴⁸ Gedenke: ich, was ists für ein Weilen,
   zu wie Wahnhaftem hast du erschaffen
   alle Adamskinder! |
⁴⁹ Wer ist der Mann, der lebte
   und müßte nicht den Tod sehn,
   dem die Seele entschlüpfen dürfte
   aus der Hand des Gruftreichs!
      / Empor! / |
⁵⁰ Wo sind deine frühen Hulden, mein Herr,
   die du Dawid zugeschworen hast
   bei deiner Treue! |
⁵¹ Gedenke, mein Herr,
   der Verhöhnung deiner Knechte!
   da ich am Busen einst trug
   all die Vielen, die Völker, |
⁵² die die nun höhnen als deine Feinde,
   DU,
   die nun verhöhnen
   die Tapfen deines Gesalbten. |

⁵³ Gesegnet ER auf Weltzeit!
   Jawahr, jawahr! |

90

¹ Ein Gebet Mosches, des Mannes Gottes.

Mein Herr,
du bist, du Hag uns gewesen
in Geschlecht um Geschlecht. |

² Eh die Berge wurden geboren,
Erde kreißte und Welt,
von Zeiten her bis in Zeiten
Gottheit bist du. |

³ Bis zum Mulm lässest den Menschen du kehren,
und du sprichst: Kehrt zurück, Adamskinder! |
⁴ – Denn tausend Jahre sind dir in den Augen
wie der gestrige Tag, wenn er vorbeizog,
oder eine Wache in der Nacht. – |

⁵ Du ergießest sie,
ein Schlaf ists, da sie werden,
am Morgen treibts dann wie Gras: |
⁶ das am Morgen blühte und trieb,
am Abend erschlafft es und dorrt. |

⁷ Ja, wir vergehen durch deinen Zorn,
durch deinen Grimm sind wir verstört: |
⁸ du stellst unsre Fehle dir gegenüber,
unsern Hehl vor deines Antlitzes Leuchte. |
⁹ Ja, in deinem Aufwallen wenden all unsre Tage,
wir lassen unsre Jahre wie einen Seufzer vergehn. |

¹⁰ Die Tage unsrer Jahre sind für sich siebzig Jahre,
und wars in Kräften, sinds achtzig Jahre,
und ihr Ungestüm ist Mühsal und Harm,
wenns mäht, eilends, entfliegen wir. |

¹¹ Wer erkennt die Macht deines Zorns
und, wie du zu fürchten bist, dein Überwallen! |
¹² Unsre Tage zu bestimmen, laß es recht kennen,
daß ein Herz der Weisheit einkomme uns! |

¹³ Kehre um, Du! bis wann!

lasse es dir leid werden deiner Knechte! |

¹⁴ Zum Morgen sättige mit deiner Huld uns,
daß wir jubeln und uns erfreuen
an all unsern Tagen. |
¹⁵ Erfreue uns,
den Tagen gleich, da du uns beugtest,
den Jahren, da wir das Böse sahn. |
¹⁶ Sichtbar werde deinen Knechten dein Wirken,
dein Glanz über ihren Kindern! |
¹⁷ Meines Herrn, unsres Gottes, Mildigkeit
sei über uns!
Das Tun unsrer Hände richte auf über uns,
das Tun unsrer Hände, richte es auf! |

91

¹ Du, der im Versteck des Höchsten sitzt,
im Schatten des Gewaltigen darf nachten, |
² sprich zu IHM:
»Meine Bergung, meine Bastei,
mein Gott, an dem ich mich sichre!« |
³ Er ists ja, der dich rettet
vor dem Sprenkel des Voglers,
vor der Pest des Verhängnisses. |
⁴ Er schirmt dich mit seiner Schwinge,
du birgst dich ihm unter den Flügeln,
Schilddach, Ringmauer ist seine Treue. |
⁵ Nicht mußt du vor dem Nachtgraus dich fürchten,
vor dem Pfeil, der am Tage fliegt, |
⁶ vor der Pest, die umgeht im Dunkel,
vorm Fieber, das im Sonnenglast gewaltigt. |
⁷ Mag ein Tausend zuseiten dir fallen,
zur Rechten dir eine Myriade,
dich tritt es nicht an. |
⁸ Mit deinen Augen nur blickst du,
siehst, wie den Frevlern gezahlt wird. |
⁹ Ja, du bist, DU, meine Bergung!

– Du hast den Höchsten zum Hag dir gemacht, |
¹⁰ Böses wird dir nicht widerfahren,
deinem Zelt ein Streich nicht nahn. |
¹¹ Denn seine Boten befiehlt er dir zu,
dich zu hüten auf all deinen Wegen, |
¹² auf den Händen tragen sie dich,
an einen Stein könnte sonst stoßen dein Fuß. |
¹³ Du magst schreiten über Raubwelp und Otter,
Leu und Drachen magst du niederstampfen. |

¹⁴ – Ja, er hat sich an mich gehangen
und so lasse ich ihn entrinnen,
steilhin entrücke ich ihn,
denn er kennt meinen Namen. |
¹⁵ Er ruft mich und ich antworte ihm,
bei ihm bin ich in der Drangsal,
ich schnüre ihn los und ich ehre ihn. |
¹⁶ An Länge der Tage sättige ich ihn,
ansehn lasse ich ihn mein Befreien. |

92

¹ Ein Harfenlied, Gesang für den Tag der Wochenfeier. |

² Gut ist es, DIR zu danken,
deinem Namen, Höchster, zu harfen, |
³ deine Huld zu vermelden am Morgen,
in den Nächten deine Treue, |
⁴ zum Zehnsait und zur Laute,
zum Getön auf der Leier. |

⁵ Denn mit deinem Werk, DU, hast du mich erfreut,
ich bejuble die Taten deiner Hände. |
⁶ Wie groß sind deine Taten, DU,
gar tief sind deine Planungen! |
⁷ Ein dummer Mensch kanns nicht erkennen,
ein Narr kann dies nicht merken. |

⁸ Wann die Frevler sprossen wie Kraut
und alle Argwirkenden blühn,

ists, damit vertilgt sie werden auf ewig, |
9 du aber bist erhaben in Weltzeit, DU. |
10 Denn, da, deine Feind, DU,
denn, da, deine Feinde verlieren sich,
es zerstieben die Argwirkenden alle. |

11 Du erhebst wie des Wisents mein Horn,
durchfeuchtet bin ich mit frischem Öl. |
12 Mein Aug blickt nieder auf meine Verleumder,
von den wider mich Aufgestandnen, den Bösgesinnten,
bekommen meine Ohren zu hören. |
13 Der Bewährte sproßt wie die Palme,
er schießt wie eine Zeder auf dem Libanon auf. |

14 Die in SEIN Haus wurden verpflanzt,
sprießen in den Höfen unseres Gottes, |
15 noch im Greisentum werden sie gedeihn,
werden markig sein und frisch, |
16 zu vermelden, daß ein Gerader ER ist,
mein Fels, Falsch ist an ihm nicht. |

93

1 ER trat die Königschaft an,
in Hoheit ist er gekleidet,
gekleidet ist ER in Macht,
hat damit sich umpanzert,
gefestet, wohl, ist die Welt,
nie wankt sie. |

2 Fest steht dein Stuhl von je,
von urher bist du. |
3 Erhoben Ströme, DU,
erhoben Ströme ihren Hall,
erheben Ströme ihren Schlag: |
4 über das Hallen
der vielen herrischen Wasser,
der Meeresbrandungen
herrlich in der Höhe bist DU. |

⁵ Deine Zeugnisse,
sie sind gar getreu,
deinem Hause ziemt Heiligung,
Du, in die Länge der Tage. |

94

¹ Gott der Ahndungen, Du,
Gott der Ahndungen, erscheine! |
² Erhebe dich, Richter der Erde!
Kehre wider die Hoffärtigen das Gereifte! |

³ Bis wann dürfen die Frevler, Du,
bis wann dürfen die Frevler frohlocken, |
⁴ dürfen sprudeln, frech reden,
dürfen sich besprechen die Argwirkenden alle? |

⁵ Dein Volk, Du, ducken sie,
dein Eigen beugen sie nieder, |
⁶ die Witwe, den Gastsassen würgen,
die Waisen morden sie hin. |
⁷ Und sprechen: »Nicht sieht es Er!«
und: »Nicht merkt es Jaakobs Gott!« |

⁸ Merkt auf, ihr Dummen im Volk!
ihr Narren, wann wollt ihrs begreifen! |
⁹ Der das Ohr pflanzt, sollte nicht hören?
oder der das Auge bildet, sollte nicht blicken? |
¹⁰ der den Stämmen Zucht schafft, sollte nicht rügen?
Der den Menschen Erkenntnis lehrt, |
¹¹ Er, kennt die Pläne des Menschen:
daß sie Dunst sind. |

¹² O Glück des Mannes,
den du in Zucht nimmst, oh Du,
und belehrst ihn aus deiner Weisung, |
¹³ ihn gegen die Tage des Bösen zu feien,
bis dem Frevler die Grube man bohrt! |

¹⁴ Denn nicht entsagen wird Er seinem Volk,

sein Eigen wird er nicht verlassen. |
15 Denn zur Wahrheit hin wird der Richtspruch sich kehren,
ihm nach folgen alle Herzensgeraden. |

16 Wer steht für mich auf
vor die Bösgesinnten,
wer tritt für mich hin
vor die Argwirkenden! |
17 Wäre ER mir nicht Hilfe,
um ein kleines wohnte in der Tiefstille meine Seele. |

18 Spreche ich: Mein Fuß wankt!,
schon stützt mich, DU, deine Huld, |
19 wann meine Sorgen mir im Innern sich mehren,
erquicken deine Tröstungen mir die Seele. |

20 Darf der Verhängnisstuhl dir sich verbünden,
der Pein bildet »nach dem Gesetz«?! |
21 Sie rotten sich wider die Seele des Bewährten,
unsträfliches Blut zeihen sie Frevels. |

22 Aber ER wird mir zum Horst,
mein Gott zum Felsen meiner Bergung. |
23 Ihr Arg läßt er über sie kehren,
in ihrer Bosheit schweigt er sie,
es schweigt sie ER unser Gott. |

95

1 Auf, laßt uns jubeln IHM,
schmettern dem Fels unsrer Freiheit, |
2 sein Antlitz empfangen mit Dank,
mit Harfenspiel schmettern ihm zu! |
3 Denn großer Gottherr ist ER,
großer König ob allen Göttern, |
4 er, in dessen Hand sind die Schächte der Erde,
dessen die Firste der Berge sind, |
5 er, dessen das Meer ist, er hats gemacht,
das Trockne, das seine Hände haben gebildet. |

6 Kommt, uns hinwerfen wollen wir und uns bücken,

knien vor IHM, der uns gemacht hat.|
7 Denn er ist unser Gott
und wir das Volk seiner Weide,
die Schafherde seiner Hand,
heut noch, hört auf seine Stimme ihr nur:|
8 »Verhärtet nimmer euer Herz wie bei ›Gezänke‹,
wie am Tag von ›Prüfe‹ in der Wüste,|
9 als mich prüften euere Väter,
mich probten, da mein Werk sie doch sahn!|
10 Vierzig Jahre widerte michs des Geschlechts,
ich sprach: ›Die sind ein Volk schweifenden Herzens,
meine Wege kennen die nicht!‹ –|
11 daß in meinem Zorne ich schwur:
›Kommen je sie zu meiner Ruhstatt, ...!‹«|

96

1 Singt IHM einen neuen Gesang,
singt IHM, alles Erdreich!|
2 Singt IHM, segnet seinen Namen,
von Tag zu Tag heroldet sein Befreien!|
3 erzählt unter den Stämmen seine Ehre,
unter allen Völkern seine Wunder!|

4 Denn ER ist groß und sehr zu preisen,
zu fürchten er über alle Götter.|
5 Denn Gottnichtse sind alle Götter der Völker,
ER aber hat den Himmel gemacht.|
6 Vor seinem Antlitz ist Hehre und Glanz,
in seinem Heiligtume ist Macht und Prangen.|

7 Zollt IHM, Sippen der Völker,
zollt IHM Ehre und Macht,|
8 zollt IHM seines Namens Ehre!
Traget Spende, kommt in seine Höfe,|
9 werft euch IHM im Erglänzen der Heiligung hin,
vor seinem Antlitz windet euch, alles Erdreich!|
10 Saget unter den Stämmen:
ER trat die Königschaft an,

gefestet, wohl, ist die Welt, nie wankt sie,
er urteilt den Völkern mit Geradheit. |

¹¹ Freuen sollen sich die Himmel,
jauchzen soll das Erdreich,
das Meer dröhnen und was es füllt, |
¹² das Gefild sich ergötzen und alles was drauf ist,
dann sollen jubeln alle Bäume des Waldes |
¹³ vor SEINEM Antlitz, da er kommt,
da er kommt, das Erdreich zu richten:
er richtet die Welt mit Wahrspruch,
die Völker mit seiner Treue. |

97

¹ ER trat die Königschaft an,
jauchzen soll das Erdreich,
sich erfreuen die vielen Küsten! |

² Rings um ihn ist Wolke und Wetterdunkel,
seines Stuhls Grundfeste Wahrheit und Recht. |
³ Vor seinem Antlitz geht Feuer her,
auf seine Bedränger rings lodert's ein. |
⁴ Seine Blitze erleuchten den Weltraum,
die Erde sieht es und windet sich, |
⁵ die Berge zerfließen wie Wachs
vor SEINEM Antlitz,
vorm Antlitz des Herrn alles Erdreichs. |
⁶ Die Himmel melden seine Bewährung,
alle Völker sehn seinen Ehrenschein. |

⁷ Beschämt werden alle Diener des Meißelwerks,
die um die Gottnichtse sich preisen, –
alle Götter warfen sich nieder vor ihm. |
⁸ Zion hört es und freut sich,
die Töchter Jehudas jauchzen
um deiner Gerichte willen, DU. |
⁹ Denn über allem Erdreich, DU, bist du der Höchste,
über allen Göttern bist du gar erhöht. |

¹⁰ Ihr IHN Liebenden, hasset das Böse!
Der die Seelen seiner Holden behütet,
wird aus der Hand der Frevler sie retten. |
¹¹ Licht ist ausgesät dem Bewährten
und den Herzensgeraden Freude: |
¹² freut euch, ihr Bewährten, an IHM,
bekennt euch zum Gedächtnis seiner Erheiligung! |

98

¹ Ein Harfenlied.

Singt IHM einen neuen Gesang,
denn Wunderbares hat er getan,
freie Bahn schaffte ihm seine Rechte,
der Arm seiner Heiligkeit. |
² Zu kennen gab ER sein Befreien,
den Augen der Weltstämme
offenbarte er seine Bewährung, |
³ gedachte seiner Huld, seiner Treue
dem Hause Jifsrael,
es sahn alle Ränder der Erde
das Befreiertum unseres Gottes. |

⁴ Schmettert IHM zu, alles Erdreich!
ausbrecht, jubelt, spielt auf! |
⁵ spielt IHM auf mit der Leier,
mit der Leier und Saitenspielschall! |
⁶ mit Drommeten und Schall der Posaune
schmettert vor dem Könige, IHM! |
⁷ Das Meer dröhne und was es füllt,
das Weltland und die darauf siedeln, |
⁸ in die Hand klatschen sollen die Ströme,
die Berge jubeln miteinander |
⁹ vor IHM,
da er kommt, das Erdreich zu richten:
er richtet die Welt mit Wahrspruch,
die Völker mit Geradheit. |

99

¹ ER trat die Königschaft an,
die Völker erbeben.
Er sitzt auf Cheruben,
die Erde wogt. |
² ER ist auf Zion groß,
über allen Völkern er erhaben. |

³ Deinen Namen sollen sie bekennen:
»Groß und furchtbar, heilig ist er!« |
⁴ und die Macht des Königs,
der das Recht liebt.
Du bists,
der Geradheit hat gefestigt;
Recht und Wahrhaftigkeit
in Jaakob, du bists, ders gemacht hat. |
⁵ Erhebet IHN, unseren Gott,
werft euch hin dem Schemel seiner Füße,
heilig ist er. |

⁶ Mosche und Aharon
unter seinen Priestern,
Schmuel
unter denen, die rufen seinen Namen, –
sie rufen zu IHM,
und er, er antwortet ihnen. |
⁷ In der Wolkensäule
redet er zu ihnen,
die wahrten
seine Vergegenwärtigungen,
das Gesetz, das er ihnen gab. |
⁸ DU, unser Gott,
du bists, der antwortete ihnen,
tragende Gottheit
bist du ihnen gewesen,
die Händel wider sie ahndend. |
⁹ Erhebet IHN, unseren Gott,
werft euch dem Berg seines Heiligtums hin!
Denn heilig ist ER, unser Gott. |

100

¹ Ein Harfenlied, zum Dankopfer.

Schmettert IHM zu, alles Erdreich! |
² dienet IHM in der Freude!
kommt mit Jubelruf vor sein Antlitz! |

³ Erkennet, daß ER Gott ist,
er hat uns gemacht, er, wir sind sein,
sein Volk, Schafe seiner Weide. |
⁴ Kommt in seine Tore mit Dank,
in seine Höfe mit Preisung!
dankt ihm, segnet seinen Namen! |

⁵ Denn gütig ist ER,
in Weltzeit währt seine Huld,
für Geschlecht um Geschlecht seine Treue. |

101

¹ Von Dawid, ein Harfenlied.

Huld und Gerechtigkeit will ich besingen,
will, DU, harfen dir, |
² will auf den Weg des Schlichten bedacht sein:
wann kommst du auf mich zu?

Ich ergehe mich in der Schlichtheit meines Herzens
im Innern meines Hauses, |
³ ruchlos Ding stelle ich vor die Augen mir nicht.
Der Abschwärmenden Tun hasse ich,
es darf sich nicht an mich kleben. |
⁴ Ein verkrümmtes Herz muß von mir weichen,
Böses will ich nicht kennen. |
⁵ Wer an seinem Genossen heimlich Zungenwerk übt,
ihn schweige ich,
den hochfahrender Augen, geschwollenen Herzens,
ihn ertrage ich nicht. |
⁶ Mein Augenmerk ist auf den Getreuen des Landes,

zu sitzen mir gesellt,
wer auf dem Wege des Schlichten geht,
der soll mir amten. |
⁷ Nicht darf sitzen im Innern meines Hauses,
wer Trügrisches tut;
wer Lügen redet,
kann vor meinen Augen nicht aufrecht bleiben. |
⁸ Morgendlich mache ich still
alle Frevler des Landes,
zu tilgen aus SEINER Stadt
alle Argwirkenden. |

102

¹ Gebet eines Gebeugten, wenn er verzagt
und schüttet seine Klage vor IHN. |

² DU, höre mein Gebet,
mein Stöhnen komme zu dir! |
³ Versteck vor mir nimmer dein Antlitz!
am Tag, da ich bedrängt bin,
neige mir dein Ohr,
am Tag, da ich rufe,
eilends antworte mir! |
⁴ Denn in Rauch gehn auf meine Tage,
meine Gebeine verglimmen wie Herdglut. |
⁵ Geschlagen ist wie Kraut,
verdorrend mein Herz.
Ja, mein Brot vergesse ich zu essen |
⁶ vor dem Laut meines Ächzens,
an meinem Fleisch klebt mein Gebein. |
⁷ Ich ähnle der Dohle der Wildnis,
bin wie der Kauz der Trümmer geworden, |
⁸ ich durchwache und heule wie ein Vogel,
ein vereinsamter, auf dem Dach. |
⁹ All den Tag höhnen mich meine Feinde,
die mich beschwatzen, schwören bei mir. |
¹⁰ Ja, ich esse Asche wie Brot,

würze meinen Trank mit dem Weinen, |
¹¹ vor deinem Dräun, deinem Groll,
denn du hobst mich und warfest mich hin. |
¹² Meine Tage sind, wie wenn der Schatten sich neigt,
und ich, wie ein Kraut dorre ich ab. |

¹³ Du aber, DU, thronst in Weltzeit,
dein Gedenken ist für Geschlecht um Geschlecht. |
¹⁴ Selber wirst aufstehen du,
wirst dich Zions erbarmen,
denn die Stunde ists, ihm Gunst zu erzeigen,
denn gekommen ist die Frist |
¹⁵ – denn deine Knechte haben an seinen Steinen Gefallen,
günstig sind sie seinem Staub –, |
¹⁶ daß DEINEN Namen die Weltstämme fürchten,
alle Erdenkönige deine Ehre: |
¹⁷ »Ja, erbaut hat ER Zion,
läßt in seinem Ehrenscheine sich sehn, |
¹⁸ hat sich gewandt zum Gebet des Entblößten,
nicht mißachtet hat er ihr Gebet.« |
¹⁹ Geschrieben wird es für spätes Geschlecht,
neuerschaffnes Volk wird oh Ihn preisen, |
²⁰ daß von seiner Heiligkeit Höhe er lugte,
blickte, ER, vom Himmel zur Erde, |
²¹ des Gefesselten Ächzen zu hören,
loszumachen die Kinder der Sterblichkeit, |
²² damit sie auf Zion SEINEN Namen erzählen,
seine Preisung in Jerusalem, |
²³ wann die Völker mitsammen ziehen zuhauf,
die Königreiche, IHM zu dienen. |

²⁴ Gebeugt hat man auf dem Weg meine Kraft,
verkürzt hat man meine Tage. |
²⁵ Ich spreche: Mein Gott,
nimmer heiße hinwegsteigen mich
in der Hälfte meiner Tage,
du, dessen Jahre sind
ins Geschlecht der Geschlechter! |
²⁶ Vormals hast du die Erde gegründet,
Himmel sind ein Werk deiner Hände, |

²⁷ die werden schwinden und du, du wirst bestehn,
wie ein Gewand werden allsamt sie zerfasern,
du wechselst sie wie ein Kleid und sie wechseln, |
²⁸ du aber bist derselbe
und deine Jahre enden nie: |
²⁹ mögen Wohnung haben die Kinder deiner Knechte,
vor deinem Antlitz aufrecht bleiben ihr Same! |

103

¹ Von Dawid.

Segne, meine Seele, IHN,
all mein Innres, seiner Heiligung Namen! |
² Segne, meine Seele, IHN,
und vergiß nimmer, was all er fertigte dir: |
³ der all dein Fehlen verzeiht,
der all deine Erkrankung heilt, |
⁴ der dein Leben aus der Grube erkauft,
der mit Huld und Erbarmen dich krönt, |
⁵ der deine Reife sättigt mit Gutem,
daß sich wie des Adlers deine Jugend erneut!

⁶ ER wirkt Bewahrheitungen,
Rechtfertigungen allen Bedrückten. |
⁷ Seine Wege gab er Mosche zu wissen,
den Söhnen Jifsraels sein Handeln: |
⁸ erbarmend und gönnend ist ER,
langmütig und reich an Huld, |
⁹ nicht streitet er in die Dauer,
nicht trägt in die Zeit hin er nach. |

¹⁰ Nicht nach unsern Sünden wirkt er an uns,
nicht nach unsern Fehlen fertigt ers uns, |
¹¹ sondern wie hoch Himmel über der Erde,
ist seine Huld den ihn Fürchtenden überlegen, |
¹² wie fern Aufgang von Abend,
entfernt er von uns unsre Abtrünnigkeiten. |
¹³ Wie ein Vater sich der Kinder erbarmt,

erbarmt sich ER der ihn Fürchtenden. |
14 Denn er ists, der weiß um unser Gebild,
eingedenk, daß wir Staub sind. |

15 Das Menschlein, wie des Grases sind seine Tage,
wie die Blume des Feldes, so blühts: |
16 wenn der Wind drüber fährt, ist sie weg,
und ihr Ort kennt sie nicht mehr. |
17 Aber SEINE Huld,
von Weltzeit her und für Weltzeit
ist über den ihn Fürchtenden sie,
seine Bewährung für Kinder der Kinder |
18 denen, die seinen Bund hüten,
denen, die seiner Verordnungen gedenken,
sie auszuwirken. |

19 ER hat seinen Stuhl im Himmel errichtet,
und sein Königtum waltet des Alls. |
20 Segnet IHN, ihr seine Boten
– starke Helden, Werker seiner Rede –,
im Horchen auf den Schall seiner Rede! |
21 Segnet IHN, ihr all seine Scharen,
die ihm amten, Werker seines Gefallens! |
22 Segnet IHN, ihr all seine Werke
an allen Orten seines Waltens!
Segne, meine Seele, IHN! |

104

1 Segne, meine Seele, IHN!
DU, mein Gott,
du bist sehr groß,
bekleidet mit Hehre und Glanz, |
2 der das Licht um sich schlingt wie ein Tuch,
den Himmel wie einen Zeltteppich spannt. |

3 Er, der im Wasser seine Hochgemächer bälkt,
er, der Gewölk sich als Fahrzeug setzt,
er, der auf Fittichen des Winds sich ergeht, |

⁴ der zu seinen Boten die Winde macht,
zu ihm Amtenden loderndes Feuer, |
⁵ er hat auf ihre Festen die Erde gegründet,
sie wankt in Zeit und Ewigkeit nie.
⁶ Der Urwirbel, wie mit einem Kleid bedecktest du ihn.
Über den Bergen standen die Wasser, |
⁷ vor deinem Schelten sind sie geflohn,
vorm Laut deines Donners enthastet, |
⁸ haben Berge erstiegen, sind in Täler gesunken,
an den Ort, den du gründetest ihnen. |
⁹ Du hast ihnen die Schranke gesetzt,
die überschreiten sie nie,
kehren nie wieder, die Erde zu decken. |

¹⁰ Du, der Quellen schickt in die Bäche
– zwischen Bergen gehen sie hin, |
¹¹ tränken alles Getier des Feldes,
Wildesel stillen ihren Durst, |
¹² dran wohnt das Geflügel des Himmels,
zwischen dem Gezweig her geben sie Laut –, |
¹³ der aus seinen Hochgemächern die Berge tränkt,
von deiner Werke Frucht ersattet die Erde. |

¹⁴ Der für das Vieh Gras sprießen läßt,
für des Menschen Ackerdienst Kraut,
aus der Erde Brot zu holen |
¹⁵ und Wein, der das Herz der Leute erfreut,
mehr als von Öl schimmern läßt das Antlitz,
aber Brot labt das Herz der Leute. |
¹⁶ Gesättigt werden SEINE Bäume,
die Zedern des Libanon, die er gepflanzt hat, |
¹⁷ worin Vögel nisten:
der Storch, sein Haus sind Wacholder. |
¹⁸ Berge – für die Steinböcke sind die hohen,
Klüfte sind der Klippdachse Schutz. |

¹⁹ Der den Mond gemacht hat für Gezeiten,
die Sonne, die ihren Untergang kennt, |
²⁰ bringst Finsternis du, und wird Nacht,
regt sich drin alles Waldgetier: |

²¹ die Jungleuen brüllen nach Raub,
vom Gottherrn ihre Nahrung zu fordern, – |
²² strahlt die Sonne auf, ziehen sie heim,
lagern sich in ihre Gehege, |
²³ hervor kommt, an seine Arbeit, der Mensch,
an seinen Dienst bis zum Abend. |

²⁴ Wie viel sind deine Werke, Du!
alle hast du mit Weisheit gewirkt,
Deiner Stiftung voll ist die Erde. |
²⁵ Das Meer da, groß, breit zuhanden,
ein Gerege ist dort ohne Zahl,
kleine Tiere mit großen, – |
²⁶ dort, wo sich Schiffe ergehen,
ist der Lindwurm, den du bildetest, darin zu spielen. |

²⁷ Sie alle warten auf dich,
ihre Nahrung zu geben zu derer Stunde. |
²⁸ Du gibst ihnen, sie lesen auf,
du öffnest deine Hand, sie ersatten an Gutem. |
²⁹ Du birgst dein Antlitz, sie werden verstört,
du ziehst ihren Geist ein, sie verscheiden
und kehren zu ihrem Staub. |
³⁰ Du schickst deinen Geist aus, sie sind erschaffen
und du erneuerst das Antlitz des Bodens. |

³¹ Auf Weltzeit sei SEINE Ehre,
ER freue sich seiner Werke: |
³² der zur Erde blickt und sie zittert,
an die Berge rührt und sie rauchen! |
³³ In meinem Leben will ich IHM singen,
wann ich noch da bin harfen meinem Gott. |
³⁴ Angenehm sei ihm mein Bericht!
ich aber, ich freue mich an IHM. |
³⁵ Möchten die Sünder vom Erdreich hinweg,
der Frevler keiner mehr sein!

Segne, meine Seele, IHN!
Preiset oh Ihn! |

105

1 Danket IHM,
ruft seinen Namen aus,
tut unter den Völkern seine Handlungen kund! |
2 Singet ihm,
harfet ihm!
Besinnet all seine Wunder! |
3 Preist euch um den Namen seiner Heiligkeit!
Freue sich das Herz der IHN Suchenden! |
4 Fragt nach IHM und seiner Macht,
suchet stetig sein Antlitz! |
5 Gedenkt der Wunder, die er getan hat,
seiner Erweise,
der Gerichte seines Munds, |
6 Same Abrahams, seines Knechts,
Söhne Jaakobs, seine Erwählten! |

7 Das ist ER, unser Gott,
in allem Erdreich seine Gerichte. |
8 Auf Weltzeit gedenkt er seines Bunds
– der Rede, die er hat entboten
auf tausend Geschlechter –, |
9 den er mit Abraham schloß,
seines Schwures an Jizchak; |
10 er erstellte es Jaakob zum Gesetz,
Jifsrael zum Weltzeitbund, |
11 sprechend:
»Dir gebe ich das Land Kanaan,
Schnurbereich eures Eigentums.« |

12 Als sie zählige Leute waren,
geringgültig und gastend darin, |
13 einhergingen von Stamm zu Stamm,
von Königreich zu anderem Volk, |
14 ließ er Menschen nicht zu, sie zu bedrücken,
ermahnte Könige ihretwegen: |
15 »Rühret nimmer an meine Gesalbten,
meinen Kündern tut nimmer übel!« |

¹⁶ Als er Hunger über das Land rief,
allen Brotstock zerbrach, |
¹⁷ hatte er vor ihnen her gesandt einen Mann,
zum Knecht war Joſsef verkauft, |
¹⁸ sie quälten seine Füße mit der Kette,
ins Eisen kam seine Seele, |
¹⁹ bis zur Stunde, da kam, was er hatte geredet,
SEIN Spruch als schlackenlos ihn erwies: |
²⁰ er sandte einen König, daß er ihn entfeßle,
einen Völkerwalter, daß er loslasse ihn, |
²¹ der setzte als Herrn ihn über sein Haus,
als Walter über all seine Habe, |
²² seine Fürsten durch dessen Seele zu binden,
und daß seine Ältesten er weise mache. |
²³ So kam Jiſsrael nach Ägypten,
Jaakob gastete im Lande Chams. |

²⁴ Sehr fruchten ließ er sein Volk,
ließ es zu stark werden dessen Bedrängern, |
²⁵ ihr Herz wandelte sich, sein Volk zu hassen,
an seinen Knechten Tücke zu üben. |
²⁶ Er sandte Mosche, seinen Knecht,
Aharon, den er hatte erwählt, |
²⁷ sie setzten an sie die Rede seiner Zeichen,
seine Erweise im Lande Chams: |
²⁸ er sandte Finsternis und finster wards
– widerstrebten sie nicht seiner Rede? –; |
²⁹ er wandelte ihre Wasser zu Blut
und ließ ihr Fischgeschlecht sterben; |
³⁰ er machte von Fröschen wimmeln ihr Land,
in die Kammern ihrer Könige hin; |
³¹ er sprach und Geziefer kam,
Mücken in all ihre Gemarkung; |
³² als ihre Regen gab er Hagel,
Feuerlohe über ihr Land, |
³³ er schlug ihnen Rebe und Feige,
zerbrach das Gehölz ihrer Mark; |
³⁴ er sprach und der Heuspringer kam,
ein Grillenschwarm ohne Zahl, |

³⁵ der fraß in ihrem Land alles Kraut,
der fraß die Frucht ihres Ackers;|
³⁶ er schlug in ihrem Land alle Erstgeburt,
den Anfang all ihrer Manneskraft.|
³⁷ Hinaus führte er jene mit Silber und Gold,
kein Strauchelnder war in seinen Stäben.|
³⁸ Ägypten freute sich ihrer Ausfahrt,
denn ihr Schrecken war auf sie gefallen.|

³⁹ Er spreitete eine Wolke zum Schirm,
ein Feuer, die Nacht zu erleuchten.|
⁴⁰ Es heischte, er ließ Wachteln kommen,
er sättigte mit Himmelsbrot sie,|
⁴¹ er öffnete den Fels, Wasser quoll,
ging als ein Strom durch die Heiden.|
⁴² Denn er gedachte seiner Heiligungsrede,
Abrahams, seines Knechts.|
⁴³ Er führte sein Volk aus in Entzücken,
in Jubel seine Erwählten,|
⁴⁴ er gab Länder der Weltstämme ihnen,
sie ererbten Müh der Nationen,|
⁴⁵ auf daß sie seine Gesetze hüten,
seine Weisungen bewahren.

Preiset oh Ihn!|

106

¹ Preiset oh Ihn!

– Danket IHM, denn er ist gütig,
denn in Weltzeit währt seine Huld.|

² – Wer raunte SEINE Gewalten aus,
ließe all seine Preisung hören!|

³ – O Glück ihrer, die hüten das Recht,
sein, der allstündlich Bewährung übt!|

⁴ – Denk mein, DU, bei deines Volkes Begnadung,
ordne dein Befreien mir zu,|

⁵ anzusehn das Gut deiner Erwählten,
mich zu erfreun an der Freude deines Stamms,
mich zu preisen zusamt deinem Eigen!|

⁶ Gesündigt haben wir zusamt unsern Vätern,
haben uns verfehlt, haben gefrevelt.|

⁷ Unsre Väter in Ägypten,
nicht haben sie deine Wunder begriffen,
nicht gedacht der Fülle deiner Hulden. –

Sie widerstrebten beim Meer schon, am Schilfmeer,|
⁸ aber um seines Namens willen befreite er sie,
seine Gewalt erkennen zu lassen.|
⁹ Er beschalt das Schilfmeer und es ward trocken,
er ließ durch die Wirbel sie gehn wie durch Wüste,|
¹⁰ er befreite sie aus der Hand des Hassers,
er löste sie aus der Hand des Feindes,|
¹¹ die Wasser deckten ihre Bedränger,
es überblieb nicht einer von ihnen.|
¹² Da vertrauten sie seinen Worten,
sangen sie seinen Preis.|

¹³ Schnell vergaßen sie seine Taten,
wollten seinem Ratschluß sich nicht gedulden,|
¹⁴ begehrlich gierten sie in der Wüste,
sie prüften in der Öde den Gottherrn,|
¹⁵ und er gab ihnen ihr Geheisch,
aber er schickte an ihre Seele die Darre.|
¹⁶ Sie eiferten gegen Mosche im Lager,
gegen Aharon, IHM geheiligt,|
¹⁷ die Erde öffnete sich, schlang Datan ein,
überdeckte die Gemeinde Abirams,|
¹⁸ Feuer zündete in ihre Gemeinde,
Lohe verloderte die Frevler.|

¹⁹ Sie machten am Choreb ein Kalb
und warfen vorm Gußbild sich nieder,|
²⁰ sie tauschten ihre Ehre
gegen die Gestalt eines Rindes, das Kraut frißt,|
²¹ vergaßen den Gottherrn, ihren Befreier,

der Großes tat in Ägypten, |
²² Wunderbares im Lande Chams,
Furchtbares am Schilfmeer. |
²³ Und schon sprach er, sie zu vertilgen,
wäre nicht Mosche, sein Erwählter, gewesen:
er trat vor ihn in die Bresche,
abzukehren seinen Grimm vom Verderben. |

²⁴ Sie mißachteten das köstliche Land,
vertrauten nicht seiner Rede, |
²⁵ sie hetzten in ihren Zelten,
hörten nicht auf SEINE Stimme, |
²⁶ und er hob seine Schwurhand ihnen zu,
sie in der Wüste zu fällen |
²⁷ und ihren Samen unter die Erdstämme zu fällen
und sie in die Länder zu worfeln. |

²⁸ Sie verjochten sich dem Baal von Por,
sie aßen Schlachtopfer für Tote, |
²⁹ sie verdrossen mit ihren Sitten,
und der Niederstoß brach in sie ein.
³⁰ Aber Pinchas trat hin, schlug sich ins Mittel,
und der Niederstoß wurde gehemmt, |
³¹ und das ward ihm zur Bewährung geachtet
für Geschlecht um Geschlecht in die Zeit. |
³² Sie ergrimmten ihn am Wasser von »Gezänke«,
daß ihrethalb Mosche übel geschah, |
³³ denn sie erbitterten ihm den Geist
und er verwog sich mit seinen Lippen. |

³⁴ Sie tilgten die Völker nicht,
von denen ER gesprochen hatte zu ihnen, |
³⁵ sie vermischten sich den Stämmen,
sie lernten ihre Taten, |
³⁶ sie dienten ihren Schnitzdocken
und sie wurden ihnen zur Schlinge: |
³⁷ sie schlachteten ihre Söhne
und ihre Töchter den Wichten, |
³⁸ sie vergossen unsträfliches Blut,
Blut ihrer Söhne und Töchter,

die sie schlachteten Kanaans Docken,
daß das Land entartete durch Blutschuld, |
³⁹ sie bemakelten sich mit ihren Taten,
sie verhurten sich mit ihren Sitten. |

⁴⁰ SEIN Zorn entflammte gegen sein Volk,
und er vergreuelte sein Eigentum. |
⁴¹ Er gab sie in der Erdstämme Hand,
ihre Hasser durften über sie walten, |
⁴² ihre Feinde klemmten sie ein,
unter deren Hand wurden sie niedergezwungen. |
⁴³ Er rettete sie viele Male,
sie aber widerstrebten ihm mit ihrem Ratschluß,
und sie wurden ausgemergelt durch ihren Fehl. |
⁴⁴ Er aber sah auf ihre Bedrängnis,
wann er ihr Jammern hörte, |
⁴⁵ und gedachte ihnen seines Bunds
und ließ es leid werden sich
nach der Fülle seiner Hulden |
⁴⁶ und gab ihnen, Erbarmen zu finden
vor all ihren Fängern. |

⁴⁷ Befreie uns, DU, unser Gott,
aus den Erdstämmen hole uns zuhauf,
deiner Heiligkeit Namen zu danken,
uns deiner Preisung zu rühmen. |

⁴⁸ Gesegnet ER,
der Gott Jiſsraels,
von der Weltzeit her und für die Weltzeit!
Und alles Volk spreche: Jawahr!
Preiset oh Ihn! |

107

¹ Danket IHM, denn er ist gütig,
denn in Weltzeit währt seine Huld. |
² Sprechen sollens SEINE Erlösten,
die aus der Hand des Bedrängers er löste |
³ und holte sie zuhauf aus den Ländern,
von Aufgang und von Abend, vom Nord und vom Meer. |

⁴ Die in der Wüste schweiften,
auf verödetem Weg,
nicht fanden besiedelte Stadt, |
⁵ hungernd, dazu dürstend,
ihre Seele in ihnen verzagt, |
⁶ die zu IHM schrien in ihrer Drangsal,
die er rettete aus ihren Nöten |
⁷ und ließ sie auf gradem Weg sich bewegen,
in besiedelte Stadt zu gehn: |
⁸ danken sollen sie IHM seine Huld,
seine Wunder an Menschenkindern,
⁹ daß er sättigte die verschmachtende Seele,
die hungernde Seele füllte mit Gutem. |

¹⁰ Die in Finsternis saßen
und Todesschatten,
gefesselt in Qual und Eisen |
¹¹ – denn Gottessprüchen hatten sie widerstrebt,
geschmäht den Ratschluß des Höchsten, |
¹² und er bezwang ihr Herz mit der Pein,
sie strauchelten, und da war kein Helfer – |
¹³ die zu IHM schrien in ihrer Drangsal,
die er aus ihren Nöten befreite, |
¹⁴ führte aus Finsternis und Todschatten sie
und zerriß ihre Fesseln: |
¹⁵ danken sollen sie IHM seine Huld,
seine Wunder an Menschenkindern, |
¹⁶ daß er eherne Türen brach,
zerhieb eiserne Riegel. |

¹⁷ Toren, von ihrem Abtrünnigkeitsweg,

von ihren Verfehlungen her gequält|
¹⁸ – alle Speise ward ihrer Seele zum Greuel,
und sie gelangten an die Pforten des Tods –,|
¹⁹ die zu IHM schrien in ihrer Drangsal,
die er aus ihren Nöten befreite,|
²⁰ sandte sein Wort und heilte sie,
ließ sie ihren Fallgruben entschlüpfen:|
²¹ danken sollen sie IHM seine Huld,
seine Wunder an Menschenkindern,|
²² und sollen Dankopfer opfern
und mit Jubel seine Taten erzählen.|

²³ Die aufs Meer niederzogen in Schiffen,
Werktätige auf großen Wassern,|
²⁴ selber da SEINE Taten sahen,
seine Wunder im Strudel|
²⁵ – wie er sprach und bestellte den Wind,
den Sturm, und er hob seine Wogen –,|
²⁶ himmelan stiegen, urwirbeltief sanken,
ihre Seele berstend im Übel,|
²⁷ sich drehten, schwankten wie ein Trunkner,
all ihre Weisheit verwirrt,|
²⁸ die zu IHM schrien in ihrer Drangsal,
die er führte aus ihren Nöten,|
²⁹ bannte den Sturm zur Stille
daß ihre Wogen sich legten,|
³⁰ und sie freuten sich, daß die ruhten,
und er leitete sie zum Hafen ihres Wunsches:|
³¹ danken sollen sie IHM seine Huld,
seine Wunder an Menschenkindern,|
³² ihn erheben in der Versammlung des Volks,
im Sitze der Alten ihn preisen.|

³³ Er macht Ströme zu Wüste,
Wassersprünge zu Durstsand,|
³⁴ Fruchtland zu Salzsteppen,
ob der Bosheit der darauf Siedelnden.|
³⁵ Er macht Wüste zum Wasserteich,
Heideland zu Wassersprüngen.|

³⁶ Er siedelt dort Hungernde an,
die besiedelte Stadt errichten, |
³⁷ Felder besäen, Weinberge pflanzen,
Fruchtung auftun als Einkunft. |
³⁸ Er segnete sie, sie mehren sich sehr,
und ihr Vieh mindert sich nicht. |
³⁹ Mindern sie dann aber doch sich und sinken
durch Hemmung in Bösgeschick und Kummer, |
⁴⁰ gießt er über die Edeln Verachtung
und läßt in unwegsamer Wildnis sie schweifen, |
⁴¹ aber den Dürftigen entrückt er der Qual
und macht Sippen draus, herdengleich. |
⁴² Die Geraden sehens und freun sich,
und alles Falsch versperrt seinen Mund. |

⁴³ Wer weise ist, wahre dies,
innewerden mögen sie SEINER Hulden! |

108

¹ Ein Gesang, ein Harfenlied Dawids. |

² Fest ist mein Herz, Gott,
singen will ich, harfen will ich,
ja, meine Ehre! |
³ Ermuntre dich, du Laute und Leier,
ermuntern will ich das Morgenrot. |

⁴ Unter den Völkern will ich dir danken, DU,
und unter den Nationen dir harfen,
⁵ denn über den Himmel groß ist deine Huld,
bis an die Lüfte deine Treue. |
⁶ Schwinge dich über Himmel, Gott,
über alles Erdreich deine Ehre! |

⁷ Damit deine Freunde losgeschnürt werden,
befreie mit deiner Rechten, antworte mir! – |

⁸ Gott hats in seinem Heiligtum geredet:
Ergötzen will ich mich,

Sichem will ich verteilen,
die Tiefebne von Sfukkot vermessen, |
9 mein ist Gilad, mein Mnasche,
Efrajim Helmwehr meines Haupts,
Jehuda mein Richtstab, – |
10 Moab ist Waschbecken mir,
auf Edom werfe ich meinen Schuh,
über Philistien schmettre ich auf. |

11 – Wer bringt mich in die Bollwerkstadt?
wer geleitet mich bis nach Edom? |
12 Nicht, Gott, der du uns hast verabscheut
und zogst, Gott, mit unsern Scharen nicht aus? |
13 Leih vor dem Bedränger uns Hilfe:
Befreiertum von Menschen ist Wahn! |
14 Mit Gott werden wir Mächtiges tun,
er ists, der niederstampft unsre Bedränger. |

109

1 Des Chormeisters,
von Dawid, ein Harfenlied.

Gott meiner Preisung,
schweige nimmer! |
2 Denn der Mund des Frevels
und der Mund des Betrugs,
wider mich öffnen sie sich,
reden mit Lügenzunge mich an, |
3 mich umringen Reden des Hasses.
Sie bekämpfen mich grundlos, |
4 für meine Liebe behadern sie mich
– ich aber bin Gebet –, |
5 sie legen mir Böses für Gutes bei
und Haß für meine Liebe. |

6 »Man verordne wider ihn einen Frevler,
ein Hindrer stehe zu seiner Rechten! |
7 Wann er gerichtet wird,

gehe er als frevelsschuldig hervor,
sein Gebet werde zur Versündigung!|
⁸ Seiner Tage sollen wenige sein,
seine Amtsordnung soll ein anderer nehmen.|
⁹ Waisen sollen seine Kinder werden,
eine Witwe sein Weib,|
¹⁰ streifen, streifen sollen seine Kinder und betteln,
umhersuchen, von ihren Trümmern aus.|
¹¹ Der Gläubiger soll alles, was sein ist, umstricken,
Fremde plündern seinen Fleiß.|
¹² Nimmer sei ihm einer, der Holdschaft hält,
nimmer sei ein Gönner seinen Waisen!|
¹³ Zum Ausrotten sei Nachfolge ihm,
in nachfolgendem Geschlecht werde ihr Name verwischt!|
¹⁴ Des Fehls seiner Väter sei bei IHM gedacht,
nimmer verwischt werde die Sünde seiner Mutter,|
¹⁵ sie seien IHM stets gegenwärtig
und er rotte von der Erde ihr Gedenken!|
¹⁶ Dieweil er nicht gedacht hatte Holdschaft zu tun,
jagte den gebeugten und bedürftigen Mann,
den herzverschüchterten totzumachen,|
¹⁷ und liebte den Fluch – und er kommt auf ihn! –
und hatte am Segen nicht Lust – und er bleibt fern ihm! –|
¹⁸ und kleidete in den Fluch sich wie in seinen Rock
und wie Wasser kam der in sein Innres,
wie Öl in seine Gebeine:|
¹⁹ sei er ihm wie ein Gewand, das er um sich schlingt,
wie ein Riemen, den stets er umgürtet!«|
²⁰ Dies ist meiner Behindrer Werklohn von IHM her,
ihrer, die Böses reden wider meine Seele.|

²¹ Du aber, DU, mein Herr,
tue an mir um deines Namens willen!
da gütig ist deine Huld, rette mich!|
²² Denn gebeugt und bedürftig bin ich,
und durchbohrt ist mein Herz mir im Innern.|
²³ Wie ein Schatten, wann er sich neigt, fahre ich hin,
ich klappre wie ein Heuschreck,|
²⁴ meine Knie schlottern vom Fasten,

fettledig schrumpft mein Fleisch. |
25 Ich, ein Hohn bin ich ihnen geworden,
sie sehn mich an, schütteln ihren Kopf. |
26 Hilf mir auf, Du, mein Gott,
befreie mich nach deiner Huld! |
27 Sie sollen erkennen, daß dies deine Hand ist,
selber Du es getan hast. |
28 Mögen die fluchen, du wirst segnen.
Erheben sie sich, werden sie zuschanden,
aber dein Knecht darf sich freuen. |
29 Meine Behindrer müssen sich kleiden in Schimpf,
wie einen Mantel um sich schlingen ihre Schande. – |
30 Sehr danken will ich IHM mit meinem Munde,
inmitten der Vielen ihn preisen, |
31 denn dem Bedürftigen steht er zur Rechten:
von den seine Seele Richtenden zu befreien. |

110

1 Von Dawid, ein Harfenlied.

Erlauten von IHM zu meinem Herrn:
»Sitze zu meiner Rechten,
bis ich deine Feinde lege
als Schemel zu deinen Füßen!« |

2 Das Szepter deiner Macht streckt ER aus:
Vom Zion schalte im Gebiet deiner Feinde! |

3 Dein Volk, Willigkeit ists
am Tag deines Heereszugs
in Glanzgewändern der Heiligung:
vom Schoß des Morgengrauns her,
ist der Tau deiner Kindschaft an dir. |

4 Geschworen hat ER
und läßt sichs leid werden nicht:
»Du bist Priester auf Weltzeit,
um meine Sache,
›Bewährungskönig‹, Malki-Zedek.« |

⁵ Mein Herr ist dir zur Rechten,
   der an seinem Zorntag Könige zerschmettert. |
⁶ Aburteilen unter den Erdstämmen wird er
   den, der Leichen gehäuft hat,
   er zerschmettert das Haupt über großes Land, |
⁷ ihn, der auf dem Kriegsweg von jedem Bach trank,
   darum das Haupt erhob. |

111

¹ Preiset oh Ihn!

Danken will ich IHM
mit allem Herzen
im Kreis der Geraden,
der Gemeinde. |

² Groß sind SEINE Taten,
erfragbar allen
die Lust haben dran, |
³ Hehre und Glanz sein Werk,
seine Bewährung
besteht auf ewig, |
⁴ Gedenken tat seinen Wundern er auf

Gönnend und erbarmend ist ER, |
⁵ gab den ihn Fürchtenden Zehrung,
gedenkt seines Bunds in die Zeit, |
⁶ die Kraft seiner Taten
hat er seinem Volk angesagt,
da er ihnen Eigentum der Erdstämme gab. |

⁷ Die Taten seiner Hände
sind Treue und Recht,
all seine Ordnungen sind getreu, |
⁸ für ewig, für Weltzeit gegründet,
in Treue und Geradheit getan. |
⁹ Abgeltung sandte er seinem Volk,
entbot seinen Bund in die Zeit.

Heilig und furchtbar

ist sein Name, |
10 Anfang der Weisheit
ist IHN fürchten,
ein Begreifen, gut für alle, die so tun.
Auf ewig besteht sein Preis. |

112

1 Preiset oh Ihn!

O Glück des Mannes,
der IHN fürchtet,
sehr Lust hat an seinen Geboten! |
2 Heldisch auf Erden
wird sein Same sein,
»Geschlecht der Geraden«
wird er gesegnet. |
3 Behagen und Reichtum
sind bei ihm zuhaus.
Seine Bewährung
besteht auf ewig. |
4 In der Finsternis strahlt
den Geraden ein Licht,
gönnend, erbarmend, wahrhaftig. |
5 Gut ists um den Mann,
der vergönnt und leiht,
gerecht seine Sachen versorgt, |
6 denn er wankt nicht in Weltzeit.
Zu Weltzeitgedenken
wird der Bewährte. |
7 Vor bösem Gerücht
braucht er sich nicht zu fürchten:
gefestigt ist sein Herz,
gesichert an IHM. |
8 Gegründet ist sein Herz,
er fürchtet sich nicht,
bis er niedersehn darf auf seine Bedränger. |
9 Ausgestreut hat er,

hat den Dürftigen gegeben,
seine Bewährung
besteht auf ewig,
sein Horn ragt in Ehren. |
10 Der Frevler siehts
und es verdrießt ihn,
er fletscht seine Zähne –
und zerrinnt:
verloren geht das Begehren der Frevler. |

113

¹ Preiset oh Ihn!

Preiset, ihr SEINE Knechte,
preiset SEINEN Namen! |
² SEIN Name sei gesegnet
von jetzt bis hin in die Zeit, |
³ vom Aufstrahlen der Sonne
bis zu ihrer Heimkunft
SEIN Name gepriesen! |

⁴ ER ist über alle Weltstämme erhaben,
sein Ehrenschein über den Himmel. |
⁵ Wer ist wie ER, unser Gott,
der Sitz hat in der Höhe, |
⁶ der Sicht hat in die Tiefe
im Himmel und auf der Erde, |
⁷ vom Staub aufrichtet den Armen,
vom Kot der Dürftigen erhebt, |
⁸ ihm Sitz zu geben neben den Edlen,
neben den Edlen seines Volks, |
⁹ Sitz gibt der Sprossenlosen im Haus
als einer frohen Mutter von Kindern!

Preiset oh Ihn! |

114

¹ Als Jiſsrael zog aus Ägypten,
Jaakobs Haus aus dem stammelnden Volk, |
² ward Jehuda zum Heiligtum ihm,
Jiſsrael sein Waltebereich. |

³ Das Meer sah es und floh,
der Jordan bog rückwärts aus, |
⁴ die Berge hüpften wie Widder,
Hügel wie die jungen Schafe. |

⁵ Was ist dir, du Meer, daß du fliehst,
du Jordan, biegst rückwärts aus, |
⁶ ihr Berge, hüpfet wie Widder,
Hügel, wie die jungen Schafe? |

⁷ Vorm Antlitz des Herrn winde dich, Erde,
vorm Antlitz des Gottes Jaakobs, |
⁸ der den Fels in einen Wasserteich wandelt,
einen Kiesel zum Wasserquell! |

115

¹ Nicht uns, DU, nicht uns,
sondern deinem Namen gib Ehre,
um deine Huld, um deine Treue! |
² Warum sollen die Weltstämme sprechen:
»Wo ist doch ihr Gott?«! |
³ Unser Gott ist im Himmel,
er macht alles, wies ihm gefällt. |

⁴ Ihre Docken sind Silber und Gold,
Gemächt von Menschenhänden, |
⁵ haben einen Mund und können nicht reden,
haben Augen und können nicht sehn, |
⁶ haben Ohren und können nicht hören,
haben eine Nase und können nicht riechen, |
⁷ ihre Hände, sie können nicht tasten,
ihre Füße, sie können nicht gehn,

nicht tönen sie mit ihrer Kehle. |
⁸ Ihnen gleich werden, die sie machten,
alles, was sich sichert an ihnen. |

⁹ – Jiſsrael, sei sicher an IHM!
– Er ist ihre Hilfe, ihr Schild. |
¹⁰ – Haus Aharons, seid sicher an IHM!
– Er ist ihre Hilfe, ihr Schild. |
¹¹ – Ihr IHN Fürchtenden, seid sicher an IHM!
– Er ist ihre Hilfe, ihr Schild. |

¹² – ER hat unser gedacht, er wird segnen,
segnen das Haus Jiſsraels,
segnen das Haus Aharons, |
¹³ segnen die IHN Fürchtenden,
die Kleinen samt den Großen. |

¹⁴ – Füge ER für euch noch hinzu,
für euch und für eure Kinder! |
¹⁵ Gesegnet seiet ihr IHM,
der Himmel und Erde gemacht hat! |

¹⁶ – Der Himmel, SEIN Himmel ists,
den Menschenkindern gab er die Erde. |
¹⁷ Nicht die Toten preisen oh Ihn,
nicht alldie in die Tiefstille sanken. |
¹⁸ Wir aber segnen oh Ihn,
von jetzt an bis hin in die Zeit.

Preiset oh Ihn! |

116

¹ Ich liebe,
denn ER hört
meine Stimme, mein Gunsterflehn. |
² Denn er hat sein Ohr mir geneigt,
und meine Tage hindurch rufe ich an. |
³ Umschwirren mich Streiche des Todes,
treffen des Gruftreichs Drangsalen mich,

treffe ich Bedrängnis und Kummer, |
4 SEINEN Namen rufe ich an:
»Ach doch, DU,
lasse meine Seele entschlüpfen!« |
5 Gönnend ist ER und wahrhaftig,
unser Gott ein Erbarmender. |
6 ER ist ein Hüter der Einfältigen,
bin ich erschwacht, er befreit mich. |
7 Kehre, meine Seele, zu deiner Ruhestatt um,
denn ER fertigts für dich. |

8 Ja, du hast entwunden
meine Seele dem Tod,
mein Auge der Träne,
meinen Fuß dem Anstoß, |
9 vor DEINEM Antlitz darf ich mich ergehn
in den Ländern des Lebens. |

10 Ich vertraue,
wenn ich reden muß:
»Ich da, ich bin sehr gebeugt!« |
11 Ich da, ich sprach in meiner Bestürzung:
»Alle Menschheit täuscht!« |
12 Womit soll ich nun IHM erstatten
all seine Zufertigung für mich! |
13 Den Becher der Befreiungen heb ich
und rufe SEINEN Namen an, |
14 ich zahle IHM meine Gelübde
zugegen doch all seinem Volk. |

15 Teuer ist in SEINEN Augen
das Versterben seiner Holden. |
16 Ach doch, DU,
ich bin ja dein Knecht,
bin dein Knecht, der Sohn deiner Magd, –
gelöst hast du meine Fesseln. |
17 Dir opfre ich Opfer des Danks,
und DEINEN Namen rufe ich an. – |
18 Ich zahle IHM meine Gelübde
zugegen doch all seinem Volk |

¹⁹ in den Höfen SEINES Hauses
in deiner Mitte, Jerusalem.

Preiset oh Ihn! |

117

¹ Preiset, alle Weltstämme, IHN,
rühmt ihn, all ihr Nationen! |
² Denn gewaltig ist über uns seine Huld,
SEINE Treue währt in Weltzeit.
Preiset oh Ihn! |

118

¹ Danket IHM, denn er ist gütig,
denn in Weltzeit währt seine Huld! |
² Spreche doch Jiſsrael:
Denn in Weltzeit währt seine Huld! |
³ Spreche doch das Haus Aharons:
Denn in Weltzeit währt seine Huld! |
⁴ Sprechen doch die IHN Fürchtenden:
Denn in Weltzeit währt seine Huld! |

⁵ Aus der Drangsal rief ich: Oh Er!
in der Weite gab mir Antwort oh Er. |
⁶ ER ist für mich, ich fürchte nicht,
was kann ein Mensch mir tun! |
⁷ ER ist für mich, meine Helferschaft, –
meine Hasser werde ich besehn. |
⁸ Besser ists, sich bergen an IHM,
als sich sichern an Menschen. |
⁹ Besser ists, sich bergen an IHM,
als sich sichern an Edeln. |
¹⁰ Haben Erdstämme allerart mich umrungen,
mit SEINEM Namen, wohl, kappe ich sie. |
¹¹ Haben sie mich umringt, ja umrungen,
mit SEINEM Namen, wohl, kappe ich sie. |

¹² Haben sie mich umringt wie Bienen,
sie verschwelen wie Dornenfeuer,
mit SEINEM Namen, wohl, kappe ich sie. |
¹³ Gestoßen, hingestoßen ward ich zum Fallen,
aber ER hat mir aufgeholfen. |

¹⁴ Mein Stolz und Saitenspiel ist oh Er,
und ward meine Freiheit. |
¹⁵ Die Stimme des Jubels und der Befreiung
ist in den Zelten der Bewährten:
»SEINE Rechte tut Mächtiges! |
¹⁶ SEINE Rechte ist erhoben,
SEINE Rechte tut Mächtiges!« |
¹⁷ Ich sterbe nicht, nein, ich darf leben
und oh Seine Taten erzählen. |
¹⁸ Gezüchtigt hat oh Er mich, gezüchtigt,
aber dem Sterben hat er mich nicht übergeben. |

¹⁹ – Öffnet mir die Tore der Wahrheit,
ich will in sie kommen, danken will ich oh Ihm! |
²⁰ – Dies ist das Tor zu IHM,
Bewährte kommen darein. |
²¹ – Ich danke dir, daß du mich gebeugt hast
und wardst mir zur Befreiung. |

²² – Der Stein, den die Bauherrn verwarfen,
er ist zum Eckhaupt geworden. |
²³ – Geworden ist dies von IHM her,
ein Wunder ist das vor unseren Augen. |

²⁴ – Dieser ist der Tag, den ER aufgetan hat.
– Jauchzen wir und freuen uns sein! |

²⁵ – Ach doch, DU, befreie doch!
– Ach doch, DU, laß doch gelingen! |

²⁶ – Mit SEINEM Namen gesegnet, der kommt!
– Aus SEINEM Hause segnen wir euch! |

²⁷ – Gottherr ist ER und er leuchtete uns!

– Haltet den Festreihn mit Seilen gebunden

bis an die Hörner der Schlachtstatt! |

²⁸ — Mein Gottherr bist du,
ich will dir danken,
mein Gott,
ich will dich erheben. |

²⁹ — Danket IHM, denn er ist gütig,
denn in Weltzeit währt seine Huld. |

119

¹ O Glück ihrer, die schlichten Wegs sind,
die in SEINER Weisung gehn, |
² o Glück ihrer, die seine Zeugnisse wahren,
die mit allem Herzen fragen nach ihm! |
³ Falsch haben sie durchaus nicht geübt,
in seinen Wegen sind sie gegangen. —|
⁴ Deine Ordnungen hast du selber entboten,
sie sehr zu behüten. |
⁵ Ach daß gefestet seien meine Wege,
zu hüten deine Gesetze! |
⁶ Dann würde ich nicht zuschanden,
wann ich blicke auf all deine Gebote. |
⁷ Ich danke dir in Herzensgeradheit,
wann ich die Rechtsgeheiße lerne deiner Bewährung. |
⁸ Ich will deine Gesetze hüten, —
verlaß mich nimmer gar sehr! |

⁹ Wodurch klärt ein Jüngling seine Bahn?
Sich hütend gemäß deiner Rede. |
¹⁰ Mit all meinem Herzen frage ich dir nach, —
von deinen Geboten laß mich abirren nimmer! |
¹¹ In meinem Herzen speicherte ich deinen Spruch,
damit an dir ich nicht sündige. |
¹² Gesegnet seiest du, DU,
lehre mich deine Gesetze! |
¹³ Mit meinen Lippen zähle ich auf
alle Rechtsgeheiße deines Mundes. |

¹⁴ Am Weg deiner Zeugnisse entzücke ich mich
   wie über allem Behagen. |
¹⁵ Deine Anordnungen will ich besinnen,
   anblicken deine Bahnen, |
¹⁶ mich an deinen Gesetzen erquicken,
   nicht vergessen deine Rede. |

¹⁷ Fertige deinem Knechte es zu: möge ich leben,
   und hüten will ich deine Rede. |
¹⁸ Mache meine Augen bar, daß ich erblicke
   Wunder aus deiner Weisung. |
¹⁹ Ein Gast bin ich auf der Erde,
   nimmer verhehle mir deine Gebote! |
²⁰ Mir zermürbt sich vom Verlangen die Seele
   nach deinen Rechtsgeheißen zu aller Stunde. |
²¹ Du beschiltst die Vermeßnen, verwünscht sind,
   die abirren von deinen Geboten. |
²² Wälze von mir Hohn und Verachtung,
   denn deine Zeugnisse habe ich bewahrt. |
²³ Säßen auch Fürsten, wider mich sich beredend,
   dein Knecht besinnt deine Gesetze. |
²⁴ Wohl, deine Zeugnisse sind meine Erquickung,
   meine Ratsleute sie. |

²⁵ Meine Seele haftet am Staub,
   belebe mich gemäß deiner Rede! |
²⁶ Meine Wege erzählte ich und du antwortetest mir –
   lehre mich deine Gesetze, |
²⁷ lasse deiner Ordnungen Weg mich verstehn,
   besinnen will ich deine Wunder. |
²⁸ Vor Gram entsickert mir die Seele,
   erhalte mich gemäß deiner Rede! |
²⁹ Den Lügenweg rücke mir ab,
   vergönne mir deine Weisung! |
³⁰ Den Weg der Treue habe ich gewählt,
   deine Rechtsgeheiße gehegt. |
³¹ An deinen Zeugnissen hafte ich –
   Du, beschäme mich nimmer! |
³² Ich laufe den Weg deiner Gebote.

denn du weitest mein Herz. |

³³ Weise mir, DU, den Weg deiner Gesetze,
bewahren will ich ihn, als Lohn. |
³⁴ Mache mich verstehn und deine Weisung bewahr ich,
mit allem Herzen hüte ich sie. |
³⁵ Laß mich auf dem Pfad mich deiner Gebote bewegen,
denn an ihm habe ich Lust. |
³⁶ Zu deinen Zeugnissen neige mein Herz,
nimmer zum Gewinn! |
³⁷ Zieh meine Augen vom Sehn des Wahngetriebs ab,
belebe mich durch deinen Weg! |
³⁸ Halte deinem Knecht deinen Spruch,
der gilt für das, was dich fürchtet! |
³⁹ zieh meine Verhöhnung hinweg, davor mir graut,
denn deine Rechtsgeheiße sind gut. |
⁴⁰ Da, nach deinen Ordnungen verlangts mich,
belebe mich durch deine Bewährung! |

⁴¹ Und kommen mögen mir, DU, deine Hulden,
dein Befreiertum gemäß deinem Spruch, |
⁴² daß ich meinem Höhner Rede antworten kann,
denn in deiner Rede bin ich gesichert. |
⁴³ Nimmer entreiße gar sehr meinem Mund die getreue Rede,
denn ich harre deines Gerichts. |
⁴⁴ Hüten will ich deine Weisung
stets in Weltzeit und Ewigkeit. |
⁴⁵ Ergehn darf ich mich in der Weite,
denn ich frage deinen Ordnungen nach. |
⁴⁶ Von deinen Zeugnissen will ich vor Königen reden,
und nie werde ich zuschanden. |
⁴⁷ Ich erquicke mich an deinen Geboten,
die ich liebe.
Ich hebe meine Hände zu deinen Geboten,
die ich liebe, |
⁴⁸ und besinnen will ich deine Gesetze. |

⁴⁹ Gedenke der Rede zu deinem Knecht,
drum daß du mich hast harren lassen. |
⁵⁰ Dies ist mein Trost in meinem Gebeugtsein,

daß dein Spruch mich belebt. |
51 Mich bewitzeln die Vermeßnen übersehr –
von deiner Weisung biege ich nicht ab. |
52 Ich gedenke deiner Gerichte von der Urzeit,
DU, und ich getröste mich. |
53 Samumglut faßt mich vor den Frevlern,
die deine Weisung verlassen. |
54 Harfenweisen werden mir deine Gesetze
in meiner Gastschaft Haus. |
55 In der Nacht gedenke deines Namens ich, DU,
und will deine Weisung hüten. |
56 Dieses ist mir geworden,
da ich deine Ordnungen wahrte. |

57 »Mein Teil ist ER«, habe ich gesprochen:
deine Reden zu hüten. |
58 Ich sänfte mit allem Herzen dein Antlitz –
leih Gunst mir gemäß deinem Spruch! |
59 Ich plane meine Wege um,
kehre zu deinen Zeugnissen meine Füße. |
60 Ich eile, ich verzögre mich nicht,
deine Gebote zu hüten. |
61 Umwinden mich Stricke der Frevler,
deine Weisung vergesse ich nicht. |
62 Mittnachts stehe ich auf dir zu danken
für die Gerichte deiner Bewährung. |
63 Die dich fürchten, allen bin ich Gefährte
und den Hütern deiner Ordnungen. |
64 Deine Huld, DU, füllt die Erde,
deine Gesetze lehre mich! |

65 Gut hast du an deinem Knechte getan,
DU, gemäß deiner Rede, |
66 lehre mich das Gut an Erfahren und Kennen,
denn ich vertraue deinen Geboten. |
67 Ehe ich gebeugt ward, war ein Irrender ich,
jetzt aber hüte ich deinen Spruch. |
68 Gütig bist du und Gutes wirkend,
lehre mich deine Gesetze! |

⁶⁹ Lug schmieren die Vermeßnen mir auf,
 der ich mit allem Herzen deine Ordnungen wahre. |
⁷⁰ Stumpf wie Fett ist ihr Herz,
 ich aber, an deiner Weisung habe ich Erquicken. |
⁷¹ Gut ists mir, daß ich wurde gebeugt,
 damit ich deine Gesetze lerne. |
⁷² Gut ist mir die Weisung deines Mundes
 mehr als Tausende Goldes und Silbers. |

⁷³ Deine Hände haben mich gemacht und gefestet,
 laß mich verstehn, auf daß deine Gebote ich lerne! |
⁷⁴ Die dich Fürchtenden werden mich sehn und sich freuen,
 denn auf deine Rede habe ich geharrt. |
⁷⁵ Ich erkenne, DU, daß Wahrheit sind deine Rechtsgeheiße
 und in Treuen du mich gebeugt hast. |
⁷⁶ Sei es doch deine Huld, mich zu trösten,
 gemäß deinem Spruch an deinen Knecht! |
⁷⁷ Dein Erbarmen komme mir, daß ich lebe,
 denn deine Weisung ist meine Erquickung. |
⁷⁸ Zuschanden müssen die Vermessenen werden,
 daß sie lügenhaft mich verzerrten,
 der ich deine Ordnungen besinne, |
⁷⁹ mir zukehren müssen sich, die dich fürchten,
 die deine Zeugnisse kennen. |
⁸⁰ Mein Herz sei schlicht in deinen Gesetzen,
 damit ich zuschanden nicht werde. |

⁸¹ Nach deinem Befreien verzehrt sich meine Seele,
 ich harre auf deine Rede, |
⁸² nach deinem Spruch verzehren sich meine Augen,
 da ich spreche: Wann wirst du mich trösten? |
⁸³ Denn wie ein Schlauch im Qualm bin ich worden, –
 deine Gesetze habe ich nicht vergessen. |
⁸⁴ Wieviel sind der Tage deines Knechts! –
 wann tust du Gericht an meinen Verfolgern? |
⁸⁵ Die Vermeßnen haben mir Gruben gebohrt,
 sie, die nicht deiner Weisung gemäß sind. |
⁸⁶ Alle deine Gebote sind Treue,
 lügnerisch verfolgt man mich, hilf mir auf! |
⁸⁷ Fast hätten sie aufgezehrt mich auf Erden,

ich aber verlasse deine Ordnungen nicht.|
88 Belebe mich gemäß deiner Huld,
daß ich das Zeugnis hüten kann deines Mundes!|

89 In Weltzeit, DU:
deine Rede ist mit dem Himmel errichtet,|
90 für Geschlecht um Geschlecht bleibt deine Treue,
du hast die Erde gefestet, sie stand.|
91 Nach deinen Rechtsgeheißen bestehn sie noch heut,
denn das All, es sind deine Knechte.|
92 Wäre deine Weisung nicht mein Erquicken,
in meinem Gebeugtsein wäre dann ich geschwunden.|
93 Deine Ordnungen vergesse ich nicht in die Zeit,
denn du belebst mich durch sie.|
94 Dein bin ich, befreie mich,
denn deinen Ordnungen frage ich nach.|
95 Auf mich harrten Frevler, mich verschwinden zu lassen,
deine Zeugnisse will ich verstehen.|
96 Aller Vollendung sehe ich eine Grenze, –
gar weit ist dein Gebot.|

97 Wie liebe ich deine Weisung!
all den Tag ist sie mein Sinnen.|
98 Mehr als meine Feinde macht mich klug dein Gebot,
denn in die Zeit hin ists mein,|
99 mehr als all meine Lehrer darf ich begreifen,
denn deine Zeugnisse sind mir das Sinnen,|
100 mehr als die Alten kann ich verstehen,
denn deine Ordnungen habe ich bewahrt.|
101 Vor allem bösen Pfad hemmte ich meine Füße,
damit ich deine Rede hüte.|
102 Von deinen Rechtsgeheißen wich ich nicht ab,
denn du bists, der mich unterwies.|
103 Wie lind sind sie meinem Gaumen,
mehr als Honig dein Spruch meinem Mund.|
104 An deinen Ordnungen werde ich verständig,
drum hasse ich allen Lügenpfad.|

105 Eine Lampe ist meinem Fuß deine Rede,
ein Licht meinem Steig.|

¹⁰⁶ Geschworen habe ich und ich wills halten,
 deiner Bewährung Rechtsgeheiße zu hüten. |
¹⁰⁷ Gar sehr bin ich gebeugt,
 DU, belebe mich gemäß deiner Rede! |
¹⁰⁸ Die Willigungen meines Munds nimm zugnaden doch an,
 DU, und lehre mich deine Rechtsgeheiße! |
¹⁰⁹ Meine Seele ist mir in der hohlen Hand stets,
 aber deine Weisung habe ich nicht vergessen. |
¹¹⁰ Einen Sprenkel haben mir die Frevler gelegt,
 von deinen Ordnungen bin ich nicht abgeschweift. |
¹¹¹ In Weltzeit habe ich deine Zeugnisse eigen,
 denn das Entzücken meines Herzens sind sie. |
¹¹² Geneigt habe ich mein Herz, deine Gesetze zu tun,
 in Weltzeit ists Lohn. |

¹¹³ Ich hasse die Zwiegegabelten,
 aber ich liebe deine Weisung. |
¹¹⁴ Du bist mein Versteck und mein Schild,
 ich harre auf deine Rede. |
¹¹⁵ Weicht, ihr Boshaften, von mir,
 die Gebote meines Gottes will ich wahren. |
¹¹⁶ Stütze mich gemäß deinem Spruch, daß ich lebe,
 an meiner Erwartung laß mich nimmer zuschanden werden! |
¹¹⁷ Bestätige mich, und ich bin befreit,
 stets will ich betrachten deine Gesetze. |
¹¹⁸ Du ächtest alle, die abirren von deinen Gesetzen,
 denn ihre Trugkunst ist Lüge. |
¹¹⁹ Als Schlacken enträumst du alle Frevler der Erde,
 darum liebe deine Zeugnisse ich. |
¹²⁰ Von deinem Schrecken grieselts durchs Fleisch mir,
 ich fürchte mich vor deinen Gerichten. |

¹²¹ Ich tat Recht und Wahrhaftigkeit,
 überliefre mich nie meinen Bedrückern! |
¹²² Für deinen Knecht bürge zum Guten,
 nimmer bedrücken dürfen mich die Vermeßnen! |
¹²³ Nach deiner Befreiung verzehren sich meine Augen,
 nach dem Spruche deiner Bewährung. |
¹²⁴ Tu an deinem Knecht gemäß deiner Huld,

deine Gesetze lehre mich! |
125 Dein Knecht bin ich, mache mich verstehn,
daß deine Zeugnisse ich erkenne. |
126 Es ist die Stunde, für DICH zu tun:
sie zerbröckeln deine Weisung. |
127 Darum liebe ich deine Gebote
mehr als Gold und als Feinerz, |
128 darum halte ich alle Ordnungen in allem gerad ein,
allen Lügenpfad hasse ich. |

129 Deine Zeugnisse sind wundersam,
darum wahrt sie meine Seele. |
130 Die Eröffnung deiner Reden leuchtet,
Einfältige macht sie verständig. |
131 Ich reiße meinen Mund auf und schnappe,
denn mich verlangts nach deinen Geboten. |
132 Wende dich mir zu und leihe mir Gunst
gemäß dem Recht für sie, die deinen Namen lieben! |
133 Meine Tritte festige mit deinem Spruch,
laß nimmer allerart Arg mit mir schalten! |
134 Gilt von Menschenbedrückung mich ab,
auf daß ich deine Ordnungen hüte! |
135 Dein Antlitz laß leuchten deinem Knecht
und lehre mich deine Gesetze! |
136 In Wasserbächen fließen meine Augen nieder
über jene, die deine Weisung nicht hüten. |

137 Du bist wahrhaftig, DU,
und gerade in deinen Gerichten. |
138 Deine Zeugnisse hast du in Wahrhaftigkeit entboten
und gar in Treuen. |
139 Aufgerieben hat mich mein Eifer,
denn meine Bedränger haben deine Reden vergessen. |
140 Ausgeschmolzen ist dein Spruch gar,
und dein Knecht liebt ihn. |
141 Gering bin ich und verachtet,
deine Ordnungen habe ich nicht vergessen. |
142 Deine Bewährung ist wahr in Weltzeit
und deine Weisung getreu. |
143 Haben Drangsal und Not mich betroffen,

deine Gebote sind meine Erquickung. |
144 Deine Zeugnisse sind in Weltzeit bewährt,
verstehen lasse mich, auf daß ich lebe! |

145 Ich rief mit allem Herzen, antworte mir, Du,
wahren will ich deine Gesetze. |
146 Ich habe dich gerufen, befreie mich,
ich will deine Zeugnisse hüten. |
147 In der Dämmrung schon komme ich vor und muß stöhnen:
»Ich harre auf deine Rede.« |
148 Den Nachtwachen kommen meine Augen zuvor,
deinen Spruch zu besinnen. |
149 Höre gemäß deiner Huld meine Stimme,
Du, belebe mich gemäß deinem Recht! |
150 Nahn sie, die nachfolgen der Zuchtlosigkeit
– fern sind sie deiner Weisung –, |
151 nahe bist du, o Du,
und all deine Gebote getreu. |
152 An deinen Zeugnissen erkenne ich von vormals,
daß auf Weltzeit du sie hast gegründet. |

153 Sieh mein Gebeugtsein an und entschnüre mich,
denn deine Weisung habe ich nicht vergessen. |
154 Streite meinen Streit und löse mich aus,
nach deinem Spruche belebe mich! |
155 Fern ist den Frevlern die Befreiung,
denn nach deinen Gesetzen fragen sie nicht. |
156 Viel ist deines Erbarmens, Du,
gemäß deinen Gerichten belebe mich! |
157 Viele sinds, die mich verfolgen und drängen,
von deinen Zeugnissen bog ich nicht ab. |
158 Sah ich Verräter, es widerte mich,
daß sie deinen Spruch nicht hüten. |
159 Sieh, daß ich deine Ordnungen liebe,
Du, gemäß deiner Huld belebe mich! |
160 Das Hauptstück deiner Rede ist Treue,
in Weltzeit bleibt alle Gerechtigkeit deiner Bewährung. |

161 Fürsten verfolgen mich grundlos,
aber nur vor deiner Rede erschrak je mein Herz. |

¹⁶² Ich entzücke an deinem Spruch mich,
   wie wer viele Beute findet. |
¹⁶³ Lüge hasse und verabscheue ich,
   deine Weisung ists, die ich liebe. |
¹⁶⁴ Dich preise ich des Tags siebenmal
   um die Gerichte deiner Bewährung. |
¹⁶⁵ Friedens viel ist ihrer, die deine Weisung lieben,
   und für sie gibt es kein Straucheln. |
¹⁶⁶ Dein Befreien erhoffe ich, Du,
   und tue deine Gebote. |
¹⁶⁷ Deine Zeugnisse hütet meine Seele
   und ich liebe sie sehr. |
¹⁶⁸ Deine Ordnungen und deine Zeugnisse hüt ich,
   denn all meine Wege sind vor dir. |

¹⁶⁹ Deinem Antlitz nahe mein Jammern, Du,
   gemäß deiner Rede mach mich verstehn! |
¹⁷⁰ Vor dein Antlitz komme mein Flehen,
   gemäß deinem Spruch rette mich! |
¹⁷¹ Meine Lippen werden Preisung sprudeln,
   denn lehren wirst du mich deine Gesetze. |
¹⁷² Wechselsagen wird deinen Spruch meine Seele,
   denn alle deine Gebote sind Wahrheit. |
¹⁷³ Dasei deine Hand, mir aufzuhelfen,
   denn deine Ordnungen habe ich erwählt. |
¹⁷⁴ Nach deiner Befreiung verlange ich, Du,
   deine Weisung ist mein Erquicken. |
¹⁷⁵ Meine Seele lebe, daß sie dich preise,
   und mir helfe dein Gericht! |
¹⁷⁶ Ich bin abgeschweift,
   wie ein verlorenes Schaf suche deinen Knecht,
   denn deine Gebote habe ich nicht vergessen. |

120

¹ Ein Aufstiegsgesang.

Zu Ihm in meiner Bedrängnis
rufe ich und er antwortet mir. |

² Du, rette meine Seele
vor der Lügenlippe,
vor der trügrischen Zunge!|
³ Was wird er dir geben,
was dir dazutun,
trügrische Zunge?|
⁴ Eines Helden Pfeile, gespitzt
Ginsterkohlen dazu!|

⁵ O wehe mir,
daß ich gegastet habe in Maschech,
angewohnt bei Kedars Gezelten!|
⁶ Lang genug hat meine Seele gewohnt
bei dem Hasser des Friedens:|
⁷ ich bin Friede, aber ob ichs auch rede,
sie sind des Kriegs.|

121

¹ Ein Aufsteiggesang.

– Zu den Bergen hebe ich meine Augen:
woher wird meine Hilfe kommen?|
² Meine Hilfe ist von IHM her,
der Himmel und Erde gemacht hat.|
³ – Nimmer gebe deinen Fuß er dem Wanken,
nimmer schlummre dein Hüter!|
⁴ – Wohl, nicht schlummert, nicht schläft er,
der Hüter Jifsraels.|

⁵ – ER ist dein Hüter,
ER ist dein Schatten
über deiner rechten Hand.|
⁶ Tags schlägt dich nicht die Sonne
noch Mond bei Nacht.|
⁷ ER hütet dich vor allem Bösen,
hütet deine Seele.|
⁸ ER hütet deine Ausfahrt und Heimkunft
von jetzt an bis hin in die Zeit.|

122

¹ Ein Aufstiegsgesang Dawids.

Ich freute mich, als man zu mir sprach:
»Zu SEINEM Haus wollen wir gehn!« |
² Stehn geblieben sind unsre Füße
in deinen Toren, Jerusalem. |

³ Jerusalem du, auferbaut
als eine Stadt, die in sich verfugt ist zusamt, |
⁴ da hinauf dort die Stäbe ziehn,
die Volksstäbe oh Sein,
– Bezeugung an Jifsrael ists,
SEINEM Namen zu danken. |
⁵ Ja, dorthin sind Stühle gesetzt fürs Gericht,
Stühle für Dawids Haus. |

⁶ Erwünschet den Frieden Jerusalems:
Die dich lieben, seien befriedet! |
⁷ Friede sei in deiner Umwallung,
Zufriedenheit in deinen Palästen! |
⁸ Um meiner Brüder, meiner Genossen willen
will ich Frieden doch erreden für dich, |
⁹ um SEINES, unsres Gottes, Hauses willen
will ich um Gutes ansuchen für dich. |

123

¹ Ein Aufstiegsgesang.

Zu dir habe ich meine Augen erhoben,
der in den Himmeln thront! |
² Wohl, wie die Augen von Knechten
auf die Hand ihres Herrn,
wie die Augen einer Magd
auf die Hand ihrer Gebietrin,
so unsere Augen
auf IHN unseren Gott,
bis er uns Gunst leiht. |

³ Gunst leihe, leihe uns, DU,
denn satt genug wurden wir der Verachtung, |
⁴ zur Genüge satt ward unsre Seele
des Spottes der Wohlgemuten,
der Verachtung der Hochfahrenden. |

124

¹ Ein Aufstiegsgesang Dawids.

Wärs nicht ER, der für uns war
– spreche doch Jifsrael –, |
² wärs nicht ER, der für uns war,
als Menschen gegen uns standen, |
³ dann hätten sie uns lebend verschlungen,
als auf uns einflammte ihr Zorn, |
⁴ dann hätten uns hinweg die Wasser gespült,
wäre ein Wildbach über unsre Seele gezogen, |
⁵ dann wärs über unsre Seele gezogen,
die aufsiedenden Wasser. |

⁶ Gesegnet sei ER,
der uns zum Zerreißen nicht gab ihren Zähnen! |
⁷ Unsre Seele gleicht dem Vogel,
der dem Sprenkel der Fänger entschlüpfte,
der Sprenkel zerbrach
und wir sind entschlüpft. |
⁸ Unsre Hilfe ist in SEINEM Namen,
der Himmel und Erde gemacht hat. |

125

¹ Ein Aufstiegsgesang.

Die sich sichern an IHM,
sind wie der Zionsberg,
nie wankt er,
für Weltzeit ist er hingesetzt. |

² Jerusalem,
  Berge sind rings um es her,
  So ist ER rings um sein Volk
  von jetzt an und auf Weltzeit. |

³ Denn nicht wird ruhn
  der Stab des Frevels
  auf dem Losteil der Bewährten,
  damit nicht strecken die Bewährten
  zum Falsch ihre Hände. |

⁴ Tue gut, DU, den Guten,
  den an ihren Herzen Geraden! – |

⁵ Die abbiegen aber,
  ihre Krümmnisse läßt ER sie gehn,
  die Argwirkenden.
  Friede über Jifsrael! |

126

¹ Ein Aufstiegsgesang.

  Wann ER kehren läßt die Heimkehrerschaft Zions,
  werden wie Träumende wir. |

² Lachens voll ist dann unser Mund,
  unsere Zunge Jubels.
  Man spricht in der Stämmewelt dann:
  »Großes hat ER an diesen getan!« – |

³ Großes hatte an uns ER getan,
  Frohe waren wir worden. |

⁴ Lasse, DU, uns Wiederkehr kehren
  wie den Bachbetten im Südgau! |

⁵ Die nun säen in Tränen,
  im Jubel werden sie ernten. |

⁶ Er geht und weint im Gehn,
  der austrägt den Samenwurf,
  im Jubel kommt einst, kommt,
  der einträgt seine Garben. |

127

¹ Ein Aufstiegsgesang Schlomos.

Will ER ein Haus nicht erbauen,
wahnhaft mühn sich dran seine Erbauer.
Will ER eine Stadt nicht behüten,
wahnhaft durchwacht der Hüter. |
² Wahnheit ists euch,
die ihr überfrüh aufsteht,
die ihr euch überspät hinsetzt,
die das Brot der Trübsal ihr esset: –
Rechtes,
im Schlaf gibt ers seinem Freund. |

³ Da, von IHM eine Zueignung: Söhne,
ein Sold: die Frucht des Leibes. |
⁴ Wie Pfeile in des Wehrmanns Hand,
so sind die Söhne der Jugend. |
⁵ O Glück des Mannes,
der seinen Köcher mit ihnen gefüllt hat!
Die werden nicht zuschanden,
wenn sie mit Feinden reden im Tor. |

128

¹ Ein Aufstiegsgesang.

O Glück alljedes, der IHN fürchtet,
der in seinen Wegen geht! |
² Der Fleiß deiner Hände,
wenn du davon issest, o deines Glücks!
gut darfst du es haben. |
³ Dein Weib wie ein fruchtbarer Weinstock
im Rückgemach deines Hauses,
deine Kinder wie Ölbaumreiser
rings um deinen Tisch: |
⁴ da! denn so wird gesegnet
der Mann, der IHN fürchtet. |

⁵ Segne ER dich vom Zion her!
sieh an, wie es Jerusalem gut hat,
alle Tage deines Lebens, |
⁶ sieh deinen Kindern Kinder!
Friede über Jifsrael! |

129

¹ Ein Aufstiegsgesang.

Zur Genüge haben sie mich bedrängt
von meiner Jugend auf
– spreche doch Jifsrael –, |
² zur Genüge haben sie mich bedrängt
von meiner Jugend auf,
dennoch haben sie mich nicht übermocht. |
³ Auf meinem Rücken pflügten die Pflüger,
lang zogen sie ihre Strecke, |
⁴ ER ist bewährt, er zerspliß
den Strang der Frevler. |
⁵ Schämen müssen sich, hinter sich prallen
alle, die Zion hassen, |
⁶ wie Gras der Dächer müssen sie werden,
das eh mans ausraufte verdorrt ist, |
⁷ wovon der Schnitter sich die Hohlhand nicht füllt
noch der Garbenbinder den Bausch |
⁸ und die vorbeiwandern nicht sprechen:
»SEINEN Segen euch zu!«
»Wir segnen euch mit SEINEM Namen!« |

130

¹ Ein Aufstiegsgesang.

Aus Tiefen rufe ich dich, DU! |
² mein Herr, auf meine Stimme höre!
aufmerksam seien deine Ohren
der Stimme meines Gunsterflehns! |

³ Wolltest Fehle du bewahren, oh Du,
mein Herr, wer könnte bestehn! |
⁴ Bei dir ja ist die Verzeihung,
damit du gefürchtet werdest. – |

⁵ Ich erhoffe IHN, meine Seele hofft,
ich harre auf seine Rede, |
⁶ meine Seele auf meinen Herrn,
mehr als Wächter auf den Morgen zu
wachen auf den Morgen zu. |

⁷ Harre IHM zu, Jifsrael!
Denn bei IHM ist die Huld,
Abgeltung viel bei ihm, |
⁸ er ists, der Jifsrael abgelten wird
aus all seinen Fehlen. |

131

¹ Ein Aufstiegsgesang Dawids.

DU!
Nicht überhebt sich mein Herz,
nicht versteigen sich meine Augen,
nicht gehe ich um mit Großem,
mit mir zu Wunderbarem. |
² Habe ich nicht geebnet,
stillgemacht meine Seele:
wie ein Entwöhntes an seiner Mutter,
wie das Entwöhnte ist an mir meine Seele. |
³ Harre IHM zu, Jifsrael,
von jetzt an und bis hin in die Zeit! |

132

¹ Ein Aufstiegsgesang.

Gedenke dem Dawid, DU,
all sein Hingebeugtsein, |
² da er es zuschwur, DIR,

es dem Recken Jaakobs gelobte: |
3 »Komme je ich ins Zelt meines Hauses,
besteige je ich das Bett meines Lagers, |
4 gebe je ich Schlaf meinen Augen,
meinen Wimpern Schlummer, |
5 bis die Stätte ich finde, die SEIN ist,
für den Recken Jaakobs die Wohnung, ...!« |
6 »Wohl, wir haben davon in Efrata gehört,
es gefunden in Jearims Gefild, |
7 wir wollen kommen zu seiner Wohnung,
uns hinwerfen zum Schemel seiner Füße!« |
8 »Steh auf, DU, – zu deinem Ruheort hin,
du und der Schrein deiner Macht! |
9 Deine Priester sollen in Bewährung sich kleiden
und deine Holden sollen jubeln!« |
10 Um Dawids deines Knechtes willen
lasse das Antlitz deines Gesalbten sich nimmer
  abkehren müssen! |

11 Zugeschworen hat ER es dem Dawid,
treulich, er kehrt sich nicht davon ab:
»Von der Frucht deines Leibes
setze ich dir auf den Stuhl: |
12 wahren meinen Bund deine Söhne,
meine Vergegenwärtigung, die ich sie lehre,
sollen auch ihre Söhne auf ewig
sitzen dir auf dem Stuhl.« |

13 Denn ER hat den Zion erwählt,
hat ihn begehrt sich zum Sitz: |
14 »Auf ewig ist mein Ruheort dies,
hier werde ich sitzen, denn ich begehrs. |
15 Seine Kost will segnen ich, segnen,
seine Dürftigen sättigen mit Brot. |
16 Seine Priester will ich kleiden in Heil,
seine Holden jubeln machen, jubeln. |
17 Dort lasse ein Horn ich sprießen dem Dawid,
rüste eine Leuchte ich meinem Gesalbten. |
18 Seine Feinde will ich kleiden in Schande,
aber auf ihm wird sein Weihereif blühn.« |

133

¹ Ein Aufstiegsgesang Dawids.

Wohlan, wie gut und wie mild ists,
wenn Brüder mitsammen auch siedeln! |
² Gleichwie das gute Öl auf dem Haupt
sich hinabsenkt auf den Bart,
Aharons Bart,
der sich auf den Schlitz seines Kollers hinabsenkt, |
³ gleichso der Tau des Hermon,
der sich herabsenkt auf Zions Gebirg:
denn dorthin hat ER entboten den Segen,
Leben auf Weltzeit. |

134

¹ Ein Aufstiegsgesang.

Wohlan, segnet IHN,
ihr all SEINE Knechte,
die in den Nächten in SEINEM Haus stehn! |
² Hebt in Heiligung eure Hände
und segnet IHN! |
³ – Segne dich vom Zion her ER,
der Himmel und Erde gemacht hat! |

135

¹ Preiset oh Ihn!

– Preiset SEINEN Namen,
preiset, ihr SEINE Knechte, |
² die ihr in SEINEM Haus steht,
in den Höfen des Hauses unsres Gottes! |
³ Preiset oh Ihn, denn ER ist gütig,
harfet seinem Namen, denn er ist mild! |
⁴ Denn erwählt hat oh Er Jaakob sich,

zu seinem Sonderschatz Jifsrael. |

5 – Ja, ich habe erkannt, daß ER groß ist,
unser Herr allen Göttern zuvor. |
6 Allwozu ER Lust hat, macht er
im Himmel und auf der Erde,
in den Meeren und in den Urwirbeln allen: |
7 der Nebel aufführt vom Ende des Erdlands,
Blitze zum Regen macht,
der den Wind holt aus seinen Kammern, |
8 Er, der Ägyptens Erstlinge schlug
vom Menschen bis zum Getier, |
9 Zeichen und Erweise sandte
in deine Mitte, Ägypten,
wider Pharao und wider all seine Knechte, |
10 er, der viele Weltstämme schlug
und mächtige Könige erwürgte: |
11 Sfichon den Amoriterkönig
und Og König des Baschan
und alle Königschaften Kanaans, |
12 und gab ihr Land hin als Eigen,
Eigen Jifsrael seinem Volk. |

13 – DU, dein Name ist für Weltzeit,
DU, dein Gedenken für Geschlecht um Geschlecht. |

14 – Ja, zuurteilen wird ER seinem Volk,
leid sein wirds ihm seiner Knechte. |

15 – Die Docken der Stämmewelt,
Silber sind sie und Gold,
Gemächt von Menschenhänden, |
16 haben einen Mund und können nicht reden,
haben Augen und können nicht sehn, |
17 haben Ohren und leihen nicht Ohr,
auch keinen Odem gibts ihnen im Mund. |
18 Ihnen gleich werden, die sie machten,
alles, was sich sichert an ihnen. |

19 – Haus Jifsraels, segnet IHN!
– Haus Aharons, segnet IHN! |
20 – Haus des Lewi, segnet IHN!

– Ihr IHN Fürchtenden, segnet IHN! |

21 – Gesegnet vom Zion her ER,
der einwohnt in Jerusalem!
Preiset oh Ihn! |

136

1 Danket IHM, denn er ist gütig,
denn in Weltzeit währt seine Huld. |

2 Danket dem Gotte der Götter,
denn in Weltzeit währt seine Huld. |

3 Danket dem Herrn der Herren,
denn in Weltzeit währt seine Huld. |

4 Der große Wunderwerke machte allein,
denn in Weltzeit währt seine Huld. |

5 Der mit Sinn machte den Himmel,
denn in Weltzeit währt seine Huld. |

6 Der das Erdland dehnte über die Wasser,
denn in Weltzeit währt seine Huld. |

7 Der die großen Lichter machte,
denn in Weltzeit währt seine Huld. |

8 Die Sonne zur Waltung des Tags,
denn in Weltzeit währt seine Huld. |

9 Mond und Sterne zu Waltungen der Nacht,
denn in Weltzeit währt seine Huld. |

10 Der Ägypten in seinen Erstlingen schlug,
denn in Weltzeit währt seine Huld. |

11 Und Jifsrael fahren ließ aus ihrer Mitte,
denn in Weltzeit währt seine Huld. |

12 Mit starker Hand und gerecktem Arm,
denn in Weltzeit währt seine Huld. |

13 Der das Schilfmeer schnitt in Schnitte,
denn in Weltzeit währt seine Huld. |

14 Und Jifsrael ziehn ließ mitten durch,
denn in Weltzeit währt seine Huld. |

15 Und schüttelte Pharao und sein Heer in das Schilfmeer,
denn in Weltzeit währt seine Huld. |

¹⁶ Der durch die Wüste gehn ließ sein Volk,
   denn in Weltzeit währt seine Huld. |
¹⁷ Der große Könige schlug,
   denn in Weltzeit währt seine Huld. |
¹⁸ Und herrische Könige erwürgte,
   denn in Weltzeit währt seine Huld. |
¹⁹ Sſichon den Amoriterkönig,
   denn in Weltzeit währt seine Huld. |
²⁰ Und Og König des Baschan,
   denn in Weltzeit währt seine Huld. |
²¹ Und gab ihr Land hin als Eigen,
   denn in Weltzeit währt seine Huld. |
²² Eigen Jiſsrael seinem Knecht,
   denn in Weltzeit währt seine Huld. |
²³ Der in unsrer Erniedrigung unser gedachte,
   denn in Weltzeit währt seine Huld. |
²⁴ Und entriß uns unsern Bedrängern,
   denn in Weltzeit währt seine Huld. |
²⁵ Der Speise gibt allem Fleisch,
   denn in Weltzeit währt seine Huld. |

²⁶ Danket dem Gott des Himmels,
   denn in Weltzeit währt seine Huld. |

137

¹ An den Stromarmen Babylons,
   dort saßen wir und wir weinten,
   da wir Zions gedachten. |
² An die Pappeln mitten darin
   hingen wir unsre Leiern. |
³ Denn dort forderten unsere Fänger
   Sangesworte von uns,
   unsre Foltrer ein Freudenlied:
   »Singt uns was vom Zionsgesang!« |
⁴ Wie sängen wir SEINEN Gesang
   auf dem Boden der Fremde! |
⁵ Vergesse ich, Jerusalem, dein,

meine Rechte vergesse den Griff! |
6 meine Zunge hafte am Gaum,
gedenke ich dein nicht mehr,
erhebe ich Jerusalem nicht
übers Haupt meiner Freude. |

7 Den Edomssöhnen gedenke, DU,
den Tag von Jerusalem,
die gesprochen haben: »Legt bloß,
legt bloß bis auf den Grund in ihr!« |

8 Tochter Babel, Vergewaltigerin!
Glückauf ihm, der dir zahlt
dein Gefertigtes, das du fertigtest uns: |
9 Glückauf ihm, der packt und zerschmeißt
deine Kinder an dem Gestein. |

138

1 Von Dawid.

Danken will ich dir mit all meinem Herzen,
Göttern gegenüber will ich dir harfen. |
2 Ich will mich hinwerfen zu deiner Heiligtumshalle
und will deinem Namen danken
um deine Huld und um deine Treue.
Denn großgemacht hast du deinen Zuspruch
über all deinen Namen hinaus. |
3 Am Tag, da ich rief, hast du geantwortet mir,
du hast mich erkühnt, in meiner Seele ist Macht. |

4 Dir danken, DU, alle Könige der Erde,
denn sie hörten die Sprüche deines Munds! – |
5 Sie singen von SEINEN Wegen,
denn groß ist SEINE Ehre. |
6 Denn ER ist erhaben, und sieht den Niedern,
und den Hochfahrenden erkennt er von fern. – |
7 Muß ich gehn durch das Innere der Drangsal,
belebst du mich,

wider den Zorn meiner Feinde
schickst du aus deine Hand,
und mich befreit deine Rechte. |
8 – ER vollbringt es für mich! –
DU, deine Huld währt in Weltzeit:
was deine Hände haben bereitet,
lasse nimmer davon! |

139

1 Des Chormeisters,
von Dawid, ein Harfenlied.

DU,
du erforschest mich und du kennst, |
2 du selber kennst mein Sitzen, mein Stehn,
du merkst auf mein Denken von fern, |
3 meinen Pfad und meine Rast sichtest du,
in all meinen Wegen bist du bewandert. |
4 Ja, kein Raunen ist mir auf der Zunge,
da, schon erkannt, DU, hast dus allsamt. |
5 Hinten, vorn engst du mich ein,
legst auf mich deine Faust. |
6 Zu sonderlich ist mir das Erkennen,
zu steil ists, ich übermags nicht. |

7 Wohin soll ich gehn vor deinem Geist,
wohin vor deinem Antlitz entlaufen! |
8 Ob ich den Himmel erklömme, du bist dort,
bettete ich mir das Gruftreich, da bist du. |
9 Erhübe ich Flügel des Morgenrots,
nähme Wohnung am hintersten Meer, |
10 dort auch griffe mich deine Hand,
deine Rechte faßte mich an. |
11 Spräche ich: »Finsternis erhasche mich nur,
Nacht sei das Licht um mich her!«, |
12 auch Finsternis finstert dir nicht,
Nacht leuchtet gleichwie der Tag,
gleich ist Verfinsterung, gleich Erleuchtung. |

¹³ Ja, du bists,
der bereitete meine Nieren,
mich wob im Leib meiner Mutter! |
¹⁴ Danken will ich dir dafür,
daß ich furchtbar bin ausgesondert:
sonderlich ist, was du machst,
sehr erkennts meine Seele. |
¹⁵ Mein Kern war dir nicht verhohlen,
als ich wurde gemacht im Verborgnen,
buntgewirkt im untersten Erdreich, |
¹⁶ meinen Knäul sahn deine Augen,
und in dein Buch waren all sie geschrieben,
die Tage, die einst würden gebildet,
als aber war nicht einer von ihnen. |
¹⁷ Und mir
wie köstlich, Gottherr, sind deine Gedanken,
ihre Hauptstücke wie kernkräftig! |
¹⁸ ich will sie buchen, ihrer wird mehr als des Sands! –
Ich erwache: noch bin ich bei dir. |

¹⁹ O daß du, Gott, umbrächtest den Frevler:
»Ihr Blutmänner, weichet von mir!«, |
²⁰ sie, die dich zu Ränken besprechen,
es hinheben auf das Wahnhafte, deine Gegner! |
²¹ Hasse ich deine Hasser nicht, DU,
widerts mich der dir Aufständischen nicht? |
²² ich hasse sie mit der Allheit des Hasses,
mir zu Feinden sind sie geworden. |
²³ Erforsche, Gottherr, mich, kenne mein Herz,
prüfe mich, kenne meine Sorgen, |
²⁴ sieh, ob bei mir Weg der Trübung ist,
und leite mich auf dem Wege der Weltzeit! |

140

¹ Des Chormeisters,
ein Harfenlied Dawids. |

² Entziehe mich, DU, dem bösen Menschen,

vorm Mann der Unbilden bewahre mich, |
³ ihnen, die Böses im Herzen planen,
alletag Kriege schüren! |
⁴ Sie wetzen schlangengleich ihre Zunge,
hinter ihren Lippen ist Otterngift.
   / Empor! / |

⁵ Hüte mich, DU, vor den Händen des Frevlers,
vorm Mann der Unbilden bewahre mich,
ihnen, die meine Tritte umzustoßen planen! |
⁶ Die Hoffärtigen legen mir Sprenkel und Stricke,
spreiten ein Netz zuseiten des Gleises,
Schlingen stellen sie mir.
   / Empor! / |

⁷ Ich spreche zu IHM: Du bist mein Gott,
lausche, DU, der Stimme meines Gunsterflehns! |
⁸ DU, mein Herr, Macht meiner Befreiung,
der am Waffentag du schirmtest mein Haupt, |
⁹ nimmer, DU, gib das Begehren des Frevlers,
worum er ränkelt, beschers nimmer, daß sie sich überhöben!
   / Empor! / |

¹⁰ Das Haupt der mich Umkreisenden,
die Pein ihrer Lippen decke es zu, |
¹¹ Kohlen für sich selber mögen sie rollen ins Feuer,
er lasse sie fallen in Schlünde,
daß nie sie erstehn! |
¹² Der Mann der Zunge,
nie darf er aufrecht bleiben auf Erden,
der Mann der Unbill,
das Böse muß ihn jagen zum Absturz. |
¹³ Ich habe erkannt, daß ER ausführt
die Sache des Gebeugten,
das Recht der Bedürftigen. – |
¹⁴ Gewiß,
die Bewährten werden danken deinem Namen,
vor deinem Antlitz werden sitzen die Geraden. |

141

1 Ein Harfenlied Dawids.

Du, ich rufe dich an,
eile mir herbei!
Lausche meiner Stimme,
wann ich rufe zu dir! |
2 Gerichtet sei mein Gebet
als ein Räucherwerk vor dein Antlitz,
das Erheben meiner Hände
als Hinleitspende des Abends! |

3 Bestelle, Du, meinem Mund eine Hut,
verwahre die Tür meiner Lippen! |
4 zu bösem Ding laß sich mein Herz nimmer neigen,
mich zu beschäftigen an Geschäften des Frevels
mit den Arg wirkenden Männern!
nie möge ich kosten von ihren Annehmlichkeiten! |

5 Stäupe mich der Bewährte, Huld ists.
er strafe mich, Öl ists fürs Haupt,
nimmer wirds anfechten mein Haupt!
Weil dem noch so ist, gilt gegen jener Bosheit mein Gebet. |
6 Geraten sie ihren Richtern in die steinernen Hände,
dann hören sie erst meine Sprüche, daß sie annehmlich waren. |
7 Wie wenn in der Erde man furcht und wühlt,
ist unser Gebein an den Rachen des Gruftreichs verstreut. |
8 Nein, zu dir, Du, mein Herr, gehn meine Augen,
an dir berge ich mich, – leere meine Seele nicht hin! |
9 Hüte mich vor den Händen,
die mich im Sprenkel verstricken wollen,
den Fallen der Argwirkenden! |
10 Die Frevler sollen, in sein Garn jeder, fallen zugleich,
ich aber, derweil schreite ich vorbei. |

142

¹ Eine Eingebungsweise Dawids, als er in der Höhle war, ein Gebet.

² Meine Stimme zu Ihm – ich schreie,
meine Stimme zu Ihm – ich flehe. |
³ Ich schütte vor ihn meine Klage,
meine Drangsal melde ich vor ihm: |
⁴ Wann in mir mein Geist verzagt,
du bists doch, der meine Bahn weiß.
Auf dem Pfad, den ich soll gehn,
haben sie mir den Sprenkel gelegt. |
⁵ Blicke zur Rechten und sieh,
keiner ist, der mich anerkennt,
die Zuflucht ist mir verloren,
nach meiner Seele fragt keiner. |
⁶ Zu dir habe ich aufgeschrien, Du,
habe gesprochen: »Du bist meine Bergung,
mein Teil im Lande des Lebens.« |
⁷ Merke auf mein Jammern,
denn sehr schwach bin ich worden!
Rette mich vor meinen Verfolgern,
denn sie wurden mir überstark! |
⁸ Hole aus dem Verschluß meine Seele,
deinem Namen zu danken!
Um mich werden die Bewährten sich scharen,
weil dus zufertigst für mich. |

143

¹ Ein Harfenlied Dawids.

Du, höre mein Gebet,
lausche meinem Gunsterflehn!
In deiner Treue antworte mir,
in deiner Wahrhaftigkeit! |
² Komm nimmer mit deinem Knecht ins Gericht,

denn allwer lebt wird nicht bewahrheitet vor dir. |

³ Denn der Feind verfolgt meine Seele,
duckt zur Erde mein Leben,
setzt mich in Finsternisse
wie Urzeittote. |
⁴ Mein Geist verzagt in mir,
mein Herz mir inmitten erstarrt. |

⁵ Ich gedenke der Tage von ureinst,
grüble all deinem Wirken nach,
die Tat deiner Hände besinne ich: –|
⁶ ich breite meine Hände zu dir,
meine Seele dir wie ermattetes Land.
    / Empor! /|

⁷ Eilends antworte mir, Du!
Mein Geist zehrt sich auf.
Verstecke nimmer dein Antlitz vor mir,
daß ich gleich würde ihnen,
die in die Schluft sinken!|
⁸ Gib am Morgen deine Huld mir zu hören,
denn an dir sichre ich mich!

Tu mir kund den Weg, den ich gehn soll,
denn zu dir hebe ich meine Seele!|
⁹ Vor meinen Feinden rette mich, Du!
Zu dir hin berge ich mich. |
¹⁰ Lehre dein Gefallen mich tun,
denn du bist mein Gott!
Mich leite gütig dein Geist
auf geebnetem Land!|

¹¹ Um deines Namens willen, Du,
wirst du mich beleben,
in deiner Wahrhaftigkeit
holen wirst du
meine Seele aus der Drangsal, |
¹² in deiner Huld
wirst du meine Feinde vernichten,
wirst sich verlieren lassen

alle, die meine Seele bedrängen:
denn ich bin dein Knecht. |

144

¹ Von Dawid.

Gesegnet, Du, mein Fels,
der zur Schlacht meine Hände belehrt,
meine Finger zum Kampf! |
² Meine Huld und meine Bastei,
mein Horst und mein Entrinnen du mir,
mein Schild und woran ich mich berge!
Du, der Völker unter mich streckt! |

³ Du, was ist der Mensch,
daß du ihn magst kennen,
der Mannessohn,
daß du ihn magst beachten! |
⁴ der Mensch, der dem Dunste ähnelt,
dessen Tage gleichen dem ziehenden Schatten! |

⁵ Du, neige deine Himmel
und fahre nieder!
rühre die Berge an,
daß sie rauchen! |
⁶ Blitzen laß Blitze,
sprenge sie um,
schick deine Pfeile aus,
tummle sie hin! |
⁷ Deine Hände schick aus von der Höhe,
entringe mich,
entreiße mich den vielen Wassern,
der Hand der Söhne der Fremde, |
⁸ deren Mund Wahnspiel redet
und ihre Rechte ist eine Rechte des Lugs! |

⁹ Gott, neuen Gesang singe ich dir,
auf Zehnsaitleier spiele ich dir auf: |

¹⁰ Der Königen Freiwerden gibt,
seinen Knecht Dawid dem bösen Schwerte entrang, |
¹¹ entringe, entreiße mich
der Hand der Söhne der Fremde,
deren Mund Wahnspiel redet
und ihre Rechte ist eine Rechte des Lugs: |
¹² daß unsre Söhne wie Pflänzlinge seien,
großgewachsen in ihrer Jugend,
unsre Töchter wie Eckpfeiler,
geschnitzt am Bau einer Halle, |
¹³ unsre Scheuern gefüllt,
Gattung um Gattung bescherend,
unsre Schafe tausendfältig, myriadenfach
auf unseren Fluren, |
¹⁴ unsre Rinder trächtig,
kein Bruch, kein Fehlwurf, –
und kein Gekreisch auf unseren Märkten. |
¹⁵ O Glück des Volkes, dems also ergeht!
o Glück des Volkes, dessen Gott ER ist! |

145

¹ Eine Preisung Dawids.

Mein Gott, o König, dich will ich erheben,
deinen Namen segnen in Weltzeit und Ewigkeit. |
² Alletag will ich dich segnen,
deinen Namen preisen in Weltzeit und Ewigkeit: |
³ »Groß ist ER und sehr gepriesen,
seine Größe ist unerforschlich.« |
⁴ Deine Werke rühmt Geschlecht dem Geschlecht,
sie melden deine Gewalten. |
⁵ Den Glanz des Ehrenscheins deiner Hehre
und deiner Wunder Begebnisse will ich berichten, |
⁶ daß man bespreche die Macht deiner Furchtbarkeiten,
deine Größe, ich will sie erzählen: |
⁷ aussagen soll man deiner vielen Güte Gedächtnis,
umjubeln soll man deine Bewährung. –

8 Gönnend und erbarmend ist ER,
langmütig und groß an Huld. |
9 Gütig ist ER allem,
sein Erbarmen über all seinen Werken. |
10 Dir danken, DU, all deine Werke,
deine Holden segnen dich. |
11 Sie sprechen von deines Königtums Ehrenschein,
sie reden von deiner Gewalt: |
12 »kundzumachen seine Gewalten den Menschenkindern
und den Schein seiner Königtumshehre«. |
13 Dein Königtum ist ein Königtum aller Zeiten,
deine Herrschaft durch alles Geschlecht und Geschlecht. − |
14 Allen Fallenden ist ein Haltender ER,
ein Aufreckender allen Gebückten. |

15 Aller Augen warten auf dich,
ihre Nahrung gibst du ihnen zu ihrer Frist, |
16 der du deine Hand öffnest
und alles Lebende sättigst mit Gefallen. − |
17 Wahrhaftig ist ER in all seinen Wegen,
huldreich in all seinen Werken. |
18 Nah ist ER den ihn Rufenden allen,
allen, die ihn rufen in Treuen. |
19 Das Gefallen der ihn Fürchtenden wirkt er,
ihr Stöhnen hört er, und er befreit sie. |
20 ER hütet alle, die ihn lieben,
aber alle Frevler vertilgt er. |
21 SEINE Preisung redet mein Mund,
daß alles Fleisch den Namen seiner Heiligung segne
in Weltzeit und Ewigkeit. |

146

1 Preiset oh Ihn!

Preise, meine Seele, IHN! |
2 In meinem Leben will ich IHN preisen,
wann ich noch da bin, harfen meinem Gott. |

³ Sichert an den Edeln euch nimmer,
an einem Menschensohn, bei dem kein Befreiertum ist! |
⁴ Fährt sein Geist aus, kehrt er zu seiner Scholle,
an jenem Tag sind seine Entwürfe geschwunden. |

⁵ O Glück dessen, dem zu Hilfe Jaakobs Gottherr ist,
seine Erwartung geht auf IHN seinen Gott: |
⁶ Der gemacht hat Himmel und Erde,
das Meer und was in ihnen ist alles,
er, der Treue hütet in Weltzeit, |
⁷ der Recht ausmacht den Bedrückten,
der Brot gibt den Hungernden, |
⁸ ER löst die Gefesselten,
ER erhellt die Blinden,
ER reckt die Gebückten auf,
ER liebt die Bewährten, |
⁹ ER hütet die Gastsassen,
Waise und Witwe läßt er überdauern,
aber den Weg der Frevler verkrümmt er. |

¹⁰ König bleibt ER in Weltzeit,
dein Gott, Zion, auf Geschlecht um Geschlecht.
Preiset oh Ihn! |

147

¹ Preiset oh Ihn!

Denn gut ists, harfen unserem Gott,
denn fein ists, Preisung geziemt. |
² ER erbaut Jerusalem auf,
die Verstoßnen Jiſsraels stapelt er ein, |
³ er, der heilt die gebrochenen Herzens
und der ihre Wunden verbindet. |
⁴ Der den Sternen die Zahl zubestimmt,
allen ruft Namen er zu. |
⁵ Groß ist unser Herr, reich an Kraft,
für seine Vernunft ist keine Zahl. |
⁶ Die sich Beugenden macht ER überdauern,
die Frevler niedert er bis zur Erde. |

7 Wechselsinget IHM zum Dank,
   spielt unserm Gott auf der Leier, |
8 der den Himmel hüllt in Gewölk,
   der der Erde Regen bereitet,
   der die Berge Gras sprießen heißt, |
9 dem Vieh seine Speise gibt,
   den jungen Raben, wonach sie rufen. |
10 Nicht an des Rosses Gewalt hat er Lust,
   nicht an den Schenkeln des Mannes Gefallen, |
11 Gefallen hat an den ihn Fürchtenden ER,
   an ihnen, die auf seine Huld harren. |

12 Rühme, Jerusalem, IHN,
   Zion, preise deinen Gott, |
13 daß die Riegelbalken deiner Tore er stärkt,
   deine Söhne dir im Innern segnet, |
14 der in Frieden setzt deine Gemarkung,
   mit Weizenfette sättigt er dich. |
15 Der seinen Spruch sendet zur Erde,
   gar schnell läuft sein Wort her, |
16 der Schnee gibt wie Wolle,
   Reif verstreut er wie Asche, |
17 der sein Eis hinwirft wie Brocken,
   vor seinem Froste wer kann bestehn! |
18 er sendet sein Wort und es schmelzt sie,
   er bläst seinen Wind, Wasser rinnen. |
19 Jaakob sagt seine Worte er an,
   Jifsrael seine Gesetze und Rechtsgeheiße. |
20 Nicht hat er irgendeinem Stamm so getan,
   die Rechtsgeheiße, sie blieben unbekannt ihnen.

Preiset oh Ihn! |

148

1 Preiset oh Ihn!

Preist IHN vom Himmel her,
preist ihn in den Höhen! |
2 Preist ihn, all seine Boten,

preist ihn, all seine Schar!|
3 Preist ihn, Sonne und Mond,
preist ihn, alle lichten Sterne!|
4 Preist ihn, ihr Himmelshimmel,
und ihr Wasser über dem Himmel!|

5 Preisen sollen sie SEINEN Namen,
denn er gebot und sie waren geschaffen,|
6 er bestellte sie für ewige Zeit,
Gesetz gab er, das man nie überschreite.|

7 Preist IHN von der Erde her,
Seedrachen, Urwirbel ihr alle,|
8 Feuer, Hagel, Schnee und Dampf,
Sturmwind, der vollstreckt seine Rede,|
9 ihr Berge und alle Hügel,
Fruchtholz und alle Zedern,|
10 du Wildlebendes und alles Vieh,
Kriechgereg und geflügelter Vogel,|
11 Erdenkönige und alle Nationen,
Fürsten und alle Richter der Erde,|
12 Jünglinge und auch Maiden,
Alte, Knaben gesellt!|

13 Preisen sollen sie SEINEN Namen,
denn ragend bleibt sein Name allein,
seine Hehre über Erde und Himmel.|
14 Er hat das Horn seines Volkes erhoben,
Preisung ists all seinen Holden,
den Söhnen Jifsraels, dem Volk seiner Nähe.

Preiset oh Ihn!|

149

1 Preiset oh Ihn!

Singt IHM einen neuen Gesang,
seinen Preis in der Versammlung der Holden!|
2 Sein, der es machte, soll sich Jifsrael freun,
um ihren König jauchzen Zions Söhne!|

³ Sie sollen preisen seinen Namen im Reigen,
  mit Pauken und Leier aufspielen ihm! |
⁴ Denn ER begnadet sein Volk,
  die sich Beugenden läßt in der Befreiung er prangen. |

⁵ Die Holden sollen sich am Ehrenschein entzücken,
  sie sollen jubeln auf ihren Lagern, |
⁶ in ihrer Kehle Erhebung Gottes,
  in ihrer Hand ein zweischneidig Schwert. |

⁷ An den Weltstämmen Ahndung übend,
  an den Nationen Züchtigungen, |
⁸ deren Könige fesselnd mit Ketten,
  deren Geehrte mit Eisenbanden, |
⁹ geschriebnes Recht übend an ihnen
  Glanz ist er all seinen Holden.

  Preiset oh Ihn! |

150

¹ Preiset oh Ihn!

  Preiset Gott in seinem Heiligtum,
  preiset ihn am Gewölb seiner Macht! |
² Preiset ihn in seinen Gewalten,
  preiset ihn nach der Fülle seiner Größe! |
³ Preiset ihn mit Posaunenstoß,
  preiset ihn mit Laute und Leier, |
⁴ preiset ihn mit Pauke und Reigen,
  preiset ihn mit Saitenklang und Schalmei, |
⁵ preiset ihn mit Zimbelnschall,
  preiset ihn mit Zimbelngeschmetter! |
⁶ Aller Atem preise oh Ihn!

  Preiset oh Ihn! |

DAS BUCH
GLEICHSPRÜCHE

GLEICHSPRÜCHE

1,1 Gleichsprüche Schlomos Sohns Dawids, Königs von Jiſsrael, |
2 zu erkennen Weisheit und Zucht,
zu verstehn der Verständigkeit Reden, |
3 anzunehmen Zucht der Besinnung,
Wahrhaftigkeit, Gerechtsein, Geradnis. |
4 Um den Einfältigen Klugheit zu geben,
dem Jüngling Kenntnis und Erwägung, |
5 hörs der Weise und mehre Vernunft,
der Verständige, Lenkungskünste erwerb er, – |
6 Gleichspruch und Andeutung verstehen zu machen,
der Weisen Worte und ihre Rätsel. |

7 SEINE Furcht, Anfang ists der Erkenntnis,
der Weisheit und Zucht, die die Narren verachten. |

8 Höre, mein Sohn, die Zucht deines Vaters,
verstoße nimmer die Weisung deiner Mutter! |
9 Denn ein Kranz, gunstverleihend, sind sie deinem Haupt,
ein Kettengeschmeid deinem Hals. |

10 Mein Sohn, locken Sünder dich,
nimmer willige ein! |
11 Sprechen sie: »Geh mit uns, wir wollen lauern auf Blut,
dem Unsträflichen nachstellen grundlos, |
12 wie das Gruftreich sie lebend verschlingen,
sie ganz, als wenn zur Grube sie sänken, |
13 kostbare Habe finden wir allerart,
füllen unsre Häuser mit Raub, |
14 in unsre Mitte wirfst du dein Los,
Ein Beutel ist unser aller!« – : |
15 mein Sohn, des Wegs geh nimmer mit ihnen,
hemme deinen Fuß vor ihrem Steig, |
16 wenn ihre Füße laufen zum Bösen,
eilen, Blut zu vergießen! |
17 Ja, grundlos ist das Netz gespannt
allen Flügelwesen in die Augen, |
18 sie aber, auf ihr eigenes Blut lauern sie,
stellen den eigenen Seelen nach. |

¹⁹ So sind die Pfade jedes, der Ausbeutung beutet:
ihrem Herrn nimmt die die Seele. |

²⁰ Die hohe Weisheit klagt auf der Gasse,
über die Plätze gibt ihre Stimme sie hin, |
²¹ zuhäupten der lärmenden Straßen ruft sie,
in den Einlässen der Tore in der Stadt redet sie ihre Reden: |
²² »Bis wann noch, Einfältige, wollt die Einfalt ihr lieben,
haben Dreiste an der Dreistigkeit Gefallen,
hassen Toren Erkenntnis, |
²³ kehrt ihr von meiner Rüge euch ab!
Nun lasse sprudeln ich auf euch meinen Geist,
kund mache ich euch meine Worte. |
²⁴ Weil ich rief und ihr weigertet euch,
ich meine Hand streckte und kein Merkender war, |
²⁵ und ihr fahren ließet all meinen Rat,
meiner Rüge nicht willig wart, |
²⁶ werde auch ich bei eurem Unheil lachen,
höhnen, wann eure Schrecknis kommt, |
²⁷ wann wie Verheerung kommt eure Schrecknis
und euer Unheil rennt heran wie der Sturm,
wann Angst und Drangsal kommt über euch. |
²⁸ Sodann werden sie mich rufen,
aber antworten werde ich nicht,
werden sie herbeisehnen mich,
aber werden mich nicht finden. |
²⁹ Dafür daß sie haßten Erkenntnis
und SEINE Furcht nicht erwählten, |
³⁰ meinem Rat nicht willig waren,
all meine Rüge verschmähten, |
³¹ mögen sie dann essen von der Frucht ihres Wegs,
an ihren Ratschlägen ersatten! |
³² Denn die Abkehr der Einfältigen erwürgt sie,
die Zufriedenheit der Toren macht sie schwinden. |
³³ Wer aber auf mich hört, der wohnt sicher,
sorglos vor der Schrecknis des Bösgeschicks.« |

2,1 Mein Sohn, nimmst meine Reden du an,
 speicherst meine Gebote bei dir, |
2 daß dein Ohr auf die Weisheit merkt,
 du dein Herz dem Verständnis neigst, |
3 ja, rufst du dem Verstand,
 gibst deine Stimme dem Verständnis hin, |
4 suchst du nach ihm wie nach Silber,
 spürst wie verscharrten Schätzen ihm nach, |
5 dann wirst du SEINE Furcht verstehen,
 wirst die Erkenntnis Gottes finden. |
6 Denn ER ists, der Weisheit gibt,
 aus seinem Mund ist Kennen und Verständnis, |
7 den Geraden speichert er Sinnhaftigkeit auf,
 den in Schlichtheit Gehenden ist er ein Schild, |
8 die Pfade des Rechtes zu wahren,
 er hütet den Weg der ihm Holden. |
9 Dann wirst du Wahrhaftigkeit verstehen und Recht
 und Geradheit, alles Gleis des Guten. |
10 Denn ins Herz wird Weisheit dir kommen,
 Erkenntnis mild tun deiner Seele, |
11 Erwägung wird dich behüten,
 Verständigkeit dich bewahren: |
12 da sie dich rettet vorm Wege des Bösen,
 vorm Mann, der Verdrehungen redet, |
13 jenen, die die Pfade der Gradnis verlassen
 um in der Finsternis Wegen zu gehen, |
14 die sich freuen Böses zu tun,
 die Verdrehungen des Bösen bejauchzen, |
15 ihnen, deren Pfade gekrümmt sind
 und schief ziehn sie in ihren Geleisen; |
16 da sie dich rettet vorm fremden Weibe,
 vor der Ausheimischen, die glatt redet, |
17 die den Gefährten ihrer Jugend verläßt,
 vergessen hat den Bund ihres Gottes, – |
18 denn zum Tode sinkt sie, ihr Haus,
 an die Gespenster hin ihre Geleise, |
19 alldie zu ihr kommen kehren nicht wieder,
 erreichen nicht die Pfade des Lebens; |
20 damit du gehst in dem Weg der Guten

und der Bewährten Pfade hütest.|
21 Denn die Geraden werden wohnen im Land,
die Schlichten drin überbleiben,|
22 die Frevler aber werden aus dem Lande gerodet,
die Tückischen jätet man daraus.|

3,1 Mein Sohn, nimmer vergiß meine Weisung,
meine Gebote wahre dein Herz,|
2 denn Länge der Tage, Jahre des Lebens
und Frieden werden sie dir mehren.|
3 Daß Holdschaft und Treue dich nimmer verlassen!
Winde sie dir um den Hals,
schreib sie auf die Tafel deines Herzens,|
4 und finde Gunst und gutes Gefühl
in den Augen Gottes und der Menschen!|
5 An IHM sichre dich mit all deinem Herzen,
auf deinen Verstand stütze dich nimmer!|
6 Ihn erkenne auf all deinen Wegen,
und selber macht er deine Pfade gerad.|
7 Sei nimmer weise in deinen eigenen Augen,
fürchte IHN und weiche vom Bösen!|
8 Heilsamkeit ists deinem Nabel,
Labsal deinen Gebeinen.|
9 Ehre IHN von deiner Habe,
vom Anfang all deines Ertrags,|
10 und füllen werden sich deine Scheuern mit Sätte,
deine Kufen von Most überfließen.|

11 SEINE Zucht, mein Sohn, verwirf nimmer,
laß seiner Rüge nimmer dich widern,|
12 denn wen ER liebt, den rügt er,
und wie ein Vater den Sohn, dem er wohlwill.|
13 O Glück des Menschen, der Weisheit fand,
des Menschen, der sich Verständnis bescherte!|
14 Denn ihr Gewinn ist besser als Silbers Gewinn,
als gelben Goldes ihr Ertrag,|
15 kostbarer ist sie als Korallen,
und all deine Kleinode entgelten sie nicht,|

¹⁶ Länge der Tage hat sie in der Rechten,
in der Linken sie Reichtum und Ehre, |
¹⁷ ihre Wege sind Wege der Mildigkeit,
und all ihre Steige sind Friede, |
¹⁸ Baum des Lebens ist ihnen sie, die sie fassen,
und was sich an ihr hält ist beglückt. |

¹⁹ Durch Weisheit hat ER die Erde gegründet,
gefestigt den Himmel durch Verstand, |
²⁰ durch seine Erkenntnis brachen die Flutwirbel auf
und die Lüfte träufelten Tau. |
²¹ Mein Sohn, laß sie nimmer aus den Augen dir rücken,
wahre Besinnung und Erwägung, |
²² und Leben werden sie sein deiner Seele,
Gunstverleihendes deinem Hals. |
²³ Dann wirst du sicher gehn deinen Weg,
anstoßen wird dein Fuß nicht, |
²⁴ legst du dich hin, brauchst du nicht zu erschrecken,
hast du dich gelegt, süß ist dein Schlaf, |
²⁵ vor jäher Schrecknis hast du nimmer zu fürchten,
vor der Frevler Verheerung, wenn sie kommt, |
²⁶ denn ER wird in deiner Zuversicht dasein
und vor dem Fangeisen hüten deinen Fuß. |

²⁷ Gutes weigre nimmer ihm, dems gebührt,
wanns in der Macht deiner Hand ist es zu tun. |
²⁸ Sprich zu deinem Genossen nimmer: »Geh und kehr wieder,
morgen geb ichs«, da dus doch bei dir hast. |
²⁹ Schmiede nimmer Böses deinem Genossen,
da er doch gesichert sich wähnend bei dir sitzt. |
³⁰ Streite nimmer mit einem Menschen grundlos,
hat er dir nicht ein Böses gefertigt. |
³¹ Beneide nimmer einen Mann der Unbill,
nimmer erwähle all seine Wege. |
³² Denn der Schiefe ist IHM ein Greuel,
aber Traulichkeit hat er mit den Geraden. |
³³ In des Frevlers Haus ist SEIN Fluch,
aber er segnet die Trift der Bewährten. |

³⁴ Gilts den Dreisten, ist ers, der überdreistet,
aber Gunst gibt er den Gebeugten. |
³⁵ Ehre wird den Weisen zu eigen,
aber was die Toren abheben ist Schmach. |

4,1 Höret, Söhne, die Zucht eines Vaters,
merkt auf, Verstand kennen zu lernen! |
² Denn gutes Vernehmen gebe ich euch,
nimmer verläßt meine Weisung! |
³ Denn ein Sohn bin ich meinem Vater gewesen,
ein zarter, einziger angesichts meiner Mutter. |
⁴ Da unterwies er mich, sprach zu mir:
»Daß dein Herz meine Reden behalte!
hüte meine Gebote und lebe! |
⁵ Erwirb Weisheit, erwirb Verstand, vergiß nimmer,
bieg nicht ab von den Reden meines Mundes. |
⁶ Verlasse sie nicht und sie wird dich behüten,
liebe sie und sie wird dich bewahren. |
⁷ Der Weisheit Anfang ist: Erwirb Weisheit,
um all deinen Erwerb erwirb Verstand! |
⁸ Schmiege dich an sie und sie wird dich erhöhen,
wird dich ehren, wenn du sie umschlingst, |
⁹ deinem Haupt gibt sie einen Kranz, gunstverleihend,
beschenkt dich mit prangender Krone. |

¹⁰ Höre, mein Sohn, meine Reden nimm an,
und dir werden viele Jahre des Lebens. |
¹¹ Auf dem Weg der Weisheit habe ich dich unterwiesen,
dich bewegen ließ ich dich in der Gradheit Geleisen. |
¹² Wenn du gehst, wird dein Schritt nicht beengt sein,
läufst du, wirst du nicht straucheln. |
¹³ Halt an der Zucht fest, laß nimmer los,
bewahre sie, denn sie ist dein Leben. |
¹⁴ Auf den Pfad der Frevler komm nimmer,
nimmer wandre auf dem Wege der Bösen, |
¹⁵ laß ihn fahren, zieh nimmer drüber,
schweife ab davon und zieh weiter! |
¹⁶ Denn übten sie Böses nicht, schlafen sie nicht,

machten sie nicht straucheln, sind des Schlaf sie beraubt. |
¹⁷ Denn sie haben Speise des Frevels gespeist,
geträunken Wein der Gewaltsamkeiten. |
¹⁸ Aber der Pfad der Bewährten ist wie der Lichtschein,
fortgehend leuchtets bis zur Richte des Tags, |
¹⁹ der Weg der Frevler ist wie das Düster,
sie erkennen nicht, woran sie straucheln. |

²⁰ Mein Sohn, merke auf meine Worte,
meinen Reden neige dein Ohr, |
²¹ laß sie nimmer aus den Augen dir rücken,
hüte sie in deiner Herzensmitte, |
²² denn sie sind Leben jedem, der sie findet,
all seinem Fleisch eine Heilung. |
²³ Über alle Hut wahre dein Herz,
denn aus ihm ist das Entspringen des Lebens. |
²⁴ Schaffe Verkrümmung des Munds von dir ab,
Schiefheit der Lippen halte von dir fern, |
²⁵ deine Augen sollen stracks vor sich blicken,
deine Wimpern gradaus zielen auf dein Gegenüber. |
²⁶ Ebne das Geleis deines Fußes
und ausgerichtet seien all deine Wege, |
²⁷ bieg zur Rechten nimmer ab noch zur Linken,
weichen lasse deinen Fuß von dem Bösen. |

5,1 Mein Sohn, merke auf meine Weisheit,
meiner Verständigkeit neige dein Ohr, |
² Erwägungen zu hüten,
daß deine Lippen Erkenntnis wahren. |
³ Denn Seim träufeln der Fremdbuhle Lippen,
glätter als Öl ist ihr Gaum, |
⁴ aber am Ende ist sie bitter wie Wermut,
scharf wie ein doppelschneidiges Schwert. |
⁵ Ihre Füße steigen nieder zum Tod,
am Gruftreich haften ihre Schritte. |
⁶ Weil du sonst auf ebnen Lebenspfad könntest streben,
schwanken ihre Geleise:
du kannst nichts erkennen.« |

⁷ Und nun, Söhne, höret auf mich,
  weicht nimmer von den Reden meines Mundes! |
⁸ Führe fern von ihr ab deinen Weg,
  nahe nimmer dem Einlaß ihres Hauses, |
⁹ sonst mußt du deine Hehre anderen geben,
  einem Grausamen deine Jahre, |
¹⁰ sonst sättigen sich an deiner Kraft Fremde
  und in eines Ausheimischen Haus ist dein Fleiß, |
¹¹ und du stöhnst um dein Ende,
  wann dein Fleisch und dein Leib sich verzehrt, |
¹² und du sprichst: »Ach, wie habe Zucht ich gehaßt
  und verschmäht hat mein Herz die Rüge, |
¹³ daß ich auf meiner Unterweiser Stimme nicht horchte
  und meinen Lehrern nicht neigte mein Ohr, – |
¹⁴ in alles Böse schier bin ich geraten
  inmitten von Gesamt und Gemeinde!« |

¹⁵ Trink Wasser aus deiner eignen Zisterne,
  Rinnendes aus deiner Brunnenmitte. |
¹⁶ Sollen deine Quellen nach außen überfließen?
  auf die Gassen die Wassergräben? |
¹⁷ Sie sollen für dich allein sein,
  für Fremde nie neben dir. |
¹⁸ Dein Born sei gesegnet!
  Freue dich an dem Weib deiner Jugend, |
¹⁹ der lieblichen Hinde,
  der gunstreizenden Gemse,
  an ihrer Minne darfst du allzeit dich letzen,
  stets taumeln in ihrer Liebe. |
²⁰ Und warum, mein Sohn, wolltest an der Fremden du taumeln,
  der Ausheimischen Brust umschlingen! |
²¹ Gestreckt vor SEINEN Augen ja sind jedermanns Wege,
  ebenmäßig schaut er all seine Gleise. |
²² Die eignen Verfehlungen fangen den Frevler,
  er wird von den Stricken seiner Sünde gehalten, – |
²³ der stirbt, weil er keine Zucht hat,
  in der Fülle seiner Narrheit taumelt er hin. |

6,1 Mein Sohn, hast du gebürgt für deinen Genossen,
hast für den Fremden Handschlag gegeben, |
² bist verstrickt in den Reden deines Mundes,
gefangen in den Reden deines Mundes, |
³ tu dieses denn, mein Sohn: daß du dich entreißest,
wenn du in den Handschlag kamst deines Genossen,
geh, rackre dich ab und ranzioniere deinen Genossen, |
⁴ nimmer gib deinen Augen Schlaf, deinen Wimpern
Schlummer, |
⁵ entreiß dich, wie dem Griff die Gazelle,
wie der Vogel dem Zugriff des Weidmanns. |

⁶ Geh zur Ameise, Fauler,
sieh ihre Wege an und werde weise! |
⁷ Die nicht Schöffen, Vogt hat und Walter, |
⁸ pflegt im Sommer ihr Brot zu bereiten,
hat eingekellert ihre Nahrung zur Ernte. |
⁹ Bis wann willst du noch, Fauler, liegen,
wann aufstehn von deinem Schlaf? |
¹⁰ »Ein wenig Schlaf nur, ein wenig Schlummer,
ein wenig Händeverschränken im Liegen!« |
¹¹ Und wie ein Draufgänger kommt deine Armut,
dein Mangel wie ein gewappneter Mann. |

¹² Ein ruchloser Mensch ist der harmwirkende Mann,
der mit verkrümmtem Munde geht, |
¹³ der mit seinen Augen zwinkert,
der mit seinen Füßen anzeigt,
der mit seinen Fingern hinweist, |
¹⁴ Verdrehungen sind ihm im Herzen,
allzeit schmiedet er Böses,
Hader sendet er aus. |
¹⁵ Drum kommt urplötzlich sein Scheitern,
plötzlich wird er gebrochen,
und da ist keine Heilung mehr. |

¹⁶ Sechs sind es, die ER haßt,

sieben sind seiner Seele ein Greuel: |
17 hochfahrende Augen,
eine Lügenzunge,
Hände, die unsträfliches Blut vergießen, |
18 ein Herz, das Harmpläne schmiedet,
Füße, die eilends zulaufen dem Bösen, |
19 der Täuschungen einbläst, ein Zeuge des Lugs,
und der zwischen Brüder Hader entsendet. |

20 Wahre, mein Sohn, das Gebet deines Vaters,
verwirf nimmer die Weisung deiner Mutter. |
21 Winde sie stets dir ums Herz,
knüpfe sie dir um den Hals. |
22 Wann du dich ergehst, soll es dich leiten,
wann du liegst, solls dich behüten,
und erwachst du, sagt sichs dir ein. |
23 Ja, eine Lampe ist das Gebot,
die Weisung ist ein Licht,
Weg des Lebens sind die Rügen der Zucht: |
24 dich zu hüten vorm Weib des Genossen,
vor der Ausheimischen Zungenglätte. |
25 Begehre in deinem Herzen nimmer ihre Schönheit,
mit ihren Wimpern soll sie nimmer dich nehmen. |
26 Denn ein Hurenweib gilt bis hinab zu einem Brotlaib,
aber das Weib eines Mannes erjagt die kostbare Seele. |
27 Kann jemand Feuer sich in den Busenbausch scharren
und seine Gewänder brennten nicht an? |
28 oder geht jemand auf Kohlen
und seine Füße würden nicht versengt? |
29 So wer kommt zum Weibe seines Genossen,
ungestraft bleibt nicht, allwer es berührt. |
30 Man verachtet nicht den Dieb, wenn er Diebstahl verübte
seine Gier zu stillen – denn es hungerte ihn – |
31 und betroffen es siebenfach will bezahlen,
alle Habe seines Hauses hergibt. |
32 Doch wer mit einem Weibe buhlt, dem mangelts an Herzsinn,
ein Verderber seiner selbst, nur der tut das, |
33 Plage und Schmach betrifft ihn,

und sein Schimpf ist unverwischbar. |
³⁴ Denn Eifersucht ist Grimmglut des Mannes,
er schont nicht am Rachetag, |
³⁵ er achtet alles Lösegelds nicht
und willfahrt nicht, wie auch Beschenkung du mehrst. |

⁷,¹ Mein Sohn, hüte meine Reden,
meine Gebote speichre bei dir auf! |
² hüte meine Gebote – und lebe,
meine Weisung, wie den Kern deiner Augen! |
³ winde sie dir um die Finger,
schreibe sie auf die Tafel deines Herzens! |
⁴ Sprich zur Weisheit: »Du bist meine Schwester«,
als Verwandte rufe die Verständigkeit an, |
⁵ dich zu hüten vorm fremden Weibe,
vor der Ausheimischen, die glatt redet. |
⁶ Denn am Fenster meines Hauses,
hinterm Gitter lugte ich aus, |
⁷ und unter den Einfältigen sah ich,
gewahrte unter den Söhnen
einen Jüngling, des Herzsinns ermangelnd. |
⁸ Der zog umher auf dem Markt, bei ihrer Ecke,
beschritt den Weg an ihrem Haus, |
⁹ in der Dämmrung erst, im Sinken des Tags,
nun im Kern der Nacht und des Dunkels. |
¹⁰ Und da: das Weib, ihm entgegen,
im Putz der Hure, verschlagenen Herzens. |
¹¹ Lärmisch ist sie und störrig,
in ihrem Haus haben ihre Füße nicht Wohnung, |
¹² bald auf der Gasse ist sie, bald auf den Plätzen,
bei jeder Ecke lauert sie auf. |
¹³ Die faßte ihn und küßte ihn ab,
frechen Antlitzes sprach sie zu ihm: |
¹⁴ »Friedmahlopfer liegen mir ob,
heut bezahle ich meine Gelübde, |
¹⁵ drum trat ich heraus, dir entgegen,
dein Antlitz herbeizusehnen,
und ich habe dich gefunden. |

¹⁶ Mit Prunkdecken habe mein Bett ich gedeckt,
mit Bunttüchern von ägyptischem Garn, |
¹⁷ besprengt habe ich mein Lager
mit Myrrhe, Aloe und Zimmet. |
¹⁸ Komm,
wir wollen bis zum Morgen uns letzen an Minne,
im Liebesspiel schwelgen aneinander. |
¹⁹ Denn der Mann ist nicht zuhaus,
er ist auf eine Reise in die Ferne gegangen, |
²⁰ den Geldbeutel hat er mit sich genommen,
zum Vollmondstag erst kommt er nachhaus.« |
²¹ So viel vernehmen lassend, bog sie ihn heran,
sie stieß ihn auf sich zu durch ihrer Lippen Glätte: |
²² einfältiglich geht er hinter ihr her,
wie ein Stier, der zur Schlachtbank kommt,
wie mit Knöchelgeklirr zum Strafgericht ein Narr, |
²³ bis ein Pfeil ihm die Leber spaltet,
wie ein Vogel zur Schlinge eilt
und weiß nicht, daß sein Leben es gilt. |

²⁴ Und nun, Söhne, höret auf mich,
merket auf die Reden meines Mundes: |
²⁵ Nimmer schweife ab zu ihren Wegen dein Herz,
nimmer verirr dich auf ihre Steige! |
²⁶ Denn viele sind die Durchbohrten, die sie gefällt hat,
eine mächtige Schar alle von ihr Erwürgten.
²⁷ Wege des Gruftreichs sind die ihres Hauses,
sie führen hinab zu den Kammern des Tods. |

8,1 Ruft nicht die Weisheit?
gibt die Verständigkeit ihre Stimme nicht aus?|
² Zuhäupten der Höhn auf dem Weg,
aufrecht an dem Treffpunkt der Steige,|
³ zur Seite der Tore, an der Mündung der Burgstatt,
an der Pforten Einlasse klagt sie:|
⁴ »Euch, Männer, rufe ich an,
meine Stimme die Menschenkinder.|
⁵ Lernt, Einfältige, Klugheit verstehen,
Toren, verstehen den Herzsinn!|
⁶ – Höret, denn führerisch red ich,
was die Lippen mir öffnet, ist Gradheit,|
⁷ denn Treuliches murmelt mein Gaum,
ein Greuel ist meinen Lippen der Frevel,|
⁸ in Wahrheit sind alle Reden meines Mundes,
keine gewundne und krumme ist drunter,|
⁹ ebenhin für den Verständigen sind sie alle,
für die Finder der Erkenntnis gerade.|
¹⁰ Nehmt meine Zucht an, nicht Silber,
Erkenntnis lieber als erlesenes Gelbgold,|
¹¹ denn besser als Korallen ist Weisheit,
und alle Kleinode entgelten sie nicht.|

¹² Ich, die Weisheit, wohne der Klugheit an,
der Erwägungen Kenntnis befind ich.|
¹³ IHN fürchten heißt hassen das Böse:
die Hoffart, den Hochmut, den bösen Weg
und den Mund der Verdrehungen haß ich.|
¹⁴ Mein ist Rat und Besinnung,
ich bin das Verstehen, mein ist die Macht.|
¹⁵ Durch mich haben Könige Königschaft,
verfügen wahrheitlich Potentaten,|
¹⁶ durch mich sind Obere obenan
und Edle, alle Richter der Erde.|
¹⁷ Ich, die mich lieben liebe ich,
die mich ersehnen werden mich finden.|
¹⁸ Bei mir ist Reichtum und Ehre,
stattliche Habe und Bewährung.|

¹⁹ Meine Frucht ist besser als Gelbgold und Feinerz,
meine Einkunft als erlesenes Silber.
²⁰ Auf dem Pfad der Bewährung geh ich,
inmitten der Steige des Rechts, |
²¹ den mich Liebenden Bleibendes zu übereignen,
daß ich ihre Schatzkammern fülle. |

²² ER hat mich als Anfang seines Weges gestiftet,
als vorderstes seiner Werke von je. |
²³ Von urher bin ich belehnt, von der Frühe,
von den Vorzeiten der Erde. |
²⁴ Als keine Flutwirbel waren, entsprang ich,
als keine Quellen waren, die wasserschweren, |
²⁵ eh die Berge eingesenkt wurden,
vor den Hügeln entsprang ich, |
²⁶ da er noch nicht gemacht hatte Erdland und Fluren
und die frühste Staubschicht des Runds. |
²⁷ Als er den Himmel bereitete, war ich dabei,
als er den Umkreis schränkte über dem Wirbel, |
²⁸ als er den Luftraum festigte droben,
als stark wurden die Quellen der Wirbelflut, |
²⁹ als er seine Schranke setzte dem Meer,
daß die Wasser nicht sein Geheiß überschreiten,
als er die Gründe des Erdreichs schränkte, |
³⁰ war ich neben ihm als Pflegling,
war Ergötzen ich Tag um Tag,
spielend zu aller Stunde vor ihm, |
³¹ spielend auf dem Rund seiner Erde,
mein Ergötzen an den Menschenkindern. |

³² Und nun, Söhne, höret auf mich!
O Glück deren, die hüten meine Wege! |
³³ Höret Zucht und werdet weise,
nimmer lasset sie fahren. |
³⁴ O Glück des Menschen, der auf mich hört,
Tag um Tag an meinen Türen zu wachen,
meiner Eingänge Pfosten zu hüten! |
³⁵ Denn wer mich findet, hat Leben gefunden,

Gnade hat er von IHM sich beschert. |
36 Wer mich verfehlt, tut seiner Seele Gewalt an,
alldie mich hassen, lieben den Tod.« |

9,1 Die hohe Weisheit hat ein Haus sich erbaut,
hat ihrer Pfeiler ausgehaun sieben, |
2 hat ihr Schlachtvieh geschlachtet,
hat ihren Wein gemischt,
hat auch ihren Tisch schon bereitet, |
3 hat ausgesandt ihre Mägde, läßt rufen
auf den Höhenrücken der Burgstatt: |
4 »Wer ist einfältig? er kehre hier ein!«
Wems an Herzsinn mangelt, zu ihm spricht sie: |
5 »Kommt her, Brot eßt von meinem Brot,
trinkt vom Wein, den ich mischte! |
6 Laßt ab von der Einfalt und lebt,
wandelt auf dem Weg des Verstands!« |

7 Wer einen Dreisten in Zucht nimmt, holt Schmach sich,
wer einen Frevler rügt, ihm wirds ein Gebrest. |
8 Rüge nimmer den Dreisten, sonst wird er dich hassen,
rüge den Weisen, und er wird dich lieben. |
9 Gib dem Weisen, so wird er noch weiser,
dem Bewährten schenk Kenntnis, und er wächst an Vernunft. |
10 Der Weisheit Anbeginn ist IHN fürchten,
– das Heilige erkennen, Verstand. |
11 Denn durch mich mehren sich deine Tage,
wachsen Lebensjahre dir zu. |
12 Wenn du weise bist, weise bist du dir zugut,
bist du dreist, du allein wirst es tragen. |

13 Frau Torheit ist lärmisch,
die Einfaltsdame, die nie was erkannt hat, |
14 da sitzt sie am Eingang ihres Hauses,
auf dem Höhenstuhle der Burgstatt, |
15 zurufend ihnen, die ziehen des Wegs,
die an gerade Pfade sich halten: |

16 »Wer ist einfältig? er kehre hier ein!«
   Mangelts einem an Herzsinn, spricht sie zu ihm:|
17 »Gestohlenes Wasser ist süß,
   Brot der Heimlichkeit angenehm.«|
18 Und er erkennt nicht, daß Gespenster dort sind,
   die von ihr Gerufnen in den Tiefen des Gruftreichs!|

10,1 Gleichsprüche Schlomos.

Ein weiser Sohn erfreut den Vater,
ein törichter Sohn ist der Gram seiner Mutter. |

2 Nicht nützen Schätze des Frevels,
aber Bewährung rettet vom Tod. |
3 Nicht läßt ER hungern die Seele des Bewährten,
aber die Sucht der Frevler drängt er hinweg. |

4 Arm wird, wer mit träger Faust werkt,
aber der Fleißigen Hand macht reich. |
5 Im Sommer heimst ein achtsamer Sohn,
wer zur Ernte schlummert, ist ein schandbarer Sohn. |

6 Segenskräfte sind ums Haupt des Bewährten,
aber der Mund der Frevler verhüllt nur die Unbill. |
7 Des Bewährten Gedächtnis bleibt im Segen,
aber der Name der Frevler wird verwesen. |

8 Wer weisen Herzens ist, nimmt an die Gebote,
wer närrischer Lippen ist, gleitet ab. |
9 Wer in Schlichtheit geht, geht sicher,
wer seine Wege krümmt, wird erkannt. |
10 Wer mit dem Auge zwinkert, schafft Leid,
wer närrischer Lippen ist, gleitet ab. |

11 Ein Born des Lebens ist der Mund des Bewährten,
aber der Mund der Frevler verhüllt nur die Unbill. |
12 Haß erregt Hader,
aber alle Missetaten hüllt die Liebe zu. |

13 Auf des Verstehenden Lippen wird Weisheit gefunden
und ein Stecken für den Rücken dessen, der Herzsinns
    ermangelt. |
14 Die Weisen sparen Erkenntnis auf,
aber Narrenmund ist ein nahender Einsturz. |

15 Des Reichen Habe ist die Burg seines Trotzes,
Sturz der Schwachen ist ihre Armut. |
16 Der Lohn des Bewährten gereicht zum Leben,

die Einkunft des Frevlers zur Sündenpein. |
17 Pfad zum Leben ists, hält einer Zucht,
läßt einer von der Rüge, verirrt er sich. |

18 Verhehlt einer Haß, das sind Lügenlippen,
und wer Gerücht aussprengt, der ist ein Tor. |
19 Bei vielem Gered fehlts an Missetat nicht,
aber wer mit seinen Lippen kargt, ist achtsam. |
20 Erlesenes Silber ist die Zunge des Bewährten,
das Herz der Frevler gilt wenig. |
21 Die Lippen des Bewährten geben vielen zu weiden,
aber die Narren sterben durch Mangel an Herzsinn. |

22 SEIN Segen, er ists der reich macht,
neben ihm fügt die Rackerei nichts hinzu. |

23 Wie ein Spiel ist Zuchtlosigkeit üben dem Toren,
so Weisheit dem Mann von Verständnis. |
24 Wovors den Frevler graut, das überkommt ihn,
aber was die Bewährten wünschen, gibt Er. |
25 Sowie das Wetter hinfuhr, ist kein Frevler mehr da,
aber der Bewährte ist auf Weltzeit ein Grund. |
26 Wie Essig den Zähnen, wie Rauch den Augen,
so ist der Faule ihnen, die ihn senden. |

27 SEINE Furcht mehrt die Tage,
aber der Frevler Jahre werden verkürzt. |
28 Die Erwartung der Bewährten ist Freude,
aber die Hoffnung der Frevler schwindet. |
29 Trutzfeste ist der Schlichtheit SEIN Weg,
aber Absturz den Harmwirkenden. |
30 Der Bewährte wird in Weltzeit nicht wanken,
aber die Frevler werden das Land nicht bewohnen. |

31 Der Mund des Bewährten läßt Weisheit sprießen,
aber die Zunge der Verdrehung wird ausgerottet. |
32 Die Lippen des Bewährten kennen das Wohlgefallen,
der Mund der Frevler nur die Verdrehung. |

11,1 Trügliche Waagschalen sind IHM ein Greuel,
aber ein völliger Gewichtstein sein Wohlgefallen. |

² Kam Vermessenheit, kommt Schimpf,
aber mit den Bescheidenen ist Weisheit. |

³ Die Schlichtheit der Geraden geleitet sie,
die Wühlerei der Tückischen überwältigt sie. |

⁴ Nicht nutzt Habe am Tag des Überwallens,
aber Bewährung rettet vom Tod. |

⁵ Die Bewährung des Schlichten macht gerad seinen Weg,
aber durch seinen Frevel fällt der Frevler. |

⁶ Die Bewährung der Geraden errettet sie,
aber in der Sucht der Tückischen werden sie selber
   gefangen. |

⁷ Wann ein frevelhafter Mensch stirbt, schwindet die Hoffnung,
die Erwartung der Manneskraft schwand. |

⁸ Der Bewährte wird aus Bedrängnis entschnürt,
der Frevler kommt an seine Stelle. |

⁹ Durch den Mund verderbt der Heuchler seinen Genossen,
aber durch Erkenntnis werden die Bewährten entschnürt. |

¹⁰ Bei der Bewährten Wohlstand entzückt sich der Stadtkreis,
aber wann die Frevler schwinden ist Jubel. |

¹¹ Durch der Geraden Segnung erhebt sich die Stadt,
aber durch den Mund der Frevler wird sie geschleift. |

¹² Seinen Genossen verlästert, wer des Herzsinns ermangelt,
aber der Mann von Verstand schweigt. |

¹³ Wer mit Klatschkram umherzieht, offenbart auch
   Geheimnis,
aber wer treuen Geistes ist, hält die Sache verhüllt. |

¹⁴ Ohne Lenkung verfällt ein Volk,
Befreiungssieg wird, wo viel Ratgebung ist. |

¹⁵ Bös, gar bös ists, wenn für den Fremden man bürgte,
aber wer Handschlag haßt, ist sicher. |

¹⁶ Ein Weib von Gunstreiz hält fest an der Ehre,
Wüteriche halten am Reichtum fest. |

¹⁷ Der Mann von Huld fertigts der eigenen Seele zu,
der Grausame zerrüttet das eigene Fleisch. |

¹⁸ Der Frevler erwirbt verlognen Gewinn,
   wer Bewährung aussät, treulichen Lohn. |

¹⁹ Redlichkeit der Bewährung – zum Leben führts,
   wer dem Bösen nachjagt – zu seinem Tod führts. |

²⁰ Ein Greuel IHM sind die verkrümmten Herzens,
   sein Wohlgefallen die schlichten Wegs. |

²¹ Hand zu Hand: nicht bleibt straffrei der Böse,
   aber des Bewährten Same darf entrinnen. |

²² Ein goldner Reif im Rüssel eines Schweins:
   ein schönes Weib, der Schicklichkeit entratend. |

²³ Der Wunsch der Bewährten ist nur das Gute,
   die Hoffnung der Frevler ist Überwallen. |

²⁴ Da ist einer, der ausstreut und ihm wird noch gemehrt,
   und einer kargt am Gebührenden und es führt nur zum Mangel. |

²⁵ Eine Segensseele gedeiht,
   und wer labt, wird auch selber gelabt. |

²⁶ Wer Korn vorenthält, dem fluchen die Leute,
   aber Segen wird dem Haupt des Vermarkters. |

²⁷ Wer das Gute erstrebt, sucht Wohlgefallen,
   aber wer nach dem Bösen trachtet, den überkommt es. |

²⁸ Wer mit seinem Reichtum sich sichert, der fällt,
   aber wie Laub schießen auf die Bewährten. |

²⁹ Wer sein Haus zerrüttet, kriegt Wind zu eigen,
   Knecht wird dem Herzensweisen der Narr. |

³⁰ Die Frucht des Bewährten: ein Baum des Lebens,
   Seelen nimmt der Weise ein. |

³¹ Wohl, vergolten wird dem Bewährten auf Erden,
   nun gar dem Frevler und Sünder! |

12,1 Zucht liebt, wer Erkenntnis liebt,
   aber es haßt die Rüge der Dumme. |

² Der Gute beschert sich Gefallen von IHM,
   aber den Mann von Ränken schuldigt ER Frevels. |

³ Ein Mensch bleibt nicht aufrecht bei Frevel,

aber die Wurzel der Bewährten wankt nie. |

4 Ein Weib von Tucht ist die Krone ihres Gatten,
aber wie Wurmfraß in seinem Gebein ist die Schändliche. |

5 Die Pläne der Bewährten sind Gerechtigkeit,
die Lenkungskünste der Frevler sind Trug. |
6 Die Worte der Frevler sind Lauern auf Blut,
aber der Mund der Geraden errettet die. |
7 Umgestürzt die Frevler, und aus ists,
aber das Haus der Bewährten besteht. |

8 Gemäß seinem Begreifen wird gepriesen ein Mann,
wer verschrobenen Herzens ist, gerät in Verachtung. |

9 Besser, wer gering bleibt und sein eigner Arbeiter,
als wer sich wichtig macht und es mangelt an Brot. |
10 Es kennt der Bewährte die Seele seines Viehs,
aber das Gefühl der Frevler ist grausam. |

11 Wer seinen Acker bearbeitet, wird Brotes satt,
wer Leerem nachjagt, dem mangelts an Herzsinn. |

12 Wonachs den Frevler gelüstet, ist ein Fangnetz von
 Bösgeschick,
aber die Wurzel der Bewährten ergibt. |
13 Im Frevel der Lippen ist eine Verstrickung des Bösen,
doch der Bewährte entkommt der Drangsal. |
14 Was der Mund eines Mannes fruchtet, davon wird er des
 Guten satt,
was die Hände eines Menschen reifen lassen, das kehrt zu ihm
 zurück. |

15 Der Weg des Narren ist gerad in seinen Augen,
aber wer auf Rat hört, ist weise. |
16 Der Narr, selben Tags wird sein Verdruß kund,
aber wer den Schimpf verhüllt, ist klug. |

17 Treulichkeit haucht ein, wer Wahrhaftigkeit meldet,
aber der Lügenzeuge nur Trug. |
18 Mancher plappert Schwertstichen gleich,
aber die Zunge der Weisen ist Heilung. |
19 Die treue Lippe ist auf ewig gefestet,

einen Nu lang nur die Zunge der Lüge. |

²⁰ Der Trug geht den Bösgeschickschmieden ans Herz,
aber die zum Frieden raten, bei ihnen ist Freude. |
²¹ Keinerlei Harm widerfährt dem Bewährten,
aber voll werden die Frevler des Bösen. |
²² Ein Greuel IHM sind die Lippen der Lüge,
die Treulichkeit üben, sein Wohlgefallen. |

²³ Ein kluger Mensch verhüllt Erkenntnis,
aber ein Torenherz ruft Narretei aus. |

²⁴ Der Fleißigen Hand wird walten,
aber die träge wird fronpflichtig werden. |
²⁵ Besorgnis im Mannesherzen, man dränge sie nieder,
eine gute Anrede überfreut sie schon wieder. |

²⁶ Ausschwärmen läßt der Bewährte seine Genossenschaft,
aber der Weg der Frevler führt selber sie irre. |

²⁷ Nicht stört der Träge seinen Netzfang auf,
aber köstliche Menschenhabe ist des Fleißigen. |

²⁸ Auf dem Pfad der Bewährung ist Leben,
die Wegreise des Steiges heißt Nimmertod. |

^{13,1} Ein weiser Sohn, das ist die Zucht des Vaters,
aber ein Dreister hört nicht die Schelte.

² Was der Mund eines Mannes fruchtet, davon genießt er
  des Guten,
aber die Seele der Tückischen ist Unbill. |
³ Wer seinen Mund wahrt, behütet seine Seele,
wer seine Lippen aufsperrt, dem wird der Sturz. |

⁴ Drauf los wünscht, wo nichts da ist, seine Seele: das ist
  der Faule,
aber die Seele der Fleißigen gedeiht. |

⁵ Die Sache der Lüge haßt der Bewährte,
aber der Frevler will nur anrüchig und schmählich machen. |

⁶ Bewährung bewacht ihn, dessen Weg schlicht ist,
aber Frevelei unterwühlt die Sünderbahn. |

7 Mancher stellt sich reich, und gar nichts ist da,
   stellt sich arm, und der Habe ist viel. |

8 Deckung für jemands Seele kann sein Reichtum werden,
   aber arm wird, wer die Schelte nicht hört. |

9 Das Licht der Bewährten frohlockt,
   aber die Lampe der Frevler verschwelt. |

10 Bei Vermessenheit ergibts nur Gerauf,
   mit den Beratsamen aber ist Weisheit. |

11 Dunsterworbne Habe wird wenig,
   aber sein, der handweise stapelt, wird viel. |

12 Hingezogne Erwartung macht das Herz krank,
   aber ein Lebensbaum ists, wenns kommt, was man wünschte. |

13 Wer das Wort mißachtet, bleibt ihm verpfändet,
   wer das Gebot fürchtet, dem wird vergolten. |

14 Des Weisen Lehre ist Born des Lebens,
   um auszuweichen den Schlingen des Tods. |

15 Guter Sinn ergibt Gunst,
   aber der Weg der Tückischen wird eine urständige Flut. |

16 Der Kluge handelt überall kundig,
   aber der Tor entfaltet die Narrheit. |

17 Ein frevelhafter Bote fällt ins Böse,
   aber ein getreuer Werber ist Heilung. |

18 Armut und Schimpf: wer die Zucht fahren läßt,
   wer aber die Rüge hütet, wird geehrt. |

19 Darf geschehn, was man wünscht, ists der Seele süß,
   aber Greuel den Toren ist weichen vom Bösen. |

20 Wer mit Weisen umgeht, wird weise,
   wer bei Toren sich barg, dem gehts bös. |

21 Den Sündern nachjagt das Böse,
   aber den Bewährten vergilt sich das Gute. |

22 Der Gute übereignet den Kindeskindern,

aber aufgespart dem Bewährten ist die Habe des Sünders. |

²³ Viel Speise ist im Ackern der Armen,
aber manches wird entrafft durch Ungerechtigkeit. |

²⁴ Wer mit seinem Stecken kargt, haßt seinen Sohn,
wer ihn liebt, bereitet ihm Zucht. |

²⁵ Der Bewährte ißt, bis seine Seele satt ist,
aber dem Bauch der Frevler mangelts immer. |

14,1 Der Frauen Weisheit erbaut ihr Haus,
Narrheit, die schleifts mit den eigenen Händen. |

² In seiner Geradheit geht, wer IHN fürchtet,
seine Wege verschieft, wer ihn mißachtet. |

³ Im Munde des Narren ist ein Reis des Hochmuts,
aber die Lippen der Weisen behüten sie. |

⁴ Wo keine Rinder sind, hat man Korns nur die Krippe,
aber viele Erträge gibts durch die Kraft des Stiers. |

⁵ Ein getreuer Zeuge enttäuscht nicht,
aber ein lügenhafter Zeuge bläst Täuschungen ein. |

⁶ Mag der Dreiste Weisheit suchen, keine ist da,
aber leicht ist Erkennen dem Aufmerksamen. |

⁷ Geh hinweg von dem törichten Mann
und an dem du keine Lippen der Erkenntnis erkannt hast. |

⁸ Die Weisheit des Klugen ist: auf seinen Weg merken,
und die Narrheit des Toren ist: Trug. |

⁹ Die Narren macht Schuld dreist,
aber unter den Geraden ist Wohlgefallen. |

¹⁰ Das Herz allein weiß um die Bitternis seiner selbst,
und auch in seine Freude kann sich ein Fremder nicht mengen. |

¹¹ Das Haus der Frevler wird ausgetilgt werden,
aber das Zelt der Geraden wird blühen. |

¹² Mancher Weg ist im Angesicht eines Mannes gerad,
aber das Ende davon sind Wege des Todes. |

¹³ Auch beim Lachen kann ein Herz leiden,
und der Fröhlichkeit Ausgang ist Gram. |

¹⁴ Satt wird von seinen Wegen, dessen Herz abgeschwenkt ist,
von dem aber, was an ihm ist, der gute Mann. |

¹⁵ Der Einfältige traut aller Rede,
aber der Kluge merkt auf seinen Schritt. |

¹⁶ Der Weise scheut sich und weicht dem Bösen aus,
der Tor aber überwallt und wähnt sich gesichert. |

¹⁷ Der Kurzmütige, der Narrheit übt,
und der Mann von Ränken ist verhaßt. |

¹⁸ Die Einfältigen hegen Narrheit als Eigentum,
aber die Klugen krönen sich mit Erkenntnis. |

¹⁹ Niedern müssen sich die Bösen vor den Guten,
die Frevler an den Toren des Bewährten. |

²⁰ Auch seinem Genossen ist der Arme verhaßt,
aber die den Reichen lieben sind viele. |

²¹ Wer seinen Genossen verachtet, sündigt,
wer aber Gönner ist den Gebeugten, beglückt der! |

²² Gehn, die Böses schmieden, nicht irre?
aber Huld und Treue ist ihrer, die Gutes schmieden. |

²³ Durch alle Mühe wird Überfluß,
aber Lippengered gereicht nur zum Mangel. |

²⁴ Den Weisen ists ein Kranz, wenn sie reich sind,
die Narrheit der Toren bleibt Narrheit. |

²⁵ Seelen rettet ein treuer Zeuge,
wer Täuschungen einbläst, nur den Betrug. |

²⁶ In SEINER Furcht ist einer mächtig gesichert,
seinen Kindern wirds eine Bergung. |

²⁷ SEINE Furcht ist Born des Lebens,
auszuweichen den Schlingen des Todes. |

²⁸ In dem Wachstum des Volks ist der Glanz des Königs,
aber im Schrumpfen der Nation ist der Sturz des Potentaten. |

29 Der Langmütige hat vielen Verstand,
der Kurzatmige treibt die Narrheit empor. |

30 Leben der Leiblichkeit ist ein heiles Herz,
Wurmfraß des Gebeins ist der Neid. |

31 Wer den Schwachen preßt, höhnt Ihn, der ihn gemacht hat,
Ihn ehrt, wer den Dürftigen begünstigt. |

32 Gehts ihm bös, wird umgestoßen der Frevler,
aber noch in seinem Tod ist der Bewährte geborgen. |

33 Im Herzen des Verständigen ruht die Weisheit still,
aber was im Bereich der Toren ist, wird kundbar. |

34 Die Wahrhaftigkeit hebt einen Stamm empor,
aber Unholdschaft den Nationen ist die Versündigung. |

35 Das Wohlgefallen des Königs gebührt dem achtsamen Diener,
aber sein Überwallen ist des schandbaren Teil. |

15,1 Eine linde Antwort kehrt die Grimmglut ab,
aber eine schnöde Rede macht den Zorn steigen. |

2 Die Zunge der Weisen sagt die Erkenntnis gut,
aber der Mund der Toren sprudelt die Narrheit hervor. |

3 Allerorten sind SEINE Augen,
die Bösen und die Guten betrachtend. |

4 Die heile Zunge ist ein Lebensbaum,
eine Verzerrung aber daran ist ein Bruch am Geist. |

5 Der Narr schmäht die Zucht seines Vaters,
wer aber die Rüge hütet, wird klug. |

6 Das Haus des Bewährten ist ein großer Hort,
aber in der Einkunft des Frevlers ist Zerrüttung. |

7 Die Lippen der Weisen streuen Erkenntnis,
aber das Herz der Toren Haltlosigkeit. |

8 Der Frevler Schlachtopfer ist IHM ein Greuel,
der Geraden Gebet ist ihm ein Wohlgefallen. |

9 Ein Greuel IHM ist der Weg des Frevlers,
wer aber der Bewährung nachjagt, den liebt er. |

¹⁰ Bös dünkt die Zucht ihn, der den Pfad verläßt, –
   wer die Rüge haßt, der muß sterben. |

¹¹ Gruftreich und Verlorenheit sind IHM gegenwärtig,
   wie gar die Herzen der Menschenkinder. |

¹² Nicht liebts der Dreiste, daß man ihn rüge,
   zu den Weisen mag er nicht gehn. |

¹³ Ein frohes Herz macht das Angesicht heiter,
   bei Herzens Trübsal ist auch der Geist geknickt. |

¹⁴ Des Verständigen Herz sucht Erkenntnis,
   der Mund der Toren weidet sich an der Narrheit. |

¹⁵ Alle Tage des Gebeugten sind bös,
   wer aber heitern Herzens ist, hat ein stetes Gelag. |

¹⁶ Besser wenig in Furcht vor IHM,
   als ein großer Schatz und Verwirrung dabei. |

¹⁷ Besser ein Gericht Krauts, wo Liebe ist,
   als ein gemästeter Ochs und Haß ist dabei. |

¹⁸ Ein Mann von Grimmglut erregt nur Hader,
   aber ein Langmütiger beschwichtigt den Streit. |

¹⁹ Der Weg des Faulen ist wie eine Dornenhecke,
   aber der Geraden Pfad ist gebahnt. |

²⁰ Ein weiser Sohn erfreut den Vater,
   ein Mensch von Torenart mißachtet seine Mutter. |

²¹ Narrheit ist Freude, wems an Herzsinn mangelt,
   aber der Mann von Verstand geht geradehin. |

²² Da bröckeln Pläne, wo Einvernehmen fehlt,
   wo viele miteinander beraten, stehts aufrecht. |

²³ Freude wird dem Mann durch die Antwort seines Mundes:
   eine Rede zu ihrer Zeit, wie gut! |

²⁴ Ein Pfad des Lebens, nach oben, ist des Begreifenden,
   damit er ausweiche dem Gruftreich unten. |

²⁵ Das Haus der Hoffärtigen reutet ER aus
   und richtet den Grenzstein der Witwe wieder auf. |

²⁶ Ein Greuel IHM sind die Pläne der Bosheit,
aber als rein gelten die Sprüche der Mildigkeit. |

²⁷ Sein Haus zerrüttet, wer Ausbeutung beutet,
wer aber Zweckgaben haßt, wird leben. |

²⁸ Das Herz des Bewährten sinnt, wie zu antworten sei,
aber der Mund der Frevler sprudelt das Böse. |

²⁹ Fern ist ER von den Frevlern,
aber das Gebet der Bewährten erhört er. |

³⁰ Leuchten der Augen erfreut das Herz,
was man Gutes zu hören kriegt, erquickt das Gebein. |

³¹ Ein Ohr, das auf die Rüge des Lebens hört,
im Bereich der Weisen darfs nächtigen. |

³² Wer Zucht fahren läßt, verwirft seine Seele,
wer auf die Rüge hört, erwirbt sich ein Herz. |

³³ IHN fürchten ist Zucht zur Weisheit,
voraus geht der Ehre das Hingebeugtsein. |

16,1 Des Menschen sind die Entwürfe des Herzens,
aber von IHM her ist die Antwort der Zunge. |

² Sind in jemands Augen lauter all seine Wege,
der Ermesser der Geister ist ER.

³ Wälze IHM zu deine Taten,
und aufgerichtet werden deine Pläne. |

⁴ Alles Ding wirkt ER für dessen Antwortgeber,
so auch den Frevler, für den Tag, da es bös wird. |

⁵ Ein Greuel IHM ist jeder hoffärtigen Herzens,
Hand zu Hand: er bleibt straffrei nicht. |

⁶ Durch Holdschaft und Treue wird Verfehlung gedeckt,
aber durch SEINE Furcht weicht man vom Bösen. |

⁷ Hat ER an den Wegen eines Mannes Gefallen,
läßt er auch dessen Feinde Frieden schließen mit ihm. |

⁸ Besser wenig mit Bewährung,
als viele Einkünfte mit Unrecht. |

⁹ Das Herz des Menschen plant seinen Weg,
aber ER richtet dessen Schritt aus. |

¹⁰ Eine Orakelmacht ist auf den Lippen des Königs,
am Recht kann sich sein Mund nicht vergehn. |

¹¹ Schwebebalken und Waagschalen der Richtigkeit sind SEIN,
sein Werk alle Gewichtsteine des Beutels. |

¹² Ein Greuel ist Königen Frevel wirken,
denn durch Wahrhaftigkeit hält sich aufrecht der Thron. |

¹³ Wohlgefallen sind Königen wahrhaftige Lippen,
wer Geradnis redet, den liebt man. |

¹⁴ Grimm des Königs, das sind Boten des Todes,
aber ein weiser Mann versöhnt ihn. |

¹⁵ Im Leuchten des Königsgesichts ist Leben,
sein Wohlgefallen wie eine Lenzregenwolke. |

¹⁶ Weisheit erwerben, wie viel besser als Gold,
Verstand erwerben ist erlesner als Silber. |

¹⁷ Die Bahn der Geraden ist: weichen vom Bösen,
seine Seele behütet, wer seinen Weg wahrt. |

¹⁸ Voraus dem Zusammenbruch: Hoffart,
voraus dem Straucheln: Überhebung des Geistes, |

¹⁹ Besser am Geist geniedert mit den Gebeugten,
als Raub teilen mit den Hoffärtigen. |

²⁰ Wer des Wortes achtet, findet das Gute,
wer an IHM sich sicher weiß, beglückt der! |

²¹ Wer weisen Herzens ist, wird verständig genannt,
Süße der Lippen steigert die Vernehmbarkeit. |

²² Born des Lebens ist die Achtsamkeit ihrem Eigner,
aber Züchtigung der Narren ist die Narrheit. |

²³ Das Herz des Weisen macht seinen Mund achtsam,
seinen Lippen steigerts die Vernehmbarkeit. |

²⁴ Eine Honigwabe sind der Mildigkeit Sprüche,
Süße für die Seele, Heilkraft fürs Gebein. |

²⁵ Mancher Weg ist im Angesicht eines Mannes gerad,
aber das Ende davon sind Wege des Todes. |

²⁶ Die Seele des sich Mühenden müht sich für ihn,
denn sein eigener Mund treibt ihn an. |

²⁷ Der ruchlose Mann bohrt nach Bösem,
und auf seinen Lippen ist wie sengendes Feuer. |
²⁸ Der Mann der Verdrehungen entsendet den Hader,
der Hetzer trennt den Gefährten ab. |
²⁹ Der Mann der Unbill verlockt seinen Genossen
und führt ihn auf einen Weg, der nicht gut ist. |

³⁰ Blinzt einer seine Augen ein, ists, Verdrehungen zu planen,
kneift einer seine Lippen zu, hat er das Böse vollzogen. |

³¹ Ein stolzer Kranz ist Greisenhaar,
auf dem Weg der Bewährung erlangt mans. |

³² Besser ist ein Langmütiger als ein Held,
wer seines Aufbrausens waltet, als wer eine Stadt bezwingt. |

³³ Im Bausch wirft man das Los,
aber alle Entscheidung drüber ist von IHM her. |

17,1 Besser ein trockner Bissen und Friedlichkeit dabei
als ein Haus voll Schlachtmähler mit Streit. |

² Ein achtsamer Knecht waltet des schandbaren Sohns,
und inmitten der Brüder teilt er das Erbe. |

³ Der Tiegel fürs Silber, der Ofen fürs Gold,
aber der Herzen Prüfer ist ER. |

⁴ Der Bösgesinnte merkt auf die Lippe des Harms,
die Lüge leiht der Verhängniszunge das Ohr. |

⁵ Wer des Armen spottet, höhnt Ihn, der ihn gemacht hat,
wer sich an einem Scheitern freut, bleibt nicht straffrei. |

⁶ Kranz der Alten sind Kindeskinder,
Stolz der Kinder sind ihre Väter. |

⁷ Nicht ziemt dem Gemeinen die Sprache des Überragens,
wie gar dem Edlen die Sprache der Lüge. |

⁸ Ein Gunststein ist das Geschenk in den Augen seines Inhabers:

wohin immer er sich wendet, er wirds ergreifen. |

9 Zuhüllt ein Vergehen, wer Liebe sucht,
 wer die Sache aber wieder hervorholt, trennt von sich den
   Gefährten. |

10 Schelte bestürzt den Verständigen mehr
 als hundert Schläge den Toren. |

11 Nur nach Widerspenstigkeit sucht der Böse,
 aber ein grausamer Bote wird wider ihn entsandt. |

12 Eine jungenberaubte Bärin begegne einem Mann,
 aber nimmer ein Tor mit seiner Narretei. |

13 Wer Böses erstattet für Gutes,
 aus seinem Haus wird das Bösgeschick nicht weichen. |

14 Ein Dammbruch der Wasser, so der Anfang des Haders,
 ehs im Streite zum Platzen kommt, lasse ab! |

15 Wer bewahrheitet den Frevler und wer verfrevelt den
   Bewährten,
 ein Greuel IHM sind beide zumal. |

16 Was soll doch in der Hand des Toren der Kaufpreis,
 Weisheit zu erwerben? Er hat ja keinen Herzsinn! |

17 Zu aller Stunde liebt der Genosse,
 der Bruder ist für die Bedrängnis geboren. |

18 Ein Mensch des Herzsinns ermangelnd ist, wer
   Handschlag gibt,
 wer bürgschaftsgültig bürgt vor seinem Genossen. |

19 Frevel liebt, wer Rauferei liebt,
 wer seine Pforte hochmacht, sucht die Zertrümmerung. |

20 Wer verkrümmten Herzens ist, findet nicht Gutes,
 wer mit seiner Zunge wendig ist, fällt in das Bösgeschick. |

21 Wer einen Toren zeugt, dem wirds zum Gram,
 nicht froh wird der Vater eines Gemeinen. |

22 Ein frohes Herz macht Wunden gut verharschen,
 ein geknickter Mut dörrt das Gebein. |

²³ Bestechung nimmt der Frevler aus dem Bausch an,
die Pfade des Rechtes zu biegen. |

²⁴ Der Verständige hat Weisheit vorm Angesicht,
des Toren Augen sind am Rande der Welt. |

²⁵ Ein Verdruß seinem Vater ist ein törichter Sohn
und seiner Gebärerin eine Verbitterung. |

²⁶ Ists ungut schon, den Gerechten zu büßen,
wider die Geradheit ists, Edle zu schlagen. |

²⁷ Mit seinen Worten kargt, wer Erkenntnis kennt,
kühlen Mutes ist der Mann von Verstand. |

²⁸ Auch ein Narr wird, schweigt er, für weise gerechnet,
stopft seine Lippen er zu, für verständig. |

18,1 Dem Wunsch nur trachtet der sich Absondernde nach,
gegen alle Besinnlichkeit platzt er los. |

² Nicht hat der Tor Lust an Verständnis,
sondern daran, daß sich sein Herz offenbare. |

³ Wann der Frevler kommt, kommt die Verachtung
und dem Schimpfe zugesellt Hohn. |

⁴ Tiefe Wasser sind manches Munds Reden,
ein sprudelnder Bach, ein Born der Weisheit. |

⁵ Das Angesicht eines Frevlers erheben, nicht gut ists,
den Bewährten zu beugen im Gericht. |

⁶ Des Toren Lippen kommen mit Streit,
sein Mund ruft Prügel herbei. |

⁷ Des Toren Mund ist sein eigener Sturz,
seine Lippen der Fallstrick seiner Seele. |

⁸ Die Reden des Hetzers sind, wie was leicht geschluckt wird,
die gleiten nieder in die Kammern des Busens. |

⁹ Auch wer in seiner Arbeit sich lässig zeigt,
ist Bruder ihm, der verderbt. |

¹⁰ Ein Turm des Trutzes ist SEIN Name,
darein läuft der Bewährte und ragt. |

GLEICHSPRÜCHE

¹¹ Die Habe des Reichen sei die Burg seines Trotzes,
gleich einer ragenden Mauer, so malt er sichs aus. |

¹² Vor dem Zusammenbruch wird hochfahrend das Herz
  eines Manns,
aber voraus der Ehre geht das Hingebeugtsein. |

¹³ Erstattet einer Rede, eh er gehört hat,
Narrheit ists ihm und Unglimpf. |

¹⁴ Der Mut eines Mannes hält sein Kranksein aus,
aber ein geknickter Mut, wer trägt ihn? |

¹⁵ Das Herz des Verständigen erwirbt noch Erkenntnis,
das Ohr der Weisen sucht noch nach Erkenntnis. |

¹⁶ Die Freigebigkeit eines Menschen macht ihm Raum,
und vor die Großen geleitet sie ihn. |

¹⁷ Mit seiner Streitsache ist der erste gerecht,
dann aber kommt sein Genosse und forscht ihn aus. |

¹⁸ Das Los verabschiedet den Hader
und trennt die Mächtigen voneinander. |

¹⁹ Ein Bruder, dem man abtrünnig ward, ist härter als eine
  Trutzburg,
solcher Hader ist wie der Riegel eines Palastes. |

²⁰ Was der Mund eines Mannes fruchtet, davon wird
  sein Leib satt,
satt wird er von der Einkunft seiner Lippen. |

²¹ Tod und Leben sind in der Macht der Sprache,
und die sie lieben, dürfen ihre Frucht essen. |

²² Wer ein Weib fand, fand ein Gut,
er hat sich Gefallen von IHM her beschert. |

²³ Flehentlich redet der Arme,
aber der Reiche antwortet trotzig. |

²⁴ Ein Mann mit lauter Gesellen, der kann wohl dran zerschellen,
aber einen Liebenden gibts, der hangt mehr an als ein Bruder. |

¹⁹,¹ Besser dran ist ein Armer, in seiner Schlichtheit gehend,

als ein die Lippen Verkrümmender, der doch ein Tor ist. |

² Ists schon an der Seele nicht gut, wo Erkenntnis nicht ist.
wer mit seinen Füßen hastet, tritt fehl. |

³ Des Menschen Narrheit unterwühlt seinen Weg,
aber mit IHM grollt dann sein Herz. |

⁴ Wohlhabenheit bringt viele Gesellen herzu,
wer aber geschwächt ist, von dem trennt sich seine
   Gesellschaft. |

⁵ Ein Lügenzeuge kann nicht straflos bleiben,
wer Täuschungen einbläst, kann nicht entrinnen. |

⁶ Viele glätten das Antlitz des Edeln,
alles gesellt sich dem freigebigen Mann. |

⁷ Alle Brüder des Verarmten hassen ihn,
wie gar seine Genossenschaft, sie entfernen sich von ihm.
Jagt dem einst Gesprochnen er nach, das gilt nun nicht mehr. |

⁸ Herzsinn erwirbt, wer seine Seele liebt,
wer Verständigkeit hütet, muß das Gute finden. |

⁹ Ein Lügenzeuge kann nicht straflos bleiben,
wer Täuschungen einbläst, wird schwinden. |

¹⁰ Nicht ziemt dem Toren Verwöhnung,
geschweige denn dem Knecht, der Fürsten zu walten. |

¹¹ Langmütig macht den Menschen das Begreifen,
an dem Vergehn vorüberziehn ist sein Stolz. |

¹² Wie des Leun Gebrumm ist der Groll des Königs,
aber wie Tau auf Gekräut ist sein Wohlgefallen. |

¹³ Verhängnis seinem Vater ist ein törichter Sohn,
ein beharrliches Dachgesicker ist das Hadern des Weibes. |

¹⁴ Haus und Habe sind Übereignung der Väter,
aber von IHM her ist ein achtsames Weib. |

¹⁵ Faulheit läßt in Betäubung fallen,
die Seele des Trägen muß hungern. |

¹⁶ Wer das Gebot hütet, hütet seine Seele,
   wer seine Wege vernachlässigt, ist des Todes. |

¹⁷ IHM leiht, wer dem Schwachen ein Gönner ist,
   was er fertigte, wird ER ihm bezahlen. |

¹⁸ Züchtige deinen Sohn, denn noch gibt es Hoffnung,
   aber seinen Tod zu verlangen verhebe sich nicht deine Seele |
¹⁹ – großer Grimm trägt Strafe davon –,
   sondern rette ihn und fahre noch fort: |
²⁰ »Höre Rat, nimm Zucht an,
   damit du weise wirst in deiner Zukunft.« |

²¹ Viele Pläne sind im Herzen des Mannes,
   aber SEIN Ratschluß, der bleibt aufrecht. |

²² Das Erwünschte am Menschen ist seine Holdschaft,
   und ein Armer ist besser als ein täuschender Mann. |

²³ SEINE Furcht, zum Leben gereicht sie,
   gesättigt nächtigt man, mit Bösem nie bedacht. |

²⁴ Hat der Faule seine Hand in die Schüssel gesteckt,
   führt er sie auch zu seinem Mund nicht zurück. |

²⁵ Den Dreisten schlage und der Einfältige wird klug,
   rügt man den Verständigen, lernt jener Erkenntnis verstehn. |

²⁶ Wer den Vater gewaltigt, die Mutter in die Flucht treibt,
   das ist ein schandbarer und schmählicher Sohn. |

²⁷ Laß ab, mein Sohn, Zucht anzuhören,
   um dann von der Erkenntnis Worten abzutaumeln! |

²⁸ Ein ruchloser Zeuge überdreistet das Recht,
   der Mund der Frevler wirrt noch den Harm. |

²⁹ Bereit sind für die Dreisten Gerichte
   und Prügel für den Rücken der Toren. |

²⁰,¹ Der Wein ist ein Erdreister, der Rauschtrank ist ein Lärmer,
   wer davon taumelt, wird nie weise. |

² Wie eines Leun Gebrumm ist das Schrecken des Königs,
   wer ihn aufwallen macht, verwirkt sein Leben. |

³ Ehre dem Mann ists, abseits sitzen vom Streit,
aber jeder Narr platzt los. |

⁴ Im Herbst pflügt nicht der Faule,
fragt in der Erntezeit er, ist nichts da. |

⁵ Tiefes Wasser ist der Ratschluß im Herzen des Manns,
der Mann von Verstand aber schöpft ihn herauf. |

⁶ Die Menschenmenge ruft aus, jedermann seine Holdschaft,
aber der Mann, dem zu vertraun ist, wer findet den! |

⁷ Der in seiner Schlichtheit einhergeht, der Bewährte,
beglückt seine Kinder nach ihm! |

⁸ Ein König, auf dem Urteilstuhl sitzend,
worfelt mit seinen Augen alles Schlechte hinweg. |

⁹ Wer kann sprechen: »Geläutert hab ich mein Herz,
rein bin ich geworden von meiner Sünde«! |

¹⁰ Zweierlei Gewichtstein, zweierlei Scheffel,
ein Greuel IHM sind sie beide zumal. |

¹¹ Schon ein Knabe läßt an seinem Treiben sich unterscheiden:
ob lauter, ob gerade seine Werkweise ist. |

¹² Ein hörendes Ohr, ein sehendes Auge,
ER hat sie beide zumal gemacht. |

¹³ Liebe nimmer den Schlaf, sonst verarmst du,
halte deine Augen hell, wirst Brots satt. |

¹⁴ »Schlecht, schlecht!« sagt der Erwerber,
aber begibt er sich fort, dann preist er sich drum. |

¹⁵ Gibts auch Gold und in Menge Korallen,
der kostbare Schmuck sind Lippen der Erkenntnis. |

¹⁶ Nimm ihm das Gewand, denn er hat für einen Unzugehörigen gebürgt,
und des Fremdweibs halber pfände ihn. |

¹⁷ Schmeckt einem Mann erlogenes Brot,
danach füllt sich der Mund ihm mit Kies. |

GLEICHSPRÜCHE

18 Planen festigt sich durch Rat,
mit Lenkungskunde führe drum Krieg. |

19 Geheimnis offenbart, wer mit Klatschkram umherzieht,
wer seine Lippen aufreißt, mit dem laß dich nicht ein! |

20 Wer seinem Vater oder seiner Mutter flucht,
dessen Lampe verschwelt im Kern der Finsternis. |

21 Ein Eigentum, im Anbeginn zusammengeschnappt,
dessen Ende wird nicht gesegnet sein. |

22 Sprich nimmer: »Möchte ich das Böse vergelten können!«
Hoffe auf IHN und er wird dich befrein. |

23 Ein Greuel IHM ist zweierlei Gewichtstein,
die Waagschalen des Trugs sind nichts Gutes. |

24 »Von IHM her sind die Stapfe des Mannes.«
Und der Mensch, wie verstünde er da seinen Weg! |

25 Ein Fallstrick des Menschen ists, er stammelt: »Geheiligt!«
und erst nach dem Geloben schickt er sich an zu erwägen. |

26 Die Frevler hinweg worfelt ein weiser König,
er läßt das Dreschrad über sie rollen. |

27 Eine Lampe von IHM ist der Atemgeist des Menschen,
sie durchspürt alle Kammern des Busens. |

28 Huld und Treue bewahren den König,
er stützt auf Huld seinen Thron. |

29 Stolz der Jünglinge ist ihre Kraft,
Glanz der Alten das Greisenhaar. |

30 Wundstriemen scheure dem Bösen,
sie pochen an des Busens Kammern. |

21,1 Wassergräben ist ein Königsherz in SEINER Hand,
allwohin er will, leitet ers. |

2 Ist in jemands Augen gerad all sein Weg,
der Ermesser der Geister ist ER. |

3 Wahrheit und Recht tun,

erlesner ists als Schlachtopfer IHM.

4 Überhebliche Augen, ein Herz, das sich breitmacht, –
was so die Frevler erackern, ist die Sündenpein. |

5 Das Planen des Fleißigen führt nur zum Überfluß,
aber jeder, der hastet, fährt nur zum Mangel. |

6 Erwirken von Schätzen durch Lügenzunge:
verwehender Dunst, Fallstricke des Tods. |

7 Die Gewalttat der Frevler zerrt sie nach,
denn sie weigern sich Recht zu tun. |

8 Ein Zickzack ist der Weg des gaunerischen Manns,
aber der Lautere, gerad ist sein Werk. |

9 Besser ein Weilen in einer Ecke des Dachs
als ein haderndes Weib und ein gemeinsames Haus. |

10 Die Seele des Frevlers wünscht das Böse,
Gunst kann sein Genosse in seinen Augen nicht finden. |

11 Büßt man den Dreisten, wird der Einfältige weise,
und achtet man des Weisen, nimmt jener Erkenntnis an. |

12 Es achtet ein Bewährter auf das Frevlerhaus,
unterwühlt die Frevler, zum Bösgeschick. |

13 Wer sein Ohr vorm Schrei des Schwachen verstopft,
auch er selber wird rufen und Antwort nicht finden. |

14 Gabe im Versteck stülpt den Zorn um,
Beschenkung in den Bausch den trotzigen Grimm. |

15 Freude ists dem Bewährten, wird Recht getan,
aber Entsetzen den Harmwirkenden. |

16 Ein Mensch, der vom Weg der Achtsamkeit abirrt,
wird ruhn in der Gespenster Versammlung. |

17 Ein Mann des Mangels wird, wer Lustbarkeit liebt,
wer Wein und Salböl liebt, wird nicht reich. |

18 Deckung wird für den Bewährten der Frevler,
an des Geraden Stelle tritt der Tückische. |

¹⁹ Besser ein Weilen in wüstem Land
   als ein Weib des Haders und Verdruß. |

²⁰ Ein Schatz, Köstlichkeit und Öl, ist im Anwesen des Weisen,
   aber der Mensch von Torenart verschlemmt ihn. |

²¹ Wer der Bewährung und der Holdschaft nachjagt,
   findet Leben, Bewährung und Ehre. |

²² Eine Heldenstadt ersteigt der Weise
   und senkt das Bollwerk ihrer Sicherheit. |

²³ Wer seinen Mund und seine Zunge hütet,
   hütet vor Bedrängnissen seine Seele. |

²⁴ Ein geblähter Vermeßner, sein Name ist Dreistling:
   der mit überwallender Vermessenheit handelt. |

²⁵ Das Begehren des Faulen läßt ihn sterben,
   denn seine Hände weigern sich zu tun. |

²⁶ All den Tag begehrt die Begierde,
   aber der Bewahrte gibt, er geizt nicht. |

²⁷ Der Frevler Schlachtopfer ist ein Greuel,
   wie gar wenn mans mit Hinterlist darbringt. |

²⁸ Der Täuschungszeuge muß schwinden,
   aber der hörende Mann darf für die Dauer reden. |

²⁹ Ins Gesicht trotzt einem der frevelhafte Mann,
   aber der Gerade, ausgerichtet hält der seinen Weg. |

³⁰ Keine Weisheit und kein Verstand
   und kein Rat gilt IHM gegenüber. |

³¹ Hergerichtet ist das Roß für den Tag des Kampfes,
   aber der Sieg ist bei IHM. |

²²,¹ Erlesen ist vor Reichtums Menge ein Name,
   Gunst ist besser als Silber und Gold. |

² Reicher und Armer gehören zusammen,
   der sie alle macht, ist ER. |

³ Der Kluge ersieht das Bösgeschick und versteckt sich,

die Einfältigen gehn weiter und müssen es büßen. |

⁴ In der Folge der Demut ist IHN fürchten,
das ist Reichtum und Ehre und Leben. |

⁵ Fanghaken und Schlingen sind auf dem Weg des Krummen,
seine Seele behütet, wer sich von ihnen entfernt. |

⁶ Übe den Knaben ein gemäß dem Wege für ihn,
auch wenn er alt wird, weicht er nicht davon. |

⁷ Der Reiche waltet über die Armen,
Knecht ist der Entleiher dem darleihenden Mann. |

⁸ Wer Falsch sät, wird Harm ernten,
der Stecken seines Überwallens ist bald dahin. |

⁹ Wer guten Auges ist, wird gesegnet,
weil er von seinem Brote dem Schwachen gab. |

¹⁰ Vertreibe den Dreisten, dann zieht der Hader mit fort,
Fehde feiert und Schimpf. |

¹¹ Den liebt ER, der reines Herzens ist,
wer gönnender Lippen ist, der König wird sein Genoß. |

¹² SEINE Augen bewachen das Erkennen,
aber er fegt die Worte des Tückischen um. |

¹³ Der Faule spricht: »Ein Löwe ist draußen!
mitten in den Straßen kann ich ermordet werden!« |

¹⁴ Eine tiefe Schluft ist der Mund der auswärtigen Weiber,
der von IHM Verabscheute fällt darein. |

¹⁵ Ist Narrheit ans Herz des Knaben geknüpft,
der Stecken der Zucht wird daraus sie entfernen. |

¹⁶ Preßt man den Schwachen, gereichts dem zur Mehrung,
gibt man dem Reichen, das gereicht nur zum Mangel. |

GLEICHSPRÜCHE

¹⁷ Neige dein Ohr und höre die Reden der Weisen,
dein Herz richte auf meine Erkenntnis, |
¹⁸ denn mild tuts, wenn du dir im Busen sie hütest,
sie mitsammen sich festigen auf deinen Lippen. |
¹⁹ Daß in IHM deine Sicherheit sein soll,
gebe ich heut dir zu erkennen, ja dir. |
²⁰ Schrieb ichs dir nicht schon ehgestern auf,
an Ratschlägen und Kunde, |
²¹ dich die Redlichkeit getreuer Worte kennen zu lassen,
damit du in Treuen Antwort erstattest denen, die dich
sandten? |

²² Beraube nimmer den Schwachen, weil er schwach ist,
ducke nimmer den Gebeugten im Tor! |
²³ Denn ER streitet ihren Streit,
und die sie schädigen, schädigt er an der Seele. |

²⁴ Geselle dich dem Zornmütigen nimmer,
mit dem Grimmsüchtigen gehe nicht um, |
²⁵ sonst wirst du seiner Pfade gewohnt
und holst Verstrickung für deine Seele. |

²⁶ Sei nimmer unter denen, die Handschlag leisten,
unter denen, die für Darlehen bürgen: |
²⁷ hast du nichts zum Bezahlen,
warum soll man dein Lager unter dir wegholen! |

²⁸ Verrücke nimmer Vorzeit-Grenze,
die deine Väter haben gemacht! |

²⁹ Erschaust du einen Mann, seiner Arbeit beflissen, –
vor Könige mag er sich stellen,
vor Finsterlinge stellt er sich nie. |

²³,¹ Wenn du dich setzest, mit einem Waltenden zu speisen,
achte, achte darauf, wer vor dir ist. |
² Du hältst das Messer an deinen eigenen Schlund,
bist ein Gierschlund du. |
³ Gelüste nimmer nach seinen Leckereien,
das ist enttäuschende Speise. |

⁴ Plage dich nicht ab, reich zu werden,

von deinem Verstand aus lasse ab. |
⁵ Fliegen deine Augen drüber hin? schon ists weg,
denn es macht sich, macht sich Schwingen,
wie ein Adler entfliegt es gen Himmel. |

⁶ Speise nimmer von der Speise des Scheeläugigen,
sei nimmer lüstern nach seinen Leckereien. |
⁷ Denn wie einer, der in seiner Seele abschätzt, so ist er.
»Iß und trink!« spricht er zu dir,
aber sein Herz ist bei dir nie. |
⁸ Deinen Bissen, den du gegessen hast, mußt du ausspein,
und deine milden Reden hast du vergeudet. |

⁹ In die Ohren eines Toren rede nimmer,
denn er verachtet die Sinnkraft deiner Worte. |

¹⁰ Verrücke nimmer Vorzeit-Grenze,
in Felder der Waisen dringe nimmer ein. |

¹¹ Denn ihr Löser ist stark,
der wird ihren Streit gegen dich streiten. |

¹² Laß dein Herz kommen zu Zucht,
zu den Erkenntnissprüchen deine Ohren. |

¹³ Enthalte nimmer dem Knaben die Zucht vor.
Wenn du ihn mit dem Stecken schlägst, stirbt er davon nicht. |
¹⁴ Wohl, du schlägst ihn mit dem Stecken,
aber du rettest seine Seele vorm Gruftreich. |

¹⁵ Mein Sohn, wird dein Herz weise,
freut sich auch mein eigenes Herz. |
¹⁶ Meine Nieren ergötzen sich,
wann deine Lippen Geradheit reden. |

¹⁷ Dein Herz eifre nicht um die Sünder,
sondern um SEINE Furcht all den Tag. |
¹⁸ Ja denn, es gibt eine Zukunft,
deine Hoffnung wird nicht gerodet. |

¹⁹ Höre du, mein Sohn, und werde weise,
laß dein Herz den einen Weg wandern. |
²⁰ Sei unter den Weinzechern nimmer,
unter ihnen, die an Fleisch sich verprassen, |

²¹ denn ein Zecher und Prasser verarmt,
Schlummrigkeit kleidet in Lumpen. |

²² Gehorche deinem Vater, ihm, der dich gezeugt hat,
verachte nimmer, wenn sie alt ward, deine Mutter. |
²³ Treulichkeit erwirb und verkaufe nimmer,
Weisheit und Zucht und Verstand. |
²⁴ Es jubelt, jubelt eines Rechtschaffenen Vater,
wer einen Weisen zeugte, freut sich an ihm. |
²⁵ Möge sich dein Vater freuen und deine Mutter,
jubeln, die dich gebar! |

²⁶ Gib, mein Sohn, mir dein Herz,
lasse deinen Augen meine Wege gefallen. |
²⁷ Denn eine tiefe Schluft ist die Hure,
ein enger Brunnenschacht die Ausheimische. |
²⁸ Ja, wie ein Strolch lauert die auf,
Verräter mehrt sie unter den Menschen. |

²⁹ Wessen ist Ach, wessen Oweh,
wessen Hader, wessen Klage,
wessen Wunden grundlos,
wessen Verfärbung der Augen? |
³⁰ Derer, die beim Weine säumen,
die kommen, Mischtrank zu prüfen. |
³¹ Sieh nimmer den Wein an, wie er so rot spielt,
wie er im Becher hergibt sein Blinken,
geradeswegs eingeht! |
³² Am Ende beißt er wie eine Schlange
und spritzt wie eine Viper. |
³³ Deine Augen werden Befremdliches sehn,
dein Herz wird Verdrehtes reden, |
³⁴ du wirst sein wie liegend im Herzen des Meers,
liegend mit beschädigtem Kopf: |
³⁵ »Man hat mich hingeschlagen,
mich schmerzt nichts,
man hat mich niedergehaun,
ich spüre nichts.
Wann werde ich munter?

Nochmals suche ich, wieder ihn auf!«|

24,1 Eifre nimmer den Männern der Bosheit nach,
gelüste nimmer, es mit ihnen zu halten,|
2 denn ihr Herz sinnt Vergewaltigung
und Pein reden ihre Lippen.|

3 Durch Weisheit wird ein Haus erbaut,
durch Verständigkeit wird es gefestigt,|
4 durch Erkenntnis füllen sich die Kammern
mit allerhand kostbarer und freundlicher Habe.|

5 Ein weiser Mensch ist in Mächtigkeit,
ein Mann von Erkenntnis verstärkt die Kraft.|
6 Denn mit Lenkungskunde führst du deinen Kampf aus,
Befreiungssieg wird, wo viel Ratgebung ist.|

7 Zu hoch sind Weisheiten für den Narren,
im Tor tut seinen Mund er nicht auf.|

8 Wer plant Böses zu tun,
Ränkemeister wird man den rufen.|

9 Ein Ränkeln der Narrheit ist die Sünde,
ein Greuel den Menschen ist der Dreistling.|

10 Hast du dich schlaff bezeigt am Tag der Bedrängnis,
notdürftig wird deine Kraft.|
11 Zu retten die zum Tode Geholten,
die zur Würgung Wankenden, enthältst du dich vor,|
12 da du sprichst: »Wir haben ja davon nicht gewußt!« –
ists denn nicht so: der die Herzen wägt, der merkt,
der deine Seele bewacht, der weiß,
und er erstattet dem Menschen nach seinem Werk?!|

13 Iß, mein Sohn, Honig, denn er ist gut,
Seim, süß deinem Gaumen,|
14 als ebensolches erkenne die Weisheit für deine Seele:
hast du sie gefunden, gibts eine Zukunft,
deine Hoffnung wird nicht gerodet.|

15 Laure nimmer, Frevler, der Trift des Bewährten nach,
gewaltige nimmer seinen Lagerplatz!|

¹⁶ Denn fällt der Bewährte siebenmal, er steht auf,
   aber die Frevler straucheln ins Bösgeschick. |

¹⁷ Fällt dein Feind, freue dich nimmer,
   strauchelt er, juble nimmer dein Herz, |
¹⁸ sonst sieht ER es und bös dünkts seine Augen,
   und seinen Zorn kehrt von ihm er herzu. |

¹⁹ Um die Böswilligen erhitze dich nimmer,
   um die Frevler eifere nimmer, |
²⁰ denn nicht hat eine Zukunft der Böse,
   die Lampe der Frevler verschwelt. |

²¹ Fürchte IHN, mein Sohn, und den König,
   mit den Schillernden laß nimmer dich ein, |
²² denn plötzlich ersteht ihr Unheil,
   das Mißlingen von beiden her, wer kennt es voraus! |

²³ Auch diese sind von den Weisen:

   Ansehn wahrnehmen im Gericht ist nie gut. |
²⁴ Wer zum Frevler spricht: »Du bist im Recht«,
   den verwünschen Völker, den verabscheun Nationen. |
²⁵ Den Rügenden aber ergeht es mild,
   über sie kommt die Segnung des Guten. |

²⁶ Die Lippen küßt,
   wer treffende Rede erstattet. |

²⁷ Bereite deine Arbeit draußen,
   besorge sie dir auf dem Feld,
   danach erst magst ein Haus du dir bauen. |

²⁸ Sei nimmer grundlos Zeuge gegen deinen Genossen,
   daß du mit deinen Lippen Beschwatzung übest. |
²⁹ Sprich nimmer: »Wie er mir tat, so tue ich ihm,
   ich erstatte dem Mann nach seinem Werk«! |

³⁰ Am Feld eines faulen Mannes ging ich vorbei,
   am Weinberg eines Menschen, des Herzsinns ermangelnd, |
³¹ und da, ganz wars aufgeschossen in Nesseln,
   seine Fläche überhüllte Gestrüpp,

und seine Steinmauer war eingerissen. |
32 Ich schaute hin, selber richtete ich mein Herz drauf,
ich sah es, Zucht nahm ich an: |
33 »Ein wenig Schlaf nur, ein wenig Schlummer,
ein wenig Händeverschränken im Liegen!« |
34 Und wie ein Draufgänger kommt deine Armut,
dein Mangel wie ein gewappneter Mann. |

25,1 Auch dies sind Gleichsprüche Schlomos,
welche die Männer Chiskijas Königs von Jehuda
ausgezogen haben. |

2 Ists Gottes Ehre, eine Sache verbergen,
der Könige Ehre ist, eine Sache erforschen. |
3 Der Himmel an Höhe, die Erde an Tiefe,
aber der Könige Herz ist an keiner erforschlich. |

4 Hinweg die Schlacken vom Silber,
und ein Gerät kann dem Feinschmied gelingen, |
5 hinweg den Frevler vorm König,
und dessen Thron wird durch Bewährung gefestigt. |

6 Prunke nimmer vor einem König,
an den Platz der Großen stelle dich nimmer, |
7 denn besser ists, man spricht zu dir: »Steig empor!«,
als daß man dich vor dem Edeln erniedre.

Wen deine Augen haben gesehn, |
8 zum Streiten fahr nimmer allzu rasch aus,
sonst – was tust du am Ende davon,
wann dich dein Genosse beschämt? |

9 Streite deinen Streit aus mit deinem Genossen,
aber anderweitiges Geheimnis offenbare nimmer, |
10 sonst tadelt dich, wer dich hörte,
und das Gerücht um dich kehrt sich nicht mehr ab. |

11 Goldäpfel in silbernen Schaugeräten:
eine Rede, geredet gemäß ihren Bedingnissen. |
12 Goldner Ohrreif mit Edelerzgeschmeid:
ein weiser Rüger zu hörendem Ohr. |

13 Wie Schneekühlung am Erntetag
ein Herold treu seinen Sendern, –
er erquickt seinem Herrn die Seele. |

14 Wolkendünste mit Wind und kein Regen:
wer sich erlogener Gabe berühmt. |

15 Durch Langatmigkeit wird ein Schöffe erweicht,
eine linde Zunge bricht einen Knochen. |

16 Fandst du Honig, iß dein Genügen,
sonst wirst du seiner übersatt und speist ihn aus. |

17 Mache zur Seltenheit deinen Fuß im Haus deines Genossen,
sonst wird er deiner übersatt und dann haßt er dich. |

18 Keule und Schwert und gespitzter Pfeil:
wer gegen seinen Genossen aussagt als Lügenzeuge. |

19 Bröckelnder Zahn und schlotternder Fuß:
Sicherheit des Verräters am Tag der Bedrängnis. |

20 Kleid abstreifen am Tage des Frosts,
Essig auf Laugensalz, –
und wer mit Gesänglein ansingt ein mißmutiges Herz. |

21 Hungert deinen Hasser, speise ihn mit Brot,
dürstet ihn, tränke ihn mit Wasser! |

22 Denn Glühkohlen scharrst du ihm aufs Haupt,
ER aber wird dirs vergelten. |

23 Wind von Norden drosselt den Erguß,
ein drohendes Antlitz das heimliche Züngeln. |

24 Besser weilen in einer Ecke des Dachs
als ein haderndes Weib und ein gemeinsames Haus. |

25 Kühles Wasser auf ein ermattetes Wesen:
eine gute Nachricht aus fernem Land. |

26 Eine getrübte Quelle, ein verdorbener Born:
ein Bewährter wankend vor einem Frevler. |

27 Beim Honigessen ist mehr nicht besser,
noch das Äußerste an Ehrung als Ehre. |

28 Eine erbrochene Stadt, ohne Mauer:
ein Mann, dessen Geist ohne Bändigung ist. |

26,1 Wie Schnee im Sommer, wie Regen in der Ernte,
so schickt sich Ehrung nicht für den Toren. |

2 Wie der Sperling im Flattern, wie die Schwalbe im Fliegen,
so der grundlose Fluch, er trifft nicht ein. |

3 Dem Pferd die Peitsche, dem Esel den Zaum,

und dem Rücken der Toren den Stecken. |

⁴ Nimmer antworte dem Toren seiner Narrheit nach,
sonst wirst auch du selber ihm gleich. |
⁵ Antworte dem Toren seiner Narrheit nach,
sonst wird er weise in seinen eigenen Augen. |

⁶ Die Füße hackt sich der ab, schlingt Unbill,
wer Rede sendet durch einen Toren. |
⁷ An einem Lahmen baumeln die Schenkel –
und ein Gleichspruch im Torenmund. |
⁸ Wie ein Juwelengebind in einem Steinhaufen,
so wer einem Toren Ehre spendet. |
⁹ Eine Distel geriet in eines Trunkenen Hand –
und ein Gleichspruch in Torenmund. |
¹⁰ Zuviel drosselt Alles –
so wer einen Toren dingt, wer Landstreicher dingt. |
¹¹ Wie ein Hund, der zu seinem Gespei sich kehrt:
ein Tor, der seine Narrheit wiederholt. |
¹² Siehst du einen Mann, weise in seinen eigenen Augen,
ein Tor hat mehr Hoffnung als er. |

¹³ Der Faule spricht: »Ein Leu ist auf dem Weg,
ein Löwe zwischen den Straßen!« |
¹⁴ Die Tür dreht sich in ihrer Angel
und der Faule auf seinem Bett. |
¹⁵ Hat der Faule seine Hand in die Schüssel gesteckt,
erschöpfts ihn, sie zu seinem Munde zu führen. |
¹⁶ Weiser ist der Faule in seinen eigenen Augen
als sieben, die passend erwidern. |

¹⁷ Wer einen vorbeilaufenden Hund an den Ohren packt:
wems überläuft bei einem Streit, der ihn nichts angeht. |

¹⁸ Wie einer, der den Verrückten spielend schleudert
   Brandgeschosse, Pfeile und Tod, |
¹⁹ so ein Mann, der seinen Genossen betrog und spricht:
   »Scherze ich nicht nur?« |

²⁰ Wo das Holz alle wird, lischt das Feuer,
wo kein Hetzer ist, verstummt der Hader. |

²¹ Schwarze Kohlen zu glühnden und Holz zu Feuer –
und ein Mann des Haders, dem Streit einzuheizen. |
²² Die Reden des Hetzers sind, wie was leicht geschluckt wird,
die gleiten nieder in die Kammern des Busens. |

²³ Silberschaum, einer Scherbe überglasiert:
brünstige Lippen und boshaftes Herz. |
²⁴ Mit seinen Lippen verstellt sich der Hasser,
aber in seiner Inwendigkeit hegt er den Trug; |
²⁵ wenn er seine Stimme hold macht, traue ihm nimmer,
denn in seinem Herzen sind sieben Greuel. |
²⁶ Mag der Haß sich in Heuchelei hüllen,
seine Bosheit wird offenbar in der Versammlung. |
²⁷ Wer eine Grube bohrt, fällt darein,
wer einen Stein aufwälzt, auf den rollt er zurück. |
²⁸ Lügenzunge haßt die von ihr schon Geknickten,
glatter Mund bereitet in einem fort Sturz. |

²⁷,¹ Rühme dich nicht des morgenden Tags,
denn du weißt nicht, was ein Tag gebiert. |

² Ein Fremder rühme dich, nicht dein Mund,
ein Ausheimischer, nimmer deine Lippen. |

³ Schwere des Steines, Bürde des Sands, –
Verdruß über den Narren ist schwerer als beide. |

⁴ Grausamkeit des Grimms, Überschwall des Zorns, –
aber wer kann vor Eifersucht bestehn? |

⁵ Besser offenbar werdende Rüge
als verhohlen bleibende Liebe. |

⁶ Zum Trauen sind die Wunden, die der Liebende schlägt,
aber wirblig sind die Küsse des Hassers. |

⁷ Ein sattes Wesen zertritt Honigseim,
ein hungerndes Wesen, da ist alles Bittere süß. |

⁸ Wie ein Vogel, verflattert aus seinem Nest,
so ist ein Mann, verflattert von seiner Stätte. |

⁹ Salböl und Räucherwerk erfreut das Herz –
und des Genossen süßer Zuspruch aus Ratschluß der Seele. |

¹⁰ Deinen Genossen, der deines Vaters Genosse war, gib nimmer auf.
Nimmer mußt du dann ins Haus deines Bruders kommen am Tag deines Scheiterns.
Besser ist ein Anwohner, der sich nah hält, als ein Bruder, der sich fern hält. |

¹¹ Werde weise, mein Sohn, und erfreue mein Herz,
daß ich dem, der mich schmäht, kann Rede erstatten. |

¹² Der Kluge ersieht das Übel, er birgt sich,
die Einfältigen gehen weiter, sie büßen. |

¹³ Nimm ihm das Gewand, denn er hat für einen Ausheimischen gebürgt,
einer Fremden halber pfände ihn. |

¹⁴ Wer seinem Genossen mit überlauter Stimme in der Morgenfrühe den Segensgruß bietet,
als Fluch wirds ihm angerechnet. |

¹⁵ Beharrliches Dachgesicker am Pladderregentag
und ein Weib des Haders bleibt sich gleich. |

¹⁶ Wer solch eine verwahrt, Wind verwahrt er,
Öl ists, was seiner Rechten begegnet. |

¹⁷ Eisen schärft man an Eisen,
und ein Mann schärft das Angesicht seines Genossen. |

¹⁸ Wer des Feigenbaums wartet, ißt seine Frucht,
wer seinen Herrn hütet, wird geehrt. |

¹⁹ Wie im Wasser das Angesicht entgegen dem Angesicht,
so das Herz des Menschen entgegen dem Menschen. |

²⁰ Gruftreich und Verlorenheit werden nicht satt,
und die Augen des Menschen werden nicht satt. |

²¹ Der Tiegel fürs Silber, der Ofen fürs Gold,
ein Mann aber gilt danach, worein er seinen Ruhm setzt. |

²² Zerstampftest du in der Stampfe den Narren
mit dem Kolben mitten unter der Grütze,
nicht wiche seine Narrheit von ihm. |

²³ Mache bekannt dich, bekannt mit dem Aussehn deines
  Schmalviehs,
richte dein Herz auf die Herden. |

²⁴ Denn nicht in Weltzeit hin währt ein Hort, –
ein Diadem etwa in Geschlecht um Geschlecht? |

²⁵ Ist das Heu geräumt, das neue Gras sichtbar,
eingeheimst die Kräuter der Berge, |

²⁶ sind Lämmer da dich zu kleiden,
als Kaufpreis für ein Feld Böcke da, |

²⁷ Ziegenmilch genug dir zur Speise und zur Speise deines Hauses
und noch für deine Mägde Lebensunterhalt.

28,1 Es fliehn, da keiner verfolgt, die Frevler,
aber die Bewährten sind wie der Löwe, gesichert. |

² Durch die Abtrünnigkeit eines Landes werden seiner
  Fürsten viele,
aber durch einen verstehenden, erkennenden Menschen
  dauert das Rechtmäßige. |

³ Ein Kerl hat geerbt – und bedrückt die Geringen:
ein fortschwemmender Regen, draus kein Brot wird. |

⁴ Die die Weisung verlassen, preisen den Frevler,
die die Weisung behüten, empören sich gegen jene. |

⁵ Die Leute böser Art verstehn die Gerechtigkeit nicht,
aber die IHN suchen, verstehen alles. |

⁶ Besser dran ist ein Armer, in seiner Schlichtheit gehend,
als einer krummen Doppelwegs, seis auch ein Reicher. |

⁷ Die Weisung wahrt ein verständiger Sohn,
wer sich Prassern gesellt, beschämt seinen Vater. |

⁸ Wer seine Habe durch Zins und durch Mehrschatz mehrt,
der häuft sie für einen Gönner der Geringen.

⁹ Wer sein Ohr vom Hören der Weisung abzieht,
auch sein Gebet ist ein Greuel. |

10 Wer Gerade auf bösen Weg irrführt,
der fällt in die eigene Grube,
aber den Schlichten wird das Gute zu eigen. |

11 Weise ist ein reicher Mann in seinen eigenen Augen,
aber ein geringer, der verständig ist, kann ihn ergründen. |

12 Wo die Bewährten triumphieren, ist das Gepränge groß,
wo sich die Frevler erheben, muß ein Mensch aufgespürt
werden. |

13 Wer seine Abtrünnigkeiten verhüllt, dem gelingts nicht,
wer aber bekennt und läßt, findet Erbarmen. |

14 Glück ist des Menschen, der stets Scheu hegt,
wer aber sein Herz verhärtet, verfällt dem Bösgeschick. |

15 Ein knurrender Löwe, ein lungernder Bär:
ein frevelhafter Herrscher über ein geringes Volk. |

16 Ein Herzog, Verstands ermangelnd, an Bedrückungen
groß, ...!
wer aber Ausbeutung haßt, wird lang leben. |

17 Ein Mensch, gedrückt von Blutschuld an einem Wesen,
mag hin ins Loch er fliehen, man halte nimmer ihn auf! |

18 Wer schlicht einhergeht, wird befreit,
wessen ein verkrümmter Doppelweg ist, fällt mit eins. |

19 Wer seinen Acker bearbeitet, wird Brots satt,
wer Leerem nachjagt, wird armutssatt. |

20 Ein Mann von Treuen hat der Segnungen viel,
wer aber reich zu werden hastet, bleibt ungestraft nicht. |

21 Ansehn betrachten ist nicht gut,
um einen Bissen Brots kann eine Person abtrünnig werden. |

22 Nach Habe schnappt der scheeläugige Mann
und weiß nicht, daß ihn Mangel überkommen wird. |

23 Wer einen Menschen rügt, findet hinterher Gunst
mehr als der Glattzüngige. |

24 Wer seinen Vater und seine Mutter beraubt und spricht:
»Das ist keine Missetat!«,

der ist des Verderber-Mannes Gefährte. |

25 Wer giergeweiteter Seele ist, erregt nur Hader,
wer aber seine Sicherheit an IHM hat, gedeiht. |

26 Wer mit seinem Herzen sich sichert, der ist ein Tor,
wer aber in Weisheit geht, der wird entrinnen. |

27 Wer dem Armen gibt, hat keinen Mangel,
wer aber seine Augen verbirgt, hat der Verwünschungen viel. |

28 Wann sich die Frevler erheben, versteckt sich der Mensch,
wann sie aber verschwinden, wachsen die Bewährten. |

29,1 Ein Mann, Rügen empfangend, der den Nacken steif hält,
plötzlich wird er gebrochen und da ist keine Heilung. |

2 Wann die Bewährten wachsen, freut sich das Volk,
wann aber die Frevlerschaft waltet, seufzt ein Volk. |

3 Ein Mann, der Weisheit liebt, erfreut seinen Vater,
wer sich aber Huren gesellt, verschwendet die Habe. |

4 Ein König macht durch Recht das Land bestehn,
ein Mann aber, der auf Abhebungen aus ist, zerstört es. |

5 Ein Mensch, der seinem Genossen schmeichelt,
ein Netz spannt er ihm vor die Tritte. |

6 In des bösen Mannes Missetat ist Verstrickung,
aber der Bewährte jubelt und freut sich. |

7 Der Bewährte erkennt die Sache der Geringen,
der Frevler versteht nicht zu erkennen. |

8 Männer der Dreistigkeit rühren die Stadt auf,
Weise aber dämpfen den Zorn. |

9 Rechtet ein weiser Mann mit einem närrischen Mann,
tobt der und der lacht, aber es gibt keine Ruh. |

10 Die Blutmänner hassen den Schlichten,
die Geraden aber suchen seine Seele auf. |

¹¹ All seinen Atem schnaubt der Tor aus,
aber der Weise schwichtigt zurückhaltend ihn. |

¹² Ein Herrscher, der auf Lügenrede lauscht,
all seine Beamten sind Frevler. |

¹³ Der Arme und der Mann der Schuldfordrungen
   gehören zusammen,
der die Augen beider erleuchtet, ist ER. |

¹⁴ Ein König, der den Geringen getreulich Recht schafft,
sein Thron ist auf ewig gefestigt. |

¹⁵ Stecken und Rüge gibt Weisheit,
aber ein Knabe sich überlassen bringt seiner Mutter Schimpf. |

¹⁶ Wann die Frevler wachsen, wächst die Abtrünnigkeit,
aber die Bewährten werden ihrem Falle zusehn. |

¹⁷ Züchtige deinen Sohn und er wird dir Ruhe bereiten,
wird Wonne spenden deiner Seele. |

¹⁸ Wo keine Schauung ist, wird ein Volk zügellos,
aber glücklich es, hütets die Weisung! |

¹⁹ Durch Reden empfängt ein Knecht nicht Zucht,
wenn er versteht, gibts doch keine Antwort. |

²⁰ Erschaust du einen Mann, der in seinem Reden sich überhastet,
ein Tor hat mehr Hoffnung als er. |

²¹ Verhätschelt einer seinen Knecht von der Knabenschaft an,
am Ende wird er dazugezählt. |

²² Ein Mann des Zornes erregt Zank,
ein Grimmsüchtiger macht viel Abtrünnigkeit. |

²³ Die Hoffart des Menschen wird ihn erniedern,
aber wer im Geist sich erniedert, wird Ehre erlangen. |

²⁴ Wer mit dem Diebe teilt, haßt die eigene Seele,
den Droheid hört er und kanns nicht melden. |

²⁵ Vor Menschen erbeben bringt Verstrickung,
wer aber an IHM sich sichert, wird ragen. |

²⁶ Viele suchen des Herrschers Angesicht auf,
  aber von IHM her wird einem Manne sein Recht. |

²⁷ Ein Greuel den Bewährten ist der Mann von Falsch,
  ein Greuel dem Frevler ist der Wegesgerade. |

30,1 Reden Agurs Sohns Jakes.

Das Lastwort:
Erlauten des Mannes an Itiel, »Mit mir ist Gott«:
Lo iti el, mit mir ist Gott nicht,
daß ich übermöchte. |
2 Denn ich bin zu dumm um als Mensch zu gelten,
mein ist nicht Adamsverstand, |
3 ich habe nicht Weisheit gelernt,
daß ich Kunde vom Heiligen kennte. |
4 Wer steigt zum Himmel auf und fährt nieder?
wer ballt den Wind in seinen Fäusten?
wer wickelt die Wasser ins Tuch?
wer macht alle Enden der Erde bestehn?
was ist sein Name, was der Name seines Sohns?
du kennst sie ja! – |
5 Alles Wort Gottes ist ausgeschmolzen,
ein Schild ist er denen, die sich bergen an ihm. |
6 Füge nichts seinen Reden hinzu,
sonst überführt er dich und als Täuscher bist du befunden. |

7 – Zweierlei erbitte ich von dir,
weigre nimmer mirs, eh ich sterbe! |
8 Wahn und täuschende Rede halte mir fern!
Armut und Reichtum gib mir nimmer, |
9 füttre mich mit dem Brot, das mir festgesetzt ist!
sonst möchte ich ersatten und verleugnen
und sprechen: Wer ist ER!,
oder sonst möchte ich verarmen und stehlen
und mich am Namen meines Gottes vergreifen. – |

10 Verleumde nimmer einen Knecht bei seinem Herrn,
sonst flucht er dir und du mußt büßen. |

11 Ein Geschlecht, das flucht seinem Vater
und segnet seine Mutter nicht! |
12 Ein Geschlecht, rein in den eigenen Augen,
und ist doch von seinem Kot nicht gewaschen! |
13 Ein Geschlecht – wie überheben sich seine Augen
und seine Wimpern sind hochgetragen! |

¹⁴ Ein Geschlecht – Schwerter sind seine Zähne,
   Messer seine Gebisse,
   die Elenden wegzufressen von der Erde,
   die Bedürftigen von der Menschheit!|
¹⁵ Zwei Töchter hat der Vampir –
   – »Hol herbei!« – »Hol herbei!«

   Ihrer drei werden nicht satt,
   Vier sprechen nie: Genug!:|
¹⁶ das Gruftreich und der verschlossene Schoß,
   die Erde wird Wassers nicht satt,
   und das Feuer spricht nie: Genug!|

¹⁷ Ein Aug, das des Vaters spottet,
   das verachtet, der Mutter botmäßig zu sein,
   aushacken sollens die Raben am Bach,
   fressen sollens die jungen Geier!|

¹⁸ Ihrer drei sind mir zu wundersam,
   vier, ich erkenne sie nicht:|
¹⁹ der Weg des Adlers himmelan,
   der Weg der Schlange auf den Fels,
   der Weg des Schiffs ans Herz des Meers,
   und der Weg des Manns an die Frau.|

²⁰ [So ist der Weg des verbuhlten Weibes:
   sie ißt, wischt sich den Mund
   und spricht: Ich habe Harm nicht getan!]|

²¹ Unter dreien zittert die Erde,
   unter vieren kann sies nie ertragen:|
²² unter einem Knecht, wenn er König wird,
   einem Nichtigen, wenn er an Brot sich sättigen darf,|
²³ unter einer Verhaßten, wenn sie geehelicht wird,
   und einer Magd, wenn sie ihre Gebietrin beerbt.|

²⁴ Ihrer vier sind die Kleinen der Erde,
   und doch sind sie gewitzigte Weise:|
²⁵ die Ameisen, ein Volk, das nicht mächtig ist,
   aber sie rüsten im Sommer ihr Brot;|
²⁶ Klippdächse, ein Volk, das nicht stark ist,
   aber sie setzen ihr Haus ins Geklüft;|

²⁷ keinen König hat der Heuschreck,
aber in Schlachtreihn ziehn sie allesamt aus; |
²⁸ die Eidechse kannst du mit Händen greifen,
aber sie weilt in Königshallen. |

²⁹ Ihrer drei haben guten Schritt,
vier haben guten Gang: |
³⁰ der Löwe, der Held unterm Getier,
der umkehrt vor keinem; |
³¹ der lendenstraffe Hahn; der Ziegenbock gar;
und ihm gesellt König Nimmer-Widerstand. |

³² – Hast du tollkühn gehandelt, als du dich so überlegen
   betrugst,
oder hast dus erwogen, – nun die Hand auf den Mund! |
³³ Denn Stauchen von Milch treibt Quark
und Stauchen der Nase treibt Blut,
aber Stauchen der Nüstern treibt Streit. |

31,1 Reden an König Lemuel,
ein Lastwort, womit ihn seine Mutter warnte.|

2 Wie doch, mein Sohn, wie doch, Sohn meines Leibes,
wie doch, Sohn meiner Gelübde!|
3 Gib nimmer an Weiber deine Tucht,
deine Wege an sie, die an Königen zehren!|
4 Nimmer den Königen ziemts, Lemuel,
nimmer den Königen, Wein zu trinken,
den Potentaten ein: Wo ist Rauschsaft?|
5 Einer trinkt sonst und vergißt, was gesetzhaft ist,
und verdreht die Sache aller Kinder des Elends.|
6 Rauschsaft gebt dem Verlornen,
Wein denen verbitterter Seele!|
7 Solch einer trinkt und vergißt seine Armut,
seiner Pein gedenkt er nicht mehr. –|
8 Öffne deinen Mund für den Stummen,
um die Sache aller Kinder der Vergänglichkeit!|
9 Öffne deinen Mund, richte wahrhaft,
Sachwalter sei des Elenden und des Bedürftigen!|

10 Ein Weib von Tucht, wer findets!
Ihr Wert ist weit über Korallen.|
11 An ihr sichert sich das Herz ihres Gatten,
und an Gewinn mangelts ihm nie.|
12 Sie fertigt Gutes ihm zu, nie Schlimmes,
all ihre Lebenstage.|
13 Sie sorgt für Wolle und Flachs
und verarbeitets mit Lust ihrer Hände.|
14 Sie gleicht den Handelsschiffen,
aus der Ferne bringt sie ihr Brot.|
15 Sie steht auf, wenn es noch Nacht ist,
und gibt Futter her für ihr Haus,
für ihre Mägde das Festgesetzte.|
16 Sie sinnt auf einen Acker, sie kauft ihn,
pflanzt von ihrer Hände Frucht einen Weinberg.|
17 Sie gürtet mit Macht ihre Lenden,
sie strengt ihre Arme an.|

¹⁸ Sie bekommt zu schmecken, wie gut ihr Handelswerk ist,
in die Nacht hinein lischt nicht ihr Licht. |
¹⁹ Ihre Finger streckt sie nach dem Rocken,
ihre Hände fassen die Spindel. |
²⁰ Ihre Hand breitet sie dem Elenden zu,
streckt ihre Finger dem Dürftigen entgegen. |
²¹ Sie fürchtet für ihr Haus nicht den Schnee,
denn all ihr Haus ist doppelt gekleidet. |
²² Pfühle arbeitet sie sich,
Byssus ist und Purpur ihr Kleid. |
²³ Anerkannt ist in den Toren ihr Gatte,
wann er sitzt bei den Alten des Landes. |
²⁴ Linnen arbeitet sie und verkaufts,
Gurte gibt sie dem Kanaankrämer. |
²⁵ Macht und Glanz ist ihr Kleid,
und sie lacht den späteren Tag an. |
²⁶ Mit Weisheit öffnet sie ihren Mund,
auf ihrer Zunge ist holde Lehre. |
²⁷ Sie betrachtet die Hergänge ihres Hauses,
daß man Brot der Faulheit nicht esse. |
²⁸ Ihre Söhne stehen auf und preisen ihr Glück,
ihr Gatte, und er rühmt sie: |
²⁹ »Viele sind der Töchter, die sich tüchtig erzeigten,
aber du übersteigst sie alle!« |
³⁰ Der Reiz ist ein Trug, die Schönheit ein Hauch, –
ein Weib, das IHN fürchtet, das werde gepriesen! |
³¹ Spendet ihr von der Frucht ihrer Hände,
und in den Toren preise man ihre Werke! |

DAS BUCH
IJOB

In spitzen Klammern ⟨...⟩ stehende Textteile wurden von Martin Buber nicht übersetzt; sie sind von der Neuausgabe 1997 an (8., verbesserte Auflage) eingefügt.

1,1 Ein Mann war im Lande Uz, Ijob sein Name.
Schlicht und gerade war jener Mann, Gott fürchtend und
vom Bösen weichend. |
2 Sieben Söhne und drei Töchter waren ihm geboren. |
3 Seines Herdenerwerbs war: siebentausend Kleinviehs, dreitausend Kamele, fünfhundert Joch Rinder und fünfhundert
Eselinnen, dazu sehr vieles Gesind.
Groß war jener Mann, über alle Söhne des Ostens. |
4 Reihumgehend machten seine Söhne ein Trinkgelag, in eines
jeden Mannes Hause an seinem Tage,
sie sandten, ihre drei Schwestern zu rufen, mit ihnen zu essen
und zu trinken. |
5 Waren aber die Tage des Gelags umgelaufen, sandte Ijob und
hieß sie sich heiligen,
er stand frühmorgens auf und höhte Darhöhungen nach ihrer
aller Zahl,
denn Ijob sprach: »Vielleicht haben meine Söhne gesündigt
und Gotte in ihrem Herzen abgesegnet.«
Solchermaßen pflegte Ijob all die Tage zu tun. |

6 Eines Tags geschahs,
die Gottessöhne kamen, vor IHN zu treten,
auch der Hinderer kam mitten unter ihnen. |
7 ER sprach zum Hinderer:
»Woher kommst du?«
Der Hinderer antwortete IHM, er sprach:
»Vom Schweifen über die Erde,
vom Mich-ergehen auf ihr.« |
8 ER sprach zum Hinderer:
»Hast du dein Herz auf meinen Knecht Ijob gerichtet:
daß keiner auf Erden ihm gleich ist,
ein Mann schlicht und gerade, Gott fürchtend und vom Bösen
weichend?« |
9 Der Hinderer antwortete IHM, er sprach:
»Ists umsonst, daß Ijob Gott fürchtet? |
10 Bist nicht dus, der ihn und sein Haus und alles Seine rings umschirmt hat?
Das Tun seiner Hände hast du gesegnet,
und sein Erwerb hat sich im Erdland gebreitet. |

¹¹ Hingegen schicke doch deine Hand aus
und rühre an alles Seine,
ob er nicht in dein Antlitz dir absegnet!« |
¹² ER sprach zum Hinderer:
»Da, alles Seine ist in deiner Hand,
nur gegen ihn schicke deine Hand nimmer aus!«
Der Hinderer fuhr aus, von SEINEM Antlitz hinweg. |

¹³ Eines Tags geschahs,
seine Söhne und seine Töchter aßen und tranken Wein im
　　Haus ihres erstgebornen Bruders, |
¹⁴ da kam ein Bote zu Ijob und sprach:
»Die Rinder waren beim Pflügen und die Eselinnen beim
　　Weiden ihnen zur Seite, |
¹⁵ da fielen Sabäer ein und nahmen sie weg,
und die Knaben schlugen sie mit der Schneide des Schwerts,
nur ich allein bin entronnen,
dirs zu melden.« |
¹⁶ Noch war dieser am Reden, schon kam dieser und sprach:
»Gottesfeuer ist vom Himmel gefallen,
hat ins Schmalvieh, in die Knaben gezündet, hat sie verzehrt,
nur ich allein bin entronnen,
dirs zu melden.« |
¹⁷ Noch war dieser am Reden, schon kam dieser und sprach:
»Chaldäer haben drei Haufen erstellt,
streiften über die Kamele hin und nahmen sie weg,
und die Knaben schlugen sie mit der Schärfe des Schwerts,
nur ich allein bin entronnen,
dirs zu melden.« |
¹⁸ Noch war dieser am Reden, schon kam dieser und sprach:
»Deine Söhne und deine Töchter waren dabei, im Haus ihres
　　erstgebornen Bruders zu essen und Wein zu trinken, |
¹⁹ da, ein großer Wind kam von jenseit der Wüste,
rührte an die vier Ecken des Hauses,
es fiel auf die Knaben, und sie starben,
ich allein bin entronnen, dirs zu melden.« |
²⁰ Ijob stand auf,
er zerriß seinen Kittel,
er schor sein Haupt,

er fiel zur Erde und beugte sich |
²¹ und sprach:
»Nackt bin ich aus dem Leib meiner Mutter gefahren,
nackt kehre ich wieder dahin.
ER ists, der gab, und ER ists, der nahm,
SEIN Name sei gesegnet!« – |
²² Bei alledem sündigte Ijob nicht und gab Gott nicht Unziemliches bei. |

²,¹ Eines Tags geschahs,
die Gottessöhne kamen, vor IHN zu treten,
auch der Hinderer kam mitten unter ihnen, vor IHN zu treten. |
² ER sprach zum Hinderer:
»Von wannen kommst du?«
Der Hinderer antwortete IHM, er sprach:
»Vom Schweifen über die Erde,
vom Mich-ergehen auf ihr.« |
³ ER sprach zum Hinderer:
»Hast du dein Herz auf meinen Knecht Ijob gerichtet:
daß keiner auf Erden ihm gleich ist,
ein Mann schlicht und gerade, Gott fürchtend und vom Bösen weichend?
Und noch hält er an seiner Schlichtheit.
Du aber hast mich gegen ihn gereizt,
ihn umsonst zu verschlingen.« |
⁴ Der Hinderer antwortete IHM, er sprach:
»Haut um Haut,
alles, was eines Mannes ist, gibt er um sein Leben. |
⁵ Hingegen schicke doch deine Hand aus
und rühre an sein Gebein und an sein Fleisch, –
ob er nicht in dein Antlitz dir absegnet!« |
⁶ ER sprach zum Hinderer:
»Da, er ist in deiner Hand,
bloß sein Leben wahre!« |
⁷ Der Hinderer fuhr aus von SEINEM Antlitz
und schlug Ijob mit einem bösen Geschwür von der Sohle seines Fußes bis zu seinem Scheitel. |
⁸ Der nahm sich eine Scherbe, sich damit zu schaben,
während er inmitten der Asche saß. |

⁹ Sein Weib sprach zu ihm:
»Noch hältst du an deiner Schlichtheit!
Segne Gott ab und stirb!« |
¹⁰ Er sprach zu ihr:
»Gleich dem Reden einer der Nichtigen redest du.
Auch das Gute empfangen wir von Gott –
und wollen das Böse nicht empfangen?«
Bei alledem sündigte Ijob nicht mit seinen Lippen. |

¹¹ Ijobs drei Genossen hörten von all diesem Bösen, das über ihn
 gekommen war.
Sie kamen, jedermann von seinem Ort,
Elifas der Temaniter, Bildad der Schuachiter und Zofar der
 Naamaiter,
sie vereinbarten miteinander, hinzukommen,
ihm zuzunicken und ihn zu trösten. |
¹² Sie hoben ihre Augen von fern
und erkannten ihn nicht.
Sie erhoben ihre Stimme und weinten,
sie zerrissen jedermann seinen Kittel
und sprengten Staub über ihren Häuptern himmelwärts. |
¹³ Sie saßen mit ihm auf der Erde
sieben Tage und sieben Nächte.
Keiner redete Rede zu ihm,
denn sie sahen, daß der Schmerz sehr groß war. |

3,1 Danach öffnete Ijob seinen Mund
und verfluchte seinen Tag.|
2 Ijob hob an, er sprach:|
3 »Schwinde der Tag, an dem ich geboren ward,
die Nacht, die sprach: ›Ein Männliches ist empfangen!‹|
4 Jener Tag werde Finsternis,
nimmer frage nach ihm Gott von oben,
nimmer scheine Helle über ihn!|
5 Ihn einfordern sollen Finsternis und Todschatten,
Gewölk über ihm wohnen,
Tagsverdüsterungen ihn umgrausen!|
6 Jene Nacht, Dunkel nehme sie hin,
nimmer eine sie sich den Tagen des Jahrs,
in die Zahl der Monde komme sie nicht!|
7 Da, jene Nacht, sie versteine,
Gejubel komme nimmer in sie!|
8 Die Tagverhexer solln sie verwünschen,
die den Lindwurm zu wecken Bereiten!|
9 Erfinstern sollen die Sterne ihrer Dämmrung,
sie harre des Lichts und da ist keins,
das Aufschimmern des Morgenrots ersehe sie nimmer!|
10 Denn sie hat die Pforten meines Mutterleibs nicht geschlossen,
daß er den Harm meinen Augen verbärge.|
11 Warum starb ich vom Schoße nicht weg,
fuhr aus dem Mutterleib nicht und verschied?|
12 Weshalb sind mir Knie begegnet,
wozu Brüste, daß ich dran söge?|
13 Denn jetzt dürfte ich liegen und stillsein,
dürfte schlafen und mir wäre Ruh|
14 bei Urkönigen, Ratgebern des Erdreichs,
die sich Trümmer wiedererbauten,|
15 oder bei Fürsten, denen Gold eignete,
die ihre Häuser füllten mit Silber.|
16 Oder verscharrter Fehlgeburt gleich wäre ich nichts,
Kindern gleich, die das Licht nicht ersahn.|
17 Dort lassen ab die Schuldigen vom Toben,
dort ruhn, deren Kraft erschöpft ist,|
18 mitsammen sind die einst Gefangenen sorglos,
hören die Stimme des Treibers nicht mehr.|

¹⁹ Kleiner und Großer, dort ists dasselbe,
 ledig ist der Knecht seines Herrn. |
²⁰ Warum gibt Er Licht dem Verhärmten,
 den Seelenverbitterten Leben, |
²¹ die auf den Tod warten und da ist keiner,
 mehr als nach verscharrten Schätzen schürfen nach ihm, |
²² die aufs Übergewälzte sich freuen,
 entzückt sind, wenn sie fanden ein Grab, |
²³ dem Mann, dessen Weg im Verborgnen blieb,
 abgeschirmt hat sich Gott gegen ihn! |
²⁴ Denn meinem Brot kommt mein Ächzen zuvor,
 wassergleich ergießen meine Notschreie sich. |
²⁵ Denn wes Schreck mich schreckte, ereilt mich,
 wessen mich schauderte, überkommt mich. |
²⁶ Nicht wird mir Friede, nicht Stille, nicht Ruh,
 schon kommt das Erbeben.« |

⁴,¹ Elifas der Temaniter entgegnete, er sprach: |
² »Versucht man Rede an dich, wirst du ermüden!
 Aber Worte verhalten, wer kanns! |
³ Du verwiesest ja viele,
 stärktest erschlaffende Hände, |
⁴ deine Worte richteten den Strauchelnden auf,
 festigten die wankenden Knie: |
⁵ da es nun an dich kommt, bist dus müd,
 reicht es bis zu dir, wirst du verstört? |
⁶ Ist deine Fürchtigkeit nicht deine Zuversicht,
 deine Hoffnung die Schlichtheit deiner Wege? |
⁷ Gedenk doch, welcher Unsträfliche schwand,
 wo wurden Gerade vertilgt? |
⁸ Wie weit ich hinsah:
 die Arg pflügen, die Harm säen, erntens. |
⁹ Vom Anhauch Gottes entschwanden sie,
 vom Brausen seines Zornes wurden sie zunicht. |
¹⁰ Gebrüll des Löwen, Fauchen des Raubwelps,
 schon sind die Leuenzähne zerschlagen. |
¹¹ Das Pardeltier schwindet aus Mangel an Beute,
 die Jungen der Löwin verstreun sich. |

¹² Zu mir hat sich Rede gestohlen,
mein Ohr nahm ein Wispern draus auf. |
¹³ Im Gegrübel aus nächtlicher Schau,
wenn Betäubung auf Menschen fällt, |
¹⁴ geriet Schreck an mich und ein Zittern,
schreckte die Menge meines Gebeins. |
¹⁵ Ein Windbraus streicht mir übers Antlitz,
das Stürmen macht mein Fleisch grieseln. |
¹⁶ Einer steht, nicht erkenn ich sein Aussehn,
als Gestalt mir den Augen entgegen,
was ich höre, ist Schweigen und Stimme: |
¹⁷ ›Ist das Menschlein bewahrheitet vor Gott,
ist der Mann rein vor dem, der ihn machte? |
¹⁸ Vertraut der ja nicht seinen Dienern,
zeiht seine Boten des Mißgriffs! |
¹⁹ Nun gar sie, die Lehmgehäusen einwohnen,
deren Gründung im Staub ist!
man zermalmt sie, einer Motte zuvor, |
²⁰ vom Morgen zum Abend sind sie zerknickt,
ohne daß man des achtete, schwinden sie auf ewig. |
²¹ Wird nicht ihr Bindseil in ihnen entrafft?
Sie sterben, – in Weisheit nicht!‹ |
5,1 Rufe doch! gibts dir einen Antwortenden?
und an wen von den Heiligen wendest du dich? |
² Den Narren bringt ja der Unmut um,
den Einfältigen tötet die Ereiferung. |
³ Ich selber sah einen Narren wurzeln, –
ein Plötzliches, und ich mußte seine Trift verwünschen. |
⁴ Seine Söhne bleiben fern der Befreiung,
sie werden im Tore zermalmt, und kein Retter ist, |
⁵ Was sie ernteten, der Hungrer verzehrts,
er nimmts an der Fanghaken einen, –
das Garn erschnappt ihre Habe. |
⁶ Denn nicht vom Staube fährt das Arg aus,
der Harm entsprießt nicht dem Boden, |
⁷ sondern der Mensch ists, der den Harm erzeugt,
hochhin fliegen die Flammenkinder. |
⁸ Ich jedoch frage hin zum Gottherrn,
zu Gott hin bringe ich meine Sache, |

⁹ der Großes tut, unerforschlich,
Wunderbares, bis wo keine Zahl ist, |
¹⁰ der Regen gibt übers Antlitz der Erde,
Wasser sendet übers Antlitz der Fluren; |
¹¹ der, Niedre zur Höhe zu bringen,
daß Verdüsterte die Freiheit erklimmen, |
¹² die Planungen der Listigen zerbröckelt,
daß ihre Hände nicht Geratendes tun; |
¹³ der die Klugen fängt in ihrer List,
daß sich der Gewundenen Rat überstürzt: |
¹⁴ am Tage stoßen auf Finsternis sie,
und wie nachts tappen sie am Mittag; |
¹⁵ er befreit vom Schwert, von deren Maul,
von der Hand des Stärkern den Dürftigen, |
¹⁶ und dem Geringen wird Hoffnung,
sperren muß Falschheit ihr Maul. |
¹⁷ Da: o Glück des Menschleins, das von Gott gerügt wird!
Die Zucht des Gewaltigen verschmähe nimmer! |
¹⁸ Denn er selber fügt Schmerz zu und verbindet,
er haut drein und seine Hände heilen. |
¹⁹ In sechs Bedrängnissen rettet er dich,
in sieben darf das Böse nicht an dich rühren: |
²⁰ in der Hungersnot kauft er vom Tode dich los,
im Krieg aus den Händen des Schwerts, |
²¹ beim Geißelschlag der Zunge wirst du versteckt,
fürchtest dich nicht vor Gewaltigung, wenn sie daherkommt, |
²² Gewalt und Darbnis verlachst du,
und vor dem Getier des Landes fürchtest du dich nimmer. |
²³ Denn mit den Blöcken des Tales hast du einen Bund,
und das Getier des Feldes hat dir sich befriedet. |
²⁴ Du weißt, daß in Frieden dein Zelt ist,
du musterst deinen Hof und missest nichts, |
²⁵ du weißt, daß dein Same sich mehrt,
deine Nachfahrn wie das Kraut des Erdreichs. |
²⁶ In rüstiger Reife kommst du zu Grabe,
gleich dem Aufstieg der Garbe zu ihrer Frist. |
²⁷ Da: dies haben wir erforscht, so ists,
höre es und wisse es dir!« |

6,1 Ijob entgegnete, er sprach: |
 2 »Würde nur gewichtrecht mein Gram und mein Verhängnis gewogen
   im Schalenpaar, das mitsammen sie trüge, |
 3 schwerer wiese es sich als der Sand am Meer.
   Darum lallen meine Reden. |
 4 Denn in mir sind die Pfeile des Gewaltigen,
   deren Glutgift mein Geist trinkt,
   die Ängstigungen Gottes umreihn mich. |
 5 Bräht ein Zebra über dem Gras
   oder brüllt ein Rind über seinem Gemengsel? |
 6 Wird Fades ungesalzen gegessen
   oder ist im Eibischschleime Geschmack? |
 7 Dran zu rühren meine Seele sich weigert,
   die sind als Siechtum mein Brot. |
 8 Wer gäbs, mein Wunsch käme,
   mein Erhofftes gäbe Gott mir: |
 9 Gott beliebte mich zu zermalmen,
   ließe seine Hand schnellen und schnitte vom Trumm mich! |
10 Und noch ein Trost würde mir
   – aufhüpfen wollt ich in Wehn, da er nicht schont! –:
   daß ich die Sprüche des Heiligen nicht verhehlte. |

11 Was ist meine Kraft, daß ich harren könnte,
   was mein Ende, daß ich dulden hieße die Seele! |
12 Ist denn Kraft der Steine meine Kraft?
   ist denn mein Fleisch von Erz? |
13 Wohl, so denn in mir keine Hilfe mir ist,
   so Geraten mir entstoßen ward, |
14 gebührt dem Verzagten Huld von seinem Freunde, –
   und würde er von der Furcht des Gewaltigen lassen. |
15 Meine Brüder trügen wie ein Wildbach,
   wie ein Bett von Bächen, die verrinnen, |
16 den vom Froste getrübten,
   auf sie nieder barg sich der Schnee, |
17 zur Zeit, da es sie sengt, sind sie versiegt,
   in der Hitze verdunsten sie von ihrem Ort weg. |
18 Die Wanderzüge biegen vom Weg ab,

versteigen sich ins Irrsal, verschwinden. |
19 Die Züge Temas blickten hin,
   die Gänge Sabas hofften darauf, |
20 sie wurden zuschanden, denn man wähnte sich sicher,
   sie kamen bis dahin und mußten sich schämen. |
21 Ja denn, ihr seid ein Nichts geworden
   ihr schaut das Gräßliche und ihr erschaudert. |
22 Habe ich denn gesprochen: ›Reichet mir was
   und von eurem Vermögen bestechet für mich!‹ |
23 und: ›Laßt mich der Hand des Drängers entrinnen!‹
   und: ›Aus der Hand der Wütriche löset mich aus!‹?|
24 Unterweist mich, und ich will verstummen,
   und worin ich fehlte, lasset michs merken! |
25 Wie schneidend sind die ›Sprüche der Geradheit‹!
   Und wessen rügt eure Rüge? |
26 Sinnt ihr etwa drauf, Worte zu rügen?
   Und mein Sprechen ›Verzweifelt!‹, ists für den Wind? |
27 Wollt ihrs gar um den Verwaisten her niederfallen lassen,
   es aushöhlen um euren Genossen her? |
28 Nun aber, unterfangt euch, wendet euch mir zu, –
   ob ich ins Antlitz euch lüge! |
29 Kehrt doch um! Nimmer soll Falschheit geschehn!
   Und kehrt um, solang noch meine Wahrhaftigkeit
       wider sie steht: |
30 ob es Falschheit gibt auf meiner Zunge!
   Oder weiß nicht mein Gaumen Verhängnis zu merken? |

7,1 Ist nicht Scharwerk des Menschleins auf Erden
    und des Söldners Tagen gleich seine Tage? |
2 Wie ein Sklave lechzt er nach Schatten,
   wie ein Söldner erhofft er seine Löhnung. |
3 So habe ich Monde der Vergeblichkeit zu eigen bekommen,
   Nächte des Harms teilte man mir zu. |
4 Lege ich mich, muß ich sprechen: Wann stehe ich auf?
   [Mißt man den Abend aus?!]
   und ich ersatte der Unrast bis zur Dämmerung. |
5 Schon will mein Fleisch sich mit Maden bekleiden,
   meine Haut mit Staubklumpen,
   ein Nu noch, und es zerfließt! |

⁶ Meine Tage eilen mehr als ein Weberschiffchen,
  entgleiten im Hoffnungslosen. –|
⁷ Gedenke, daß mein Leben ein Wind ist!
  Nie wieder wird mein Auge ein Gutes sehn,|
⁸ nicht gewahrt mich ein Auge, das nach mir sieht,
  deine Augen zu mir hin – mich gibts nicht mehr.|
⁹ Die Wolke entgleitet, vergeht,
  so steigt nicht auf, wer ins Gruftreich sank,|
¹⁰ er kehrt nicht wieder zu seinem Haus,
  sein Ort erkennt ihn nicht wieder.|

¹¹ Auch ich will nicht wehren meinem Munde,
  in der Drangsal meines Geistes will ich reden,
  in meiner Seele Bitternis klagen.|
¹² Bin ich das Meer, bin ich der Drache,
  daß du eine Wacht wider mich stellst?!|
¹³ Wenn ich spreche: ›Mein Bett wird mich trösten,
  mein Lager meine Klage enttragen‹,|
¹⁴ bestürzest du mich mit Träumen,
  ängstest durch Schaugeschehnisse mich.|
¹⁵ Das Ersticken wählt meine Seele sich,
  den Tod lieber als mein Gebein,|
¹⁶ ich verwerfs, ich mag nicht immerzu leben, –
  laß ab von mir! ein Dunst sind ja meine Tage!|
¹⁷ Was ist das Menschlein, daß du sein groß achtest,
  daß du dein Herz auf es richtest,|
¹⁸ musterst es jeden Morgen,
  jeden Nu probst du es aus!|
¹⁹ Wie lang noch wendest du dich nicht von mir ab,
  gibst mich nicht los, bis meinen Geifer ich schlucke?|
²⁰ Habe ich gesündigt, was bewirke ich dir,
  Hüter des Adamsgeschlechts?
  Warum hast du mich dir zum Anstoß gemacht,
  daß ich mir selber zur Last bin?|
²¹ Weshalb erträgst du meine Abtrünnigkeit nicht,
  daß du vorbeilassest meine Verfehlung?
  Denn jetzt dürfte ich mich in den Staub niederlegen,
  du suchst mich, und es gibt mich nicht mehr.«|

8,1 Bildad der Schuachiter entgegnete, er sprach: |
2 »Bis wann wirst du dergleichen wörteln?
Die Sprüchlein deines Munds sind ein heftiger Wind! |
3 Sollte Gott je krümmen das Recht,
der Gewaltige die Bewahrheitung krümmen? |
4 Haben wider ihn deine Söhne gesündigt,
er schickte sie in die Hand ihrer Abtrünnigkeit. |
5 Du aber, suchst du Gott an,
flehst zum Gewaltigen: |
6 bist du lauter und redlich,
wohl denn, nun regt er sich über dir
und befriedet die Trift deiner Wahrhaftigkeit, – |
7 deine Frühe ist dann ein Geringes gewesen,
so sehr ist deine Späte Gedeihn. |
8 Denn frage doch ein frühes Geschlecht,
merke aufs Forschen ihrer Väter |
9 – denn von gestern sind wir und wissen nicht,
denn ein Schatten sind unsre Tage auf Erden –, |
10 unterweisen sie dich nicht, sprechen zu dir,
bringen Worte aus ihrem Herzen hervor: |
11 Schießt Papyrus auf, wo kein Sumpf ist?
gedeiht Riedgras ohne Wasser? |
12 noch ists in seiner Knospe, nicht pflückbar
und muß vor allem Grase verdorren, – |
13 so sind die Pfade aller Gottvergeßnen,
die Hoffnung des Entarteten schwindet. |
14 Dessen Zuversicht ein Sommerfaden ist,
ein Spinnenhaus seine Sicherheit, |
15 er lehnt sich an sein Haus, nicht hälts stand,
er faßt daran, nicht beharrts. |
16 Mag der saften im Angesicht der Sonne
und über seinen Gartenplatz hinaus sein Trieb sich ziehn, |
17 über Geröll sich seine Wurzeln verflechten,
mag ein Steingehäuse er spalten: |
18 rafft man ihn von seiner Stätte,
verleugnet sie ihn: ›Dich sah ich nie.‹ |
19 Wohl, das ist die Wonne seines Wegs, –
und aus dem Staub sprießen welche nach. – |

²⁰ Wohl, nie verwirft Gott den Schlichten,
aber die Hand der Bösgesinnten hält er nicht fest. |
²¹ Noch füllt er den Mund dir mit Lachen,
mit Jauchzen die Lippen dir, |
²² in Schande kleiden sich deine Hasser,
der Frevler Zelt ist nimmermehr.« |

⁹,¹ Ijob entgegnete, er sprach: |
² »Traun, ich weiß, daß dem so ist:
wie würde bewahrheitet ein Menschlein vor Gott! |
³ Verlangts es, mit ihm zu streiten,
nicht auf eins von tausend antwortet er ihm. |
⁴ Der Herzensweise und Kraftgestraffte,
wer härtete sich wider ihn und bliebe heil! |
⁵ Der Berge verrückt und man kennt sie nicht mehr,
die er wandelte in seinem Zorn, |
⁶ der die Erde schüttert von ihrer Stelle,
daß ihre Säulen wanken, |
⁷ der zur Sonne spricht und sie erstrahlt nicht,
und er siegelt die Sterne ein, |
⁸ der den Himmel spannt, er allein,
und er schreitet über Kuppen des Meers, |
⁹ der den Leun macht, Orion und die Glucke
und die Kammern des Südens, |
¹⁰ der Großes macht, bis wo kein Forschen gilt,
Wunderbares, bis wo keine Zahl ist: |
¹¹ wohl, er fährt an mir hin, und ich sehs nicht,
er schwebt vorbei, und ich merke es nicht, |
¹² wohl, er entrafft, wer hemmte ihn!
wer spräche zu ihm: ›Was tust du?‹! |
¹³ Der Gottherr, er kehrt nicht ab seinen Zorn,
er, unter den sich die Helfer des Ungetüms duckten. |
¹⁴ Nun gar ich, ich sollte antworten ihm,
auf ihn zu meine Worte wählen! |
¹⁵ der ich, bin ich bewährt, nicht entgegnen kann,
meinen Widersacher anflehen muß! |
¹⁶ Riefe ich und er entgegnete mir,
ich glaubte nicht, daß meiner Stimme er lauschte. |

17 Der im Sturm nach mir schnappt
und mehrt umsonst meine Wunden, |
18 der mir nicht gewährt, Atem zu holen,
doch mich sättigt – mit Bitternissen: |
19 Gehts um straffe Kraft? da ist er!
um Gerechtigkeit? wer lüde ihn vor! |
20 Bin ich bewährt, mein Mund schuldigte mich,
bin ich schlicht, er verkrümmte mich, |
21 bin ich schlicht, darf ich meine Seele nicht kennen,
verwerfen soll ich mein Leben! |
22 Eins ists! Drum spreche ichs aus:
Schlichte und Schuldige – er tilgt! |
23 Tötet jäh die Geißel,
er spottet des Verzagens der Unsträflichen. |
24 Ein Land ist in die Hand eines Schuldigen gegeben, –
er verhüllt das Angesicht seiner Richter, –
ist ers nicht, wer also wärs? |
25 Meine Tage eilen mehr als ein Läufer,
sie entfliehn, und haben nichts Gutes gesehn, |
26 auf Rohrkähnen streichen sie dahin,
sind dem Geier gleich, der flattert nach Fraß. |
27 Spreche ich: ›Ich will meine Klage vergessen,
mein Angesicht freilassen, aufblinken‹, |
28 grauts mir in all meinen Qualen:
ich weiß, unsträflich lassest du mich nicht erscheinen. |
29 Ich soll, ich soll schuldig sein, –
wozu mag um Dunst ich mich mühn! |
30 Badete ich im Schnee mich,
reinigte meine Hände mit Lauge, |
31 dann würdest du in die Grube mich tauchen,
daß mich meine Gewänder verabscheun. |
32 Denn nicht ein Mann mir gleich ists, daß ich entgegnete ihm,
daß ins Gericht wir kämen miteinander, |
33 nicht gibts zwischen uns einen Entscheider,
daß der auf uns beide seine Hand legte. |
34 Höbe er nur von mir seinen Stab
und sein Entsetzen ängstete mich nimmer: |
35 reden dürfte ich ohne ihn zu fürchten
– denn nicht so ists um mich bestellt, |

10,1 meines Lebens überdrüssig ist meine Seele –,
freilassen dürfte ich von mir meine Klage,
⟨ich wollte reden in der Bitternis meiner Seele,⟩ |
2 sprechen wollte ich zum Gottherrn:
›Schuldige mich nimmer!
Laß mich wissen, warum du mich bestreitest! |
3 Steht es dir gut an, daß du bedrückst,
daß du verwirfst die Arbeit deiner Hände,
aber überm Rat der Schuldigen aufstrahlst?! |
4 Hast du Fleisches Augen,
oder siehst du, wie das Menschlein sieht, |
5 sind des Menschleins Tagen gleich deine Tage
oder deine Jahre gleich Mannestagen, |
6 daß du suchst nach meinem Fehl
und nach meiner Sünde fahndest, |
7 obzwar du weißt, daß ich nicht schuldig bin, –
und deiner Hand entreißt mich keiner! |
8 Deine Hände haben mich gebildet, mich gemacht,
mitsammen ringsum, – und du verschlingst mich! |
9 Gedenk doch, daß wie aus Lehm du mich machtest,
und willst mich zum Staub kehren lassen! |
10 Gossest du wie Milch mich nicht hin,
ließest wie Quark mich gerinnen? |
11 Hast mit Haut und Fleisch mich bekleidet,
mich mit Gebein und Sehnen durchflochten, |
12 Leben und Holdschaft hast du mir zugetan,
und deine Verordnung hat meinen Odem bewacht, – |
13 aber dies hast du in deinem Herzen geborgen,
ich weiß, daß dir dieses im Sinn war: |
14 sündigte ich, wolltest du mich bewachen,
mich um meinen Fehl nicht unsträflich werden lassen, – |
15 werde ich schuldig, weh mir!
bin ich aber bewährt, darf mein Haupt ich nicht heben.
Sättige dich an der Schmach,
16 besieh mein Elend, | wenn es hochschießt!
Wie einen Raubwelp willst du mich jagen
und dich wiederum wunderbar erweisen an mir, |
17 erneuen deine Zeugen mir entgegen,
deinen Unmut wider mich steigern, –

›Ablösungen und Scharwerk‹ gilt für mich. |
18 Und warum hast du mich aus dem Schoße gezogen?
verscheiden hätte ich sollen, ohne daß ein Auge mich sah: |
19 ich wäre, als sei nie ich geworden,
vom Mutterleib zum Grabe würde ich gebracht.‹ |
20 Sind nicht wenige mehr meine Tage?
er höre auf! er lasse ab von mir,
daß ich ein weniges aufblinken kann, |
21 eh ich gehe, nicht wiederzukehren,
ins Land der Finsternis und des Todschattens, |
22 Land der Trübnis, dem Urdunkel gleich,
Todschatten, ohne Richtungszeichen,
und strahlt es auf, bleibts dem Urdunkel gleich.« |

11,1 Zofar der Naamaiter entgegnete, er sprach: |
2 »Der Reden viel – soll man dem nicht entgegnen?
oder soll ein Lippenmann bewahrheitet werden? |
3 Dein Geschwätz macht die Leute schweigen,
du höhnst, und keiner darf schimpfen! |
4 Du sprichst: ›Rein ist meine Botschaft,
lauter bin ich gewesen‹ – in deinen Augen! |
5 Jedoch, wer gäbs, der Gottherr spräche,
öffnete wider dich seine Lippen |
6 und sagte dir Verhohlnes der Weisheit an,
wie ein Doppelwesen am Sinn ist:
so erkenn,
daß der Gottherr von deinem Fehl dir Vergessen gewährt! |
7 Willst du Gottes Urgrund finden,
oder hinfinden bis zur Vollendung des Gewaltigen? |
8 Himmelshöhn – was wirkst du?
Tiefer als das Gruftreich – was kennst du? |
9 Länger als die Erde an Maß
und breiter als das Meer! |
10 Fährt einher er, setzt gefangen, versammelt,
wer wollte ihn umkehren machen! |
11 Denn er, er kennt die Leute des Wahns,
er sieht das Arg und brauchts nicht zu betrachten. |
12 Doch auch ein hohler Mann kann herzhaft werden,
wird ja als Wildeselfüllen jeder Mensch geboren: |

¹³ Du, wenn du ausrichtest dein Herz
und zu ihm deine Hände breitest, |
¹⁴ ist Arg an deiner Hand, entfernst dus,
lässest Falsch in deinen Zelten nicht wohnen, |
¹⁵ wohl, dann darfst du dein Antlitz ohne Flecken erheben,
gefestet bist du und hast nichts zu fürchten, |
¹⁶ wohl, du selber vergissest den Harm,
denkst sein wie verronnenen Wassers, |
¹⁷ mittagshell ersteht das Währen,
die Trübnis wird dem Morgen gleich, |
¹⁸ du weißt dich gesichert, denn Hoffnung west,
ausfindig machst du, wo sicher du ruhst, |
¹⁹ lagerst du, ist da keiner, der aufstört,
viele sänftigen das Angesicht dir. |
²⁰ Den Frevlern aber zehren die Augen sich auf,
die Zuflucht entschwindet vor ihnen,
ihre Hoffnung ist der Aushauch der Seele.« |

12,1 Ijob entgegnete, er sprach: |
 ² »Traun, ja, ihr seid das Volk,
mit euch stirbt die Weisheit aus! |
 ³ Auch ich habe ein Herz, eurem gleich,
nicht sinke ich unter euch ab.
Und bei wem wäre dergleichen nicht! –|
 ⁴ Dem eignen Genossen ein Gelächter, das ward ich.
Der einst zu Gott rief und er entgegnete ihm,
der Bewährte, Geschlichtete ist ein Gelächter. |
 ⁵ ›Dem Mißgeschick Verachtung!‹ – das gehört zu des
    Sorglosen Gesinnung,
gerichtet ist das für die, deren Fuß wankt, |
 ⁶ während befriedet die Zelte der Vergewaltiger bleiben,
Sicherheit derer ist, die den Gottherrn erzürnten,
wer die Gottheit in seiner Faust hält: |
 ⁷ ›Aber frag doch das Vieh, daß es dich unterweise,
den Vogel des Himmels, daß ers dir vermelde, |
 ⁸ oder rede das Erdreich an, daß es dich unterweise,
die Fische des Meeres sollens dir erzählen.‹ |
 ⁹ – Wer kennte ihnen allen nicht an,

daß SEINE Hand dies gemacht hat, |
¹⁰ in dessen Hand die Seele alles Lebendigen ist
und der Geist von jedermanns Fleisch! |
¹¹ Muß das Ohr nicht die Worte prüfen,
wie der Gaum die Speise kostet? |
¹² – ›Bei den Greisen ist Weisheit,
Länge der Tage, das heißt Vernunft: |
¹³ Bei Ihm ist Weisheit und Stärke,
sein ist der Rat und die Vernunft.‹ |
¹⁴ – Wohl, er reißt nieder, und nie wirds aufgebaut,
sperrt einen Mann ein und nie wird ihm geöffnet, |
¹⁵ wohl, er dämmt die Wasser, und sie versiegen.
er läßt sie los, und sie wühlen das Land auf. |
¹⁶ – ›Bei ihm ist Macht und Heil.‹
– Sein ist, der irrt und der irreführt, |
¹⁷ er stellt Ratsherren bloß
und versetzt Richter in Raserei, |
¹⁸ er löst die Fesseln, die von Königen gebundnen,
und fesselt sie, mit einem Strick um die Lenden, |
¹⁹ er stellt Priester bloß
und verdreht Urständige, |
²⁰ Getreuen entzieht er die Sprache
und nimmt Alten den Verstand, |
²¹ er gießt über Edle Verachtung
und Vielumfassenden lockert den Gurt er, |
²² er enthüllt tief im Finstern Verhohlnes,
und Todschattenhaftes hebt er ans Licht, |
²³ er macht Stämme gedeihn und macht sie schwinden,
dehnt Stämme aus und leitet sie hinweg, |
²⁴ den Volkshäuptern eines Landes entzieht er den Herzsinn
und macht sie sich im weglosen Irrsal verlaufen, |
²⁵ sie tappen in der Finsternis lichtlos,
umherlaufen macht er sie dem Trunkenen gleich. |

¹³,¹ Wohl, alles hat mein Auge gesehn,
mein Ohr hats gehört und hats vermerkt; |
² eurem Wissen gleich weiß ich auch,
ich sinke nicht unter euch ab. |
³ Aber ich, zum Gewaltigen will ich reden,

mich verlangts, es Gott zu erweisen. |
4 Ihr aber seid Lügenkleber,
nichtige Ärzte ihr alle. |
5 Wer gäbs, ihr möchtet schweigen, schweigen,
daß euch das als Weisheit gälte! |
6 Hört doch meinen Verweis,
lauscht dem Rechten meiner Lippen! |
7 Wollt für den Gottherrn ihr Falsches reden,
Trügerisches reden für ihn? |
8 Wollt ihr ihm das Antlitz erheben
oder des Gottherrn Streit führen? |
9 Wärs gut, wenn er euch durchforschte?
Oder meint ihr, wie man Menschlein narrt, ihn zu narren? |
10 Verweisen wird ers euch, verweisen,
wenn Erhebung des Antlitzes ihr insgeheim übt. |
11 Wird seine Erhebung euch nicht bestürzen,
sein Schreck euch nicht überfallen? |
12 Euren Denksprüchen ist Asche das Gleichnis,
zu Buckeln von Lehm werden die Schildbuckel euch. |
13 Schweigt, laßt von mir, ich selber will reden,
was immer über mich ergehe,
was immer! |
14 Ich fasse mein Fleisch mit meinen Zähnen,
meine Seele lege ich in meine Hand, – |
15 wohl, er mag mich erschlagen, ich harre dessen,
jedoch meine Wege will ins Antlitz ich ihm erweisen. |
16 Auch das schon ist mir Befreiung,
denn ein Entarteter tritt ihm nicht vors Antlitz. |
17 Höret, horcht meinem Wort,
meine Ansage sei in euren Ohren! |
18 Wohl denn, ich habe die Sache gerüstet,
ich weiß, daß ich, ich bewahrheitet bin. |
19 Wer ists, der mich bestreiten kann?
denn nunmehr schwiege ich und verschiede. – |
20 Nur zweierlei tu mir nicht an,
dann verstecke ich mich nicht dir vorm Antlitz: |
21 deine Hand entferne von mir,
dein Schrecken darf nimmer mich ängsten. |
22 So rufe, und ich, ich entgegne,

oder ich rede, und du antworte mir! |
23 Wie viele sind meiner Fehle und Sünden?
meine Abtrünnigkeit, meine Versündung lasse mich wissen! |
24 Warum versteckst du dein Antlitz
und erachtest für deinen Feind mich? |
25 Willst ein verwehtes Blatt du scheuchen
oder eine dürre Stoppel jagen, |
26 daß du Verbitterungen mir anschreibst,
Verfehlungen meiner Jugend mich lässest erben, |
27 die Füße mir in den Block legst,
beobachtest all meine Pfade
und zeichnest dich meinen Fußwurzeln ein? |

28 Der da, wie Moder zerfällt er,
wie ein Kleid, das die Motte fraß, – |
14,1 ein Mensch, vom Weibe geboren,
kurz von Tagen, satt der Unrast, |
2 wie eine Blume schoß auf er und welkt,
⟨flieht wie ein Schatten und hat keinen Bestand;⟩ |
3 und gar über dem hältst dein Auge du offen,
bringst mich vor dir ins Gericht! |
4 [Wer gäbs: aus Makligem Reines! Nicht eins!] |
5 Sind festgelegt seine Tage,
ist die Zahl seiner Monde bei dir,
tatest du die Schranke ihm zu, die er nicht überschreite, – |
6 blick weg von ihm, daß er aussetzen kann,
bis er wie der Mietling seinen Tag sich gefallen läßt! |
7 Denn für den Baum gibts Hoffnung:
wird er abgehaun, er kann sich erneuen,
sein Schößling setzt nicht aus; |
8 altert in der Erde seine Wurzel,
stirbt im Staube sein Stumpf ab, |
9 vom Duft des Wassers sproßt er,
treibt Gezweig wie ein Pflänzling. |
10 Der Mann aber stirbt, er erschwacht,
verscheiden muß der Mensch – und wo ist er? |
11 Mögen Wasser aus dem See verfließen,
mag vertrocknen, versiegen der Strom: |
12 der Mensch liegt und steht nicht mehr auf,

bis kein Himmel ist, erwachen die nicht,
rütteln sich aus ihrem Schlafe nicht auf. |
¹³ Wer gäbs, du verwahrtest mich im Gruftreich,
verstecktest mich, bis sich abkehrt dein Zorn,
setztest mir eine Schranke, aber dann gedächtest du mein! |
¹⁴ Stirbt ein Mann, lebt er wieder auf?
Alle Tage meines Scharwerks wollte ich harren,
bis daß meine Ablösung käme: |
¹⁵ du rufst, und ich, ich entgegne dir,
nach dem Werk deiner Hände hast du dich gesehnt. |
¹⁶ Wenn du auch jetzt meine Schritte zählst,
du beobachtest dann meine Sünde nicht mehr, |
¹⁷ meine Abtrünnigkeit ist in einem Bündel versiegelt,
überklebt hast du meine Verfehlung. |
¹⁸ Jedoch ein Berg wird, sinkend, zerstückelt,
ein Fels rückt von seinem Platz, |
¹⁹ Steine zerreibt das Wasser,
der Erguß schwemmt den Erdboden weg, –
und des Menschleins Hoffnung machst du schwinden: |
²⁰ du überwältigst einen für immer, und er vergeht,
sein Antlitz entstellend schickst du ihn hinweg. |
²¹ Legen Ehre ein seine Kinder, er weiß es nicht,
werden sie gering, nicht bemerkt ers. |
²² Nur sein Leib, um den schmerzts ihn,
nur seine Seele, um die trauert er.« |

¹⁵,¹ Elifas der Temaniter entgegnete, er sprach: |
² »Darf ein Weiser windiges Wissen entgegnen,
seinen Bauch mit Ostwind füllen, |
³ mit Gerede erweisend, das nicht frommt,
Worten, womit er nicht nützt? |
⁴ Du gar, du zerbröckelst die Fürchtigkeit,
verknappst das Sinnen vor Gott. |
⁵ Denn dein Fehl übt deinen Mund ein,
und die Zunge der Schlauen erwählst du. |
⁶ Schuldigen soll dein Mund dich, nicht ich,
deine Lippen wider dich entgegnen. |
⁷ Wardst du als der erste der Menschen geboren,
vor den Hügeln hervorgebracht? |

⁸ Hast du im Ratskreis Gottes gehorcht,
von der Weisheit für dich abgeknappt?|
⁹ Was weißt du, was wir nicht wüßten,
merktest du, was nicht bei uns wäre?|
¹⁰ Auch ein Ergrauter ist unter uns, auch ein Greis,
an Tagen vermöglicher als dein Vater!|
¹¹ Hast du an den Tröstungen des Gottherrn zu wenig,
ist die Rede zu leise für dich?|
¹² Was reißt dein Herz dich um,
was rollen deine Augen,|
¹³ daß du dein Schnauben gegen Gott kehrst
und deinem Mund lässest Worte entfahren!|
¹⁴ Was ist das Menschlein, daß es als rein gelten könnte,
und daß sich bewahrheitete der vom Weibe Geborne?|
¹⁵ Wohl, Er vertraut seinen Heiligen nicht,
der Himmel ist in seinen Augen nicht rein,|
¹⁶ nun gar der Abscheuliche, Angefaulte,
der Mann, der wie Wasser das Falsch trinkt!
¹⁷ Ich wills dir ansagen, höre mir zu,
das, was ich schaute, erzähle ich,|
¹⁸ welches Weise vermeldeten
und verhehltens nicht, von ihren Vätern her,
¹⁹ denen allein das Land ward gegeben,
nicht ging ein Unzugehöriger ihnen inmitten:|
²⁰ Alle Tage des Schuldigen windet er sich, –
die Zahl der Jahre über, die aufbewahrt sind dem Wütrich,|
²¹ ist die Stimme der Schrecknisse in seinen Ohren,
im Frieden werde ihn der Vergewaltiger überkommen,|
²² Er vertraut nicht, aus der Finsternis heimkehren zu können,
er, der ausersehn ist für das Schwert,|
²³ er schweift umher, um zu kämpfen – wo?;
er weiß, daß zur Hand ihm ein Finsternistag bereit ist,|
²⁴ die Drangsal ängstet ihn, ihn greift die Bangnis an,
einem König gleich, der zum Sturme sich anschickt.|
²⁵ Denn gegen den Gottherrn streckte er seine Hand,
gegen den Gewaltigen überhob er sich,|
²⁶ steifhalsig rannte er gegen ihn an
mit der Dichtheit seiner Schildbuckel;|
²⁷ denn mit seinem Fett deckte er sich das Antlitz,

setzte Schmeer an die Lende;|
28 Wohnung nahm er in ausgetilgten Städten,
Häusern, nicht mehr besiedelt,
deren Geschick war, Trümmer zu werden.|
29 Er bleibt nicht reich, seine Habe besteht nicht,
nicht mehr neigt sich solcher Sichel zur Erde,|
30 nicht entgeht er der Finsternis,
seinen Schößling dörrt die Glut,
vom Anblasen Seines Mundes vergeht er.|
31 Nimmer traue er dem Wahnbild, er ist geirrt,
denn Wahn wird sein Eintausch sein:|
32 noch ist sein Tag nicht, und schon erfüllt sichs,
sein Wedel grünt nicht mehr,|
33 er stößt rebstockgleich seinen Herbling ab,
wirft ölbaumgleich ab seine Blüte.|
34 Denn die Rotte der Entarteten ist versteint,
Feuer frißt die Zelte der Bestechung,|
35 man geht schwanger mit Harm und gebiert Arg.
Ihr Bauch bereitet den Selbstbetrug.«|

16,1 Ijob entgegnete, er sprach:|
2 »Dergleichen habe ich viel nun gehört,
Tröster zum Härmen seid ihr alle.|
3 Haben ein Ende die windigen Reden?
oder was reizt dich, daß du entgegnest?|
4 Würde auch ich euch gleich reden,
wenn eure Seele anstatt meiner Seele wäre?
Würde ich Worte gegen euch knüpfen,
meinen Kopf über euch schütteln?|
5 Ich würde mit meinem Munde euch stärken,
die Gebärde meiner Lippen würde lindern. –|

6 Rede ich, wird nicht gelindert mein Schmerz,
und lasse ichs, was ginge von mir weg!|
7 Dennoch, jetzt, da er mich erschöpft hat
[Du hast all meine Runde verödet,|
8 du hast mich gepackt,
zum Zeugen ward mein Siechtum und erstand wider mich,

ins Antlitz entgegnet es mir!]:|
9 Sein Zorn ists, der mich zerreißt und befehdet,
er knirscht mit seinen Zähnen über mir,
mein Bedränger, er wetzt wider mich seine Augen.|
10 So sperren sie gegen mich ihr Maul auf,
schimpflich schlagen sie mich auf die Wangen,
sie scharen gegen mich sich zusammen.|
11 Ausgeliefert Falschgesinnten hat mich der Gottherr,
mich in Schuldbeladner Hände geschleudert.|
12 Friedsam war ich, er hat mich zersprengt,
hat mich am Nacken gefaßt und mich zerkrümelt,
er hat mich sich zur Zielscheibe gesetzt,|
13 seine Schützen umringen mich,
er spaltet mir die Nieren, nicht schont er,
er schüttet meine Galle zur Erde,|
14 er durchbricht mich, Bruch auf Bruch,
heldengleich rennt er mich nieder.|
15 Sackleinen habe ich um die Haut mir genäht,
habe mein Horn in den Staub gesteckt.|
16 Mein Antlitz ist gerötet vom Weinen,
auf den Wimpern liegt der Todschatten mir,|
17 drob daß Unbill mir nicht an den Händen
und mein Gebet rein ist.|

18 Erde, bedecke nimmer mein Blut,
seinem Schrei werde nimmer ein Aufhalt!|
19 Auch jetzt noch, wohl, ist mir im Himmel ein Zeuge,
ein Beglaubiger mir in den Höhen.|
20 Sind meine Spötter meine Genossen,
auf Gott zu sickerts mir aus dem Auge,|
21 daß er Entscheidung stifte dem Manne bei Gott
und zwischen dem Menschen und seinem Genossen.|
22 Denn nur zählige Jahre verlaufen
und ich gehe den Pfad, auf dem ich nicht kehre. –|
17,1 Mein Geist ist zermürbt, meine Tage verschwelen,
für mich ist der Gräberplatz.|
2 Ists nicht so:
Witzlinge sind mir beigetan,
auf ihrem Getrotz muß mein Auge weilen.|

³ Setze doch ein, bürge für mich bei dir,
  wer sonst möchte Handschlag mir leisten!|
⁴ Denn ihr Herz hast du vorm Begreifen geborgen,
  deshalb darfst du sie nicht erhöhen. –|
⁵ Für einen Anteil zeigt einer Genossen an
  und die Augen seiner Söhne verschmachten?|
⁶ Er hat mich zum Gleichnis für Völker gestellt,
  zu einem ins Antlitz Bespienen bin ich geworden.|
⁷ Ermattet ist mein Auge vor Gram,
  all meine Glieder sind schattengleich.|
⁸ Drüber erschaudern die ›Geraden‹,
  der ›Unsträfliche‹ erregt über den ›Entarteten‹ sich:|
⁹ Der ›Bewährte‹ hält an seinem Weg fest,
  der ›an Händen Lautre‹ fügt sich Stärke noch zu.|
¹⁰ Jedoch sie alle…!
  Kommt doch wieder heran,
  ich werde unter euch einen Weisen nicht finden. –|
¹¹ Meine Tage sind dahingegangen,
  meine Strebungen sind zertrennt,
  die Wünsche meines Herzens.|
¹² Die da wollen die Nacht zum Tag machen:
  ›Licht ist nah – von der Finsternis weg!‹|
¹³ Erhoffte ich etwas, wärs die Gruft als mein Haus,
  daß ich mein Lager in der Finsternis bette,|
¹⁴ zur Grube rufe: ›Mein Vater bist du‹,
  ›Meine Mutter!‹ und ›Meine Schwester!‹ zum Gewürm.|
¹⁵ Wo wäre somit meine Hoffnung?
  Meine Hoffnung, wer kann sie erspähn?|
¹⁶ Als ein Stück von mir sinkts in die Gruft,
  mitsammen im Staube zu ruhn.«|

18,1 Bildad der Schuachiter entgegnete, er sprach:|
  ² »»Bis wann setzt ihr den Treibstecken an Worte?
    Merkt erst auf, dann laßt uns reden!‹|
  ³ – Weshalb werden wir dem Vieh gleich geachtet,
    sind vermakelt in euren Augen?|
  ⁴ Du, der in seinem Zorn sich selber zerreißt,
    soll sich deinethalb das Erdreich entvölkern,

der Fels von seinem Platze rücken?|
⁵ Dennoch: das Licht der Schuldigen verschwelt,
nicht ein Funken erglänzt seines Feuers,|
⁶ in seinem Zelt hat sich die Leuchte verfinstert,
die Lampe über ihm verschwelt.|
⁷ Beengt werden die Schritte seiner Wucht,
sein eigner Rat wirft ihn nieder.|
⁸ Denn durch seine Füße wird ins Netz er gejagt,
über Flechtwerk ergeht er sich,|
⁹ die Ferse ergreift das Garn,
fest hält ihn die Schlinge,|
¹⁰ im Boden steckt ihm der Strick,
die Falle ihm auf dem Steige.|
¹¹ Ringsum ängstet Grausiges ihn,
hetzt ihn, ihm auf dem Fuß.|
¹² Ausgehungert wird seine Wucht,
für sein Ausgleiten steht das Unheil bereit.|
¹³ Stückweise frißt ihm die Haut ab,
stückweise ihn der Erstling des Tods.|
¹⁴ Abgetrennt wird er seinem Zelt, seiner Sichrung,
schreiten heißts ihn zum König des Grausens,|
¹⁵ wohnen wirds in seinem Zelt ohne die Seinen,
und über seine Trift wird Schwefel gestreut.|
¹⁶ Drunten dorren seine Wurzeln,
droben welkt sein Gezweig,|
¹⁷ sein Gedächtnis schwand von der Erde,
nicht hat er mehr einen Namen auf der Gasse.|
¹⁸ Man stürzt ihn vom Licht in die Finsternis,
vom Erdrund verscheucht man ihn,|
¹⁹ nicht ist ihm Schoß, nicht Sproß in seinem Volke,
nicht ein Entronnener, wo er gegastet hatte.|
²⁰ Über seinen Richttag erstarren die Späten,
die Frühen ergreift der Schauder.|
²¹ Ja, diese sind die Wohnstätten der Falschheit,
dies der Platz dessen, der Gott nicht kennt.«|

19,1 Ijob entgegnete, er sprach:|
² »Bis wann noch grämt ihr meine Seele,

malmet ihr mich mit Worten? |
3 Zehnmal nun habt ihr mich geschmäht,
ihr zögert nicht, mich zu mißhandeln. |
4 Und wäre ich einst wirklich entgleist,
verweilt dann bei mir meine Entgleisung? |
5 Dürftet ihr drum wirklich wider mich großtun
und wider mich meine Schande erweisen? – |
6 Wisset also, daß mirs der Gottherr gekrümmt hat,
mit seinem Fangseil hat er mich umwunden. |
7 Wohl, ich schreie: ›Unbill!‹ und mir wird nicht entgegnet,
ich klage, und da ist kein Recht. |
8 Meinen Pfad hat er vermauert, ich kann nicht weiter,
auf meine Steige legt Finsternis er, |
9 meine Ehre hat er mir abgestreift,
die Krone mir vom Haupte gezogen. |
10 Er reißt mich rings nieder, daß ich vergehe,
wie einen Baum hebt meine Hoffnung er aus. |
11 Er läßt seinen Zorn mich umlodern,
seinen Widersachern gleich achtet er mich. |
12 Mitsammen kommen seine Rotten,
bahnen sich ihren Weg auf mich zu,
lagern sich rings um mein Zelt. |
13 Meine Brüder hat von mir er entfernt,
die mich kannten, sind durchaus mir entfremdet, |
14 ausbleiben die mir Nahen,
meine Bekannten haben mich vergessen, |
15 die Ansassen meines Hauses und meine Mägde,
sie achten mich für einen Fremden,
ein Auswärtiger bin ich in ihren Augen geworden, |
16 ich winke meinem Knecht, er entgegnet nicht,
mit meinem Munde muß ich ihn anflehn. |
17 Mein Odem ist fremd meinem Weibe,
ich ekle die Söhne meines Mutterleibs an, |
18 sogar die Büblein haben mich verworfen,
steh ich auf, bereden sie mich, |
19 mich scheun die Leute meines Einvernehmens,
die ich liebte, haben gegen mich sich gewandt. |

20 An meiner Haut, an meinem Fleisch klebt mein Gebein,

ich bin entronnen mit der Haut meiner Zähne, – |
21 schenkt mir Gunst, schenkt Gunst, ihr meine Genossen,
denn Gottes Hand hat mich angerührt. |
22 Warum verfolgt ihr mich wie der Gottherr
und werdet meines Fleisches nicht satt? |
23 Wer gäbs doch, meine Worte würden geschrieben,
wer gäbs, auf einem Brief eingezeichnet, |
24 mit Eisengriffel nebst Blei
auf immer in den Felsen gehaun! – |
25 da ich doch weiß, mein Auslöser lebt,
und als der Spätgekommne wird vortreten er überm Staub, |
26 und noch nachdem meine Haut, dies da, zerfetzt ist,
noch von meinem Fleisch aus werde ich Gott schauen. |
27 Was ich selber mir erschaue,
meine Augen sehn, nicht eines Fremden,
in meinem Leib verzehren sich danach meine Nieren. |

28 Wenn ihr sprecht: ›Wie verfolgen wir ihn denn!‹,
die Wurzel der Sache, in mir sei sie zu finden, |
29 erschauert, ihr, vor dem Schwert
– denn Grimmglut ists, Verfehlungen fürs Schwert –,
auf daß ihr erkennt, daß ein Urteil ist!« |

20,1 Zofar der Naamaiter entgegnete, er sprach: |
2 »Deswegen antwortet mir mein Grübeln,
um deswillen ist meine Regung in mir: |
3 Zuchtrede, mir zu Schimpf, muß ich hören,
aus meiner Einsicht entgegnet der Geist: |
4 Weißt du dies, was seit jeher ist,
seit man Menschen setzte auf die Erde, – |
5 daß der Jubel der Schuldigen von nah her ist,
die Freude des Entarteten für einen Nu? |
6 Steigt solch eines Hoheit zum Himmel,
reicht sein Haupt an die Wolke, |
7 seinem Kot gleich schwindet er für immer,
die ihn sahen, sprechen: ›Wo ist er?‹, |
8 dem Traum gleich entfliegt er und man findet ihn nicht,
er entschweift einer Nachtschau gleich, |

⁹ das Auge mustert ihn und nimmer wieder,
  nie mehr gewahrts ihn an seinem Platz. |
¹⁰ Seine Söhne müssen die Schwachen begütigen,
  seine Hände müssen so sein Vermögen erstatten. |
¹¹ Mochte sein Gebein noch der Jugendkraft voll sein,
  mit ihm legt sie sich in den Staub. |
¹² War das Böse süß seinem Mund,
  hehlte ers unter seiner Zunge, |
¹³ schonte es und ließ es nicht los,
  hielts inmitten seines Gaumens zurück, |
¹⁴ in seinem Eingeweid wandelt sein Brot sich,
  Viperngalle wirds ihm im Leib. |
¹⁵ Habe, die er schlang, muß er ausspein,
  aus seinem Bauch treibt es der Gottherr. |
¹⁶ Was er sog, ist Viperngift,
  ihn bringt die Zunge des Raschlers um. |
¹⁷ Nimmer darf er sich laben an den Bächen,
  den Strömen von Honig und Sahne. |
¹⁸ Er erstattet den Erwerb, kanns nicht schlucken,
  als sein Eintauschgut, kann drin nicht schwelgen, |
¹⁹ Denn er knickte die Schwachen, ließ sie liegen,
  raubte sein Haus, baute es nicht. |
²⁰ So denn kennt er in seinem Bauch nicht Befriedung,
  mit seiner Köstlichkeit kann er nimmer entrinnen. |
²¹ Keiner entrann seinem Fressen,
  deshalb kann sein Gut nicht währen. |
²² In der Fülle seines Genügens wirds eng ihm,
  alle Hand der Verhärmten kommt über ihn. |
²³ So geschiehts nun, den Bauch ihm zu füllen:
  Los läßt Er wider ihn die Flamme seines Zorns,
  er beregnet ihn in seinen Lebenssaft hinein. |
²⁴ Entflieht er der Eisenwaffe,
  zerschneidet ihn der eherne Bogen, |
²⁵ er reißts heraus, es fährt ihm aus dem Rücken,
  der Blitzpfeil geht ihm aus der Galle, –
  das Gräßliche ist über ihm! – |
²⁶ Ist in alle Finsternis sein Aufgespartes verscharrt,
  fressen wirds ein Feuer, das nicht entfacht ward,
  abweiden wirds, was in seinem Zelt noch entrann. |

27 Seinen Fehl macht der Himmel offenbar,
die Erde lehnt sich wider ihn auf, |
28 fortgeschleppt wird der Ertrag seines Hauses,
am Tag seines Zornes entschwimmts. |
29 Dies ist von Gott her des Schuldigen Teil,
Eigentum, vom Gottherrn ihm zugesprochen.« |

21,1 Ijob entgegnete, er sprach: |
2 »Höret, horcht auf mein Wort,
mag das euer Trösten sein! |
3 Ertragt mich, daß selber ich rede; –
nach meiner Rede magst du spotten! |
4 Ich da, gilt meine Klage denn Menschen?
Somit, weshalb sollte ich nicht kurzmütig sein? |
5 Wendet euch mir zu und erstarret,
legt die Hand auf den Mund! |
6 Gedenke ich dessen, bin ich bestürzt,
ein Schauder faßt mir ins Fleisch: |
7 Weshalb leben die Schuldigen,
altern, wachsen an Macht gar? |
8 Aufrecht bleibt vor ihrem Antlitz, bei ihnen ihr Same,
ihre Nachfahren vor ihren Augen. |
9 Ihre Häuser sind im Frieden, ohne Schrecknis,
nicht ist der Gottesstab über ihnen. |
10 Solch eines Stier bespringt und versagt nie,
seine Kuh kalbt und wirft nicht fehl. |
11 Wie Schafe schicken sie ihre Büblein aus,
und ihre Kinder tanzen. |
12 Sie heben an mit Pauke und Leier,
erfreun sich am Klang der Schalmei. |
13 Sie verbrauchen ihre Tage, sich gütlich zu tun,
und in einem Rasten sinken sie in das Gruftreich. |
14 Und sie sprachen doch zum Gottherrn: ›Weiche von uns!‹
und: ›Nach Erkenntnis deiner Wege verlangts uns nicht. |
15 Was ist der Gewaltige, daß wir ihm dienen sollen,
was nützts uns, daß wir in ihn dringen!‹ |
16 [Wohl, nicht in ihrer Hand ist ihr Gutbefinden,
fern von mir ist der Schuldigen Rat.]

¹⁷ Wie oft verschwelt die Lampe der Schuldigen,
kommt über sie ihr Unheil,
teilt er Schnurmaße zu in seinem Zorn, |
¹⁸ werden sie wie Häcksel vorm Wind,
wie Spreu, die der Sturm entführt hat? |
¹⁹ Gott spare jenes Söhnen sein Arg auf?
Ihm selber müßte ers vergelten, daß ers zu wissen bekomme, |
²⁰ seine Augen müßten sein Elend besehn,
von der Grimmglut des Gewaltigen müßte er trinken! |
²¹ Denn was könnte danach ihn seines Hauses verlangen,
ward erst die Zahl seiner Monde verknappt! |
²² – ›Will einer den Gottherrn Erkenntnis lehren,
ihn, der hochher richtet?‹ |
²³ – Dieser da stirbt eben in seinem Vollenden,
in allem sorglos und befriedet, |
²⁴ noch seine Preßoliven sind voller Fett,
das Mark seines Gebeins ist durchtränkt, |
²⁵ und dieser da stirbt mit bitterer Seele,
er hat von nichts Gutem genossen: |
²⁶ mitsammen liegen sie im Staub,
Maden hüllen sie ein. |

²⁷ Wohl, ich kenne eure Pläne,
die Ränke, die ihr unbillig gegen mich spinnt. |
²⁸ Denn ihr sprecht: ›Wo ist das Haus des Edlen
und wo das Wohnzelt der Schuldigen?‹ |
²⁹ Habt ihr nicht die Wegeswandrer gefragt?
könnt ihr ihre Zeichen dahin verkennen, |
³⁰ daß der Böse behalten werde für den Tag des Unheils,
sie verbracht werden für den Tag des Überwallens? |
³¹ Wer vermeldet seinen Weg ihm ins Antlitz?
er ists, der getan hat, wer vergilt ihm? |
³² Zur Gräberstätte wird er gebracht,
und überm Hügel wacht man, |
³³ die Schachtschollen sind sein Erquicken.
Alle Menschen ziehen hinter ihm her,
Unzählige ihm voran. |

³⁴ Wie nun mögt ihr so dunstig mich trösten!
Von euren Antworten überbleibt nur die Treulosigkeit.«|

22,1 Elifas der Temaniter entgegnete, er sprach:|
  ² »Kann ein Mann dem Gottherrn frommen?
Der Begreifende frommt sich selber.|
  ³ Hat der Gewaltige Lust daran, daß du dich bewährst?
oder hat er Gewinn, wenn deine Wege du schlichtest?|
  ⁴ Wird um deine Fürchtigkeit er dich ermahnen,
wird mit dir ins Gericht gehn:|
  ⁵ ›Ist nicht deiner Bosheit viel,
endlos deine Verfehlungen?|
  ⁶ Denn du pfändetest deine Brüder umsonst,
streiftest Entblößten die Kleider ab,|
  ⁷ nicht tränktest du mit Wasser den Matten,
dem Hungernden verweigertest du Brot.|
  ⁸ [»Der Mann des Arms, sein ist das Land,
der Ansehnliche sitzt darin fest!«]|
  ⁹ Witwen hast du leer fortgeschickt,
die Arme der Waisen durfte man zermalmen.|
  ¹⁰ Deshalb sind rings um dich Schlingen,
jäh bestürzt dich der Schrecken.|
  ¹¹ Oder siehst du die Finsternis nicht,
den Wasserschwall, der dich einhüllen will?‹|
  ¹² Ist nicht Gott in Himmelshöhe?
Und sieh das Haupt der Sterne, wie sie ragen!|

  ¹³ Nun aber sprichst du: ›Was weiß Gott!
Kann hinterm Wetterdunkel er richten?|
  ¹⁴ Gewölk ist ihm Versteck, und er sieht nicht,
am Himmelskreis wandelt er dahin!‹|
  ¹⁵ Hältst den Pfad der Vorzeit du inne,
drauf die Leute der Arglist schritten,|
  ¹⁶ die gepackt wurden, als die Frist noch nicht war:
ein Strom, ergoß sich ihr Grund –?|
  ¹⁷ sie sprachen zum Gottherrn: ›Weiche von mir!‹
und: ›Was mag für uns der Gewaltige wirken!‹|
  ¹⁸ [– er, mit Gutem hatte er ihre Häuser gefüllt!]

und dazu: ›Fern von mir ist der Schuldigen Rat!‹|
19 Die Bewährten sehens und freun sich,
ihrer spottet der Unsträfliche:|
20 ›Ists nicht so: unsre Empörerschaft wird getilgt,
ihren Rest wird das Feuer fressen!‹|

21 Werde ihm doch fromm und befriede dich,
davon wird dir das Gute kommen.|
22 Nimm doch Weisung aus seinem Mund an,
setze dir seine Sprüche ins Herz!|
23 Kehrst du um zum Gewaltigen, wirst du aufgebaut,
entfernst aus deinen Zelten die Falschheit.|
24 Leg zum Staub das erlesene Erz,
zum Kies der Bäche das Ofirgold,|
25 dann wird der Gewaltige deine Erzbarren sein,
firstklares Silber dir.|
26 Denn dann wirst du am Gewaltigen dich erquicken,
wirst zum Gottherrn dein Antlitz erheben,|
27 zu ihm flehn und er wird dich erhören,
bezahlen wirst du deine Gelübde,|
28 Du bestimmst im Spruch und es ersteht dir,
über all deinen Wegen strahlt Licht.|

29 Hat man einen erniedert, sprich: ›Es war Hoffart!‹
Der die Augen senkt, ihn befreit er,|
30 ließ einen nicht Unsträflichen er entrinnen,
entrann er, dann: ›Durch die Läuterung deiner Hände‹!«|

23,1 Ijob entgegnete, er sprach:
2 »Auflehnung ist auch heut meine Klage, –
meine Hand muß mein Stöhnen bezwingen.|
3 Wer gäbs, ich wüßte ihn zu finden,
ich käme bis zu seinem Throngestell!|
4 Ich wollte ihm vorm Antlitz die Rechtssache rüsten,
mit Erweisen füllte sich mein Mund,|
5 ich wüßte dann die Worte, die er mir entgegnet,
merkte, was er zu mir spricht.|
6 Würde er mit Überkraft dann mich bestreiten?

Nein, nur er selber merkte auf mich!|
⁷ Dort erwiese sich bei ihm ein Gerader,
auf ewig ließe ich hervordringen mein Recht.|
⁸ [Wohl, nach vorn geh ich, er ist nicht da,
rückwärts, ich bemerke ihn nicht,|
⁹ links, ob er da wirke, ich kanns nicht schauen,
lenke er rechtshin, ich vermags nicht zu sehn.]|
¹⁰ Denn er kennt den Weg, der mir eignet,
prüfte er mich, goldgleich stiege ich hervor.|
¹¹ In seiner Spur hielt sich mein Fuß,
seinen Weg hütete ich und bog nicht ab:|
¹² Gebot seiner Lippen ists,
ich wich nicht von dem mir Gesetzten,
ich verwahrte die Sprüche seines Mundes.|
¹³ Er aber bleibt bei dem einen, wer brächte ihn ab!
seine Seele begehrts und er tuts.|
¹⁴ Denn er vollführt das mir Festgesetzte, –
dergleichen ist vieles bei ihm,|
¹⁵ Deswegen bin ich vor ihm bestürzt,
betrachte ichs, erschrecke ich vor ihm.|
¹⁶ Der Gottherr ists, der das Herz mir erweicht hat,
der Gewaltige, der mich bestürzt hat.|
¹⁷ Denn nicht vor Verfinstrung werde ich erstickt,
nicht vor umhüllendem Dunkel. –|
²⁴,¹ Weshalb sind vom Gewaltigen her nicht ausgespart Fristen,
schauen, die ihn kennen, seine Richttage nicht?|

² Jene verrücken die Grenzen,
rauben Herden und weiden sie selber,|
³ entführen Waisen den Esel,
pfänden das Rind der Witwe,|
⁴ treiben die Dürftigen vom Wege,
verkriechen müssen sich mitsammen die Armen des Landes.|
⁵ Wohl, Zebras sie in der Wüste,
ziehn zu ihrer Arbeit die aus:
nach Zehrung suchen sie sich ab,
die Steppe reicht solch einem Brot für die Knaben,|
⁶ auf der Flur ernten sie jenem das Gemengsel ab,
stoppeln im Weinberg des Schuldigen nach.|

⁷ Entblößt nachten sie, ohne Gewand,
  in der Kälte haben sie keine Hülle, |
⁸ sie triefen von der Strömung der Berge,
  schutzlos umklammern sie den Felsen. |
⁹ [Man hat von der Brust weg die Waise geraubt,
  den Säugling des Armen hat als Pfand man genommen.] |
¹⁰ Entblößt gehen sie, ohne Gewand,
   hungernd tragen sie Garben, |
¹¹ – zwischen jener Mauern dürfen mittags sie weilen –,
   treten die Kelter und dürsten. |
¹² Im Angstfieber müssen Sterbende ächzen,
   die Seele Durchbohrter um Hilfe schrein.
   Aber Gott setzt es nicht als Ungehöriges an. |

¹³ Jene waren von den Aufrührern wider das Licht,
   seine Wege haben sie nicht erkannt,
   in seinen Steigen nicht verweilt. |
¹⁴ Vorm Frühlicht steht der Mörder auf,
   schlägt Arme, Dürftige nieder,
   und in der Nacht treibt ers dem Dieb gleich. |
¹⁵ Das Auge des Buhlers lauert auf die Dämmerung,
   es spricht draus: ›Nicht soll ein Aug mich gewahren!‹,
   einen Schleier legt er ums Antlitz. |
¹⁶ Im Finstern bricht in die Häuser man ein.
   Sie schließen sich ein bei Tage;
   das Licht kennen sie nicht. |
¹⁷ Denn mitsammen ihnen gilt als Morgen der Todesschatten,
   denn geläufig ist solch einem der grausende Todesschatten, |
¹⁸ leicht fährt der da auch übers Wasser hin.

   – ›Verwünscht ist ihr Ackerteil im Lande!
   nie mehr darf solch einer sich weinbergwärts wenden!‹|
¹⁹ Dürre, auch Hitze raffen das Schneewasser fort,
   das Gruftreich sie, die gesündigt haben. |
²⁰ Den vergißt der Mutterschoß,
   die Made läßt ihn sich schmecken,
   nie wieder wird seiner gedacht,
   baumgleich wird die Falschheit zerschlagen, |
²¹ wer die Sprossenlose, die nicht gebar, plündert,

der Witwe Ungutes tut.‹|

²² – Und doch zieht Er mit seiner Kraft es hin für die Starken,
solch einer steht auf, und traute seinem Leben nicht mehr:|
²³ Er begabt ihn mit Sicherheit, er wird gestützt.
Wären aber Seine Augen über all ihren Wegen,|
²⁴ sie stiegen nur ein wenig, dann gäbs den nicht mehr,
sie würden geduckt, verstummten gleich allen,
würden einer Ährenspitze gleich erschlaffen.|
²⁵ Und wäre dem etwa nicht so? Wer straft mich Lügen
und macht zunichte mein Wort?«|

25,1 Bildad der Schuachiter entgegnete, er sprach:|
² »Der Waltende, bei ihm ist der Schrecken, –
Frieden macht er in seinen Höhn.|
³ Gibts eine Zahl für seine Scharen?
und über wem erstünde sein Licht nicht!|
⁴ Wie wäre das Menschlein bewahrheitet vor Gott,
wie gälte als rein der vom Weibe Geborne!|
⁵ Wohl, er verwarnt den Mond, und er hellt sich nicht auf,
die Sterne gelten nicht als rein in Seinen Augen.|
⁶ Nun gar das Menschlein, die Made,
der Adamssohn, der Wurm!«|

26,1 Ijob entgegnete, er sprach:|
² »Wie hast du der Unkraft geholfen,
den Arm der Ohnmacht befreit!|
³ Wie hast du die Unweisheit beraten,
Sinn in Menge kundgetan!|
⁴ Mit wem zuseiten hast du Worte vermeldet?
wessen Einhauch ging von dir aus?

⁵ Die Gespenstischen winden sich,
die unterhalb des Wassers und dessen Anwohner,|
⁶ entblößt ist Ihm zugegen das Gruftreich,
die Verlorenheit hat keine Hülle.|
⁷ Überm Wirrsal dehnte er den Nordgau,

überm Ohnwesen hing die Erde er auf, |
8 schnürte die Wasser in seine Verdichtung,
daß drunter nicht eine Wolke birst, |
9 er umgriff das Antlitz des Vollmonds,
breitete über ihn seine Wolke, |
10 er zirkte eine Schranke übers Wasser hin ab,
bis wo sich Licht an Finsternis vollendet, – |
11 die Säulen des Himmels schwankten,
entsetzten sich um sein Schelten. |
12 Mit seiner Kraft schwichtigte er das Meer,
mit seiner Merksamkeit zerhieb er das Ungetüm, |
13 durch seinen Odem wurde der Himmel geklärt,
seine Hand durchbohrte die Flüchtige Schlange. |
14 Wohl, dies sind nur Säume seines Wegs, –
und welch ein Wispern ist die Rede, die wir davon hörten!
Der Donner seiner Mächtigkeit aber, wer würde des inne!« |

27,1 Ijob hob weiter sein Gleichwort an, er sprach: |
2 »Beim lebendigen Gottherrn, der mein Recht hieß
   entweichen,
dem Gewaltigen, der mir die Seele verbittert, |
3 – denn noch ist all mein Atem in mir,
der Gotteshauch in meiner Nase –: |
4 Reden meine Lippen Falschheit,
murmelt meine Zunge Täuschung, …! |
5 Weitab mir, daß ich euch bewahrheite!
bis ich verscheide, lasse ich meine Schlichtheit nicht weichen. |
6 An meiner Bewährtheit halte ich und lockere nicht,
nicht höhnt mein Herz etwelche meiner Tage. |
7 Es sei mein Feind dem Schuldigen gleich,
dem Falschgesinnten, wer gegen mich aufsteht! |
8 [›Denn was ist des Entarteten Hoffnung, wenn losschneidet,
wenn herausholt Gott seine Seele? |
9 wird der Gottherr seinen Schrei hören,
wenn die Drangsal ihn überkommt? |
10 oder kann er sich am Gewaltigen erquicken,
darf Gott anrufen allezeit?‹] |
11 Über die Hand des Gottherrn hatte ich euch belehrt,
wie es beim Gewaltigen ist, nicht hatte ichs verhehlt, – |

¹² wohl, da habt ihrs alle selber erschaut, –
was wollt ihr nun mit Dunst mich umdunsten!|

¹³ [›Dies ist der Anteil des schuldigen Menschen bei Gott,
das Eigentum des Wüterichs, das jeder vom Gewaltigen
    empfängt:|
¹⁴ mehren sich seine Söhne, ists für das Schwert,
seine Nachfahren werden Brotes nicht satt,|
¹⁵ seine Entronnenen werden im Pesttod begraben,
seine Witwen beweinen nicht.|
¹⁶ Scharrt er Silber zusammen wie Staub,
richtet Gewand er wie Lehm her,|
¹⁷ er richtets her und der Bewährte gewandet sich,
das Silber teilt der Unsträfliche sich zu.|
¹⁸ Wie Mottenfraß hat sein Haus er gebaut,
wie ein Schirmdach, das ein Hüter sich machte.|
¹⁹ Reich legt er sich hin und darfs nicht wiederholen,
kaum öffnet er seine Augen, gibts ihn nicht mehr.|
²⁰ Wie die Wasser erreicht ihn das Grausen,
über Nacht entführt ihn der Orkan,|
²¹ der Ost trägt ihn hinweg und er vergeht,
er stürmt von seinem Platze ihn fort;|
²² Er bewirft ihn und schont nicht,
vor seiner Hand flieht er und flieht.
²³ Man klatscht über ihn in die Hände,
man bezischt ihn von seinem Platz aus.‹]|

28,1 Fürs Silber gibts ja einen Fundort,
einen Platz fürs Gold, wo mans seigert,|
² Eisen holt man aus dem Staub,
das Gestein, das zu Kupfer man schmilzt.|
³ Man hat der Finsternis ein Ende gesetzt,
alles Letzte durchforscht ebender.
Durchs Gestein von Dunkel und Todesschatten|
⁴ bricht der Schacht von der Kalkschicht weg;
die des Fußtapfs Vergeßnen,
sie hangen abseits der Menschenwelt, schweben.|
⁵ Die Erde, draus das Brotkorn hervorkommen wird,
ihr Untres ist wie von Feuer umwühlt.|

⁶ Des Saphirs Platz sind ihre Steine,
   Goldstaubkörner sind für einen darin. |
⁷ Ein Steig, den kennt der Stoßvogel nicht,
   nie mustert ihn das Auge des Weihs, |
⁸ nie betreten ihn die Söhne der Kühnheit,
   nie streicht der Raubwelp darüber. |
⁹ Zum Kiesel schickt man seine Hand aus,
   von der Wurzel umwühlt man die Berge, |
¹⁰ Felsen durchspaltet man mit Stollen,
   und allerhand Köstliches besieht nun dessen Auge, |
¹¹ gegens Sickern bindet er die Adern ab, –
   so kommt das Heimliche ans Licht hervor. |
¹² Aber die Weisheit, woher läßt sie sich finden,
   welches ist der Ort der Merksamkeit? |
¹³ Ein Menschlein kennt nicht ihren Wert,
   im Land der Lebendigen wird sie nicht gefunden. |
¹⁴ Der Urwirbel spricht: ›In mir ist sie nicht‹,
   und das Meer spricht: ›Nirgends bei mir‹, |
¹⁵ man kann Barren nicht für sie geben,
   ihren Preis nicht in Silber wägen, |
¹⁶ man kann nicht abgelten sie mit Ofirmetall,
   mit köstlichem Karneol und Saphir, |
¹⁷ mit Gold und Glas kann man sie nicht bewerten,
   noch ist Feinerzgerät ihr Tauschpreis, |
¹⁸ Korallen und Kristall, des ist nicht zu gedenken,
   der Heraufzug von Weisheit ist mehr als von Perlen, |
¹⁹ mit äthiopischem Chrysolith kann man sie nicht bewerten,
   mit reinem Ofirmetall gilt sie man nicht ab. |
²⁰ Aber die Weisheit, woher doch kommt sie?
   welches ist der Ort der Merksamkeit? |
²¹ Vor alles Lebendigen Augen ist sie verhohlen,
   noch vor dem Vogel des Himmels versteckt. |
²² Die Verlorenheit und der Tod sprechen:
   ›Mit unsern Ohren hörten wir ein Hörensagen von ihr.‹ |
²³ Gott ists, der den Weg zu ihr vermerkte,
   er ists, der ihren Ort kennt. |
²⁴ Denn er, er blickt zu den Enden der Erde,
   unter all dem Himmel sieht er sich um, |
²⁵ dem Winde ein Gewicht zu machen,

die Wasser steckt er mit der Meßstrecke ab. |
26 Als er dem Regen machte eine Schranke,
einen Weg dem schallenden Wetterstrahl, |
27 damals sah ers und zählte es,
merkte es und erforschte es. |
28 [Zum Menschen aber hat er gesprochen,
wohl, die Furcht meines Herrn, das sei Weisheit,
und vom Bösen weichen Merksamkeit.]« |

29,1 Ijob hub weiter sein Gleichwort an, er sprach: |
2 »Wer gäbe mir gleich den Monden von vordem,
den Tagen, da Gott mich bewahrte, |
3 wann seine Lampe überm Haupte mir schien,
bei seinem Licht ich durch Finsternis ging, |
4 wie ich war in den Tagen meiner Frühe,
wann Gottes Einvernehmen mir überm Zelt war, |
5 wann der Gewaltige noch war bei mir,
rings um mich meine Knaben, |
6 wann meine Gänge badeten in Sahne,
bei mir der Fels Öls Borne ergoß! |
7 Wann aus dem Tor ich trat, hin zur Burgstadt,
den Sitz mir bereitete auf dem Markt, |
8 ersahn mich Knaben und versteckten sich,
Greise erhoben sich und blieben stehn, |
9 Obre hielten ihre Worte zurück,
legten sich die Hand an den Mund, |
10 Anführern stockten die Worte,
am Gaum haftete ihre Zunge. |
11 Denn das Ohr hörte und pries mich glücklich,
das Auge sah und bezeugte mir, |
12 daß ich den aufstöhnenden Armen heraushieb,
die Waise, die nicht Helfer hatte. |
13 Der Segen des Verlornen kam über mich,
das Herz der Witwe machte ich jubeln, |
14 ich kleidete mich in Bewährung, es bekleidete mich
meine Gerechtigkeit wie Kittel und Kopfbund. |
15 Augen war ich dem Blinden,
Füße dem Hinkenden ich, |
16 den Dürftigen ich ein Vater,

Streit mir Unbekannter, ich habe ihn geprüft, |
17 der Falschheit zerschlug ich das Gebiß,
entriß ihren Zähnen die Beute. –|
18 [Und ich sprach: ›Bei meinem Nest einst verscheid ich,
sandgleich mehre ich meine Tage: |
19 ist meine Wurzel ja zum Wasser hin offen,
und Tau nächtigt in meinem Gezweig. |
20 Neu bei mir bleibt mein Ehrenschein,
in meiner Hand tauscht mein Bogen sich um.‹] |
21 Auf mich hörten sie und sie harrten,
bei meinem Rat wurden sie still, |
22 nach meiner Rede wiederholten sie nichts,
mein Wort träufelte auf sie nieder, |
23 sie harrten auf mich wie auf den Regen,
sperrten ihren Mund für den Lenzschauer auf. |
24 Getrauten sie sich nicht, ich lachte ihnen zu,
und hinfallen ließen sie nie meines Antlitzes Licht. |
25 Ich wählte ihren Weg und saß zuhäupten,
königgleich wohnte ich der Schar ein,
gleichwie wenn einer Trauernde tröstet. |
30,1 Jetzt aber lachen über mich die.
Jüngere an Tagen als ich,
deren Väter ich verwarf,
meinen Herdenhunden sie zu gesellen, –|
2 wozu mir auch die Kraft ihrer Hände,
da die Rüstigkeit ihnen entschwand! |
3 von Mangel und Darbnis versteift,
sie, die die Heide benagen,
gestern nachts noch in Ödnis und Verödung, |
4 die Melde pflückten am Gesträuch,
Ginsterwurzel war ihnen das Brot, |
5 aus dem Binnenraum wurden sie verjagt,
wie einem Dieb schrie man ihnen nach, |
6 am Hang der Bäche zu wohnen,
in Staublöchern und Klüften, |
7 sie brähten zwischen den Sträuchern,
unterm Gestrüpp drängten sie sich zusammen. |
8 Söhne von Gemeinem, auch Namenloser Söhne,
die gepeitscht wurden aus dem Land. |

⁹ Und jetzt ward ich ihnen zum Klimperlied,
zum Wörtlein bin ich ihnen geworden, |
¹⁰ sie scheuen mich, entfernen sich von mir,
sparen nicht mit dem Ausspein vor mir. |
¹¹ Denn Er hat meine Sehne gelöst und hat mich gebeugt,
so konnte man den Zügel freilassen vor mir. |
¹² Zur Rechten erhoben sie sich – ein Blust! –,
sie schicken mir den Fuß frei,
aber ihre Unheilspfade bahnen sie auf mich zu, |
¹³ meinen Steig zerrütten sie,
brauchbar sind sie zu meinem Verhängnis,
nicht ist ihnen ein Helfer vonnöten,
¹⁴ durch eine breite Bresche rennen sie drein,
unter der Verödung wälzen sie sich einher. |
¹⁵ Zum Grausen hat sichs mir gewandelt,
windgleich verjagts meine Würde,
gleich einer Wolke zog meine Freiheit hinweg. |
¹⁶ Und jetzt schüttet in mir meine Seele sich hin,
erfaßt hats mich in den Tagen des Elends, |
¹⁷ nachts hackts von mir mein Gebein ab,
nie legen meine Nager sich hin, |
¹⁸ vor so großer Kraft entstellt sich mein Gewand,
wie meines Leibrocks Halsmündung schnürt es mich ein. |
¹⁹ Er hat in den Lehm mich geworfen,
daß dem Staub und der Asche ich ähnle. – |

²⁰ Ich schreie zu dir auf, du entgegnest mir nicht,
ich bleibe stehn, daß du mich bemerkest, |
²¹ da wandelst du dich zu einem Grausamen mir,
befehdest mich mit deiner eigenen Hand, |
²² du hebst mich auf den Wind, lässest mich reiten –
und machst die Besinnung mir schmelzen. |
²³ Denn ich weiß, in den Tod treibst du mich,
ins Begegnungshaus alles Lebendigen. |

²⁴ ›Daß Er doch an die Ruine die Hand nicht noch schicke?
Flehte drum in seinem Scheitern einer, |
²⁵ weinte ich da nicht um ihn, des der harte Tag war,
meine Seele um den Dürftigen bekümmert? – |
²⁶ Ja, ich erhoffte das Gute, und das Böse kam,

ich harrte des Lichts, und das Dunkel kam. |
27 Mein Eingeweid siedet und ruht nicht,
die Tage des Elends haben mich überrascht, |
28 düsterfarben geh ich, nicht scheint mir der Glutball,
erheb ich in der Ansammlung mich, muß ich aufschrein, |
29 ein Bruder bin ich den Schakalen geworden,
ein Genosse den Straußen, |
30 meine Haut ist mir abgeschwärzt,
mein Gebein ist vor Hitze verbrannt, |
31 meine Leier ist zur Trauer geworden,
zu einer Stimme Weinender meine Schalmei. |

31,1 Einen Bund hatte ich für meine Augen geschlossen:
wie sollte ich eine Maid betrachten! –|
2 Und was ist die Zuteilung Gottes von oben,
die Zueignung des Gewaltigen von den Höhen her, |
3 ist sie nicht das Unheil für den Falschen,
das Fremdgeschick für die Argwirkenden? |
4 Sieht meine Wege nicht Er
und zählt all meine Schritte? |
5 Ging ich je mit dem Wahnhaften um,
eilte zum Truge mein Fuß? |
6 – wäge er mich auf wahrhaften Schalen,
Gott erkenne meine Schlichtheit! –, |
7 bog mein Tritt je vom Wege ab,
ging mein Herz meinen Augen nach,
haftet an der Hand mir ein Flecken, |
8 möge ich sän und ein andrer es essen,
mögen meine Nachfahrn entwurzelt werden! |
9 Ließ mein Herz sich je von einem Weibe betören,
lauerte ich an der Pforte meines Genossen, |
10 möge mein Weib einem anderen mahlen,
andre über ihr niederknien! |
11 [Denn das wäre Unzucht,
das eine Verfehlung zum Sühnen, |
12 Feuer wärs, das bis in die Verlorenheit frißt,
all meine Einkunft müßte es entwurzeln.] |
13 Verwarf ich je das Recht meines Knechts
und meiner Magd in ihrem Streite mit mir, |

¹⁴ was wollte ich machen, wenn sich der Gottherr erhöbe,
  wenn er musterte, was antworten ihm? |
¹⁵ Hat nicht, der mich im Mutterleib machte, jenen gemacht,
  nicht der Eine im Schoß uns bereitet? |
¹⁶ Weigerte Schwachen ich je das Begehr,
  ließ die Augen der Witwe verschmachten, |
¹⁷ aß ich je allein meinen Bissen,
  die Waise aß nicht davon mit? |
¹⁸ [Er ja zog mich groß von meiner Knabenschaft an wie ein Vater,
  vom Leibe meiner Mutter an lenkte er mich!] |
¹⁹ Sah ich je einen Verlornen ohne Gewand,
  keine Hülle am Dürftigen, |
²⁰ segneten mich nicht seine Lenden,
  da er von der Schur meiner Lämmer erwarmte? |
²¹ Schwang ich je meine Hand gegen einen Biedern,
  drum daß ich im Ratstor mir Hilfe ersah, |
²² möge mir das Achselbein vom Schulterblatt fallen,
  mein Arm werde aus seiner Röhre gebrochen! |
²³ [Denn ein Schrecken ist mir das Unheil vom Gottherrn aus,
  fährt er empor, vermag ich nichts mehr.] |
²⁴ Setzte ich je aufs Gold meine Zuversicht,
  sprach zum Feinerz: ›Meine Sicherung!‹, |
²⁵ freute mich, daß meiner Habe viel war,
  daß meiner Hand ich Mächtiges fand? |
²⁶ Sah ich je das Licht, wie es strahlte,
  den Mond köstlich einhergehn |
²⁷ und insgeheim ward das Herz mir betört,
  daß meine Hand sich an den Mund mir preßte zum Kuß? |
²⁸ [Auch das ist eine Verfehlung zum Sühnen,
  denn ich hätte den Gottherrn droben verleugnet.] |
²⁹ Freute ich mich je übers Scheitern meines Hassers
  und ließ michs erregen, daß das Böse ihn fand |
³⁰ – nicht gewährte doch meinem Gaum ich zu sündigen,
  in der Verwünschung jenes Seele zu fordern. –? |
³¹ Sprachen nicht die Leute meines Zeltes:
  ›Wo gäbs einen, der von seinem Fleische nicht satt ward‹? |
³² Draußen durfte kein Gastsasse nachten,
  meine Türen hielt für den Wandrer ich offen. – |

³³ Verhüllte ich etwa nach Menschenart meine Abtrünnigkeit,
in meinem Busen meinen Fehl zu verscharren, |
³⁴ drum daß das große Getümmel ich scheute
und mich schüchterte die Verachtung der Sippen,
so daß ich still blieb, nicht trat aus der Pforte? |

³⁵ Wer gäbe mir den, der auf mich hörte,
– da ist mein Schlußstrich, entgegne der Gewaltige mir! –
oder eine Urkunde, die mein Bestreiter schrieb |
³⁶ [trüge ich sie mir nicht auf der Schulter,
umwände sie mir als Diadem?]: |
³⁷ die Zahl meiner Schritte wollte ich ihm melden,
einem Anführer gleich ihm nahn. |

³⁸ ... Schreit über mich mein Acker,
weinen seine Furchen mitsammen, |
³⁹ aß ich sein Mark ohne Entgelt,
zerblies ich seinem Vorbesitzer die Seele, |
⁴⁰ sprieße statt Weizens Dorn,
statt Gerste Taumellolch! ...«

Zu Ende sind die Reden Ijobs. |

32,1 Jene drei Männer hatten aufgehört, Ijob zu entgegnen,
bewahrheitet war er ja in seinen Augen. |
2 Nun aber entflammte der Zorn Elihus Sohns Berachels
Sohns Busis, von der Ramsippe,
wider Ijob entflammte sein Zorn, daß der seine Seele eher
als Gott bewahrheitet meinte, |
3 und wider die drei Genossen entflammte sein Zorn, daß sie eine
Entgegnung nicht fanden, Ijob zu schuldigen. |
4 Elihu hatte aber mit Rede Ijob zugewartet,
denn älter als er waren sie an Tagen. |
5 Nun sah Elihu, daß keine Entgegnung im Mund der drei
Männer war, und sein Zorn entflammte. |
6 Elihu Sohn Berachels entgegnete, er sprach:
»Jung bin ich an Tagen
und ihr seid Greise,
darum habe ich mich verkrochen,
ich fürchtete, mein Wissen euch anzusagen, |
7 ich sprach zu mir: die Tage sollen reden,
die Vielheit der Jahre Weisheit kundtun. |
8 Jedoch, der Geist ists im Menschlein,
der Odem des Gewaltigen, der sie merken heißt, |
9 nicht eben die Vielzeitigen sind weise
und eben die Alten merken das Recht! |
10 Deshalb spreche ich: Höre mich an!
Ansagen will auch ich mein Gewußtes. |
11 Wohl, ich habe eurer Reden geharrt,
habe gelauscht auf eure Merksamkeit,
auf daß ihrs erforschtet in Worten. |
12 Ich habe auf euch gemerkt,
und wohl, da ist keiner, ders Ijob erwiese,
von euch, der entgegnete seinen Sprüchen! |
13 Nun möchtet etwa ihr sprechen: ›Wir haben Weisheit
befunden,
der Gottherr mag ihn verwehn, nicht ein Mann!‹ |
14 Gegen mich hat er nicht Worte gerüstet,
mit euren Sprüchen antworte ich ihm nicht! – |
15 Eingeschüchtert sind sie, haben nichts mehr entgegnet,
von sich die Worte hinweggerückt |
16 [noch harrte ich, denn sie redeten nicht,

denn sie standen und entgegneten nichts.]|
17 Entgegnen will auch ich meines Teils,
auch ich ansagen mein Gewußtes. |
18 Denn ich bin der Worte voll,
der Geist mir im Innern bedrängt mich. |
19 Wohl, wie uneröffneter Wein ist mein Innres,
wie neue Schläuche ist es am Bersten, |
20 reden muß ich, daß geräumig mir werde,
meine Lippen öffnen, entgegnen. |
21 Nimmer doch kann ich jemand das Antlitz erheben,
nie lobhudeln kann ich einen Menschen, |
22 denn ich weiß nichts von Lobhudelei –
leicht trüge mich hinweg, der mich machte. |
33,1 Somit höre doch, Ijob, meine Worte,
lausche all meinen Reden!|
2 Wohl, da habe meinen Mund ich geöffnet,
die Zunge redet mir am Gaumen. |
3 Geradheit meines Herzens sind meine Sprüche,
das Wissen meiner Lippen, in Lauterkeit worten sie es. |
4 Der Geist des Gottherrn hat mich gemacht,
der Hauch des Gewaltigen belebt mich. |
5 Vermagst dus, antworte mir,
rüste dich mir ins Antlitz, stell dich!|
6 Wohl, vorm Gottherrn bin ich deinesgleichen,
auch ich ward aus Lehm gekniffen, |
7 wohl, Entsetzen vor mir wird dich nicht ängsten,
meine Wucht dich nicht belasten. |

8 Eben hast du in meine Ohren gesprochen,
den Laut von Worten habe ich gehört: |
9 ›Rein bin ich, ohne Abtrünnigkeit,
ich da sauber, nicht ein Fehl ist an mir, |
10 wohl, Befechtungen findet Er gegen mich,
will mich als ihm feindlich erachten, |
11 er legt in den Block meine Füße,
er beobachtet all meine Pfade.‹|
12 – Wohl, darin bist du nicht bewahrheitet, ich entgegne es dir,
denn größer als das Menschlein ist Gott. |
13 Weshalb hast wider ihn du gestritten?

Drum daß dem auf all seine Reden er entgegnen nicht will? |
¹⁴ Denn zu Einem Mal redet der Gottherr,
und zum zweiten mag mans nicht gewahr werden. |
¹⁵ In dem Traum nächtlicher Schau,
wann Betäubung auf Menschen fällt,
in Schlummerzeiten auf dem Lager, |
¹⁶ da macht er das Ohr der Leute bar,
und um ihre Zucht siegelt ers ein, |
¹⁷ Menschen zu entziehen der Untat,
daß die Hoffart vor dem Manne er berge, |
¹⁸ daß er seine Seele vor der Grube verhalte,
sein Leben davor, in den Spieß zu rennen. |
¹⁹ Ermahnt wird er auf seinem Lager durch Schmerzen,
beständigen Streit seines Gebeins, |
²⁰ sein Lebensgeist macht das Brot ihn widern,
seine Seele die begehrte Speise, |
²¹ sein Fleisch verzehrt sich vom Ansehn weg,
kahl werden ihm die Gebeine, man sieht sie nicht mehr, |
²² der Grube naht seine Seele,
sein Lebensgeist den Tötern: |
²³ wenns da über ihm einen Boten gibt,
einen Dolmetsch, einen von tausend,
für den Menschen sein Geradsein anzumelden, |
²⁴ und Gott solch einem Gunst schenkt,
spricht Er:
›Erkaufe ihn vom Abstieg in die Grube.
Ich habe Deckung gefunden.‹ |
²⁵ Sein Fleisch schwillt von Jugend,
zu den Tagen seiner Frische kehrt er wieder. |
²⁶ Er fleht zu Gott, und der nimmt zu Gnaden ihn an,
er darf Sein Antlitz sehn im Jubelschrei.
Er läßt die Bewahrheitung wiederkehren zum Menschlein. |
²⁷ Das singt an die Leute hin, es spricht:
›Ich habe gesündigt,
habe das Grade verkrümmt,
und Er hats mir nicht vergolten, |
²⁸ Er hat meine Seele von der Fahrt in die Grube erkauft,
ins Licht darf mein Lebensgeist sehn.‹
²⁹ Wohl, all dies wirkt der Gottherr,

zwei-, dreimal an dem Mann, |
30 seine Seele von der Grube umkehren zu lassen,
vom Licht des Lebens erleuchtet zu werden. |

31 Merk auf, Ijob, höre mir zu,
sei still, und ich, ich will reden, |
32 gibts Worte, erwidre mir,
rede, denn ich wünsche deine Bewahrheitung, |
33 sind da keine, hör du mir zu,
sei still, und ich übe Weisheit dir ein.« |

34,1 Elihu entgegnete weiter, er sprach:
2 »Hört, ihr Weisen, meine Worte,
ihr Kundigen, lauschet mir! |
3 Denn das Ohr prüft die Worte,
der Gaum schmeckt, was er essen soll. |
4 Laßt uns das Recht uns erwählen,
erkunden unter uns, was gut ist! |
5 Denn Ijob sprach: ›Bewahrheitet bin ich,
entweichen hieß der Gottherr mein Recht, – |
6 soll meinem Recht zuwider ich lügen?
meine Pfeilwunde ist sehrend,
ohne daß eine Abtrünnigkeit war!‹ |
7 Wer wäre ein Mann, Ijob gleich,
der Gespött wie Wasser trinkt! |
8 So wandelt er in der Gesellschaft der Argwirkenden,
umzugehn mit den Leuten der Schuldlast! |
9 Denn er sprach: ›Nicht frommts einem Mann
dran Gefallen zu haben, mit Gott zu sein!‹ |
10 Drum, ihr Menschen von Herzsinn, hört auf mich!
Weitab ists dem Gottherrn von der Schuld,
dem Gewaltigen von dem Falsch. |
11 Denn das Wirken des Menschen, Er zahlts ihm,
nach des Mannes Wandel läßt Er es ihn treffen. |
12 Ja, traun, nicht kann sich verschulden der Gottherr,
der Gewaltige nicht das Recht krümmen. |
13 Wer hat seine Erde ihm zugeordnet,
wer hat all das Rund hingesetzt? |
14 Setzte er sein Herz auf sich selber,

holte seinen Geist und seinen Hauch zu sich ein, |
15 alles Fleisch verschiede mitsammen, –
der Mensch kehrte zum Staube zurück. |
16 Ists so, merks, höre darauf,
lausche der Stimme meiner Worte! |
17 Kann gar einer, der das Recht haßt, den Zügel führen?
oder kannst den mächtig Bewährten du schuldigen, |
18 der zu einem König ›Ruchloser‹ spricht,
›Schuldbeladner!‹ zu Edelleuten, |
19 Er, der nie das Antlitz von Fürsten erhebt,
nie Vornehm vor Gering anerkennt,
denn sie alle sind Werk seiner Hände! |
20 Im Nu sterben jene,
mitternächtlich schüttert ein Volk, da sie entfahren, –
man hat den Zwingherrn beseitigt, nicht war eine Hand dabei. |
21 Denn Seine Augen sind über jedermanns Wegen,
all seine Schritte sieht Er. |
22 Keine Finsternis, kein Todschatten ist,
darin sich Argwirkende bärgen. |
23 Nicht setzt er denn noch einem Manne an,
mit Gott ins Gericht zu gehn, |
24 er zerschmettert die Mächtigen, nicht braucht er zu erforschen,
und bestellt andre an ihre Statt. |
25 Drum: Er kennt ihr Betreiben,
über Nacht dreht er um, und sie sind zermalmt, |
26 unter Schuldigen klatscht er sie nieder,
an einem Ort, wo man zusieht, |
27 drum daß sie von seiner Nachfolge wichen,
nichts begriffen von all seinen Wegen, |
28 den Schrei des Schwachen vor ihn kommen zu lassen,
daß den Schrei der Gebeugten er höre, |
29 [ist Er's aber, der stillhält, wer kann schuldigen?
verbirgt er sein Antlitz, wer wird sein gewahr?]
über einen Stamm, über einen Menschen zumal, – |
30 wider die Königschaft des entarteten Menschen,
derer, die ein Volk sich verstricken lassen. |

⁳¹ Denn sprach je einer zu Gott: ›Ich habs getragen,
   ich schädige nicht mehr, |
³² außer dem, was ich erschaute, unterweise selber du mich!
   habe falsch ich gewirkt, nichts füge ich hinzu‹, – |
³³ sollte doch Er's vergelten, drum daß du jenes verwarfst:
   ›Denn du hast zu wählen, nicht ich!‹?
   Und was weißt du? Rede! |

³⁴ Leute von Herzsinn müssen zu mir sprechen,
   ein weiser Mann, der mir zuhört: |
³⁵ ›Ijob – der redet nicht aus Wissen,
   nicht aus dem Begreifen her sind seine Reden. |
³⁶ Ach wäre nun Ijob ausgeprüft bis auf ewig
   wegen der Antworten unter den Männern des Args! |
³⁷ Denn zu seiner Sünde fügt er Abtrünnigkeit,
   macht mitten unter uns ein Geklatsch
   und mehrt seine Sprüchlein wider den Gottherrn.‹« |

³⁵,¹ Elihu entgegnete weiter, er sprach: |
  ² »Achtest du dies für das Recht,
    sprichst es ›meine Bewahrheitung vom Gottherrn‹ an, |
  ³ daß du besprichst, was es dir fromme:
    ›Was nützt mir meine Enthaltung von Sünde?‹ |
  ⁴ Ich selber will dir in Worten erwidern
    und deinen Genossen mit dir. |
  ⁵ Blicke zum Himmel und sieh,
    gewahre das Luftreich, dir überhoch! |
  ⁶ Hast du gesündigt, was bewirkst du an Ihm?
    ist deiner Abtrünnigkeit viel, was tust du Ihm an? |
  ⁷ hast du dich bewährt, was gibst du Ihm?
    oder was nimmt Er aus deiner Hand hin? |
  ⁸ Für einen Mann, dir gleich, ist deine Schuld,
    für einen Menschensohn deine Bewährtheit. |
  ⁹ – ›Vor der großen Bedrückung schreien sie auf,
    rufen um Hilfe vorm Arm der Großen.‹ |
 ¹⁰ Aber man hat nicht gesprochen: ›Wo ist Gott, der mich
       machte,
    der Lieder eingibt in der Nacht, |
 ¹¹ der uns einübt vorm Getier der Erde,

vorm Vogel des Himmels uns weise macht!‹|
12 – ›Dort schrein sie – nicht entgegnet er drauf –
über die Hoffart der Bösen.‹|
13 Nur Wahnhaftes will der Gottherr nicht hören,
will der Gewaltige nicht gewahren.|
14 Nun sprichst du gar, du gewahrest ihn nicht,
das Urteil sei vor ihm und du harrest dessen!|
15 und jetzt, da keinen sein Zorn heimgesucht habe,
in dem Gestampf kenne er sich nicht aus!|
16 Ijob – für Dunst sperrt der seinen Mund auf,
ohne Kenntnis reiht er mächtige Worte.«|

36,1 Elihu fügte hinzu, er sprach:|
2 »Warte ein wenig mir zu, und ich sage es dir an,
denn für den Gottherrn sind noch Worte da.|
3 Ich trage fernher mein Gewußtes herbei
und gebe Bewahrheitung ihm, der mich bewirkte.|
4 Denn, traun, nicht sind Lug meine Worte,
ein am Wissen Vollständiger ist bei dir.|
5 Wohl, der Gottherr ist mächtig, er verschmäht aber nicht,
mächtig ist er an Herzenskraft.|
6 Nicht hält er den Schuldigen am Leben,
den Elenden gibt er das Recht,|
7 vom Bewährten hebt er seine Augen nicht ab.
Und so ists mit den Königen: hin zum Thron,
da er sie hinsetzte ›auf ewig‹,
sie aber haben sich überhoben ... –|
8 sind sie erst mit Fesseln gebunden,
in den Stricken des Elends gefangen,|
9 vermeldet er ihnen ihr Werk,
ihre Abtrünnigkeiten; daß sie überschwollen,|
10 und macht ihr Ohr bar für die Zucht,
spricht ihnen zu, daß sie umkehren vom Arg.|
11 Wenn sie hören und dienen,
verbringen sie ihre Tage im Guten,
ihre Jahre im Behagen,|
12 wenn sie aber nicht hören,
in den Spieß müssen sie rennen,
im Unwissen verscheiden.|

¹³ Zorn hegen die entarteten Herzens,
 sie rufen ihn nicht an, wenn er sie band, –|
¹⁴ in der Jugend muß derer Seele sterben,
 ihr Lebensgeist in der Weihezeit.|

¹⁵ Er entschnürt den Elenden durch sein Elend,
 durch die Qual macht er das Ohr ihnen bar.|
¹⁶ So wollte auch dich er dem Rachen der Bedrängnis
   entlocken, –
 in eine Weite, an deren Statt es nie eng wird,
 und die Ruhe deines fettreichen Tisches.|
¹⁷ Bist du aber vom Urteilen des Schuldigen erfüllt,
 greifen Urteil und Gerechtigkeit zu.|
¹⁸ Denn ein Grimm ist: es könnte dich sonst in Genüge
   verstocken.
 Und das große Deckgeld leite nimmer dich ab!|
¹⁹ Tritt dein Schrei in Bedrängnis gegen ihn auf den Plan
 und all die Kraftanstrengungen?|
²⁰ Lechze nicht nach der Nacht,
 da Völker auffliegen vor ihrer Statt!|
²¹ Wahre dich! wende dich nimmer dem Arg zu,
 daß du es eher wähltest als das Elend!|

²² Wohl, der Gottherr ragt in seiner Kraft,
 wer ist ein Unterweiser ihm gleich?|
²³ Wer ordnet für ihn seinen Weg zu
 und wer spricht: ›Du hast Falschheit gewirkt‹?|
²⁴ Gedenk, daß sein Werk du überragend heißest,
 das die Leute besingen.|
²⁵ Jedermann, sie schaun drauf los,
 das Menschlein blickt hin aus der Ferne.|
²⁶ Wohl, überragend ist der Gottherr, uns nicht wißbar,
 unergründlich ist die Zählung seiner Jahre.|
²⁷ Denn die Wassertropfen holt er hervor,
 daß in seinem Nebel den Regen sie seihen,|
²⁸ den die Lüfte rieseln lassen,
 über die vielen Menschen träufen.|
²⁹ Merkt einer gar auf des Gewölks Breitungen,
 das Krachen Seiner Verschirmung!|

³⁰ Wohl, Er breitet um sich sein Geleucht
und holt eine Hülle von den Wurzeln des Meers. |
³¹ Denn damit urteilt Völkern Er zu,
gibt Er Speise in Macht aus. |
³² In Geleucht hüllt Er beide Hände
und entbietets als einer, der treffen läßt. |
³³ Sein Geschmetter meldet Ihn an,
der eifern heißt den Zorn wider die Falschheit. |
37,1 Darob erbebt gar mein Herz,
auf schnellt es von seiner Stelle. |
² Höret, hört auf das Tosen Seines Schalls,
das Murmeln, das Seinem Munde entfährt! |
³ Unter alle Himmel hin läßt Er es ziehen,
Sein Geleucht zu den Rändern der Erde, |
⁴ hinter dem her dröhnt der Schall,
Er donnert mit dem Schall seiner Hoheit,
er hemmt jene nicht, wenn gehört wird sein Schall, |
⁵ wunderbar mit seinem Schall donnert der Gottherr,
er tut Großes, um das wir nicht wissen. |
⁶ Wenn den Schnee er anspricht: ›Senk dich zur Erde!‹,
den Regenguß, seine heftigen Regengüsse, |
⁷ versiegelt er die Hand aller Menschen,
daß es wisse jedermann, den er machte. |
⁸ In seinen Schlupf hin kommt da das Wild,
bleibt wohnen in seinem Gehege. |
⁹ Der Orkan kommt aus der Kammer,
die Kälte von den Zerstiebern her. |
¹⁰ Vom Anhauch des Gottherrn wird Frost gegeben,
die Weite des Wassers in die Enge. |
¹¹ Hat er erst mit Feuchte die Verdichtung beladen,
zerstreut er die Wolke seines Geleuchts, |
¹² und die dreht sich rundum:
seiner Steurung gemäß, daß sie wirken
alles, was er ihnen gebietet,
übers Antlitz des Runds hin, zur Erde, |
¹³ sei es als Zuchtstab – taugts seiner Erde –,
sei es als Huldtat, eintreffen läßt ers. |
¹⁴ Lausche diesem, Ijob,
steh und merke auf die Wunder des Gottherrn! |

¹⁵ Weißt du, wie's Gott ihnen auferlegt
und schon erscheint das Geleucht seiner Wolke?|
¹⁶ Weißt du um die Schwebungen der Verdichtung,
das Wunderwerk des an Wissen Vollkommnen,|
¹⁷ du, dem sich die Kleider erhitzen,
wann die Erde stilliegt vom Süd?|
¹⁸ Kannst du mit Ihm die Lüfte breithämmern,
sie wie einen gegossenen Spiegel festen?|
¹⁹ Laß uns wissen, was wir zu Ihm sprechen sollen!
Nichts reihen wir auf vor Finsternis!|
²⁰ Muß Ihms erzählt werden, wenn ich rede?
oder, sprach ein Mann, muß es Ihm denn berichtet werden?|
²¹ Und nun:
eben konnte das Licht man nicht sehn –
und nun ist das hell in den Lüften,
da der Wind einherfuhr und sie klärte.|
²² Vom Norden dringt ein Goldglanz heran, –
furchtbar ist die Hehre um Gott!|
²³ Der Gewaltige, wir finden ihn nicht,
ihn, an Kraft und Recht überragend,
groß an Wahrhaftigkeit, und entgegnet doch nicht!|
²⁴ Darum fürchten die Menschen ihn,
der auch alle Herzensweisen nicht ansieht.«|

38,1 ER aber entgegnete Ijob aus dem Sturme, er sprach: |
2 »Wer ist das, der Rat verfinstert
mit Worten ohne Erkenntnis! |
3 Gürte doch wie ein Mann deine Lenden,
ich will dich fragen und du laß es mich kennen! |

4 Wo warst du, als ich gründete die Erde?
melde es, kennst du Merksamkeit! |
5 Wer setzte ihre Messungen, daß du es kenntest?
oder wer spannte die Schnur über sie? |
6 worein wurden ihre Sockel gesenkt?
oder wer warf den Eckstein ihr auf, |
7 da die Morgensterne jubelten zusamt
und alle Gottessöhne jauchzten? |
8 Der verhegte mit Türen das Meer,
da es sprudelnd dem Schoße entdrang, – |
9 da ich als Gewand ihm umlegte die Wolke,
ihm als Windeln das Wetterdunkel, |
10 da ich ausbrach für es meine Schranke
und legte es hinter Riegel und Türen |
11 und sprach: ›Bis hierhin kommst du, nicht weiter,
hier setzts an wider die Hoffart deiner Wogen.‹ |
12 Hast du an deiner Tage einem den Morgen entboten,
dem Aufgraun zuerkannt seinen Ort, |
13 die Säume der Erde zu erfassen
[daß von ihr abgeschüttelt werden die Schuldigen], |
14 sie wandelt sich wie Siegelton –
um sie stehts ab gleich einem Gewand |
15 [entzogen wird den Schuldigen ihr Licht,
und der erhobene Arm wird gebrochen]. |
16 Bist du bis zum Entspringen des Meers gekommen
und hast du dich an des Urwirbels Grunde ergangen, |
17 sind die Tore des Todes dir offenbar worden,
und hast du die Tore des Todschattens gesehn? |
18 Hast du gemerkt auf die Weiten der Erde?
melde, ob du ihr All kennst! |
19 Wo doch ist der Weg zur Wohnstatt des Lichts,
und die Finsternis, wo ist ihr Ort, |
20 daß du sie holtest in ihren Bereich

und daß die Steige ihres Hauses du merktest? |
²¹ Du kennsts ja, denn damals wardst du geboren,
und die Zahl deiner Tage ist groß! |
²² Bist du zu den Speichern des Schnees gekommen
und hast du die Speicher des Hagels besehn, |
²³ die für die Frist der Drangsal ich sparte,
für den Tag des Kampfs und der Kriegschaft? |
²⁴ Wo doch ist der Weg, da sich der Lichtnebel teilt, –
nun streut der Ost über das Erdland sich hin? |
²⁵ Wer spaltete dem Schwall seine Rinne,
einen Weg dem schallenden Wetterstrahl, |
²⁶ ein Gelände, wo niemand ist, zu beregnen,
eine Wüste, darin kein Mensch ist, |
²⁷ zu sättigen Ödnis und Verödung
und den Auftrieb des Junggrases sprießen zu lassen? |
²⁸ Gibts für den Regen einen Vater,
oder wer zeugte die Küglein des Taus? |
²⁹ aus wessen Leib ging der Frost hervor,
und der Reif des Himmels, wer erzeugte ihn? |
³⁰ Wie im Stein hält sich das Wasser versteckt,
und des Urwirbels Antlitz fügt sich zusammen. |
³¹ Knüpfst du das Gewinde der Glucke
oder lösest du dem Orion die Bande? |
³² führst zu seiner Frist du hervor das Zerstiebergestirn,
und die Löwin samt ihren Söhnen, hütest du sie? |
³³ Kennst du die Umschränkungen des Himmels?
setzest du auf die Erde seine Urkunde nieder? |
³⁴ Erhebst du deine Stimme gegens Gewölk,
da der Wasserschwall dich einhüllt? |
³⁵ sendest du Blitze aus und sie gehn,
und sie sprechen zu dir: ›Da sind wir‹? |
³⁶ Wer hat in den Ibis Weisheit gelegt
oder wer Merksamkeit gegeben dem Hahn? |
³⁷ Wer zählt mit Weisheit die Lüfte ab,
und die Krüge des Himmels, wer legt sie um, |
³⁸ wann der Staub sich ergießt zu Gegoßnem –
und die Schollen kleben aneinander? |

³⁹ Erjagst für den Leuen du Beute

und stillst die Gier seiner Welpen, |
40 wenn sie in den Gehegen sich ducken,
im Dickicht hocken auf Lauer? |
41 Wer bereitet seine Nahrung dem Raben,
wenn seine Jungen schreien zum Gottherrn,
umirren ohne eine Speise? |
39,1 Erkennst die Frist du aus für der Felsenböcke Geburt,
bewachst das Kreißen der Hinden, |
2 zählst die Monate ab, die sie füllen,
daß die Frist du kennest ihrer Geburt|
3 – sie kauern, lassen ihre Jungen sie spalten,
werfen ab ihre Wehen, |
4 ihre Kinder erstarken, werden groß im Gefild,
ziehn davon, kehren zu ihnen nicht wieder –? |
5 Wer hat das Zebra in die Freiheit entsandt,
und des Wildesels Bande, wer hat sie gelöst, |
6 dem ich die Steppe als Haus verlieh,
als Wohnung den Salzboden ihm, |
7 – er verlacht das Getümmel der Stadt,
das Lärmen des Treibers, er hörts nicht, |
8 er erspürt sich die Berge als Weide
und durchforscht sie nach allerhand Grün –? |
9 Wird der Wisent willig sein dir zu dienen,
wird er nächtigen an deiner Krippe? |
10 knüpfst den Wisent du an die Furche seines Seils
oder reißt er Täler hinter dir auf? |
11 bist du sein sicher, daß sein Kraftgewinn groß ist,
überlässest du ihm deine Mühe, |
12 vertraust du ihm, daß er deine Saat wiederbringt
und heimst sie dir in die Tenne? |
13 – Lustig schlägt der Fittich der Straußin,
ist ihre Schwinge drum wie des Storchs und des Falken? |
14 Sie übergibt ja ihre Eier dem Erdreich,
läßt sie erwarmen im Staub|
15 und vergißt, daß sie ein Fuß kann zerdrücken,
das Wild des Feldes zertreten, |
16 hart hält sie ihre Kinder als nicht ihre
[Ins Leere die Müh? Ohne Bangnis!], |
17 denn Gott hieß sie der Klugheit vergessen,

nicht ließ er sie Anteil an der Merksamkeit haben. |
18 Zur Zeit doch, da in die Höhe sie schnellt,
   lacht des Rosses sie und seines Reiters. –|
19 Gibst dem Roß du die Mächtigkeit,
   bekleidest seinen Hals mit Geflatter? |
20 lässest du wie der Heuschreck ihn schüttern,
   Ängstigung die Hehre seines Schnaubens? |
21 [Sie scharren im Tal, jedes kraftentzückt,
   nun ziehts aus, der Waffnung entgegen, |
22 es verlacht den Schrecken, es zagt nicht,
   es kehrt vor dem Schwerte nicht um, |
23 über ihm klirrt der Köcher,
   das Lodern von Lanze und Speer, |
24 mit Geschütter und Getob schlürfts den Boden es auf,
   erst trauts nicht, daß das Horn schon erschallt, |
25 dann, bei jedem Hornstoß, sprichts: ›Hui!‹
   und von ferne witterts den Kampf,
   der Heerfürsten Donnerruf und das Geschmetter.]|
26 Schwingt durch deine Merksamkeit der Falke sich auf,
   breitet seinen Fittich gen Süden? |
27 geschieht auf dein Geheiß der Emporflug des Adlers
   und daß er hoch seinen Horst baut? |
28 [Am Fels nimmt er Wohnung und nächtigt,
   auf Felsenzacke und steiler Warte, |
29 dorther erspäht er sich Fraß,
   seine Augen blicken fernhin, |
30 seine Nestlinge schlucken Blut,
   und wo Durchbohrte sind, dort ist er.]«|

40,1 ER entgegnete Ijob weiter, er sprach:|
2 »Will mit dem Gewaltigen streiten der Tadler?
   Der Gott verweist, entgegnet er drauf?«|

3 Ijob entgegnete IHM, er sprach:|
4 »Wohl, ich bin zu gering, – was antworte ich dir!
   Ich lege meine Hand auf meinen Mund. |
5 Einmal habe ich geredet und entgegne nicht mehr,
   zweimal, und nichts füge ich hinzu.« |

⁶ Er aber entgegnete Ijob aus dem Sturme, er sprach: |
⁷ »Gürte doch wie ein Mann deine Lenden,
ich frage dich und du lasse michs kennen. |
⁸ Willst du gar mein Recht zerbröckeln,
mich schuldigen, damit du bewahrheitet seist? |
⁹ Und hast du einen Arm gleich des Gottherrn,
kannst du donnern in einem Schalle gleich ihm? |
¹⁰ Schmücke dich mit Stolz und Erhabenheit doch,
in Hehre und Glanz gewande dich! |
¹¹ Lasse die Wallungen deines Zorns überströmen,
sieh alles Stolze an und erniedre es, |
¹² sieh alles Stolze an, bezwings,
zerstampfe die Schuldigen an ihrer Statt, |
¹³ scharre sie zusamt in den Staub,
steck ihr Antlitz noch in die Scharrung! |
¹⁴ So wollte auch ich dich rühmen,
daß dich deine Rechte befreit hat. |

¹⁵ Da ist doch das Urtier,
das ich machte, dir bei,
Gras frißt es wie das Rind. |
¹⁶ Da ist doch seine Kraft in seinen Lenden,
seine Stärke in den Strängen seines Bauchs! |
¹⁷ Es steift seinen Schwanz zederngleich,
die Sehnen seiner Schenkel sind verflochten, |
¹⁸ seine Gebeine sind Röhren von Erz,
seine Knochen Eisenstangen gleich. |
¹⁹ Das ist der Erstling auf den Wegen des Gottherrn,
der es machte, reichte sein Schwertgebiß ihm. |
²⁰ Ja denn, Berge tragen Futter ihm zu, –
alles Wild des Feldes, sie können dort spielen. |
²¹ Unter Lotosgebüsch legt es sich nieder,
im Versteck von Schilf und Sumpf, |
²² Lotosbüsche beschirmen es schattend,
die Weiden des Bachs umringens. |
²³ Preßt der Strom es, hastet es nicht,
es bleibt sicher, wenn ihm der Jordan ans Maul dringt. |
²⁴ Das hole, ihm in die Augen, sich einer,
durchloche mit Pflöcken ihm die Nase! |

²⁵ Willst du den Lindwurm am Hamen ziehn,
   mit dem Seil ihm die Zunge senken, |
²⁶ die Binse an die Nase ihm legen,
   mit dem Dorn seine Backe durchstechen? |
²⁷ Wird er vielfach dich anflehn um Gunst
   oder Zärtliches zu dir reden? |
²⁸ Wird er einen Bund mit dir schließen,
   daß du ihn auf die Dauer zum Knecht nimmst? |
²⁹ Willst wie mit einem Vöglein du mit ihm spielen,
   für deine Mädchen anbinden ihn? |
³⁰ Sollen um ihn die Gefährten feilschen,
   soll man ihn unter die Kanaankrämer zerstücken? |
³¹ Willst du die Haut mit Stacheln ihm spicken,
   den Kopf ihm mit Fischharpunen? |
³² Lege mal an ihn deine Hand,
   nimmer wirst an Kampf du mehr denken. |
41,1 – Wohl, seine Erwartung muß trügen:
   sieht er ihn auch nur an, ist er schon niedergestreckt. |
² Nicht so verwegen ist einer, daß er ihn weckte.
   [Wer ists, er trete vor mich! |
³ wer stellt sich mir gegenüber, daß ichs vergelte?
   was unterm Himmel all sei, mein ist das!] |
⁴ Nicht schwiege ich auf ihn hin
   und sein Machtgerede und die Anmaßlichkeit seines
      Rüstens. – |
⁵ Wer hob die Antlitzseite seines Panzergewands?
   wer kam an sein Kieferdoppel? |
⁶ seines Antlitzes Pforten, wer öffnete sie?
   rings um seine Zähne ist Ängstigung, |
⁷ hochgemut sind die Rillen seiner Schilder,
   mit dichtem Siegel Geschloßnes, |
⁸ eins an eins drängen sie sich,
   ein Hauch kann dazwischen nicht kommen, |
⁹ jedes klebt am Bruderglied,
   aneinander gefügt sind sie, nie getrennt von einander. |
¹⁰ Sein Niesen strahlt Licht aus,
   seine Augen sind wie Wimpern des Frührots, |
¹¹ aus dem Maul fahren ihm Fackeln,
   Feuerfunken sprühen hervor, |

¹² aus seinen Nüstern zieht Rauch,
wie von einem unterheizten Topfe nebst Binsen, |
¹³ sein Atem entzündet Kohlen,
Lohe zieht ihm aus dem Maul. |
¹⁴ Auf seinem Nacken nächtigt die Macht,
vor ihm her schlottert das Verzagen davon: |
¹⁵ Die Wampen seines Fleisches haften,
das ist ihm angegossen, ohne Wanken, |
¹⁶ festgegossen ist das Herz ihm, dem Klumpen gleich,
wie der untere Mühlstein fest. |
¹⁷ Die Starken erschauern vor seinem Auffahren,
vor Zerschlagenheit rücken sie hinweg. |
¹⁸ Erreicht einer mit dem Schwert ihn, ohne Standhalten ists.
Wurfspeer – ein Abschütteln, Pfeil auch, |
¹⁹ das Eisen achtet für Häcksel er,
für morschendes Holz das Erz, |
²⁰ der Sohn des Bogens bringt ihn nicht zum Fliehn,
zu Halmen wandeln Schleudersteine sich ihm, |
²¹ Halmen gleich sind ihm Knüttel geachtet,
er verlacht das Klirren des Speers. |
²² Unter sich hat er Scherbenspitzen,
streckt einen Dreschschlitten über den Schlamm, |
²³ einem Kessel gleich läßt den Strudel er sieden,
macht das Meer dem Salbenbräu gleich, |
²⁴ hinter ihm her leuchtet ein Steig,
für Greisenhaar kann man den Wirbel erachten. –|
²⁵ In der Staubwelt ähnelt keins ihm,
der zum Bangnislosen gemacht ist, |
²⁶ alles Hohe besieht er sich,
er ist König allen Söhnen der Kühnheit «|

⁴²,¹ Ijob entgegnete IHM, er sprach: |
² »Ich habe erkannt, daß du alles vermagst
und nie ein Entwurf dir zu steil ist. |
³ – ›Wer ist das, der Rat verschleiert ohne Erkenntnis?‹ –
Drum habe ich gemeldet, was ich nicht merke,
mir zu Wunderbares, ich kenns nicht. |
⁴ – ›Höre doch und ich selber will reden,

ich will dich fragen und du laß es mich kennen!‹ –|
5 Aufs Hörensagen des Ohrs habe ich dich gehört,
jetzt aber hat dich mein Auge gesehn.|
6 Drum verwerfe ich und es gereut mich
hier in dem Staub und der Asche.«|

⁷ Es geschah, als ER diese Rede zu Ijob geredet hatte:
ER sprach zu Elifas dem Temaniter:
»Entflammt ist mein Zorn gegen dich und gegen deine beiden Genossen,
denn nicht habt richtig von mir ihr geredet, meinem Knechte Ijob gleich. |
⁸ Und jetzt,
nehmt euch sieben Farren und sieben Widder
und geht zu meinem Knechte Ijob
und höht es als Darhöhung eurethalb dar,
und mein Knecht Ijob bete für euch,
denn auf ihn will ich achten,
daß euch nichts Schändliches angetan werde,
denn nicht habt richtig von mir ihr geredet, meinem Knechte Ijob gleich.« |
⁹ Sie gingen, Elifas der Temaniter, Bildad der Schuachiter und Zofar der Naamaiter,
und taten, gleichwie ER zu ihnen geredet hatte.
ER aber achtete auf Ijob, |
¹⁰ ER ließ Ijob Wiederkehr kehren, als er betete für seinen Genossen.
ER mehrte, was Ijob gehabt hatte, aufs Zwiefältige. |
¹¹ Zu ihm kamen alle seine Brüder und alle seine Schwestern und alle seine Bekannten von früher her
und aßen das Brot mit ihm in seinem Haus
und nickten ihm zu und trösteten ihn ob all des Übels, das ER über ihn hatte kommen lassen,
und gaben ihm jedermann einen Lämmerwert und jedermann einen goldenen Ring. |
¹² ER segnete die Späte Ijobs mehr als seine Frühe.
Sein wurden vierzehntausend Schafe, sechstausend Kamele, tausend Joch Rinder und tausend Eselinnen. |
¹³ Sein wurden ein Siebent von Söhnen und drei Töchter, |
¹⁴ er rief den Namen der einen Jemima, Täubchen, und den Namen der zweiten Kzia, Zimtblüte, und den Namen der dritten Keren-ha-puch, Schminkhörnlein, |
¹⁵ nicht fand in all dem Land man so schöne Weiber wie Ijobs Töchter.
Ihr Vater gab ihnen Eigentum inmitten ihrer Brüder. |

¹⁶ Ijob lebte danach hundertundvierzig Jahre,
er sah seine Söhne und die Söhne seiner Söhne, vier
Geschlechter. |
¹⁷ Und Ijob starb, alt, an Tagen satt. |

DAS BUCH
DER GESANG DER GESÄNGE

^{1,1} Der Gesang der Gesänge, der Schlomos ist. |

² Er tränke mich mit den Küssen seines Mundes! –

Ja, gut tut mehr als Wein deine Minne, |
³ gut tut der Duft deiner Öle,
als Öl hat sich dein Name ergossen,
darum lieben dich die Mädchen. |
⁴ Zieh mich dir nach, laufen wir!

Brächte der König mich in seine Gemächer,
jauchzen wollten wir und uns freuen an dir.
Mehr als Wein rühmen wir deine Minne:
geradeaus liebt man dich. |

⁵ Schwarz bin und anmutig ich,
Töchter Jerusalems,
wie die Zelte von Kedar, wie die Behänge Schlomos. |
⁶ Sehet nimmer mich an,
daß ich eine Schwärzliche bin,
drum daß mich die Sonne versengte!

Die Söhne meiner Mutter sind entflammt wider mich.
Sie setzten mich als Hüterin der Wingerte ein,
aber meinen eignen Wingert habe ich nicht gehütet. |

⁷ Melde mir doch, den meine Seele liebt,
wo doch weidest du,
wo doch lagerst du am Mittag, –
denn warum soll ich wie eine Schmachtende sein
an den Herden deiner Genossen! |
⁸ – Wenns dir nicht zu wissen getan ist,
Schönste unter den Weibern,
zieh vor dich hin in den Spuren des Kleinviehs,
und weide deine Zicklein um die Wohnstätten der Hirten! |

⁹ Einer Stute in Pharaos Gefährt
vergleiche, meine Freundin, ich dich, |
¹⁰ Anmutig sind deine Wangen in Kettlein,

dein Hals im Muschelngeschling, –|
11 Goldkettlein machen wir dir,
Silberklümplein daran.|

12 – Solang der König an seiner Tafel ist,
gibt meine Narde ihren Duft.|
13 Ein Myrrhenbüschel ist mir mein Minner,
es weilt mir zwischen den Brüsten,|
14 eine Zypertraube ist mir mein Minner,
in Engedis Wingertgeländ.|

15 – Da, schön bist du, meine Freundin,
da, schön bist du, deine Augen sind Tauben.|
16 – Da, schön bist du, mein Minner, gar hold,
– frisch gar ist unser Bett,|
17 das Gebälk unsres Hauses sind Zedern,
unsre Sparren sind Wacholder.

2,1 – Ich bin das Narzißlein des Scharon,
die Lilie der Tiefebenen.|
2 – Wie eine Lilie unter den Dornen,
so ist meine Freundin unter den Töchtern.|
3 – Wie ein Apfelbaum unter dem Waldgehölz,
so ist mein Minner unter den Söhnen.
Nach seinem Schatten begehre ich, sitze nieder,
und süß ist seine Frucht meinem Gaum.|

4 Er hat ins Haus des Weins mich gebracht,
und über mir ist sein Banner, Liebe.|
5 Stärket mich mit Rosinengepreß,
erquicket mich mit Äpfeln,
denn ich bin krank vor Liebe.|
6 Seine Linke ist mir unterm Haupt,
und seine Rechte kost mich. –|
7 Ich beschwöre euch,
Töchter Jerusalems,
bei den Gazellen oder bei den Hinden der Flur:
störet, aufstöret ihr die Liebe,
bis ihrs gefällt, ...!|

⁸ Hall meines Minners!
Da, eben kommt er!
hüpft über die Berge,
springt über die Hügel!|
⁹ Mein Minner gleicht der Gazelle
oder dem Hirschböcklein.
Da, eben steht er
hinter unserer Mauer,
lugt durch die Fenster,
guckt durch die Gitter.|
¹⁰ Mein Minner hebt an,
er spricht zu mir:
»Mach dich auf,
meine Freundin,
meine Schöne,
und geh vor dich hin!|
¹¹ Denn da, vorbei ist der Winter,
der Regen schwand, er verging,|
¹² die Blüten lassen im Lande sich sehn,
angelangt ist die Zeit des Liedes,
der Stimmhall der Turtel läßt in unserm Lande sich hören,|
¹³ die Feige färbt ihre Knoten,
die Reben, knospend, geben Duft, –
mach dich auf zum Gehn,
meine Freundin, meine Schöne,
und geh vor dich hin!«|

¹⁴ – Meine Taube in den Felsenschlüften,
im Verstecke des Steigs,
laß mich dein Angesicht sehn,
laß mich deine Stimme hören,
denn süß ist deine Stimme,
anmutig ist dein Gesicht.|

¹⁵ – Fangt uns die Füchse,
die kleinen Füchse,
Wingerte verderben sie,
und unsre Wingerte knospen!|

¹⁶ – Mein Minner ist mein,
und ich bin sein,
der unter Lilien weidet. |
¹⁷ Solang der Tag im Verwehn ist
und die Schatten weichen,
wende dich herzu,
gleiche du, mein Minner,
der Gazelle oder dem Hirschböcklein
über die Berge der Trennung hin! |

³,¹ Auf meiner Ruhestatt
in den Nächten
suche ich ihn,
den meine Seele liebt,
suche ich ihn
und finde ihn nicht. |
² Aufmachen will ich mich doch
und die Stadt durchziehn,
über die Plätze, über die Gassen,
suchen, den meine Seele liebt!
Ich suchte ihn
und ich fand ihn nicht. |
³ Mich fanden die Wächter,
die in der Stadt einherziehn –
»Den meine Seele liebt,
saht ihr ihn?« |
⁴ Kaum war ich an ihnen vorbei,
da fand ich,
den meine Seele liebt.
Ich faßte ihn an
und ließ ihn nicht los,
bis daß ich ihn brachte
ins Haus meiner Mutter,
in die Kammer meiner Gebärerin. |
⁵ Ich beschwöre euch,
Töchter Jerusalems,
bei den Gazellen oder bei den Hinden der Flur:
störtet, aufstörtet ihr die Liebe,
bis ihrs gefällt, ...! |

⁶ — Was ist dies,
heransteigend von der Wüste
Rauchsäulen gleich,
umdampft von Myrrhe und Weihrauch,
von allem Pulver des Krämers? |
⁷ Da, sein Tragbett, das Schlomos,
sechzig Helden rings um es her,
von den Helden Jifsraels, |
⁸ Schwertträger sie alle,
Kampfgeübte,
jedermann an seiner Hüfte sein Schwert,
wegen des Schreckens in den Nächten. |
⁹ Eine Sänfte machte sich der König Schlomo
aus Hölzern des Libanon, |
¹⁰ ihre Ständer machte er silbern,
ihre Lehne golden,
ihren Sitz purpurn,
ihr Inwendiges eingelegt,
Liebesarbeit von den Töchtern Jerusalems. |
¹¹ Geht heran,
seht herzu,
Töchter Zions,
auf den König Schlomo in der Krone,
damit seine Mutter ihn krönte
am Tag seiner Vermählung,
am Tag seiner Herzensfreude. |

⁴,¹ — Da, du bist schön,
meine Freundin,
du bist schön.
Deine Augen sind Tauben,
hinter deinem Schleier hervor,
dein Haar ist wie eine Herde von Ziegen,
die vom Gebirge Gilad wallen, |
² deine Zähne sind wie eine Herde von Schurschafen,
die aus der Schwemme steigen,

die alle zwieträchtig sind,
fehlwürfig keins unter ihnen. |
³ Wie eine Karmesinschnur sind deine Lippen
und anmutig dein Redegerät.
Wie ein Riß der Granatfrucht ist deine Schläfe,
hinter deinem Schleier hervor. |
⁴ Wie Dawids Turm ist dein Hals,
für Umreihungen ist der gebaut,
das Tausend der Schilde hängt dran,
alle Rüstung der Helden. |
⁵ Deine zwei Brüste sind wie zwei Kitzlein,
Zwillinge einer Gazelle,
die unter Lilien weiden. |
⁶ Solang der Tag im Verwehn ist
und die Schatten weichen,
gehe ich zum Myrrhenberg,
zum Weihrauchhügel. |
⁷ Schön bist du, meine Freundin, allsamt,
kein Flecken an dir. |

⁸ Mit mir vom Libanon, Braut,
mit mir vom Libanon komm,
schau nieder vom Haupt des Amana,
vom Haupt des Schnir und des Chermon,
von den Gehegen der Löwen, von den Bergen der Pardel! |

⁹ Du hast mir das Herz versehrt,
meine Schwester-Braut,
du hast mir das Herz versehrt
mit einem deiner Augen,
mit einer Drehung deines Halsgeschmeids. |
¹⁰ Wie schön ist deine Minne, meine Schwester-Braut,
wie gut tut deine Minne, mehr als Wein
und der Duft deiner Öle als alle Balsame! |
¹¹ Seim träufen deine Lippen, Braut,
Honig und Milch sind unter deiner Zunge,
der Duft deiner Tücher ist wie des Libanon Duft. |

¹² Ein verriegelter Garten ist meine Schwester-Braut,

ein verriegelter Born,
ein versiegelter Quell. |
¹³ Was dir sich entrankt,
ein Granatenhain ists
mit köstlicher Frucht,
Zyperblumen mit Narden, |
¹⁴ Narde, Aloe, Kalmus und Zimt
mit allem Auszug der Balsame. |
¹⁵ Ein Gartenquell ists,
ein Brunnen lebendigen Wassers,
rieselnd vom Libanon her. |
¹⁶ Erwache, Nord,
komm, Süd,
wehe durch meinen Garten,
daß seine Balsame rieseln!
In seinen Garten komme mein Minner
und esse von seiner köstlichen Frucht. |
⁵,¹ – Ich komme zu meinem Garten,
meine Schwester-Braut,
ich pflücke meine Myrrhe mit meinem Balsam,
ich esse meine Wabe mit meinem Honig,
ich trinke meinen Wein mit meiner Milch.
Esset, Freunde, trinket, und berauschet euch an der Minne! |

² – Ich schlafe,
und mein Herz wacht.
Hall meines Minners!
Er pocht:
»Öffne mir,
meine Schwester, meine Freundin,
meine Taube, meine Heile,
da mein Haupt voller Tau ist,
meine Locken voller Tröpfen der Nacht.« |
³ Ich habe meinen Rock abgestreift,
wie doch soll ich ihn wieder antun!
Ich habe meine Füße gebadet,
wie doch soll ich sie wieder beschmutzen! |
⁴ Mein Minner streckt die Hand durch die Luke,
und mein Leib wallt auf ihn zu. |

⁵ Ich mache mich auf,
meinem Minner zu öffnen, –
meine Hände triefen von Myrrhe,
meine Finger von Myrrhenharz
am Griffe des Riegels. |
⁶ Ich öffne, ich meinem Minner, –
mein Minner ist abgebogen, hinweg.
Meine Seele geht aus,
seiner Rede nach,
ich suche ihn, nicht finde ich ihn,
ich rufe ihn, nicht entgegnet er mir. |
⁷ Mich finden die Wächter,
die in der Stadt einherziehn,
sie schlagen mich, verwunden mich,
meinen Burnus heben sie mir ab,
die Wächter der Mauern. |
⁸ – »Ich beschwöre euch,
Töchter Jerusalems,
findet ihr meinen Minner,
was wollt ihr ihm melden?
Daß ich krank vor Liebe bin.« |
⁹ – »Was ist dein Minner mehr als irgendein Minner,
Schönste unter den Weibern,
was ist dein Minner mehr als irgendein Minner,
daß du so, so uns beschwörst?« |
¹⁰ – »Mein Minner ist blank und rötlich,
ragend aus einer Myriade, |
¹¹ sein Haupt gediegenes Feinerz,
seine Locken Dattelrispen,
schwarz wie der Rabe, |
¹² seine Augen wie Tauben
an Wasserbächen,
in Milch gebadet,
am Gefüllten ruhend, |
¹³ seine Wangen wie Balsambeete,
die Würzkräuter wachsen lassen,
seine Lippen Lilien,
von Myrrhenharz triefend, |
¹⁴ seine Hände goldene Walzen,

von Chalzedonen umfüllt,
sein Leib eine Elfenbeinplatte,
mit Saphiren besteckt, |
¹⁵ seine Schenkel Alabasterständer,
auf Feinerzsockel gegründet,
sein Ansehn wie des Libanonbaums,
auserlesen wie Zedern, |
¹⁶ sein Gaum Süßigkeiten,
und allsamt ist er Wonnen.
Dies ist mein Minner,
dies ist mein Freund,
Töchter Jerusalems!« |
⁶,¹ – »Wohin ist dein Minner gegangen,
Schönste unter den Weibern,
wohin hat sich dein Minner gewandt?
wir wollen mit dir ihn suchen.« |
² – »Mein Minner steigt zu seinem Garten hinab,
zu den Balsambeeten,
in den Gartengründen zu weiden,
Lilien zu lesen. |
³ Ich bin meines Minners,
mein Minner ist mein,
der unter Lilien weidet.« |

⁴ – Schön bist du, meine Freundin,
wie Tirza, die »Gnadenstadt«,
anmutig wie Jerusalem,
furchtbar wie sie, die Fahnenumschwungnen. |
⁵ Kehre von mir ab deine Augen,
drum daß sie mich verwirren!
Dein Haar ist wie eine Herde von Ziegen,
die vom Gilad wallen, |
⁶ deine Zähne wie eine Herde von Schafen,
die aus der Schwemme steigen,
die alle zwieträchtig sind,
fehlwürfig keins unter ihnen. |
⁷ Wie ein Riß der Granatfrucht ist deine Wange,
hinter deinem Schleier hervor. |

⁸ Sechzig sinds der Königinnen,
achtzig der Kebsen,
und Mädchen ohne Zahl, –|
⁹ eine einzige ist meine Taube,
meine Heile,
eine einzige ist sie bei ihrer Mutter,
eine Erkorne bei ihrer Gebärerin.
Die Töchter sehn sie, und heißen sie beglückt,
die Königinnen und Kebsen, und preisen sie.|

¹⁰ – Wer ist diese,
die vorglänzt wie das Morgenrot,
schön wie der Mond,
lauter wie der Glutball,
furchtbar wie die Fahnenumschwungnen?|
¹¹ – Zu meinem Nußgarten stieg ich hinab,
die Triebe im Tal zu besehn,
zu sehn, ob die Rebe treibt,
ob die Granaten erblühn,|
¹² da – ich kenne meine Seele nicht mehr –
versetzt michs ins Gefährt
meines Gesellen, des edlen.|

⁷,¹ – Dreh dich, dreh dich,
Schulamitin,
dreh dich, dreh dich,
daß wir dich beschauen!
– Was wollt ihr an der Schulamitin beschaun?
– Etwas, das dem Reigen des Doppellagers gleicht!|
² Wie schön sind deine Tritte in den Schuhn,
Tochter des Edlen!
Die Biegungen deiner Hüften
sind gleichwie Spangen,
Werk der Hände eines Meisters.|
³ Dein Schoß ist eine Rundschale, –
nimmer ermangle sie des Mischtranks!
Dein Bauch ist ein Weizenhaufen,
von Lilien umsteckt.|
⁴ Deine zwei Brüste sind wie zwei Kitzlein,

Zwillinge einer Gazelle. |
5 Dein Hals ist wie ein Elfenbeinturm.
Deine Augen sind die Teiche in Cheschbon
am Tore von Bat-rabbim.
Deine Nase ist wie der Libanonturm,
der nach Damaskus hin späht. |
6 Dein Haupt auf dir ist wie der Karmel,
die Flechten deines Hauptes wie Purpur, –
ein König verstrickt sich in den Ringeln. |

7 – Wie schön und wie mild bist du,
Liebe, im Genießen! |
8 Dieser Wuchs dein ähnelt der Palme
und deine Brüste den Trauben. |
9 Ich habe zu mir gesprochen:
Ersteigen will ich die Palme,
greifen will ich ihre Rispen,
daß doch deine Brüste seien wie Trauben des Rebstocks
und deines Nasenatems Duft wie von Äpfeln |
10 und dein Gaum wie der gute Wein ...
– ... der gradaus in meinen Minner eingeht, ...
– ... noch im Schlaf macht er die Lippen sich regen. |

11 – Ich bin meines Minners,
nach mir ist sein Begehren. |
12 Geh heran, mein Minner,
ziehn wir ins Feld hinaus,
nachten wir an den Dörfern, |
13 besuchen die Wingerte wir in der Frühe,
besehn wir,
ob der Rebstock treibt,
ob die Knospe sich öffnet,
ob die Granaten erblühn; –
dort will ich meine Minne dir geben. |
14 Die Minnebeeren geben Duft aus,
an unsern Türen sind allerhand Köstlichkeiten,
neue, auch alte,
für dich, mein Minner, habe ich sie aufgespart. |

8,1 Wer gibt dich mir als Bruder,
der an meiner Mutter Brüsten sog!
Fände ich dich auf der Gasse, ich küßte dich
und sie dürften mein doch nicht spotten, |
2 ich führte dich,
ich brächte dich
in meiner Mutter Haus,
du müßtest mich lehren,
mit Würzwein tränkte ich dich,
mit Granatenmost. –|
3 Seine Linke mir unterm Haupt,
und seine Rechte kost mich: |
4 ich beschwöre euch,
Töchter Jerusalems,
störtet, aufstörtet ihr die Liebe,
bis ihrs gefällt, ...! |

5 – Wer ist diese,
heransteigend von der Wüste,
an ihren Minner gelehnt?
– Unter dem Apfelbaum
habe ich dich aufgestört.
eben dort kam in Wehn mit dir deine Mutter,
eben dort lag in Wehn deine Gebärerin. |

6 Setze mich wie ein Siegel
dir auf das Herz,
wie einen Siegelreif dir um den Arm,
denn gewaltsam wie der Tod ist die Liebe,
hart wie das Gruftreich das Eifern,
ihre Flitze Feuerflitze, –
eine Lohe oh von Ihm her! |
7 Die vielen Wasser vermögen nicht die Liebe zu löschen,
die Ströme können sie nicht überfluten.
Gäbe ein Mann allen Schatz seines Hauses um die Liebe,
man spottete, spottete sein. |

⁸ — »Unser ist eine Schwester, eine kleine,
sie hat noch keine Brüste, –
was wollen mit unsrer Schwester wir tun
am Tag, da man um sie redet?«|
⁹ — »Ist sie eine Mauer,
baun eine Silberzinne wir drauf,
und ist sie eine Pforte,
rammeln eine Zedernplanke wir dran.«|
¹⁰ — Nun ich eine Mauer bin,
meine Brüste Türmen gleich,
so ward ich in seinen Augen
wie eine, die Befriedung fand.|

¹¹ — Einen Wingert hatte Schlomo in Baal-Hamon,
er übergab den Wingert den Hütern, –
jedermann brächte für seine Frucht tausend Vollgewicht
   Silbers herbei.|
¹² Den Wingert, der mir eignet, habe ich mir vom Antlitz, –
dein, Schlomo, seien die tausend
und der Fruchthüter zweihundert.«|

¹³ — Die du in den Gärten verweilst,
Gefährten lauschen deiner Stimme,
lasse mich hören!|
¹⁴ — Flieh herzu, mein Minner,
gleiche du der Gazelle
oder dem Hirschböcklein –
über die Berge der Balsame!

DAS BUCH
RUT

^{1,1} Es war in den Tagen, als die Richter richteten,
da war Hunger im Land,
so ging ein Mann aus Betlehem in Jehuda, in den Gefilden Moabs zu gasten,
er und seine Frau und seine beiden Söhne, |
² der Name des Manns war Elimelech, der Name seiner Frau Noomi, der Name seiner beiden Söhne Machlon und Kiljon,
Efratiter aus Betlehem in Jehuda.
Sie kamen in die Gefilde Moabs und waren fortan dort. |
³ Elimelech, der Mann Noomis, starb, sie verblieb, sie und ihre zwei Söhne. |
⁴ Sie nahmen sich Frauen, Moabiterinnen,
der Name der einen war Orpa, der Name der anderen Rut.
An zehn Jahre hatten sie dort verweilt, |
⁵ so starben auch die beiden, Machlon und Kiljon,
die Frau verblieb ohne ihre Kinder und ohne ihren Mann. |
⁶ Sie machte sich auf, sie und ihre Schwiegerinnen, und kehrte aus den Gefilden Moabs heim,
denn sie hatte in den Gefilden Moabs gehört, daß ER es seinem Volke zugeordnet hatte, ihnen Brot zu geben, |
⁷ sie zog hinweg von dem Ort, wo sie gewesen war, sie und ihre beiden Schwiegerinnen mit ihr.
Als sie des Wegs gingen, ins Land Jehuda heimzukehren, |
⁸ sprach Noomi zu ihren beiden Schwiegerinnen
»Geht doch, kehrt doch um, jede ins Haus ihrer Mutter!
ER tue hold an euch,
wie ihr an den Verstorbnen und an mir getan habt! |
⁹ ER gebe euch, daß eine Ruhstatt ihr findet,
jede im Haus ihres Mannes!«
Sie küßte sie, sie aber erhoben ihre Stimme und weinten. |
¹⁰ Dann sprachen sie zu ihr:
»Nein, mit dir kehren wir zu deinem Volke heim.« |
¹¹ Noomi sprach:
»Kehrt um, meine Töchter!
warum wollt ihr mir zugesellt gehn?
kann ich denn noch Söhne in meinem Leib haben,
daß sie euch zu Männern würden? |
¹² kehrt um, meine Töchter, geht!

denn zu alt bin ich, eines Mannes zu werden:
wenn ich sprechen könnte, es gäbe mir Hoffnung,
noch diese Nacht würde ich eines Mannes, und ich wollte
   noch Söhne gebären, –|
13 möchtet ihr daraufhin warten, bis sie groß werden?
möchtet ihr daraufhin euch versperren, nicht eines Mannes
   zu sein,
nimmer doch, meine Töchter!
Denn sehr bitter ists mir um euch,
so denn SEINE Hand wider mich ausfuhr!«|
14 Sie erhoben ihre Stimme und weinten wieder.
Dann küßte Orpa ihre Schwiegermutter,
Rut aber hing sich an sie.|
15 Sie aber sprach:
»Da, deine Schwägerin kehrt heim
zu ihrem Volk und zu ihrem Gott,
kehre um, deiner Schwägerin folgend!«|
16 Rut sprach:
»Nimmer dringe in mich, dich zu verlassen,
vom Dir-folgen umzukehren!
Denn wohin du gehst, will ich gehn,
und wo du nachtest, will ich nachten dir gesellt.
Dein Volk ist mein Volk
und dein Gott ist mein Gott.|
17 Wo du sterben wirst, will ich sterben
und dort will ich begraben werden.
So tue ER mir an, so füge er hinzu:
ja denn, der Tod wird zwischen mir und dir scheiden.«|
18 Als sie sah, daß sie festen Sinns war, mit ihr zu gehen,
gab sies auf, ihr zuzureden.|
19 So gingen sie beide, bis sie nach Betlehem kamen.
Es geschah, als sie nach Betlehem kamen,
da rauschte all die Stadt über sie auf,
sie sprachen: »Ist dies Noomi?«|
20 Sie sprach zu ihnen:
»Nimmer ruft mich Noomi, Behagen,
ruft mich Mara, Bitternis,
denn der Gewaltige hat mich sehr verbittert.|
21 Ich da, voll bin ich von hinnen gegangen

und leer hat ER mich heimkehren lassen, –
warum ruft ihr mich Noomi?
ER hat gegen mich gezeugt,
der Gewaltige hat mich mißhandelt.« |
²² So kehrte Noomi heim
und Rut, die Moabiterin, ihre Schwiegerin, ihr gesellt,
heim von den Gefilden Moabs.
Sie kamen aber nach Betlehem zu Beginn des Gerstenschnitts. |

²,¹ Einen Verwandten hatte Noomi, von ihrem Manne her,
einen tüchtigen Mann von Elimelechs Sippe,
sein Name war Boas. |
² Rut, die Moabiterin, sprach zu Noomi:
»Laß mich doch aufs Feld gehn,
daß ich Ähren auflese, hinter jemand her,
in dessen Augen ich Gunst finde.«
Sie sprach: »Geh, meine Tochter.« |
³ Sie ging, kam hin und las auf dem Feld hinter den Schnittern auf.
Und es fügte sich eine Fügung:
das Feldstück war das Boas, der von Elimelechs Sippe war. |
⁴ Da, Boas kam von Betlehem her
und sprach zu den Schnittern:
»ER sei mit euch!«
Sie sprachen zu ihm:
»Dich segne ER!« |
⁵ Boas sprach zu seinem Jungknecht,
der über die Schnitter bestellt war:
»Wessen ist diese Junge?« |
⁶ Der Jungknecht, der über die Schnitter bestellt war, entgegnete, er sprach:
»Eine junge Moabiterin ists,
die mit Noomi von den Gefilden Moabs zurückgekehrt ist, |
⁷ sie sprach: ›Laß mich nachlesen doch,
daß ich aufsammle unter den Garben hinter den Schnittern her!‹
Sie kam und stand vom Morgen an bis jetzt,
nur ein weniges war ihres Weilens im Haus.« |
⁸ Boas sprach zu Rut:

»Nicht wahr, du hörst es, meine Tochter:
geh nimmer auf ein anderes Feld lesen,
zieh gar nicht von hier weg,
und da halte an meine Jungmägde dich, |
9 deine Augen aufs Feld, wo sie schneiden,
und geh hinter ihnen her.
– Gebiete ich den Jungknechten nicht,
dich unangetastet zu lassen? –
Dürstets dich aber, geh zu den Gefäßen
und trink davon, was die Jungknechte schöpfen.« |
10 Sie fiel auf ihr Antlitz, bückte sich zur Erde
und sprach zu ihm:
»Weshalb habe ich Gunst in deinen Augen gefunden,
daß du mich anerkennst, die ich eine Fremde bin?« |
11 Boas entgegnete, er sprach zu ihr:
»Gemeldet wards mir, gemeldet
alles, was du an deiner Schwiegermutter tatest
nach dem Tode deines Mannes,
daß du deinen Vater und deine Mutter und dein Geburtsland verließest
und gingst zu einem Volk, das du gestern und ehdem nicht kanntest. |
12 Vergelte ER dir dein Werk
und dir werde gültiger Lohn
von IHM, dem Gott Jifsraels
unter dessen Flügeln dich zu bergen du kamst!« |
13 Sie sprach:
»Möchte ich weiter Gunst in deinen Augen finden, mein Herr,
da du mich hast getröstet,
und da du zum Herzen deiner Dienerin hast geredet,
und ich bin ja nicht einmal einer deiner Dienerinnen gleich!« |
14 Zur Essenszeit sprach Boas zu ihr:
»Tritt heran, iß vom Brot
und tauche deinen Bissen in die Sauertunke!«
Sie setzte sich zuseiten der Schnitter.
Er reichte ihr Korngeröst,
sie aß, daß sie satt wurde, und ließ übrig. |
15 Dann stand sie auf um zu lesen.
Boas gebot seinen Jungknechten, sprechend:

»Auch zwischen den Garben mag sie lesen,
und ihr dürft sie nicht beschämen, |
¹⁶ ihr sollt für sie sogar aus den Büscheln zupfen, ja zupfen
und es liegen lassen, daß sie es lese,
und ihr dürft sie nicht schelten.« |
¹⁷ Sie las auf dem Feld bis zum Abend,
dann klopfte sie aus, was sie gelesen hatte:
es war etwa ein Scheffel Gerste. |
¹⁸ Sie nahms auf, kam in die Stadt
und ihre Schwiegermutter sah, was sie gelesen hatte.
Dann holte sie hervor und gab ihr, was sie nach ihrer Sättigung
    übrig gelassen hatte. |
¹⁹ Ihre Schwiegermutter sprach zu ihr:
»Wo hast du heute gelesen,
welchenorts geschafft?
Gesegnet sei, der dich anerkannt hat!«
Nun meldete sie ihrer Schwiegermutter,
bei wem sie geschafft hatte, sprach:
»Der Name des Manns, bei dem ich heut schaffte, ist Boas.« |
²⁰ Noomi sprach zu ihrer Sohnsfrau:
»Gesegnet er IHM,
der seine Huld nicht versagt den Lebenden und den Toten!«
Noomi sprach weiter zu ihr:
»Nahverwandt ist uns der Mann,
von unsern Lösern ist er.« |
²¹ Rut, die Moabiterin, sprach zu ihr:
»Er hat auch noch zu mir gesprochen:
›An meine Jungknechte sollst du dich halten,
bis sie mit all meinem Schnitt zu Ende sind.‹« |
²² Noomi sprach zu Rut, ihrer Sohnsfrau:
»Gut ists, meine Tochter, daß du mit seinen Jungmägden aus-
    ziehst,
so wird man nicht auf einem andern Feld dich behelligen.« |
²³ Hinfort hielt sie sich an Boas' Mägde beim Lesen,
bis Gerstenschnitt und Weizenschnitt zu Ende waren.
Dann verweilte sie bei ihrer Schwiegermutter. |

³,¹ Noomi, ihre Schwiegermutter, sprach zu ihr:
»Meine Tochter,

nicht wahr, ich will dir eine Ruhstatt suchen, wo dus gut hast. |
2 Nun, ist nicht Boas von unsrer Verwandtschaft,
er, mit dessen Mägden du gewesen bist?
Da, diese Nacht worfelt er auf der Gerstentenne. |
3 Bade, salbe dich, leg deine Tücher um
und geh zur Tenne hinab,
laß dich aber von dem Mann nicht bemerken,
bis er mit dem Essen und Trinken zu Ende ist. |
4 Und es sei, wenn er sich hinlegt,
mußt du den Ort kennen, wo er liegt,
dann kommst du und deckst den Platz zu seinen Füßen auf
und legst dich nieder,
so wird er dir vermelden, was du zu tun hast.« |
5 Sie sprach zu ihr:
»Alles, was du mir zusprichst, will ich tun.« |
6 Sie stieg zur Tenne hinab und tat alles, was ihr ihre
    Schwiegermutter geboten hatte, |
7 Boas aß und trank und sein Herz war guten Muts.
Er kam, sich am Rand des Getreidehaufens niederzulegen.
Da kam sie im stillen, deckte den Platz zu seinen Füßen auf
    und legte sich nieder. |
8 Um Mitternacht geschahs,
der Mann fuhr auf, beugte sich vor,
da, ein Weib liegt zu seinen Füßen, |
9 Er sprach:
»Wer bist du?«
Sie sprach:
»Ich bin Rut, deine Sklavin.
Breite deinen Kleidzipfel über deine Sklavin,
denn ein Löser bist du.« |
10 Er sprach:
»Gesegnet du IHM, meine Tochter!
Besser noch hast du deine späte Huld erzeigt als die frühre,
da du nicht den Jünglingen, ob arm ob reich, nachgegangen
    bist. |
11 Und nun, meine Tochter, fürchte dich nimmer,
alles, um was du mich ansprechen wirst, will ich dir tun,
weiß ja all das Tor meines Volks, daß du ein Weib von Tucht
    bist. |

¹² Und nun, ja, traun, ich bin zwar ein Löser,
doch gibts auch noch einen Löser, näher als ich. |
¹³ Nachte die Nacht, und am Morgen solls so sein:
löst er dich, ists gut,
gefällts ihm aber nicht, dich zu lösen, löse ich selber dich,
sowahr ER lebt.
Liege bis zum Morgen!« |
¹⁴ Sie lag zu seinen Füßen bis zum Morgen
und stand auf, ehe jemand seinen Genossen erkennt,
er nämlich sprach:
»Nimmer solls bekannt werden, daß das Weib auf die Tenne
¹⁵ Dann sprach er: [kam.« |
»Lange den Überwurf her, den du umhast,
und fasse dran.«
Sie faßte dran, er maß Gerste sechsfach zu, luds ihr auf und
kam in die Stadt. |
¹⁶ Sie aber kam zu ihrer Schwiegermutter.
Die sprach: »Woran bist du, meine Tochter?«
So meldete sie ihr alles, was ihr der Mann getan hatte. |
¹⁷ Sie sprach: »Diese sechs Maß Gerste hat der Mann mir gegeben, denn er sprach: ›Nicht sollst du leerer Hände zu deiner Schwiegermutter kommen.‹« |
¹⁸ Da sprach sie:
»Bleib sitzen, meine Tochter, bis dir merklich wird, wie die Sache ausfällt!
denn dieser Mann wird nicht rasten, bis er, noch heute, die Sache zu Ende gebracht hat.« |

⁴,¹ Boas war hinauf zum Tore gegangen und war dort verweilt.
Nun kam jener Löser vorüber, von dem Boas geredet hatte.
Er aber sprach:
»Bieg ab, setz dich her, Soundso!«
Er bog ab und setzte sich. |
² Er nahm zehn Männer von den Alten der Stadt und sprach:
»Setzt euch hierher!«
Sie setzten sich. |
³ Er aber sprach zum Löser:
»Das Feldstück, das unsres Bruders Elimelech war,
Noomi verkaufts, die vom Gefilde Moabs heimgekehrt ist. |

⁴ Ich nun, ich habe zu mir gesprochen,
ich wolle es deinem Ohr offenbaren, sprechend:
Erwirbs zugegen den hier Sitzhabenden und zugegen den Ältesten meines Volks!
Willst du lösen, löse,
wirds aber nicht gelöst, melde es mir, daß mirs kund sei,
denn außer dir ists an keinem, zu lösen, als an mir, der dir nachsteht.«
Er sprach:
»Ich, lösen will ich.« |
⁵ Boas aber sprach:
»Am Tag, da du das Feld aus der Hand Noomis erwirbst,
erwirbst du von Rut, der Moabiterin, der Frau des Verstorbnen,
den Namen des Verstorbnen auf seinem Eigentum zu erhalten.« |
⁶ Der Löser sprach:
»Nicht vermag ich für mich zu lösen,
sonst schädige ich mein Eigentum.
Löse du meine Lösung für dich,
denn nicht vermag ich zu lösen.« |
⁷ Dieses aber galt vordem in Jifsrael bei Lösung und bei Tausch:
um alljede Sache haltbar zu machen,
zog der Mann seinen Schuh aus und gab ihn seinem Genossen,
und dies war die Bezeugung in Jifsrael. |
⁸ Der Löser sprach zu Boas:
»Erwirbs dir!«
und zog seinen Schuh aus. |
⁹ Boas sprach zu den Ältesten und zu allem Volk:
»Zeugen seid ihr heute,
daß ich alles, was Elimelechs war, und alles, was Kiljons und Machlons war, aus der Hand Noomis erworben habe. |
¹⁰ Und auch Rut, die Moabiterin, Machlons Frau, habe ich mir zur Frau erworben,
den Namen des Verstorbnen auf seinem Eigentum zu erhalten,
daß nicht ausgerottet werde der Name des Verstorbnen
aus der Gemeinschaft seiner Brüder und aus dem Tor seines Ortes.
Des seid heute ihr Zeugen.« |

¹¹ Alles Volk im Tor und die Ältesten sprachen:
»Zeugen.
Gebe ER der Frau, die in dein Haus kommt,
wie Rachel und wie Lea zu werden, die beide das Haus Jifsraels erbauten!
Tucht übe in Efrata, und rufe dir einen Namen aus in Betlehem! |
¹² Dein Haus sei wie das Haus des Parez, den Tamar dem Jehuda gebar,
von dem Samen, den ER dir von dieser Jungen gibt!« |
¹³ Boas nahm Rut, und sie wurde ihm zur Frau,
er ging zu ihr ein, ER gab ihr Schwangerschaft, und sie gebar einen Sohn. |
¹⁴ Die Frauen sprachen zu Noomi:
»Gesegnet ER,
der dirs heut an einem Löser nicht fehlen ließ,
und gerufen werde sein Name in Jifsrael! |
¹⁵ Er werde dir
zum Seelenwiederbringer
und zum Versorger deines Greisentums!
denn deine Schwiegerin, die dich liebt, ists, die ihn gebar,
sie, die dir besser ist als sieben Söhne.« |
¹⁶ Noomi nahm das Kind, legte es in ihren Schoß und ward ihm zur Pflegerin. |
¹⁷ Die Nachbarinnen riefen ihm einen Namen aus, sprechend:
»Der Noomi ist ein Sohn geboren«,
sie riefen seinen Namen: Obed.
Der wurde der Vater Jischajs, des Vaters Dawids. |

¹⁸ Und dies sind die Zeugungen Parezs:
Parez zeugte Chezron, |
¹⁹ Chezron zeugte Ram,
Ram zeugte Aminadab, |
²⁰ Aminadab zeugte Nachschon,
Nachschon zeugte Sfalma, |
²¹ Sfalma zeugte Boas,
Boas zeugte Obed, |
²² Obed zeugte Jischaj,
Jischaj zeugte Dawid. |

DAS BUCH
WEHE

1,1 Wehe wie weilt die Stadt einsam,
die einst viel bevölkerte,
einer Witwe gleich ist sie worden,
die unter den Weltstämmen so viel war,
die Fürstin unter den Gauen,
zur Frönerin ist sie geworden. |
2 Sie weint und weint die Nacht durch,
über ihre Wange hin ihre Träne,
für sie ist kein Tröster da
von ihren Liebenden allen,
es verrieten sie all ihre Freunde,
zu Feinden warden sie ihr. |
3 Entwandert ist Jehuda
vor Elend und der vielen Knechtschaft,
unter den Weltstämmen weilt es,
eine Ruhe findet es nicht,
all seine Verfolger erreichens
mitten in der Bedrängnis. |
4 Die Wege Zions trauern,
fort sind, die einst zur Begegnungszeit kamen,
verstarrt sind all ihre Tore,
ihre Priester stöhnen,
ihre Maiden sind vergrämt,
und sie, bitter ist ihr. |
5 Ihre Bedränger sind zum Haupt worden,
ihre Feinde sind zufrieden,
denn ER ists, der sie peinigt
um ihre vielen Abtrünnigkeiten.
Ihre Kindlein gingen gefangen
vor dem Bedränger einher. |
6 Von der Tochter Zions schwand all ihr Glanz,
ihre Obern sind wie Hirsche geworden,
die nichts zu weiden finden,
kraftlos gingen sie vorm Verfolger dahin. |
7 Jerusalem gedenkt
in den Tagen ihres Elends und ihres Schweifens
all ihrer Köstlichkeiten,
die dawaren von ureinst her,
als ihr Volk in die Hand des Bedrängers fiel

und keiner war, der ihr hülfe.
Die Bedränger besehen sie,
sie lachen über ihr Verabschiedetsein. |
⁸ Jerusalem hat gesündigt, hat sich versündigt,
drum ist sie zu einem Unflat geworden,
alle, die sie ehrten, dünkt sie gemein,
denn sie haben ihre Blöße gesehn.
Selber gar stöhnt sie auf
und kehrt rückwärts sich ab. |
⁹ Ihr Makel ist bis auf ihrer Schleppe.
Sie dachte nicht an ihre Späte,
so sank sie wunderlich ab
– für sie ist kein Tröster da –:
»Sieh, DU, mein Elend an,
denn der Feind macht sich groß!« |
¹⁰ Der Bedränger breitet seine Hand
über all ihre Köstlichkeiten.
Ja, sie sah
die Weltstämme in ihr Heiligtum kommen:
»... von denen du geboten hast,
sie sollten in das Gesamt dir nicht eingehn.« |
¹¹ All ihr Volk, sie stöhnen,
sie suchen nach Brot,
sie gaben ihre Köstlichkeiten für Speise,
die Seele zu erhalten:
»... sieh, DU, blick her,
denn ich bin gemeingemacht worden. |
¹² Sei es nur zu euch hin, ihr alle, die ihr des Wegs zieht:
blicket her und seht,
obs einen Schmerz gibt wie mein Schmerz,
da mir so mitgespielt hat,
da mich so gepeinigt hat ER
am Tag des Flammens seines Zorns. |
¹³ Aus der Höhe sandte ins Gebein er mir Feuer,
senkte es drein,
er spannte ein Netz meinen Füßen,
zum Verstarren gab er mich hin, –
ein Siechen alletag. |
¹⁴ Gewacht ward über meinen Abtrünnigkeiten,

mit seiner Hand hat er sie verflochten,
sie sind um den Hals mir gestiegen.
Straucheln machte er meine Kraft,
mein Herr gab mich in Hände,
draus ich mich nicht zu erheben vermag. |
15 Er ächtete all meine Recken,
mein Herr mir mittinnen,
eine Begegnungszeit rief er über mich aus,
meine Jünglinge zu zerschlagen,
die Kelter trat mein Herr
Jehudas Tochter, der Maid. |
16 Darüber weint mein Auge sich aus,
vom Wasser überfließt mein Auge,
denn fern von mir ist ein Tröster,
der mir die Seele erhielte,
verstarrt sind meine Söhne,
denn der Feind ist übermächtig.« |
17 Zion breitet ihre Hände aus,
für sie ist kein Tröster da,
aufgeboten hat gegen Jaakob ER
von ringsumher seine Bedränger,
Jerusalem ist unter ihnen zum Unflat geworden. |
18 »ER, bewahrheitet ist er,
denn widerspenstig war ich seinem Mund.
Hörets doch, ihr Völker alle, und seht meinen Schmerz!
Meine Maiden und meine Jünglinge gingen in die Gefangenschaft. |
19 Ich rief meinen Liebhabern, sie, sie betrogen mich.
Meine Priester, meine Ältesten in der Stadt, sie verschieden,
da sie sich Speise suchten, daß sie ihre Seele erhielten. |
20 Sieh her, DU,
denn ich bin in der Drangsal.
Mein Eingeweid gärt,
mein Herz dreht sich inmitten mir um,
weil ich widerspenstig, widerspenstig war.
Von draußen raubt die Kinder das Schwert,
was drinnen ist, gleicht dem Tod selber. |
21 Sie hörten, daß ich stöhne,
für mich ist kein Tröster,

all meine Feinde hörten von meinem Bösgeschick,
sie ergötzen sich,
denn der es gewirkt hat bist du.
Bringst du den Tag, den du ausriefst,
werden sie mir gleich sein, |
²² all ihre Bosheit kommt dann vor dich,
und du handelst an ihnen, gleichwie an mir du gehandelt hast
    für all meine Abtrünnigkeiten.
Ja, viel ist meines Stöhnens,
und mein Herz ist Siechtum. |

2,1 Wehe wie umwölkte in seinem Zorn
mein Herr die Tochter Zions,
schleuderte von Himmelshöhen zu Boden
die Pracht Jifsraels
und gedachte nicht des Schemels seiner Füße
am Tag seines Zorns. |
² Mein Herr tilgte ohne zu schonen
alle Triften Jaakobs,
schleifte in seinem Überwallen
die Bollwerke der Tochter Jehudas,
stürzte zu Boden, gab preis
das Königreich und seine Obern, |
³ kappte im Flammen seines Zorns
alles Horn Jaakobs.
Die Rechte zog er ihm zurück vor dem Feind
und zündete in Jaakob, wie Feuerlohe,
die ringsumher frißt. |
⁴ Er spannte seinen Bogen wie ein Feind,
stand da, seine Rechte wie eines Bedrängers,
und erwürgte alles, was dem Aug köstlich war,
im Zelte der Tochter Zions
ergoß wie Feuer er seinen Grimm. |
⁵ Wie ein Feind wurde mein Herr,
er tilgte Jifsrael,
tilgte all seine Paläste,
seine Bollwerke verdarb er,
und er häufte bei der Tochter Jehudas

Klage und Klageschrei. |
⁶ Er stieß, wie einem Garten, seine Schirmung nieder,
verdarb ihm seine Begegnungsgezeit,
ER verdarb in Zion
Begegnungszeit und Wochenfeier,
verwarf im Dräuen seines Zorns
König und Priesterschaft. |
⁷ Mein Herr verschmähte seine Opferstatt,
entwürdigte sein Heiligtum,
überlieferte in die Hand des Feindes
die Ummauerung seiner Paläste, –
ein Hallen gab man aus in SEINEM Hause
wie am Tage der Begegnung. |
⁸ ER plante es aus,
die Ummauerung der Tochter Zions zu verderben,
er streckte die Schnur,
zog seine Hand nicht zurück vom Zerstören,
trauern machte er Wall und Mauer,
sie verfielen mitsammen. |
⁹ In den Boden sanken ihre Tore,
schwinden machte er, zerbrach ihre Riegel,
unter den Weltstämmen sind ihr König und ihre Obern,
keine Unterweisung ist da,
auch ihre Künder finden nicht Schau mehr von IHM. |
¹⁰ Am Boden sitzen, verstummt,
die Greise der Tochter Zions,
sie streuen Staub sich aufs Haupt,
sie gürten sich Sackleinen um,
zum Boden neigten ihr Haupt
die Maiden Jerusalems. |
¹¹ Meine Augen versagen vor Tränen,
mein Eingeweid gärt,
meine Leber schüttet sich zu Boden
über den Zusammenbruch der Tochter meines Volks.
Spielkind und Säugling schmachten
in den Gassen der Burg, |
¹² sie sprechen zu ihren Müttern:
»Wo ist Korn und Wein?«,
da sie wie ein Durchbohrter verschmachten

in den Gassen der Stadt,
da sich ihre Seele verschüttet
in den Schoß ihrer Mutter. |
¹³ Was setze ich als Zeugnis dir bei,
was vergleiche ich dir,
Tochter Jerusalems,
was stelle ich dir zuseit,
daß ich dich tröste,
Tochter Zions, du Maid?
Dein Zusammenbruch ist ja groß wie das Meer,
wer könnte dich heilen! |
¹⁴ Deine Künder erschauten Wahn und Schleimtünche dir,
nicht machten offenbar sie deine Verfehlung,
dich in Umkehr kehren zu lassen,
sie erschauten »Lastworte« dir:
Wahn und Verführung. |
¹⁵ Über dich klatschen in die Hände
alle, die des Weges ziehn,
sie zischeln, schütteln ihr Haupt
über die Tochter Jerusalems:
»Ist dies die Stadt, die man ansprach:
›Allschöne, Ergötzen aller Erde!‹« |
¹⁶ Über dich reißen ihren Mund auf
all deine Feinde,
sie zischeln, blecken die Zähne,
sie sprechen: »Wir tilgten!
dies eben ist der Tag, den wir erhofften!
wir fanden, wir sahn!« |
¹⁷ ER hat getan, was er entworfen hatte,
vollzogen hat er seinen Spruch,
den er entboten hatte von Urtagen her.
Er hat geschleift und hat nicht geschont,
er hat den Feind an dir erfreut,
hat das Horn deiner Bedränger erhoben. –|
¹⁸ Ihr Herz schreit zu meinem Herrn.
Mauer der Tochter Zions!
Wie ein Bach lasse fließen die Träne
tages und nachts,
nimmer gewähre dir ein Erschlaffen,

nimmer lasse deinen Augapfel rasten!|
19 Stehe auf,
jammre in der Nacht,
im Anfang der Wachen
schütte wie Wasser dein Herz aus
meines Herrn Antlitz entgegen,
hebe zu ihm deine Hände
um deiner Spielkinder Seele,
die vor Hunger verschmachten
im Anfang aller Gassen:|
20 »Sieh, DU, blicke her,
wem sonst hast du so mitgespielt?
Sollen Frauen ihre Frucht verzehren,
die wohlgepflegten Kindlein?
soll erwürgt werden im Heiligtum meines Herrn
Priester und Künder?|
21 Am Boden liegen in den Gassen
Knabe und Greis!
Meine Maiden und meine Jünglinge,
durchs Schwert sind sie gefallen!
Gewürgt hast du am Tag deines Zorns,
geschlachtet hast du, hast nicht geschont!|
22 Berufen hast du, wie zu einem Tag der Begegnung,
von ringsumher, vor denen mir graute!
Nicht war am Tag DEINES Zorns
ein Entkommner, ein Entronnener da.
Die ich gepflegt und großgezogen hatte,
mein Feind hat sie vernichtet.«|

3,1 Ich bin der Mann, der das Elend besah
unterm Stabe Seines Überwallens.|
2 Mich trieb steten Ganges er
in die Finsternis, da Licht nicht mehr ist,|
3 wiederkehrend wandte er, gegen mich nur,
seine Hand all den Tag.|
4 Er zerfaserte mein Fleisch und meine Haut,
zerbrach mein Gebein,|
5 verbaute mich, umzirkte

Giftzeug und Ungemach, |
6 in Verfinstrungen setzte er mich
wie die von Urzeit her Toten, |
7 umzäunte mich, daß ich nicht hinaus kann,
beschwerte mich mit Erzketten. |
8 Wie ich auch schreie und flehe,
umstopft hat er mein Gebet. |
9 Mit Quadern zäunte meine Wege er ab,
verkrümmte meine Steige. |
10 Ein lauernder Bär ist er mir,
ein Löwe in Verstecken. |
11 Er wirrte meine Wege und spaltete mich auf,
verstarrt machte er mich. |
12 Er spannte seinen Bogen
und stellte mich dem Pfeile als Ziel, |
13 in die Nieren entsandte er mir die Söhne seines Köchers. |
14 Ein Gelächter ward ich all meinem Volk,
ihr Klimperliedlein all den Tag über. |
15 Er sättigte mit Bitternissen mich,
flößte mir Wermut ein, |
16 meine Zähne machte er am Kiese sich malmen,
in Asche zerrte er mich nieder. – |
17 Du verwarfst meine Seele, vom Frieden hinweg,
das Gutgeschick mußte ich vergessen. |
18 So sprach ich:
»Schwand meine Dauer und mein Erharrtes
von IHM her, |
19 muß das Gedenken meines Elends und meines Schweifens,
der Wermut und des Giftzeugs |
20 gedenken, gedenken meine Seele und in mir sinken, – |
21 dieses lasse ins Herz ich mir kehren,
um des willen harre ich: |
22 SEINE Hulden, daß sie nicht dahin sind,
daß sein Erbarmen nicht endet.« |
23 Neu ists an jedem Morgen,
groß ist deine Treue, |
24 »Mein Anteil ist ER«, spricht meine Seele,
»um des willen harre ich sein.« |
25 Gut ist ER zu denen, die ihn erhoffen,

zu der Seele, die ihn sucht. |
²⁶ Gut ists, wenn still einer harrt
auf SEINE Befreiung. |
²⁷ Gut ists dem Mann,
wenn in seiner Jugend er ein Joch trug. |
²⁸ Er sitze einsam und still,
wenn Er es ihm auflegt, – |
²⁹ er halte seinen Mund in den Staub hin:
»Vielleicht west eine Hoffnung!« |
³⁰ Er halte seine Wange hin dem, der ihn schlagt,
er sättige sich an der Schmach. |
³¹ Denn mein Herr verwirft nicht für immer, |
³² denn betrübt er, erbarmt er sich
nach der Größe seiner Huld, |
³³ denn nicht aus Herzenslust demütigt er
und betrübt die Menschensöhne. |
³⁴ Daß einer unter seine Füße tritt
alle Gefangnen des Landes, |
³⁵ daß einer das Recht eines Mannes beugt
dem Antlitz des Höchsten zugegen, |
³⁶ daß einer dem andern seine Streitsache krümmt,
sieht es mein Herr etwa nicht? |
³⁷ Wer ists der sprach und es ward,
daß nicht mein Herr es geböte? |
³⁸ Fährts nicht vom Munde des Höchsten aus,
die Bösgeschicke und das Gute? |
³⁹ Was hat der lebende Mensch zu klagen?
jedermann über seine eigene Sünde! |
⁴⁰ Prüfen, erforschen wir unsre Wege
und kehren wir um bis zu IHM hin, |
⁴¹ tragen wir unser Herz auf den Händen
dem Gottherrn im Himmel zu! |
⁴² Wir, wir waren abtrünnig und widerspenstig,
du, du hast nicht verziehn. |
⁴³ Du schirmtest im Zorne dich ab
und du verfolgtest uns,
du würgtest und schontest nicht, |
⁴⁴ mit der Wolke schirmtest dus um dich ab
gegen das Herzudringen eines Gebets. |

⁴⁵ Du machtest aus uns Kehricht und Wegwurf
den Weltstämmen mittinnen, |
⁴⁶ all unsre Feinde rissen ihren Mund über uns auf. |
⁴⁷ Schrecknis und Schrunde ward uns,
das Zerbersten und der Zusammenbruch. |
⁴⁸ Von Wasserbornen überfließt mir das Auge
über den Zusammenbruch der Tochter meines Volks. |
⁴⁹ Mein Auge verrinnt, nicht ists zu stillen,
da keine Erschlaffungen sind, |
⁵⁰ bis vom Himmel nieder ER lugt und sieht. |
⁵¹ Mein Auge spielt meiner Seele mit
um alle Töchter meines Volks. |
⁵² Mich jagten, jagten wie einen Vogel,
die mich grundlos befeinden, |
⁵³ sie schweigten meinen Lebensgeist in der Grube
und walzten auf mich einen Stein, |
⁵⁴ sie schwemmten mir Wasser übers Haupt, –
ich sprach zu mir: »Ich bin abgeschnitten«. |
⁵⁵ Ich rief deinen Namen an, DU,
aus der untersten Grube, |
⁵⁶ du hast meine Stimme gehört:
»Nimmer entziehe dein Ohr
meinem Atemstoß, meinem Hilfeerflehn!« |
⁵⁷ Du warst nah am Tag, da ich dich rief,
du sprachst: »Fürchte dich nimmer!« |
⁵⁸ Du strittest, mein Herr, die Streite meiner Seele,
du löstest mein Leben aus. |
⁵⁹ Du sahst, DU, mein Gekrümmtsein:
»Rechte um mein Recht!« |
⁶⁰ Du sahst all ihre Rachgier,
all ihr Planen gegen mich, |
⁶¹ du hörtest ihr Schmähen, DU,
all ihr Planen wider mich, |
⁶² das Lippenschwert derer, die gegen mich stehn,
ihr Gemurmel all den Tag über. |
⁶³ Ihr Sitzen und ihr Aufstehn, blicke darauf:
ich bin ihr Klimperliedlein! |
⁶⁴ Das Gefertigte wirst du auf sie kehren lassen, DU,
nach dem Tun ihrer Hände, |

⁶⁵ wirst ihnen Verkrustung des Herzens geben,
deinen Fluch ihnen, |
⁶⁶ wirst im Zorn sie verfolgen und sie vernichten
von unter DEINEM Himmel hinweg. |

⁴,¹ Wehe wie ist das Gold erblichen,
das Erz, das feine, verfahlt,
die heiligen Steine verschüttet
zuhäupten aller Gassen! |
² Zions Söhne, die kostbarn,
abgeltbar mit Edelmetall,
weh, man achtet sie für irdene Krüge,
Machwerk von Töpferhänden! |
³ Auch Schakale reichen die Brust,
sie säugen ihre Welpen,
zur Grausamen ward die Tochterschaft meines Volkes,
wie Strauße in der Wüste, |
⁴ des Säuglings Zunge klebt vor Durst ihm am Gaumen,
Kinder betteln um Brot, keiner brichts ihnen, |
⁵ die Leckereien aßen, verstarren auf den Gassen,
die auf Scharlach Gehegten umfangen den Mist. |
⁶ Größer war der Fehl der Tochter meines Volks
als die Sünde Sodoms,
das im Nu umgestürzt ward,
nicht gabs dort ein Händeringen. |
⁷ Blanker als Schnee waren ihre Geweihten,
klarer als Milch,
rosiger der Leib als Korallen,
saphirblau ihr Geäder. |
⁸ Finstrer als die Schwärze ward ihre Gestalt,
unkenntlich wurden sie auf den Gassen,
die Haut schrumpfte ihnen am Leib,
dorrte, wurde wie Holz. |
⁹ Gut hattens die vom Schwerte Durchbohrten
mehr als die durchbohrt wurden vom Hunger,
die sich verbluteten, die Erstochnen,
mehr als die vom Ungedeihen des Felds. |
¹⁰ Hände weichherziger Frauen

haben ihre Kinder gekocht,
zur Labung wurden sie ihnen
beim Zusammenbruch meines Volks. |

¹¹ Seinen Grimm brauchte ER auf,
er ergoß die Glut seines Zorns,
er entzündete in Zion ein Feuer,
das verzehrte noch die Grundfesten dran. |

¹² Nicht geglaubt hattens die Könige der Erde,
alle Insassen des Runds,
daß je käme Bedränger und Feind
in die Tore Jerusalems. |

¹³ Um die Versündigung ihrer Künder,
um die Verfehlungen ihrer Priester wars,
die das Blut Bewährter ihr inmitten vergossen: |

¹⁴ nun schwanken durch die Gassen sie blind,
die mit Blut sich besudelt haben,
daß man ihre Gewänder nicht anrühren mag. |

¹⁵ »Weichet! Maklig!« rufen sie vor sich hin,
»Weichet, weichet, rührt nimmer an!«
Da sie entwandern, entschwanken,
spricht unter den Weltstämmen man:
»Nie wieder finden die eine Gaststatt! |

¹⁶ Vor SEINEM Antlitz hat er sie zerteilt,
nie wieder blickt er sie an.«
Man erhebt nicht das Antlitz von Priestern,
nicht erzeigt man Gunst mehr den Alten. |

¹⁷ Noch sahn wir die Augen uns aus
nach unsrer Hilfe, – ein Dunst!,
auf unsrer Späherwarte spähten wir aus
nach einem Stamm, – der befreien nicht kann. |

¹⁸ Zu eingeengt waren uns die Schritte,
über unsre Plätze zu gehen,
unser Ende naht,
voll sind unsere Tage,
ja, unser Ende kommt heran. |

¹⁹ Schneller sind unsre Verfolger
als die Adler des Himmels,
gehetzt werden wir auf den Bergen,
sie lauern in der Wüste uns auf. |

²⁰ Unser Lebensodem, SEIN Gesalbter,
in ihren Fallgruben ward er gefangen,
er, von dem wir gesprochen hatten:
»In seinem Schatten werden unter den Weltstämmen
    wir leben.«|
²¹ Ergötze, erfreue dich nur,
Tochter Edoms, die im Lande Uz siedelt!,
auch an dich wird der Becher kommen,
du wirst dich berauschen,
du wirst dich entblößen.|
²² Dahin ist dann dein Fehl, Tochter Zions,
nicht verschleppt Er dich wieder,
deinem Fehl ordnet Er es zu, Tochter Edoms,
Er entblößt deine Versündigungen.|

⁵,¹ Gedenke, DU, was an uns geschah,
blicke her und sieh unsre Schmach!|
² Unser Eigen drehte sich Ausheimischen zu,
unsre Häuser Fremden.|
³ Waisen wurden wir, Vaterlose,
Witwen gleich unsre Mütter.|
⁴ Unser Wasser, wir trinkens um Geld,
unser Holz, um Entgelt kommts uns ein.|
⁵ Dicht am Nacken werden wir verfolgt,
ermatten wir, wird uns nicht Ruh.|
⁶ Hatten wir Ägypten die Hand ergeben,
Assyrien, Brots zu ersatten,|
⁷ haben unsre Väter gesündigt,
sie sind nicht mehr,
wir tragen, wir, ihre Fehle.|
⁸ Knechte walten über uns,
da ist keiner, der ihrer Hand uns entrisse.|
⁹ Wir setzen unsre Seele dran, daß unser Brot wir bekommen,
vor dem Schwert in der Wüste,|
¹⁰ unsre Haut, wie ein Ofen erglüht sie
vor den Fieberqualen des Hungers.|
¹¹ Frauen haben sie in Zion gebeugt,
Maiden in den Städten Jehudas,|

12 von ihrer Hand wurden Obre gehenkt,
Älteste wurden verunehrt, |
13 Jünglinge müssen zur Mühle tragen,
Knaben straucheln unter der Holzlast. |
14 Die Alten feiern von der Torberatung,
die Jünglinge von ihrem Saitenspiel. |
15 Feiern muß unsres Herzens Ergötzen,
zu Trauer wandelte sich unser Reigen. |
16 Gefallen ist die Krone unsres Haupts, –
wehe, ach, über uns, daß wir sündigten! |
17 Ward darob siech unser Herz,
verfinstert sind uns die Augen über dieses: |
18 über den Zionsberg, daß er verstarrt ist, –
Füchse ergehn sich darauf. |
19 Du, in Weltzeit wolltest du sitzen
auf deinem Thron, Geschlecht um Geschlecht, – |
20 warum vergissest du uns in die Dauer,
verlässest uns für die Länge der Tage? |
21 Umkehren mache, Du, uns zu dir,
daß wir heimkehren können,
erneue unsre Tage wie ureinst! |
22 Denn verwürfest, verwürfest du uns,
du grolltest uns allzusehr. |

DAS BUCH
VERSAMMLER

¹,¹ Reden »Versammlers«, Sohns Dawids, Königs in Jerusalem. |

² Dunst der Dünste, spricht Versammler, Dunst der Dünste,
   alles ist Dunst. |
³ Welchen Vorteil hat der Mensch von all seiner Mühe,
   damit er sich abmüht unter der Sonne? |
⁴ Ein Geschlecht geht, ein Geschlecht kommt,
   und die Erde steht in Weltzeit. |
⁵ Strahlt die Sonne auf, kommt die Sonne hinab,
   sie strebt zu ihrem Ort,
   dort verstrahlt sie. |
⁶ Nach dem Süden geht,
   nach dem Norden kreist,
   kreist und kreist und geht der Wind,
   in seinen Kreisen kehrt der Wind. |
⁷ Alle Bäche gehn zum Meer
   und das Meer ist keinmal voll,
   an den Ort, dahin die Bäche gehn,
   dorthin kehren sie sich zum Weitergehn. |
⁸ Ermüdend sind alle beredbaren Dinge,
   niemand kann sie zu Rede machen.
   Nicht sättigt sich das Auge am Sehn,
   nicht füllt sich das Ohr mit Hören. |
⁹ Was im Sein war, ist was sein wird,
   und was man tat, ist was man tun wird,
   keinerlei Neues unter der Sonne! |
¹⁰ West ein Ding, davon einer spricht:
   »Sieh dieses an, das ist neu«,
   längst ists gewesen, in der Weltdauer,
   die vor uns gewesen ist. |
¹¹ Kein Gedenken ist für die Frühen,
   und auch für die Späten, die sein werden,
   für sie wird kein Gedenken sein
   bei denen, die spätest dasein werden. |

¹² Ich, »Versammler«,
   war König über Jifsrael
   in Jerusalem. |
¹³ Ich gab mein Herz daran,

in der Weisheit zu forschen und zu spüren
nach allem, was unter dem Himmel getan wird:
ein übles Geschäft hat da Gott den Menschenkindern gegeben,
sich damit zu befassen. |
14 Ich habe alles Tun gesehn, das unter dem Himmel getan ward,
und da, alles ist Dunst und ein Trachten nach Wind. |
15 Verkrümmtes, nicht vermag mans grade zu richten,
Mangel, nicht vermag mans in Zahl zu bringen. |
16 Ich habe, ich, mit meinem Herzen geredet,
sprechend:
Ich da, meine Weisheit habe ich großgemacht und gemehrt
über alles, was vor mir über Jerusalem war,
und mein Herz hat viel eingesehen, Weisheit und Kenntnis. |
17 Und nun gab ich mein Herz dran zu erkennen
Weisheit und Kenntnis als Tollheit und Narrheit, –
ich erkannte, daß auch dies ein Trachten nach Wind ist. |
18 Denn in einer Fülle von Weisheit ist Verdrusses die Fülle,
und wer Kenntnis mehrt, mehrt Schmerz. |
2,1 Ich nun, ich sprach zu meinem Herzen:
»Geh doch los, ich will dich mit Freude versuchen,
und besieh das Gute!«
Und da, auch dies ist Dunst. |
2 Zum Lachen sprach ich: »Toll ists!«
und zur Freude: »Was tut die auf!« |
3 Ich spürte in meinem Herzen es aus,
mein Fleisch zu laben mit Wein
– nur daß mein Herz sich mit Weisheit führte –
und mich an die Narrheit zu halten,
bis daß ich sähe,
wo denn für die Menschensöhne das Gute sei,
auf daß unterm Himmel sies tun
die Zahl ihrer Lebenstage hindurch. |
4 Groß legte ich mein Tun an,
ich baute mir Häuser,
ich pflanzte mir Rebenhänge, |
5 ich machte mir Gärten und Haine
und pflanzte allerart Fruchtbäume darein, |
6 ich machte mir Wasserteiche,
draus einen Wald, Bäume sprießend, zu tränken. |

⁷ Ich erwarb mir Knechte und Mägde,
Haussöhne waren mir eigen,
auch viel Erwerbs an Rindern und Kleinvieh war mein,
mehr als aller, die vor mir in Jerusalem waren. |
⁸ Auch stapelte ich Silber und Gold,
Sonderschatz von Königen und den Gauen.
Ich schaffte mir Sänger und Sängerinnen an,
und die Wonne der Menschensöhne, die Dame und die
⁹ Ich wurde groß und nahm zu　　　　　　　[Damen. |
mehr als alles, was vor mir in Jerusalem war.
Und gar meine Weisheit, die stand mir bei. |
¹⁰ Was meine Augen alles wünschten, nicht versagte ichs ihnen,
nicht weigerte ich mein Herz aller Freude,
denn mein Herz freute sich von all meiner Mühe her,
und mein Teil war dies von all meiner Mühe her. −|
¹¹ Ich aber, ich wandte mich der Allheit meines Tuns zu, das ich getan hatte,
und der Mühe, damit ich es zu tun mich abgemüht hatte,
und da, alles ist Dunst und ein Trachten nach Wind,
und kein Vorrang ist unter der Sonne. |

¹² Ich aber, ich wandte mich dazu, Weisheit zu besehn und Tollheit und Narrheit.
[Denn was ists um den Menschen, der dem König nachfolgt?
Es hängt daran, was man vorlängst tat.]|
¹³ Und ich, ich sah,
daß die Weisheit einen Rang vor der Narrheit hat
gleich dem Rang des Lichts vor der Finsternis:|
¹⁴ der Weise hat in seinem Kopf seine Augen,
und der Tor geht im Finstern einher.
Aber ich, auch das habe ich erkannt,
daß Eine Widerfahrnis ihnen allen widerfährt, |
¹⁵ und ich sprach, ich, in meinem Herzen:
Gleich der Widerfahrnis des Toren mir, auch mir widerfährts,
und wozu bin ich dann überaus weise geworden?
Und ich redete in meinem Herzen, daß auch dieses Dunst ist, |
¹⁶ denn, dem Toren gesellt, bleibt dem Weisen kein Gedächtnis auf immer,

in den kommenden Tagen ist all das vergessen, –
und wie kann der Weise sterben dem Toren gesellt!|
¹⁷ So wurde mir das Leben verhaßt,
denn übel erschien mir das Tun, das unter der Sonne getan
   wird,
denn all das ist Dunst und ein Trachten nach Wind.|
¹⁸ Ich, ich haßte nun all mein Mühn,
damit ich mich abmühte unter der Sonne,
daß ichs dem Menschen hinterlasse, der mir nachfolgen wird, –|
¹⁹ und wer weiß, ob er weise sein wird oder töricht!
und da soll er walten über all mein Ermühtes,
das ich ermühte und weislich erwarb unter der Sonne, –
auch dies ist Dunst!|
²⁰ Und ich, ich drehte mich ab, mein Herz verzweifeln
   zu lassen
um all die Müh, damit ich mich abgemüht hatte unter der
   Sonne.|
²¹ Denn da west ein Mensch, der mit Weisheit sich abmüht,
mit Wissen und mit Geschick,
und einem Menschen, der sich drum nicht mühte, muß als
   dessen Anteil ers übergeben, –
auch dies ist Dunst und des Übels viel!|
²² Denn was bleibt dem Menschen von all seiner Müh
und von der Strebung seines Herzens,
damit er sich abmüht unter der Sonne?|
²³ Denn all seine Tage sind Schmerzen, und Verdruß ist
   sein Geschäft,
auch nachts ruht sein Herz nicht.
Auch dieses, Dunst ists.|

²⁴ Mag für den Menschen kein Gutes sein, wie daß er ißt
   und trinkt
und gibt seiner Seele Gutes zu besehn in ihrem Mühn,
habe doch auch dies ich gesehn,
daß das von der Hand Gottes her ist,
²⁵ denn wer könnte essen und schmecken, außer von ihm her!|
²⁶ Denn einem Menschen, der vor ihm als gut besteht,
hat er Weisheit, Wissen und Freude gegeben,
dem Sündigen das Geschäft, zu häufen und zu stapeln,

um es dem zu übergeben, der vor Gott als gut besteht:
auch dies ist Dunst und ein Trachten nach Wind.|

3,1 Für alles ist eine Zeit,
eine Frist für alles Anliegen unter dem Himmel:|
² eine Frist fürs Geborenwerden
und eine Frist fürs Sterben,
eine Frist fürs Pflanzen
und eine Frist fürs Entwurzeln des Gepflanzten,|
³ eine Frist fürs Erschlagen
und eine Frist fürs Heilen,
eine Frist fürs Niederbrechen
und eine Frist fürs Erbauen,|
⁴ eine Frist fürs Weinen
und eine Frist fürs Lachen,
eine Frist fürs Klagen
und eine Frist fürs Tanzen,|
⁵ eine Frist fürs Steinewerfen
und eine Frist fürs Steinestapeln,
eine Frist fürs Umschlingen
und eine Frist, von Umschlingung sich fernzuhalten,|
⁶ eine Frist fürs Suchen
und eine Frist fürs Verlorengeben,
eine Frist fürs Bewahren
und eine Frist fürs Verschleudern,|
⁷ eine Frist fürs Aufreißen
und eine Frist fürs Vernähen,
eine Frist fürs Schweigen
und eine Frist fürs Reden,|
⁸ eine Frist fürs Lieben
und eine Frist fürs Hassen,
eine Frist des Kriegs
und eine Frist des Friedens.|
⁹ Was ist da der Vorteil dessen, ders tut,
bei dem, womit er sich abmüht?|

¹⁰ Ich habe das Geschäft gesehn,
das Gott den Menschensöhnen gab,

sich damit zu befassen. |
11 Alles hat er schön zu seiner Frist dargetan,
auch die Weltdauer hat er ihnen ins Herz gegeben,
nur daß der Mensch das Tun, das Gott tut, vom Anbeginn
   bis zum Ausgang nicht findet. |
12 Ich habe zwar erkannt, daß unter ihnen kein Gut ist
als sich zu freuen und sich gutzutun in seinem Leben, |
13 aber auch alljedem Menschen:
daß er ißt und trinkt und Gutes besieht in all seinem Mühn,
eine Gabe Gottes ists. |
14 Ich habe erkannt:
ja denn, alles, was Gott tut,
in Weltdauer wird das sein,
hinzu kann man keins fügen,
davon kann man keins mindern,
Gott hats getan,
daß vor ihm man sich fürchte. |
15 Was geworden ist, urlängst ist das,
und was werden soll, urlängst ists geworden,
und das Verjagte, Gott suchts hervor. |

16 Und noch sah ich unter der Sonne
den Ort der Gerechtigkeit – dort ist der Frevel,
und den Ort der Bewahrheitung – dort ist der Frevler. |
17 Da sprach ich; ich in meinem Herzen:
Den Bewährten und den Frevler wird Gott richten.
Denn eine Frist ist dort
für alles Anliegen und für alles Tun. |
18 Ich sprach, ich in meinem Herzen:
Um die Sache der Menschensöhne ists,
daß man sie prüfe – Gott –
und daß man sehe, wie sie ein Getier, sie für sich sind. |
19 Denn Eine Widerfahrnis ist der Menschensöhne
und Eine Widerfahrnis des Getiers,
eine einzige Widerfahrnis für sie,
dem Sterben von diesem ist das Sterben von diesem gleich,
und ein einziger Anhauch ist für alle,
und da ist kein Vorrang des Menschen überm Tier,
denn alles ist Dunst. |

²⁰ Alles geht an Einen Ort,
alles ward aus dem Staub
und alles kehrt wieder zum Staub. |
²¹ Wer erkennts,
der Hauch in den Menschensöhnen, ob er nach oben steige,
und der Hauch in dem Getier, ob er nach unten sinke zur
²² So sah ich, [Erde. |
daß da kein Gut darüber ist, daß der Mensch sich seines Tuns
freut,
denn das ist sein Teil,
denn wer brächte ihn dahin zu sehn,
was nach ihm wird! |

⁴,¹ Und ich wieder,
ich sah allerhand Bedrückungen, die getan werden
unter der Sonne,
und da, die Träne der Bedrückten, und für sie ist kein Tröster,
von der Hand ihrer Bedrücker die Wucht! und für sie ist
kein Tröster. |
² So preise ich die Gestorbnen, die vorlängst starben,
über die Lebenden, die annoch leben, |
³ über die beiden gut aber hats jener, der noch nicht ward,
der das üble Tun nicht sah, das getan wird unter der Sonne. |

⁴ Ich, gesehn habe ich –
alle Mühe und alles Geschick im Tun,
daß das ein Eifern des Manns ist, seinem Genossen vorweg
zu sein, –
auch dies ist Dunst und ein Trachten nach Wind. |
⁵ [Der Tor schlingt seine Hände ineinander
und frißt sein eigenes Fleisch.] |
⁶ Besser ist eine Handvoll Ruhe
als beide Fäuste voll Müh und das Trachten nach Wind. |
⁷ Und ich wieder,
ich sah einen Dunst unter dem Himmel: |
⁸ da ist einer, kein zweiter dabei,
auch kein Sohn oder Bruder ist ihm,
und kein Ende ist all seiner Müh,
auch am Reichtum wird sein Auge nicht satt:

Für wen doch mühe ich mich
und lasse meine Seele des Guten ermangeln!
Auch dies ist Dunst, ein übles Geschäft ist das. |

9 – Besser sind die zwei dran als der eine,
da es für sie guten Lohn gibt in ihrer Müh. |
10 Denn wenn sie fallen,
richtet der eine seinen Genossen auf,
aber weh ihm, dem einen,
fällt er und da ist kein zweiter, ihn aufzurichten. |
11 Auch wird, liegen zwei beisammen, ihnen warm,
wie würde aber dem warm, der allein ist! |
12 Und überwältigt wer den einen,
stehen die zwei gegen ihn auf,
und die dreifaltige Schnur haut man so schnell nicht entzwei. – |

13 Besser dran ist ein Jüngling, entbehrend und weise,
als ein alter und törichter König,
der nicht mehr weiß sich warnen zu lassen. |
14 Denn aus dem Gefangnenhaus steigt zur Königschaft er,
ob er auch in jenes Königreich geboren ward als ein Armer. |
15 Ich sah all die Lebenden sich unter der Sonne ergehn,
gesellt dem Jüngling, dem zweiten, der an jenes Platze stand. |
16 [Kein Ende ist all des Volks, all dessen, das vor ihnen war,
auch die Spätern, sie werden sich sein nicht erfreuen,
denn auch dies ist Dunst und ein Trachten nach Wind.] |

17 Hüte deinen Fuß, wenn du zum Hause Gottes gehst!
Nahn um zu hören ist mehr als das Schlachtopfergeben
  der Toren,
denn unwissend sind sie, zum Übeltun hin. |
5,1 Nimmer haste mit deinem Mund,
und dein Herz eile nicht,
zu Gottes Antlitz hin Rede hervorzubringen,
denn Gott ist im Himmel und du bist auf der Erde,
darum sei deiner Rede wenig. |
2 Denn »mit vielem Geschäft kommt der Traum
und die Stimme des Toren mit vielem Gerede«. |
3 Wenn du Gott ein Gelübde gelobst,

säume nicht es zu bezahlen,
denn an Toren ist kein Gefallen, –
was du gelobt hast, zahle!|
⁴ besser ist, daß du nicht gelobest,
als daß du gelobest und nicht zahlest.|
⁵ Gib nimmer deinen Mund her, dein Fleisch in Sünde zu
   versetzen,
und sprich nimmer dem Boten ins Antlitz, daß es ein Irrtum
   gewesen sei, –
weshalb soll Gott um deine Stimme grollen
und das Tun deiner Hände zermürben!|
⁶ Ja denn,
den vielfältigen Träumen und den Dünsten und dem vielen
   Gerede entgegen,
ja denn, fürchte Gott!|

⁷ Siehst Bedrückung des Armen und Raub des Rechts und der
   Wahrheit du im Gebiet,
staune die Sache nicht an,
denn oberhalb des Hohen ist ein Höherer der Wächter
und Höhere über ihnen. –|
⁸ Der Vorrang aber eines Landes in allem ist das:
ein König über bebautes Feld.|

⁹ Der Silber liebt, wird Silbers nicht satt,
und wers im Haufen liebt, nicht ist da Einkunft, –
dies auch ist Dunst.|
¹⁰ Mit der Mehrung des Guts mehren sich, die es verzehren,
und was gilt die Geschicklichkeit für seinen Besitzer,
als daß es seine Augen besehen dürfen?|
¹¹ Der Schlaf ist dem Dienenden süß,
ob er wenig, ob er viel aß,
des Reichen Sattsamkeit aber,
sie läßt ihm keine Muße zum Schlafen.|
¹² Ein Übel west, leidhaft, ich sah es unter der Sonne:
Reichtum, wohlbewacht, seinem Besitzer zum Übel;|
¹³ geht durch ein übles Geschäft jener Reichtum verloren,
und er hat einen Sohn gezeugt,
bleibt kein Etwas dem in der Hand, –|

¹⁴ gleichwie er dem Leib seiner Mutter entsprang,
nackt wird er wieder gehn, wie er kam
nicht ein Etwas hinwegtragen um seine Müh,
das mitginge in seiner Hand. |
¹⁵ Und auch dies ist ein Übel, leidhaft:
gleichlaufs wie er kam wird er gehn,
und was für Vorteil hat er,
daß er sich müht – in den Wind! |
¹⁶ Auch ißt er all seine Tage im Finstern, –
läßt viel sichs verdrießen, dazu sein Leiden und Groll. |
¹⁷ Da ists, das ich ersehn habe, ich, das Gut, das schön ist:
zu essen und zu trinken und Gutes zu besehn
in all seiner Müh, damit einer sich müht unter der Sonne,
die Zahl seiner Lebenstage, die Gott ihm gegeben hat,
denn das ist sein Teil. |
¹⁸ Auch alljeder Mensch, dem Gott Reichtum und Rüstzeug gab
und ließ ihn dessen walten,
davon zu essen, sein Teil heimzutragen und sich in dieser seiner Mühe zu freun:
das ist eine Gabe Gottes |
¹⁹ [denn nicht viel wird er seiner Lebenstage gedenken].
Denn Gott ists, der der Freude seines Herzens willfährt. |

6,1 Ein Übel west, das ich sah unter der Sonne,
und viel ist dessen über den Menschen: |
² ein Mann, dem Gott Reichtum, Rüstzeug und Ehre gibt,
und keins mangelt seiner Seele von allem, was er mag begehren,
aber nicht läßt Gott ihn walten, davon zu genießen,
denn ein fremder Mann, genießen darf er es.
Dies ist ein Dunst, und ein übles Leiden ist das. |

³ Würde ein Mann hundert zeugen und viele Jahre leben,
wie viel auch der Tage seiner Jahre wären,
und nicht sättigte sich seine Seele am Guten,
ich spräche: »Ob die auch ein Begräbnis nicht fand,
die Fehlgeburt ist besser dran als er.« |
⁴ Denn kam im Dunst sie und geht in Finsternis sie

und in Finsternis bleibt ihr Name gehüllt, |
⁵ auch die Sonne sah sie nicht und kannte sie nicht:
eher bei diesem als bei diesem ist die Ruh, |
⁶ und ob er zweimal tausend Jahre lebte
und hat das Gute nicht besehn.
Wandelt zu Einem Orte nicht alles hin?–|

⁷ »Alles Mühn des Menschen, für seinen Mund ists,
doch ist die Seelengier niemals gefüllt.«|
⁸ Was wäre denn des Weisen Rang vor dem Toren,
was des Elenden, der doch dem Leben zugegen zu wandeln
weiß!–|
⁹ Besser ist Sicht der Augen als Anwandlung der Seele, –
auch dies ist Dunst und ein Trachten nach Wind. |

¹⁰ Was je ward, vorlängst war ausgerufen sein Name,
und man weiß, daß er, der Mensch, Adam, Der vom
    Ackerboden ist
und vermag nicht zu rechten mit Ihm, der stärker als er ist. |
¹¹ Ja denn,
es west der Reden mehr, die den Dunst mehren, –
welch einen Gewinn hat der Mensch?|
¹² Denn wer weiß,
was für den Menschen gut ist im Leben,
die Zahl der Tage seines Dunstlebens hindurch,
die er vertut schattengleich?
Nämlich:
wer meldets dem Menschen, was nach ihm sein wird unter
    der Sonne?|

⁷,¹ Ein Name ist besser als gutes Salböl,
und der Tag des Sterbens als der Tag der Geburt. |
² Besser ist zu gehn in ein Haus der Trauer
als zu gehn in ein Haus des Gelages,
dieweil alljedem Menschen jenes der Schluß ist,
und der Lebende gebe seinem Herzen es ein. |
³ Besser ist Verdrossenheit als Gelächter,
denn bei üblem Aussehn kann der Herzsinn sich bessern:|

⁴ das Herz der Weisen ist im Hause der Trauer,
das Herz der Toren aber im Hause der Freude. |
⁵ Besser ists, anzuhören das Schelten des Weisen,
als wenn jemand zuhört dem Gesinge der Toren. |
⁶ Denn wie das Geknister der Nesseln unterm Kessel,
so ist das Gelächter des Toren.
Aber auch dies ist Dunst. |
⁷ Denn die Pressung kann den Weisen toll machen,
Bestechung kann den Herzsinn schwinden lassen. |
⁸ Besser ist der Ausgang einer Sache als ihr Anfang,
besser ist langmütig als hochmütig. |
⁹ Nimmer haste in deinem Geist, dichs verdrießen zu lassen,
denn Verdrießlichkeit ruht den Toren im Busen. |
¹⁰ Nimmer sprich: »Was ists, daß die anfänglichen Zeiten
besser waren als diese?«,
denn nicht aus Weisheit fragst du danach. |
¹¹ Gut ist Weisheit bei Eigentum
und ein Rang denen, die die Sonne sehn. |
¹² Denn im Schatten der Weisheit heißt im Schatten des Silbers,
aber der Vorrang von Wissen ist: die Weisheit belebt ihren
    Meister. |
¹³ Sieh das von Gott Gemachte an,
denn wer könnte ebnen, was er gekrümmt hat? – |
¹⁴ Am Tag des Guten sei guter Dinge,
und am Tag des Übels sieh ein:
auch dies gleichlaufs mit diesem hat Gott gemacht,
um der Sache willen,
daß der Mensch sich danach nicht ein Irgendetwas finde. |

¹⁵ Allerhand habe ich gesehn in meinen Dunsttagen:
da west ein Bewährter, der bei seiner Bewährung schwindet,
und da west ein Frevler, der bei seinem Übeltun lange besteht. |
¹⁶ Sei nimmer ein Vielbewährter
und zeig nicht übermäßig dich weise,
warum willst du verstarren! |
¹⁷ Frevle nimmer viel, sei nimmer ein Narr,
warum willst du sterben, wann noch nicht deine Frist ist! – |
¹⁸ Gut ist,
daß du an dies da dich haltest

und deine Hand auch nicht lassest von diesem da,
denn wer Gott fürchtet wird all dessen ledig. |
¹⁹ Die Weisheit erkühnt den Weisen mehr als zehn Schaltende,
die in der Stadt sind. –|
²⁰ Denn unter Menschen ist kein Bewährter, der das Gute tut
und nie sündigt. |
²¹ Auch alles Gered, das sie reden, gib nimmer dein Herz daran,
damit du nicht deinen Knecht dich geringmachen hörest, –|
²² denn von vielen Malen weiß auch dein Herz,
da auch du andre geringgemacht hast. |

²³ All dies habe ich um die Weisheit erprobt
– ich hatte gesprochen: »Weise will ich werden« –,
aber sie ist mir fern. |
²⁴ Fern blieb alles, was war,
und tief, tief, wer kanns finden!|
²⁵ Ich habe mich umgetan samt meinem Herzen,
zu erkennen und zu erspüren,
auf der Suche nach Weisheit und Rechenschaft,
und Frevel, Torheit, und Narrheit, Tollheit zu kennen. |

²⁶ Da finde ich,
bittrer als den Tod, ein Weib,
jenes, das Fanggarne ist
und Schleppnetze ihr Herz,
Fesseln ihre Hände.
Der, der vor Gott als gut besteht, darf ihr entrinnen,
der Sünder aber wird durch sie verstrickt. |
²⁷ Sieh, dies habe ich gefunden,
spricht Versammler,
eins um eins, Rechenschaft zu finden. |
²⁸ Was immerzu meine Seele gesucht hat
und ich habe es nicht gefunden:
Einen Menschen aus tausend habe ich gefunden,
aber ein Weib habe ich unter all diesen nicht gefunden. |

²⁹ Dieses bloß, sieh, habe ich gefunden:
daß Gott den Menschen gradsinnig gemacht hat,
sie aber suchen der Berechnungen viel. |

8,1 Wer ist so weise,
und wer erkennt die Bedeutung der Sache?
Die Weisheit des Menschen wird sein Antlitz erleuchten,
aufhellen wird sich seines Antlitzes Strenge. |

2 Ich sage:
auf den Mund des Königs achte,
ists aber um die Sache eines Gottesschwurs, |
3 haste nimmer, geh von seinem Antlitz hinweg,
auf eine schlimme Sache stell nimmer dich ein,
denn alles, woran er Gefallen hat, tut er, |
4 dieweil des Königs Sache das Schalten ist,
und wer spräche zu ihm: »Was tust du!« |
5 Wer das Gebot beachtet, lernt eine üble Sache nicht kennen,
aber die Frist und die rechte Art, das Herz des Weisen kennt sie. |
6 [Denn für alles Anliegen west eine Frist und eine rechte Art,
denn des Übels ist viel über dem Menschen. |
7 Denn keiner kennt, was werden will,
denn sowie es werden will, wer meldets ihm?] |
8 Kein Mensch schaltet über den Wind, den Wind
    einzusperren,
kein Schalten ist über den Tag des Todes
und kein Freigeschicktwerden im Krieg,
und nicht macht Frevelgut seinen Inhaber entrinnen. |
9 All dieses habe ich gesehn,
und tat mein Herz heran
zu allem Tun, das getan wird unter der Sonne,
in der Frist, da der Mensch über den Menschen schaltet,
ihm zum Übel. |

10 Sodann habe ich gesehn
Frevler begraben werden, und sie kamen hinein,
aber hinweg von heiligem Ort mußten gehn
und vergessen werden in irgendeiner Stadt,
die Redliches hatten getan, –
auch dies ist Dunst! |
11 Weil kein Verdikt über übles Tun eilends zur Tat wird,
drum schwillt das Herz der Menschensöhne in ihnen,
Übles zu tun, |

¹² dieweil der Sünder Übel tut hundertfach
und besteht lange drauf los
[ob ich auch kenne,
daß »Gutes wird den Gottesfürchtigen, die sich vor ihm fürchten, |
¹³ und nicht wird Gutes dem Frevler und nicht längert er die Tage, schattengleich,
weil er keine Furcht hat vor Gott«]. |
¹⁴ Ein Dunst west um das, was auf der Erde getan wird:
daß Bewährte wesen, an die gelangt, was dem Tun der Frevler gemäß ist,
und Frevler wesen, an die gelangt, was dem Tun der Bewährten gemäß ist,
– ich habe gesprochen, daß auch dieses ein Dunst ist. |
¹⁵ Und gerühmt habe ich die Freude,
weil kein Gutes für den Menschen ist unter der Sonne
als zu essen und zu trinken und sich zu freuen,
und das kann ihn begleiten bei seiner Müh, die Tage seines Lebens,
die ihm Gott gegeben hat unter der Sonne. |
¹⁶ Dieweil ich mein Herz daran gab,
Weisheit zu erkennen und das Geschäft anzusehn, das auf Erden getan wird
[mag auch solch einer bei Tag und bei Nacht mit seinen Augen Schlaf nicht besehn], |
¹⁷ habe ich an all dem Tun Gottes gesehn,
daß der Mensch nicht vermag es auszufinden
an dem Tun, das getan wird unter der Sonne,
dessen wegen der Mensch sich müht zu suchen und findet nicht,
und ob auch der Weise spricht, er sei am Erkennen,
er vermags nicht zu finden. |
⁹,¹ Ja denn, all dies gab meinem Herzen ich ein,
und das, um all dies zu klären:
daß die Bewährten und die Weisen und all ihre Arbeiten in den Händen Gottes sind,
so Liebe so Haß,
keins weiß der Mensch,
alles ist ihnen voraus. |

² Alles ist gleichwie für alle,
Eine Widerfahrnis
dem Bewährten und dem Frevler,
dem Guten und Reinen und dem Makligen,
dem, der Schlachtopfer bringt, und dem, der kein Schlachtopfer bringt,
gleich ist der Gute, gleich der Sünder,
der Schwörende gleichwie der den Schwur scheut. |
³ Dies ist übel in allem, was getan wird unter der
   Sonne,
daß eine Widerfahrnis für alle ist.
Auch füllt sich mit Übel das Herz der Menschensöhne,
und Tollheit ist in ihrem Herzen ihr Leben hindurch:
»Danach – zu den Toten!« |
⁴ Denn wer allen Lebendigen zugesellt ist,
da gibts eine Sicherheit,
denn »Besser dran ist ein lebender Hund als ein toter Löwe«. |
⁵ Denn die Lebenden wissen, daß sie sterben werden,
aber die Toten wissen kein Irgendwas,
und sie haben weiter keinen Lohn,
denn ihr Gedächtnis wird vergessen. |
⁶ So ihre Liebe, so ihr Haß, so ihr Eifer,
längst ists entschwunden,
kein Teil haben sie weiter an der Welt
in allem, was getan wird unter der Sonne. |

⁷ Geh, iß in Freuden dein Brot,
guten Herzens trinke deinen Wein,
denn längst hat Gott dein Tun begnadet. |
⁸ Allezeit seien weiß deine Kleider,
Öls ermangle nicht dir auf dem Haupt. |
⁹ Besieh das Leben mit dem Weib, das du liebst,
alle Tage deines Dunstlebens,
die er dir gegeben hat unter der Sonne,
all deine Dunsttage,
denn das ist dein Teil am Leben
um deine Müh, damit du dich mühst unter der Sonne. – |
¹⁰ Alles, was deine Hand zu tun findet,
tu es mit deiner Kraft;

denn kein Tun ist, noch Berechnung, noch Erkenntnis,
  noch Weisheit
im Gruftreich, wohin du gehn mußt. |

[11] Wieder war es zu sehn unter der Sonne:
nicht ist der Schnellen der Wettlauf
und nicht ist der Helden der Krieg
und auch nicht der Weisen ist Brot
und auch nicht der Klugen Reichtum
und auch nicht ist der Erkennenden Gunst,
denn Frist und Zufall widerfährt ihnen allen. |
[12] Denn auch nicht kennt der Mensch seine Frist,
Fischen gleich, die sich fangen im üblen Netz,
Vögeln gleich, verfangen in der Schlinge,
ihnen gleich, zu übler Frist, werden die Menschensöhne
  verstrickt,
wenn es plötzlich sie überstürzt. |

[13] Auch dies habe ich an Weisheit gesehn,
und sie erschien mir groß: |
[14] Eine kleine Stadt, wenig Leute darin,
da kam ein großer König herzu,
und umzingelte sie
und baute wider sie große Bollwerke. |
[15] Nun fand darin sich ein Mann, ein entbehrender Weiser,
der hat mit seiner Weisheit die Stadt gerettet.
Aber nicht gedachte ein Mensch jenes entbehrenden
[16] Da habe ich, ich, gesprochen: [Mannes. |
Besser ist Weisheit als Heldentum,
aber die Weisheit des Entbehrenden ist verachtet,
und seiner Reden werden keine gehört. – |
[17] Reden Weiser, die in Ruhe zu hören sich geben,
mehr sind sie als das Geschrei eines Herrschers über Toren. |
[18] Besser ist Weisheit als Kampfgerät,
aber ein einziger Sünder macht vieles Gute schwinden: |
[10,1] Fliegen am Sterben machen das Öl des Salbenmischers
  stinkend, machens gärend.
Mehr Gewicht als Weisheit, als Ehrwürdigkeit hat ein wenig
  Narrheit. |

² Der Herzsinn des Weisen ist zu seiner Rechten,
aber der Herzsinn des Toren ist zu seiner Linken. |
³ Sogar unterwegs, wann der Narr sich ergeht,
ist sein Herzsinn mangelhaft und spricht zu allen:
»Der ist ein Narr.« –|
⁴ Steigt das Aufbrausen des Herrschers über dich an,
meide deinen Platz nimmer,
denn Gelassenheit wirkt, große Fehler zu vermeiden. –|
⁵ Ein Übel west, das ich sah unter der Sonne,
wie eine Verirrung ists, etwas, das vom Antlitz des Schaltenden ausgeht. |
⁶ Man gab die Narrheit in vielfache Höhen hinauf,
Reiche mußten in der Niedrung sitzen, |
⁷ ich sah Knechte auf Pferden
und Fürsten zu Fuß gehn, Knechten gleich. –|
⁸ Der ein Loch gräbt, er kann drein fallen,
und der eine Mauer einreißt, ihn kann eine Schlange beißen, |
⁹ der Steine ausbricht, mag sich dran wehtun,
und der Holzscheite spaltet, gefährdet sich damit. |
¹⁰ Stumpft sich eine Eisenaxt ab
und einer hat die Schneide nicht geschliffen,
muß er den Kräfteaufwand steigern,
aber ein Gewinn ists, weislich sich einzuüben. |
¹¹ [»Beißt eine Schlange und es wird nicht geraunt,
hat keinen Gewinn der Meister der Zunge.«]|
¹² Die Reden im Munde des Weisen, Gunst ists,
aber die Lippen des Toren verschlingen ihn selber. |
¹³ Der Beginn der Reden seines Mundes ist Narretei,
und das Nachspiel seines Mundes, schlimme Tollheit ists. |
¹⁴ Bringt der Narr auch Geredes viel vor,
nicht weiß der Mensch, was sein wird,
und gar was nach ihm sein wird, wer könnte es ihm melden! |
¹⁵ Torenmühn ermüdet ihn,
der nicht einmal weiß stadtwärts zu gehn. –|
¹⁶ Weh dir, Land, dessen König ein Knab ist
und dessen Fürsten morgens am Essen sind! |
¹⁷ O deines Glücks, Land, dessen König ein Edelbürtiger ist,
und dessen Fürsten zur Frist am Essen sind,

zur Stärkung und nicht zum Betrinken! –|
18 Bei Faulenzerei senkt sich das Gebälk,
beim Niederhalten der Hände träufelt das Haus. –|
19 Zur Belustigung richtet das Mahl man,
und der Wein macht das Leben fröhlich,
und allem willfährt das Geld. –|
20 Auch in deinem Bewußtsein verwünsche nimmer den König,
und in deinem Schlafgemach verwünsche den Reichen
   nimmer,
denn ein Vogel des Himmels mag den Laut entführen,
ein Geflügelter mag die Rede vermelden. –|
11,1 Schicke dein Brot auf die Fläche des Wassers aus,
dennoch, nach vielen Tagen findest du es wieder. –|
2 Gib Anteil siebenen oder achten,
denn du weißt nicht, was auf Erden an Üblem werden kann. –|
3 Füllen sich die Wolken mit Regen,
entleeren sie sich auf die Erde,
und fällt ein Baum im Süden oder im Norden,
an dem Platz, dahin der Baum fällt, dort bleibt er.|
4 Der des Windes achtet, wird nicht säen,
der die Wolken besieht, wird nicht ernten. –|
5 Gleichwie du kein Wissen hast,
welches der Weg des Hauchs ist ins Gebein im gefüllten
   Mutterleibe,
ebenso weißt du nicht das Tun Gottes,
das er am All tut. –|
6 Am Morgen säe deine Saat
und laß abends nicht ruhn deine Hand,
denn du hast kein Wissen,
welches gelingt, ob dieses, ob dieses,
oder beide gut geraten wie eins.|

7 Süß ist das Licht,
gut tuts den Augen, die Sonne zu sehn.|
8 Denn lebt der Mensch der Jahre viel,
in allen soll er sich freuen
und der Tage der Finsternis denken:
alles, was kommt, ist Dunst. –|
9 Freue, Jüngling, dich deiner Frühe,

lasse es dir gut sein ums Herz in den Tagen deiner Jugend,
ergehe dich in den Wegen deines Herzens und in der Sicht
   deiner Augen,
und wisse, daß um all dies Gott dich ins Gericht kommen
   läßt. –|
¹⁰ Und treibe dir Verdruß aus dem Herzen,
laß Übel sich vom Fleisch dir verziehn,
denn die Frühe und das Schwarzhaar sind Dunst. |

12,1 Gedenke deines Schöpfers in den Tagen deiner Jugend,
da noch die Tage des Übels nicht kamen
und anlangten die Jahre, da du sprichst:
»Ich habe kein Gefallen an ihnen«, |
² da noch nicht sich verfinsterte
Sonne und Licht,
Mond und Sterne,
und die Wolken kehrten wieder nach dem Regen. |
³ Jenes Tags ists,
daß die Hüter des Hauses erzittern
und die starken Männer sich krümmen
und aufhören die Müllerinnen, denn zu wenige sinds,
und sich verfinstern jene, die zu den Luken hinaussehn, |
⁴ und die Doppeltüren zur Gasse sich schließen
und der Laut der Mühle sich senkt
und nur zu einem Vogellaut er sich noch hebt
und alle Maiden des Gesanges sich ducken|
⁵ [auch fürchtet man vor Steigungen sich,
und Schrecknisse sind unterwegs]
und der Mandelbaum blüht
und das Heupferd zur Last wird
und die Kaperfrucht birst
[denn der Mensch geht zu seinem Weltdauer-Haus,
und auf der Gasse ziehn die Klagemänner einher]; –|
⁶ da noch nicht der silberne Strang gesprengt ward
und zerschellte der goldene Knauf
und der Eimer brach überm Sprudel
und das Schöpfrad zerschellte in die Zisterne, |
⁷ und rückkehrte der Staub an die Erde, gleichwie er war,
und der Geisthauch rückkehrte zu Gott, der ihn gab. |

⁸ Dunst der Dünste, spricht der Versammler, alles ist Dunst. |

⁹ Aber über dies, daß »Versammler« ein Weiser war,
  lehrte er das Volk noch erkennen.
  Er erwog und forschte und reihte der Sprüche viel. |
¹⁰ »Versammler« suchte gefällige Reden zu finden,
  gradsinnig Aufgeschriebnes, treuliche Reden. |
¹¹ Reden von Weisen sind Treibstacheln gleich,
  eingerammten Pflöcken gleich sind die Meister der Lesen,
  von Einem Hirten her wurden sie gegeben. |
¹² Aber darüber hinaus lasse dich warnen, mein Sohn,
  des Büchermachens ist viel, kein Ende damit,
  und der Beflissenheit viel, eine Ermüdung dem Fleisch. |

¹³ Am Beschluß der Rede gibt sich als alles zu hören:
  Fürchte Gott und hüte seine Gebote,
  denn dies ist der Mensch allzumal. |
¹⁴ Denn kommen läßt Gott alles Tun ins Gericht
  über alles Verhohlne, sei es gut, sei es übel. |

DAS BUCH
ESTER

In spitzen Klammern ⟨...⟩ stehende Textteile wurden von M. Buber nicht übersetzt; sie sind von der Neuausgabe 1997 an (8., verbesserte Auflage) eingefügt.

1,1 Es war in den Tagen des Achaschwerosch
– das ist der Achaschwerosch, der von Indien bis Äthiopien König war, über hundertsiebenundzwanzig Gaue –, |
2 in jenen Tagen, da der König Achaschwerosch auf dem Thron seines Königreichs, dem in der Pfalz Schuschan, saß, |
3 im dritten Jahr seiner Königschaft machte er ein Trinkgelage allen seinen Obern und Dienern, der Heerwache Persiens und Mediens, den Vornehmen und den Obern der Gaue vor ihm, |
4 wobei er ihnen den Reichtum seiner Königsherrlichkeit und das Aufgebot seiner Pracht und seiner Größe zu sehen gab, viele Tage lang, hundertundachtzig Tage. |
5 Als nun voll waren diese Tage,
machte der König allem Volk, die sich in der Pfalz Schuschan fanden, von Groß bis Klein, ein Trinkgelage,
sieben Tage lang, im Hof des königlichen Palastgartens: |
6 Linnen, Feingewebe und Hyazinth, mit Byssus- und Purpurschnüren an silbernen Reifen und Marmorsäulen befestigt, goldene und silberne Ruhebetten auf einem Plattenboden von Alabaster und Marmor und Perlmutter und Schildstein. |
7 Geletzt wurde aus goldnen Gefäßen, mannigfach Gefäß um Gefäß,
und königlichen Weins die Fülle, nach des Königs Vermögen, |
8 und das Trinken nach Fug: Keiner nötigt!
denn so hatte es der König allen Vorstehern seines Hauses anbefohlen, es für Mann und Mann nach Belieben zu machen. |
9 Auch Waschti, die Königin, machte ein Gelage für die Frauen im Königshaus, das des Königs Achaschwerosch war. |
10 Am siebenten Tag, als vom Wein das Herz des Königs guter Dinge war,
sprach er zu Mehuman, Bista, Charbona, Binta, Abagta, Setar und Charkas, den sieben Kämmerlingen, die das Antlitz des Königs Achaschwerosch bedienten, |
11 sie sollten Waschti, die Königin, in der königlichen Bekrönung vors Antlitz des Königs kommen lassen,
um den Völkern und den Obern ihre Schönheit zu sehen zu geben,
denn sie war gut anzusehn. |
12 Aber die Königin Waschti weigerte sich, aufs Geheiß des Königs durch die Kämmerlinge zu kommen.

Der König ergrollte sehr, und sein Grimm brannte in ihm. |
¹³ Der König sprach zu den Weisen, den Zeitenkundigen
– denn so pflegte alle Sache des Königs vors Antlitz aller
Kenner von Fug und Recht zu gelangen –, |
¹⁴ den ihm Nächsten, Karsehna, Schetar, Admata, Tarschisch,
Meres, Marsna, Memuchan,
sieben Obre Persiens und Mediens, die das Antlitz des Königs
sehn durften, die zuvorderst im Königtum saßen: |
¹⁵ »Nach Fug, was ist mit der Königin Waschti zu tun,
da sie nicht nach dem Spruch des Königs durch die Kämmer-
linge getan hat?« |
¹⁶ Memuchan sprach vorm Antlitz des Königs und der Obern:
»Nicht wider den König allein hat Waschti die Königin gefehlt,
sondern wider alle Obern und wider alle Völker, die in allen
Gauen des Königs Achaschwerosch sind, |
¹⁷ denn das Begebnis mit der Königin wird zu allen Frauen hinausziehn,
ihre Gatten in ihren Augen verächtlich zu machen,
indem sie sprechen: »Der König Achaschwerosch hat
gesprochen, Waschti die Königin vor sein Antlitz kommen
zu lassen,
und sie ist nicht gekommen!« |
¹⁸ Und dieses Tags schon werdens die Obernfrauen Persiens und
Mediens sprechen,
sie die von dem Begebnis mit der Königin gehört haben,
zu allen Obern des Königs,
und dann gibts der Verachtung und des Grolls zur Genüge! |
¹⁹ Scheints dem König gut,
gehe eine Königtumsrede von seinem Antlitz aus
und werde eingeschrieben in den Verfügungen Persiens und
Mediens, unverbrüchlich,
daß Waschti nicht mehr vor das Antlitz des Königs Achaschwerosch kommen dürfe
und ihre königliche Würde der König einer anderen gebe, die
besser als sie ist. |
²⁰ Wird dann der Bescheid des Königs gehört, den er in all
seinem Königreich erläßt, so groß es ist,
dann werden alle Frauen ihren Gatten Ehrerbietung
erweisen, von Groß bis Klein.« |

²¹ Gut erschien in den Augen des Königs und der Obern die Rede,
und der König tat der Rede Memuchans gemäß. |
²² Er sandte Briefe in alle Gaue des Königs, in Gau um Gau nach dessen Schrift und an Volk um Volk nach dessen Sprache,
jeder Mann solle zuoberst in seinem Haus sein
und in seiner Volkssprache Rede führen. |

²,¹ Nach diesen Begebenheiten,
als sich gelegt hatte der Grimm des Königs Achaschwerosch,
gedachte er Waschtis
und dessen, was sie getan hatte, und dessen, was über sie verhängt worden war. |
² Die Knaben des Königs, die ihn aufwarteten, sprachen:
»Man suche für den König Mädchen, Maiden, gut anzusehn, |
³ der König verordne Beigeordnete in alljedem Bezirk seines Königreichs,
heranholen sollen sie alljedes Mädchen, Maid, gut anzusehn,
nach Schuschan der Pfalz ins Frauenhaus, an die Hand Heges, des Kämmerlings des Königs, des Frauenhüters,
man gebe ihnen ihre Knetpflege, |
⁴ und das Mädchen, das zumeist den Augen des Königs gefällt,
die soll anstatt Waschtis Königin werden.«
Gut erschien die Rede in den Augen des Königs,
und er tat so. |

⁵ Ein jüdischer Mann war in der Pfalz Schuschan,
sein Name Mordchaj Sohn Jaïrs Sohns Schimis Sohns Kischs,
ein binjaminitischer Mann, |
⁶ der verschleppt worden war aus Jerusalem mit der Verschlepptenschaft, die verschleppt ward mit Jechonja König von Jehuda,
die Nebukadnezar, König von Babel, hatte verschleppen lassen. |
⁷ Er war der Vormund der Hadaſsa, das ist Ester, der Tochter seines Oheims,
denn sie hatte nicht Vater und Mutter.
Schön von Gestalt war das Mädchen und gut anzusehn.
Beim Tode ihres Vaters und ihrer Mutter hatte Mordchaj sie sich zur Tochter genommen. |

⁸ Es geschah nun, als gehört wurde die Rede des Königs und seine Verfügung
und man viele Mädchen nach der Pfalz Schuschan an die Hand Hegajs zusammenholte,
da wurde Ester ins Haus des Königs genommen, an die Hand Hegajs, des Frauenhüters. |
⁹ Gut gefiel das Mädchen seinen Augen und gewann seine Huld,
er ging schleunig daran, ihre Knetpflege und ihre Zuteilungen ihr zu geben
und ihr ausersehne sieben Mädchen vom Haus des Königs zu geben,
er siedelte sie und ihre Mädchen um in den Besttteil des Frauenhauses. |
¹⁰ Nicht hatte aber Ester ihr Volk und ihre Verwandtschaft vermeldet,
denn Mordchaj hatte ihr geboten, daß sies nicht melde. |
¹¹ Allzeit, Tag um Tag wandelte Mordchaj vor dem Hof des Frauenhauses einher,
um Esters Wohlergehn zu erkunden und was mit ihr geschieht. |
¹² Wenn aber die Reihe an Mädchen um Mädchen gelangte, zum König Achaschwerosch zu kommen,
am Ende der zwölf Monate, da ihr nach der Verfügung für die Frauen geschah
– denn so wurden die Tage ihrer Knetpflege voll, sechs Monate mit Myrrhenöl und sechs Monate mit Balsamen und den Knetsalben der Frauen –, |
¹³ solcherweise kam das Mädchen zum König
[alles, wovon sie sprach, gab man ihr, daß es mit ihr vom Frauenhaus zum Königshaus komme]: |
¹⁴ am Abend kam sie hin und am Morgen kehrte sie ins zweite Frauenhaus zurück, an die Hand des Königskämmerlings Schaschgas, des Kebsenhüters,
sie kam nicht mehr zum König, es sei denn, der König begehrte ihrer und sie wurde bei Namen berufen. |
¹⁵ Als nun an Ester, Tochter Abichajils, des Oheims Mordchajs, der sie sich zur Tochter genommen hatte, gelangte, zum König zu kommen,

suchte sie um nichts an, es sei denn was Hegaj, der Kämmerling des Königs, der Frauenhüter, ihr zusprach.
Ester gewann Gunst in den Augen aller, die sie sahen. |
¹⁶ Nun wurde Ester zum König Achaschwerosch in sein Königshaus genommen,
im zehnten Monat, das ist der Monat Tebet, im siebenten Jahr seiner Königschaft. |
¹⁷ Der König liebte Ester mehr als alle Frauen,
sie gewann Gunst und Huld vor seinem Antlitz mehr als all die Mädchen,
er setzte eine Königskrone ihr aufs Haupt und königte sie anstatt Waschtis. |
¹⁸ Der König machte ein großes Gelage für all seine Obern und Diener,
das Gelage Esters,
er machte einen Steuererlaß für alle Gaue und gab Geschenke, nach des Königs Vermögen. |
¹⁹ Als aber zweitmals die Maiden zusammengeholt wurden,
während Mordchaj im Königstor saß, |
²⁰ meldete Ester nicht ihre Verwandtschaft und ihr Volk,
wie es ihr Mordchaj geboten hatte:
nach dem Spruch Mordchajs machte es Ester,
gleichwie es geschah, als sie in seiner Vormundschaft war. |

²¹ In jenen Tagen,
während Mordchaj im Königstor saß,
ergrollten Bigtan und Teresch, zwei Kämmerlinge des Königs, von den Schwellenhütern,
und suchten an den König Achaschwerosch Hand zu legen. |
²² Mordchaj wurde das Begebnis bekannt,
er meldete es Ester der Königin,
und Ester sprach davon in Mordchajs Namen zum König. |
²³ Untersucht wurde die Sache und befunden,
man hing die zwei ans Holz,
und niedergeschrieben wards im Buch der Begebenheiten der Tage vors Antlitz des Königs. |

³,¹ Nach diesen Begebenheiten

machte der König Achaschwerosch den Haman Sohn Hammedatas, den Agagiter, groß,
er erhob ihn und setzte seinen Stuhl über alle die Obern, die um ihn waren, |
2 und alle Diener des Königs, die im Königstor waren, knieten fortan nieder und warfen sich hin vor Haman,
denn so hatte der König für ihn es geboten.
Mordchaj aber kniete nicht nieder und warf sich nicht hin. |
3 Die Diener des Königs, die im Königstor, sprachen zu Mordchaj:
»Weshalb übertrittst du das Gebot des Königs?« |
4 Es geschah, als sie tagtäglich zu ihm gesprochen hatten
und er hörte nicht auf sie,
da vermeldeten sie es Haman, um zu sehn, ob die Rede Mordchajs bestehen würde, –
denn er hatte ihnen vermeldet, daß er ein Jude war. |
5 Als Haman sah, daß Mordchaj keinmal vor ihm niederkniet und sich hinwirft,
wurde Haman Grimms voll. |
6 Es erschien aber in seinen Augen zu gering, an Mordchaj allein Hand zu legen,
denn sie hatten ihm das Volk Mordchajs vermeldet,
so trachtete Haman, alle Juden, die in allem Königsreich des Achaschwerosch waren, mit Mordchaj zu vertilgen. |
7 Im ersten Monat, das ist der Monat Nifsan, im zwölften Jahr des Königs Achaschwerosch,
warf man das Pur, das ist das Los, vor Haman,
von Tag zu Tag und von Monat zu Monat, auf den zwölften, das ist der Monat Adar. |
8 Haman sprach zum König Achaschwerosch:
»Es gibt ein einziges Volk,
verstreut und versprengt unter den Völkern, in allen Gauen deines Königreichs,
dessen Fug verschieden ist von dem alles Volks
und nach den Verfügungen des Königs tun sie nicht,
und es ziemt dem König nicht, sie gewähren zu lassen. |
9 Dünkts den König gut,
werde geschrieben, man solle sie schwenden,
und zehntausend Barren Silbers

wäge ich dar zu Handen der Amtstätigen,
es in die Schatzkammern des Königs zu bringen.«|
¹⁰ Der König zog seinen Siegelring sich von der Hand,
er gab ihn Haman Sohn Hammedatas des Agagiters,
dem Bedränger der Juden.|
¹¹ Der König sprach zu Haman:
»Das Silber sei dir gegeben
und das Volk, mit ihm zu tun, wie es deinen Augen gutdünkt.«|
¹² Berufen wurden die königlichen Briefschafter,
im ersten Monat, an dessen dreizehntem Tag,
und geschrieben wurde, allwie Haman geboten hatte,
an die Satrapen des Königs und an die Viztume, die über Gau
  um Gau sind, und an die Obern von Volk um Volk,
Gau um Gau in dessen Schrift, Volk um Volk in dessen
  Sprache,
im Namen des Königs Achaschwerosch geschrieben
und mit dem Ring des Königs gesiegelt.|
¹³ Und ausgesandt wurden die Briefe durch die Schnellboten in
  alle Gaue des Königs,
zu tilgen, zu erschlagen, zu schwenden
alle Juden, von Knabe bis Greis, Kinder und Weiber,
  an Einem Tag,
am dreizehnten des zwölften Monats, das ist der Monat Adar,
und ihre Beute zur Plünderung:|
¹⁴ ein Doppel des Briefs war auszugeben als Verfügung überall,
  Gau um Gau,
offenbar für alle Völker, bereit zu sein für diesen Tag.|
¹⁵ Die Schnellboten zogen aus, angetrieben von des Königs
  Geheiß,
indes die Verfügung in der Pfalz Schuschan ausgegeben wurde.
Der König und Haman setzten sich zum Trank,
die Stadt Schuschan aber war bestürzt.|

⁴,¹ Als Mordchaj alles bekannt wurde, was geschehen war,
zerriß Mordchaj seine Kleider, legte Sackleinen an und Asche,
zog mitten in die Stadt und schrie auf,
einen großen und bitteren Schrei.|
 ² Er kam bis vors Königstor, –
denn in Sackleinen darf man ins Königstor nicht kommen.|

³ [Überall aber, in Gau um Gau, an welchen Ort immer die Rede des Königs und seine Verfügung gelangte,
war eine große Trauer bei den Juden, Fasten, Weinen und Wehklage,
vielen wurde auf Sack und Asche gebettet.] |
⁴ Als die Mädchen Esters und ihre Kämmerlinge kamen und es ihr meldeten,
erbebte die Königin sehr,
sie sandte Kleider, sie Mordchaj anzulegen und das Sackleinen von ihm abzustreifen,
er aber nahm es nicht an. |
⁵ Ester rief den Hatach, von den Kämmerlingen des Königs, den er vor ihr Antlitz bestellt hatte,
und entbot ihn zu Mordchaj, daß ihr kund würde, was dies sei und warum dies sei. |
⁶ Hatach ging zu Mordchaj hinaus auf den Stadtplatz, der vor dem Königstor war, |
⁷ und Mordchaj meldete ihm alles, was ihn betroffen hatte,
und die Sondersache des Silbers, das Haman in die Schatzkammer des Königs zu geben zugesprochen hatte
um die Juden, daß sie geschwendet werden. |
⁸ Und das Doppel des Verfügungsbriefs, der in Schuschan ausgegeben worden war, sie zu vertilgen,
gab er ihm, ihn Ester sehen zu lassen
und ihr zu melden und ihr zu entbieten,
daß sie zum König komme, seine Gunst erflehe und ihn für ihr Volk bitte. |
⁹ Hatach kam und vermeldete Ester alle Rede Mordchajs, |
¹⁰ Ester sprach zu Hatach und entbot ihn zu Mordchaj: |
¹¹ »Alle Diener des Königs und das Volk der Königsgaue,
sie wissens, daß jeder Mann und jedes Weib, wer zum König in den innern Hof kommt, und war nicht gerufen worden,
einerlei Verfügung ist für die: daß man sie töte,
außer dem, dem der König das goldne Szepter entgegenstreckt, der bleibt am Leben, –
ich aber bin nun dreißig Tage nicht gerufen worden, zum König zu kommen.« |
¹² Man meldete Mordchaj Esters Rede. |
¹³ Mordchaj sprach, Ester zu antworten:

»Bilde dir nicht in deiner Seele ein,
du unter allen Juden könntest im Königshaus entrinnen!|
¹⁴ sondern, schweigst du, schweigst in dieser Zeit,
wird den Juden von andrer Seite Atemraum und Rettung erstehn,
du aber und dein Vaterhaus, ihr werdet entschwinden.
Und wer weiß,
ob du nicht für eine Zeit wie diese zur Königschaft gelangt bist!«|
¹⁵ Ester sprach, Mordchaj zu antworten:|
¹⁶ »Geh,
versammle alle Juden, die sich in Schuschan finden,
und fastet für mich,
eßt nimmer und trinkt nimmer, drei Tage lang, Nacht und Tag!
Auch ich samt meinen Mädchen, ich will so fasten.
Und also will ich zum König gehen, was nicht nach Fug ist,
– und ists, daß ich entschwinden muß, werde ich entschwinden.«|
¹⁷ Mordchaj schritt hinweg und tat alles, wie Ester ihm entboten hatte.|

⁵,¹ Es geschah am dritten Tag,
da legte Ester ein königliches Gewand an
und betrat den inneren Hof des Hauses des Königs,
dem Haus des Königs gegenüber,
der König aber saß auf seinem Königsthron im Königshaus,
dem Einlaß des Hauses gegenüber.|
² Als der König die Königin Ester im Hof stehen sah,
gewann sie Gunst in seinen Augen,
der König streckte das goldne Szepter, das in seiner Hand war,
auf Ester zu.
Ester näherte sich und berührte die Spitze des Szepters.|
³ Der König sprach zu ihr:
»Was ist dir, Königin Ester?
was ist dein Verlangen?
bis zur Hälfte des Königreichs, – es sei dir gegeben.«|
⁴ Ester sprach:
»Dünkt es den König gut,

komme der König samt Haman heute zum Trinkgelage,
das ich für ihn gemacht habe.« |
5 Der König sprach:
»Eilends holt den Haman, es nach Esters Rede zu machen.«
Der König kam samt Haman zum Gelage, das Ester gemacht
    hatte. |
6 Der König sprach zu Ester beim Weingelage:
»Was ist dein Wunsch? es sei dir gegeben.
Und was ist dein Verlangen? bis zur Hälfte des Königreichs,
– so werde getan.« |
7 Ester antwortete, sie sprach:
»Mein Verlangen und mein Wunsch, – |
8 habe ich Gunst in den Augen des Königs gefunden,
und dünkt es den König gut, mein Gewünschtes zu geben und
    es nach meinem Verlangen zu machen,
komme der König samt Haman zum Trinkgelag, das ich für
    sie machen werde,
und morgen werde ichs nach der Rede des Königs machen.« |
9 Haman schritt an jenem Tage hinaus, fröhlich und guter
    Dinge im Herzen.
Als nun Haman den Mordchaj im Königstor sah, wie er nicht
    aufstand und sich nicht regte vor ihm,
wurde Haman Grimms voll über Mordchaj, |
10 aber Haman bezähmte sich.
Als er in sein Haus kam, sandte er aus
und ließ seine Freunde und seine Frau Saresch kommen. |
11 Haman erzählte ihnen was vor von der Schwere seines Reich-
    tums und von seinen vielen Söhnen
und von alledem, wie ihn der König groß gemacht hatte
und ihn erhoben hatte über alle Obern und Diener des Königs. |
12 Dann sprach Haman:
»Zudem hat die Königin Ester niemand mit dem König zum
    Gelage, das sie gemacht hat, kommen lassen außer mir,
und auch für morgen bin ich zu ihr mit dem König berufen. |
13 Aber an all dem ist mir nicht Genügen zu alljeder Frist,
da ich Mordchaj den Juden im Königstor sitzen sehe.« |
14 Seine Frau Saresch samt all seinen Freunden sprach zu ihm:
»Man mache ein Holz, fünfzig Ellen lang,
und am Morgen sprich zum König,

daß man Mordchaj dran hänge,
und komm fröhlich mit dem König zum Gelage.«
Gut dünkte Haman die Rede,
und er ließ das Holz machen. |

⁶·¹ In jener Nacht floh den König der Schlaf.
Er sprach, man solle ihm das Buch der Denkwürdigkeiten,
   der Begebenheiten der Tage, bringen,
und sie wurden dem König vorgelesen. |
² Da fand sich niedergeschrieben,
daß Mordchaj eine Meldung erstattet hatte über Bigtana und
   Teresch, zwei Kämmerlinge des Königs, Hüter der Schwelle,
   daß sie an den König Achaschwerosch Hand zu legen
   getrachtet hatten. |
³ Der König sprach:
»Was ward Mordchaj dafür an Ehre und Großheit zugetan?«
Die Knaben des Königs, die ihm aufwarteten, sprachen:
»Gar nichts ist ihm zugetan worden.« |
⁴ Der König sprach:
»Wer ist im Hof?«
Eben aber war Haman in den äußern Hof des Königshauses
   gekommen, dem König zuzusprechen, daß man Mordchaj
   ans Holz hänge, das er vorbereitet hatte. |
⁵ Die Knaben des Königs sprachen zu ihm:
»Da steht Haman im Hof!«
Der König sprach:
»Er soll kommen.« |
⁶ Als Haman kam, sprach der König zu ihm:
»Was ist dem Mann anzutun, dessen Ehrung der König begehrt?«
Haman sprach in seinem Herzen:
»Wem eher als mir begehrte der König Ehre anzutun!« |
⁷ Haman sprach zum König:
»Der Mann, dessen Ehrung der König begehrt, – |
⁸ man bringe ein königliches Gewand, in das der König gewandet war, und ein Roß, auf dem der König geritten hatte,
   und dem auf den Kopf eine königliche Krone gesetzt ist, |
⁹ und zu übergeben ist das Gewand und das Roß in die Hand
   eines Mannes von den Obern des Königs, den Vornehmsten,

und sie sollen den Mann, den der König zu ehren begehrt,
drein gewanden
und ihn auf dem Roß über den Stadtplatz reiten lassen
und vor ihm ausrufen: ›So, so wird dem Mann getan, dessen
Ehrung der König begehrt!‹« |
10 Der König sprach zu Haman:
»Eile, nimm das Gewand und das Roß, wie du geredet hast,
und tue so Mordchaj dem Juden, der im Königstor sitzt!
Lasse nichts von alledem fallen, was du geredet hast!« |
11 Haman nahm das Gewand und das Roß,
er gewandete Mordchaj,
er ließ ihn über den Stadtplatz reiten
und rief vor ihm aus: »So, so wird dem Manne getan, dessen
Ehrung der König begehrt!« |
12 Dann setzte sich Mordchaj ins Königtor.
Den Haman aber triebs in sein Haus, trauernd und verhüllten Haupts. |
13 Haman erzählte seiner Frau Saresch und all seinen Freunden
alles, was ihn betroffen hatte.
Seine Weisen und seine Frau Saresch sprachen zu ihm:
»Ist Mordchaj, vor dem du zu fallen begannst, vom Samen
der Juden,
wirst du ihn nicht übermögen,
sondern fallen wirst du, fallen vor ihm.« |
14 Noch redeten sie mit ihm,
da langten des Königs Kämmerlinge an,
schleunig Haman zum Trinkgelage kommen zu lassen, das
Ester zugerichtet hatte. |
7,1 Der König kam und Haman, mit der Königin Ester zu trinken. |
2 Der König sprach zu Ester auch am zweiten Tag beim Weintrunk:
»Was ist dein Wunsch, Königin Ester? es sei dir gegeben.
Und was ist dein Verlangen? bis zur Hälfte des Königreichs,
– es werde getan.« |
3 Die Königin Ester antwortete, sie sprach:
»Habe ich Gunst in deinen Augen, König, gefunden
und dünkt es den König gut,
werde mir meine Seele um meinen Wunsch gegeben
und mein Volk um mein Verlangen. |

⁴ Denn verkauft sind wir, ich und mein Volk,
zu tilgen, zu erschlagen, zu schwenden.
Und noch wenn wir verkauft wären zu Knechten und zu Mägden,
ich hätte geschwiegen,
denn die Bedrängnis wäre die Belästigung des Königs nicht wert.« |
⁵ Der König Achaschwerosch sprach,
er sprach zur Königin Ester:
»Wer ist dieser und wo ist dieser,
den sein Herz geschwellt hat, solches zu tun?« |
⁶ Ester sprach:
»Der Mann, der Bedränger und Feind,
Haman, dieser Bösewicht, ists.«
Haman aber erschrak vor dem König und der Königin. |
⁷ Der König erhob sich in seinem Grimm vom Weintrunk,
zum Garten des Palasthauses hin,
Haman aber blieb stehn,
von der Königin Ester seinen Lebensodem zu erbitten,
denn er sah, daß beim König das Böse allbereits beschlossen war. |
⁸ Als nun der König vom Garten des Palasthauses ins Haus des Gelages zurückkehrte,
war Haman am Ruhebett, auf dem Ester war, niedergefallen.
Der König sprach:
»Auch gar bei mir der Königin sich bemächtigen!«
Kaum war die Rede dem Mund des Königs entfahren,
schon verhüllte man Haman das Gesicht. |
⁹ Charbona, einer der Kämmerlinge, sprach vor dem König:
»Da ist ja auch noch das Holz, das Haman für Mordchaj gemacht hat, der dem König hat zu Gute gesprochen,
es steht in Hamans Haus, fünfzig Ellen hoch.«
Der König sprach:
»Hängt ihn daran!« |
¹⁰ Man hängte Haman an das Holz, das er für Mordchaj bereitet hatte,
und der Grimm des Königs legte sich. |

⁸,¹ An jenem Tag gab der König Achaschwerosch der Königin Ester das Haus Hamans, des Bedrängers der Juden,

Mordchaj aber durfte vor den König kommen,
denn Ester hatte gemeldet, was er ihr war. |
2 Der König streifte seinen Ring ab, den er Haman entzogen
   hatte, und gab ihn Mordchaj,
und Ester setzte Mordchaj über Hamans Haus. |
3 Ester aber redete nochmals vor dem König,
sie fiel ihm zu Füßen, weinte und erflehte seine Gunst,
hinwegziehn zu lassen das Böswerk Hamans, des Agagiters,
und den Plan, den er geplant hatte wider die Juden. |
4 Der König streckte sein goldnes Szepter auf Ester zu. |
5 Ester erhob sich, stand vor dem König und sprach:
»Dünkts den König gut und habe ich Gunst vor ihm gefunden,
und die Sache ist richtig vor dem König und ich gut
   in seinen Augen,
werde geschrieben, zurückzunehmen die Briefe,
den Plan Hamans Sohns Hammedatas, des Agagiters,
die er hatte niederschreiben lassen, die Juden zu schwenden,
   die in allen Gauen des Königs sind! |
6 Denn ⟨wie doch ertrüge ichs, daß ich das Böse besähe, das
   mein Volk träfe, und⟩ wie doch ertrüge ichs, daß ich das
   Schwinden meiner Verwandtschaft besähe!«
7 Der König Achaschwerosch sprach zur Königin Ester und zu
   Mordchaj dem Juden:
»Da, ich habe Hamans Haus Ester gegeben,
und ihn hat man ans Holz gehängt, dafür daß er seine Hand
   an die Juden legte. |
8 Ihr nun, schreibt um die Juden, wie es euren Augen
   gutdünkt, im Namen des Königs,
und siegelt mit dem Königsiegel, –
nicht zurücknehmbar ist ja ein Schriftstück, das im Namen
   des Königs geschrieben war und mit dem Ring des Königs
   gesiegelt.« |
9 Berufen wurden die Briefschafter des Königs zu jener Zeit,
im dritten Monat, das ist der Monat Sfiwan, am dreizehnten
   Tag davon,
und geschrieben wurde, allwie Mordchaj gebot,
an die Juden,
an die Satrapen und die Viztume und die Obern der Gaue,
   derer von Indien bis Äthiopien, hundertundzwanzig Gaue,

Gau um Gau in seiner Schrift, Volk um Volk in seiner
Sprache,
und an die Juden in ihrer Schrift und in ihrer Sprache. |
¹⁰ Man schrieb im Namen des Königs Achaschwerosch,
man siegelte mit dem Ringe des Königs,
und man sandte die Briefe durch Schnellboten auf Rossen,
reitend auf den herrschaftlichen Rennern, Sprößlingen der
Gestüte: |
¹¹ daß der König den Juden, denen überall, in Stadt um Stadt,
freigebe
sich zu sammeln und für ihren Lebensodem einzustehn,
zu tilgen, zu erschlagen und zu schwenden alle Heeresmacht
von Volk und Gau, die sie bedrängen, Kinder und
Weiber,
und ihre Beute zur Plünderung, |
¹² an Einem Tag in allen Gauen des Königs Achaschwerosch, am
dreizehnten des zwölften Monats, das ist der Monat Adar. |
¹³ Und ein Doppel des Schriftstücks war auszugeben als Verfügung überall, in Gau um Gau, offenbar für alle Völker,
und daß bereit seien die Juden für diesen Tag, sich an ihren
Feinden zu rächen. |
¹⁴ Die Schnellboten, reitend auf den herrschaftlichen Rennern,
zogen aus, schleunig und angetrieben von des Königs Geheiß, –
indes die Verfügung in der Pfalz Schuschan ausgegeben
wurde. |
¹⁵ Mordchaj aber zog vom König hinaus, in einem königlichen
Gewand,
Hyazinth- und Weißzeug, ein großer goldner Kopfbund, ein
Umwurf von Byssus und Purpur.
Die Stadt Schuschan jauchzte und freute sich. |
¹⁶ Den Juden ward Leuchten und Freude, Wonne und
Ehrerbietung, |
¹⁷ und überall, Gau um Gau, überall, Stadt um Stadt, an welchen
Ort nur die Rede des Königs und seine Verfügung
gelangte,
da war Freude und Wonne bei den Juden, Trinkgelage und
Festtag.
Viele aus den Völkern des Landes bezeichneten sich als Juden,

denn der Schrecken der Juden war auf sie gefallen. |

9,1 Im zwölften Monat aber, das ist der Monat Adar, am dreizehnten Tag davon,
an dem die Rede des Königs und seine Verfügung ins Geschehn gelangen sollten,
am Tag, den die Feinde der Juden erwarteten, mit ihnen zu schalten,
und es wandelte sich: er wars, an dem die Juden mit ihren Hassern schalten durften, |
2 sammelten sich die Juden in ihren Städten in allen Gauen des Königs Achaschwerosch,
Hand zu legen an sie, die nach ihrem Bösgeschick trachteten,
und niemand hielt ihnen stand, denn ihr Schrecken war auf alle Völker gefallen. |
3 Alle Obern der Gaue, die Statthalter, die Satrapen und alle Amtstätigen, die des Königs waren, unterstützten die Juden,
denn der Schrecken Mordchajs war auf sie gefallen. |
4 Denn groß war Mordchaj im Königshaus, das Vernehmen von ihm ging in allen Bezirken um,
ja, fortgehend größer wurde der Mann Mordchaj. |
5 Die Juden schlugen auf all ihre Feinde ein, Schwertschlag, Umbringen, Vernichten, taten ihren Hassern nach ihrem Willen. |
6 In der Pfalz Schuschan brachten die Juden um und vernichteten fünfhundert Mann. |
7,8 Den Parschandata, den Dalfon, den Aspata, | den Porata, den
9 Adalja, den Aridata, | den Parmaschta, den Arifsaj, den Ari-
10 daj, den Wajsata, | die zehn Söhne Hamans, des Bedrängers der Juden, brachten sie um.
Aber nach dem Plündergut schickten sie ihre Hand nicht aus. |
11 An jenem Tag kam die Zahl der in der Pfalz Schuschan Umgebrachten vor den König. |
12 Der König sprach zur Königin Ester:
»In der Pfalz Schuschan haben die Juden fünfhundert Mann umgebracht, geschwendet, und die zehn Söhne Hamans,
und was haben sie wohl in den übrigen Königsgauen getan!
Was ist nun dein Wunsch? es sei dir gegeben.
Und was noch ist dein Verlangen? so werde getan.« |

¹³ Ester sprach:
»Dünkt es dem König gut,
werde auch morgen den Juden, die in Schuschan sind, freigegeben, nach der Verfügung von heute zu tun,
und Hamans zehn Söhne hänge man ans Holz.«|
¹⁴ Der König sprach, es solle so getan werden,
die Verfügung wurde in Schuschan ausgegeben,
und Hamans zehn Söhne hängte man.|
¹⁵ Die Juden, die in Schuschan waren, sammelten sich auch am vierzehnten Tag des Monats Adar
und brachten in Schuschan dreihundert Mann um,
aber nach dem Plündergut schickten sie ihre Hand nicht aus.|
¹⁶ Die übrigen Juden, die in den Königsgauen waren, sammelten sich und standen für ihren Lebensodem ein,
gewannen Ruhe von ihren Feinden und brachten von ihren Hassern fünfundsiebzigtausend um.
Aber nach dem Plündergut schickten sie ihre Hand nicht aus.|
¹⁷ So am dreizehnten Tag des Monats Adar,
und Ruhe war am vierzehnten davon, den machte man zu einem Tag des Gelags und der Freude.|
¹⁸ Die Juden aber, die in Schuschan waren, sammelten sich am dreizehnten davon und am vierzehnten davon,
und Ruhe war am fünfzehnten davon, und den machte man zu einem Tag des Gelags und der Freude.|
¹⁹ Deshalb machen die flachländischen Juden, die in den Flachlandstädten siedeln, den vierzehnten Tag des Monats Adar zu Freude, Gelag und einem Festtag,
dazu Sendung von Geschenken, jedermann seinem Genossen.|
²⁰ Mordchaj aber schrieb diese Begebnisse nieder
und sandte Briefe an alle Juden, die in allen Gauen des Königs Achaschwerosch waren, die nahen und die fernen,|
²¹ es für sie aufzurichten, daß sie den vierzehnten Tag des Monats Adar und den fünfzehnten Tag davon allzeit, Jahr um Jahr, begehen,|
²² den Tagen gleich, an denen die Juden Ruhe von ihren Feinden gewannen,
und dem Monat, der sich ihnen von Kummer zu Freude und von Trauer zu Festtag gewandelt hatte,

sie zu begehen als Tage des Gelags, der Freude und der Sendung von Geschenken jedermanns an seinen Genossen und Gaben an die Bedürftigen. |

23 Und auf sich nahmens die Juden, was zu tun sie begonnen hatten und was Mordchaj an sie geschrieben hatte. |

24 Denn Haman Sohn Hammedatas, der Agagiter, der Bedränger aller Juden, hatte wider die Juden geplant, sie zu vernichten,
und hatte das Pur, das ist das Los, geworfen, sie aufzustören und zu vernichten, |

25 als es aber vor den König kam, sprach er mit Briefsgewalt, sein böser Plan, den er wider die Juden plante, solle auf sein Haupt zurückkehren,
und man hängte ihn und seine Söhne ans Holz. |

26 Deshalb heißt man diese Tage Purim, nach dem Namen des Pur.
Deshalb, alles in dieser Urkunde Beredeten halber,
und was sie gesehen hatten, dessen halber, und was ihnen begegnet war, |

27 richteten die Juden es auf, es auf sich nehmend und auf ihren Samen und auf alle ihnen sich Anschließenden, unüberschreitbar,
diese zwei Tage zu begehn nach ihrer Vorschrift und nach ihrer Frist in alljedem Jahr und Jahr, |

28 und diese Tage werden bedacht und begangen in alljedem Geschlecht und Geschlecht, Sippe um Sippe, Gau um Gau, Stadt um Stadt,
und diese Tage der Purim werden der Mitte der Judenschaft nicht entschreiten und ihr Gedenken wird nicht ausbleiben bei deren Samen. |

29 Dann schrieb die Königin Ester, Tochter Abichajils, samt Mordchaj dem Juden, mit Allgültigkeit des Aufrechthaltens, diese zweite Purim-Urkunde |

30 und sandte Briefe an alle Juden, in hundertsiebenundzwanzig Gaue des Königreichs Achaschweroschs,
Reden der Befriedung und des Vertrauens, |

31 aufrechtzuhalten diese Tage der Purim zu ihren Zeiten,
gleichwie es aufgerichtet hatte über ihnen Mordchaj der Jude und die Königin Ester,

und gleichwie sie aufgerichtet hatten für sich selber und für ihren Samen die Rede von dem Fasten und der Wehklage, |
³² Esters Spruch richtete diese Rede von den Purim auf und wurde im Buche niedergeschrieben. |

¹⁰,¹ Der König Achaschwerosch legte eine Fron auf das Land und die Meeresküsten. |
² Alle Betätigung seiner Geltung und Mächtigkeit aber und die Sondersache von Mordchajs Größe, den der König Achaschwerosch groß gemacht hatte,
sind sie nicht niedergeschrieben in dem Buch der Begebenheiten der Könige Mediens und Persiens? |
³ Denn Mordchaj der Jude war der Zweite nach dem König Achaschwerosch,
groß war er bei den Juden, in Gnaden bei der Menge seiner Brüder:
der für sein Volk nach dem Guten trachtet und für all dessen Samen redet zur Befriedung. |

DAS BUCH
DANIEL

In spitzen Klammern 〈...〉 stehende Textteile wurden von M. Buber nicht übersetzt; sie sind von der Neuausgabe 1997 an (8., verbesserte Auflage) eingefügt.

1,1 Im dritten Jahr der Königschaft Jehojakims Königs von Jehuda
kam Nebukadnezar König von Babel über Jerusalem und
engte es ein, |
2 mein Herr gab in seine Hand Jehojakim König von Jehuda und
etwelche Geräte des Gotteshauses,
und er ließ sie in das Land Schinar kommen, wo das Haus seines Gottes war, die Geräte aber ließ er in das Schatzhaus
seines Gottes kommen. |
3 Der König sprach zu Aschpnas, dem Anführer seiner Kämmerlinge, man solle von den Söhnen Jisraels: vom Samen
des Königtums und von den Vornehmen kommen lassen |
4 Knaben, an denen allweg kein Gebrechen ist, von gutem Aussehn und begreifend in aller Weisheit,
wissensgerecht Wissende und Gewußtes Verstehende,
an denen Tauglichkeit ist, in der Königshalle anzutreten,
und man solle sie Schrift und Sprache der Chaldäer lehren. |
5 Der König bestimmte für sie, den Tagessatz an seinem Tag,
von der Tafelkost des Königs und Wein von seinem
Getränk,
und ließ sie drei Jahre lang großziehn, an deren Ende sollten
sie vor den König treten. |
6 Unter ihnen war von den Söhnen Jehudas: Daniel, Chananja,
Mischael und Asarja. |
7 Der Obre der Kämmerlinge legte ihnen Namen bei: dem Daniel legte er Beltschazar zu, dem Chananja Schadrach, dem
Mischael Meschach und dem Asarja Abed Ngo. |
8 Daniel aber legte in seinem Herzen fest, daß er sich mit der
Tafelkost des Königs und dem Wein seines Getränks nicht
besudeln würde,
und er erbat vom Obern der Kämmerlinge, daß er sich nicht
zu besudeln brauche. |
9 Gott gab, daß Daniel Huld und Erbarmen beim Obern der
Kämmerlinge fand, |
10 und der Obre der Kämmerlinge sprach zu Daniel:
»Nur fürchte ich meinen Herrn, den König,
der eure Speise und euern Trank bestimmt hat:
derweilen er euer Antlitz als grämlicher sehen wird denn das
der Knaben, die in eurem Kreis sind, werdet ihr dem König
mein Haupt verwirkt haben.« |

¹¹ Nun sprach Daniel den Bestallten an, den der Obre der
Kämmerlinge über Daniel, Chananja, Mischael und Asarja
bestimmt hatte: |
¹² »Versuche es doch mit deinen Knechten zehn Tage lang,
daß man uns vom Gemüs zu unserer Speise und Wasser zu unserm Getränke gebe, |
¹³ und sehn lasse sich vorm Antlitz dir unser Aussehn und das
Aussehn der Knaben, die von der Königskost essen,
und danach, was du siehst, tue mit deinen Knechten!« |
¹⁴ Er hörte auf sie in dieser Sache und versuchte es mit ihnen zehn
Tage lang. |
¹⁵ Am Ende der zehn Tage war ihr Angesicht besser anzusehn
und fetter am Fleisch waren sie als alle Knaben, die von der
Königskost aßen. |
¹⁶ So hieß nun der Bestallte ihre Kost und ihren Weintrunk hinweg tragen und ihnen Gemüse geben. |
¹⁷ Diese vier Knaben, ihnen hatte Gott Wissen und Begreifen
gegeben in allerart Schrift und Weisheit,
Daniel aber verstand sich auf allerart Schau und Träume. |
¹⁸ Am Ende der Tage nun, danach der König sie kommen zu
lassen gesprochen hatte,
ließ der Obre der Kämmerlinge sie vor Nebukadnezar kommen. |
¹⁹ Der König sprach mit ihnen,
und unter allen fand sich nicht einer wie Daniel, Chananja,
Mischael und Asarja.
Sie durften nun in den Dienst vorm Antlitz des Königs treten. |
²⁰ In jeder Sache von Weisheit des Verständnisses, um die sie der
König befragte,
fand er an ihnen Zehnfaltiges über alle Magier und
Beschwörer, die in all seinem Königreich waren. |
²¹ Daniel verblieb bis zum ersten Jahre des Königs Koresch,
Cyrus. |

²,¹ Im zweiten Jahr der Königschaft Nebukadnezars aber träumte
Nebukadnezar Traumgesichte,
sein Geist ward aufgerührt, und um seinen Schlaf wars
geschehn. |
² Der König sprach, man solle die Magier und die Beschwörer,

die Zauberer und die Chaldäer rufen, dem König seine
   Traumgesichte zu ermelden,
sie kamen und standen vor dem König. |
3 Der König sprach zu ihnen:
»Einen Traum habe ich geträumt, und mein Geist ist aufge-
   rührt, des Traums kundig zu werden.« |
4 Die Chaldäer redeten zum König [aramäisch]:
»König, lebe auf Weltzeit!
Sprich den Traum deinen Knechten zu
und wir deuten seinen Sinn.« |
5 Der König hob an, er sprach zu den Chaldäern:
»Die Sache ist von mir aus entschieden.
Wenn ihr den Traum und seine Deutung mir nicht kundtut,
werdet ihr in Stücke gehauen
und eure Häuser zu Misthaufen gemacht, – |
6 wenn ihr aber den Traum und seine Deutung dartut,
empfangt ihr von mir her Gaben, Spende und mächtige
   Ehrung:
wenn ihr nur den Traum und seine Deutung mir dartut.« |
7 Sie hoben an zum andern Mal, sie sprachen:
»Der König spreche den Traum seinen Knechten zu
und wir tun die Deutung dar.« |
8 Der König hob an, er sprach:
»Mit Sicherheit ists mir kund,
daß ihr Zeit zu gewinnen sucht,
– dieweil ihr seht, daß von mir aus die Sache entschieden ist, |
9 so daß, wenn ihr mir den Traum nicht kundtut, eines das
   Urteil über euch ist, –
und daß lügenhafte und verderbte Sache ihr vor mir zu sprechen vereinbart habt, bis die Zeit sich ändert.
Darum: den Traum sprecht mir zu,
und ich werde dran erkennen,
daß ihr die Deutung mir dartun werdet.« |
10 Die Chaldäer hoben an vor dem König, sie sprachen:
»Nicht ist auf dem Festland vorhanden,
der die Sache des Königs darzutun vermöchte,
alldieweil auch unter allen Königen keiner, noch so groß und
   weitschaltend, dergleichen Sache verlangt hat
von allirgend einem Magier, Beschwörer und Chaldäer. |

¹¹ Die Sache, die der König verlangt, ist so schwierig,
daß kein anderer west, der sie vor dem König dartäte,
es seien denn die Götter, deren Wohnstatt nicht vorhanden
   ist unter den Fleischwesen.«|
¹² Allderweil erzürnte der König und ergrimmte mächtig
und sprach, töten solle man alle Weisen Babels.|
¹³ Die Verfügung ging aus, die Weisen sollten getötet werden,
auch Daniel und seine Gefährten waren dran, getötet zu werden.|
¹⁴ Nun aber wandte sich Daniel mit Rat und Verstand
an Arjoch, den Führer der Leibwache des Königs,
der gegangen war, die Weisen Babels zu töten,|
¹⁵ er hob an und sprach zu Arjoch, dem Schaltbetrauten des
   Königs:
»Weshalb ist das Urteil vom König aus so streng?«
Nun gab Arjoch Daniel die Sache bekannt.|
¹⁶ Daniel trat hinein und erbat vom König,
ihm werde Zeit gegeben, daß er dem König die Deutung
   dartue.|
¹⁷ Nun ging Daniel nach Haus und tat Chananja, Mischael und
   Asarja, seinen Gefährten, die Sache bekannt,|
¹⁸ daß sie den Gott des Himmels anflehten um Erbarmen, dieses
   Geheimnisses wegen,
daß nicht Daniel und seine Gefährten mit den übrigen Weisen
   Babels umgebracht würden.|
¹⁹ Nun wurde in der Schau der Nacht Daniel das Geheimnis
   offenbart.
Nun segnete Daniel den Gott des Himmels,|
²⁰ Daniel hob an, er sprach:
»Gesegnet der Name Gottes
von Weltzeit zu Weltzeit!
Denn Weisheit und Kraft, sein sind sie,|
²¹ und er ändert die Fristen und Zeiten,
er setzt Könige ab und stellt Könige auf,
er schenkt die Weisheit den Weisen
und die Erkenntnis denen, die einsichtig erkennen,|
²² er ists, der das Tiefe und Verborgene offenbart,
er kennt, was in der Finsternis ist,
und bei ihm wohnt das Licht.|

²³ Dich, Gott meiner Väter, rühme und lobe ich,
denn Weisheit und Kraft hast du mir geschenkt,
und jetzt tatest du mir kund, um was wir dich angefleht haben,
die Sache des Königs tatest du uns kund.«|
²⁴ Allderweil trat Daniel zu Arjoch hin, dem der König befohlen hatte, die Weisen Babels umzubringen,
er ging, und so sprach er zu ihm:
»Die Weisen Babels bring nimmer um!
Laß mich vor den König treten,
und ich tue dem König die Deutung dar.«|
²⁵ Nun ließ Arjoch eilends Daniel vor den König treten,
und so sprach er zu ihm:
»Ich habe unter den Verschleppten Jehudas einen Mann gefunden,
der wird dem König die Deutung kundtun.«|
²⁶ Der König hob an, er sprach zu Daniel, dessen Name Beltschazar war:
»Bist du dessen imstande, mir kundzutun den Traum, den ich schaute, und seine Deutung?«|
²⁷ Daniel hob an vor dem König, er sprach:
»Das Geheimnis, um das der König fragt,
nicht Weise, Beschwörer, Magier, Bestimmer vermögens dem König darzutun.|
²⁸ Es west jedoch ein Gott im Himmel,
der Geheimnisse offenbart.
Er hat dem König Nebukadnezar kundgetan,
was in der Späte der Tage geschehn wird.
Dein Traum und die Schau deines Hauptes auf deinem Lager,
dies sind sie:|
²⁹ Dir, König, stiegen auf deinem Lager Gedanken zu,
was später nach diesem geschehn wird,
und der die Geheimnisse offenbart tat dir kund, was geschehn wird,|
³⁰ Ich aber,
nicht einer Weisheit halber, die in mir mehr als in allen Lebendigen weste,
ward dieses Geheimnis mir offenbart,
sondern zu dem Behuf, die Deutung dem König kundzutun,
und daß dir die Gedanken deines Herzens kenntlich werden.|

³¹ Du, König, geschaut hast du,
da, ein mächtiges Bild –
– groß war jenes Bild und übermäßig sein Glanz –
stand vor dir, und sein Anblick war furchtbar. |
³² Dieses Bild,
sein Haupt war von feinem Gold,
seine Brust und seine Arme von Silber,
sein Bauch und seine Lenden von Erz, |
³³ seine Schenkel von Eisen,
seine Füße zum Teil von Eisen und zum Teil von Ton. |
³⁴ Geschaut hast du,
bis daß niedergehaun ward ein Stein, mit Händen nicht,
und traf das Bild auf seine Füße von Eisen und Ton
und zerschmetterte sie. |
³⁵ So waren auf einmal auseinandergeschmettert Eisen, Ton, Erz, Silber und Gold
und waren wie Spreu aus den Sommertennen,
hinweg trug sie der Wind,
nicht war allirgend eine Spur ihrer zu finden.
Der Stein aber, der das Bild zerschmettert hatte,
der wurde zu einem großen Berg und füllte alle Erde. |
³⁶ Dies ist der Traum,
und seine Deutung sprechen wir nun vor dem König aus. |
³⁷ Du, König, König der Könige,
dem der Gott des Himmels die Königschaft, das Besitztum,
die Stärke und die Ehre geschenkt hat, |
³⁸ und überall, wo Menschensöhne wohnen, hat er das Getier des Feldes und den Vogel des Himmels dir in die Hand geschenkt
und hat dich schalten lassen über sie alle, –
du bist das Haupt von Gold. |
³⁹ Hinter dir her aber wird ein andres Königtum erstehn,
geringer als du,
und ein andres, drittes Königtum, von Erz, das wird über all die Erde schalten. |
⁴⁰ Ein viertes Königtum aber wird wie Eisen stark sein,
alldieweil das Eisen alles zerschmettert und malmt es,
und dem Eisen gleich, das alles zerschellt, wirds alle jene zerschmettern und zerschellen. |

⁴¹ Und daß du Füße und Zehen zum Teil von Töpferton und
zum Teil von Eisen geschaut hast:
ein gespaltenes Königtum wird das sein,
und von der Festigkeit des Eisens wird sein an ihm,
alldieweil du Eisen mit lehmigem Ton vermischt geschaut
hast. |
⁴² Und die Zehen der Füße zum Teil von Eisen und zum Teil
von Ton:
von einem Ende aus wird das Königtum stark sein, und in
einem Teil wirds gebrechlich sein. |
⁴³ Daß du das Eisen mit lehmigem Ton vermischt schautest:
sie werden sich durch Menschensamen mischen,
aber haften werden sie nicht das an dem,
so wie sich Eisen mit Ton nicht vermischt. |
⁴⁴ In den Tagen jener Könige aber
aufrichten wird der Gott des Himmels ein Königreich,
das in Weltzeit nicht zerstört wird
und das Königtum wird einem anderen Volk nicht zufallen:
das wird all jene Königreiche zerschmettern und vernichten,
es aber wird in Weltzeit bestehn, |
⁴⁵ alldieweil du geschaut hast,
wie vom Berg ein Stein niedergehaun ward, mit Händen
nicht,
und er zerschmetterte Eisen, Erz, Ton, Silber und Gold.
Ein großer Gott hat dem Könige kundgetan,
was nach diesem geschehn wird,
gewiß ist der Traum und getreu ist die Deutung.« |
⁴⁶ Nun fiel der König Nebukadnezar auf sein Antlitz,
er verneigte sich vor Daniel
und sprach, man solle ihm Spende und Wohlgerüche
darbringen. |
⁴⁷ Der König hob an zu Daniel, er sprach:
»Wahrheit ists,
daß euer Gott der Gott der Götter ist und der Herr der Könige
und der Offenbarer der Geheimnisse,
da du dieses Geheimnis zu offenbaren vermocht hast.« |
⁴⁸ Dann erhöhte der König Daniel
und beschenkte ihn mit vielen mächtigen Gaben
und hieß ihn schalten über allen Gau Babel

und als Obervorsteher über alle Weisen Babels. |
⁴⁹ Daniel erbat sich vom König,
   daß er über die Verwaltung des Gaus Babel Schadrach,
   Meschach und Abed-Ngo setze,
   Daniel aber blieb im Königstor. |

³,¹ Der König Nebukadnezar machte ein goldenes Bild,
   dessen Höhe sechzig Ellen, dessen Breite sechs Ellen war.
   Er stellte es auf in der Ebene Dure im Gau Babel. |
² Und der König Nebukadnezar sandte aus,
   die Satrapen, Vorsteher und Viztume, Ratgeber, Schatzmeister, Richter, Polizeibefehlshaber und alle im Gau Schaltenden zu versammeln,
   daß sie zur Einweihung des Bildes kämen, das der König Nebukadnezar aufgestellt hatte. |
³ So versammelten sich die Satrapen, Vorsteher und Viztume,
   Ratgeber, Schatzmeister, Richter, Polizeibefehlshaber und alle im Gau Schaltenden zur Einweihung des Bildes, das der König Nebukadnezar aufgestellt hatte,
   und stellten sich vor das Bild, das Nebukadnezar aufgestellt hatte. |
⁴ Und der Herold rief mit Macht:
   »An euch, Völker, Stämme und Zungen! |
⁵ Sobald ihr höret den Schall von Horn, Flöte, Zither, Harfe, Psalter, Dudelsack und allerhand Saitenspiel,
   fallt nieder und neigt euch dem goldenen Bild, das der König Nebukadnezar aufgestellt hat! |
⁶ Wer aber nicht niederfällt und sich neigt, wird zur Stunde in den glühenden Feuerofen geworfen.« |
⁷ Allderweil, zur Zeit, da alle Völker den Schall von Horn, Flöte, Zither, Harfe, Psalter und allerhand Saitenspiel hörten,
   fielen alle Völker, Stämme und Zungen nieder, sich neigend dem goldenen Bild, das der König Nebukadnezar aufgestellt hatte. |
⁸ Allderweil nahten zur Zeit chaldäische Männer und verklagten die Juden. |
⁹ Sie hoben an, sprachen zum König Nebukadnezar:
   »König, lebe auf Weltzeit! |
¹⁰ Du, König, gabst Befehl aus,

daß ein jeglicher, der den Schall von Horn, Flöte, Zither, Harfe, Psalter, Dudelsack und allerhand Saitenspiel hört, niederfalle und dem goldenen Bilde sich neige, |
¹¹ und wer nicht niederfällt und sich neigt, in den glühenden Feuerofen geworfen werde. |
¹² Da gibts nun jüdische Männer, die du über die Verwaltung des Gaus Babel gesetzt hast, Schadrach, Meschach und Abed-Ngo,
diese Männer haben dir, König, Beachtung nicht zugewandt,
deinem Gott dienen sie nicht,
und nicht neigen sie sich dem goldenen Bild, das du aufgestellt hast.« |
¹³ Nun sprach Nebukadnezar in Zorn und Ingrimm,
man solle Schadrach, Meschach und Abed-Ngo ihm bringen.
Nun brachte man diese Männer vor den König. |
¹⁴ Nebukadnezar hob an, er sprach zu ihnen:
»Trifft das zu, Schadrach, Meschach und Abed-Ngo,
daß ihr meinem Gott nicht dient
und neigt euch nicht dem goldenen Bild, das ich aufgestellt habe? |
¹⁵ Wohl, seid ihr bereit,
sobald ihr den Schall von Horn, Flöte, Zither, Harfe, Psalter und Dudelsack und allerhand Saitenspiel hört,
niederzufallen und euch dem Bilde zu neigen, das ich machte, wohl!
Neigt ihr euch aber zur Stunde nicht,
werdet ihr in den glühenden Feuerofen geworfen, –
und welchen Gott gibts, der aus meinen Händen euch retten könnte!« |
¹⁶ Es hoben an Schadrach, Meschach und Abed-Ngo, sie sprachen zum König Nebukadnezar:
»Nicht ist uns not, dir darauf ein Wort zu erwidern. |
¹⁷ Da, unser Gott, dem wir dienen, vermag uns aus dem glühenden Feuerofen zu retten,
und er wird uns befreien aus deiner Hand, König. |
¹⁸ Wärs damit aber nicht so, sei dir, König, kundgetan:
deinem Gott werden wir nicht dienen und dem Bild, das du aufgestellt hast, uns nicht neigen.« |
¹⁹ Nun ward Nebukadnezar Ingrimms voll,

und das Bild seines Antlitzes änderte sich gegen Schadrach,
  Meschach und Abed-Ngo.
Er hob an und sprach, man solle den Ofen siebenfach mehr
  heizen, als ihn zu heizen angemessen war. |
20 Und zu Männern, kräftigen Männern aus seiner Heereskraft
  sprach er,
sie sollten Schadrach, Meschach und Abed-Ngo binden, um
  sie in den glühenden Feuerofen zu werfen. |
21 Nun wurden diese Männer in ihren Mänteln, Röcken, Mützen und Gewändern in den glühenden Feuerofen geworfen. |
22 Alldieweil das Wort des Königs so streng und der Ofen übermäßig geheizt war,
tötete die Flamme des Feuers jene Männer, die Schadrach,
  Meschach und Abed-Ngo heraufgebracht hatten, |
23 diese drei Männer aber, Schadrach, Meschach und Abed-Ngo
  fielen mitten in den glühenden Feuerofen, gebunden. |
24 Nun erstaunte der König Nebukadnezar und stand eilends
  auf,
er hob an und sprach zu seinen Ministern:
»Haben wir nicht drei Männer gebunden mitten ins Feuer
  geworfen?«
Sie hoben an und sprachen:
»Gewiß, König.« |
25 Er hob an und sprach:
»Da sehe ich vier Männer gelöst sich mitten im Feuer
und ein Schaden ist nicht an ihnen,   [ergehen,
und der Anblick des vierten gleicht dem eines Gottessohnes.« |
26 Nun nahte Nebukadnezar dem glühenden Feuerofen, er hob
  an und sprach:
»Schadrach, Meschach und Abed-Ngo,
Knechte des höchsten Gottes,
tretet hervor und kommt!«
Nun traten Schadrach, Meschach und Abed-Ngo mitten aus
  dem Feuer hervor. |
27 Und es versammelten sich die Satrapen, Vorsteher und
  Viztume und Ratgeber und Minister des Königs,
anzusehn diese Männer,
über deren Leiber das Feuer nicht Herrschaft hatte,
und nicht war das Haar ihres Hauptes versengt,

und nicht waren ihre Mäntel versehrt,
und Brandgeruch war an sie nicht gekommen. |
²⁸ Nebukadnezar hob an, er sprach:
»Gesegnet der Gott Schadrachs, Meschachs und Abed-Ngos,
der seinen Boten sandte und rettete seine Knechte,
die sich auf ihn verließen
und das Königswort übertraten
und gaben ihre Leiber hin,
daß sie nicht allirgend einem Gott dienstbar sich neigen
außer ihrem Gott! |
²⁹ So wird von mir Befehl ausgegeben,
daß allirgend Volkes, Stammes und Zunge einer,
der wider den Gott Schadrachs, Meschachs und Abed-Ngos
    spricht,
in Stücke gehauen werde
und sein Haus einem Misthaufen gleichgemacht,
alldieweil es nicht einen andern Gott gibt,
der so zu befreien vermag.« |
³⁰ Sodann ließ der König Schadrach, Meschach und Abed-Ngo
    im Gau Babel gedeihen. |

³¹ König Nebukadnezar
an alle Völker, Stämme und Zungen,
die in allem Erdland wohnen:
Mächtig sei euer Friede!|
³² Die Zeichen und Wunder, die der höchste Gott an mir übte,
es beliebt mir, sie zu vermelden.|
³³ Seine Zeichen, wie sind sie groß,
seine Wunder, wie überstark!
Sein Königtum ist ein Königtum der Weltzeit
und seine Herrschaft durch Geschlecht und Geschlecht.|
⁴,¹ Ich, Nebukadnezar,
geruhsam war ich in meinem Haus,
saftfrisch in meiner Halle.|
² Einen Traum schaute ich, der hat mich erschreckt, –
Anwandlungen auf meinem Lager
und Schau meines Hauptes haben mich bestürzt.|
³ Von mir ward Befehl ausgegeben,
vor mich treten zu lassen die Weisen Babels,
daß die Deutung des Traums sie mir kundtun.|
⁴ Nun traten herzu Magier, Beschwörer, Chaldäer, Bestimmer,
und ich sprach den Traum vor ihnen aus,
aber seine Deutung taten sie mir nicht kund.|
⁵ Und zuletzt trat Daniel vor mich,
dessen Name Beltschazar ist nach dem Namen meines Gottes
und in dem heiliger Gottheit Geist ist,
und ich sprach den Traum vor ihm aus:|
⁶ »Beltschazar, Oberster der Magier,
von dem ich weiß, daß in dir heiliger Gottheit Geist ist
und alles Geheimnis müht dich nicht,
hier die Schau meines Traums, den ich schaute,
und sprich du seine Deutung aus.|
⁷ Die Schau meines Hauptes auf meinem Lager,
geschaut habe ich, geschaut:
da, ein Baum inmitten der Erde,
mächtig war seine Höhe.|
⁸ Der Baum ward groß, ward überstark,
seine Höhe reichte an den Himmel,
anzuschauen war er bis ans Ende alles Erdlands.|
⁹ Schön war sein Laub und mächtig seine Frucht,

und Nahrung für alle war dran.
Schatten fand unter ihm das Getier des Feldes,
in seinen Zweigen weilten die Vögel des Himmels,
und von ihm nährte sich alles Fleisch. |
¹⁰ Geschaut habe ich, geschaut in der Schau meines Hauptes
   auf meinem Lager:
da, ein Wachsamer und Heiliger stieg nieder vom Himmel, |
¹¹ er rief mit Kraft, und so sprach er:
›Haut den Baum um,
schneidet die Zweige ihm weg,
streifet das Laub ihm ab
und verstreut seine Frucht!
Das Getier fliehe von unter ihm,
die Vögel von seinen Zweigen! |
¹² Jedoch seinen Wurzelstock belaßt in der Erde,
und das in einer Fessel von Eisen und Erz
im Grün des Feldes!
Vom Tau des Himmels werde er benetzt
und mit dem Getier sei sein Teil am Gras der Erde! |
¹³ Vom Menschlichen weg werde sein Herz geändert
und das Herz eines Tieres werde ihm gegeben,
und sieben Zeiten sollen über ihn hinwandeln! |
¹⁴ Nach der Bestimmung der Wachsamen der Erlaß,
Spruch der Heiligen ist die Sache,
auf daß die Lebenden erkennen,
daß der Höchste überm menschlichen Königtum schaltet
und wem er will kann ers geben
und den niedrigsten der Menschen kann er drüber setzen.‹ |
¹⁵ Das ist der Traum, den ich, der König Nebukadnezar, schaute,
und du, Beltschazar, sprich seine Deutung,
alldieweil alle Weisen meines Königreichs mir die Deutung
   kundzutun nicht vermögen,
du aber bists fähig,
denn heiliger Gottheit Geist ist in dir.« |
¹⁶ Nun war Daniel, dessen Name Beltschazar ist, ein Stündlein
   erstarrt,
und seine Gedanken bestürzten ihn.
Der König hob an, er sprach:
»Beltschazar,

der Traum und die Deutung sollen dich nimmer bestürzen.«
Beltschazar hob an, er sprach:
»Mein Herr,
der Traum gelte deinen Hassern,
und seine Deutung deinen Feinden!|
17 Der Baum, den du schautest,
 der groß und überstark wurde und dessen Höhe den Himmel erreichte
 und seine Schau war über alles Erdland hin|
18 und schön war sein Laub und mächtig seine Frucht
 und Nahrung war dran für alle,
 unter ihm weilte das Getier des Feldes
 und in seinen Zweigen wohnten die Vögel des Himmels, –|
19 du bist es, König,
 der du groß und überstark wurdest
 und deine Größe ward übergroß und reichte an den Himmel
 und dein Schalten ans Ende des Erdlands.|
20 Und daß der König einen Wachsamen und Heiligen schaute, der vom Himmel niederstieg
 und sprach: ›Haut den Baum um und verderbt ihn,
 aber seinen Wurzelstock belaßt in der Erde, und das in einer Fessel von Eisen und Erz, im Grün des Feldes,
 vom Tau des Himmels werde er benetzt und mit dem Getier des Felds sei sein Teil,
 bis daß sieben Zeiten über ihn hingewandelt sind!‹|
21 Dies ist die Deutung, König,
 und Bestimmung vom Höchsten ists, die meinen Herrn, den König, erreicht:|
22 Man vertreibt dich aus der Menschheit,
 und bei den Tieren des Feldes ist dein Weilen,
 und Gras wie den Rindern gibt man dir zu kosten,
 und vom Tau des Himmels läßt benetzt man dich werden,
 und sieben Zeiten wandeln über dich hin,
 bis daß du erkennst,
 daß der Höchste überm menschlichen Königtum schaltet,
 und wem er will, gibt ers.|
23 Und daß man sprach, den Wurzelstock des Baumes solle man belassen:
 dein Königtum bleibt dir, erstehend, sobald du erkennst,

daß der Himmel schaltet. |
²⁴ Darum, König, lasse meinen Rat dir gefallen:
tilge deine Sünden durch Bewährung
und deine Verfehlungen durch Gunsterweis an den Gebeugten,
ob etwa dauern darf deine Zufriedenheit.« |
²⁵ ... All das ist dem König Nebukadnezar widerfahren. |
²⁶ Nach Verlauf von zwölf Monden,
als er sich in der Königshalle von Babel erging, |
²⁷ hob der König an und sprach:
»Ist nicht dieses das große Babel,
das ich mir zur Königsbehausung erbaute
in der Stärke meines Besitztums
und zur Ehrung meiner Herrlichkeit!« |
²⁸ Noch war im Mund des Königs das Wort,
vom Himmel her fiel eine Stimme ein:
»Dir, König Nebukadnezar, wirds zugesprochen:
gewichen ist von dir deine Königschaft, |
²⁹ aus der Menschheit vertreibt man dich,
bei den Tieren des Feldes ist dein Weilen,
Gras wie der Rinder bekommst du zu kosten,
und sieben Zeiten wandeln über dich hin,
bis daß du erkennst,
daß der Höchste überm menschlichen Königtum schaltet
und wem er will gibt ers.« |
³⁰ Zur selben Stunde
– eben war das Wort an Nebukadnezar zu Ende –
ward er aus der Menschheit vertrieben,
und Gras wie die Rinder mußte er fressen,
und sein Leib ward vom Tau des Himmels benetzt,
bis sein Haar gewachsen war wie Adlergefieder
und seine Nägel wie Vogelkrallen. |
³¹ ... Nach Verlauf der Tage aber erhob ich, Nebukadnezar,
    meine Augen zum Himmel,
und meine Erkenntnis kehrte mir wieder.
Ich segnete den Höchsten
und lobte den in Weltzeit Lebendigen:
die Herrlichkeit seines Schaltens ist ein Schalten in Weltzeit
und sein Königtum ist für Geschlecht um Geschlecht, |
³² alle, die auf Erden weilen, sind als nichts geachtet,

wie er will tut er an dem Heer des Himmels und den auf
  Erden Weilenden,
und keinen gibts, der die Hand ihm hemmte
und zu ihm spräche: »Was tust du!« |
³³ In derselben Zeit,
da meine Erkenntnis mir wiedergekehrt war,
kehrte zur Ehre meines Königtums meine Herrlichkeit und
  mein Glanz mir wieder,
meine Räte und meine Großen suchten mich auf,
in mein Königtum wurde ich wiedereingesetzt,
und übersteigende Größe wurde hinzugefügt. |
³⁴ Jetzt
lobe und erhöhe und verherrliche
ich, Nebukadnezar,
den König des Himmels,
dessen Waltungen alle Wahrheit sind
und dessen Wege Gerechtigkeit,
und die im Hochmut einhergehn, vermag er zu niedern. |

5,1 Der König Belschazar machte ein großes Mahl für seiner
      Großen tausend
   und den tausend gegenüber trank er Wein. |
2 Belschazar sprach im Genusse des Weins,
   bringen solle man die Gold- und Silbergefäße,
   die sein Vater Nebukadnezar aus der Halle in Jerusalem hatte
      hervorholen lassen,
   daß der König und seine Großen, seine Frauen und seine
      Kebsen draus trinken. |
3 Nun wurden die Goldgefäße gebracht, die aus der Halle des
      Gotteshauses in Jerusalem geholt worden waren,
   und der König und seine Großen, seine Frauen und seine
      Kebsen tranken daraus. |
4 Sie tranken Wein und lobten ihre Götter,
   die aus Gold, Silber, Erz, Eisen, Holz und Stein. |
5 Zur selben Stunde
   kamen die Finger einer Menschenhand hervor
   und schrieben dem Leuchter gegenüber
   auf den Kalk der Wand der Königshalle,
   und der König sah die Wölbung der Hand, die schrieb. |
6 Nun änderte sich die Antlitzfarbe des Königs,
   seine Gedanken bestürzten ihn,
   die Hüftgelenke lösten sich ihm,
   und seine Knie schlugen aneinander. |
7 Der König rief mit Kraft,
   man solle die Beschwörer, Chaldäer und Bestimmer herbei-
      führen.
   Der König hob an und sprach zu den Weisen Babels:
   »Allwelcher Mensch diese Schrift liest und ihre Deutung mir
      meldet,
   in Purpur gewande er sich
   mit der Goldkette um seinen Hals
   und als Dritter schalte er im Königreich!« |
8 Nun traten alle Weisen Babels heran,
   aber sie vermochten nicht die Schrift zu lesen und die Deutung
      dem König kundzutun. |
9 Nun war der König Belschazar mächtig bestürzt,
   seine Antlitzfarbe änderte sich,
   und seine Großen waren verwirrt. |

¹⁰ Den Worten des Königs und seiner Großen zufolge trat die
  Königin in das Haus des Trinkgelags.
Die Königin hob an und sprach:
»König, lebe auf Weltzeit!
Nimmer mögen dich deine Gedanken bestürzen,
deine Antlitzfarbe nimmer sich ändern!|
¹¹ Es gibt einen Mann in deinem Königreich,
in dem heiliger Gottheit Geist ist,
und in den Tagen deines Vaters fanden sich an ihm Erleuchtung, Einsicht und Weisheit wie die Weisheit von Göttern,
und der König Nebukadnezar, dein Vater, bestellte ihn zum
  Obersten der Magier, Beschwörer, Chaldäer, Bestimmer,
  dein Vater, König,|
¹² alldieweil ein überragender Geist und Erkenntnis und Einsicht, zu Traumdeutung, Vermelden von Rätseln und Lösen von Knoten sich an ihm fanden,
an Daniel, dem der König den Namen Belschazar verlieh.
Jetzt möge man Daniel rufen, und er wird die Deutung mel-
  den.«|
¹³ Nun wurde Daniel vor den König geführt.
Der König hob an und sprach zu Daniel:
»Du bist Daniel, von den aus Jehuda Verschleppten, die der
  König, mein Vater, aus Jehuda brachte, –|
¹⁴ ich habe von dir gehört,
daß ein Gottheitsgeist in dir ist
und Erleuchtung, Einsicht und überragende Weisheit an dir
  sich gefunden haben.|
¹⁵ Und jetzt sind die Weisen und Magier vor mich gebracht
  worden,
diese Schrift zu lesen und ihre Deutung mir kundzutun,
aber die Deutung der Sache kundzutun vermochten sie nicht.|
¹⁶ Ich aber habe von dir gehört, daß du Deutungen zu deuten und
  Knoten zu lösen vermagst.
Nun, wenn du die Schrift zu lesen und ihre Deutung mir
  kundzutun vermagst,
wirst du dich in Purpur gewanden
mit der Goldkette an deinem Hals,
und als Dritter wirst du im Königreich schalten.«|
¹⁷ Nun hob Daniel an und sprach vor dem König:

»Deine Gaben mögen dir bleiben,
deine Spende, anderen schenk sie!
Jedoch die Schrift will dem König ich lesen
und will ihm die Deutung kundtun. |
¹⁸ Du, König, –
der höchste Gott hat Königtum, Größe, Ehre und Herrlichkeit
 Nebukadnezar, deinem Vater, geschenkt, |
¹⁹ und der Größe, die er ihm geschenkt hatte, zufolge bebten
 und fürchteten sich vor ihm alle Völker, Stämme
 und Zungen.
Wen er wollte, tötete er,
und wen er wollte, ließ er am Leben,
wen er wollte, erhöhte er,
und wen er wollte, niederte er. |
²⁰ Als aber sein Herz sich erhob
und sein Geist erstarkte zum Übermut,
wurde er von seinem Königsthrone geschleudert,
und seine Ehre wurde von ihm genommen. |
²¹ Von den Menschensöhnen hinweg ward er getrieben,
und sein Herz ward gleich dem von Tieren,
bei den Wildeseln war sein Weilen,
Gras wie der Rinder bekam er zu kosten,
und vom Tau des Himmels ward er benetzt,
bis daß er erkannte,
daß der höchste Gott überm menschlichen Königtum schaltet,
und wen er will bestellt er darüber. |
²² Du aber, Belschazar, sein Sohn,
nicht geniedert hast du dein Herz,
wiewohl all dies dir kund war, |
²³ über den Herrn des Himmels hast du dich erhoben,
die Gefäße seines Hauses hat man vor dich gebracht,
und du und deine Großen, deine Frauen und deine Kebsen haben draus Wein getrunken.
Und die Götter von Silber und Gold, Erz, Eisen, Holz und
 Stein,
die nicht sehen und nicht hören und nicht erkennen, du hast
 sie gelobt,
den Gott aber,
in dessen Hand dein Odem ist

und sein sind all deine Wege,
ihn hast du nicht verherrlicht. |
²⁴ Da wurde von ihm her eine gewölbte Hand entsandt,
und aufgezeichnet ward diese Schrift. |
²⁵ Und dies ist die Schrift, die aufgezeichnet ward:
Mne mne tkel ufarsin. |
²⁶ Dies ist die Deutung des Wortes:
Mne –
gezählt hat Gott dein Königreich
und ist damit fertig geworden. |
²⁷ Tkel –
gewogen wardst du auf dem Schalenpaar
und wurdest zu leicht befunden. |
²⁸ Pres –
zerspalten wird dein Königreich
und wird den Medern und Persern geschenkt.« |
²⁹ Belschazar sprach,
daß man Daniel in Purpur gewande
mit der Goldkette um seinen Hals
und von ihm herolde,
er solle als Dritter im Königreich schalten. |
³⁰ In derselben Nacht wurde Belschazar, der chaldäische König,
getötet. |

⁶,¹ Darius, der Medier, erhielt das Königreich als Zweiundsechzigjähriger. |
² Es beliebte Darius, daß er hundertundzwanzig Satrapen einsetze, die überall im Königreich sein sollten, |
³ und über sie drei Verweser, deren einer Daniel war,
damit jene Satrapen ihnen Rechenschaft gäben
und dem König nicht Schaden geschähe. |
⁴ Nun tat sich Daniel unter den Verwesern und den Satrapen hervor,
alldieweil ein überragender Geist in ihm war,
und der König hatte im Sinn, ihn über all das Königreich zu bestellen. |
⁵ Da trachteten die Verweser und die Satrapen, einen Anstoß bei Daniel von seiten der Reichsgeschäfte zu finden,
aber sie vermochten nicht allirgend Anstoß oder Ungebühr zu finden,
alldieweil er getreu war und nicht fand sich an ihm allirgend Nachlässigkeit oder Ungebühr. |
⁶ Nun sprachen diese Männer:
»Wir werden bei diesem Daniel allirgend einen Anstoß nicht finden,
es sei denn, wir finden wider ihn einen Anstoß im Gesetz seines Gottes.« |
⁷ Nun eilten diese Verweser und Satrapen zum König,
und so sprachen sie zu ihm:
»König Darius, lebe auf Weltzeit! |
⁸ Beraten haben sich alle Verweser des Königreichs, Vorsteher und Satrapen, Oberbeamten und Viztume,
eine Königsverordnung möge verordnet werden,
ein Verbot in Kraft gesetzt
allwer binnen dreißig Tagen eine Bitte erbittet von allirgend einem Gott oder Menschen,
es sei denn, König, von dir,
werde in die Löwengrube geworfen. |
⁹ Jetzt, König,
ordne das Verbot an,
unterzeichne die Schrift,
unabänderlich nach dem Gesetze Mediens und Persiens,
das unaufhebbar ist!« |

¹⁰ Allderweil unterzeichnete der König Darius Schrift und Verbot. |
¹¹ Als es Daniel kund ward, daß die Schrift unterzeichnet war,
 ging er in sein Haus
 – er hatte aber in seinem Hochgemach Fenster nach Jerusalem
  hin offen –
 und zu drei Malen am Tag kniete er nieder, auf den Knien
  betete er und bekannte sich zu seinem Gott,
 alldieweil ers vordem so gehalten hatte. |
¹² Nun eilten jene Männer herbei und fanden Daniel,
 vor seinem Gott bittend und flehend. |
¹³ Da traten sie hinzu und sprachen vor den König wegen des
  Königsverbots:
 »Hast du nicht ein Verbot unterzeichnet:
 alljeder Mensch, der binnen dreißig Tagen von allirgend
  einem Gott oder Menschen etwas erbittet, es sei denn,
  König, von dir,
 werde in die Löwengrube geworfen –?«
 Der König hob an und sprach:
 »Fest ist das Wort
 nach dem Gesetze Mediens, das unaufhebbar ist.« |
¹⁴ Nun hoben sie an und sprachen vor dem König:
 »Daniel, von den Söhnen der Verschleptenschaft Jehudas,
 er hat dir, König, und dem Verbot ⟨, welches du unterzeichnet
  hast, ⟩ Beachtung nicht geschenkt
 und hat zu drei Malen am Tag seine Bitte erbeten.« |
¹⁵ Nun der König das Wort hörte, verdroß es ihn sehr,
 er richtete das Herz auf Daniel, ihn zu befreien,
 und bis zum Untergang der Sonne bemühte er sich,
  ihn zu retten. |
¹⁶ Nun eilten jene Männer zum König und sprachen zum König:
 »Kund seis dir, König,
 Fug ists den Medern und Persern,
 alljedes, Verbot und Verordnung, was der König verordnet,
 unabänderlich ists.« |
¹⁷ Da sprach der König,
 und man brachte Daniel und warf ihn in die Löwengrube.
 Der König hob an und sprach zu Daniel:
 »Dein Gott, dem du beständig dienst,

der möge dich retten!« |
¹⁸ Ein Stein wurde gebracht und auf die Öffnung der Grube gelegt,
und der König versiegelte ihn mit seinem Ring und mit dem Ring seiner Großen,
damit in Daniels Sache nichts geändert werde. |
¹⁹ Nun ging der König in seine Halle
und durchnachtete im Fasten,
Beischläferinnen durften nicht vor ihn treten,
und sein Schlummer floh ihn. |
²⁰ Dann stand der König im Morgengrauen auf, bei Tagesanbruch,
und eilends ging er zur Löwengrube. |
²¹ Als er der Grube nahte, rief er Daniel mit wehmütiger Stimme.
Der König hob an und sprach zu Daniel:
»Daniel, Diener des lebendigen Gottes!
hat dein Gott, dem du beständig dienst, dich vor den Löwen zu retten vermocht?« |
²² Nun redete Daniel zum König:
»König, lebe auf Weltzeit! |
²³ Mein Gott hat seinen Boten gesandt
und hat den Rachen der Löwen geschlossen,
sie haben mich nicht verletzt,
alldieweil ich vor Ihm war lauter befunden
und auch vor dir, König, nichts verletzt habe.« |
²⁴ Nun war der König seinethalb sehr guten Muts,
und sprach, man solle Daniel aus der Grube ziehen.
Daniel ward aus der Grube gezogen,
und allirgend eine Verletzung wurde an ihm nicht gefunden,
der auf seinen Gott vertraut hatte. |
²⁵ Der König sprach,
man solle jene Männer, die Daniel verleumdet hatten, bringen und in die Löwengrube werfen, sie, ihre Kinder und ihre Frauen.
Noch hatten sie den Boden der Grube nicht erreicht,
da bemächtigten sich ihrer die Löwen und zermalmten all ihre Knochen. |
²⁶ Nun schrieb der König Darius an alle Völker, Stämme und Zungen, die allenthalb auf der Erde weilen:

»Mehre sich euer Friede! |
²⁷ Von mir ist Befehl ausgegeben,
daß man in allem Weltbereich meines Königtums bebe und
    sich fürchte vor dem Gott Daniels.
Denn er ist ein lebendiger Gott und besteht in Weltzeit,
sein Königtum ist unverletzbar
und seine Macht ohne Ende. |
²⁸ Er errettet und befreit
und tut Zeichen und Wunder
im Himmel und auf Erden,
er, der Daniel rettete aus der Klaue der Löwen.« |
²⁹ Dieser Daniel hatte Gelingen im Königreich des Darius
und im Königreich Cyrus' des Persers. |

⁷,¹ Im ersten Jahr Belschazars, Königs von Babel,
schaute Daniel ein Traumbild,
Schaugesichte des Hauptes auf seinem Lager.
Nun schrieb er den Traum nieder.
Zuhaupten der Worte sprach er, |
² Daniel hob an und sprach:
Ich schaute, schaute des Nachts in meiner Schau:
Da, vier Winde des Himmels wühlten das große Meer auf, |
³ und vier große Tiere stiegen aus dem Meer,
die von den verschieden. |
⁴ Das vorderste war wie ein Löwe und hatte Adlerflügel, –
ich schaute, bis die Flügel ihm ausgerauft wurden,
es ward vom Erdboden abgerückt und auf Füße gestellt wie ein Mensch,
und ein Menschenherz ward ihm gegeben. |
⁵ Und da, ein anderes Tier, ein zweites, es glich einem Bären,
das war nach einer Seite hin hochgestellt
und drei Rippen hatte es im Maul zwischen seinen Zähnen,
und so sprach man zu ihm:
»Steh auf, friß mächtig Fleisch!« |
⁶ Nach diesem schaute ich:
da, ein anderes, wie ein Pardel,
das hatte vier Vogelflügel auf seinem Rücken,
und vier Häupter hatte das Tier,
und die Gewalt war ihm gegeben. |
⁷ Nach diesem schaute ich in der Nachtschau,
da, ein viertes Tier, furchtbar, angsterregend und überstark,
es hatte große Zähne von Eisen,
es fraß und malmte und den Rest zerstampfte es mit seinen Füßen,
und verschieden war das von allen Tieren vor ihm,
und es hatte zehn Hörner. |
⁸ Ich betrachtete die Hörner,
und da stieg zwischen ihnen ein andres, kleines Horn auf,
und drei von den vorderen Hörnern wurden vor ihm entwurzelt,
und da waren an diesem Horn Augen wie Menschenaugen,
und ein Maul, das redete groß. |
⁹ Ich schaute,

bis Throne errichtet wurden
und nieder ließ sich ein Hochbetagter,
sein Gewand war weiß wie Schnee
und das Haar seines Hauptes blank wie Wolle,
sein Thron Feuerflammen,
dessen Räder flackerndes Feuer, |
¹⁰ ein Feuerstrom flutete und trieb vor ihm her,
tausend Tausende dienten ihm,
Myriaden von Myriaden standen vor ihm.
Das Gericht ließ sich nieder,
die Bücher wurden aufgetan. |
¹¹ Ich schaute, schaute,
nun,
dem Schall der großrednerischen Worte zufolge, die das
  Horn redete,
ich schaute, schaute,
bis das Tier getötet war, sein Leib vernichtet und der lohenden
  Glut übergeben, |
¹² den übrigen Tieren aber wurde ihre Gewalt genommen
und ein Dauern ihnen auf Zeit und Stunde gegeben. |
¹³ Ich schaute, schaute in der Nachtschau,
da,
mit den Wolken des Himmels kam einer wie ein Menschen-
er gelangte bis zum Hochbetagten   [sohn,
und wurde vor ihn gebracht. |
¹⁴ Ihm ward Gewalt und Ehre gegeben und Königschaft,
alle Völker, Stämme und Zungen dienten ihm:
seine Gewalt ist in Weltzeit, Gewalt, die nie vergeht,
und seine Königschaft nie zu zerstören. –|
¹⁵ Mir, Daniel, ward mein Geist in seiner Schau zu Leide,
und die Schau meines Hauptes bestürzte mich. |
¹⁶ Ich näherte mich einem der Dastehenden,
und Zuverlässiges erbat ich von ihm um all dieses.
Er sprach zu mir und tat mir die Deutung der Geschehnisse
  kund: |
¹⁷ »Diese großen Tiere, derer vier sind:
vier Könige werden aus der Erde erstehn, |
¹⁸ aber empfangen werden das Königreich die Heiligen des
Höchsten

und sie werden das Königreich halten
in Weltzeit und in der Weltzeiten Zeit.«|
¹⁹ Da begehrte Zuverlässiges ich um das vierte Tier, das von
   allen verschieden war
   – übermäßig schrecklich mit seinen Zähnen von Eisen und
   seinen Klauen von Erz,
   das fraß und malmte und den Rest zerstampfte es mit seinen
   Füßen –, |
²⁰ und um die zehn Hörner, die auf seinem Haupt waren,
   und das andre, das aufstieg, und vor dem dreie fielen
   – jenes Horn, das Augen hatte und ein Maul, das redete groß,
   es aber war nun größer anzuschauen als seine Genossen –. |
²¹ Ich schaute:
   jenes Horn führte Krieg mit den Heiligen und übermochte sie, |
²² bis der Hochbetagte kam und das Recht gegeben ward
       den Heiligen des Höchsten
   und die Zeit brach an
   und die Heiligen erhielten das Königreich. |
²³ So sprach er:
   »Das vierte Tier:
   ein viertes Königreich wird auf Erden sein,
   das ist von allen Königreichen verschieden,
   es wird all die Erde fressen, sie zerdreschen und zermalmen. |
²⁴ Und die zehn Hörner:
   aus diesem Königreich werden zehn Könige erstehn,
   und nach ihnen wird noch einer erstehn,
   der wird von den vorherigen verschieden sein,
   und drei Könige wird er erniedern, |
²⁵ er wird Worte wider den Höchsten reden
   und wird die Heiligen des Höchsten mißhandeln,
   da er trachtet Gezeiten zu ändern und Gesetz,
   und die werden in seine Hand gegeben
   bis auf ein Alter und ein Doppelalter und ein halbes Alter. |
²⁶ Aber das Gericht läßt sich nieder,
   und die Gewalt wird hinweggenommen,
   daß sie zerstört und getilgt sei, endgültig. |
²⁷ Und das Königreich und die Gewalt und die Größe der
       Reiche unter dem Himmel allsamt,
   gegeben wirds dem Volk der Heiligen des Höchsten,

sein Königtum ist Königtum auf Weltzeit,
und alle Gewalten werden es verehren und ihm gehorchen.« |
²⁸ Bis hierher das Ende der Rede.
Mich, Daniel, bestürzten meine Gedanken sehr,
meine Farbe änderte sich an mir,
und das Geredete bewahrte ich in meinem Herzen. |

⁸,¹ Im dritten Jahr der Königschaft des Königs Belschazar
gab mir, Daniel, eine Schau sich zu sehn,
nach jener, die anfangs sich zu sehn mir gegeben hatte. |
² Ich sah in der Schau,
ich war in meinem Gesicht in der Pfalz Schuschan, die in der
   Landschaft Elam ist,
und ich sah in der Schau, daß ich am Flusse Ulaj bin. |
³ Ich erhob meine Augen und sah:
da, ein Widder steht vor dem Fluß, der hat Hörner,
und die Hörner sind hoch, und das eine höher als das zweite,
aber das höhere steigt zuletzt auf. |
⁴ Ich sah den Widder nach Westen, nach Norden und nach
   Süden stoßen,
und alle Tiere hielten ihm nicht stand,
und keiner war, der aus seiner Macht retten konnte,
er tat nach seiner Willkür und wurde groß. |
⁵ Ich merkte auf,
da, ein Ziegenbock kam vom Abend her, über die Fläche alles
   Erdreichs,
und keinmal rührte er an die Erde,
der Bock aber hatte ein Schauhorn zwischen seinen Augen. |
⁶ Er kam bis zum Widder, dem zwiegehörnten, den vorm Fluß
   ich stehen sah,
und im Wüten seiner Kraft rannte er auf ihn zu. |
⁷ Ich sah ihn an den Widder gelangen,
er erbitterte wider ihn, stieß den Widder und zerbrach seine
   beiden Hörner,
nicht war in dem Widder Kraft, ihm standzuhalten,
er warf ihn zur Erde und zertrat ihn,
niemand war, der den Widder hätte aus seiner Hand retten
   können. |

⁸ Und der Ziegenbock wurde gar groß,
   und wie er massig ward, brach das große Horn ab,
   und vier erwuchsen zur Schau an seines Statt
   nach den vier Winden des Himmels. |
⁹ Und aus einem von ihnen ging ein Horn hervor, winzig,
   aber es wuchs übermäßig nach dem Süden und nach dem
      Aufgang und nach dem Ziergebiet. |
¹⁰ Er ward groß bis ans Heer des Himmels,
   und es schleuderte vom Heer und von den Sternen zur Erde
      und zertrats. |
¹¹ Und bis zum Heerfürsten wards groß,
   und es hob das Stetigkeitsopfer von ihm hinweg,
   und zerworfen war der Grund des Heiligtums, |
¹² und aufgeboten ward ein Heer wider das Stetigkeitsopfer
      in Abtrünnigkeit.
   Es warf die Wahrheit zur Erde,
   und was es tat, es hatte Gelingen. |
¹³ Und ich hörte einen Heiligen reden
   – es hatte nämlich ein Heiliger zu selbigem, dem Redenden,
      gesprochen:
   »Bis wann gilt die Schau vom Stetigkeitsopfer und verstar-
      render Abtrünnigkeit, Aufgebot und Heiligkeit und Heer
      der Zertretung?« – |
¹⁴ und er sprach [zu mir]:
   »Bis zweitausendunddreihundert Abend-Morgen,
   dann wird der Heiligkeit ihr Recht.« |
¹⁵ Es geschah,
   als ich, Daniel, die Schau sah und nach Verständnis suchte,
   da steht mir gegenüber wie die Sicht eines Mannes, |
¹⁶ und ich hörte eine Menschenstimme überm Ulaj,
   die rief und sprach:
   »Gabriel,
   mache den dort das Gesicht verstehn!« |
¹⁷ Er kam an meinen Standort,
   und als er kam, erschrak ich und fiel auf mein Antlitz.
   Er aber sprach zu mir:
   »Verstehe, Menschensohn,
   daß das Gesicht der Endzeit gilt.« |
¹⁸ Als er mit mir redete,

war ich betäubt, mein Antlitz zur Erde.
Er aber rührte mich an und stellte mich auf meinen Standort, |
¹⁹ und er sprach:
»Da, ich tue dir kund,
was geschehn wird in der Späte des Grolls,
denn auf die Frist des Endes zu ists.
²⁰ Der Widder, den du sahst, der Zwiegehörnte,
die Könige von Medien und Persien sinds, |
²¹ und der Ziegenbock,
die Königschaft des Griechentums ists,
und das große Horn, welches zwischen seinen Augen war,
das ist der erste König, |
²² und sein Abbrechen, und daß vier an seiner Statt erstanden:
vier Königreiche werden aus einem Stamm erstehen,
aber nicht in seiner Kraft. |
²³ Und in der Späte ihres Königtums,
wann die Abtrünnigen das Maß erfüllt haben,
wird ein König erstehn, frechen Antlitzes und rätselreden-
  verständig, |
²⁴ mächtig ist seine Kraft, aber aus seiner Kraft nicht,
zum Erstaunen verderbt er und in seinem Tun hat er
  Gelingen,
die Starken und das Volk der Heiligen verderbt er, |
²⁵ und seiner Klugheit gemäß hat er Gelingen, da der Trug
  in seiner Hand ist.
Und in seinem Herzen dünkt er sich groß,
und viele verderbt er in der Sorglosigkeit.
Und er steht auf wider den Fürsten der Fürsten,
aber ohne eine Handregung wird er zerbrochen. |
²⁶ Und das Gesicht von Abend und von Morgen –
was gesprochen ward, Wahrheit ists.
Und du verschließe das Geschaute,
denn es gilt auf viele Tage hin.« |
²⁷ An mir, Daniel, geschahs.
ich war tagelang krank,
dann erhob ich mich und tat das Werk für den König,
aber erstarrt war ich über das Gesicht,
da keiner war, der verstünde. |

⁹,¹ Im ersten Jahr Darius', Sohns des Achaschwerosch, aus medischem Samen,
der über das Königreich der Chaldäer war König worden, |
² im ersten Jahr seiner Königschaft merkte ich, Daniel, in den Büchern auf die Zahl der Jahre,
von denen SEINE Rede geschehen war an Jirmeja den Künder:
daß über den Ödnissen Jerusalems sich siebzig Jahre erfüllen sollten. |
³ Ich richtete mein Antlitz zu meinem Herrn, Gott,
um in Fasten, Sack und Asche Gebet und Gunsterflehung zu suchen. |
⁴ Ich betete zu IHM, meinem Gott, ich bekannte und sprach:
»Ach doch, mein Herr,
großer und furchtbarer Gott,
wahrend den Bund und die Huld denen, die ihn lieben und seine Gebote wahren! |
⁵ Wir haben gesündigt,
wir haben uns verfehlt,
wir haben gefrevelt,
wir haben uns empört,
sind abgewichen von deinen Geboten und von deinen Rechtsgeheißen, |
⁶ nicht gehört haben wir auf deine Knechte, die Künder,
die redeten mit deinem Namen zu unsern Königen, unsern Obern und unsern Vätern und zu allem Landvolk, |
⁷ Dein, mein Herr, ist die Bewahrheitung
und unser ist des Antlitzes Scham
an diesem Tag,
der Mannschaft von Jehuda, der Insassen Jerusalems, und Jifsraels allsamt, der Nahen und der Fernen,
in all den Ländern, dahin du sie verstießest für die Treulosigkeit, darin sie dir untreu geworden waren. |
⁸ Mein Herr,
unser ist des Antlitzes Scham, unsrer Könige, unsrer Obern und unsrer Väter,
die wir gesündigt haben an dir. |
⁹ Meines Herrn, unsres Gottes sind das Erbarmen und das Verzeihn,

denn wider ihn haben wir uns empört. –|
¹⁰ Nicht gehört haben wir auf SEINE, unsres Gottes, Stimme,
in seinen Weisungen zu gehn, die er uns durch die Hand seiner
   Knechte, der Künder, gab.|
¹¹ Jifsrael allsamt, übertreten haben sie deine Weisung, sind
   abgewichen,
deine Stimme ungehört zu lassen,
so ergoß sich über uns der Droheid und der Schwur,
der in der Weisung Mosches, des Knechts Gottes, geschrieben
   ist. –
Denn gesündigt haben wir an ihm,|
¹² und bestätigt hat er seine Reden, die er über uns und über
   unsre Richter, die uns richteten, geredet hatte,
über uns großes Bösgeschick kommen zu lassen,
das nie unter allem Himmel geschah, wie es nun geschah
   an Jerusalem.|
¹³ Wie es in der Weisung Mosches geschrieben ist,
all dieses Bösgeschick ist über uns gekommen.
Wir aber sänftigten nicht SEIN, unsres Gottes, Antlitz,
»umkehrend von unsern Verfehlungen und deine Treue
   ergreifend«.|
¹⁴ So wachte ER über dem Bösgeschick und ließ es über uns
   kommen,
denn bewahrheitet ist ER, unser Gott, in all seinen Werken,
   die er wirkt,
wir aber haben auf seine Stimme nicht gehört. –|
¹⁵ Jetzt aber, mein Herr, unser Gott,
der du mit starker Hand dein Volk aus dem Land Ägypten
   geführt hast
und hast dir einen Namen gemacht wie an diesem Tag,
wir haben gesündigt,
wir haben gefrevelt, –|
¹⁶ mein Herr,
all deinen Bewährungen gemäß kehre sich doch dein Zorn
   und deine Glut ab
von deiner Stadt Jerusalem, dem Berg deiner Heiligung,
denn durch unsre Sünden und durch die Verfehlungen unsrer
   Väter sind Jerusalem und dein Volk zum Spott worden für
   alles rings um uns her.|

¹⁷ Jetzt aber höre, unser Gott, auf das Gebet deines Knechts
und auf sein Gunsterflehn
und lasse dein Antlitz leuchten über dein Heiligtum,
das verstarrt ist, um meines Herrn willen, |
¹⁸ neige, mein Gott, dein Ohr und höre,
öffne deine Augen und sieh unsre Starrnisse an,
die Stadt, über der dein Name gerufen ist!
Denn nicht auf unsere Bewährungen hin lassen wir unser
   Flehn vor dich fallen,
sondern auf dein großes Erbarmen hin. |
¹⁹ Mein Herr, erhöre!
Mein Herr, verzeih!
Mein Herr, vernimm und tu!
Säume nicht,
um deinetwillen, mein Gott,
denn dein Name ist über deiner Stadt und über deinem Volke
   gerufen!« |
²⁰ Noch rede ich, bete und bekenne meine Sünde und die Sünde
   meines Volks Jiſsrael
und lasse mein Flehn für den Heiligtumsberg meines Gottes
   vor SEIN, meines Gottes, Antlitz fallen, |
²¹ noch rede ich im Gebet,
da, flugs, der Mann Gabriel, den ich in Anbeginn sah in der
   Schau, fliegt herzu
und rührt mich an
um die Zeit der Abendspende. |
²² Er merkte auf, redete mit mir und sprach:
»Daniel,
jetzt bin ich ausgefahren,
dich das Merken ergreifen zu lassen. |
²³ Im Anbeginn deines Flehns fuhr die Rede aus,
und ich bin gekommen, zu melden,
denn du bist im Wohlgefallen.
So merke auf die Rede und vermerk das Gesicht! |
²⁴ Siebzig Jahrwochen sind entschieden
über dein Volk und über deine Heiligtumsstadt,
die Abtrünnigkeit zu erschöpfen,
die Versündigung zu vollenden,
den Fehl zu decken,

Weltzeitwahrheit herankommen zu lassen,
Schau und Künder zu besiegeln
und ein Heiligtum der Heiligtume zu salben. |
²⁵ So wisse und begreife:
Von der Ausfahrt der Rede,
in Wiederkehr Jerusalem zu erbauen,
bis zu einem Gesalbten Herzog,
sieben Wochen sinds,
und zweiundsechzig Wochen, so wirds in Wiederkehr erbaut,
Platz und Graben,
in der Drangsal der Zeiten. |
²⁶ Aber nach den zweiundsechzig Wochen wird ein Gesalbter gerodet,
und ihm bleibt keiner nach,
und die Stadt und das Heiligtum verderbt das Volk eines kommenden Herzogs,
aber sein Ende ist in einer Überflutung,
und bis zum Ende Krieg, beschlossen ists, Starrnisse, |
²⁷ und überlegen ist er den vielen im Bund, eine Woche,
und um die Hälfte der Woche verabschiedet er Schlachtopfer und Hinleitspende, –
so, auf dem Flügel von Greuelwesen, verstarrend,
so, bis es erschöpft ist und das Beschloßne sich auf den Verstarrer ergießt.« |

10,1 Im dritten Jahre Cyrus', Königs von Persien, wurde dem
Daniel, dessen Name Beltschazar gerufen wird, Rede
offenbart.
Getreu ist die Rede und großes Scharwerk.
Er merkte auf die Rede, und das Ermerkte ward ihm in einem
Gesicht. |
2 ... In jenen Tagen trauerte ich, Daniel, drei tagevolle Wochen, |
3 schmackhaft Brot aß ich nicht, Fleisch und Wein kam mir
nicht in den Mund, Ölbestrich strich ich nicht,
drei tagevolle Wochen. |
4 Am vierundzwanzigsten Tag nach der ersten Mondneuung
nun,
als ich am Ufer des großen Stroms [das ist der Chiddekel] war, |
5 erhob ich meine Augen und sah:
da, ein Mann, in Linnen gewandet,
seine Lenden mit Gold und Feinerz gegürtet, |
6 sein Leib war wie Chalzedon,
sein Antlitz wie der Blitz anzusehn,
seine Augen wie Feuerfackeln,
seine Arme und seine Beine wie das Blinken geglätteten
Kupfers,
und der Schall seines Redens wie der Schall eines Getümmels. |
7 Ich sah, ich, Daniel, allein das Gesicht,
nicht sahn das Gesicht die Männer, die bei mir waren,
aber eine große Angst befiel sie, und sie flohn, sich zu ver-
stecken. |
8 Ich, allein verblieb ich und sah diese große Sicht.
Aber nicht blieb in mir Kraft,
meine Würde wandelte sich an mir zum Verderben,
und nicht konnte Kraft ich hegen. |
9 Ich hörte den Schall seines Redens,
und wie ich den Schall seines Redens hörte,
lag ich betäubt auf meinem Antlitz, mein Antlitz zur Erde. |
10 Und da, eine Hand rührte mich an
und bewegte mich, auf meine Knie und meine Handflächen. |
11 Er sprach zu mir:
»Daniel, Mann des Wohlgefallens,
merke auf die Rede, die ich zu dir rede,
steh auf deinem Standort,

denn jetzt bin ich zu dir gesandt worden.«
Als er diese Rede zu mir redete,
stand ich auf, zitternd. |
12 Er aber sprach zu mir:
»Fürchte dich nimmer, Daniel!
Denn vom ersten Tag an,
als du drangabst dein Herz,
aufzumerken und dich vor deinem Gotte zu beugen,
sind deine Reden angehört worden,
und auf deine Reden hin bin ich gekommen. |
13 Aber der Fürst des Königtums Persien stand mir
   einundzwanzig Tage entgegen.
Da kam Michael, einer der ersten Fürsten, mir zu helfen,
und ich war dort zuseiten der Könige von Persien erübrigt. |
14 So bin ich gekommen, dich merken zu lassen,
was sich ereignen wird an deinem Volk in der Späte der Tage, –
denn noch ists eine Schau auf die Tage hinaus.« |
15 Als er solche Reden zu mir redete,
ergab ich mein Antlitz zur Erde und war verstummt. |
16 Und da, Menschensöhnen gleich an Gestalt, berührte er
   meine Lippen.
Ich öffne meinen Mund, und ich rede,
ich spreche zu ihm, der vor mir steht:
»Mein Herr,
bei dem Gesicht wandelten Krämpfe mich an,
und nicht konnte die Kraft ich hegen. |
17 Wie doch vermöchte dieser Knecht meines Herrn mit diesem
   meinem Herrn zu reden,
besteht ja jetzt nicht Kraft mehr in mir und ein Hauch ist mir
   nicht geblieben!« |
18 Und erneut rührte mich an, der wie ein Mensch anzusehn war,
und er stärkte mich. |
19 Er sprach:
»Fürchte dich nimmer, Mann des Wohlgefallens,
Friede mit dir!
sei stark, sei stark!«
Als er mit mir redete, erstarkte ich und ich sprach:
»Mein Herr rede, denn du hast mich gestärkt.« |
20 Er sprach:

»Weißt du nun, warum ich zu dir gekommen bin?
Und jetzt kehre ich zurück, mit dem Fürsten von Persien zu
   kämpfen, –
und ziehe draus ich hervor, da kommt der Fürst des
   Griechentums an. |
²¹ Aber vermelden will ich dir, was verzeichnet ist in einer
   getreuen Schrift
[drum daß kein einziger stark zu mir hält wider diese, es sei
   denn Michael, euer Fürst, |
¹¹,¹ wie ich im ersten Jahr Darius' des Mediers ihm beistand zu
   Festigung und Wehr], |
² jetzt will ich dir Getreues melden:
Da, noch drei Könige erstehen für Persien,
und der vierte wird reich, größern Reichtum hat er als alle,
und in seiner Stärke, in seinem Reichtum erweckt er alles
   gegen das Königreich der Griechen. |
³ Aber ein heldischer König ersteht
und waltet in vielfältiger Gewalt,
und nach seiner Willkür tut er. |
⁴ Doch wie er dasteht, zerbricht sein Königreich,
es spaltet sich nach den vier Winden des Himmels,
aber nichts davon ist für die Nachfahren jenes,
und nichts gleicht mehr seiner Gewalt, mit der er gewaltet hat,
denn sein Königtum wird gereutet,
andrer ists, außerhalb dieser. |
⁵ Es erstarkt der König des Südens,
doch von seinen Fürsten wird einer ihm überstark
und waltet in vielfältigerer Gewalt als seine Gewalt. |
⁶ Und am Ende der Jahre verbinden sie sich,
und die Tochter des Königs des Südens kommt zum König
   des Nordens, Ausgleich zu schaffen,
aber nicht hegt sie die Kraft des Arms, und nicht besteht er
   und sein Arm,
hingegeben wird sie, sie und die sie kommen ließen und ihr
   Erzeuger und ihr Stärker.
⁷ Zu den Zeiten, | da ersteht aus dem Schößling ihrer Wurzeln
   einer an seiner Stelle
und kommt zur Heeresmacht und kommt in die Wehr des
   Königs des Nordens und tut daran und erstarkt. |

⁸ Und auch ihre Götter mit ihren Gußbildern, mit ihren
  gefälligen Geräten von Silber und Gold,
  mitkommen läßt ers nach Ägypten als Beute.
  Und jahrelang steht er vom König des Nordens ab, |
⁹ der aber kommt ins Königreich des Königs des Südens und
  kehrt zu seinem Boden wieder. |
¹⁰ Seine Söhne rüsten sich und sammeln ein vielfältiges
  Heergetümmel,
  und das kommt, kommt und flutet und überschwemmt und
  kehrt um,
  und wieder rüsten sie, – drauf los bis zu seiner Festungswehr. |
¹¹ Nun erbittert der König des Südens und zieht aus und kämpft
  mit ihm, mit dem König des Nordens,
  der stellt ein großes Getümmel auf, aber das Getümmel wird
  in seine Hand gegeben. |
¹² Hinweg kommt das Getümmel,
  sein Herz erhebt sich, er fällt Myriaden, aber er bleibt nicht fest. |
¹³ Erneut stellt der König des Nordens ein Getümmel auf, vielfältiger als das erste,
  und am Ende der Zeiten, nach Jahren, kommt er, kommt mit
  großem Heer und vielfältigem Troß. |
¹⁴ In jenen Zeiten stehen viele auf wider den König des Südens,
  Wütrichssöhne deines Volks unternehmens, eine Schau er-
  stehen zu lassen, aber sie straucheln. |
¹⁵ Der König des Nordens kommt, er schüttet einen Wall auf,
  er erobert die Steilburgenstadt,
  die Arme des Südens halten nicht stand,
  das Volk seiner Erlesnen, standzuhalten hats keine Kraft. |
¹⁶ Der gegen ihn Gekommne tut nach seiner Willkür, keines
  besteht vor ihm,
  im Zierland bleibt er stehn, und Vernichtung ist in seiner
  Hand. |
¹⁷ Er richtet sein Antlitz darauf, in die Verfügung über all sein
  Königreich zu kommen.
  Und muß es ein Ausgleich mit ihm sein, er tuts und gibt ihm
  die Tochter zur Frau, um jenes zu verderben,
  aber es besteht nicht und bleibt ihm nicht zu eigen. |
¹⁸ ⟨Da wendet er sein Antlitz zu den Inseln und nimmt viele ein,
  aber ein Feldherr setzt ein Ende seiner Schmähung:

seine Schmähung zahlt er ihm heim.⟩ |
¹⁹ So wendet er sein Antlitz zu den Festungen seines Landes,
   aber er strauchelt und fällt und ist nicht mehr zu finden. |
²⁰ An seinem Platz ersteht einer, der schickt einen Eintreiber
      übers Frachtgebiet des Königreichs,
   aber in einigen Tagen wird er niedergebrochen, nicht im
      Zorn und nicht im Kampf. |
²¹ An seiner Stelle ersteht ein Verächtlicher, ihm hat man die
      Würde des Königtums nicht übergeben,
   er kommt in die Sorglosigkeit und bemächtigt sich des
      Königreichs durch Glattigkeiten, |
²² die Streitarme der Flutung werden hinweggeflutet vor ihm
      und niedergebrochen,
   und auch der Herzog des Bundes, |
²³ seit der Verbindung mit ihm tut er Trug,
   er steigt heran und ist mit wenigem Volke mächtig. |
²⁴ In die Sorglosigkeit kommt er, in die Fettgegenden eines
      Gaus,
   und tut, was seine Väter und die Väter seiner Väter nicht taten,
   Raub und Plündrung, und streut die Beute unter die Seinen
      aus.
   Wider die Steilburgen plant er seine Pläne und auf die Zeit. |
²⁵ Er erregt seine Kraft und sein Herz wider den König
      des Südens, mit einem großen Heer,
   und der König des Südens rüstet zum Kampf mit einem
      großen und massigen Heer,
   aber er hält nicht stand, denn man plant wider ihn Planungen, |
²⁶ die seine Tafelkost aßen brechen ihn nieder,
   sein Heer entflutet und viele fallen erstochen. |
²⁷ Die beiden Könige, ihr Herz sinnt auf das Böswerk,
   an Einem Tische, Lüge ists, was sie da reden,
   aber es gelingt nicht,
   denn noch ist ein Ende auf die Frist. |
²⁸ Da er mit großer Beute in sein Land wiederkehrt,
   ist sein Herz wider den Bund der Heiligung,
   er tut und kehrt in sein Land wieder. |
²⁹ Wieder kommt er in den Süden,
   aber nicht geschiehts wie zum ersten zum nachherigen Mal: |
³⁰ kittäische Schiffe kommen gegen ihn, und er verzagt.

Und wieder grollt er dem Bund der Heiligung, und er tut,
er kehrt um und merkt auf jene, die den Bund der Heiligung verlassen, |
³¹ und Streitarme erstehen von ihm und entweihen das Heiligtum, die Burg,
und beseitigen das Stetigkeitsopfer und geben den verstarrenden Greuel heran, |
³² und die am Bund freveln, verleitet mit Glattworten er.
Aber das Volk, sie die dessen Gott kennen, bleiben fest und tun danach, |
³³ und die Begreifenden im Volk machen aufmerken die Vielen,
wohl straucheln sie, Tage hin, durch Schwert, durch Flamme, durch Gefangenschaft, durch Ausplünderung, |
³⁴ aber da sie straucheln, wird ihnen geholfen, ein weniges an Hilfe,
und schon hängen sich viele an sie mit Glattigkeiten. |
³⁵ Die von den Begreifenden straucheln, das geschieht, um unter ihnen zu läutern und zu lesen und zu reinigen bis zur Zeit des Endes,
denn noch ists auf die Frist. |
³⁶ Und der König tut nach seiner Willkür,
er überhebt und macht groß sich wider alle Gottheit,
und wider den Gott der Götter redet er Wunderliches,
und Gelingen hat er, bis der Groll erschöpft ist,
denn das Beschloßne wird getan. |
³⁷ Auf die Götter seiner Väter merkt er nicht,
weder auf den, der das Wohlgefallen der Weiber ist, noch auf allirgend eine Gottheit merkt er,
denn wider alle macht er sich groß, |
³⁸ aber der Festungen Gott, den ehrt er an seiner Statt,
einen Gott, den seine Väter nicht kannten, ehrt er, mit Gold und mit Silber und mit Edelgestein und mit Wohlgefälligem, |
³⁹ und gegen die festen Steilburgen tut er sich mit dem Fremdgott auf.
Wer ihm beipflichtet, dem mehrt er die Ehrung,
macht über viele sie walten und teilt Boden aus zu Lehen. |
⁴⁰ Und zur Zeit des Endes stößt mit ihm der König des Südens zusammen,
der König des Nordens stürmt mit Fahrzeug, mit Reisigen

und mit vielen Schiffen wider ihn an
und kommt in die Länder, flutet und überschwemmt. |
⁴¹ Er kommt in das Zierland, und Myriaden straucheln.
Aber diese entschlüpfen seiner Hand: Edom, Moab und der Anfang der Söhne Ammons. |
⁴² Er schickt seine Hand aus nach den Ländern,
und nicht wird dem Land Ägypten ein Entrinnen, |
⁴³ er waltet der Schätze an Gold und an Silber und alles Wohlgefallens Ägyptens,
und die Libyer und die Äthiopier sind in seinem Gefolge. |
⁴⁴ Aber ihn schreckt ein Hörensagen, vom Osten und vom Norden her auf,
er zieht in großem Ingrimm aus, viele zu tilgen und zu bannen. |
⁴⁵ Die Zelte seines Palasts pflanzt er auf zwischen dem Meer und dem Berg der Heiligtumszier.
Und da kommt er zu seinem Ende,
und keiner ist, der ihm hülfe. |
¹²,¹ Zu jener Zeit ersteht Michael, der große Fürst,
der den Söhnen deines Volkes beisteht.
Das wird eine Zeit der Drangsal,
wie sie nicht gewesen ist seit ein Stamm ist bis zu jener Zeit,
aber zu jener Zeit wird dein Volk entrinnen,
alljeder, der sich aufgeschrieben findet im Buch. |
² Und viele, die am Boden des Staubes schlafen, erwachen,
diese zu Leben in Weltdauer und diese zu Schmach und zu Schauder in Weltdauer. |
³ Die Begreifenden aber strahlen, wie das Strahlen des Gewölbs,
und die viele zur Bewährung brachten, wie die Sterne in Weltdauer und Ewigkeit. |
⁴ Du aber, Daniel, birg die Reden und versiegle das Buch
bis auf die Zeit des Endes!
Viele verstricken sich,
doch es mehrt sich die Erkenntnis.« |
⁵ Und ich sah, ich, Daniel,
da, zwei andere standen, einer hüben am Ufer des Flusses und einer hüben am Ufer des Flusses. |
⁶ Der sprach zu dem in Linnen gewandeten Mann, der oberhalb der Wasser des Flusses war:

»Bis wann das Ende der wundersamen Dinge?« |
⁷ Und ich hörte den in Linnen gewandeten Mann, den oberhalb der Wasser des Flusses,
er erhob seine Rechte und seine Linke und schwur bei dem in die Dauer Lebendigen:
»Ja, auf eine Frist und eine Doppelfrist und eine halbe:
wann er sich erschöpft hat, die Hand des Heiligungsvolkes zu zerschmettern,
erschöpft sich all dieses.« |
⁸ Und ich, ich hörte, und ich ermerkte es nicht, so sprach ich:
»Mein Herr, was ist das Letzte von diesem?« |
⁹ Er sprach:
»Geh, Daniel!
Denn verborgen und versiegelt ist das Geredete bis an die Zeit des Endes. |
¹⁰ Viele werden gelesen und gereinigt und geläutert,
und die Frevler freveln, und alle Frevler ermerkens nicht,
doch die Begreifenden ermerken. |
¹¹ Von der Zeit aber, da beseitigt wird das Stetigkeitsopfer
und herangegeben wird der Verstarrer-Greuel,
tausendzweihundertundneunzig Tage sinds. |
¹² O Glück dessen, der wartet und tausenddreihundertfünfunddreißig Tage erreicht! |
¹³ Du aber,
geh auf das Ende zu!
Dann ruhst du,
und du erstehst zu deinem Los am Ende der Tage.« |

DAS BUCH
ESRA

ESRA

1,1 Aber im ersten Jahre Cyrus', des Königs von Persien,
als SEINE Rede aus dem Munde Jirmejas vollendet war,
erweckte ER den Geist Cyrus', des Königs von Persien,
und der ließ Ruf ergehn in all seinem Königreich,
und auch in einem Schreiben,
sprechend: |
2 »So hat Cyrus, der König von Persien, gesprochen:
›Alle Königtümer der Erde hat mir ER, der Gott des Himmels, gegeben, und er hat über mich verordnet, ihm ein Haus in Jerusalem, das in Jehuda ist, zu bauen. |
3 Wer unter euch von all seinem Volk ist,
sein Gott sei bei ihm,
er ziehe hinauf nach Jerusalem, das in Jehuda ist,
und baue SEIN, des Gottes Jifsraels, Haus, – das ist der Gott, der in Jerusalem ist. |
4 Und alljeder, der noch übrig geblieben ist:
aus allen Orten, wo er gastet, sollen die Menschen seines Ortes ihm beitragen
mit Silber, mit Gold, mit Habe und mit Vieh,
zusamt der Willigung für das Gotteshaus, das in Jerusalem ist.« |
5 So erhoben sich die Häupter der Vaterschaften in Jehuda und Binjamin und die Priester und die Lewiten,
alljeder, dem Gott den Geist erweckte,
hinaufzuziehn, SEIN Haus, das in Jerusalem, zu bauen. |
6 Und alle rings um sie stärkten ihnen die Hände
mit Silbergeräten, mit Gold, mit Habe und mit Vieh und mit Kleinodien.
außer allem Gewilligten. |
7 Und der König Cyrus brachte alle Geräte SEINES Hauses heraus, die Nebukadnezar aus Jerusalem hinweggebracht und in das Haus seines Gottes gegeben hatte, |
8 Cyrus, König von Persien, brachte sie heraus zu Händen Mitredats, des Schatzmeisters,
und der zählte sie Scheschbazar, dem Fürsten von Jehuda, zu. |
9 Und dies ihre Zahl:
Goldkörbe dreißig,
Silberkörbe tausend,
Ersatzstücke neunundzwanzig, |
10 Goldbecher dreißig,

Silberbecher, zweitrangig, vierhundertundzwanzig,
andere Gefäße tausend, – |
¹¹ aller Geräte in Gold und in Silber fünftausend und vierhundert.
Alldies brachte Schaschbazar hinauf
beim Hinaufzug der Verschlepptenschaft
aus Babel nach Jerusalem. |

²,¹ Und dies sind die Söhne des Gaus, die hinaufzogen aus der
  Gefangenschaft der Verschleppten,
 die Nebukadnezar König von Babel nach Babel verschleppt
  hatte,
 und nun kehrten sie nach Jerusalem und Jehuda zurück,
  jedermann nach seiner Stadt, |
² sie, die kamen mit Serubbabel, Jeschua, Nechemja, Sraja,
  Realja, Mordchaj, Bilschan, Mispar, Bigwej, Rchum,
  Baana,
 die Zahl der Männer vom Volke Jisrael: |
³ Söhne Paroschs zweitausendhundertzweiundsiebzig, |
⁴ Söhne Schfatjas dreihundertzweiundsiebzig, |
⁵ Söhne Arachs siebenhundertfünfundsiebzig, |
⁶ Söhne Pachat-Moabs, von den Söhnen Jeschuas, Joabs zwei-
  tausendachthundertundzwölf, |
⁷ Söhne Elams tausendzweihundertvierundfünfzig, |
⁸ Söhne Sattus neunhundertfünfundvierzig, |
⁹ Söhne Sakkajs siebenhundertsechzig, |
¹⁰ Söhne Banis sechshundertzweiundvierzig, |
¹¹ Söhne Bebajs sechshundertdreiundzwanzig, |
¹² Söhne Asgads tausendzweihundertzweiundzwanzig, |
¹³ Söhne Adonikams sechshundertsechsundsechzig, |
¹⁴ Söhne Bigwajs zweitausendsechsundfünfzig. |
¹⁵ Söhne Adins vierhundertvierundfünfzig, |
¹⁶ Söhne Aters, von Jechiskija achtundneunzig, |
¹⁷ Söhne Bezajs dreihundertdreiundzwanzig, |
¹⁸ Söhne Joras hundertzwölf, |
¹⁹ Söhne Chaschums zweihundertdreiundzwanzig, |
²⁰ Söhne Gibbars fünfundneunzig, |
²¹ Söhne von Betlehem hundertdreiundzwanzig, |
²² Männer von Ntofa sechsundfünfzig, |
²³ Männer von Anatot hundertachtundzwanzig, |

² ⁴ Söhne von Asmawet zweiundvierzig, |
² ⁵ Söhne von Kirjat-Arim, Kfira und Beerot siebenhundertdreiundvierzig, |
² ⁶ Söhne von Rama und Gaba sechshunderteinundzwanzig, |
² ⁷ Männer von Michmas hundertzweiundzwanzig, |
² ⁸ Männer von Bet-El und Aj zweihundertdreiundzwanzig, |
² ⁹ Söhne von Nbo zweiundfünfzig, |
³⁰ Söhne von Magbisch hundertsechsundfünfzig, |
³¹ Söhne des andern Elam tausendzweihundertvierundfünfzig, |
³² Söhne Charims dreihundertzwanzig, |
³³ Söhne von Lod, Chadid und Ono siebenhundertfünfundzwanzig, |
³⁴ Söhne von Jericho dreihundertfünfundvierzig, |
³⁵ Söhne von Sfnaa dreitausendsechshundertdreißig, |
³⁶ Die Priester:
Söhne Jedajas, vom Hause Jeschuas neunhundertdreiundsiebzig, |
³⁷ Söhne Immers tausendzweiundfünfzig, |
³⁸ Söhne Paschchurs tausendzweihundertsiebenundvierzig, |
³⁹ Söhne Charims tausendsiebzehn, |
⁴⁰ Die Lewiten:
Söhne Jeschuas und Kadmiels, von den Söhnen Hodawjas vierundsiebzig, |
⁴¹ Die Sänger:
Söhne Afsafs hundertachtundzwanzig, |
⁴² Die Söhne der Torleute:
Söhne Schallums, Söhne Aters, Söhne Talmons, Söhne Akkubs, Söhne Chatitas, Söhne Schobais, in allem hundertneununddreißig, |
⁴³ Die Hingegebnen:
⁴⁴ Söhne Zichas, Söhne Chafsufas, Söhne Tabbaots, | Söhne Ke-
⁴⁵ ros', Söhne Sfiahas, Söhne Padons, | Söhne Lbanas, Söhne
⁴⁶ Chagabas, Söhne Akkubs, | Söhne Chagabs, Söhne Schal-
⁴⁷ majs, Söhne Chanans, | Söhne Giddels, Söhne Gachars, Söh-
⁴⁸ ne Reajas, | Söhne Rzins, Söhne Nkodas, Söhne Gasams, |
⁴⁹,⁵⁰ Söhne Usas, Söhne Pafseachs, Söhne Befsajs, | Söhne Afsnas,
⁵¹ Söhne der Meuniten, Söhne der Nefifsim, | Söhne Bakbuks,
⁵² Söhne Chakufas, Söhne Charchurs, | Söhne Bazluts, Söhne
⁵³ Mchidas, Söhne Charschas, | Söhne Barkos', Söhne Sfifsras,
⁵⁴ Söhne Tamachs, | Söhne Nziachs, Söhne Chatifas. |

⁵⁵ Die Söhne der Knechte Schlomos:
Söhne Sfotajs, die Söhne des Schreibertums, Söhne Prudas, |
⁵⁶,⁵⁷ Söhne Jaalas, Söhne Darkons, Söhne Giddels, | Söhne
Schfatjas, Söhne Chattils, Söhne Pocherets von Zbajim,
Söhne Amis. |
⁵⁸ Aller Hingegebnen und Söhne der Knechte Schlomos, in
allem dreihundertzweiundneunzig. |
⁵⁹ Und dies sind, die hinaufzogen aus Tel Malach, Tel
Charscha, Krub, Addan, Immer,
die ihr Väterhaus und ihre Samenschaft: nicht zu melden
vermochten, – ob sie von Jifsrael waren: |
⁶⁰ Söhne Dlajas, Söhne Tobijas, Söhne Nkodas sechshundert-
zweiundfünfzig. |
⁶¹ Und von den Söhnen der Priester:
Söhne Chabajas, Söhne Hakozs, Söhne Barsillajs, der ein
Weib von den Töchtern Barsillajs des Giladiters nahm
und wurde nach ihrem Namen gerufen; |
⁶² diese suchten ihre Zugehörigkeitsschrift und man fands
nicht, und sie wurden aus der Priesterschaft gelöst, |
⁶³ und der Erlauchte sprach zu ihnen, sie sollten von dem Ab-
geheiligten der Heiligtume nicht essen, bis ein Priester für
die Lichtenden und Schlichtenden ersteht. |
⁶⁴ All der Gemeinschaft in einem: vierzigtausenddreihundert-
undsechzig, |
⁶⁵ außer ihren Knechten und ihren Mägden, – dieser sieben-
tausenddreihundertsiebenunddreißig,
und der Sänger und Sängerinnen hatten sie zweihundert. |
⁶⁶ Ihrer Pferde: siebenhundertsechsunddreißig,
ihrer Maultiere: zweihundertfünfundvierzig, |
⁶⁷ ihrer Kamele: vierhundertfünfunddreißig,
der Esel: sechstausendsiebenhundertundzwanzig. |

⁶⁸ Und von den Häuptern der Vaterschaften,
da sie zu SEINEM Hause, dem in Jerusalem, kamen, willigte
man für das Haus Gottes, es an seiner Stelle zu errichten,
nach ihren Kräften gaben sie für den Werkschatz: |
⁶⁹ an Gold einundsechzigtausend Drachmen,
an Silber fünftausend Minen
und hundert Priesterröcke. – |

⁷⁰ Ansässig wurden die Priester und die Lewiten und die vom
   Volk und die Sänger und die Hingegebnen in ihren Städten,
   alle von Jiſsrael in ihren Städten. |

³,¹ Die siebente Mondneuung kam heran, und die Söhne Jiſsraels
   waren in den Städten,
   da versammelte sich das Volk wie Ein Mann nach Jerusalem. |
² Jeschua Sohn Jozedeks erhob sich und seine Brüder, die Priester, und Serubbabel Sohn Schealtiels und seine Brüder
   und sie erbauten die Schlachtstatt des Gottes Jiſsraels,
   darauf Darhöhungen darzuhöhn,
   wie in der Weisung Mosches, des Mannes Gottes, geschrieben
      ist. |
³ Sie erstellten die Schlachtstatt auf ihrem Gestell
   – denn in einem Schauer wars über ihnen: von den Völkern
      der Länder hinweg –
   und man höhte darauf Darhöhungen für IHN, Darhöhungen
      für den Morgen und für den Abend. |
⁴ Sie bereiteten das Hüttenfest, wie geschrieben ist,
   und die Darhöhungen Tag um Tag
   nach der Zahl, nach dem Fug,
   des Tags Satz an seinem Tag, |
⁵ und danach die stete Darhöhung,
   und für die Mondneuungen und für all SEINE geheiligten
      Begegnungsgezeiten,
   und für alljeden, der IHM eine Willigung willigt. |
⁶ Vom ersten Tag auf die siebente Neuung an begannen sie, IHM
      Darhöhungen zu höhen,
   und noch war SEINE Halle nicht gegründet. |
⁷ Sie gaben Geld den Steinhauern und den Zimmerleuten
   und Essen, Trinken und Öl den Sidoniern und den Tyrern,
   Zedernholz aus dem Libanon ans Meer nach Jaffa zu bringen,
   der Ermächtigung Cyrus', des Königs von Persien, an sie gemäß. |
⁸ Und im zweiten Jahr nach ihrem Kommen zum Hause Gottes
      nach Jerusalem, in der zweiten Mondneuung,
   begannen Serubbabel Sohn Schealtiels und Jeschua Sohn
      Jozedeks und ihre übrigen Brüder,

die Priester und die Lewiten und alle, die aus der Gefangenschaft nach Jerusalem gekommen waren,
und hintreten ließ man die Lewiten, vom Zwanzigjährigen aufwärts, das Werk an SEINEM Haus zu leiten. |

9 Jeschua trat an, seine Söhne und seine Brüder, Kadmiel und seine Söhne, die Söhne Jehudas ineins,
die Arbeiter am Werk im Hause Gottes zu leiten,
die Söhne Henadads, ihre Söhne und ihre Brüder, die Lewiten. |

10 So gründeten die Bauleute SEINE Halle.
Und hintreten ließ man die Priester, gewandet, mit Trompeten, und die Lewiten, Söhne Afsafs, mit Zimbeln,
handgemäß Dawid, dem Könige Jifsraels. |

11 Sie wechselsangen, IHN preisend und bekennend:
»Denn er ist gütig,
denn in Weltzeit währt seine Huld über Jifsrael.«
Und alles Volk,
sie jubelten in einem lauten Jubel auf,
IHN preisend drob, daß SEIN Haus gegründet war. |

12 Und viele von den Priestern und den Lewiten und den Häuptern der Vaterschaften,
die Alten, die das erste Haus gesehen hatten,
weinten mit lauter Stimme,
da dieses Haus vor ihren Augen gegründet ward.
Viele aber erhoben ihre Stimme im Jubel und in der Freude. |

13 Nicht unterschied das Volk die Stimme des Jubels und der Freude von der Stimme des Weinens,
denn das Volk jubelte in einem lauten Jubel auf,
und fernhin wurde die Stimme gehört. |

4,1 Als die Bedränger Jehudas und Binjamins hörten, daß die Söhne der Verschlepptenschaft IHM, dem Gott Jifsraels, eine Halle bauen, |

2 traten sie zu Serubbabel und zu den Häuptern der Vaterschaften und sprachen zu ihnen:
»Mit euch wollen wir bauen, denn euch gleich suchen wir euren Gott auf,
und ihm schlachtopfern wir seit den Tagen Efsarhaddons Königs von Assyrien, der uns hierher heraufgebracht hat.« |

³ Es sprach zu ihnen Serubbabel und Jeschua und die übrigen
Häupter der Vaterschaften Jiſsraels:
»Nicht an euch und uns ists unserm Gotte das Haus zu bauen,
sondern wir da mitsamt bauen IHM dem Gott Jiſsraels, gleich-
wie König Cyrus, der König von Persien, uns geboten hat.« |
⁴ Da war das Volk des Landes dran, dem Volk Jehuda die Hän-
de schlaff zu machen und sie vom Bauen abzuschrecken |
⁵ und Ratgeber wider sie zu dingen, ihren Ratschluß zu zerbröckeln,
alle Tage Cyrus' Königs von Persien und bis zur Königschaft
Darius' Königs von Persien. |
⁶ Unter der Königschaft Xerxes' aber, zu Beginn seiner Königs-
schaft schrieben sie eine Anschuldigung wider die Insassen
Jehudas und Jerusalems. |
⁷ Und in den Tagen Artaxerxes' schrieb Bischlam, Mitredat,
Tabel und seine übrigen Gefährten an Artaxerxes, König
von Persien,
und die Schrift der Erklärung aramäisch geschrieben und
übersetzt – aramäisch. |
⁸ Rchum, der Gutachter, und Schimschi, der Schriftkundige,
schrieben einen Brief wider Jerusalem an Artaxerxes, den
König, folgendermaßen. |
⁹ Somit: Rchum, der Gutachter, und Schimschi, der
Schriftkundige, und ihre übrigen Gefährten daselbst, Perser-
Amtswalter, Kanzleiräte, Perser-Beamte, Leute aus Uruk,
¹⁰ aus Babel, aus Schuschan – das ist: aus Elam | – und den
übrigen Nationen,
die der große und weite Aſsurbanipal verschleppt und in der
Burgstadt Samaria und dem übrigen Jenseit des Stroms an-
gesiedelt hatte, |
¹¹ nunmehr [dies ist die Kopie des Briefs, den sie an ihn, an den
König Artaxerxes sandten]:
»Deine Knechte sind die Männer vom Jenseit des Stroms. –
nunmehr |
¹² kundgetan sei es dem König,
daß die Judäer, die von dir her zu uns sich begaben, nach
Jerusalem gekommen sind,
sie erbauen die aufrührerische und schlimme Stadt,
errichten die Mauern und verfugen die Grundfesten, |

¹³ Jetzt sei ihm, dem König, kundgetan,
daß, wird jene Burgstadt aufgebaut und die Mauern errichtet,
sie Steuer, Zins und Zoll nicht hergeben werden,
und der königliche Schatz wird geschädigt. |
¹⁴ Jetzt, alldieweil wir mit Salz der Palasthalle salzen
und es geziemt uns nicht, die Schmach des Königs zu beschaun,
dessenhalb senden wir und tuns dem König kund: |
¹⁵ daß man nachforsche im Buch der Begebenheiten deiner Väter, –
dann wirst du im Buch der Begebenheiten finden und erkennen,
daß jene Burgstadt eine aufrührerische Stadt ist,
Könige und Gaue schädigend,
darinnen man Meuterei treibt seit Urzeittagen, –
deshalb wurde jene Stadt zerstört. |
¹⁶ Wir tun dem König kund,
daß, wird jene Stadt wieder aufgebaut und werden die Mauern errichtet,
dir dem zufolge ein Anteil am Jenseit des Stroms nicht mehr gehört.« |
¹⁷ Bescheid sandte der König:
»An Rchum, den Gutachter, und Schimschi, den Schriftkundigen, und ihre übrigen Gefährten, die in Samaria und dem ganzen übrigen Jenseit des Stromes siedeln:
¹⁸ Friede! Und nunmehr: | die Erklärung, die ihr an uns gesandt habt, ward mir deutlich vorgelesen. |
¹⁹ Und Befehl ward von mir ausgegeben,
und geforscht hat man und gefunden,
daß jene Stadt seit Urzeittagen sich wider die Könige erhoben hat
und Aufruhr und Meuterei ist in ihr getrieben worden. |
²⁰ Und mächtige Könige waren über Jerusalem
und herrschten über all das Jenseit des Stroms
und Steuer, Zins und Zoll wurde ihnen entrichtet. |
²¹ Jetzt gebt Befehl aus,
diesen Männern Einhalt zu tun,
daß jene Stadt nicht aufgebaut werde,
bis daß von mir Befehl ausgegeben wird. |

²² Und seiet auf der Hut davor, fahrlässig dawider zu handeln, –
warum soll Einbuße erwachsen, dem König zum Schaden!« |
²³ Nun die Kopie der Erklärung des Königs Artaxerxes Rchum
und Schimschi, dem Schriftkundigen, und ihren Gefährten
vorgelesen ward,
zogen sie in Eile nach Jerusalem zu den Judäern
und taten ihnen Einhalt mit Arms Gewalt. |
²⁴ Nun ward in der Arbeit am Hause Gottes in Jerusalem eingehalten,
und der Einhalt währte bis zum zweiten Jahr der Königschaft
Darius', Königs von Persien. |

⁵,¹ Aber es kündete Chaggaj der Künder und Secharja Sohn
Iddos der Künder
über die Judäer, die in Jehuda und Jerusalem waren,
mit dem Namen des Gottes Jifsraels über ihnen. |
² Alsdann erhoben sich Serubbabel Sohn Schealtiels und
Jeschua Sohn Jozedaks
und setzten an, das Haus Gottes, das in Jerusalem, zu bauen,
und bei ihnen waren die Künder Gottes, sie unterstützend. |
³ Zu jener Zeit kam zu ihnen Tattnaj, der Viztum des Jenseit
des Stroms, und Schtar-Bosni und ihre Gefährten,
und so sprachen sie zu ihnen:
»Wer gab Befehl an euch aus, dieses Haus zu bauen und dieses
Gebälk herzustellen?« |
⁴ Nun sprachen sie solchermaßen zu ihnen:
»Welches sind die Namen der Männer, die diesen Bau bauen?« |
⁵ Aber das Auge ihres Gottes war über den Ältesten der Judäer,
und nicht tat man ihnen Einhalt, bis ein Bericht an Darius gelange und sodann eine Erklärung darüber zurückkehre. |
⁶ Kopie des Briefes, den Tattnaj, der Viztum des Jenseit des
Stroms, und Schtar-Bosni und ihre Gefährten, die
Perser-Beamten des Jenseit des Stroms, an den König
Darius sandten; |
⁷ einen Bescheid sandten sie an ihn, und so war drin geschrieben:
»König Darius allen Frieden! |
⁸ Kund seis ihm, dem König, daß wir in den Gau Jehuda
gegangen sind,
zum Haus des großen Gottes,

das wird aus Quaderstein gebaut
und Holz wird in die Wände eingelegt,
und an jenem Werk wird eifrig gewerkt,
und es gelingt unter ihren Händen. |
9 Nun fragten wir diese Alten,
folgendermaßen sprachen wir zu ihnen:
›Wer gab an euch Befehl aus, dieses Haus zu erbauen und
dieses Gebälk herzustellen?‹ |
10 Und auch nach ihren Namen fragten wir sie, dirs kundzutun,
indem wir den Namen der Männer aufschreiben, die ihnen
zuhäupten sind. |
11 Und folgendermaßen erstatteten sie uns Bericht:
›Wir sind Knechte des Gottes von Himmel und Erde
und erbauen das Haus auf, das viele Jahre vordem gebaut war,
ein großer König von Jiſrael baute und vollendete es, |
12 da aber unsere Väter den Gott des Himmels erzürnten,
gab er sie in die Hand Nebukadnezars Königs von Babel, des
Chaldäers,
der riß dieses Haus nieder und verschleppte das Volk nach
Babel. |
13 Im ersten Jahr Cyrus' Königs von Babel jedoch
gab der König Cyrus Befehl aus, dieses Haus zu bauen. |
14 Und auch die Gefäße des Gotteshauses, die goldnen und silbernen, die Nebukadnezar aus der Halle, der in Jerusalem,
geholt und in die Halle von Babel gebracht hatte,
die holte Cyrus aus der Halle von Babel hervor und übergab
sie dem Scheschbazar – so sein Name –, den er als Viztum
eingesetzt hatte, |
15 und sprach zu ihm:
›Diese Gefäße nimm, geh hin, trage sie in die Halle, die in
Jerusalem ist,
das Gotteshaus werde an seinem Ort auferbaut.‹ |
16 Nun ging jener Scheschbazar, legte die Grundfesten zum
Gotteshaus, das in Jerusalem ist,
und von damals an bis nun wirds gebaut, ist aber nicht fertig
geworden. |
17 Und jetzt, wenn es dem König genehm ist,
werde in den Horthäusern des Königs dortselbst in Babel
nachgeforscht, ob es sich so verhält,

daß vom König Cyrus Befehl ausgegeben ward, jenes Gotteshaus in Jerusalem aufzuerbauen,
und das Belieben des Königs dessentwegen möge er an uns senden.« |

⁶,¹ Nun gab König Darius Befehl aus,
und man forschte nach in den Urkundenhäusern, wo man in Babel das Gehortete niederzulegen pflegte, |
² und es fand sich in der Pfalz Ekbatana, die in dem Gau Medien ist, eine Rolle,
und so war darauf geschrieben:
»Gedenkwort: |
³ Im ersten Jahre des Königs Cyrus gab König Cyrus Befehl aus:
›Das Gotteshaus in Jerusalem,
das Haus soll auferbaut werden
als der Ort, wo man Schlachtopfer schlachtet,
und seine Grundfesten sollen erhalten werden,
seine Höhe sechzig Ellen,
seine Breite sechzig Ellen, |
⁴ Schichten von Quadersteinen drei
und eine Holzschicht, –
und die Kosten sollen vom Königshause getragen werden. |
⁵ Auch die goldnen und silbernen Gefäße, die Nebukadnezar aus der Halle, der in Jerusalem, geholt und nach Babel gebracht hat,
die lasse man zurückkehren,
in die Halle, die in Jerusalem, an seinen Ort solls kommen,
im Gotteshaus legs nieder!‹ – |
⁶ Nunmehr, Tattnaj, Viztum des Jenseit des Stroms, Schtar-Bosni und ihre Gefährten, Beamte im Jenseit des Stroms,
bleibt von dort fern! |
⁷ Gewähren lasset im Werk am Gotteshaus jenen Viztum der Judäer und die Ältesten der Judäer,
jenes Gotteshaus sollen an seinem Orte sie auferbauen! |
⁸ Und Befehl wird von mir ausgegeben,
wie ihr wirken sollt mit diesen Ältesten der Judäer zur Erbauung jenes Gotteshauses.
Aus den königlichen Erträgnissen, von der Steuer des Jenseit des Stroms,

genau sollen die Kosten diesen Männern überliefert werden, ohne einzuhalten. |
9 Und was nötig ist,
junge Stiere, Widder und Lämmer, dem Gott des Himmels zu Darhöhungen,
Weizen, Salz, Wein und Öl nach dem Spruch der Priester, die in Jerusalem sind,
geliefert solls ihnen werden Tag um Tag, ungeschmälert, |
10 damit sie dem Himmelsgott zum Geruchen Spenden darnahn
und für das Leben des Königs und seiner Söhne beten. – |
11 Und von mir ist Befehl ausgegeben:
wenn irgend jemand diesen Bescheid antastet,
werde aus seinem Hause ein Balken gerissen
und gepfählt werde er dran geschlagen,
und sein Haus werde zum Abfallshaufen gemacht. |
12 Und der Gott, der dort seinen Namen hat einwohnen lassen,
er stürze alljeden, König und Volk,
der seine Hand streckt, das anzutasten,
jenem Gotteshaus, dem in Jerusalem, zu Schaden.
Ich Darius habe Befehl ausgegeben.
Genau so werde getan!« |

13 Nun taten Tattnaj Viztum des Jenseit des Stroms,
Schtar-Bosnaj und ihre Gefährten,
sowie König Darius gesandt hatte,
genau dem gemäß. |
14 Und die Ältesten der Judäer bauten und hatten Gelingen
nach der Kündung Chaggajs des Künders und Secharjas Sohns Iddos,
sie bauten und vollendeten
auf Befehl des Gottes Jifsraels
und auf Befehl von Cyrus und Darius [und Artaxerxes, König von Persien]. |
15 Und ausgeführt wurde dieses Haus bis zum dritten Tag des Monats Adar,
das war das sechste Jahr der Königschaft des Königs Darius. |
16 Da begingen die Söhne Jifsraels, die Priester und Lewiten
und die übrigen Söhne der Verschleptschaft die Einweihung dieses Gotteshauses

in Wonne. |
¹⁷ Und zur Einweihung dieses Gotteshauses nahten sie dar
Stiere hundert, Widder zweihundert, Lämmer vierhundert
und Ziegenböcke, zur Entsündung über Jifsrael allsamt,
zwölf, nach der Zahl der Zweige Jifsraels. |
¹⁸ Und sie bestellten die Priester in ihren Gruppen und die Lewiten in ihren Abteilungen
zum Dienste Gottes in Jerusalem
nach der Vorschrift des Buches Mosches, |
¹⁹ die Söhne der Verschlepptenschaft hielten das Übersprungsmahl ab am vierzehnten auf die erste Mondneuung. |
²⁰ Denn gereinigt hatten sich die Priester und die Lewiten ineins,
rein sie alle, so metzten sie das Übersprungsopfer für alle Söhne der Verschlepptenschaft und für ihre Brüder, die Priester, und für sich, |
²¹ sie aßen, die Söhne Jifsraels, die aus der Verschleppung heimgekehrt waren,
und alljeder, der sich abgesondert hatte vom Makeltum der
Landesstämme, um IHN den Gott Jifsraels zu suchen, |
²² sie begingen das Fest der Fladen, sieben Tage, in Freude.
Denn erfreut hatte sie ER,
und hatte das Herz des Königs von Assyrien ihnen zugewandt,
ihnen die Hände zu festigen bei der Arbeit am Hause Gottes,
des Gottes Jifsraels. |

7,1 Nach diesen Begebenheiten aber,
unter der Königschaft Artaxerxes' Königs von Persien:
² Esra Sohn Sfrajas Sohns Asarjas Sohns Chilkijas | Sohns Schal-
³ lums Sohns Zadoks Sohns Achitubs | Sohns Amarjas Sohns
⁴ Asarjas Sohns Mrajots | Sohns Srachjas Sohns Usis Sohns
⁵ Bukkis | Sohns Abischuas Sohns Pinchas' Sohns Eliesers
Sohns Aharons des Hauptpriesters, – |
⁶ dieser Esra zog von Babel herauf.
Er war ein Schriftkundiger,
beflissen der Weisung Mosches,
die ER, der Gott Jifsraels, gegeben hatte.
Und da SEINE, seines Gottes, Hand über ihm war,
gab der König ihm all sein Begehr. |
⁷ [Es zogen aber herauf von den Söhnen Jifsraels und von den

Priestern und den Lewiten und den Sängern und den Torleuten und den Hingegebnen

nach Jerusalem im siebenten Jahr des Königs Artaxerxes.]|
8 Er kam nach Jerusalem in der fünften Mondneuung,
das war das siebente Jahr des Königs.|
9 Denn zum ersten auf die erste Mondneuung bestimmte er den Hinaufruf von Babel,
und am ersten auf die fünfte Mondneuung kam er nach Jerusalem,
da die gütige Hand seines Gottes über ihm war.|
10 Denn Esra hatte sein Herz drauf gerichtet,
SEINE Weisung zu erforschen und zu betätigen
und in Jifsrael Satzung und Recht zu lehren.|
11 Und dies ist eine Kopie der Erklärung, die der König Artaxerxes Esra, dem Priester, dem Schriftkundigen, übergab,
Schriftkundigen in den Reden SEINER Gebote und seiner Satzungen an Jifsrael:|
12 »Artaxerxes, König der Könige,
an Esra, den Priester, den Schriftkundigen im Gesetze des Himmelsgottes, und so fort:
... Und nun,|
13 von mir ist Befehl ausgegeben,
daß allwer in meinem Königtum, vom Volke Jifsrael, seinen Priestern und Lewiten, willig ist, mit dir nach Jerusalem zu gehn, gehn möge,|
14 alldieweil du von seiten des Königs und seiner sieben Räte gesandt bist,
Jehuda und Jerusalem nach dem Gesetz deines Gottes, das dir zuhanden ist, zu untersuchen|
15 und Silber und Gold hinzubringen, das der König und seine Räte willigten für den Gott des Himmels, dessen Wohnung in Jerusalem ist,|
16 und alles Silber und Gold, das sich dir in all dem Gau Babel findet,
samt der Willigung des Volks und der Priester, die sie für das Gotteshaus, das in Jerusalem ist, willigen.|
17 All dem gemäß sollst für dieses Silber du genau Stiere, Widder, Lämmer und deren Hinleitspenden und deren Güsse erwerben

und sollst sie auf der Schlachtstatt des Hauses eures Gottes, das in Jerusalem ist, darnahn. |
¹⁸ Und was dir und deinen Brüdern gutdünkt mit dem übrigbleibenden Silber und Gold zu tun, mögt nach dem Belieben eures Gottes ihr tun. |
¹⁹ Und die Gefäße, die dir für den Dienst im Haus deines Gottes übergeben werden, liefre ab vor dem Gotte Jerusalems. |
²⁰ Und den übrigen Bedarf des Hauses deines Gottes, den zu geben dir zufällt,
sollst hergeben du aus dem Horthaus des Königs. |
²¹ Und von mir, König Artaxerxes, ist Befehl ausgegeben an alle Schatzmeister im Jenseit des Stroms,
daß alles, was Esra, der Priester, der Schriftkundige, im Gesetz des Himmelsgottes von euch verlangt, genau geleistet werde, |
²² bis zu hundert Scheiben Silbers und bis zu hundert Malter Weizens und bis zu hundert Schaff Weins und bis zu hundert Schaff Öls und Salz ohne Vorschrift. |
²³ Alles, was Befehl des Himmelsgottes ist, werde eifrig für das Haus des Himmelsgottes geleistet, damit nicht Grimm sei überm Königtum des Königs und seiner Söhne. |
²⁴ Und euch sei kund, daß nicht gestattet ist, all den Priestern und Lewiten, Sängern, Torleuten, Hingegebnen und Dienern dieses Gotteshauses Steuer, Zins und Zoll aufzu-
²⁵ Du aber, Esra,   [erlegen. |
nach der Weisheit deines Gottes, die dir zuhanden ist, setze Urteilsprecher und Richter ein,
die sollen all das Volk im Jenseit des Stromes richten,
alle, die das Gesetz deines Gottes kennen,
und wers nicht kennt, dem macht es kund! |
²⁶ Alljeder aber, der nicht nach dem Gesetz eures Gottes und dem Gesetz des Königs tut, das Recht werde an ihm dargetan,
ob zu Tod, ob zu Verbannung, ob zu Geldstrafe, ob zu Kerker!« |
²⁷ Gesegnet ER, der Gott unsrer Väter,
der solches dem König ins Herz gab,
SEIN Haus, das in Jerusalem ist, zu verherrlichen, |
²⁸ und mir von dem König und seinen Räten und allen Obern des Königs, den Mächtigen, Huld zuneigte!

Ich aber, ich erstarkte, da SEINE, meines Gottes, Hand
über mir war,
und sammelte Häupter aus Jifsrael, mit mir hinaufzuziehn. |

8,1 Und dies sind die Häupter ihrer Vaterschaften und ihre Zugehörigkeit, die mit mir unter der Königschaft des Königs
Artaxerxes aus Babel heraufgezogen sind: |
2 Von den Söhnen Pinchas': Gerschom,
von den Söhnen Itamars: Daniel,
von den Söhnen Dawids: Chattusch,
3 von den Söhnen Schchanjas, von den Söhnen Paroschs: Secharja, und bei ihm eingetragen an Männlichen hundert-
fünfzig, |
4 von den Söhnen Pachat-Moabs: Eljehoejnaj Sohn Srachjas
und bei ihm zweihundert, die Männlichen, |
5 von den Söhnen …: Schchanja Sohn Jachasiels und bei ihm
dreihundert, die Männlichen, |
6 und von den Söhnen Adins: Ebed Sohn Jonatans und bei ihm
fünfzig, die Männlichen, |
7 und von den Söhnen Ejlams: Jeschaja Sohn Ataljas und bei
ihm siebzig, die Männlichen, |
8 und von den Söhnen Schfatjas: Sbadja Sohn Michaels und bei
ihm achtzig, die Männlichen, |
9 von den Söhnen Joabs: Obadja Sohn Jechiels und bei ihm
zweihundertachtzehn, die Männlichen, |
10 und von den Söhnen …: Schlomit Sohn Jofsifjas und bei ihm
hundertsechzig, die Männlichen, |
11 und von den Söhnen Bebajs: Secharja Sohn Bebajs und bei
ihm achtundzwanzig, die Männlichen, |
12 und von den Söhnen Asgads: Jochanan Sohn Hakkatans und
bei ihm hundertzehn, die Männlichen, |
13 und von den Söhnen Adonikams die Späteren, und dies sind
ihre Namen: Elifalet, Jeiel und Schmaja und bei ihnen
sechzig, die Männlichen, |
14 und von den Söhnen Bigwajs: Uttaj und Sabbud und bei
ihnen siebzig, die Männlichen. |
15 Ich sammelte sie an den Stromarm, der in den Ahawa kommt,
und wir lagerten dort drei Tage.

Ich vermerkte das Volk und die Priester, aber von den Söhnen Lewis fand ich dort nichts. |
16 Ich entsandte Elieser, Ariel, Schmaja, Elatan, Jarib, Natan, Secharja und Meschullam, die Häupter, und Jojarib und Elnatan, die Merker, |
17 und entbot sie an Iddo, das Haupt an der Stätte Kaſsifja, und legte ihnen Rede in den Mund, sie an Iddo, seine Brüder, die Hingegebnen, an der Stätte Kaſsifja zu reden,
uns Diener für das Haus unseres Gottes kommen zu lassen. |
18 Sie ließen uns, da die gütige Hand unsres Gottes über uns war, verständige Mannschaft kommen,
von den Söhnen Machlis Sohns Lewis Sohns Jiſsraels und Scherebja und seine Söhne und seine Brüder, achtzehn, |
19 und Chaschabja und mit ihm Jeschaja von den Söhnen Mraris, seine Brüder und ihre Söhne, zwanzig, |
20 und von den Hingegebnen, die gegeben hatte Dawid und die Obern für die Arbeit bei den Lewiten, an Hingegebnen zweihundertundzwanzig,
sie alle waren mit Namen bezeichnet. |
21 Ich rief dort, am Stromarm Ahawa, ein Fasten aus,
uns zu kasteien vor unserm Gott,
bei ihm für uns, unsre Kinder und all unsre Habe um einen graden Weg anzusuchen, |
22 denn geschämt hatte ich mich, von dem König Heer und Reiter, uns zu Hilfe, vor dem Feind unterwegs, zu erbitten,
denn gesprochen hatten wir zum König, im Spruch:
»Die Hand unsres Gottes ist über allen, die ihn suchen, zum Guten
und seine Gewalt und sein Zorn über allen, die ihn verlassen.« |
23 Wir fasteten und suchten bei unserm Gott darum an,
und er ließ sich uns erflehn. |
24 Ich sonderte von den Obern der Priester zwölf ab: Scherebja, Chaschabja und mit ihnen zehn von ihren Brüdern |
25 und wog ihnen das Silber und das Gold und die Geräte dar, die Hebe fürs Haus unsres Gottes,
die der König und seine Räte und seine Obern und alle, die sich von Jiſsrael fanden, erhoben hatten, |
26 ich wog auf ihre Hand dar
an Silber sechshundertundfünfzig Scheiben

und an Silbergeräten hundert in Scheiben,
Gold ein Scheibenhundert|
²⁷ und goldener Becher zwanzig, tausend Dareiken an Wert,
und Geräte von rotglänzend feinem Kupfer, zwei, kostbar wie Gold.|
²⁸ Und ich sprach zu ihnen:
»Geheiligtes seid ihr IHM,
und die Geräte sind Geheiligtes,
und das Silber und das Gold, Willigung ists für IHN, den Gott eurer Väter.|
²⁹ Wachet und wahret,
bis ihrs darwägt vor den Obern der Priester und der Lewiten und den Obern der Vaterschaften Jifsraels in Jerusalem, in die Lauben SEINES Hauses.«|
³⁰ Und die Priester und die Lewiten empfingen das Gewicht des Silbers und des Goldes und der Geräte,
sie nach Jerusalem, nach das Haus unsres Gottes kommen zu lassen.|
³¹ Wir aber brachen vom Stromarm Ahawa auf am zwölften auf die erste Mondneuung, nach Jerusalem zu gehn.
Und die Hand unsres Gottes war über uns,
er rettete uns vor der Faust des Feindes und des Lauerers unterwegs.|
³² Wir kamen nach Jerusalem und weilten dort drei Tage,|
³³ am vierten Tage aber wurde dargewogen das Silber, das Gold und die Geräte im Haus unsres Gottes
zuhanden Mramots Sohns Urijas, des Priesters – und bei ihm war Elasar Sohn Pinchas' und bei ihnen waren Josbad Sohn Jeschuas und Noadja Sohn Binnujs, die Lewiten –,|
³⁴ nach Zahl und Gewicht allsamt, und alles Gewicht wurde zu jener Frist aufgeschrieben.|
³⁵ Die aus der Gefangenschaft Gekommnen, die Söhne der Verschlepptenschaft nahten Darhöhungen dem Gotte Jifsraels dar,
Stiere zwölf für alles Jifsrael, Widder sechsundneunzig, Lämmer siebenundsiebzig, Böcke zur Entsündung zwölf, all das eine Darhöhung IHM.|
³⁶ Sie übergaben die Verfügungen des Königs den Satrapen des Königs und den Viztumen des Jenseit des Stroms,

und die unterstützten das Volk und das Gotteshaus. |

⁹,¹ Als dies aber beendet war, traten die Obern zu mir, sprechend:
»Nicht haben sich abgesondert das Volk Jifsrael und die Priester und die Lewiten von den Völkern der Länder,
deren Greueln gemäß,
dem Kanaaniter, dem Chetiter, dem Prisiter, dem Jebufsiter,
dem Ammoniter, dem Moabiter, dem Ägypter und dem
Amoriter, |
² denn sie haben von ihren Töchtern für sich und für ihre
Söhne genommen
und haben sich, Same der Heiligung, vermischt mit den
Völkern der Länder,
und die Hand der Obern und Präfekten war in dieser
Untreue voran.« |
³ Als ich diese Rede hörte,
zerriß ich mein Kleid und meinen Mantel
und raufte das Haar meines Hauptes und meines Bartes, und
ich setzte mich nieder, betäubt. |
⁴ Und zu mir gesellten sich alle, die der Rede des Gottes Jifsraels
entgegenbeben um die Untreue der Verschlepptenschaft,
und ich saß da, betäubt, bis zur Hinleitspende des Abends. |
⁵ Bei der Spende des Abends aber erhob ich mich von meiner
Kasteiung, dazu ich mein Kleid und meinen Mantel zerrissen hatte,
ich beugte meine Knie,
ich breitete meine Hände IHM meinem Gotte zu |
⁶ und sprach:
»Mein Gott,
schämen muß ich mich und erröten,
zu dir, mein Gott, mein Antlitz zu erheben.
Denn unsre Verfehlungen wachsen uns übers Haupt,
und unsre Schuld ward groß, bis an den Himmel. |
⁷ Seit den Tagen unsrer Väter sind wir in großer Schuld bis auf
diesen Tag,
und um unsre Verfehlungen wurden wir, unsre Könige,
unsre Priester in die Hand der Könige der Länder gegeben
zu Schwertschlag, zu Verschleppung, zu Plünderung und zu
Beschämung des Antlitzs,

wies an diesem Tag ist.|
8 Und jetzt, einen geringen Nu erst war ein Gunsterweis von
   IHM unserm Gotte her,
   uns ein Entronnenes übrig zu lassen
   und uns einen Zeltpflock zu geben am Ort seiner Heiligung,
   daß unser Gott uns die Augen erleuchtete
   und uns ein Geringes an Belebung in unsrer Knechtschaft gab|
9 – denn Knechte sind wir,
   aber in unserer Knechtschaft hat uns Gott nicht verlassen,
   er hat uns Huld zugeneigt von den Königen Persiens her,
   uns eine Belebung zu geben,
   um das Haus unsres Gottes aufzurichten
   und seine Trümmer wieder zu erstellen,
   und einen Schutzwall uns in Jehuda und in Jerusalem zu
10 und jetzt,   [geben –,|
   was können wir, unser Gott, nach diesem sprechen!
   Wir haben ja deine Gebote verlassen,|
11 die du durch deine Knechte, die Künder, entboten hast,
     sprechend:
   ›Das Land, das zu ererben ihr kommt,
   ein beflecktes Land ists durch die Befleckung der Völker der
     Länder,
   durch ihre Greuel, mit denen sie in ihrer Makelhaftigkeit es
     von Rand zu Rand füllten,|
12 und jetzt, gebt nimmer eure Töchter ihren Söhnen
   und ihre Töchter nehmt nimmer für eure Söhne!
   Und sucht nicht ihren Frieden und ihr Gutes, auf immer,
   damit ihr stark werdet und das Gut des Landes genießet und
     es euren Söhnen vererbet, auf immer!‹|
13 Und nach allem, was ob unsrer bösen Taten und ob unsrer
     großen Schuld über uns gekommen ist
   – denn du, unser Gott, hast noch geschont, unterhalb unsrer
     Verfehlungen, und hast uns solch ein Entronnenes
     gegeben –,|
14 wollen wir wieder deine Gebote sprengen
   und uns mit den Völkern dieser Greuel verschwägern!
   Mußt du nicht bis zum Garaus uns zürnen,
   daß kein Überrest und kein Entronnenes bleibt?|
15 DU, Gott Jiſsraels,

bewahrheitet bist du,
denn als ein Entronnenes sind wir übriggeblieben,
wies an diesem Tag ist, –
da sind wir vor dir in unsern Verschuldungen,
ist ja bei diesem kein Bestehen vor dir!« |

10,1 Als aber Esra betete und bekannte, weinend niedergeworfen
  vorm Hause Gottes,
 sammelte sich auf ihn zu eine sehr große Gemeinschaft aus
  Jißrael, Männer und Frauen und Kinder,
 denn geweint hatten sie, das Volk, ein großes Weinen. |
2 Und Schchanja Sohn Jechiels, von den Söhnen Elams hob an,
  er sprach zu Esra:
 »Untreue haben wir an unserem Gotte geübt,
 daß wir fremdbürtige Frauen, von den Völkern des Landes,
  heimgeführt haben.
 Und jetzt – ein Hoffen west darob für Jißrael –, |
3 und jetzt, schließen wir einen Bund auf unsern Gott zu,
 hinwegzuschaffen all die Frauen und das von ihnen Geborne,
 nach dem Rat meines Herrn und ihrer, die dem Gebot unsres
  Gottes entgegenbeben,
 und der Weisung gemäß werde getan! |
4 Steh auf, denn dir liegt die Sache ob,
 und wir sind mit dir,
 sei stark und tu!« |
5 Esra stand auf,
 er ließ die Obern der Priester, der Lewiten und all Jißraels
  schwören, dieser Rede gemäß zu tun,
 und sie schwuren. |
6 Esra war von da, vor dem Gotteshaus, aufgestanden,
 er ging in die Laube Jehochanans Sohns Eljaschibs.
 Er ging dorthin, Brot aß er nicht und Wasser trank er nicht,
 denn er trauerte über die Untreue der Verschlepptenschaft. |
7 Man ließ einen Ruf erschallen in Jehuda und Jerusalem an alle
  Söhne der Verschlepptenschaft, sich in Jerusalem zu ver-
  sammeln, |
8 und alljeder, der nicht binnen drei Tagen dem Ratschluß der
  Obern und der Ältesten gemäß käme,

seine Habe sollte gebannt werden und er ausgeschieden von
der Gemeinschaft der Verschleppten. |
⁹ Da versammelten sich alle Männer von Jehuda und Binjamin
nach Jerusalem binnen drei Tagen,
das ist die neunte Mondneuung, am zwanzigsten auf die
Neuung.
Sie saßen, alles Volk, auf dem Platz des Hauses Gottes,
zitternd der Sache halber und von den Regengüssen. |
¹⁰ Da stand Esra der Priester auf und sprach zu ihnen:
»Untreue habt ihr geübt,
daß ihr heimführtet fremdbürtige Frauen,
der Schuld Jifsraels noch hinzuzufügen. |
¹¹ Und jetzt,
gebt Lob IHM, dem Gott eurer Väter,
und tut seinen Willen
und sondert euch ab von den Völkern des Lands und von
den fremdbürtigen Frauen.« |
¹² Da entgegneten sie, all die Gemeinschaft, und sprachen mit
lauter Stimme:
»Ja,
deiner Rede gemäß liegt es uns ob zu tun. |
¹³ Jedoch des Volks ist viel,
und es ist Regenzeit,
und wir haben nicht Kraft, draußen zu stehn,
und nicht für einen Tag und nicht für zwei ist das ein Werk,
denn vielfach abtrünnig sind wir in dieser Sache gewesen. |
¹⁴ So mögen denn unsre Obern vortreten für all die Gemeinschaft,
und alljeder, in unseren Städten, der fremdbürtige Frauen
heimgeführt hat, komme zu festgesetzten Zeiten
und mit ihnen die Ältesten von Stadt um Stadt und deren
Richter,
bis daß das Flammen des Zorns unsres Gottes um diese Sache
hinweg von uns fahre.« |
¹⁵ Bloß Jonatan Sohn Afsaels und Jachseja Sohn Tikwas traten
dawider auf, und Meschullam und Schabtaj der Lewit hal-
fen ihnen. |
¹⁶ Aber die Söhne der Verschlepptenschaft taten so, und ausgesondert wurden von Esra dem Priester Männer, Häupter

der Vaterschaften, nach ihren Vaterhäusern, sie alle mit
Namen,
sie saßen nieder am ersten Tag auf die zehnte Mondneuung,
die Sache zu untersuchen, |
17 und fertig wurden sie mit allen Männern, die fremdbürtige
Frauen heimgeführt hatten, bis zum ersten Tag auf die erste
Neuung. |
18 Es fand sich unter den Priestersöhnen, die fremdbürtige
Frauen heimgeführt hatten:
von den Söhnen Jeschuas Sohns Jozedeks und seinen Brüdern:
Maaſsija und Elieser und Jarib und Gdalja. |
19 Sie gaben ihre Hand drauf, ihre Frauen hinwegzuschaffen,
und Schuldbuße war ihnen ein Schafbock für ihre Schuld. |
20 Und von den Söhnen Immers: Chanani und Sbadja. |
21 Und von den Söhnen Charims: Maaſsija und Elija und
Schmaja und Jechiel und Usija. |
22 Und von den Söhnen Paschchurs: Eljoejni, Maaſsija,
Jischmael, Ntanel, Josbad und Elaſsa. |
23 Und von den Lewiten: Josbad und Schimi und Kelaja – das
ist Klita –, Ptachja, Jehuda und Elieser. |
24 Und von den Säugern: Eljaschib.
Und von den Torleuten: Schallum und Telem und Uri. |
25 Und von Jiſsrael:
von den Söhnen Paroschs: Ramja und Jisija und Malkija und
Mijamin und Elasar und Malkija und Bnaja, |
26 und von den Söhnen Elams: Mattanja, Secharja und Jechiel
und Abdi und Jeremot und Elija, |
27 und von den Söhnen Sattas: Eljoeni, Eljaschib, Mattanja und
Jeremot und Sabad und Asisa, |
28 und von den Söhnen Bebajs: Jehochanan, Chananja, Sabbaj,
Atlaj, |
29 und von den Söhnen Banis: Meschullam, Malluch und Adaja,
Jaschub und Schaal und Ramot, |
30 und von den Söhnen Pachat-Moabs: Edna und Klal, Bnaja,
Maaſsija, Mattanja, Bezalel und Binnuj und Mnasche, |
31 und Söhne Charims: Elieser, Jischschija, Malkija, Schmaja,
32 Schimon, | Binjamin, Malluch, Schmarja, |
33 von den Söhnen Chaschums: Mattnaj, Mattatta, Sabad,
Elifalet, Jeremaj, Mnasche, Schimi, |

34,35 von den Söhnen Banis: Maadaj, Amram und Uel, | Bnaja,
36,37 Bedja, Kluhu, | Wanja, Mramot, Eljaschib, | Mattanja,
38,39 Mattnaj und Jafsaj | und Bani und Binnuj, | Schimi und Sche-
40 lemja und Natan und Adaja, | Machnadbaj, Schaschaj,
41,42 Scharaj, | Asarel und Schelemjahu, Schmarja, | Schallum, Amarja, Jofsef, |
43 von den Söhnen Nbos: Jeiel, Mattatja, Sbad, Sbina, Jaddaj und Joel, Bnaja. |
44 Alle diese hatten fremdbürtige Frauen genommen, und unter ihnen gabs Frauen, die Kinder eingebracht hatten. |

DAS BUCH
NECHEMJA

In spitzen Klammern ⟨...⟩ stehende Textteile wurden von M. Buber nicht übersetzt; sie sind von der Neuausgabe 1997 an (8., verbesserte Auflage) eingefügt.

NECHEMJA

^{11,1} Reden Nechemjas Sohns Hachlajas.

Es geschah in der Mondneuung Kislew des zwanzigsten Jahrs
– ich, in der Pfalz Schuschan war ich –, |
² da kam Chanani, einer meiner Brüder, er und Männer von Jehuda.

Ich befragte sie über die Judäer, das Entronnene, sie die von
der Gefangenschaft überblieben waren, und über Jerusalem. |
³ Sie sprachen zu mir:
»Die Überbliebnen, sie die von der Gefangenschaft überblieben, sind dort in dem Gau in großem Übelstand und in
Schmach,

die Mauer Jerusalems ist in Breschen, und seine Tore sind im
Feuer verbrannt.« |
⁴ Es geschah, als ich diese Rede hörte:
ich saß nieder und weinte und trauerte tagelang,
so war ich, fastend und betend, vorm Gott des Himmels. |
⁵ Ich sprach:
»Ach, DU, Gott des Himmels, großer und furchtbarer Gottherr,

wahrend den Bund und die Huld denen, die ihn lieben und
die seine Gebote wahren! |
⁶ Sei doch aufmerkend dein Ohr und deine Augen offen,
zu hören auf das Gebet deines Knechts, das ich heuttags vor
dir Tag und Nacht für die Söhne Jifsraels, deine Knechte,
bete
und bekenne die Sünden der Söhne Jifsraels, die an dir wir gesündigt haben,
auch ich und das Haus meines Vaters, wir haben gesündigt, |
⁷ geschädigt haben wir, geschädigt vor dir,
nicht gewahrt haben wir die Gebote, die Satzungen und die
Rechtsgeheiße,
die du Mosche, deinem Knechte, entboten hast. |
⁸ Gedenke doch der Rede, die du Mosche deinem Knechte entboten hast, sprechend:
›Ihr, übt Untreue ihr, verstreue ich euch, ich, unter
die Völker. |
⁹ Kehrt ihr aber zu mir um, wahrt meine Gebote und tut sie,

ob ihr an den Rand des Himmels verstoßen wäret, von dort sammle ich euch ein
und lasse euch kommen an den Ort, den ich wählte, meinen Namen dort einwohnen zu lassen.‹ |
¹⁰ Sie sind ja deine Knechte,
dein Volk, das du mit deiner großen Kraft, mit deiner starken Hand losgemacht hast! |
¹¹ Ach, mein Herr,
sei doch dein Ohr merkend auf das Gebet deines Knechts und auf das Gebet deiner Knechte,
die deinen Namen zu fürchten begehren,
und lasse heut doch deinem Knecht es gelingen
und gib ihm Erbarmen vor diesem Mann!«
Ich war aber, ich, Mundschenk des Königs. |

²,¹ Es geschah in der Mondneuung Nifsan, im zwanzigsten Jahr des Königs Artaxerxes:
Wein war vor seinem Antlitz,
ich trug den Wein auf und gab dem König,
und ihm ins Antlitz sah ich nicht übel drein, |
² aber der König sprach zu mir:
»Weshalb sieht dein Antlitz übel aus?
du bist doch nicht krank!
das ist nichts als ein Übel des Herzens!«
Da fürchtete ich mich gar sehr. |
³ Ich sprach zum König:
»Der König, in Weltzeit lebe er!
Weshalb sollte mein Antlitz nicht übel aussehn!
ist ja die Stadt, das Gräberhaus meiner Väter, verödet,
und ihre Tore sind vom Feuer verzehrt worden!« |
⁴ Der König sprach zu mir:
»Was suchst du dir also an?«
Da betete ich zum Gotte des Himmels, |
⁵ und ich sprach zum König:
»Dünkt es den König gut,
und läßt dein Knecht dir vorm Antlitz sich gut an,
– daß du mich doch sendetest nach Jehuda, nach der Stadt der Gräber meiner Väter,
damit ich sie aufbaue!« |

⁶ Der König sprach zu mir
– die Gemahlin saß ihm aber zur Seite –:
»Bis wann soll deine Reise sich hinziehn,
und wann kehrst du zurück?«
Gut wars vorm Antlitz des Königs, daß er mich sende.
Ich gab ihm eine Frist an |
⁷ und sprach zum König:
»Dünkt es den König gut,
möge man mir Briefe an die Viztume im Jenseit des Stromes geben,
daß sie mich hindurchlassen, bis daß ich nach Jehuda komme, |
⁸ und einen Brief an Aſsaf, den Forstmeister des Königs,
daß er mir Holz gebe, die Pfalztore, die am Hause, zu bälken, und für die Mauer der Stadt und für das Haus, in das ich kommen soll.«
Der König gab mirs,
da die gute Hand meines Gottes über mir war. |
⁹ Ich kam zu den Viztumen ins Jenseit des Stroms und übergab ihnen die Briefe des Königs, –
der König aber hatte mit mir Heeresobre und Reiter entsandt. |
¹⁰ Als Sſanballat, der Choroniter, und Tobija, der ammonitische Knecht, davon hörten,
erschien es ihnen übel, groß übel,
daß ein Mensch gekommen war, für die Söhne Jiſsraels Gutes zu suchen. |
¹¹ Ich kam aber nach Jerusalem, und ich war dort drei Tage gewesen, |
¹² da stand ich nachts auf, ich und wenige Männer mit mir
– denn ich hatte keinem Menschen gemeldet, was mein Gott mir ins Herz gab für Jerusalem zu tun –,
auch kein Tier war mit mir, außer dem Tier, auf dem ich ritt. |
¹³ Ich zog nachts zum Schluchttor hinaus, auf den Drachenquell zu und zum Misttor,
und ich betrachtete die Mauern Jerusalems, die in Breschen, und seine vom Feuer verzehrten Tore. |
¹⁴ Ich ging hinüber zum Quelltor und zum Königstor,
und da war kein Platz für das Tier unter mir weiter zu gehn. |
¹⁵ So stieg ich nachts das Bachbett hinan, ich betrachtete die Mauer,

ich kehrte wieder um und kam wieder ans Schluchttor. |
16 Die Präfekten wußten aber nicht, wohin ich gegangen war und was ich tat,
den Judäern, den Priestern, den Edeln, den Präfekten und den sonstigen Amtsführern hatte ich nämlich bisher nichts vermeldet. |
17 Ich sprach zu ihnen:
»Ihr seht den Übelstand, in dem wir sind,
daß Jerusalem verödet ist und seine Tore im Feuer verbrannt sind, –
geht dran, erbaun wollen wir die Mauer Jerusalems,
daß wir nicht mehr eine Schmach seien!« |
18 Ich vermeldete ihnen, wie die Hand Gottes gut über mir ist, und auch die Rede des Königs, die er zu mir sprach.
Da sprachen sie:
»Machen wir uns auf und baun wir!«
Und sie festigten ihre Hände zum Guten. |
19 Als aber Sfanballat, der Choroniter, und Tobija, der ammonitische Knecht, davon hörten,
höhnten sie uns und spotteten unser,
sie sprachen:
»Was für eine Sache ist das, was ihr tut?
Ihr wollt euch wohl gegen den König empören?« |
20 Ich erstattete ihnen Antwort, ich sprach zu ihnen:
»Der Gott des Himmels,
er wirds uns gelingen lassen.
Wir, seine Knechte, machen uns auf und bauen,
ihr aber habt keinen Anteil noch Anspruch noch Gedächtnis in Jerusalem.« |

3,1 Eljaschib, der Großpriester, machte sich auf, und seine Brüder, die Priester,
und sie bauten das Schaftor,
sie sinds, die es heiligten und seine Türflügel einsetzten,
bis an den Hundertturm heiligten sie es, bis an den Turm Chananels. |
2 Ihm zuseiten bauten die Männer von Jericho, und ihm zuseiten baute Sakkur Sohn Imris. |
3 Das Fischtor aber bauten die Söhne Hafsnaas,

sie sinds, die es bälkten und seine Türflügel, seine Schlösser und seine Riegel einsetzten. |
⁴ Ihnen zuseiten festigte Mramot Sohn Urijas Sohns Hakozs.
Ihnen zuseiten festigte Meschullam Sohn Brechjas Sohns Meschesabels.
Ihnen zuseiten festigte Zadok Sohn Baanas. |
⁵ Ihnen zuseiten festigten die Tekoiter, aber ihre Vornehmen ließen ihren Hals nicht in den Dienst ihres Herrn kommen. |
⁶ Das Tor der Altstadt festigten Jojada Sohn Paſsachs und Meschullam Sohn Beſsodjas, sie sinds, die es bälkten und seine Türflügel, seine Schlösser und seine Riegel einsetzten. |
⁷ Und ihnen zuseiten festigte Mlatja der Giboniter und Jadon der Meronotiter, die Männer von Gibon und Mizpa, vom Stuhl des Viztums jenseit des Stroms. |
⁸ Ihm zuseiten festigte Usiel Sohn Charhajas, Goldschmiede, und ihm zuseiten festigte Chananja, der Sohn der Salbenreiber, sie pflasterten Jerusalem bis an die Breite Mauer. |
⁹ Ihnen zuseiten festigte Rfija Sohn Churs, Obrer eines Halbbezirks von Jerusalem. |
¹⁰ Ihnen zuseiten festigte Jedaja Sohn Charumafs, und seinem Haus gegenüber.
Ihm zuseiten festigte Chattusch Sohn Chaschbanjas. |
¹¹ Eine zweite Strecke festigte Malkija Sohn Charims und Chaschschub Sohn Pachat-Moabs, und den Ofenturm. |
¹² Ihm zuseiten festigte Schallum Sohn Halocheschs, Obrer eines Halbbezirks von Jerusalem, er und seine Töchter. |
¹³ Das Schluchttor festigte Chanun und die Insassen von Sanuach, sie sinds, die es bauten und seine Türflügel, seine Schlösser und seine Riegel einsetzten, und tausend Ellen an der Mauer bis ans Misttor. |
¹⁴ Das Misttor festigte Malkija Sohn Rechabs, Obrer des Bezirks von Bet-hakerem, er ists, der es baute und seine Türflügel, seine Schlösser und seine Riegel einsetzte. |
¹⁵ Das Quelltor festigte Schallun Sohn Kol-Choses, Obrer des Bezirks von Mizpa, er ists, der es baute und es überdachte und seine Türflügel, seine Schlösser und seine Riegel einsetzte,
dazu die Mauer des Schelach-Teichs am Königsgarten bis an die Stufen, die von der Dawidstadt hinabführen. |

¹⁶ Nach ihm festigte Nechemja Sohn Asbuks, Obrer eines Halbbezirks von Bet-Zur bis gegenüber den Dawidsgräbern und bis an den angelegten Teich und bis ans Haus der Heldenwehr. |
¹⁷ Nach ihm festigten die Lewiten, Rchum Sohn Banis.
Neben ihm festigte Chaschawja, Obrer eines Halbbezirks von Keïla, für seinen Bezirk. |
¹⁸ Nach ihm festigten ihre Brüder, Bawwaj Sohn Henadads, Obrer eines Halbbezirks von Keïla. |
¹⁹ Es festigte ihm zuseiten Eser Sohn Jeschuas, Obrer des Bezirks von Mizpa, eine zweite Strecke, gegenüber dem Aufstieg zum Rüstzug am Winkel. |
²⁰ Nach ihm, entflammt, festigte Baruch Sohn Sakkajs eine zweite Strecke, vom Winkel bis an den Einlaß des Hauses Eljaschibs des Großpriesters. |
²¹ Nach ihm festigte Mramot Sohn Urijas Sohns Hakozs eine zweite Strecke, vom Einlaß des Hauses Eljaschibs bis ans Ende des Hauses Eljaschibs. |
²² Nach ihm festigten die Priester, die Männer des Kreises. |
²³ Danach festigte Binjamin und Chaschschub gegenüber ihrem Haus.
Nach ihm festigte Asarja Sohn Maaßjas Sohns Ananjas, neben seinem Haus. |
²⁴ Nach ihm festigte Binnuj Sohn Hanadads eine zweite Strecke, vom Haus Asarjas bis an den Winkel und bis an die Ecke, |
²⁵ Palal Sohn Usajs gegenüber dem Winkel und dem Turm, der von dem Höchstteil des Königshauses vorspringt, dem am Wachthof
Nach ihm Pdaja Sohn Paroschs. |
²⁶ [Die Hingegebnen aber waren ansässig auf dem Bühl bis gegenüber dem Wassertor nach Osten und an den vorspringenden Turm.]|
²⁷ Nach ihm festigten die Tekoiter eine zweite Strecke, gegenüber dem großen vorspringenden Turm bis an die Bühlmauer. |
²⁸ Oberhalb des Roßtors festigten die Priester, jedermann seinem Haus gegenüber. |
²⁹ Danach festigte Zadok Sohn Immers seinem Haus gegenüber, und nach ihm festigte Schmaja Sohn Schchenjas, Hüter des Osttors. |

³⁰ Nach ihm festigte Chananja Sohn Schelemjas und Chanun Sohn Zalafs, der sechste, eine zweite Strecke.
Nach ihm festigte Meschullam Sohn Berechjas, seiner Zelle gegenüber. |
³¹ Nach ihm festigte Malkija, ein Sohn der Goldschmiedschaft, bis ans Haus der Hingegebnen und der Krämer, dem Tor der Musterung und bis ans Hochgemach der Ecke. |
³² Zwischen dem Hochgemach der Ecke aber und dem Schaftor festigten die Goldschmiede und die Krämer. |

³³ Es geschah aber,
als Sfanballat hörte, daß wir die Mauer bauten, entflammte er, sehr verdroß es ihn,
und er verhöhnte die Judäer. |
³⁴ Er sprach vor seinen Brüdern und dem Heer von Samaria, sprach:
»Was treiben die elenden Judäer?
Sie wollen wohl drauf los pflastern?
wollen wohl schon opferschlachten?
wollens wohl noch heuttags fertigmachen?
wollen wohl aus den Schutthaufen die Steine, die ja verbrannt sind, beleben?« |
³⁵ Und Tobija der Ammoniter, neben ihm, sprach:
»Was sie da gar zusammenbaun!
Springt ein Fuchs drüber, reißt er ihre Steinmauer ein!« |
³⁶ – Höre, unser Gott,
wie wir ein Gespött worden sind!
Laß ihre Schmähung auf den Kopf ihnen kehren!
Gib sie der Plünderung in einem Land der Gefangenschaft hin! |
³⁷ Nimmer hülle ihre Verfehlung und ihre Versündigung vor deinem Antlitz!
Nimmer lösche es aus!
Denn dich wollen sie, den Bauleuten zugegen, verdrießen. |
³⁸ Wir aber bauen die Mauer fort,
Und schon hat sich all die Mauer bis an die halbe Höhe zusammengefügt.
Dem Volk ist ein Herz geworden, es zu tun. |

⁴,¹ Es geschah aber,

als Sanballat hörte und Tobija und die Araber und die
    Ammoniter und die Aschdoditer,
daß die Wundhaut zuwächst für die Mauern Jerusalems,
denn die Breschen hatten sich zu schließen begonnen,
entflammte es sie sehr. |
² Sie verknoteten sich alle miteinander,
heranzukommen, Jerusalem zu bekriegen und einen
    Wirrwarr drin zu bewirken. |
³ Da beteten wir zu unserem Gott
und stellten ihretwegen Wache gegen sie auf, tags und nachts. |
⁴ Aber Jehuda sprach:
»Die Kraft des Trägers wankt,
des Schuttes ist überviel,
und wir da, wir vermögens nicht,
an der Mauer zu bauen.« |
⁵ Und unsre Bedränger sprachen:
»Sie sollen nichts erkennen,
sie sollen nichts sehn,
bis wir mitten unter sie kommen
und sie erwürgen
und verabschieden die Arbeit.« |
⁶ Es geschah aber,
als die Judäer, die neben ihnen ansässig waren, zehnmal zu
    uns kamen und zu uns sprachen: »Von allen Orten, wohin
    ihr euch kehrt, wider uns...!«, |
⁷ stellte ich unten an den Platz hinter der Mauer, in die
    Gräben, da stellte ich Volk auf nach ihren Sippen
mit ihren Schwertern, ihren Lanzen und ihren Bogen. |
⁸ Ich besahs und sprach zu den Edeln und zu den Präfekten
    und zu dem sonstigen Volk:
»Fürchtet euch nimmer vor ihnen!
Des Herrn, des großen und furchtbaren, gedenkt
und streitet für eure Brüder, eure Söhne und eure Töchter,
    eure Frauen und eure Häuser!« |
⁹ Und es geschah,
als unsre Feinde hörten, daß es uns kund worden war,
vereitelte Gott ihren Ratschluß,
und alle kehrten wir zurück an die Mauer,
jedermann zu seiner Arbeit. |

¹⁰ Es geschah von jenem Tag an:
   die Hälfte meiner Knappen taten die Arbeit, und die Hälfte
      von ihnen, fest hielten sie die Lanzen, die Schilde,
      die Bogen, die Panzer,
¹¹ die Obern aber waren hinter allem Hause Jehudas, | denen,
      die an der Mauer bauten.
   Und die an der Traglast schleppten, waren ausgerüstet,
   mit einer Hand tat der die Arbeit,
   und eine hielt die Waffe fest. |
¹² Und die Bauenden hatten jedermann sein Schwert um seine
      Lenden gegürtet.
   Der aber in die Posaune blies, war neben mir. |
¹³ Ich sprach zu den Edeln, zu den Präfekten und zu dem
      sonstigen Volk:
   »Der Arbeit ist viel, weithin,
   und getrennt sind wir auf der Mauer, jedermann fern seinem
      Bruder. |
¹⁴ An den Ort, woher ihr den Schall der Posaune hört,
   dorthin versammelt euch zu uns!
   Unser Gott wird für uns streiten.« |
¹⁵ So waren an der Arbeit wir tätig,
   und ihrer eine Hälfte hielt die Lanzen fest
   vom Aufzug des Morgengrauns bis zum Hervortritt der
      Sterne. |
¹⁶ Auch zu jener Zeit sprach ich zum Volk:
   »Jedermann und sein Knappe,
   nachten sollen sie Jerusalem inmitten,
   so sind sie nachts uns Wache
   und tages Arbeitsschar.« |
¹⁷ Ich aber, meine Brüder, meine Knappen und die Männer der
      Wache, die hinter mir waren,
   nicht streiften unsre Kleider wir ab, –
   ans Wasser jedermann mit seinem Geschoß. |

⁵,¹ Aber groß ward das Geschrei des Volks und ihrer Frauen
      wider ihre Brüder, die Judäer. |
   ² Es gab welche, die sprachen:
   »Unsre Söhne und unsre Töchter! Unser sind viele!
   Und Korn müssen wir herholen, daß wir essen und leben!« |

³ Und welche gabs, die sprachen:
»Unsre Felder und unsre Weingärten und unsre Häuser verpfänden wir, daß wir Korn herholen in der Hungersnot.« |
⁴ Und welche gabs, die sprachen:
»Wir haben Geld entliehn für die Steuer des Königs auf unsre Felder und Weingärten, |
⁵ und nun,
wie das Fleisch unsrer Brüder ist unser Fleisch,
wie ihre Söhne sind unsre Söhne,
und da,
wir müssen unsre Söhne und unsre Töchter zur Knechtschaft erniedern,
schon sind erniedert etwelche unsrer Töchter,
und nichts steht in der Macht unsrer Hand,
und unsre Felder und Weingärten werden andrer.« |
⁶ Es entflammte mich sehr, als ich ihr Geschrei und diese ihre Reden hörte. |
⁷ Mein Herz in mir hielt Rat,
und ich schalt die Edeln und die Präfekten, ich sprach zu ihnen:
»Ihr wuchert, jedermann Bewuchrung seines Bruders.«
Ich gab eine große Gemeinde gegen sie her, |
⁸ und sprach zu ihnen:
»Wir da, wir haben unsre Brüder, die Judäer, die den Weltstämmen Verkauften, erworben, soweits an uns war,
und ihr selber gar wollt eure Brüder verkaufen,
daß sie wieder uns verkauft werden!«
Sie schwiegen und fanden Sachrede nicht. |
⁹ Ich sprach:
»Nicht gut ist die Sache, die ihr tut.
Sollt ihr nicht in der Furcht unsres Gottes einhergehn,
wegen der Schmähung der Weltstämme, unsrer Feinde? |
¹⁰ Auch ich ja, meine Brüder und meine Knappen haben von ihnen Geld und Korn zu fordern.
Erlassen wir doch diese Fordrung! |
¹¹ Erstattet doch heuttags ihnen ihre Felder, ihre Weingärten, ihre Olivenhaine und ihre Häuser und den Hundertsatz von Geld, Korn, Most und Ausbruchsöl, die ihr von ihnen zu fordern habt!« |

¹² Sie sprachen
»Wir wollens erstatten,
wir wollen nichts von ihnen verlangen,
so wollen wir tun, wie du sprichst.«
Ich rief die Priester
und schwur sie ein, nach dieser Rede zu tun. |
¹³ Auch schüttelte ich meinen Bausch aus und sprach:
»So, so schüttle Gott jedermann, der diese Rede nicht
   aufrechthält, aus seinem Haus und aus seinem Verdienst,
so, so soll er werden, ausgeschüttet und leer!«
Sie sprachen, all die Gemeinde: »Jawahr!« und sie priesen IHN.
Und das Volk tat dieser Rede gemäß. |

¹⁴ Auch habe ich von dem Tage an, da man mich entbot,
   Viztum im Lande Jehuda zu sein,
vom zwanzigsten Jahr bis zum zweiunddreißigsten Jahr des
   Königs Artaxerxes, ⟨zwölf Jahre,⟩
ich und meine Brüder, das Viztumsbrot habe ich nicht
   gegessen. |
¹⁵ Die ersten Viztume nämlich, die vor mir waren, hatten das
   Volk beschwert
und hatten von ihnen für Brot und Wein, überdies vierzig
   Gewicht Silbers genommen,
auch ihre Knappen schalteten mit dem Volk,
ich aber habe aus Furcht Gottes nicht so getan. |
¹⁶ Auch bei der Arbeit an dieser Mauer habe ich fest Hand
   angelegt,
Feld haben wir nicht gekauft, und alle meine Knappen
   waren dort bei der Arbeit versammelt. |
¹⁷ Der Judäer und der Präfekten waren hundertundfünfzig
   Mann, dazu die zu uns von den Stämmen ringsum
   Gekommnen, an meinem Tisch, |
¹⁸ und was für einen Tag mir zubereitet wurde, war: ein Ochs,
   sechs erlesne Schafe, dazu Geflügel
und je für zehn Tage allerart Weins die Fülle,
und dabei habe ich Viztumsbrot nicht verlangt,
denn schwer lag der Dienst auf diesem Volk. |
¹⁹ Gedenke mirs, mein Gott, zum Guten,
was ich für dieses Volk tat! |

6,1 Als es aber Sfanballat und Tobija und Gaschem, dem Araber,
   und dem Rest unsrer Feinde zu Gehör kam,
   daß ich die Mauer auferbaut hatte und nicht war eine
   Bresche restlich in ihr,
   – hatte ich auch zu jener Zeit noch nicht Türflügel in die
   Tore gesetzt –, |
2 sandte Sfanballat und Gaschem zu mir mit dem Spruch:
   »Laß uns in Kfirim in der Ebne von Ono zusammentreffen!«
   Sie planten aber, mir Böses anzutun. |
3 Ich sandte zu ihnen Boten mit dem Spruch:
   »Eine große Arbeit habe ich zu tun,
   ich darf nicht hinuntersteigen.
   Warum soll die Arbeit stillstehn,
   wenn ich lässig bin und zu euch hinabsteige!« |
4 Sie sandten zu mir viermal dieser Rede gemäß,
   und dieser Rede gemäß erwiderte ich ihnen. |
5 Da sandte Sfanballat zu mir dieser Rede gemäß ein fünftes Mal
   seinen Knappen, mit einem offnen Brief in seiner Hand. |
6 Darin war geschrieben:
   »Unter den Stämmen ist zu hören, und Gaschem besprachs,
   du und die Judäer planten sich zu empören,
   darum bauest du die Mauer auf,
   und du wollest ihr König werden
   – diesen Reden gemäß –, |
7 und auch Künder habest du bestellt,
   in Jerusalem über dich auszurufen, sprechend:
   ›Ein König in Jehuda!‹
   Und nun wirds dem König diesen Reden gemäß zu Gehör
   kommen.
   Nun, auf, laß uns miteinander uns beraten!« |
8 Ich sandte zu ihm mit dem Spruch:
   »Nicht ist diesen Reden Gemäßes geschehn, die du da sprichst,
   sondern aus deinem Herzen bringst dus hervor.« |
9 Denn sie alle wollten uns furchtsam machen,
   zu sich sprechend: »Ihre Hände werden erschlaffen, von der
   Arbeit ab, und getan wird sie nicht werden.«
   – Nun aber:
   Festige meine Hände! |

¹⁰ Und ich, einst kam ich ins Haus Schmajas Sohns Dlajas Sohns Mehetabels,
der war abgehegt,
und er sprach:
»Laß uns im Gotteshaus zusammentreffen, mitten in der Halle,
und laß uns die Türen der Halle verschließen,
denn sie kommen, dich zu erwürgen,
nachts kommen sie, dich zu erwürgen.«|
¹¹ Ich sprach:
»Ein Mann wie ich sollte fliehn!
Und wie könnte einer wie ich, der in die Halle käme, fortleben!
Ich komme nicht.«|
¹² Ich hatte erkannt:
da, nicht Gott wars, der ihn sandte,
sondern wohl redete er Kündung über mich,
aber Tobija und Sfanballat hatten ihn gedungen. |
¹³ Zu dem Behuf war er gedungen,
zu dem Behuf, daß ich mich fürchte und so tue und sündige
und es, ihnen zu Nutzen, zu einem üblen Ruf werde, zu dem Behuf, daß sie mich schmähen können. |
¹⁴ – Gedenks, mein Gott, Tobija und Sfanballat diesen ihren Taten gemäß,
und auch Noadja, der Künderin, und den andern Kündern, die mich furchtsam machen wollten. |

¹⁵ Die Mauer wurde fertig am fünfundzwanzigsten des Elul, nach zweiundfünfzig Tagen. –|
¹⁶ Es geschah aber,
als all unsre Feinde es hörten und alle Stämme ringsum es sahen,
sanken sie sehr in ihren eignen Augen,
sie merkten ja, daß diese Arbeit von unserm Gott aus geschehen war. –|
¹⁷ Auch in jenen Tagen waren der Edeln Jehudas viele, deren Briefe an Tobija gingen und die Tobijas kamen zu ihnen, |
¹⁸ denn viele in Jehuda waren Schwurbrüder ihm,
denn er war ein Eidam Schchanjas Sohns Arachs, und Jeho-

chanan, sein Sohn, hatte die Tochter Meschullams Sohns Brechjas genommen. |

19 Auch pflegten sie vor mir Gutes von ihm zu sprechen, und meine Reden pflegten sie ihm zuzutragen.
Tobija aber sandte Briefe, mich furchtsam zu machen. |

7,1 Es geschah,
als die Mauer auferbaut war und ich die Türflügel eingesetzt hatte und die Torleute, die Sänger und die Lewiten waren beordert, |
2 da entbot ich meinen Bruder Chanani und Chananja, den Obern der Pfalz, über Jerusalem
– denn er war ein Mann von Treue und Gottes fürchtig vor vielen –, |
3 und ich sprach zu ihnen:
»Nicht sollen geöffnet werden die Tore Jerusalems, bis die Sonne heiß ist,
und noch während man dasteht, versperre man die Türflügel und verriegle,
und man stelle Wachtposten von den Insassen Jerusalems auf, jedermann an seinem Posten seinem Haus gegenüber.« |
4 Die Stadt aber war breit zuhanden und groß
und des Volkes wenig ihr inmitten
und keine Häuser gebaut. |
5 Da gab Gott mirs ins Herz,
ich versammelte die Edeln, die Präfekten und das Volk nach dem Zugehörigsein.
Ich fand das Zugehörigkeitsbuch der zuerst Heraufgezognen und fand darin geschrieben: |
6 Dies sind die Söhne des Gaus, die heraufzogen aus der Gefangenschaft der Verschleppten, die Nebukadnezar, König von Babel, verschleppt hatte,
und kehrten zurück nach Jerusalem und nach Jehuda, jedermann nach seiner Stadt. |
7 Die mit Serubbabel kamen: Jeschua, Nechemja, Asarja, Raamja, Nachamani, Mordchaj, Bilschan, Misperet, Bigwaj, Nchum, Baana.
Die Zahl der Männer des Volks Jifsrael: |
8 Söhne Paroschs zweitausendhundertzweiundsiebzig, |

⁹ Söhne Schfatjas dreihundertzweiundsiebzig, |
¹⁰ Söhne Arachs sechshundertzweiundfünfzig, |
¹¹ Söhne Pachat-Moabs, von den Söhnen Jeschuas und Joabs zweitausendachthundertachtzehn, |
¹² Söhne Elams tausendzweihundertvierundfünfzig, |
¹³ Söhne Sattus achthundertfünfundvierzig, |
¹⁴ Söhne Sakkajs siebenhundertsechzig, |
¹⁵ Söhne Binnujs sechshundertachtundvierzig, |
¹⁶ Söhne Bebajs sechshundertachtundzwanzig, |
¹⁷ Söhne Asgads zweitausenddreihundertzweiundzwanzig, |
¹⁸ Söhne Adonikams sechshundertsiebenundsechzig, |
¹⁹ Söhne Bigwajs zweitausendsiebenundsechzig, |
²⁰ Söhne Adins sechshundertfünfundfünfzig, |
²¹ Söhne Aters, von Chiskkija achtundneunzig, |
²² Söhne Chaschums dreihundertachtundzwanzig, |
²³ Söhne Bezajs dreihundertvierundzwanzig, |
²⁴ Söhne Charifs hundertzwölf, |
²⁵ Söhne Gibons fünfundneunzig, |
²⁶ Männer von Betlehem und Netofa hundertachtundachtzig, |
²⁷ Männer von Anatot hundertachtundzwanzig, |
²⁸ Männer von Bet-Asmawet zweiundvierzig, |
²⁹ Männer von Kirjat-Jearim, Kfira und Beerot siebenhundertdreiundvierzig, |
³⁰ Männer von Rama und Gaba sechshunderteinundzwanzig, |
³¹ Männer von Michmas hundertzweiundzwanzig, |
³² Männer von Bet-El und Ai hundertdreiundzwanzig, |
³³ Männer von dem andern Nbo zweiundfünfzig, |
³⁴ Söhne des andern Elam tausendzweihundertvierundfünfzig, |
³⁵ Söhne Charims dreihundertzwanzig, |
³⁶ Söhne von Jericho dreihundertfünfundvierzig, |
³⁷ Söhne von Lod, Chadid und Ono siebenhunderteinundzwanzig, |
³⁸ Söhne Sfnaas dreitausendneunhundertdreißig, |
³⁹ Die Priester:
Söhne Jedajas, vom Hause Jeschuas neunhundertdreiundsiebzig, |
⁴⁰ Söhne Immers tausendzweiundfünfzig, |
⁴¹ Söhne Paschchurs tausendzweihundertsiebenundvierzig, |
⁴² Söhne Charims tausendsiebzehn, |

⁴³ Die Lewiten:
Söhne Jeschuas, von Kadmiel von den Söhnen Lehodjas vierundsiebzig, |
⁴⁴ Die Sänger:
Söhne Afsafs hundertachtundvierzig, |
⁴⁵ Die Torleute
Söhne Schallums, Söhne Aters, Söhne Talmons, Söhne Akkubs, Söhne Chatitas, Söhne Schobajs hundertachtunddreißig, |
⁴⁶ Die Hingegebnen:
⁴⁷ Söhne Zichas, Söhne Chafsufas, Söhne Tabbaots, | Söhne Ke-
⁴⁸ ros', Söhne Sfias, Söhne Padons, | Söhne Lbanas, Söhne
⁴⁹ Chagabas, Söhne Sfalmajs, | Söhne Chanans, Söhne Gid-
⁵⁰ dels, Söhne Gachars, | Söhne Reajas, Söhne Rzins, Söhne
⁵¹ Nkodas, | Söhne Gasams, Söhne Usas, Söhne Pafseachs, |
⁵² Söhne Besajs, Söhne der Meuniten, Söhne der Nefifsim, |
⁵³,⁵⁴ Söhne Bakbuks, Söhne Chakufas, Söhne Charchurs, | Söh-
⁵⁵ ne Bazlits, Söhne Mchidas, Söhne Charschas, | Söhne Bar-
⁵⁶ kos', Söhne Sfifsras, Söhne Tamachs, | Söhne Nziachs, Söhne Chatifas. |
⁵⁷ Die Söhne der Knechte Schlomos:
⁵⁸ Söhne Sfotajs, Söhne Sfoferets, Söhne Pridas, | Söhne Jaalas,
⁵⁹ Söhne Darkons, Söhne Giddels, | Söhne Schfatjas, Söhne Chattils, Söhne Pocherets von Zebajim, Söhne Amons, |
⁶⁰ Aller Hingegebnen und Söhne der Knechte Schlomos dreihundertzweiundneunzig, |
⁶¹ Und dies sind, die heraufgezogen sind von Tel-Melach, Tel-Charscha, Krub, Addon und Immer
und konnten nicht ihr Vaterhaus und ihren Samen vermelden, ob sie aus Jifsrael waren: |
⁶² Söhne Dlajas, Söhne Tobijas, Söhne Nkodas sechshundertundzweiundvierzig. |
⁶³ und von den Priestern
Söhne Chobajas, Söhne Hakozs, Söhne Barsillajs, der eine Frau von den Töchtern Barsillajs des Giladiters nahm und wurde nach ihrem Namen gerufen. |
⁶⁴ Diese suchten ihre Zugehörigkeitsschrift und man fands nicht, und sie wurden aus der Priesterschaft gelöst. |
⁶⁵ [Und der Erlauchte sprach zu ihnen, sie sollten von dem Ab-

geheiligten der Heiligtume nicht essen, bis ein Priester für
die Lichtenden und die Schlichtenden ersteht.]|
⁶⁶ All die Gemeinschaft in einem: zweiundvierzigtausenddrei-
hundertundsechzig, |
⁶⁷ außer ihren Knechten und ihren Mägden, – dieser siebentau-
senddreihundertsiebenunddreißig.
und der Sänger und Sängerinnen hatten sie zweihundertfünf-
undvierzig. |
⁶⁸ Ihrer Pferde: siebenhundertsechsunddreißig,
ihrer Maultiere: zweihundertfünfundvierzig,
Kamele: vierhundertfünfunddreißig,
Esel: sechstausendsiebenhundertzwanzig. –|

⁶⁹ Und etliche Häupter der Vaterschaften gaben für das Werk.
Der Erlauchte gab für den Schatz: an Gold tausend Drach-
men, Sprengen fünfzig, Priesterröcke fünfhundertdreißig. |
⁷⁰ Und von den Häuptern der Vaterschaften gaben welche für
den Werkschatz: an Gold zwanzigtausend Drachmen und
an Silber zweitausendzweihundert Minen. |
⁷¹ Und was das übrige Volk gab: an Gold zwanzigtausend
Drachmen und an Silber zweitausend Minen, und Priester-
röcke siebenundsechzig. –|
⁷² Und ansässig wurden die Priester und die Lewiten und die
Torleute und die Sänger und die vom Volk und die Hingegebnen und Jiſsrael allsamt in ihren Städten.

Als die siebente Mondneuung erschien, und die Söhne
Jiſsraels waren in ihren Städten, |
⁸,¹ versammelten sie sich, alles Volk wie ein Mann, auf dem
Platz, der vor dem Wassertor ist,
und sie sprachen Esra, den Schriftkundigen, an, das Buch der
Weisung Mosches zu bringen, die ER Jiſsrael geboten hatte. |
² Esra, der Priester, brachte die Weisung vor die Gemeinschaft,
so Männer wie Frauen, und alljeden, der im Zuhören erfaßt,
am ersten Tag auf die siebente Neuung. |
³ Er las daraus vor dem Platz, der vorm Wassertor ist, vom
Frühlicht bis zur Tageshälfte
vor den Männern und Frauen und den Erfassenden, – die
Ohren alles Volks zum Buche der Weisung hin. |

⁴ Esra, der Schriftkundige, stand auf einer Holzkanzel, die man dafür errichtet hatte,
und neben ihm standen: Mattitja, Schma, Anaja, Urija, Chilkija, Maaſsija zu seiner Rechten, und zu seiner Linken: Pdaja, Mischael, Malkija, Chaschum, Chaschbaddana, Secharja, Meschullam. |

⁵ Esra öffnete das Buch vor den Augen alles Volks,
denn er war über alles Volk erhoben,
und als er es öffnete, stand alles Volk auf. |

⁶ Esra segnete IHN, den großen Gott,
und alles Volk antwortete: »Jawahr, jawahr!«, die Hände erhoben,
sie verneigten sich und warfen sich nieder vor IHM, Stirn zur Erde. |

⁷ Und Jeschua, Bani, Schrebja, Jamin, Akkub, Schabbtaj, Hodija, Maaſseja, Klita, Asarja, Josabad, Chanan, Plaja
und die Lewiten gaben dem Volk die Weisung zu fassen,
während das Volk auf seinem Standort blieb. |

⁸ Man las aus dem Buch, aus der Weisung Gottes, verdeutlichend und fürs Begreifen darlegend,
und sie erfaßten die Lesung. |

⁹ Dann sprach Nechemja, das ist der Erlauchte, und Esra, der Priester, der Schriftkundige, und die Lewiten, die es dem Volk zu fassen gaben, zu allem Volk:
»Der Tag ist IHM, eurem Gotte, heilig,
nimmer sollt ihr trauern, nimmer weinen!«
Denn alles Volk weinte, als es die Reden der Weisung hörte. |

¹⁰ Und er sprach zu ihnen:
»Geht hin, eßt Fettes, trinkt Süßes
und sendet Gebühranteile denen, die nichts bereit haben,
denn heilig ist der Tag unserm Herrn!
Nimmer sollt ihr euch betrüben,
denn die Wonne an IHM ist eure Schutzwehr.« |

¹¹ Und die Lewiten beschwichtigten alles Volk, sprechend:
»Seid still, denn heilig ist der Tag, nimmer sollt ihr euch betrüben.« |

¹² Da gingen sie, alles Volk, dran, zu essen und zu trinken und Gebühranteile zu senden und eine große Freude aufzutun,

denn sie hatten die Rede erfaßt, die man ihnen kundgegeben hatte. |

¹³ Am zweiten Tag aber traten mitsammen die Häupter der Vaterschaften von allem Volk, die Priester und die Lewiten zu Esra, dem Schriftgelehrten,
um die Reden der Weisung zu ergreifen. |
¹⁴ Da fanden sie in der Weisung, die ER durch Mosche geboten hatte,
daß die Söhne Jifsraels am Fest in der siebenten Mondneuung in Hütten siedeln sollten, – |
¹⁵ so daß sie nun in all ihren Städten und in Jerusalem einen Ruf, hindurchschallend, hören ließen, im Spruch:
»Zieht ins Gebirg und bringt Olivenlaub und Laub vom milden Ölbaum und Myrtenlaub und Palmenlaub und Laub vom dichtästigen Baum,
Hütten zu machen, wies geschrieben ist.« |
¹⁶ Sie zogen hinaus, das Volk, und brachtens und machten sich Hütten,
jedermann auf seinem Dach, und in ihren Höfen,
und in den Höfen des Gotteshauses, und auf dem Platze des Wassertors, und auf dem Platze des Tors Efrajims. |
¹⁷ Sie machten, all die Gemeinschaft, die aus der Gefangenschaft Heimgekehrten, Hütten
und siedelten in den Hütten.
Denn nicht hatten seit den Tagen Jeschuas Sohns Nuns bis zu jenen Tagen die Söhne Jifsraels solches gemacht,
und es ward eine sehr große Freude. |
¹⁸ Er las aus dem Buche der Weisung Gottes Tag um Tag,
von dem ersten Tag an bis zum letzten Tag,
und sie machten sieben Tage das Fest und am achten Tage die Einbehaltung
nach dem Rechtsbrauch. |

⁹,¹ Am vierundzwanzigsten Tag auf jene Mondneuung aber traten die Söhne Jifsraels zusammen in Fasten, in Sackleinengewand, Erde auf sich, |
² und sonderten sich, als der Same Jifsraels, von allen Söhnen der Fremde ab.

Sie standen und bekannten ihre Versündigungen und die
  Verfehlungen ihrer Väter. |
3 Sie erhoben sich an ihrem Standort und lasen im Buch
  SEINER, ihres Gottes, Weisung ein Tagviertel,
  und ein Viertel waren sie im Bekennen vor IHM, ihrem
  Gotte, niedergefallen. |
4 Auf der Hochbühne der Lewiten erhob sich Jeschua und Ba-
  naj, Kadmiel, Schbanja, Bunni, Scherebja, Bani, Knani,
  und sie schrien auf mit lauter Stimme zu IHM, ihrem Gott. |
5 Dann sprachen die Lewiten, Jeschua, Kadmiel, Bani, Cha-
  schabnja, Scherebja, Hodija, Schbanja, Ptachja:
  »Auf, segnet IHN, euren Gott, von Weltzeit zu Weltzeit! –
  Man segne den Namen deines Ehrenscheins, erhaben über
  alle Segnung und Preisung! |
6 Du bists, DU, allein,
  du selber hast die Himmel gemacht, die Himmel ob
  Himmeln und all ihre Schar,
  die Erde und alles was drauf ist, die Meere und alles was drin
  ist,
  und du belebst sie alle,
  und die Himmelsschar, vor dir werfen sie sich nieder. |
7 Du bists, DU, Gott,
  der du Abram erwähltest
  und führtest ihn heraus vom chaldäischen Ur
  und setztest seinen Namen zu Abraham um |
8 und befandest sein Herz getreu dir vorm Antlitz
  und schlossest mit ihm den Bund,
  zu geben das Land des Kanaaniters, des Chetiters, des Amo-
  riters, des Prisiters, des Jebussiters und des Girgaschiters,
  es zu geben seinem Samen,
  und aufrecht erhieltest du deine Rede,
  denn du bist bewährt. |
9 Du sahst die Bedrückung unsrer Väter in Ägypten,
  und du hörtest ihren Aufschrei am Schilfmeer, |
10 du gabst Zeichen und Erweise an Pharao, an all seinen
  Knechten und an allem Volk seines Landes,
  denn du wußtest, daß sie gegen uns sich vermaßen.
  Du machtest dir einen Namen, wies an diesem Tag ist, |
11 das Meer spaltetest du vor ihnen,

daß sie mitten durchs Meer auf dem Trocknen schritten,
und ihre Verfolger schleudertest du in den Strudel
wie einen Stein in wütige Wasser, |
¹² in einer Wolkensäule leitetest du sie des Tags,
in einer Feuersäule des Nachts,
ihnen den Weg zu erleuchten, den sie gehen sollten. |
¹³ Auf den Berg Sinai nieder stiegst du,
redetest mit ihnen vom Himmel her
und gabst ihnen
gerade Rechtsgeheiße,
getreue Weisungen,
gute Satzungen und Gebote, |
¹⁴ die Wochenfeier deiner Heiligung tatst du ihnen kund,
Gebote, Satzungen und Weisung gebotest du ihnen durch
    Mosche deinen Knecht, |
¹⁵ Brot vom Himmel gabst du ihnen für ihren Hunger,
Wasser vom Felsen holtest hervor du für ihren Durst,
und du sprachst ihnen zu,
daß sie kommen, das Land zu ererben,
über das deine Hand du hobst, es ihnen zu geben. |
¹⁶ Sie aber, unsre Väter, vermaßen sich
und steiften ihren Nacken
und hörten nicht auf deine Gebote, |
¹⁷ sie weigerten sich zu hören,
sie gedachten nicht deiner Wunder, die an ihnen du hattest
    getan,
sie steiften ihren Nacken und setzten sich ein Haupt,
zurückzukehren zu ihrer Knechtschaft in ihrer
    Widerspenstigkeit.
Du aber bist ein Gott der Verzeihungen,
gönnend und erbarmend, langmütig,
und du verließest sie nicht. |
¹⁸ Obzwar sie ein Gußkalb sich machten und sprachen:
›Dies ist dein Gott, der dich heraufgeholt hat aus Ägypten!‹
und machten große Lästerlichkeiten, |
¹⁹ du, in deinem vielen Erbarmen, verließest sie nicht in der
    Wüste,
die Wolkensäule, sie wich nicht von ihnen des Tags, sie auf
    dem Wege zu leiten,

noch die Feuersäule des Nachts, ihnen den Weg zu erleuchten, den sie gehen sollten, |
20 deinen guten Geist gabst du ihnen, sie begreifen zu lehren,
dein Manna versagtest du nicht ihrem Mund
und Wasser gabst du ihnen für ihren Durst, |
21 vierzig Jahre versorgtest du sie in der Wüste,
ihnen mangelte nichts,
ihre Tücher mürbten nicht ab,
ihre Füße schwollen nicht an. |
22 Du gabst ihnen Königreiche und Völkerschaften,
du verteiltest sie stückweise,
sie ererbten das Land Sichons, das Land des Königs von Cheschbon und das Land Ogs, des Königs von Baschan, |
23 ihre Söhne mehrtest du wie die Sterne des Himmels
und ließest sie kommen in das Land, das du ihren Vätern zugesprochen hattest, zu kommen, zu erben, |
24 die Söhne kamen und ererbten das Land,
du beugtest vor ihnen die Insassen des Landes, die Kanaaniter,
und gabst sie in ihre Hand, ihre Könige und die Völkerschaft des Landes,
daß sie mit denen tun nach ihrem Willen, |
25 sie eroberten befestigte Städte und fetten Boden,
sie ererbten Häuser, voll von allerhand Gut,
ausgehaune Zisternen, Weingärten, Ölhaine, Bäume zu Atzung in Menge,
sie aßen, wurden satt, wurden fett, verwöhnten sich an deiner großen Güte. |
26 Sie wurden widerspenstig, sie empörten sich gegen dich, sie schleuderten deine Weisung hinter ihren Rücken,
deine Künder, die sie verwarnten, um zu dir sie zurückzuführen, brachten sie um,
sie machten große Lästerlichkeiten. |
27 Da gabst du sie in die Hand ihrer Bedränger, und die bedrängten sie.
In der Zeit ihrer Drangsal aber schrien sie zu dir,
und du, vom Himmel her hast du gehört,
und in deinem vielen Erbarmen hast du ihnen Befreier gegeben,

die befreiten sie aus der Hand ihrer Bedränger. |
²⁸ Als ihnen aber Ruhe ward, kehrten sie sich wieder zum Übeltun vor dir.
Da überließest du sie der Hand ihrer Feinde, und die schalteten mit ihnen.
Nun, wiederkehrend, schrien sie zu dir,
und du, vom Himmel her hast du sie gehört
und in deinem Erbarmen hast du sie gerettet,
zu vielen Zeiten. |
²⁹ Du verwarntest sie,
sie zu deiner Weisung umkehren zu lassen,
sie aber vermaßen sich,
hörten nicht auf deine Gebote,
an deinen Rechtsgeheißen, sie sündigten an ihnen, als welche der Mensch tut und lebt durch sie,
sie gaben eine störrische Schulter her, steiften ihren Nacken und hörten nicht. |
³⁰ Du verzogst es über ihnen viele Jahre,
du verwarntest sie mit deinem Geist, durch deine Künder,
sie aber lauschten nicht auf.
Da gabst du sie in die Hand der Völker der Länder. |
³¹ Aber in deinem vielen Erbarmen machtest du ihnen den Garaus nicht,
nicht verließest du sie,
denn du bist ein gönnender und erbarmender Gott. |
³² Und nun, unser Gott,
großer, furchtbarer, heldischer Gottherr,
wahrend den Bund und die Huld!
nimmer gering sei vor dir all das Ungemach, das uns betraf,
unsre Könige, unsre Obern, unsre Priester, unsre Künder,
unsre Väter und all dein Volk
von den Tagen der Könige Assyriens bis auf diesen Tag! |
³³ Du bist bewährt in allem, was über uns kam,
denn in Treuen tatest du, wir aber frevelten, |
³⁴ Und unsre Könige, unsre Obern, unsre Priester und unsre Väter,
nicht taten sie nach deiner Weisung,
nicht achteten sie auf deine Gebote und auf deine Verwarnungen, mit denen du sie verwarntest. |

³⁵ Sie, in ihrem Königtum,
in dem vielen Gut, das du ihnen gabst,
in dem weiten und fetten Land, das du gabst vor sie hin,
sie dienten dir nicht,
und nicht kehrten von ihrem bösen Treiben sie um. |
³⁶ Da,
Dienstknechte sind wir heut,
und das Land, das du unsern Vätern gabst, seine Frucht, sein
   Gut zu genießen,
da, Dienstknechte sind wir darauf, |
³⁷ und seine Einkunft mehrt sich für die Könige, die du unsrer
   Sünden wegen über uns tatest,
sie walten über unsre Leiber und über unser Vieh nach ihrem
   Willen,
und wir sind in großer Drangsal. –|
¹⁰,¹ Und in all diesem stiften wir eine Verpflichtung und schreiben,
auf der Versieglung unsre Obern, unsre Lewiten, unsre Priester. |
² Auf den Versieglungen:
Nechemja, der Erlauchte, Sohn Chachaljas, und Zidkija, |
³,⁴ Sraja, Asarja, Jirmja, | Paschchur, Amarja, Malkija, |
⁵,⁶ Chattusch, Schbanja, Malluch, | Charim, Mremot, Obadja, |
⁷,⁸ Daniel, Ginnton, Baruch, | Meschullam, Abija, Mijamin, |
⁹ Maasja, Bilgaj, Schmaja
– dies sind die Priester –, |
¹⁰ und die Lewiten
Jeschua Sohn Asanjas, Binnuj von den Söhnen Henadads,
Kadmiel, |
¹¹ und ihre Brüder
¹² Schbanja, Hodija, Klita, Plaja, Chanan, | Micha, Rchob, Cha-
¹³,¹⁴ schabja, | Sakkur, Schrebja, Schbanja, | Hodija, Bani, Bninu, |
¹⁵ die Häupter des Volks
¹⁶ Parosch, Pachat-Moab, Elam, Sattu, Bani, | Bunni, Asgad, Be-
¹⁷,¹⁸,¹⁹ baj, | Adonija, Bigwaj, Adin, | Ater, Chiskija, Asur, | Hodija,
²⁰,²¹ Chaschum, Bezaj, | Charif, Anatot, Nebaj, | Magpiasch, Me-
²²,²³ schullam, Chesir, | Meschesabeel, Zadok, Jaddua, | Platja,
²⁴,²⁵ Chanan, Anaja, | Hoschea, Chananja, Chaschschub, | Halo-
²⁶ chesch, Pilcha, Schobek, | Rchum, Chaschabna, Maafseja, |
²⁷,²⁸ und Achija, Chanan, Anan, | Malluch, Charim, Baana |
²⁹ [und das sonstige Volk,

die Priester, die Lewiten, die Torleute, die Sänger, die
   Hingegebnen,
und allwer sich abgesondert hat von den Völkern der Länder
   zur Weisung Gottes hin,
ihre Frauen, ihre Söhne und ihre Töchter,
alljeder Erkennende, Erfassende, |
30 sie schließen sich fest an ihre Brüder, ihre Vornehmen] –
und kommen in den Eid und in den Schwur:
›...zu gehn in der Weisung Gottes,
die er durch Mosche, den Knecht Gottes, gab,
und zu wahren und zu tun: all SEINE, unseres Herrn,
   Gebote, seine Rechtsgeheiße und seine Satzungen, |
31 und daß wir unsre Töchter nicht geben den Völkern des Landes
und deren Töchter nicht nehmen für unsre Söhne. |
32 Und lassen die Landesvölker die Waren und allerhand Markt-
   getreid zum Verkauf kommen am Tag der Wochenfeier,
wir nehmen ihnen während der Wochenfeier und an einem
   Tag der Heiligung nichts ab.
Wir setzen aus im siebenten Jahr, auch für allerhand
   Schuldenlast.‹ |
33 Wir stellten über uns Gebote,
für uns im Jahr ein Drittel eines Vollgewichts für den Dienst
   im Haus unsres Gottes zu geben: |
34 für das Brot der Darrichtung und die stete Hinleitspende
und für die stete Darhöhung, an den Wochenfeiern, an
   den Mondneuungen,
für die Begegnungszeiten und für die Heiligungen und für die
   Entsündungen, über Jißrael zu bedecken,
dazu alle Arbeit im Haus unseres Gottes.« |
35 Die Lose ließen wir fallen, die Priester, die Lewiten und das
   Volk,
über die Darnahung des Holzes, es ins Haus unsres Gottes
   kommen zu lassen,
nach unsern Vaterhäusern, zu bestimmten Zeiten, Jahr um Jahr,
es zu verbrennen auf SEINER, unseres Gottes, Statt,
wies geschrieben ist in der Weisung. |
36 Sodann: die Erstlinge unseres Ackers und die Erstlinge aller
   Frucht aller Baumart Jahr um Jahr in SEIN Haus kommen
   zu lassen, |

37 und die Erstlinge unsrer Söhne und unsres Viehs, wies geschrieben ist in der Weisung, die Erstlinge unsrer Rinder und unsrer Schafe, ins Haus unsres Gottes kommen zu lassen, den Priestern, die im Haus unsres Gottes amten, |

38 und den Anfang unsrer Teige, unsre Heben, und von der Frucht aller Baumart, Most und Ausbruchsöl lassen wir den Priestern in die Lauben des Hauses unsres Gottes, kommen, und die Zehnten von unserem Acker den Lewiten, –
sie, die Lewiten, sinds, die in allen Städten unsres Dienstbereichs verzehnten. |

39 Und der Priester, ein Sohn Aharons, soll bei den Lewiten sein, wann die Lewiten verzehnten,
die Lewiten aber sollen den Zehntzehnten ins Haus unsres Gottes, nach den Lauben, ins Vorratshaus kommen lassen, |

40 denn nach den Lauben sollen die Söhne Jifsraels und die Söhne Lewis die Hebe des Korns, des Mosts und des Ausbruchsöls kommen lassen, –
dort sind die Geräte des Heiligtums und die amtenden Priester und die Torleute und die Sänger.
Wir wollen das Haus unsres Gottes nicht vernachlässigen.‹« |

11,1 Die Obern des Volks waren ansässig in Jerusalem,
das übrige Volk, sie ließen die Lose fallen, einen von zehn hinkommen zu lassen,
daß er in Jerusalem, der Stadt der Heiligung, ansässig sei, neun Teile aber in den Städten. |

2 Und sie, das Volk, segneten alle Männer, die willigten, in Jerusalem ansässig zu sein. |

3 Dies sind die Häupter des Gaus, die in Jerusalem ansässig waren
– in den Städten Jehudas aber saß man jedermann auf seiner Hufe,
in ihren Städten Jifsrael, die Priester, die Lewiten, die Hingegebnen und die Söhne der Knechte Schlomos –, |

4 in Jerusalem waren ansässig von den Söhnen Jehudas und von den Söhnen Binjamins.
Von den Söhnen Jehudas
Ataja Sohn Usijas Sohns Secharjas Sohns Amarjas Sohns
5 Schfatjas Sohns Mahalalels, von den Söhnen Parez, | und

Maaſsija Sohn Baruchs Sohns Kol-choses Sohns Chasajas Sohns Adajas Sohns Jojaribs Sohns Secharjas Sohns der Schelasippe, |

6 aller Söhne Parezs, die in Jerusalem ansässig waren, vierhundertachtundsechzig, wehrhafte Männer. |

7 Und dies sind die Söhne Binjamins:
Sſallu Sohn Meschullams Sohn Joeds Sohns Pdajas Sohns Ko-
8 lajas Sohns Maaſsijas Sohns Itiels Sohns Jeschajas | und nach ihnen Gabbaj, Sſallaj, neunhundertachtundzwanzig, – |

9 Joel Sohn Sichris verordnet über sie, Jehuda Sohn Sſnuas aber über die Stadt als Zweiter. |

10 Von den Priestern:

11 Jedaja Sohn Jojaribs, Jachin, | Sſraja Sohn Chilkijas Sohns Meschullams Sohns Zadoks Sohns Mrajots Sohns Achitubs, Vorsteher im Gotteshaus, |

12 und ihre Brüder, die im Hause die Arbeit machten, achthundertzweiundzwanzig,
und Adaja Sohn Jerochams Sohns Plaljas Sohns Amzis Sohns Secharjas Sohns Paschchurs Sohns Malkijas, |

13 und seine Brüder, Häupter von Vaterschaften, zweihundertzweiundvierzig,
und Amaſchſsaj Sohn Asarels Sohns Achsajs Sohns Meschillemots Sohns Immers, |

14 und ihre Brüder, Wehrtüchtige, hundertachtundzwanzig, und über sie verordnet Sabdiel Sohn Hagedolims. |

15 Und von den Leviten:
Schmaja Sohn Chaschschubs Sohns Asrikams Sohns
16 Chaschabjas Sohns Bunnis | und Schabbtaj und Josbad, über der äußeren Arbeit im Gotteshaus, von den Häuptern der Leviten, |

17 und Mattanja Sohn Michas Sohns Sabdis Sohns Aſsaſs, Haupt des Beginnens, der beim Gebet den Dank sagt, und Bakbukja, der Zweite von seinen Brüdern, und Abda Sohn Schammuas Sohns Galals Sohns Jedutuns, |

18 aller Leviten in der Stadt der Heiligung zweihundertvierundachtzig. |

19 Und die Torleute:
Akkub, Talmon und ihre Brüder, die an den Toren Wache hielten, hundertzweiundsiebzig. |

²⁰ Und das übrige Jiſsrael, die Priester, die Lewiten in allen Städten Jehudas, jedermann in seinem Eigentum. |
²¹ Die Hingegebnen aber waren ansässig auf dem Bühl, und Zicha und Gischpa über die Hingegebnen. |
²² Und Verordneter der Lewiten in Jerusalem: Usi Sohn Banis Sohns Chaschabjas Sohns Mattanjas Sohns Michas, von den Söhnen Aſsafs, den Sängern, betreffs der Arbeit des Gotteshauses. |
²³ Denn Gebot des Königs war über ihnen und eine Verpflichtung, über den Sängern, Tages Sache an ihrem Tag. |
²⁴ Und Ptachja Sohn Meschesabels, von den Söhnen Serachs Sohns Jehudas, zuhanden des Königs in allen Sachen des Volks. |
²⁵ Und in den Gehöften auf ihren Fluren ansässig waren von den Söhnen Jehudas:

in der Burg Arba und ihren Tochterstädten, in Dibon und ihren Tochterstädten, in Jekabziel und seinen Gehöften, |
²⁶,²⁷ in Jeschua, in Moladas, in Bet-Pelet, | in Chazar-Schual, in
²⁸ Berscheba und ihren Tochterstädten, | in Ziklag, in Mecho-
²⁹ na und ihren Tochterstädten, | in En-Rimmon, in Zora, in
³⁰ Jarmut, | Sanoach, Adullam und ihren Gehöften, Lachisch und ihren Fluren, Aseka und ihren Tochterstädten,

sie lagerten sich von Berscheba bis zur Schlucht Hinnoms. |
³¹ Und die Söhne Binjamins:

von Gaba an, in Michmasch, Ajja, Bet-El und ihren Tochter-
³²,³³ städten, | Anatot, Nob, Ananja, | Chazor, Rama, Gittajim, |
³⁴,³⁵ Chadid, Zbojim, Nballat, | Lod und Ono an der Schlucht der Zimmerleute. |
³⁶ Und von den Lewiten: Abteilungen Jehudas bei Binjamin. |

¹²,¹ Und dies sind die Priester und die Lewiten, die heraufstiegen mit Serubbabel Sohn Schealtiels und Jeschua:
²,³ Sſraja, Jirmja, Esra, | Amarja, Malluch, Chattusch, | Schchan-
⁴,⁵ ja, Rchum, Mramot, | Iddo, Ginntoj, Abija, | Mijamin,
⁶,⁷ Maadja, Bilga, | Schmaja, Jojarib, Jedaja, | Sfallu, Amok, Chilkija, Jedaja,

dies die Häupter der Priester und ihre Brüder in den Tagen Jeschuas. |
⁸ Und die Lewiten:

Jeschua, Binnuj, Kadmiel, Scherebja, Jehuda, Mattanja – über
9 der Danksagung war er und seine Brüder | – und Bakbukja
und Unni, ihre Brüder, ihnen gegenüber nach Wachtposten. |
10 Jeschua zeugte Jojakim, Jojakim zeugte Eljaschib, Eljaschib
11 zeugte Jojada, | Jojada zeugte Jonatan, Jonatan zeugte Jaddua. |
12 Und in den Tagen Jojakims waren Priester, die Häupter der
Vaterschaften:
13 für Sſraja Mraja, für Jirmja Chananja, | für Esra Meschullam,
14 für Amarja Jehochanan, | für Mluchi Jonatan, für Schbanja
15,16 Joſsef, | für Charim Adna, für Mrajot Chelkaj, | für Iddo Se-
17 charja, für Ginnton Meschullam, | für Abija Sichri, für Min-
18 jamin, für Moadja Piltaj, | für Bilga Schammua, für Schmaja
19,20 Jehonatan, | für Jojarib Mattnaj, für Jedaja Usi, | für Sſallaj
21 Kallaj, für Amok Eber, | für Chilkija Chaschabja, für Jedaja
Ntanel. |
22 Die Lewiten in den Tagen Eljaschibs, Jojadas, Jochanans und
Jadduas sind aufgeschrieben, die Häupter der Vaterschaften, sowie die Priester, unter der Königschaft Darius', des
Persers. |
23 Die Söhne Lewis, die Häupter der Vaterschaften, sind aufgeschrieben im Buch der Begebenheiten der Tage bis zu den
Tagen Jochanans Sohns Eljaschibs. |
24 Und die Häupter der Lewiten:
Chaschabja, Scherebja und Jeschua Sohn Kadmiels, und ihre
Brüder ihnen gegenüber,
zu preisen, zu danken nach dem Gebote Dawids, des Mannes
Gottes, Wachtposten dicht neben Wachtposten, |
25 Mattanja, Bakbukja, Obadja, Meschullam, Talmon, Akkub,
bewachende Torhüter, Wacht an den Vorratskammern der
Tore. |
26 Diese in den Tagen Jojakims Sohns Jeschuas Sohns Jozedeks
und in den Tagen Nechemjas, des Viztums, und Esras, des
Priesters, des Schriftkundigen. – |

27 Und bei der Weihe der Mauer suchte man die Lewiten aus
allen ihren Orten, sie nach Jerusalem kommen zu lassen,
eine Einweihung und ein Freudenfest zu machen, mit Danksa-
gungen, mit Gesang, Zimbeln, Lauten und mit Zithern. |
28 Und es traten zusammen die Söhne der Sänger, so aus dem

Kreis, rings um Jerusalem, so aus den Gehöften des Neto-
²⁹ fatiters, | so aus Bet-Hagilgal, so aus den Fluren von Gaba
und Asmawet,
Denn Gehöfte hatten sich die Sänger rings um Jerusalem
erbaut. |
³⁰ Dann reinigten sich die Priester und die Lewiten, und sie
reinigten das Volk und die Tore und die Mauer. |
³¹ Ich ließ die Obern Jehudas oben auf die Mauer steigen,
und ich erstellte zwei große Dankchöre, und Umgänge oben
auf der Mauer rechtshin, zum Misttor. |
³² Hinter ihnen her ging Hoschaja und die Hälfte der Obern
³³,³⁴ Jehudas, | Asarja, Esra und Meschullam, | Jehuda und
Binjamin, Schmaja und Jirmja, |
³⁵ und von den Söhnen der Priester mit Trompeten
Secharja Sohn Jonatans Sohns Schmajas Sohns Mattanjas
³⁶ Sohns Michajas Sohns Sakkurs Sohns Afsafs | und seine
Brüder Schmaja, Asarel, Milalaj, Gilalaj, Maaj, Ntanel,
Jehuda, Chanani
mit dem Sanggerät Dawids, des Mannes Gottes,
und Esra, der Schriftkundige, vor ihnen her. |
³⁷ Und am Quelltor und gradaus stiegen sie auf, auf den Auf-
stiegen der Stadt Dawids, am Aufstieg zur Mauer, obenauf
überm Hause Dawids, bis zum Wassertor im Osten. |
³⁸ Und der zweite Dankchor, der ging vorwärts,
ich hinter ihm und die Hälfte des Volks,
der Mauer obenauf, oberhalb des Ofenturms bis zur breiten
³⁹ Mauer | und oberhalb des Tors Efrajims und über das Alte
Tor und über das Fischtor und den Turm Chananels und
den Hundertturm bis zum Schaftor, und sie blieben stehn
im Wachtor. |
⁴⁰ Dann standen die beiden Dankchöre im Gotteshaus und ich
⁴¹ und die Hälfte der Präfekten mit mir, | und die Priester
Eljakim, Maafsija, Minjamin, Michaja, Eljoenaj, Secharja,
Chananja mit den Trompeten, |
⁴² und Maafsija, Schmaja, Elasar, Usi, Jehonatan, Malkija,
Elam und Eser.
Die Sänger ließen sich hören, Jisrachja der Verordnete. |
⁴³ Und man schlachtete große Schlachtopfer an jenem Tag,
und man freute sich,

denn mit einer großen Freude hatte Gott sie erfreut.
Es freuten sich auch die Frauen und die Kinder.
Die Freude Jerusalems war bis fernhin zu hören. |

⁴⁴ An jenem Tag wurden Männer verordnet über die Zellen, die
für die Vorräte, für die Heben, für die Anfangsabgabe und
für die Zehnten waren,
darin zu stapeln von den Fluren der Städte das weisungsgemäße Gefäll für die Priester und für die Lewiten,
denn Freude hatte Jehuda an den Priestern und an den Lewiten, die dastanden. |

⁴⁵ Und die wahrten die Verwahr ihres Gottes und die Verwahr
der Reinigung
– so die Sänger, so die Torleute –
dem Gebot Dawids, seines Sohns Schlomo gemäß. |

⁴⁶ Denn in den Tagen Dawids, da Afsaf Haupt der Sänger war,
einstmals, war schon Gesang der Preisung und Danksagungen an Gott. |

⁴⁷ Und alles Jifsrael in den Tagen Serubbabels und in den Tagen
Nechemjas, sie gaben das Gefäll der Sänger und der Torleute, des Tages Satz an seinem Tag.
sie heiligtens für die Lewiten, und die Lewiten heiligtens für
die Söhne Aharons. |

13,1 An jenem Tag wurde vor den Ohren des Volks aus dem
Buche Mosches gelesen,
und man fand drin geschrieben, daß ein Ammoniter oder
Moabiter in das Gesamt Gottes nicht eingehen dürfe auf
Weltzeit, |

² drum daß jene den Söhnen Jifsraels nicht Brot und Wasser
entgegenbrachten,
und daß der gegen es Bilam dang, es zu verwünschen, aber
unser Gott wandelte die Verwünschung in Segnung. |

³ Es geschah, als sie die Weisung hörten:
sie sonderten alles Gemisch von Jifsrael ab. |

⁴ Vordem aber hatte Eljaschib, der Priester, der über die Lauben unsres Gotteshauses Gegebne, ein Verwandter Tobijas, | ihm eine große Laube hergetan, –

⁵ dorthin hatte man vorher die Hinleitspende, den Weihrauch,
die Geräte und den Zehnten von Korn, Most und Ausbruchs-

öl, das Gebotene der Lewiten, der Sänger und der Torleute und die Hebe der Priester gegeben. |
6 Bei all dem war ich nicht in Jerusalem
– denn im zweiunddreißigsten Jahr Artaxerxes', Königs von Babel, war ich zum König gekommen
und nach Ablauf der Tage habe ich mich vom König freigebeten –, |
7 als ich aber nach Jerusalem kam und das Übel bemerkte, das Eljaschib für Tobija getan hatte: daß er ihm eine Laube in die Höfe des Gotteshauses hineintat, |
8 war mir sehr übel zumut,
ich warf alle Geräte des Hauses Tobijas von der Laube hinaus, |
9 ich sprach, die Lauben sollten gereinigt werden,
und zurückkehren ließ ich dorthin die Geräte des Gotteshauses, Hinleitspende und Weihrauch. |
10 Kund wurde mir, daß die Gefälle der Lewiten nicht hergegeben worden waren,
sie waren geflohen, jedermann nach seiner Flur, die arbeitstätigen Lewiten und die Sänger. |
11 Da bestritt ich die Präfekten und sprach:
»Weshalb ist das Haus Gottes verlassen?!«
Ich holte jene zusammen und stellte sie an ihren Standort. |
12 Und alles Jehuda, sie ließen den Zehnten vom Korn, vom Most und vom Ausbruchsöl in die Vorratskammern kommen. |
13 Und als Kämmerer setzte ich über die Kammern Schlemja, den Priester, Zadok, den Schriftkundigen, und Pdaja von den Lewiten, und ihnen zuhanden Chanan Sohn Sakkurs, Sohns Mattanjas,
denn als getreu wurden sie erachtet.
Ihnen lags nun ob, ihren Brüdern auszuteilen. |
14 Gedenke mir dessen, mein Gott, und lösche meine Holdschaft nicht aus, die ich am Haus meines Gottes und an seiner Verwahr tat! |

15 In jenen Tagen sah ich in Jehuda etwelche, die während der Wochenfeier die Kelter traten
und Garben einkommen ließen und auf Esel luden, auch Wein, Trauben und Feigen und allerhand Last,

und es nach Jerusalem kommen ließen am Tage der Wochenfeier.
Ich verwarnte sie eines Tags, da sie Speise verkauften. |
16 Und die Tyrer, die darin siedelten, ließen Fische und allerhand Verkaufsware einkommen und verkauftens zur Wochenfeier an die Söhne Jehudas in Jerusalem. |
17 Da bestritt ich die Edeln Jerusalems und sprach zu ihnen:
»Was ist das für eine üble Sache, die ihr da tut
und gebt den Tag der Wochenfeier preis! |
18 Haben nicht so eure Väter getan
und Gott hat über sie und über diese Stadt all dieses Übel kommen lassen!
Und ihr fügt noch Entflammen über Jifsrael hinzu, den Tag der Wochenfeier preisgebend!« |
19 Es geschah aber, als schattig wurden die Tore Jerusalems vor der Wochenfeier,
da sprach ich, die Türen sollten geschlossen werden,
und ich sprach, daß man sie nicht öffnen dürfe bis nach der Wochenfeier,
und von meinen Knappen stellte ich an die Tore,
daß nicht Last hereinkomme am Tag der Wochenfeier. |
20 Nun übernachteten die Krämer und Verkäufer von allerhand Ware außerhalb Jerusalems einmal oder zwei. |
21 Da verwarnte ich sie und sprach zu ihnen:
»Weshalb übernachtet ihr der Mauer gegenüber?
Wiederholt ihrs, lege ich Hand an euch.«
Von jener Zeit an kamen sie zur Wochenfeier nicht mehr. |
22 Und ich sprach zu den Lewiten,
daß sie sich jeweils reinigen und als Wächter an die Tore kommen, den Tag der Wochenfeier zu heiligen.
Auch dessen gedenke mir, mein Gott,
und schone mein in deiner vielen Huld! – |
23 Auch sah ich in jenen Tagen Judäer, die aschdodische, ammonitische, moabitische Frauen heimgeführt hatten, |
24 und ihrer Söhne die Hälfte redete aschdodisch – sie verstanden nicht judäisch zu reden – oder in der Sprache von irgend Volk und Volk. |
25 Da bestritt ich sie und verwünschte sie und schlug auf etwelche der Männer ein und raufte sie

und beschwor sie bei Gott: |
²⁶ »Gebt ihr eure Töchter ihren Söhnen, nehmt ihr von ihren Töchtern für eure Söhne und für euch, ...!
Hat sich nicht solcher wegen Schlomo, König von Jifsrael, versündigt
– und war doch unter den vielen Weltstämmen nicht ein König seinesgleichen, und lieb war er seinem Gott, und Gott setzte ihn zum König ein über Jifsrael –,
auch ihn machten sündigen die fremdbürtigen Frauen. |
²⁷ Und von euch muß man das hören, daß ihr dieses große Übel tut, unserm Gott treubrüchig zu werden, fremdbürtige Frauen heimzuführen!« |
²⁸ Und von den Söhnen Jojadas Sohns Eljaschibs, des Großpriesters, war einer Eidam Sfanballats des Choroniters, den jagte von mir ich hinweg. |
²⁹ Gedenke ihrer, mein Gott,
ob der Befleckung des Priestertums und des Bundes der Priesterschaft und der Lewiten! |
³⁰ Ich reinigte sie von allem Fremdwesen. –
Ich stellte Wachtordnungen auf für die Priester und für die Lewiten, jedermann an seiner Arbeit, |
³¹ und für die Holzdarnahung zu bestimmten Zeiten und für die Erstlinge.
Gedenks mir, mein Gott, zum Guten! |

DAS BUCH
DIE BEGEBENHEITEN DER TAGE

In spitzen Klammern ⟨...⟩ stehende Textteile wurden von M. Buber nicht übersetzt; sie sind von der Neuausgabe 1997 an (8., verbesserte Auflage) eingefügt.

BEGEBENHEITEN DER TAGE

1,1 Adam, Schet, Enosch, |
2 Kenan, Mahalalel, Jared, |
3 Chanoch, Metuschalach, Lamech, |
4 Noach, – Schem, Cham und Jafet. |
5 Die Söhne Jafets sind Gomer, Magog, Madaj, Jawan und Tubal, Maschech und Tiras. |
6 Die Söhne Gomers sind Aschknas, Difat und Togarma. |
7 Die Söhne Jawans sind Elischa und Tarschischa, Kittäer und Rodaner. |
8 Die Söhne Chams sind Kusch und Mizrajim, Put und Kanaan. |
9 Die Söhne Kuschs sind Sba und Chawila, Sſabta, Raama und Sſabtcha,
die Söhne Raamas Schba und Dedan. |
10 Kusch zeugte Nimrod, der begann ein Held über die Erde hin zu sein. |
11 Mizrajim zeugte die Ludier, die Anamer, die Lehaber, die
12 Naftucher, | die Patruſser, die Kaſslucher, von denen die Philister kommen, und die Kaftorer. |
13,14 Kanaan zeugte Zidon, seinen Erstling, und Chet, | dazu den
15 Jebuſsiter, den Amoriter und den Girgaschiter, | den Chiw-
16 witer, den Arkiter und den Sſiniter, | den Arwaditer, den Zmariter und den Chamatiter. |
17 Die Söhne Schems sind Elam und Aschur, Arpachschad, Lud und Aram, Uz, Chul, Gater und Maschech. |
18 Arpachschad zeugte Schalach, Schalach zeugte Eber. |
19 Dem Eber wurden zwei Söhne geboren,
der Name des einen war Paleg, Spalt, denn in seinen Tagen wurde das Erdvolk zerspalten,
und der Name seines Bruders Joktan. |
20 Joktan zeugte Almodad und Schalef, Chazarmawet und Ja-
21,22 rach, | Hadoram, Usal und Dikla, | Obal, Abimael und Schba, |
23 Ofir, Chawila und Jobeb, all diese sind Söhne Joktans. |

,25,26 Schem, Arpachschad, Schalach, | Eber, Paleg, Ru, | Sſrug,
27 Nachor, Tarach, | Abram – das ist Abraham. |
28 Die Söhne Abrahams sind Jizchak und Jischmael. |
29 Dies sind ihre Zeugungen: |
30 Nbajot Erstling Jischmaels, Kedar, Adbel, Mibsam, | Mischma,
31 Duma, Maſsa, Chadad, Tema, | Jetur, Nafisch, Kedma.

Dies sind die Söhne Jischmaels. |

³² Und die Söhne Kturas, des Kebsweibs Abrahams: sie gebar Simran und Jokschan, Medan und Midjan, Jischbak und Schuach.
Die Söhne Jokschans sind Schba und Dedan. |
³³ Die Söhne Midjans sind Efa, Efer, Chanoch, Abida und Eldaa.
All diese sind Söhne Kturas. |

³⁴ Abraham zeugte Jizchak.
Die Söhne Jizchaks sind Efsaw und Jisrael. |
³⁵ Die Söhne Efsaws sind Elifas, Ruel, Jeusch, Jaalam und Korach. |
³⁶ Die Söhne des Elifas sind Teman und Omar, Zfi und Gaatam, Knas, Timna und Amalek. |
³⁷ Die Söhne Ruels sind Nachat, Sarach, Schamma und Misa. |

³⁸ Und die Söhne Sfeïrs sind Lotan und Schobal und Zibon und Ana und Dischon und Ezer und Dischan. |
³⁹ Und die Söhne Lotans sind Chori und Homam, Lotans Schwester aber Timna. |
⁴⁰ Die Söhne Schobals sind Aljan, Mnachat und Ebal, Schfi und Onam.
Und die Söhne Zibons sind Aja und Ana. |
⁴¹ Die Söhne Anas: Dischon.
Und die Söhne Dischons sind Chamran und Eschban und Jitran und Kran. |
⁴² Die Söhne Ezers sind Bilchan und Saawan, Jaakan.
Die Söhne Dischons sind Uz und Aran. |

⁴³ Und dies sind die Könige, die im Lande Edom Königschaft hatten, ehe ein König von den Söhnen Jifsraels Königschaft hatte:
Bala Sohn Bors, der Name seiner Stadt war Dinhaba. |
⁴⁴ Und Bala starb, und statt seiner trat die Königschaft an Jobab Sohn Sarachs aus Bozra. |
⁴⁵ Und Jobab starb, und statt seiner trat die Königschaft an Chuscham aus dem Land des Temaniters. |
⁴⁶ Und Chuscham starb, und statt seiner trat die Königschaft an Hadad Sohn Bdads, der schlug Midjan im Gefilde Moab, der Name seiner Stadt war Awit. |

47 Und Hadad starb, und statt seiner trat die Königschaft an Sfamla aus Mafsreka. |
48 Und Sfamla starb, und statt seiner trat die Königschaft an Schaul aus Rechobot am Strom. |
49 Und Schaul starb, und statt seiner trat die Königschaft an Baal-Chanan Sohn Akbors. |
50 Und Baal-Chanan starb, und statt seiner trat die Königschaft an Hadad, der Name seiner Stadt war Pai, der Name seiner Frau Mehetabel, Tochter Matreds, der Tochter Me-Sahabs. |
51 Als Hadad starb, waren die Häuptlinge von Edom: der Häuptling von Timna, der Häuptling von Alwa, der
52 Häuptling von Jetet, | der Häuptling von Oholibama, der
53 Häuptling von Ela, der Häuptling von Pinan, | der Häuptling von Knas, der Häuptling von Teman, der Häuptling
54 von Mibzar, | der Häuptling von Magdiel, der Häuptling von Iram.
Dies sind die Häuptlinge von Edom. |

2,1 Dies sind die Söhne Jifsraels
Ruben, Schim'on, Lewi und Jehuda, Jifsachar und Sbulun, |
2 Dan, Jofsef und Binjamin, Naftali, Gad und Ascher. |
3 Die Söhne Jehudas sind Her, Onan und Schela,
die drei, das ward ihm von der Tochter Schuas, der Kanaanitin, geboren.
Aber Her, Jehudas Erstling, war böse in SEINEN Augen und er ließ ihn sterben. |
4 Und Tamar, seine Schwiegerin, gebar ihm Pares und Sarach.
Aller Söhne Jehudas fünf. |
5 Die Söhne des Parez sind Chezron und Chamul. |
6 Und die Söhne Sarechs sind Simri, Etan, Heman, Chalkol und Dara, ihrer aller fünf. |
7 Und die Söhne Karmis sind Achar, »Zerrütter«, der Zerrütter Jifsraels, der am Banngut Untreue beging. |
8 Und die Söhne Etans: Asarja. |
9 Und die Söhne Chezrons, was ihm geboren ward: Jerachmeel, Ram und Klubej, |
10 und Ram zeugte Aminadab,
und Aminadab zeugte Nachschon, Fürsten der Söhne Jehudas, |
11 und Nachschon zeugte Schalma,

und Schalma zeugte Boas, |
¹² und Boas zeugte Obed,
und Obed zeugte Jischaj, |
¹³ und Jischaj zeugte seinen Erstling, Eliab, und Abinadab,
¹⁴ den Zweiten, und Schima, den Dritten, | Ntanel, den Vier-
¹⁵ ten, Raddaj, den Fünften, | Ozem, den Sechsten, Dawid, den Siebenten, |
¹⁶ und ihre Schwestern, Zruja und Abigajil, und die Söhne Zrujas sind Abischaj und Joab und Afsael, die drei, |
¹⁷ und Abigajil gebar Amafsa, der Vater Amafsas aber ist Jater, der Jischmaelit. |
¹⁸ Und Kaleb Sohn Chezrons zeugte mit der Frau Asuba [und mit Jeriot], und dies sind ihre Söhne: Jescher, Schobab und Ardon, |
¹⁹ als aber Asuba starb, nahm sich Kaleb die Efrat, und sie gebar
²⁰ ihm den Chur, | und Chur zeugte Uri, und Uri zeugte Bezalel. |
²¹ Danach ging Chezron ein zu der Tochter Machirs, des Vaters Gilads, er nahm sie aber, als er sechzigjährig war, und sie gebar ihm Sfgub, |
²² und Sfgub zeugte Jaïr, –
der hatte dreiundzwanzig Städte im Lande Gilad, |
²³ aber Geschur nahm und Aram die Zeltdörfer Jaïrs von ihnen, Knat und ihre Tochtersiedlungen, sechzig Städte.
All diese sind Söhne Machirs, des Vaters Gilads. |
²⁴ Und nach dem Tode Chezrons in Kaleb-Efrata – ein Weib Chezrons war Abija, die gebar ihm Aschchur, den Vater von Tekoa. |
²⁵ Die Söhne Jerachmeels, des Erstlings Chezrons, waren: der Erstling Ram, Buna, Aren, Ozem, Achija. |
²⁶ Jerachmeel hatte eine andere Frau, ihr Name Atara, sie ist die Mutter Onams. |
²⁷ Die Söhne Rams, des Erstlings Jerachmeels, waren Maaz, Jamin und Eker. |
²⁸ Die Söhne Onams waren Schammaj und Jada.
Die Söhne Schammajs sind Nadab und Abischur, |
²⁹ der Name der Frau Abischurs ist Abihajil, sie gebar ihm Achban und Molid. |
³⁰ Und die Söhne Nadabs sind Sfaled und Appajim. Sfaled starb ohne Söhne. |

BEGEBENHEITEN DER TAGE

31 Und die Söhne Appajims: Jischi.
Und die Söhne Jischis: Scheschan.
Und die Söhne Scheschans Achlaj. |
32 Und die Söhne Jadas, des Bruders Schammajs: Jater und Jonatan, Jater starb ohne Söhne. |
33 Und die Söhne Jonatans: Palet und Sasa.
Diese waren die Söhne Jerachmeels. |
34 Scheschan aber hatte keine Söhne, sondern nur Töchter, und Scheschan hatte einen ägyptischen Knecht, sein Name Jarcha, |
35 Scheschan gab seine Tochter dem Jarcha, seinem Knecht, zur Frau, und sie gebar ihm den Attaj. |
36,27 Attaj zeugte Natan, Natan zeugte Sabad, | Sabad zeugte Eflal,
38 Eflal zeugte Obed, | Obed zeugte Jehu, Jehu zeugte Asarja, |
39,40 Asarja zeugte Chalez, Chalez zeugte Elasa, | Elasa zeugte
41 Sismaj, Sismaj zeugte Schallum, | Schallum zeugte Jekamja, Jekamja zeugte Elischama. |
42 Und die Söhne Kalebs, des Bruders Jerachmeels: Mesche, sein Erstling, der ist der Vater Sifs, und dessen Sohn ist Mrescha, der Vater Chebrons. |
43 Und die Söhne Chebrons sind Korach, Tappuach, Rekem
44 und Schema, | und Schema zeugte Racham, den Vater Jor-
45 keams, und Racham zeugte Schammaj, | und Schammajs Sohn ist Maon, und Maon ist der Vater von Bet-Zur. |
46 Efa aber, das Kebsweib Kalebs, gebar Charan, Moza und Gases, und Charan zeugte Gases |
47 ... Die Söhne Johdajs sind Ragem, Jotam, Geschan, Palet, Efa und Schaaf. |
48 Kalebs Kebsweib Maacha aber gebar Schaber und Tirchana,
49 sie gebar Schaaf, den Vater Madmannas, Schwa, den Vater Machbenas und Vater Gibas, und die Tochter Kalebs: Achsa. |
50 Dies waren Söhne Kalebs: Ben-Chur, der Erstling Efratas,
51 Schobal, der Vater von Kirjat-Jearim, | Salma, der Vater von Bet-Lechem, Charef, der Vater von Bet-Gader. |
52 Schobal, der Vater von Kirjat-Jearim, hatte zu Söhnen: Haroe, die Hälfte von Menuchot. |
53 Und die Sippen von Kirjat-Jearim sind: der Jitriter, der Putiter, der Schumatiter und der Mischraiter,

von ihnen gingen aus der Zoratiter und der Eschtaoliter. |
54 Die Söhne Sfalmas sind: Bet-Lechem, der Netofatiter, Atarot, Bet-Joab und die Hälfte des Manachtiters, der Zoriter. |
55 Die Sippen der »Schriftkundigen« aber, die Insassen von Jaabez, Tiratiter, Schimaiter, Schuchatiter, das sind die Keniter, die von Chamat, dem Vater des Hauses Rechabs, herkommen. |

3,1 Und dies waren die Söhne Dawids, was ihm in Hebron geboren wurde:
der Erstling Amnon von Achinoam, der Jisreelitin,
der Zweite Daniel von Abigajil, der Karmelitin, |
2 der Dritte Abschalom, Sohn Maachas, der Tochter Talmis, des Königs von Geschur,
der Vierte Adonija, Sohn Chagits, |
3 der Fünfte Schfatja von Abital,
der Sechste Jitream von seiner Frau Egla, |
4 sechs, das ward ihm in Hebron geboren, und dort hatte er Königschaft sieben Jahre und sechs Mondneuungen, dreiunddreißig Jahre aber hatte er Königschaft in Jerusalem. |
5 Und diese wurden ihm in Jerusalem geboren:
Schima, Schobab, Natan und Schlomo, die vier von Batschua, Tochter Ammiels, |
6,7,8 Jibchar, Elischama, Elifalet, | Nogah, Nafeg, Jafija, | Elischama, Eljada und Elifalet, neun. |
9 Alles Söhne Dawids, außer den Söhnen der Kebsweiber, und Tamar, ihrer Schwester. |
10 Und Schlomos Sohn ist Rechabam, Abija dessen Sohn, Afsa
11 dessen Sohn, Jehoschafat dessen Sohn, | Joram dessen
12 Sohn, Achasjahu dessen Sohn, Joasch dessen Sohn, | Amazjahu dessen Sohn, Asarja dessen Sohn, Jotam dessen Sohn, |
13 Achas dessen Sohn, Chiskijahu dessen Sohn, Mnasche
14 dessen Sohn, | Amon dessen Sohn, Joschijahu dessen Sohn, |
15 und die Söhne Joschijahus: der Erstling Jochanan, der Zweite Jehojakim, der Dritte Zidkijahu, der Vierte Schallum, |
16 und die Söhne Jehojakims: sein Sohn Jechonja, dessen Sohn Zidkija, |
17,18 und die Söhne Jechonjas: Afsir, dessen Sohn Schealtiel, | Malkiram, Pdaja, Schenazer, Jekamja, Hoschama und Nedabja |

¹⁹ und die Söhne Pdajas: Serubbabel, Schimi, Serubbabels Sohn
Meschullam, Chananja und Schlomit, ihre Schwester, |
²⁰ dazu Chaschuba, Ohel, Berechja, Chaſsadja, Juschab Chas-
sed, fünf, |
²¹ und der Sohn Chananjas Platja, dazu Jeschaja,
die Söhne Refajas, die Söhne Arnans, die Söhne Obadjas, die
Söhne Schchanjas, |
²² und die Söhne Schchanjas: Schmaja,
und die Söhne Schmajas: Chattusch, Jigal, Bariach, Nearja,
Schafat, ... sechs, |
²³ und der Sohn Nearjas: Eljoeni, dazu Chiskija und Asrikam,
drei, |
²⁴ und die Söhne Eljoenis: Hodawjahu, Eljaschib, Plaja,
Akkub, Jochanan, Dlaja und Anani, sieben. |

4,1 Die Söhne Jehudas sind Parez, – Chezron – Karmi – Chur –
Schobal. |
² Reaja Sohn Schobals zeugte Jachat, Jachat zeugte Achumaj
und Lachad, diese sind die Sippen des Zoreatiters, |
³ und diese des Vaters von Etam: Jisreel, Jischma und Jidbasch,
und der Name ihrer Schwester: Chazlelponi, |
⁴ und Pnuel, der Vater von Gdor, und Eser, der Vater von Chu-
scha, diese sind die Söhne Churs, des Erstlings Efratas, des
Vaters von Betlehem. |
⁵ Und Aschchur, der Vater von Tekoa, hatte zwei Frauen, Che-
⁶ la und Naara, | Naara gebar ihm Achusam, Chefer, Temani
⁷ und Achaschtari, dies die Söhne Naaras, | und die Söhne
⁸ Chelas sind Zaret, Zochar und Etnan, | ... Koz zeugte
Anub, Zobeba und die Sippen Acharchels Sohns Charums. |
⁹ Jaabez aber war geehrter als seine Brüder – seine Mutter hatte
seinen Namen Jaabez gerufen, sprechend: Denn ich habe
beozeb, im Schmerz geboren –, |
¹⁰ aber Jaabez rief den Gott Jiſsraels an, sprechend: Möchtest du
segnen mich, segnen und mein Gebiet mehren, möchte deine Hand bei mir sein und möchtest das Übel du abtun,
mich schmerzfrei lassend! und Gott ließ kommen, was er
erbeten hatte. |
¹¹ Klub, der Bruder Schochas, zeugte Mchir, der ist der Vater
¹² Eschtons, | Eschton zeugte Bet-Rafa, Paſsach und Tchinna,

den Vater von Ir-Nachasch, dies sind die Männer von Recha. |
13 Die Söhne Knas' sind Otniel und Sfraja, und die Söhne
14 Otniels: Chatats ..., | Meonotaj zeugte Ofra, Sfraja zeugte Joab, den Vater der Zimmerleuteschlucht, denn sie waren Zimmerleute. |
15 Die Söhne Kalebs Sohns Jefunnes sind Iru, Ela und Naam, und die Söhne Elas: ... und Knas. |
16 Die Söhne Jehallelels sind Sif und Sifa, Tirja und Afsareel. |
17 Ein Sohn Esras ist Jater, sodann Mared, Efer, Jalon [dann ward sie schwanger mit Mirjam], und Schammaj und
18 Jischbach, den Vater von Eschtmoa, | seine judäische Frau aber gebar Jared, den Vater von Gdor, Chaber, den Vater von Sfocho, und Jekutiel, den Vater von Sanoach. |
19 Und dies sind die Söhne Bitjas, der Tochter Pharaos, die Mared nahm, und die Söhne der Frau Hodijas, der Schwester Nachams: der Vater von Keïla, der Garmit, und Eschtmoa, der Maachatit ... |
20 Die Söhne Schimons sind Amnon und Rinna, Ben-Chanan und Tilon ... und die Söhne Jischis: Sochat, und Sochats Sohn. |
21 Die Söhne Sehelas, des Sohns Jehudas, sind Her, der Vater von Lcha, Laada, der Vater von Marescha, die Sippen des
22 Hauses der Byssusarbeit, vom Haus Aschbea, | Jokim, die Männer von Koseba, Joasch und Sfaraf, die sich nach Moab hin verehelichten, kehrten aber nach Lechem zurück
23 [die Begebenheiten sind altüberliefert], | – das sind die Töpfer, die Siedler von Ntaim und Gdera: beim König, in seinem Werkdienst, wurden sie ansässig dort. |
24 Die Söhne Schim'ons sind Nmuel und Jamin, Jarib, Sarach,
25 Schaul, | dessen Sohn Schallum, dessen Sohn Mibfsam, des-
26 sen Sohn Mischma, | und die Söhne Mischmas: dessen Sohn Chamuel, dessen Sohn Sakkur, dessen Sohn Schimi. |
27 Schimi hatte sechzehn Söhne und sechs Töchter, seine Brüder aber hatten nicht viele Söhne, all ihrer Sippe war nicht so viel wie der Söhne Jehudas. |
28 Sie waren ansässig in Berscheba, Molada und Chazar Schual, |
29,30 in Bilha, in Ezem, in Tolad, | in Btuel, in Chorma, in Ziklag, |
31 in Bet Markabot, in Chazar Sfufsim, in Bet Biri und in

BEGEBENHEITEN DER TAGE

³² Schaarajim – dies ihre Städte, bis Dawid König war –, | und
ihre Gehöfte: Etam, Ajin, Rimmon, Tochen und Aschan,
³³ der Städte fünf, | dazu alle ihre Gehöfte, die rings um diese
Städte waren, bis nach Baal. Dies ihre Wohnsitze und ihre
Zugehörigkeit für sie. |
³⁴,³⁵ Sodann: Meschowaw, Jamlech, Joscha Sohn Amazjas, | Joel,
³⁶ Jehu Sohn Joschibjas Sohns Sfrajas Sohn Afsiels, | Eljoejnaj,
³⁷ Jaakoba, Jeschochaja, Afsaja, Adiel, Jefsimiel, Bnaja | und
Sisa Sohn Schifis Sohns Allons Sohns Jedajas Sohns
Schimris Sohns Sehmajas, – |
³⁸ diese namentlich Vorgetretnen, als Fürsten in ihren Sippen,
³⁹ brachen in Fülle aus, | sie gingen auf den Eintritt nach Gdor
zu, bis zum Osten der Schlucht Weide für ihr Schmalvieh
zu suchen, |
⁴⁰ sie fanden fette und gute Weide, und das Land weit zuhanden,
ruhig und friedlich, denn von Cham waren, die vordem
dort siedelten, |
⁴¹ es traten diese, die namentlich Eingeschriebnen, in den Tagen
Chiskijas Königs von Jehuda vor und schlugen ihre Zelte auf,
und die Meonäer, die sich dort fanden, die bannten sie, bis auf
diesen Tag, und siedelten statt ihrer, denn Weide war dort
für ihr Schmalvieh. |
⁴² Und von ihnen, von den Söhnen Schim'ons, gingen welche
nach dem Gebirge Sfeïr, fünfhundert Mann, Platja, Nearja,
Rfaja und Usiel, die Söhne Jischis, ihnen zuhäupten, |
⁴³ sie schlugen den Überrest der Entronnenen Amaleks und siedelten dort, bis auf diesen Tag. |

⁵,¹ Und die Söhne Rubens, des Erstlings Jifsraels
– denn er war der Erstling, als er aber das Lager seines Vaters
preisgab, wurde sein Erstlingtum den Söhnen Jofsefs
Sohns Jifsraels gegeben, doch nicht nach der Erstlingschaft
² zugehörig zu sein, | denn Jehuda wuchs über seine Brüder
hinaus und zum Herzog ward einer aus ihm, das Erstlingtum aber war Jofsefs –, |
³ die Söhne Rubens, des Erstlings Jifsraels, sind Chanoch, Pallu,
Chezron und Karmi, ... |
⁴ die Söhne Joels: Schmaja dessen Sohn, Gog dessen Sohn,
⁵ Schimi dessen Sohn, | Micha dessen Sohn, Reaja dessen

6 Sohn, Baal dessen Sohn, | Beera dessen Sohn, den Tilgat Pilneſser, König von Assyrien, verschleppte, der war Fürst der Rubenitenschaft, |
7 und dessen Brüder nach ihren Sippen, in der Zugehörigkeit
8 nach ihren Zeugungen: das Haupt Jeiel, Secharjahu, | Bala Sohn Asas' Sohns Schamas Sohns Joels, der siedelte in Aroer
9 und bis Nbo und Baal Mon, | und nach Osten zu siedelte er bis wo man in die Wüste, die vom Strom Euphrat her, kommt, denn ihr Herdenbesitz mehrte sich im Lande Gilad, |
10 und in den Tagen Schauls machten sie Krieg mit den Hagritern, die fielen in ihre Hand, dann saßen sie in deren Zelten, allhin angesichts des Ostens von Gilad. |
11 Und die Söhne Gads, ihnen gegenüber siedelten sie, im Lande
12 Baschan, bis Sfalcha, | Joel, das Haupt, und Schafam, der
13 Zweite, und Jaani und Schafat, in Baschan, | und ihre Brüder nach ihren Vaterhäusern: Michael, Meschullam, Schaba, Joraj, Jaakan, Sia und Eber, sieben. |
14 Diese sind die Söhne Abichajils Sohns Choris Sohns Jaroachs Sohns Gilads Sohns Michaels Sohns Jeschischajs Sohns
15 Jachdos Sohns Bus', | – Achi Sohn Abdiels Sohns Gunis war Haupt in ihren Vaterhäusern, |
16 sie siedelten im Gilad, im Baschan und in seinen Tochterstädten und in allen Weidetrieben von Scharon samt ihren Ausläufern, |
17 sie alle wurden als zugehörig verzeichnet in den Tagen Jotams Königs von Jehuda und in den Tagen Jarobams Königs von Jiſsrael. |
18 Die Söhne Rubens und Gads und der halbe Zweig Mnasches, an Wehrleuten, Mannschaft der Schild- und Schwertträger, Bogenspanner und Kriegsgeübten, vierundvierzigtausendsiebenhundertsechzig, die im Heer auszogen, |
19 die machten Krieg mit den Hagritern, Jetur, Nafisch und Nodab, |
20 ihnen wurde wider jene geholfen, die wurden in ihre Hand gegeben, die Hagriter und all ihr Beistand,
denn zu Gott schrien sie im Krieg, und er ließ sich ihnen erflehen, denn sie sicherten sich an ihm, |
21 hinweg führten sie ihren Herdenbesitz: Kamele fünfzigtausend, Schmalviehs zweihundertfünfzigtausend, Esel zwei-

I 5,21–6,2] BEGEBENHEITEN DER TAGE 551

²² tausend, und an Menschenseelen hunderttausend, – | es waren ja viele Durchbohrte gefallen, von Gott her war ja der Krieg, sie siedelten statt ihrer, bis zur Verschleppung. |
²³ Die Söhne des halben Zweigs Mnasche siedelten in dem Land von Baschan bis Baal Chermon, Sſnir und dem Chermongebirg, sie waren viele. |
²⁴ Und dies sind die Häupter ihrer Vaterhäuser: ... Efer, Jischi, Eliel, Asriel, Jirmija, Hodawja und Jachdiel, wehrtüchtige Männer, Männer von Namen, Häupter ihrer Vaterhäuser. |
²⁵ Aber untreu wurden sie dem Gott ihrer Väter, sie hurten den Göttern der Landesvölker nach, die Gott vor ihnen her vertilgt hatte. |
²⁶ Da erweckte der Gott Jiſsraels den Geist Puls Königs von Assyrien und den Geist Tilgat Pilneſsers Königs von Assyrien, man verschleppte sie – so geschah der Rubenitenschaft und der Gaditenschaft und dem halben Zweig Mnasche – und man brachte sie nach Chalach, zum Chabor [nach Hara], dem Strom von Gosan,
bis zu diesem Tag. |

²⁷ Die Söhne Lewis sind Gerschon, Khat und Mrari. |
²⁸ Die Söhne Khats sind Amram, Jizhar, Chebron und Usiel. |
²⁹ Die Söhne Amrams sind Aharon und Mosche und Mirjam. Die Söhne Aharons sind Nadab und Abihu, Elasar und Itamar. |
³⁰,³¹ Elasar zeugte Pinchas, Pinchas zeugte Abischua, | Abischua
³² zeugte Bukki, Bukki zeugte Usi, | Usi zeugte Srachja,
³³ Srachja zeugte Mrajot, | Mrajot zeugte Amarja, Amarja
³⁴ zeugte Achitub, | Achitub zeugte Zadok, Zadok zeugte
³⁵ Achimaaz, | Achimaaz zeugte Asarja, Asarja zeugte Jocha-
³⁶ nan, | Jochanan zeugte Asarja – der ists, der in dem Haus
³⁷ priesterte, das Schlomo in Jerusalem baute –, | Asarja zeugte
³⁸ Amarja, Amarja zeugte Achitub, | Achitub zeugte Zadok,
³⁹ Zadok zeugte Schallum, | Schallum zeugte Chilkija, Chilki-
⁴⁰ ja zeugte Asarja, | Asarja zeugte Sſraja, Sſraja zeugte Jehoza-
⁴¹ dak, | – Jehozadak aber ging hinweg, als E R Jehuda und Jerusalem durch die Hand Nebukadnezars verschleppte. |
⁶,¹ Die Söhne Lewis sind Gerschom, Khat und Mrari. |
² Und dies sind die Namen der Söhne Gerschoms: Libni und Schimi. |

³ Und die Söhne Khats sind Amram, Jizhar, Chebron und Usiel. |
⁴ Die Söhne Mraris sind Machli und Muschi.
Und dies sind die Sippen der Lewitenschaft, nach ihren Vaterschaften: |
⁵ von Gerschom Libni, dessen Sohn, Jachat, dessen Sohn, Simma,
⁶ dessen Sohn | Joach, dessen Sohn, Iddo, dessen Sohn, Sarach, dessen Sohn, Jeatraj, dessen Sohn, |
⁷ die Söhne Khats: Aminadab, dessen Sohn, Korach, dessen
⁸ Sohn, Afsir, dessen Sohn, | Elkana, dessen Sohn, Ebjafsaf,
⁹ dessen Sohn, Afsir, dessen Sohn, | Tachat, dessen Sohn, Uriel, dessen Sohn, Usija, dessen Sohn und Schaul, dessen Sohn, |
10,11 die Söhne Elkanas: Amafsaj und Achimot, | Elkana, dessen
¹² Sohn, Elkana Zofi, dessen Sohn, Nachat, dessen Sohn, | Eliab, dessen Sohn, Jerocham, dessen Sohn, Elkana, dessen Sohn, ... |
¹³ die Söhne Schmuels: der Erstling, Waschni, und Abija, |
¹⁴ die Söhne Mraris: Machli, Libni, dessen Sohn, Schimi, dessen
¹⁵ Sohn, Usa, dessen Sohn, | Schima, dessen Sohn, Chagija, dessen Sohn, Afsaja, dessen Sohn. |
¹⁶ Und diese sind, die Dawid über den Gesang in SEINEM Hause bestellte, seit der Schrein ruhte, |
¹⁷ sie amteten vor der Wohnung des Begegnungszelts beim Gesang, bis Schlomo SEIN Haus in Jerusalem baute, nach ihrer Rechtsordnung, an ihrem Dienst, |
¹⁸ diese sind die Bestellten und ihre Söhne:
von den Söhnen der Khatitenschaft Heman, der Sänger, Sohn
¹⁹ Joels, Sohns Schmuels | Sohns Elkanas Sohns Jerochams
²⁰ Sohns Eliels Sohns Tochas | Sohns Zufs Sohns Elkanas
²¹ Sohns Machats Sohns Amafsajs | Sohns Elkanas Sohns Joels
²² Sohns Asarjas Sohns Zefanjas | Sohns Tachats Sohns Afsirs
²³ Sohns Abjafsafs Sohns Korachs | Sohns Jizhars Sohns Khats Sohns Lewis Sohns Jifsraels, |
²⁴ und sein Bruder Afsaf, der zu seiner Rechten stand: Afsaf
²⁵ Sohn Berechjahus Sohns Schimas | Sohns Michaels Sohns
²⁶ Baafsijas Sohns Malkijas | Sohns Etnis Sohns Sarachs Sohns
27,28 Adajas | Sohns Etans Sohns Simmas Sohns Schimis | Sohns Jachats Sohns Gerschoms Sohns Lewis, |
²⁹ und die Söhne Mraris, ihres Bruders, zur Linken, Etan Sohn
³⁰ Kischis Sohns Abdis Sohns Malluchs | Sohns Chaschabjas

I 6,30–48] BEGEBENHEITEN DER TAGE

31 Sohns Amazjas Sohns Chilkijas | Sohns Amzis Sohns Banis
32 Sohns Schamers | Sohns Machlis Sohns Muschis Sohns Mraris Sohns Lewis. |
33 und ihre Brüder, die Lewiten, hingegeben für allen Dienst in der Wohnung des Gotteshauses, |
34 Aharon und seine Söhne aber emporrauchen lassend auf der Statt der Darhöhung und auf der Statt des Raucherwerks, sie waren da für alle Arbeit an der Heiligung der Heiligtume, und über Jifsrael zu bedecken, allwie Mosche, der Knecht Gottes, geboten hatte. |

35 Dies sind die Söhne Aharons: Elasar, dessen Sohn, Pinchas,
36 dessen Sohn, Abischua, dessen Sohn, | Bukki, dessen Sohn,
37 Usi, dessen Sohn, Srachja, dessen Sohn, | Mrajot, dessen
38 Sohn, Amarja, dessen Sohn, Achitub, | dessen Sohn, Zadok, dessen Sohn, Achimaaz, dessen Sohn. |
39 Und dies sind ihre Sitze, nach ihren Ringlagern, in ihrem Gebiet:
für die Söhne Aharons von der Sippe des Khatiters, denn ih-
40 rer war das Los, | man gab ihnen Hebron im Lande Jehuda
41 und seine Weidetriebe ringsum, | das Gefild der Stadt aber und ihre Gehöfte gab man Kaleb dem Sohn Jefunnes, |
42 den Söhnen Aharons gab man die Unterschlupfstädte, Hebron, Libna und seine Weidetriebe, Jattir und seine Weide-
43 triebe, Eschtmoa und seine Weidetriebe, | Chilen und seine
44 Weidetriebe, Dbir und seine Weidetriebe, | Aschan und seine Weidetriebe, Bet Schamesch und seine Weidetriebe, |
45 und vom Stab Binjamin Gaba und seine Weidetriebe, Allemet und seine Weidetriebe, Anatot und seine Weidetriebe, all ihrer Städte: dreizehn Städte nach ihren Sippen, |
46 und den Söhnen Khats, den restlichen von der Sippe des Zweigs: von der Hälfte des halben Stabs Mnasche durchs Los zehn Städte, |
47 und den Söhnen Gerschoms nach ihren Sippen: vom Stab Jifsachar, vom Stab Ascher, vom Stab Naftali und vom Stab Mnasche im Baschan dreizehn Städte, |
48 und den Söhnen Mraris nach ihren Sippen: vom Stab Ruben, vom Stab Gad und vom Stab Sbulun durchs Los zwölf Städte. |

⁴⁹ Die Söhne Jifsraels gaben den Lewiten die Städte und ihre Weidetriebe. |

⁵⁰ Sie gaben durchs Los vom Stab der Söhne Jehudas, vom Stab der Söhne Schim'ons und vom Stab der Söhne Binjamins diese Städte, sie die man mit Namen ausgerufen hat: |

⁵¹ von den Sippen der Söhne Khats, ihrer ward als die Städte ih-
⁵² res Gebiets vom Stab Efrajim, | man gab ihnen die Unterschlupfstädte. Sichem und seine Weidetriebe im Gebirg
⁵³ Efrajim, Gaser und seine Weidetriebe, | Jokmeam und seine
⁵⁴ Weidetriebe, Bet Choron und seine Weidetriebe, | Ajjalon und seine Weidetriebe, Gat Rimmon und seine Weidetrie-
⁵⁵ be, | und von der Hälfte des Stabs Mnasche Aner und seine Weidetriebe, Bilam und seine Weidetriebe, der Sippe der restlichen Söhne Khats, |

⁵⁶ den Söhnen Gerschoms von der Sippe des halben Stabs Mnasche Golan im Baschan und seine Weidetriebe, Aschtarot
⁵⁷ und seine Weidetriebe, | und vom Stab Jifsachar Kadesch
⁵⁸ und seine Weidetriebe, Dabrat und seine Weidetriebe, | Ramot und seine Weidetriebe, Anem und seine Weidetriebe, |

⁵⁹ und vom Stab Ascher Maschal und seine Weidetriebe, Ab-
⁶⁰ don und seine Weidetriebe, | Chukok und seine Weidetrie-
⁶¹ be, Rchob und seine Weidetriebe, | und vom Stab Naftali Kadesch im Galil und seine Weidetriebe, Chammon und seine Weidetriebe, Kirjatajim und seine Weidetriebe, |

⁶² den restlichen Söhnen Mraris: vom Stab Sbulun Rimono und
⁶³ seine Weidetriebe, Tabor und seine Weidetriebe, | und von jenseit des Jericho-Jordans ostwärts des Jordans, vom Stab Ruben Bazer in der Wüste und seine Weidetriebe, Jahza
⁶⁴ und seine Weidetriebe, | Kdemot und seine Weidetriebe,
⁶⁵ Mefaat und seine Weidetriebe, | und vom Stab Gad Ramot im Gilad und seine Weidetriebe, Machanajim und seine
⁶⁶ Weidetriebe, | Cheschbon und seine Weidetriebe, Jaser und seine Weidetriebe. |

⁷,¹ Von den Söhnen Jifsachars sind Tola, Pua, Jaschub und Schimron, vier, |

² die Söhne Tolas: Usi, Rfaja, Jeriel, Jachmi, Jibfsam und Schmuel, Häupter ihrer Vaterhäuser, – von Tola sind Wehrtüchtige nach ihren Zeugungen, ihre Zahl in den

Tagen Dawids zweiundzwanzigtausendsechshundert, |
3 die Söhne Usis: Jisrachja, und die Söhne Jisrachjas: Michael,
4 Obadja, Joel, Jischschija, fünf Häupter allsamt, | und an
ihnen nach ihren Zeugungen, nach ihren Vaterhäusern,
Rotten des Kriegsheers, sechsunddreißigtausend, denn der
5 Frauen und Kinder waren viele, | und ihre Brüder, von allen Sippen Jifsachars, tüchtige Wehrleute, siebenundachtzigtausend ihrer Zugehörigkeit in allem, |
6 Binjamin: Bala, Bacher und Jediael, drei, |
7 die Söhne Balas: Ezbon, Usi, Usiel, Jerimot und Iri, fünf
Häupter der Vaterhäuser, tüchtige Wehrleute, ihrer Zugehörigkeit zweiundzwanzigtausendvierunddreißig, |
8 die Söhne Bachers: Smira, Joasch, Elieser, Eljoejnaj, Omri,
Jerimot, Abija, Anatot und Alemet, all diese sind Söhne
9 Bachers, | und ihre Zugehörigkeit nach ihren Zeugungen:
Häupter ihrer Vaterhäuser, Wehrtüchtige, zwanzigtausendzweihundert, |
10 die Söhne Jediaels: Bilhan, die Söhne Bilhans: Jeisch, Binjamin, Ehud, Knaana, Sejtan, Tarschisch und Achischachar, |
11 all diese sind Söhne Jediaels, nach den Häuptern der Vaterschaften, tüchtige Wehrleute, siebzehntausendzweihun-
12 dert, im Heer zum Krieg Ausziehende, | dazu Schuppim
und Chuppim, Söhne Irs, Chuschim, die Söhne Achers. |
13 Die Söhne Naftalis sind Jachaziel, Guni, Jezar und Schallum,
Söhne Bilhas. |
14 Die Söhne Mnasches sind Afsriel, dessen aramäisches Kebs-
15 weib gebar, sie gebar Machir, den Vater Gilads, | Machir
nahm eine Frau von Chuppim und Schuppim, der Name
von deren Schwester ist Maacha, und der Name des Zwei-
16 ten ist Zlofchad, Zlofchad hatte nur Töchter, | Maacha, die
Frau Machirs, aber gebar einen Sohn, und sie rief seinen
Namen: Paresch, der Name seines Bruders ist Scharesch,
17 dessen Söhne sind Ulam und Rakem, | die Söhne Ulams:
Bdan..., dies sind die Söhne Gilads Sohns Machirs Sohns
18 Mnasches, | seine Schwester, die Molechet, aber gebar Isch-
19 hod, Abieser und Machlar..., | die Söhne Schmidas waren
Achjan, Schachem, Likchi und Aniam. |
20 Die Söhne Efrajims sind Schutalach, dessen Sohn Bared, dessen
21 Sohn Tachat, dessen Sohn Elada, dessen Sohn Tachat, | dessen

Sohn Sabad, dessen Sohn Schutalach, dazu Eser und Elad, aber die Männer von Gat, die Landbürtigen, brachten sie um, denn sie waren hinabgezogen, ihren Herdenbesitz zu nehmen, | ihr Vater Efrajim trauerte viele Tage, und seine Brüder gingen herzu, ihn zu trösten, | dann ging er zu seiner Frau ein, sie wurde schwanger und gebar einen Sohn, und sie rief seinen Namen Bria, denn braa, im Bösgeschick, war sie in seinem Haus; | seine Tochter ist Scheera, die baute das untere und das obere Bet Choron und Usen Scheera; | dazu Rafach, sein Sohn, und Raschef, Talach, dessen Sohn, Tachan, dessen Sohn, | Laadan, dessen Sohn, Amihud, dessen Sohn, Elischama, dessen Sohn, | Non, dessen Sohn, Jehoschua, dessen Sohn; | ihre Hufe und ihre Sitze waren Bet-El und seine Tochterstädte, ostwärts Naaran, westwärts Gaser und seine Tochterstädte, Sichem und seine Tochterstädte, bis zu Gaza und seinen Tochterstädten, | und zuhanden den Söhnen Mnasches Bet Schan und seine Tochterstädte, Taanach und seine Tochterstädte, Megiddo und seine Tochterstädte, Dor und seine Tochterstädte, – in diesen siedelten die Söhne Jofsefs Sohns Jifsraels. |

30 Die Söhne Aschers sind Jimna, Jischwa, Jischwi und Bria, und ihre Schwester ist Sfarach; |
31 die Söhne Brias sind Chaber und Malkiel, der ist der Vater
32 von Birsait; | Chaber zeugte Jaflet, Schomer und Chotam,
33 dazu Schua, ihre Schwester; | die Söhne Jaflets sind Pafsach, Bimhal und Aschwat, dies die Söhne Jaflets, |
34,35 die Söhne Schomers sind Achi, Rohga, Chubba und Aram, | des-
36 sen Bruder Ben Chelem, Zofa, Jimna, Schelesch und Amal; | die Söhne Zofas sind Sfuach, Charnafer, Schual, Beri, Jimra, |
37,38 Baser, Hod, Schamma, Schilscha, Jitran und Beera..., | die
39 Söhne Jaters sind Jefunne, Pispa und Ara..., | die Söhne Ullas
40 sind Arach, Chaniel und Rizja. | All dies Söhne Aschers, Häupter ihrer Vaterhäuser, erlesne tüchtige Wehrleute, Häupter unter den Fürsten, und ihre Zugehörigkeit zum Heer im Krieg, ihre Zahl sechsundzwanzigtausend Mann. |

8,1 Und Binjamin zeugte Bala, seinen Erstling, Aschbel, den
2 Zweiten, Achrach, den Dritten, | Nocha, den Vierten, und Rafa, den Fünften, |

I 8,3-36]   BEGEBENHEITEN DER TAGE   557

3,4 Söhne wurden dem Bala: Addar, Gera, Abihud, | Abischua,
5 Naaman, Achuach, | Gera, Schfufan und Churam. |
6 Und dies sind die Söhne Echuds, dies sind sie, Häupter der Vaterschaften für die Insassen Gabas – man verschleppte
7 sie nach Manachat –, | Naaman, Achija und Gera, der verschleppte sie,
...er zeugte Usa und Achichud, ... |
8 ...Schacharajim zeugte im Gefild Moabs, nachdem er Chu-
9 schim und Baara, seine Frauen, fortgeschickt hatte, | er zeugte von Chodesch, seiner Frau, Jobab, Zibja, Mischa,
10 Malkam, | Jeuz, Sfachja und Mirma, dies sind seine Söhne,
11 Häupter von Vaterschaften, | von Chuschim aber hatte er
12 gezeugt Abitub und Elpaal, | die Söhne Elpaals sind Eber, Mischam und Schamer – der baute Ono, Lod und seine Tochterstädte –, |
13 ...Bria und Schama, die sind die Häupter der Vaterschaften für die Insassen von Ajjalon, die verjagten die Insassen von Gat, |
14,15,16 Achjo, Schaschak, Jeremot, | Sbadja, Arad, Ader, | Michael, Jischpa und Jocha sind Söhne Brias, |
17,18 Sbadja, Meschullam, Chiski, Chaber, | Jischmri, Jislia und Jobab sind Söhne Elpaels, |
19,20,21 Jakim, Sichri, Sabdi, | Eliejnaj, Zilltaj, Eliel, | Adaja, Braja und Schimrat sind Söhne Schimis, |
22,23,24 Jischpan, Eber, Eliel, | Abdon, Sichri, Chanan, | Chananja,
25 Elam, Antotija, | Jifdja und Pnuel sind Söhne Schaschaks, |
26,27 Schamschraj, Schcharja, Atalja, | Jaaraschja, Elija und Sichri sind Söhne Jerochams, |
28 dies sind die Häupter der Vaterschaften nach ihren Zeugungen, – diese Häupter waren ansässig in Jerusalem, |
29 in Gibon aber waren ansässig: der Vater von Gibon, der Na-
30 me seiner Frau ist Maacha, | sein Erstlingssohn Abdon, Zur,
31 Kisch, Baal, Nadab, | Gdor, Achjo und Sachar,... |
32 Miklot zeugte Schima,
und auch sie waren ansässig ihren Brüdern in Jerusalem zugegen, ihren Brüdern geselIt. |
33 ...Ner zeugte Kisch, Kisch zeugte Schaul, Schaul zeugte Jeho-
34 natan, Malkischua, Abinadab und Eschbaal, | Jehonatans Sohn
35 ist Meribbaal, Meribbaal zeugte Micha, | die Söhne Michas
36 sind Piton, Malech, Taarea und Achas, | Achas zeugte Jehoada,

Jehoada zeugte Alamet, Asmawet und Simri, Simri zeugte
37 Moza, | Moza zeugte Bina, dessen Sohn ist Rafa, dessen
38 Sohn ist Elafsa, dessen Sohn ist Azel, | Azel hatte sechs
Söhne, dies sind ihre Namen: Esrikam, sein Erstling, Jischmael, Schearja, Obadja und Chanan, all diese sind Söhne
39 Azels, | die Söhne seines Bruders Eschek sind Ulam, sein
40 Erstling, Jeusch, der Zweite, und Elifalet, der Dritte, | – die
Söhne Ulams waren wehrtüchtige Männer, Bogenspanner,
Söhne und Sohnessöhne mehrend, hundertfünfzig.
All diese sind von den Söhnen Binjamins. |

9,1 So ist alles Jifsrael zugehörig, sie sind ja eingeschrieben im
Buch der Könige von Jifsrael.
Jehuda aber, die wurden um ihre Untreue nach Babel
verschleppt. |
2 Die ersten Insassen auf deren Hufe, in ihren Städten sind:
Jifsrael, die Priester, die Lewiten und die Hingegebnen. |
3 In Jerusalem aber waren ansässig von den Söhnen Jehudas,
von den Söhnen Binjamins, und von den Söhnen Efrajims
und Mnasches: |
4 Utaj Sohn Ammihuds Sohns Omris Sohns Imris Sohns Banis,
5 von den Söhnen Parez Sohns Jehudas. | und von der Schela-
6 schaft: Afsaja, der Erstling, und seine Brüder, | und von den
Söhnen Sarachs: Jeuel, und ihre Brüder, sechshundertneunzig. |
7 Und von den Söhnen Binjamins: Sfallu Sohn Meschullams
8 Sohns Hodawjas Sohns Hafsnaas, | Jibnija Sohn Jerochams,
Ela Sohn Usis Sohns Michris und Meschullam Sohn Schfatjas Sohns Ruels Sohns Jibnijas, | und ihre Brüder nach ihren
Zeugungen, neunhundertsechsundfünfzig, all diese Männer Häupter von Vaterschaften, nach ihren Vaterhäusern. |
10,11 Und von den Priestern: Jedaja, Jehojarib, Jachin, | Asarja Sohn
Chilkijas Sohns Meschullams Sohns Zadoks Sohns Mrajots
12 Sohns Achitubs, Vorsteher des Gotteshauses, | Adaja Sohn
Jerochams Sohns Paschchurs Sohns Malkijas und Maafsaj
Sohn Adiels Sohns Jachseras Sohns Meschullams Sohns
13 Meschillemits Sohns Immers, | und ihre Brüder, Häupter
ihrer Vaterschaften, tausendsiebenhundertsechzig Wehrtüchtige, an der Arbeit im Dienst des Gotteshauses. |

¹⁴ Und von den Lewiten: Schmaja Sohn Chaschschubs Sohns Asrikams Sohns Chaschabjas von den Söhnen Mraris, |
¹⁵ Bakbakkar, Charesch, Galal, Mattanja Sohn Michas Sohns
¹⁶ Sichris Sohns Afsafs, | Obadja Sohn Schmajas Sohns Galals Sohns Jedutuns und Berechja Sohn Afsas Sohns Elkanas, der in den Gehöften des Netofatiters siedelt. |
¹⁷ Und die Torleute: Schallum, Akkub, Talmon und Achiman,
¹⁸ ihr Bruder Schallum das Haupt; | und bisher sind sie am Königstor ostwärts die Torleute, für die Lager der Söhne Lewis. |
¹⁹ Und Schallum Sohn Kores Sohns Abjafsafs Sohns Korachs und seine Brüder, von seinem Vaterhaus, den Korachiten: an der Arbeit im Dienst als Schwellenhüter am Zelt; und
²⁰ ihre Väter an SEINEM Lager als Einlaßhüter, | und Pinchas Sohn Eliesers war vordem als Vorsteher über ihnen, ER sei
²¹ mit ihm!, | Secharja Sohn Meschelemjas, Tormann am Ein-
²² laß zum Zelt der Begegnung, | – sie alle erlesen zu Torleuten an den Schwellen, zweihundertzwölf, sie in ihren Gehöften, in ihrer Zugehörigkeit, sie in ihrer Vertrauenswürdigkeit sind es, die Dawid eingegründet hat und Schmuel der
²³ Seher, | sie und ihre Söhne über die Tore zu SEINEM Haus,
²⁴ zum Zelthaus, | zur Hut nach den vier Windrichtungen hin sollten sie die Torleute sein, östlich, meerwärts, nordwärts
²⁵ und südwärts; | und ihre Brüder in ihren Gehöften hatten von Frist zu Frist für sieben Tage zu kommen, diesen ge-
²⁶ sellt, | denn in Vertrauensstand waren die vier, die Tüchtigsten der Torleute sie, die Lewiten, sie waren an den Lauben
²⁷ und an den Schatzkammern des Gotteshauses; | und rings um das Gotteshaus nächtigten sie, denn an ihnen war die Hut, und sie waren am Schlüsselamt Morgen für Morgen, |
²⁸ und etwelche von ihnen an den Dienstgeräten, denn abgezählt brachten sie sie und abgezählt trugen sie sie hinaus, |
²⁹ und etwelche von ihnen waren über die Geräte zubestimmt, über alle Geräte der Heiligung, und über das Feinmehl, den Wein, das Öl, den Weihrauch und die Gedüfte. |
³⁰ Und von den Söhnen der Priester Würzer des Würzgemisches
³¹ für die Gedüfte, | – aber Mattitja von den Lewiten, das ist der Erstling Schallums des Karchiters, war im Vertrauens-
³² stand über dem Werk an den Pfannen; | und von den Söhnen des Khatiters etwelche, von ihren Brüdern aus, über dem

Brot der Darschichtung, es Wochenfeier um Wochenfeier zu bereiten. |

33 Und dies sind die Sänger, Häupter der Vaterschaften für die Lewiten, in den Lauben, sonst pflichtfrei, denn tags und nachts ist über ihnen: »Ans Werk!« ... |

34 Diese sind die Häupter der Vaterschaften für die Lewiten nach ihren Zeugungen, – diese waren ansässig in Jerusalem. |

35 In Gibon waren ansässig: der Vater von Gibon, Jeuel, der
36 Name seiner Frau ist Maacha, | Abdon, sein Erstling, Zur,
37 Kisch, Baal, Ner, Nadab, | Gdor, Achjo, Secharja und Mik-
38 lot, | Miklot zeugte Schimam, und auch sie waren ansässig ihren Brüdern in Jerusalem zugegen, ihren Brüdern gesellt. |

39 Ner zeugte Kisch, Kisch zeugte Schaul, Schaul zeugte Jeho-
40 natan, Malkischua, Abinadab und Eschbaal. | Jehonatans
41 Sohn ist Meribbaal, Meribbaal zeugte Micha, | die Söhne
42 Michas sind Piton, Malech, Tachrea.. | Achas zeugte Jaara, Jaara zeugte Alamet, Asmawet und Simri, Simri zeugte
43 Moza, | Moza zeugte Bina, dessen Sohn ist Rfaja, dessen
44 Sohn ist Elafsa, dessen Sohn ist Azel, Azel hatte sechs Söhne und dies sind ihre Namen: Esrikam, sein Erstling, Jischmael, Schearja... Obadja und Chanan, – dies sind die Söhne Azels. |

10,1 Die Philister kämpften gegen Jiſsrael,
und die Mannschaft Jiſsraels floh vor den Philistern,
Durchbohrte fielen am Berge Gilboa. |
² Die Philister hefteten sich hinter Schaul und hinter seinen Söhnen an,
die Philister erschlugen Jonatan, Abinadab und Malkischua, die Söhne Schauls. |
³ Schwer wurde der Kampf an Schaul hin,
die Bogenschützen hatten ihn herausgefunden,
und er wurde von den Schützen durchbohrt. |
⁴ Schaul sprach zu seinem Waffenträger:
Zücke dein Schwert und erstich mich damit,
sonst kommen diese Vorhäutigen und treiben ihr Spiel mit mir.
Aber sein Waffenträger wars nicht gewillt, denn er fürchtete sich sehr.
Schaul nahm das Schwert und ließ sich darein fallen. |
⁵ Als sein Waffenträger sah, daß Schaul am Sterben war, ließ auch er sich in sein Schwert fallen und starb. |
⁶ So starb Schaul und seine drei Söhne und all sein Haus, mitsammen starben sie. |
⁷ Als sie, alle Mannschaft Jiſsraels, die in der Tiefebene, sahn,
daß jene geflohn und daß Schaul und seine Söhne gestorben waren,
verließen sie ihre Städte und flohn,
die Philister kamen hin und setzten sich in ihnen fest. |
⁸ Es geschah aber am Nachmorgen, als die Philister kamen, die Durchbohrten auszuziehn:
sie fanden Schaul und seine Söhne gefallen auf dem Berge Gilboa. |
⁹ Sie zogen ihn aus, trugen seinen Kopf und seine Waffen hinweg
und sandten im Land der Philister rings herum,
es auszubringen ihren Schnitzdocken und dem Volk, |
¹⁰ dann legten sie seine Waffen in ihrem Gotteshaus nieder,
seinen Schädel aber nagelten sie im Hause Dagons an. |
¹¹ Als aber die von Jabesch im Gilad allsamt von allem hörten,
was die Philister Schaul getan hatten, |
¹² machten sie sich auf, alle tüchtigen Männer, und trugen den

Leichnam Schauls und die Leichname seiner Söhne hinweg
und brachten sie nach Jabesch
und begruben ihre Gebeine unter der Gotteseiche in Jabesch
und fasteten ein Tagsiebent. |
13 So starb Schaul um seine Untreue: daß er an IHM Untreue übte,
wegen SEINER Rede, daß er sie nicht wahrte, und befragte
14 gar einen Elben, beforschte, | und IHN beforschte er nicht,
so ließ er ihn sterben und wandte die Königschaft Dawid,
dem Sohne Jischajs, zu. |

11,1 Alles Jiſsrael, sie zogen zuhauf zu Dawid nach Hebron, sprechend:
Da, deines Gebeins und deines Fleisches wollen wir sein. |
2 Schon vortags, schon ehgestern, schon als Schaul König war,
warst du es, der Jiſsrael ausfahren und der es heimkommen ließ.
ER, dein Gott, hat zu dir gesprochen:
Weiden sollst mein Volk, Jiſsrael, du,
ein Herzog sein sollst über mein Volk, Jiſsrael, du. |
3 Alle Ältesten Jiſsraels kamen zum König nach Hebron,
Dawid schloß ihnen einen Bund in Hebron vor IHM,
und sie salbten Dawid zum König über Jiſsrael, SEINER Rede
durch Schmuel gemäß. |
4 Dawid ging und alles Jiſsrael gegen Jerusalem an, das ist
Jebuſs, dort war der Jebuſsiter, die Insassen des Landes. |
5 Die Insassen von Jebuſs ließen zu Dawid sprechen:
Du kommst nicht herein.
Aber Dawid eroberte die Felsenburg Zion, – das ist die
Dawidstadt. |
6 Dawid sprach:
Allwer zuerst einen Jebuſsiter schlägt,
soll zum Haupt und zum Obersten werden.
Joab Sohn Zrujas stieg zuerst auf und wurde zum Haupt. |
7 Dawid nahm Sitz in der Felsenburg, darum nannte man sie
Dawidstadt. |
8 Er baute die Stadt ringsum aus, von der Bastei bis zum Ring,
Joab sollte die übrige Stadt wiederbeleben. |
9 Dawid vergrößerte sich fortgehend, fortgehend,

bei ihm war ER, der Umscharte Gott. |

¹⁰ Und dies sind die Häupter der Helden, die Dawids waren,
die fest zu ihm hielten in seinem Königwerden, zusamt allem
Jifsrael, ihn zu königen, SEINER Rede über Jifsrael gemäß. |
¹¹ Und dies ist die Aufzählung der Helden, die Dawids waren:
Jaschbeam Sohn Chachmonis, Haupt der Drittkämpfer,
der schwang seinen Speer über dreihundert Durchbohrten
auf einmal. – |
¹² Nach ihm Elasar Sohn Dodos, der Achochiter, er ist unter
den Drei Helden, |
¹³ er war bei Dawid in Pafs Dammim, als die Philister sich dort
zum Kampfe sammelten,
dort war ein Feldstück voll Gerste,
das Volk war vor den Philistern entflohn, |
¹⁴ sie aber stellten sich mitten aufs Feldstück und retteten ihn
und schlugen die Philister, und ER befreite, eine große
Siegbefreiung. – |
¹⁵ Einst stiegen die Drei aus der Hauptdreißigschaft hinab am
Schroffen zu Dawid zu der Höhle Adullam hin,
während im Gespenstergrund ein Philisterlager lagerte. |
¹⁶ In dem Felsennest war damals Dawid,
und in Betlehem war damals ein Philisterposten. |
¹⁷ Da hatte Dawid ein Begehren, er sprach:
Wer mich doch letzte mit Wasser aus der Zisterne von
Betlehem, der am Tor! |
¹⁸ Die Drei drangen durchs Lager der Philister ein,
schöpften Wasser aus der Zisterne von Betlehem, der am Tor,
trugens, kamen damit zu Dawid.
Dawid aber war nicht gewillt, es zu trinken,
er goß es IHM dar |
¹⁹ und sprach:
Weitab mir, von meinem Gotte aus, das zu tun!
das Blut dieser Männer, mit ihrer Seele dran, sollte ich
trinken!
ihre Seele dransetzend sind sie ja damit gekommen!
Drum war er nicht gewillt, es zu trinken.
Dies haben die Drei Helden getan. – |
²⁰ Haupt einer Dreischaft war Abischaj, der Bruder Joabs,

der schwang seinen Speer über dreihundert Durchbohrte,
er hatte Namen bei den Dreien, |
²¹ zwar vor den dreien der Zweitreihe geehrt, er wurde ihnen zum Obern,
aber bis an die Drei kam er nicht. – |
²² Bnaja Sohn Jehojadas, Sohn eines wehrtüchtigen an Werkbetrieben reichen Mannes aus Kabzel,
der erschlug die zwei Gotteslöwen Moabs,
der stieg hinab und erschlug den Löwen, mitten in der Zisterne am Schneetag, |
²³ der erschlug den ägyptischen Mann, einen Mann von Unmaß, fünf nach der Elle,
ein Speer war in der Hand des Ägypters wie ein Weberbaum,
er aber stieg zu ihm mit dem Stabe hinab,
raubte dem Ägypter den Speer aus der Hand,
brachte ihn mit seinem eignen Speer um. |
²⁴ Dieses hat Bnajahu Sohn Jehojadas getan,
er hatte Namen unter den drei Helden, |
²⁵ unter den Dreißig, da war er geehrt, aber an die Drei kam er nicht.
Dawid setzte ihn über seine Leibwache. |

²⁶ Und die Helden der Heereskräfte:
Afsael, Bruder Joabs, Elchanan Sohn Dodos, aus Betlehem, |
²⁷,²⁸ Schammot, der Charoniter, Chelez, der Ploniter, | Ira Sohn
²⁹ Ikeschs, der Tekoiter, Abieser der Anatotiter, | Sfibchaj, der
³⁰ Chuschatiter, Ilaj, der Achochiter, | Maharaj, der Netofati-
³¹ ter, Cheled Sohn Baanas, der Netofatiter, | Itaj Sohn Ribajs, aus dem Giba der Söhne Binjamins, Bnaja, der Piratoniter, |
³²,³³ Choraj, aus Nachale Gaasch, Abiel, der Arabaiter, | Asma-
³⁴ wet der Bachurimiter, Eljaschba, der Schaalboniter, | die Söhne Haschems des Gisoniters, Jonatan Sohn Schages, der
³⁵ Harariter, | Achiam Sohn Sfachars, der Harariter, Elifal Sohn
³⁶,³⁷ Urs, | Chefer, der Mecheratiter, Achija, der Ploniter, | Chez-
³⁸ ro, der Karmeliter, Naaraj Sohn Esbajs, | Joel, Bruder Na-
³⁹ tans, Mibchar Sohn Chagris, | Zalek, der Ammoniter, Nach-
⁴⁰ raj, der Berotiter, der Waffenträger Joabs Sohns Zrujas, | Ira,
⁴¹ der Jitriter, Gareb, der Jitriter, | Urija, der Chetiter, Sabad
⁴² Sohn Achlajs, | Adina Sohn Schisas, der Rubenit, Haupt der

⁴³ Rubenschaft, dreißig um ihn, | Chanan Sohn Maachas und
⁴⁴ Joschafat, der Mitniter, | Usija, der Aschtarotiter, Schama
⁴⁵ und Jeuel, Söhne Chotams der Areriters, | Jediael Sohn
⁴⁶ Schimris und Jocha, sein Bruder, der Tiziter, | Eliel von Machawim und Jeribaj und Joschawja, Söhne Elnaams, Jitma,
⁴⁷ der Moabiter, | Eliel, Obed, und Jaasiel von Mezobaja. |

¹²,¹ Und diese sind, die zu Dawid nach Ziklag kamen, da er sich noch abgesperrt hielt Schauls, des Sohnes Kischs, wegen,
² und die sind unter den Helden, Helfer im Kampf, | bogenbewaffnet, rechtshändig und linkshändig Steine und vom Bogen Pfeile zu entsenden geschickt:
³ von den Brüdern Schauls, von Binjamin, | Achieser, das Haupt, und Joasch, Söhne Haschmaas, des Gibaiters, Jesiel und Pa-
⁴ let, Söhne Asmawets, Bracha, Jehu, der Anatotiter, | Jisch-maja, der Giboniter, Held von den Dreißig und über die
⁵ Dreißig, | Jirmeja, Jachasiel, Jochanan, Josabad, der Gde-
⁶ rait, | Elusi, Jerimot, Bealja, Schmarjahu, Schfatjahu, der
⁷ Charifit, | Elkana, Jischschijahu, Asarel, Joeser und Jascho-
⁸ bam, die Korchiter, | Joela und Sbadja, Söhne Jerochams, aus dem Gdor. |
⁹ Und von der Gadschaft sonderten sich ab zu Dawid ins Felsnest nach der Wüste, Wehrtüchtige, Männer der Kampfschar, ausgerüstet mit Schild und Lanze, ihr Antlitz ein Löwenantlitz, an Schnelligkeit den Gazellen auf den Bergen gleich, |
¹⁰ Eser, das Haupt, Obadja, der Zweite, Eliab, der Dritte, |
¹¹,¹² Mischmanna, der Vierte, Jirmja, der Fünfte, | Attaj, der
¹³ Sechste, Eliel, der Siebente, | Jochanan, der Achte, Elsabad,
¹⁴ der Neunte, | Jirmejahu, der Zehnte, Machbannaj, der Elfte, |
¹⁵ diese sind von den Söhnen Gads, Häupter der Schar, der Kleinste einer gegen hundert, gegen tausend der Größte, |
¹⁶ diese sind es, die den Jordan in der ersten Mondneuung, da er über all seine Gestade voll ist, durchschritten und verjagten alles aus den Tälern ostwärts und westwärts. |
¹⁷ Von den Söhnen Binjamins und Jehudas kamen zu Dawid bis ins Felsnest. |
¹⁸ Dawid trat heraus vor sie hin, hob an und sprach:
Kamt ihr friedsam zu mir, mir zu helfen,
wird mir ein Herz auf euch zu sein, uns zu vereinigen,

ists aber, um an meine Bedränger mich zu verraten, wiewohl
nicht Unbill ist an meinen Händen,
sehe der Gott unsrer Väter und entscheide! |
19 Da umkleidete Geist sich mit Amaſsaj, einem Haupt der
Dreißig:
Dein, Dawid, und bei dir, Sohn Jischajs, ist Friede, –
Frieden, Frieden dir, Frieden deinen Helfern!
denn geholfen hat dir dein Gott.
Dawid empfing sie und gab sie der Rotte zuhäupten. |
20 Und von Mnasche fielen zu Dawid ab, als er mit den Philistern
gegen Schaul zum Kampfe herankam,
aber nicht half er jenen, ratsam ja sandten ihn die Tyrannen
der Philister hinweg, sprechend: Unsre Häupter drangebend wird er zu seinem Herrn Schaul abfallen! – |
21 als er nun nach Ziklag zurückging, fielen von Mnasche zu ihm
ab
Adnach, Josabad, Jediael, Michael, Josabad, Elihu und Zilltaj,
Häupter der Tausendschaften, derer von Mnasche, |
22 die hielten hilfreich zu Dawid beim Rottenzug,
wehrtüchtig waren sie ja alle, und wurden Obre im Heer. |
23 Ja, Tag um Tag kam man zu Dawid, ihm zu helfen,
bis es ein großes Lager war, einem Gotteslager gleich. |
24 Und dies sind die Häupterzahlen des Sturmhaufs, derer die
zu Dawid nach Hebron kamen, das Königtum Schauls ihm
zuzuwenden nach SEINEM Geheiß: |
25 Söhne Jehudas, Träger von Schild und Lanze, sechstausendachthundert, Stürmer des Heers, |
26 von den Söhnen Schimons, Wehrtüchtige fürs Heer, siebentausendhundert, |
27 von den Söhnen Lewis viertausendsechshundert, |
28 Jehojada, der Anführer von Aharon, und bei ihm dreitausendsiebenhundert, |
29 Zadok, ein wehrtüchtiger Jüngling, und sein Vaterhaus,
zweiundzwanzig Obre, |
30 von den Söhnen Binjamins, den Brüdern Schauls, dreitausend, ihrer die Mehrheit hatten bis dahin die Hut von
Schauls Haus gehütet, |
31 von den Söhnen Efrajims zwanzigtausendachthundert,
Wehrtüchtige, Männer von Namen in ihren Vaterhäusern, |

BEGEBENHEITEN DER TAGE

32 vom halben Stab Mnasche achtzehntausend, die mit Namen bezeichnet wurden, zu kommen, Dawid zu königen, |
33 von den Söhnen Jifsachars um die Unterscheidung der Zeiten zur Genüge Wissende, um zu wissen, was Jifsrael zu tun hatte, ihrer Häupter zweihundert, all ihre Brüder ihrem Geheiß zufolge, |
34 von Sbulun zum Heer Ausfahrende, kampfgerecht mit allem Kampfgerät, fünfzigtausend, sich herdenhaft zu scharen, nicht mit zweierlei Herz, |
35 von Naftali an Obern tausend und bei ihnen mit Schild und Speer siebenunddreißigtausend, |
36 von der Danschaft, kampfgereiht, achtundzwanzigtausendsechshundert, |
37 von Ascher, zum Heer Ausfahrende, sich kampfmäßig zu reihen, vierzigtausend, |
38 und von jenseit des Jordans:
von der Rubenschaft, der Gadschaft und dem halben Stab Mnasche, mit allem Kampfgerät, hundertzwanzigtausend. |
39 All diese Männer des Kampfs, in Reihordnung gereiht, mit befriedetem Herzen kamen sie nach Hebron, Dawid über alles Jifsrael zu königen,
und auch alles übrige Jifsrael war einigen Herzens, Dawid zu königen. |
40 Sie waren dort bei Dawid drei Tage, essend und trinkend, denn ihre Brüder hattens ihnen bereitet, |
41 auch die ihnen Nahen, bis nach Jifsachar, Sbulun und Naftali, brachten Brot auf Eseln, auf Kamelen, auf Maultieren und auf Rindern Mehlspeise, Feigenkuchen, und Dörrtrauben, und Wein, und Öl, und Rinder und Schafe die Menge, denn Freude war in Jifsrael. |

13,1 Dawid beriet sich mit den Obern der Tausendschaften und der Hundertschaften, mit alljedem Anführer. |
2 Dann sprach Dawid zu allem Gesamt Jifsraels:
Dünkt es euch gut
– ists doch von IHM, unserm Gott, her vorgebrochen –,
wollen wir zu unsern Brüdern umhersenden, die in allen Landschaften Jifsraels überblieben,

und ihnen gesellt zu den Priestern und den Lewiten in den
    Städten ihrer Weidetriebe,
daß sie zuhauf kommen zu uns, |
³ und herwenden wollen wir den Schrein unsres Gottes zu uns,
denn nicht haben wir ihm in den Tagen Schauls nachgefragt. |
⁴ Sie sprachen, alles Gesamt, das sei zu tun,
denn richtig war die Sache in den Augen alles Volks. |
⁵ Dawid versammelte alles Jisrael, vom Schwarzstrom Ägyptens bis wo man nach Chamat kommt,
kommen zu lassen den Gottesschrein aus Kirjat Jearim, dem
    in Jehuda. |
⁶ Dawid zog hinan und alles Jisrael nach Baala, gen Kirjat Jearim, das in Jehuda,
von dort heranzuziehen den Gottesschrein, SEINEN, der Sitz
    hat auf den Cheruben, – dran der Name gerufen wird. |
⁷ Sie ließen den Gottesschrein einen neuen Karren besteigen,
    aus dem Haus Abinadabs,
Lenker des Karrens waren Usa und seine Brüder. |
⁸ Dawid und alles Jisrael tanzten vor Gott mit aller Macht,
mit Gesängen, zu Leiern, zu Lauten, zu Pauken, zu Zimbeln,
    zu Trompeten. |
⁹ Sie kamen bis zur Tenne Kidons,
da streckte Usa seine Hand, an den Schrein zu greifen, denn
    die Rinder waren ausgeglitten. |
¹⁰ SEIN Zorn entflammte wider Usa,
und er schlug ihn, drum daß er seine Hand nach dem Schrein
    gestreckt hatte,
er starb dort vor Gott. |
¹¹ Dawid entflammte,
denn einen Niederbruch hatte er gebrochen, an Usa,
er rief den Ort Parez Usa, Niederbruch Usas, – bis auf diesen
    Tag. |
¹² Dawid fürchtete sich vor IHM an jenem Tag,
sprechend:
Weh, wie kann ich den Gottesschrein zu mir kommen lassen! |
¹³ Nicht ließ Dawid den Schrein zu sich, nach der Dawidstadt
    kommen,
er ließ ihn abbiegen nach dem Hause Obed Edoms des Gatiters. |

¹⁴ Drei Mondneuungen hatte der Gottesschrein Sitz beim
  Hause Obed Edoms, in seinem Haus,
und ER segnete das Haus Obed Edoms und alles, was sein war. |

¹⁴,¹ Chiram König von Tyrus sandte Boten zu Dawid und Zedernhölzer, Mauernbehauer und Holzbehauer, ihm ein Haus zu bauen. |
² Dawid erkannte,
daß ER ihn als König gründete über Jifsrael
und daß sein Königtum emporgetragen ward um seines Volks
  Jifsrael willen. |

³ Dawid nahm sich noch Frauen in Jerusalem,
Dawid zeugte noch Söhne und Töchter. |
⁴ Dies sind die Namen der ihm in Jerusalem Gebornen:
Schammua, Schobab, Natan, Schlomo, |
⁵ Jibchar, Elischua, Elpalet, |
⁶ Nogah, Nafeg, Jafia, |
⁷ Elischama, Beeljada und Elifalet. |

⁸ Als die Philister hörten, daß Dawid zum König über alles Jifsrael gesalbt worden war,
zogen alle Philister auf, Dawid herauszufordern.
Dawid hörte davon und fuhr aus, vor sie hin. |
⁹ Schon waren sie herangekommen, die Philister, und in den
  Gespenstergrund eingedrungen. |
¹⁰ Dawid befragte IHN, sprechend:
Soll ich gegen die Philister hinaufziehn?
gibst du sie in meine Hand?
ER sprach zu ihm:
Zieh hinauf,
ich gebe sie in deine Hand. |
¹¹ Sie zogen nach Baal Prazim hinauf,
dort schlug Dawid sie,
und Dawid sprach:
Gott hat meine Feinde mit meiner Hand durchbrochen wie
  ein Durchbruch der Wasser.
Daher rief man den Namen jenes Orts: Baal Prazim, Meister
  der Durchbrüche. |

¹² Sie ließen dort ihre Götter, Dawid sprach, sie sollten im Feuer verbrannt werden. |
¹³ Und wieder drangen die Philister, noch einmal, in den Grund ein. |
¹⁴ Nochmals befragte Dawid Gott,
Gott aber sprach zu ihm:
Zieh nicht hinter ihnen her auf,
wende dich von ihnen hinweg
und komm an sie gegenüber den Balsamsträuchern, |
¹⁵ es soll geschehn:
wann du eines Schrittes Rauschen hörst auf den Häuptern der Balsambäume,
dann fahre zum Kampf aus,
denn dann fuhr Gott vor dir her,
ins Philisterlager einzuschlagen. |
¹⁶ Dawid tat, wie Gott ihm geboten hatte,
sie schlugen das Lager der Philister,
von Gibon bis nach Gaser. |
¹⁷ Der Name Dawids fuhr in alle Länder aus,
und seinen Schrecken gab ER auf alle Weltstämme. |

15,1 Als er in der Dawidstadt sich Häuser machte,
bereitete er eine Stätte für den Gottesschrein und schlug ihm ein Zelt auf. |
² Damals sprach Dawid, nicht solle man den Gottesschrein tragen, es seien denn die Lewiten,
denn sie hat ER erwählt, den Gottesschrein zu tragen und ihn zu bedienen, auf Weltzeit. |
³ Dawid versammelte alles Jifsrael nach Jerusalem,
SEINEN Schrein hinaufzubringen an die Stätte, die er ihm bereitet hatte. |
⁴ Dawid holte die Söhne Aharons und die Lewiten heran: |
⁵ von den Söhnen Khats Uriel, den Obern, und seine Brüder, hundertzwanzig. |
⁶ von den Söhnen Mraris Afsija, den Obern, und seine Brüder, zweihundertzwanzig. |
⁷ von den Söhnen Gerschoms Joel, den Obern, und seine Brüder, hundertdreißig, |

⁸ von den Söhnen Elizafans Schmaja, den Obern, und seine
  Brüder, zweihundert, |
⁹ von den Söhnen Chebrons Eliel, den Obern, und seine Brü-
  der, achtzig, |
¹⁰ von den Söhnen Usiels Aminadab, den Obern, und seine
  Brüder, hundertzwölf, |
¹¹ Dawid berief Zadok und Ebjatar, die Priester, und die Lewi-
¹² ten Uriel, Afsija, Joel, Schmaja, Eliel und Aminadab, | er
  sprach zu ihnen:
  Ihr seid die Häupter der Vaterschaften der Lewiten,
  heiligt euch, ihr und eure Brüder,
  daß ihr SEINEN, des Gottes Jifsraels, Schrein dahinauf brin-
  get, wo ichs für ihn bereitet habe, |
¹³ denn da erstmalig nicht ihrs wart, hat ER unser Gott uns den
  Niederbruch zugefügt,
  denn nicht nach dem Rechtsbrauch hatten wir ihm nachgefragt. |
¹⁴ Die Priester und die Lewiten heiligten sich, SEINEN, des Got-
  tes Jifsraels, Schrein heraufzubringen. |
¹⁵ Dann trugen die Söhne der Lewiten den Gottesschrein,
  gleichwie Mosche SEINER Rede nach geboten hatte, auf
  ihrer Schulter, Stangen auf ihnen. |
¹⁶ Dawid sprach zu den Obern der Lewiten, aufstellen sollten
  sie ihre Brüder, die Sänger, mit Sanggeräten, Harfen, Leiern
  und Zimbeln, sie hören zu lassen,
  die Stimme zu erheben in Freuden. |
¹⁷ Die Lewiten stellten auf
  Heman Sohn Joels, von seinen Brüdern Afsaf Sohn Berechja-
  hus, von den Söhnen Mraris, ihres Bruders, Etan Sohn Ku-
  schajahus, |
¹⁸ bei ihnen ihre Brüder, die Zweitreihigen, Secharjahu Sohn Jaa-
  siels, Schmiramot, Jechiel, Unni, Eliab, Bnajahu, Maafsijahu, Mattitjahu, Eliflehu und Miknejahu,
  und Obed Edom und Jeiel, die Torleute, – |
¹⁹ und zwar die Sänger, Heman, Afsaf und Etan mit ehernen
  Zimbeln, hören zu lassen, |
²⁰ Secharja, Asiel, Schmiramot, Jechiel, Unni, Eliab, Maafsijahu
  und Bnajahu mit Harfen, auf Alamot-Weise, |
²¹ Mattitjahu, Eliflehu, Miknejahu, Obed Edom, Jeiel und
  Asasjahu mit Leiern zum Vorspielen auf dem Achtsait, |

²² und Knanjahu, den Obern der Lewiten, beim Vortrag, er sollte beim Vortrag anweisen, denn er verstand sich darauf. |
²³ Berechja und Elkana waren Torhüter für den Schrein. |
²⁴ Schbanjahu, Joschafat, Ntanel, Amaſsaj, Secharjahu, Bnajahu und Elieser, die Priester, trompeteten mit den Trompeten vor dem Schrein Gottes.
Obed Edom und Jichja waren Torhüter für den Schrein. |
²⁵ Dawid und die Ältesten Jiſraels und die Obern der Tausendschaften, sie gingen, den Schrein SEINES Bundes vom Hause Obed Edoms heraufzubringen, in Freuden. |
²⁶ Es geschah, da Gott den Lewiten half, den Trägern des Schreins SEINES Bundes:
sie schlachteten sieben Farren und sieben Widder. |
²⁷ Dawid selber war von einem Byssusmantel umhängt,
und so alle Lewiten, die den Schrein trugen, Knanja, der Obre für den Vortrag, die Sänger,
an Dawid aber war ein Linnenumschurz. |
²⁸ Alles Jiſrael, sie brachten den Schrein SEINES Bundes herauf,
mit Geschmetter und Posaunenschall,
mit Trompeten, mit Zimbeln ließen sies hören, mit Lauten, mit Leiern. |
²⁹ Es geschah,
wie der Schrein SEINES Bundes war bis zur Dawidstadt gekommen,
und Michal, Schauls Tochter, lugte durchs Fenster hinab
und sah Dawid, den König, springen und tanzen,
da verachtete sie ihn in ihrem Herzen. |

¹⁶,¹ Als sie mit SEINEM Schrein hingekommen waren,
richteten sie ihn auf inmitten des Zelts, das Dawid für ihn aufgespannt hatte,
und sie nahten Darhöhungen und Friedmahle dar vor IHM. |
² Als Dawid allzuende war, die Darhöhung und die Friedmahle darzuhöhen,
segnete er das Volk mit SEINEM Namen. |
³ Er verteilte an alljedermann in Jiſrael, von Mann bis Weib,
an jedermann ein Rundbrot, einen Dattelstock und einen Rosinenkuchen. |
⁴ Dann gab er vor SEINEN Schrein von den Lewiten als Amtende,

[I 16,4-19]   BEGEBENHEITEN DER TAGE   573

und SEIN, des Gottes Jifsraels, gedenken zu lassen, zu danken
   und zu preisen, |
5 Afsaf als Haupt, und als seinen Zweiten Secharja, Jeiel,
   Schmiramot, Jechiel, Mattitja, Eliab, Bnajahu, Obed
   Edom und Jeiel,
   mit Harfengerät und mit Leiern, und Afsaf, hören zu lassen
6 mit Zimbeln, | Bnajahu und Jachasiel, die Priester, mit
   Trompeten,
   vor dem Schrein des Gottesbundes, stetig. |
7 Damals, an jenem Tag, gab Dawid hauptmalig an, man solle
   IHM danken, durch Afsaf und seine Brüder: |
8 Danket IHM,
   ruft seinen Namen aus,
   tut unter den Völkern seine Handlungen kund! |
9 Singet ihm,
   harfet ihm,
   Besinnet all seine Wunder! |
10 Preist euch um den Namen seiner Heiligkeit!
   Preise sich das Herz der IHN Suchenden! |
11 Fragt nach IHM und seiner Macht,
   suchet stetig sein Antlitz! |
12 Gedenket der Wunder, die er getan hat,
   seiner Erweise,
   der Gerichte seines Munds, |
13 Same Jifsraels, seines Knechts,
   Söhne Jaakobs, seines Erwählten! |
14 Das ist ER, unser Gott,
   in allem Erdreich seine Gerichte. |
15 Auf Weltzeit gedenket seines Bunds,
   – der Rede, die er hat entboten
   auf tausend Geschlechter –, |
16 den er mit Abraham schloß,
   seines Schwures an Jizchak, |
17 er erstellte es Jaakob zum Gesetz,
   Jifsrael zum Weltzeitbund, |
18 sprechend:
   Dir gebe ich das Land Kanaan,
   Schnurbereich eures Eigentums. |
19 Als ihr zählige Leute wart,

geringgültig und gastend darin, |
²⁰ die einhergingen von Stamm zu Stamm,
von Königreich zu anderem Volk, |
²¹ ließ er niemand zu, sie zu bedrücken,
ermahnte Könige ihretwegen: |
²² Rühret nimmer an meine Gesalbten,
meinen Kündern tut nimmer übel! |
²³ Singt IHM, alles Erdreich,
von Tag zu Tag heroldet sein Befreien! |
²⁴ erzählt unter den Stämmen seine Ehre,
unter allen Völkern seine Wunder! |
²⁵ Denn ER ist groß und sehr zu preisen,
zu fürchten er über alle Götter. |
²⁶ Denn Gottnichtse sind alle Götter der Völker,
ER aber hat den Himmel gemacht. |
²⁷ Vor seinem Antlitz ist Hehre und Glanz,
an seiner Stätte ist Macht und Wonne. |
²⁸ Zollt IHM, Sippen der Völker,
zollt IHM Ehre und Macht, |
²⁹ zollt IHM seines Namens Ehre!
Traget Spende, kommt vor sein Antlitz,
werft euch IHM im Erglänzen der Heiligung hin, |
³⁰ vor seinem Antlitz windet euch, alles Erdreich!
Gefestet, wohl, ist die Welt, nie wankt sie. |
³¹ Freuen sollen sich die Himmel,
jauchzen soll das Erdreich,
man sage unter den Stämmen:
ER trat die Königschaft an! |
³² Das Meer dröhne und was es füllt,
das Gefild entzücke sich und alles was drauf ist, |
³³ dann sollen jubeln die Bäume des Walds,
vor SEINEM Antlitz,
da er kommt, das Erdreich zu richten! |
³⁴ Danket IHM, denn er ist gütig,
denn in Weltzeit währt seine Huld. |
³⁵ Sprecht:
Befreie uns, Gott unsrer Freiheit!
hol uns zuhauf, rette aus den Erdstämmen uns,
deiner Heiligkeit Namen zu danken,

uns deiner Preisung zu rühmen! |
36 Gesegnet ER,
der Gott Jifsraels,
von der Weltzeit her und für die Weltzeit!
Und sie sprachen, alles Volk:
Jawahr! Preis sei IHM! |
37 Dann ließ er dort vorm Schrein SEINES Bundes Afsaf und seine Brüder,
vor dem Schrein stetig zu amten, des Tags Sache an ihrem Tag, |
38 dazu Obed Edom und deren Brüder, achtundsechzig, Obed Edom Sohn Jedituns und Chofsa als Torhüter, |
39 Zadok aber, den Priester, und seine Brüder, die Priester, vor SEINER Wohnung auf der Kuppe, der in Gibon, |
40 Darhöhungen IHM zu höhen, auf der Darhöhungsstatt, stetig, morgens und abends,
und für alles in SEINER Weisung Geschriebne, die er über Jifsrael gebot, |
41 und bei ihnen Heman, Jedutun und die übrigen Erlesnen,
die mit Namen verzeichnet sind,
IHM zu danken,
denn in Weltzeit währt seine Huld, |
42 und bei ihnen, Heman und Jedutun, Trompeten und Zimbeln,
für die Hörenlassenden, und das Sanggerät Gottes,
und die Söhne Jedutuns fürs Tor. |
43 Dann gingen sie, alles Volk, jedermann nach seinem Haus,
Dawid aber wandte sich, sein Haus zu segnen. |

17,1 Es geschah, sowie Dawid in seinem Hause saß,
Dawid sprach zu Natan dem Künder:
Da, ich sitze in einem Zedernhaus,
und der Schrein SEINES Bundes ist unter Teppichen! |
2 Natan sprach zu Dawid:
Allwas in deinem Herzen ist, machs,
denn Gottheit ist bei dir. |
3 Aber es geschah in derselben Nacht,
es geschah die Rede Gottes zu Natan,
im Spruch: |
4 Geh,
sprich zu Dawid, meinem Knecht:

So hat ER gesprochen:
Nicht du sollst mir das Haus zum Sitze bauen. |
⁵ Nicht hatte ich ja Sitz in einem Haus
vom Tag, als ich die Söhne Jifsraels heraufbrachte aus Ägypten
   bis auf diesen Tag,
dawar ich, von Zelt zu Zelt und von Wohnung ... |
⁶ Allwo ich einherging unter allem Jifsrael,
habe je ich Rede geredet
mit einem von Jifsraels Richtern,
die ich entbot, mein Volk zu weiden,
solche Sprache:
Warum habt ihr mir nicht ein Zedernhaus erbaut? |
⁷ Jetzt aber:
so sollst du zu meinem Knecht, zu Dawid sprechen:
So hat ER der Umscharte gesprochen:
Ich selber nahm dich von der Trift, von hinter den Schafen her,
Herzog über mein Volk Jifsrael zu werden, |
⁸ dawar bei dir ich, allwohin du gegangen bist:
ich rodete all deine Feinde vor dir hinweg,
ich habe dir einen Namen gemacht, wie der Großen Name,
   die auf Erden sind, |
⁹ ich habe eine Stelle meinem Volk, Jifsrael, bestimmt,
ich habe es eingepflanzt,
daß es an seinem Platze wohne,
daß es nicht mehr aufzittere,
daß nicht fürder die Söhne der Tücke es zerfasern wie am An-
¹⁰ fang| und auch noch von den Tagen an, da ich Richter über
   mein Volk Jifsrael entboten habe,
ich habe alle deine Feinde niedergezwungen
und dir angemeldet: ... und ein Haus wird ER dir bauen. |
¹¹ Es wird geschehn:
wenn deine Tage sich erfüllen,
bei deinen Vätern einzugehn,
werde ich nach dir deinen Samen bestellen,
einen, der von deinen Söhnen sein wird,
und werde sein Königreich gründen, –|
¹² der wird ein Haus mir bauen,
ich aber werde seinen Stuhl festgründen auf Weltzeit. |
¹³ Ich werde ihm Vater sein und er wird mir Sohn sein,

meine Huld lasse ich vom Beiihmsein nicht weichen,
wie ich sie weichen ließ von ihm, der vor dir war, |
¹⁴ auf Weltzeit werde ich aufrichten ihn in meinem Haus und in meinem Königreich,
sein Stuhl, auf Weltzeit ist er gegründet. |
¹⁵ All dieser Rede gleich,
all dieser Schauung gleich,
so redete Natan zu Dawid. |

¹⁶ Der König Dawid kam und saß vor IHM nieder
und sprach:
Wer bin ich, Gott, DU,
und wer ist mein Haus,
daß du mich bis hierher hast kommen lassen! |
¹⁷ und dies war zu klein in deinen Augen, Gott,
du redetest übers Haus deines Knechtes auf fernhin,
und du sahst mich an nach dem Range des Menschen der Hochstufung, Gott, DU! |
¹⁸ Was könnte noch Dawid dir hinzufügen, deinen Knecht zu ehren, –
du selber kennst deinen Knecht! |
¹⁹ Um deines Knechtes willen, nach deinem Herzen machst du all dieses Große,
all die Großwerke kundzutun. |
²⁰ DU, wer ist wie du,
kein Gott ist außer dir, –
allwie wirs gehört haben in unsre Ohren. |
²¹ Und wer ist wie dein Volk Jifsrael,
ein einziger Stamm auf Erden,
daß Gottheit daranging, ihn als Volk abzugelten,
dir einen Namen zuzubestimmen,
Großwerke und Furchtbarkeiten,
Weltstämme zu vertreiben vor deinem Volk, das du abgaltest aus Ägypten. |
²² Gegeben hast du dein Volk Jifsrael dir als Volk, auf Weltzeit,
und bist, DU, ihnen Gott geworden. |
²³ Jetzt also, DU,
die Rede, die du über deinen Knecht und über sein Haus geredet hast,

getreu sei sie in Weltzeit,
machs, wie du geredet hast, |
²⁴ getreu und groß sei dein Name in Weltzeit,
daß man spreche: Gott Jifsraels ist E R der Umscharte,
Gott für Jifsrael!
und gegründet vor dir sei das Haus Dawids deines Knechts. |
²⁵ Denn du selber, mein Gott, hast dem Ohr deines Knechts offenbart, ihm ein Haus zu bauen,
darum hats dein Knecht befunden, vor dir zu beten. |
²⁶ Jetzt also, D U
– du bist die Gottheit,
und du hast über deinen Knecht dieses Gute geredet –: |
²⁷ jetzt also;
du hasts unternommen, das Haus deines Knechtes zu segnen,
dazusein vor dir auf Weltzeit;
denn du selber, D U, hast gesegnet,
gesegnet ist es auf Weltzeit. |

18,1 Es geschah hernach:
Dawid schlug die Philister, er zwang sie nieder,
er nahm Gat und seine Tochterorte aus der Hand der Philister. |
² Dann schlug er Moab,
die von Moab wurden Dawid zu dienstbaren Zinsspendenträgern. |
³ Dann schlug Dawid den Hadadeser, König von Zoba, nach Chamat hin,
als er drang ing, seine Handgewalt am Strom Euphrat aufzurichten. |
⁴ Dawid fing von ihm tausend Gefährte, siebentausend Reisige und zwanzigtausend der Fußmannschaft ab,
Dawid verstümmelte alles Gespann, hundert Gespanne nur ließ er von ihm übrig. |
⁵ Dann kam der damaskische Aramiter, Hadadeser König von Zoba zu helfen,
Dawid schlug auf Aram ein: zweiundzwanzigtausend Mann, |
⁶ Dawid setzte beim damaskischen Aramäer ein,
Aram wurde Dawid zu dienstbaren Zinsspendenträgern.
So schaffte E R Dawid freien Raum, allwohin er ging. |

⁷ Dawid nahm die goldenen Rüstungen, die Hadadesers
   Dienstleute anhatten, und brachte sie nach Jerusalem. |
⁸ Von Tibchat und von Kun, den Städten Hadadesers, nahm
   der König Dawid sehr viel Erz,
   daraus hat Schlomo das eherne Meer und die Säulen und die
   ehernen Geräte gemacht. |
⁹ Als Tou König von Chamat hörte, daß Dawid alle Streit-
   macht Hadadesers Königs von Zoba geschlagen hatte, |
¹⁰ sandte Tou seinen Sohn Hadoram zum König Dawid, ihm
    Glück zu wünschen und zu Segensgruß ihm
    – dafür daß er Hadadeser bekriegt und ihn geschlagen hatte,
    denn ein Mann der Kriegführung gegen Tou war Hadadeser
    gewesen, –
  *und allerhand goldne, silberne und eherne Geräte. |
¹¹ Auch sie heiligte der König Dawid IHM dar
   mit dem Silber und Gold, das er davongetragen hatte von all
   den Stämmen, von Edom, von Moab, von den Söhnen
   Ammons, von den Philistern, von Amalek. |
¹² Abischaj Sohn Zrujas nämlich schlug Edom im Salztal: acht-
    zehntausend, |
¹³ man setzte in Edom Vögte ein, alle von Edom wurden Dawid
   dienstbar.
   So schaffte ER Dawid freien Raum, allwohin er ging. |

¹⁴ Als Dawid über alles Jifsrael König geworden war,
   tat Dawid selber Recht und Wahrspruch dar für all sein Volk. |
¹⁵ Über dem Heer aber war Joab Sohn Zrujas,
   Erinnrer: Jehoschafat Sohn Achiluds, |
¹⁶ Priester: Zadok Sohn Achitubs und Abimelech Sohn Ebja-
    tars,
    Schreiber: Schawscha, |
¹⁷ über den Kretitern und Pletitern: Bnajahu Sohn Jehojadas,
   die Ersten zur Hand des Königs: Dawids Söhne. |

¹⁹,¹ Es geschah danach, daß Nachasch, der König der Söhne Am-
     mons, starb.
     Sein Sohn wurde König an seiner Statt, |
² Dawid sprach:
  Ich will hold tun an Chanun Sohn Nachaschs;

denn sein Vater hat an mir hold getan,
Dawid sandte Boten, ihm Tröstung wegen seines Vaters zu
 sagen.
Als Dawids Diener ins Land der Söhne Ammons zu Chanun
 kamen, ihm Tröstung zu sagen, |
³ sprachen die Obern der Söhne Ammons zu Chanum:
Dünkts deinen Augen, Dawid wolle deinen Vater ehren,
weil er dir Tröstungsager sendet?
ists nicht so:
das Land auszuspüren, zu durchwühlen, zu bespähen
sind seine Diener zu dir gekommen!
⁴ Chanun nahm die Diener Dawids,
er ließ sie scheren,
er ließ ihre Röcke an der einen Hälfte abschneiden
 bis zum Ausschritt,
dann sandte er sie heim. |
⁵ Man ging und meldete Dawid wegen der Männer, und er sandte ihnen entgegen,
denn die Männer waren sehr beschämt.
Der König ließ sprechen:
Bleibt in Jericho, bis euer Bart nachgewachsen ist,
dann kehrt zurück. |
⁶ Als die Söhne Ammons sahn, daß sie bei Dawid anrüchig geworden waren,
sandte Chanun und die Söhne Ammons tausend Barren Silbers,
beim Aramäer des Zwiestromlands, beim Aramäer von
 Maacha und bei Zoba Fahrzeug und Reisige zu dingen, |
⁷ sie dangen sich zweiunddreißigtausend Fahrzeuge, dazu den
 König von Maacha und sein Volk,
die kamen und lagerten sich vor Medba,
die Söhne Ammons aber sammelten sich aus ihren Städten und
 zogen in den Kampf. |
⁸ Als Dawid das hörte, sandte er Joab aus und alles Heldenheer. |
⁹ Die Söhne Ammons fuhren aus und reihten sich zum Kampf
 am Einlaß der Stadt,
abseits für sich auf dem Blachfeld aber die Könige, die gekom-
 men waren. |
¹⁰ Als nun Joab sah, daß das Antlitz des Kampfs auf ihn zu war
 im Antlitz und im Rücken,

erlas er von aller Jugendlese Jifsraels und reihte sie Aram entgegen, |
¹¹ das übrige Volk aber gab er in die Hand seines Bruders Abischaj, daß sie sich den Söhnen Ammons entgegen reihen, |
¹² und sprach:
Wird mir Aram überstark, sollst du mir zur Siegbefreiung sein,
werden die Söhne Arams dir überstark, befreie ich dich. |
¹³ Stärke dich,
stärken wir einander,
für unser Volk,
für die Städte unsres Gottes,
dann tue ER, was in seinen Augen gut ist! |
¹⁴ So rückte Joab und das Volk, das bei ihm war, vor Aram hin zum Kampf,
und die flohen vor ihm, |
¹⁵ und als die Söhne Ammons sahn, daß Aram geflohn war, flohn sie vor Abischaj, seinem Bruder, bis sie in die Stadt kamen.
Joab aber kam nach Jerusalem. |
¹⁶ Wie aber Aram sah, daß sie vor Jifsrael hingestoßen waren,
sandten sie Boten und ließen ausfahren den Aramäer vom jenseit des Stroms, vor ihnen Schofach, der Heeresoberste Hadadesers. |
¹⁷ Es wurde Dawid gemeldet,
er zog alles Jifsrael ein, überschritt den Jordan, kam an sie her und reihte sich an sie her,
Dawid reihte sich Aram entgegen zum Kampf, und sie kämpften mit ihm, |
¹⁸ aber Aram floh vor Jifsrael,
Dawid brachte von Aram siebentausend Gespannlenker und vierzigtausend Fußmannschaft um,
auch Schofach, den Heeresobersten, tötete er. |
¹⁹ Als nun die Diener Hadadesers sahn, daß sie vor Jifsrael hingestoßen waren,
machten sie Frieden mit Dawid und wurden ihm dienstbar.
Hinfort war Aram nicht gewillt, den Söhnen Ammons Notbefreiung zu leisten. |

20,1 Es geschah aber zur Zeit der Wiederkehr des Jahrs, zur Zeit,
da die Könige loszufahren pflegen:
Joab lenkte die Heeresmacht hin, er verderbte das Ammons-
söhneland und engte den Großort ein
– Dawid aber verweilte in Jerusalem –,
Joab schlug den Großort und zerstörte ihn. |
2 Dawid nahm die Krone ihres Königs von seinem Haupt,
ihr Gewicht ein Zentner Golds, darin ein kostbarer Stein,
der war hinfort an Dawids Haupt.
Sehr große Beute führte er aus der Stadt; |
3 und das Kriegsvolk, das darin war, führte er hinaus,
er befahls an die Felssäge, an die eisernen Picken und an die Äxte.
So tat Dawid allen Städten der Söhne Ammons.
Dann kehrte Dawid und alles Volk nach Jerusalem. |

4 Es geschah danach, als wieder Kampf mit den Philistern erstand, bei Gaser,
damals schlug Sfibchaj, der Chuschaiter, den Sfipaj, von den
Erzeugten jener Gespenstischen, und zwang ihn nieder. |
5 Und wieder war Kampf mit den Philistern,
da erschlug Elchanan Sohn Jairs den Lachmi, den Bruder
Goljats des Gatiters, dessen Lanzenholz wie ein
Webebaum war. |
6 Und wieder war ein Kampf, in Gat,
da war ein Mann von Unmaß,
seiner Finger waren je sechs und sechs, vierundzwanzig,
auch der war ein Erzeugter jenes Gespenstischen, |
7 er höhnte Jifsrael,
aber Jehonatan Sohn Schimas, Dawids Bruders, erschlug ihn. |
8 Die waren von jenem Gespenstischen in Gat erzeugt,
und sie fielen durch Dawids Hand und durch die Hand seiner
Diener. |

21,1 Ein Hinderer erstand gegen Jifsrael,
er reizte Dawid auf, Jifsrael zu berechnen. |
2 Dawid sprach zu Joab und zu den Obern des Volks:
Geht, zählt Jifsrael, von Berscheba bis Dan,
und bringt mirs, daß ich ihre Zahl kenne! |

BEGEBENHEITEN DER TAGE

3 Joab sprach:
So füge ER dem Volk, soviel ihrer sind, ein Hundertfaches hinzu!
sind nicht, mein Herr König, sie alle meines Herrn als Diener?
warum verlangt mein Herr dies?
warum solls zur Schuld Jifsrael werden?|
4 Aber die Rede des Königs blieb stark gegen Joab.
So fuhr Joab aus und erging sich in allem Jifsrael
und kam nach Jerusalem zurück.|
5 Joab übergab Dawid die Musterungszahl des Volks,
da war alles Jifsraels: tausendmaltausend und hunderttausend,
    schwertrückende Mannschaft,
und Jehudas: vierhundertsiebzigtausend, schwertzückende
    Mannschaft.|
6 Lewi und Binjamin hatte er nicht ihnen inmitten gemustert,
denn ein Abscheu war für Joab die Rede des Königs.|
7 Aber übel war die Sache dieser Rede in Gottes Augen,
und er schlug auf Jifsrael ein.|
8 Dawid sprach zu Gott:
Ich habe sehr gesündigt, daß ich diese Sache tat,
jetzt aber,
laß doch den Fehl deines Knechts vorbeigeschritten sein,
denn ich war sehr betört.|
9 ER aber redete zu Gad, dem Schauempfänger Dawids, er sprach:|
10 Geh hin, rede zu Dawid, sprich:
So hat ER gesprochen:
Dreierlei breite ich über dir aus,
wähle dir eins von denen, daß ichs dir tue!|
11 Nun kam Gad zu Dawid und sprach zu ihm:
So hat ER gesprochen, nimms dir an:|
12 Entweder drei Jahre Hungers,
oder drei Mondneuungen wirst du vor deinen Bedrängern hingerafft, und zum Einholer wird das Schwert deiner Feinde,
oder drei Tage SEIN Schwert, Pest im Land, SEIN Bote verderbend in aller Gemarkung Jifsraels.
Jetzt machs dir ersichtlich:
was für Rede soll ich meinem Entsender erstatten?|
13 Dawid sprach zu Gad:

Ich bin sehr bedrängt –
möge ich doch in SEINE Hand fallen,
denn reich übergenug ist sein Erbarmen,
aber nimmer mag ich fallen in Menschenhand! |
¹⁴ Da gab eine Pest ER über Jifsrael,
fallen mußten von Jifsrael siebzigtausend Mann. |
¹⁵ Gott sandte einen Boten gegen Jerusalem, es zu verderben,
als er aber am Verderben war,
sah Gott hin und ließ sich des Übels leid sein,
er sprach zum Verderberboten:
Genug jetzt, laß deine Hand sinken!
SEIN Bote stand damals an der Tenne Ornans des Jebufsiters. |
¹⁶ Dawid erhob seine Augen,
er sah SEINEN Boten, zwischen Erde und Himmel stehend,
sein gezücktes Schwert in seiner Hand über Jerusalem gestreckt.
Dawid fiel und die Ältesten, in Sackleinen gehüllt, auf ihr Antlitz. |
¹⁷ Dawid sprach zu Gott:
Habe nicht ichs, ichs ausgesprochen, man solle das Volk berechnen?
ich bin es, der gesündigt hat,
übel habe ich, übel gehandelt,
diese aber, die Schafe,
was haben sie getan?!
sei doch wider mich deine Hand
und wider mein Vaterhaus,
nicht aber wider dein Volk zum Niederstoß! |
¹⁸ Da sprach SEIN Bote zu Gad, er solle zu Dawid sprechen,
daß Dawid zur Höhe ziehe, IHM in der Tenne Ornans des Jebufsiters eine Schlachtstatt zu errichten. |
¹⁹ Dawid zog zur Höhe, der Rede Gads gemäß, die er mit SEINEM Namen geredet hatte. |
²⁰ Ornan hatte sich umgekehrt, er sah den Boten, seine vier Söhne versteckten sich, Ornan aber war beim Weizendrusch. |
²¹ Als nun Dawid zu Ornan herankam, blickte Ornan auf und sah Dawid,
er trat aus der Tenne und warf sich vor Dawid nieder, Stirn zur Erde. |

²² Dawid sprach zu Ornan:
Gib mir den Tennenplatz, daß ich drauf IHM eine Schlachtstatt baue,
gegen vollgültiges Gold gib ihn mir,
daß der Niederstoß vom Volke abgeschränkt werde. |
²³ Ornan sprach zu Dawid:
Nimms dir!
mein Herr, der König, tue, was seinen Augen gutdünkt!
sieh,
hergegeben habe ich die Rinder zu den Darhöhungen
und die Schlitten zum Holz und den Weizen zur Spende,
alles habe ich hergegeben. |
²⁴ Der König Dawid sprach zu Ornan:
Nicht so,
sondern kaufen will ichs um vollgültiges Gold,
denn nicht will ich, was dein ist, davontragen für IHN,
gunstweis erlangte Darhöhung darzuhöhn. |
²⁵ Dawid gab Ornan für den Platz Vollgewicht Goldes, sechshundert an Gewicht. |
²⁶ Dawid baute dort IHM eine Schlachtstatt und höhte Darhöhungen und Friedmahle dar,
er rief IHN an,
und er antwortete ihm mit Feuer vom Himmel auf die Darhöhungsstatt. |
²⁷ ER sprach zum Boten,
und der kehrte sein Schwert in die Scheide. – |
²⁸ Zu jener Zeit,
als Dawid sah, daß ER ihm in der Tenne Ornans des Jebufsiters geantwortet hatte und er durfte dort schlachtopfern ihm |
²⁹ – SEINE Wohnung, die Mosche in der Wüste gemacht hatte, und die Darhöhungsstatt waren zu jener Zeit auf der Kup-
³⁰ pe in Gibon, | und nicht vermochte Dawid vor sein Antlitz hinzugehn, Gott zu beforschen, denn es graute ihn vor dem Schwert SEINES Boten –, |
²²,¹ sprach Dawid:
Dies ist SEIN, Gottes, Haus
und dies die Darhöhungsstatt für Jifsrael. |

² Dawid sprach, man solle die Gastsassen, die im Lande Jifsrael
    sind, heranholen,
  und bestellte Hauer, Quadersteine für den Bau des Hauses
    Gottes zu hauen, |
³ und Eisens die Menge zu den Nägeln für die Türflügel der
    Tore und zu den Klammern bereitete Dawid
  und Erzes die Menge, nicht zu wägen, |
⁴ und Zedernholz, nicht zu zählen, denn die Sidonier und die
    Tyrer hatten Dawid Zedernholzes die Menge gebracht. |
⁵ Dawid sprach nämlich zu sich:
  Mein Sohn Schlomo ist jung und zart,
  das Haus aber, das es IHM zu bauen gilt, überaus groß muß
    es werden,
  zu einem Namen und zu einer Zier allen Ländern, –
  ich wills doch für ihn bereiten.
  So bereitete Dawid vor seinem Tode in Menge. |
⁶ Er berief seinen Sohn Schlomo und gebot ihm, IHM dem Gott
    Jifsraels ein Haus zu bauen. |
⁷ Dawid sprach zu seinem Sohn Schlomo:
  Ich, in meinem Herzen hatte ichs, SEINEM, meines Gottes,
    Namen ein Haus zu erbauen, |
⁸ aber SEINE Rede geschah über mir im Spruch:
  Bluts die Menge hast du vergossen,
  große Kriege hast du aufgetan,
  nicht wirst du ein Haus meinem Namen erbauen,
  denn Blutsmengen hast du zur Erde vor meinem Antlitz ver-
    gossen. |
⁹ Da, ein Sohn wird dir geboren,
  der wird ein Mann der Ruhe sein,
  und Ruhe will ich ihm schaffen von all seinen Feinden ringsum,
  denn Schlomo, Friedreich, soll sein Name sein,
  Frieden und Stille will ich in seinen Tagen über Jifsrael geben. |
¹⁰ Der wird meinem Namen ein Haus erbauen,
  er wird mir Sohn sein und ich werde ihm Vater sein,
  ich werde den Stuhl seiner Königschaft über Jifsrael bereiten
    auf Weltzeit. |
¹¹ Jetzt, mein Sohn, sei ER bei dir,
  daß dirs gelinge und du SEIN, deines Gottes, Haus erbauest,
  gleichwie er über dich geredet hat. |

[I 22,12-23,3] BEGEBENHEITEN DER TAGE   587

¹² Möchte nur ER dir Begreifen und Unterscheiden geben
und so dich über Jifsrael entbieten: SEINE deines Gottes Weisung zu wahren! |
¹³ Dann wirds dir gelingen,
wahrst dus, die Satzungen und die Rechtsgeheiße zu tun, die ER Mosche über Jifsrael entbot.
Sei stark, sei fest,
fürchte dich nimmer, ängste dich nimmer! |
¹⁴ Und da, in meiner Bedrücktheit habe ich für SEIN Haus bereitet
Golds hunderttausend Barren, Silbers Barren tausendmaltausend, Erzes und Eisens, daß es nicht zu wägen ist, denn eine Menge wars, Holz und Steine habe ich bereitet, du magst noch dazu fügen, |
¹⁵ und Werktätiger ist bei dir die Menge, Hauer, Stein- und Holzbearbeiter, und allerhand Kunstfertige für allerhand Werk, |
¹⁶ in Gold, in Silber, in Erz, in Eisen, nicht zu zählen.
Auf, tus, und ER sei bei dir! |
¹⁷ Dawid gebot allen Obern Jifsraels, seinem Sohn Schlomo zu helfen: |
¹⁸ Ist nicht ER, euer Gott, bei euch?
er schaffte euch Ruhe von ringsumher,
denn er gab in meine Hand die Insassen des Landes,
das Land ward vor SEIN Antlitz und vors Antlitz seines Volks unterworfen. |
¹⁹ Jetzt gebt euer Herz und eure Seele dran, nach IHM eurem Gott zu suchen!
Auf, erbaut SEIN, des Gottes Heiligtum,
den Schrein SEINES Bundes und des Gottes Heiligungsgeräte ins Haus zu bringen, das SEINEM Namen erbaut wird! |

²³,¹ Als Dawid alt und an Tagen satt war,
königte er Schlomo, seinen Sohn, über Jifsrael. |
² Er versammelte alle Obern Jifsraels, die Priester und die Lewiten. |

³ Gezählt wurden die Lewiten, vom Dreißigjährigen aufwärts,
und ihre Zahl war, nach ihren Scheiteln, an Männern achtunddreißigtausend: |

⁴ von diesen vierundzwanzigtausend, die Arbeit an SEINEM Hause zu leiten,
sechstausend Rollenführer und Richter, |
⁵ viertausend Torhüter,
und viertausend »sollen IHN preisen mit den Spielgeräten, die zum Preisen ich machte«. |
⁶ Dawid teilte sie in Abteilungen nach den Söhnen Lewis, Gerschon, Khat und Mrari. |
⁷ Von der Gerschunschaft sind Laadan und Schimi, |
⁸ die Söhne Laadans: Jechiel, das Haupt, Setam und Joel, drei, |
⁹ die Söhne Schimis: Schlomit, Chasiel, Charan, diese drei sind die Vaterschaftshäupter von Laadan, |
¹⁰ dazu die Söhne Schimis: Jachat, Sina, Jeusch, Bria, diese sind Söhne Schimis, vier |
¹¹ – Jachat war das Haupt, Sisa der Zweite, Jëusch und Bria hatten nicht viele Söhne, so wurden sie zu einem Vaterhaus, zu einer einzigen Ordnung. |
¹² Die Söhne Khats: Amram, Jizhar, Chebron und Usiel, vier, |
¹³ die Söhne Amrams: Aharon und Mosche.
Aharon wurde ausgesondert, Ihn zu heiligen, für das Heiligende der Heiligtume, er und seine Söhne auf Weltzeit,
aufrauchen zu lassen vor IHM, ihm zu amten und mit seinem Namen zu segnen, auf Weltzeit. |
¹⁴ Mosche aber, der Mann Gottes, – seine Söhne sollten nach dem Lewizweig gerufen werden. |
¹⁵ Die Söhne Mosches: Gerschom und Elieser, |
¹⁶ die Söhne Gerschoms: Schbuul, das Haupt, |
¹⁷ die Söhne Eliesers waren: Rechabja, das Haupt, andre Söhne hatte Elieser nicht, die Söhne Rechabjas aber mehrten sich überaus. |
¹⁸ Die Söhne Jizhars: Schlomit, das Haupt, |
¹⁹ die Söhne Chebrons: Jerijahu, das Haupt, Amarja, der Zweite, Jachasiel, der Dritte, Jekamam, der Vierte, |
²⁰ die Söhne Usiels: Micha, das Haupt, Jischschija, der Zweite. |
²¹ Die Söhne Mraris: Machli und Muschi. |
²² die Söhne Machlis: Elasar und Kisch, | – Elasar starb und nicht hatte er Söhne, sondern nur Töchter, so nahmen die Söhne Kischs, ihre Verbrüderten, sie sich, |
²³ die Söhne Muschis: Machli, Eder und Jeremot, drei. |

²⁴ Dies sind die Söhne Lewis nach ihren Vaterhäusern, die Vaterschaftshäupter, nach ihren Zuordnungen, in der Zahl der Namen nach ihren Scheiteln,
werktätig am Dienst SEINES Hauses vom Zwanzigjährigen aufwärts. |
²⁵ Denn Dawid sprach:
Ruhe schaffte ER, der Gott Jifsraels, seinem Volk und wohnte in Jerusalem ein auf Weltzeit, |
²⁶ so ists auch nicht mehr an den Lewiten, die Wohnung und alle Geräte zu seinem Dienste zu tragen. |
²⁷ [Denn nach Dawids letzten Reden ist jenes die Aufzählung der Söhne Lewis: vom Zwanzigjährigen aufwärts.] |
²⁸ Denn ihr Stand ist zur Hand der Söhne Aharons, zum Dienst SEINES Hauses,
über die Höfe, über die Lauben, über die Reinigung von allem Geheiligten und die Tätigkeit des Dienstes im Gotteshaus, |
²⁹ und fürs Brot der Darschichtung, fürs Feinmehl, für die Hinleitspende, für die Fladenkuchen, für die Platte und für das Vermengte – und für alles Gefäß und Maß, |
³⁰ und Morgen um Morgen zu stehn, IHM zu danken und zu lobpreisen, und ebenso zum Abend, |
³¹ und für alles Darhöhn von Darhöhungen IHM, für die Wochenfeiern, für die Mondneuungen und für die Begegnungszeiten, in der Zahl nach dem Rechtsbrauch über ihnen, stetig vor IHM, |
³² und hüten sollen sie die Hut des Zelts der Begegnung, die Hut der Heiligung und die Hut der Söhne Aharons, ihrer Brüder, beim Dienst SEINES Hauses. |

²⁴,¹ Und die Söhne Aharons haben ihre Abteilungen.
Die Söhne Aharons sind Nadab und Abihu, Elasar und Itamar. |
² Nadab starb und Abihu vor ihrem Vater, Söhne hatten sie nicht, so wurden Elieser und Itamar Priester, |
³ Dawid teilte sie zu und Zadok von den Söhnen Elasars und Achimelech von den Söhnen Itamars, an ihre Ordnungen in ihrem Dienst, |
⁴ es wurden aber der Söhne Elasars, nach Männerhäuptern, mehr befunden als der Söhne Itamars,

so teilte man sie: den Söhnen Elasars Häupter der Vaterhäuser sechzehn und den Söhnen Itamars ihren Vaterhäusern nach acht, |
5 man teilte sie durch Lose, diese bei diesen, denn so von den Söhnen Elasars so unter den Söhnen Itamars waren geheiligte Obre, Obre des Gottes. |
6 Schmaja Sohn Ntanels, der Schreiber, von der Lewischaft, schrieb sie ein vor dem König und den Obern, Zadok dem Priester, Achimelech Sohn Ebjatars und den Häuptern der Vaterschaften für die Priester und für die Lewiten, – ein Vaterschaftshaus für Elasar und ein Vaterschaftshaus für Itamar. |
7 Das erste Los fuhr aus für Jehojarib, für Jedaja das zweite, |
8,9 für Charim das dritte, für Sseorim das vierte, | für Malkija
10 das fünfte, für Mijamin das sechste, | für Hakkoz das sie-
11 bente, für Abija das achte, | für Jeschua das neunte, für
12 Schchanjahu das zehnte, | für Eljaschib das elfte, für Jakim
13 das zwölfte, | für Chuppa das dreizehnte, für Jeschebab das
14 vierzehnte, | für Bilga das fünfzehnte, für Immer das sech-
15 zehnte, | für Chesir das siebzehnte, für Happizez das acht-
16 zehnte, | für Ptachja das neunzehnte, für Jecheskel das
17 zwanzigste, | für Jachin das einundzwanzigste, für Gamul
18 das zweiundzwanzigste, | für Dlajahu das dreiundzwanzigste, für Maasjahu das vierundzwanzigste. |
19 Dies ist ihre Einordnung für ihren Dienst, in SEIN Haus zu kommen nach ihrem Rechtsbrauch von ihrem Vater Aharon her, gleichwie ER, der Gott Jifsraels, geboten hatte. |
20 Und von den übrigen Söhnen Lewis – von den Söhnen Amrams Schubael, von den Söhnen Schuba-
21 els Jechdjahu, | von Rechabjahu, von den Söhnen Rechabjahus Jeschija, das Haupt, |
22 von der Jizharschaft Schlomot, von den Söhnen Schlomots
23 Jechat, | die Söhne Jerijahus: ... Amarjahu, der Zweite, Ja-
24 chasiel, der Dritte, Jekamam, der Vierte; | die Söhne Usiels:
25 Micha, von den Söhnen Michas Schamir, | Michas Bruder
26 Jischschija, von den Söhnen Jischschijas Secharjahu; | die Söhne Mraris: Machli und Muschi, die Söhne seines Sohns
27 Jaasijahu – | die Söhne Mraris von Jaasijahu –: Bno, Schoham, Sakkur und Ibri; |

[I 24,28–25,9] BEGEBENHEITEN DER TAGE

28,29 von Machli Elasar, er hatte keine Söhne, | ... von Kisch, die
30 Söhne Kischs, Jerachmeel; | die Söhne Muschis: Machli, Eder und Jerimot.
Dies sind die Söhne der Lewiten nach ihren Vaterhäusern. |
31 Auch sie ließen Lose fallen ihren Brüdern, den Söhnen Aharons zugegen, vor dem König Dawid, Zadok, Achimelech und den Vaterschaftshäuptern für die Priester und die Lewiten, –
die Vaterschaften des Hauptes seinem jüngeren Bruder zugegen. |

25,1 Dawid sonderte aus und die Obern der Schar, zum Dienst, von den Söhnen Afsafs, Hemans und Jedutuns,
die kündeten auf Leiern, auf Lauten, auf Zimbeln,
und ihre Zahl, der Werkleute in ihrem Dienste, war: |
2 von den Söhnen Afsafs Sakkur, Jofsef, Ntanja und Ascharela, Söhne Afsafs zu Afsafs Hand, der kündete zuhanden des Königs, |
3 von Jedutun die Söhne Jedutuns, Gdaljahu, Zri, Jeschajahu, Chaschabjahu und Mattitjahu, sechs, zuhanden ihres Vaters Jedutun, des auf der Leier zu Danksagungen und Preisung IHM Kündenden, |
4 von Heman die Söhne Hemans, Bukkijahu, Mattanjahu, Usiel, Schbuel, Jerimot, Chananja, Chanani, Elijata, Giddalti, Romamti-Aser, Joschbekascha, Malloti, Hotir, Ma-
5 chasiot, | all diese Söhne Hemans, des Schauempfängers des Königs
– der Rede Gottes nach, er wolle das Horn ihm erheben, gab Gott dem Heman vierzehn Söhne und drei Töchter –, |
6 all diese zur Hand ihres Vaters im Gesang SEINES Hauses, auf Zimbeln, Lauten und Leiern,
für den Dienst des Gotteshauses, dem König, Afsaf, Jedutun und Heman zuhanden. |
7 Ihre Zahl, samt ihren Brüdern, der im Gesang für IHN Gelehrten, alljeder ein Erfahrner, war zweihundertachtundachtzig. |
8 Sie ließen Lose fallen für die Hut so dem Kleinen so dem Großen zugegen, dem Erfahrnen zusamt dem Lehrling. |
9 Das erste Los fuhr aus für Afsaf: für Jofsef,

der zweite Gdaljahu, er, seine Brüder und seine Söhne, zwölf, |
¹⁰ der dritte, Sakkur, seine Söhne und seine Brüder, zwölf, |
¹¹ der vierte für Jizri, seine Söhne und seine Brüder, zwölf, |
¹² der fünfte Ntanjahu, seine Söhne und seine Brüder, zwölf, |
¹³ der sechste Bukijahu, seine Söhne und seine Brüder, zwölf, |
¹⁴ der siebente Jescharela, seine Söhne und seine Brüder, zwölf, |
¹⁵ der achte Jeschajahu, seine Söhne und seine Brüder, zwölf, |
¹⁶ der neunte Mattanjahu, seine Söhne und seine Brüder, zwölf, |
¹⁷ der zehnte Schimi, seine Söhne und seine Brüder, zwölf, |
¹⁸ der elfte Asarel, seine Söhne und seine Brüder, zwölf, |
¹⁹ der zwölfte für Chaschabja, seine Söhne und seine Brüder, zwölf, |
²⁰ der dreizehnte Schubael, seine Söhne und seine Brüder, zwölf, |
²¹ der vierzehnte Mattitjahu, seine Söhne und seine Brüder, zwölf, |
²² der fünfzehnte für Jerimot, seine Söhne und seine Brüder, zwölf, |
²³ der sechzehnte für Chananjahu, seine Söhne und seine Brüder, zwölf, |
²⁴ der siebzehnte für Joschbekascha, seine Söhne und seine Brüder, zwölf, |
²⁵ der achtzehnte für Chanani, seine Söhne und seine Brüder, zwölf, |
²⁶ der neunzehnte für Malloti, seine Söhne und seine Brüder, zwölf, |
²⁷ der zwanzigste für Elijata, seine Söhne und seine Brüder, zwölf, |
²⁸ der einundzwanzigste für Hotir, seine Söhne und seine Brüder, zwölf, |
²⁹ der zweiundzwanzigste für Giddalti, seine Söhne und seine Brüder, zwölf, |
³⁰ der dreiundzwanzigste für Machasiot, seine Söhne und seine Brüder, zwölf, |
³¹ der vierundzwanzigste für Romamti-Aser, seine Söhne und seine Brüder, zwölf. |

²⁶,¹ Von den Abteilungen der Torleute:
von den Korachiten Meschelemjahu Sohn Kores, aus den Söhnen Afsafs, |

² Meschelemjahu hatte an Söhnen Secharjahu, den Erstling, Jediael, den Zweiten, Sbadjahu, den Dritten, Jatniel, den
³ Vierten, | Elam, den Fünften, Jehochanan, den Sechsten, Eljehoejnaj, den Siebenten, |
⁴ Obed Edom hatte an Söhnen Schmaja, den Erstling, Jehosabad, den Zweiten, Joach, den Dritten, Sſachar, den Vier-
⁵ ten, Ntanel, den Fünften, | Ammiel, den Sechsten, Jiſsachar, den Siebenten, Peulltaj, den Achten, denn Gott hatte ihn gesegnet, |
⁶ seinem Sohn Schmaja wurden Söhne geboren, die walteten im Haus ihres Vaters, denn Wehrtüchtige waren die, – |
⁷ Schmajas Söhne sind Otni, Rfael, Obed, Elsabad, seine Brüder, Tüchtige, Elihu und Sſmachjahu, |
⁸ all diese, von den Söhnen Obed Edoms sind die, ihre Söhne und ihre Brüder, tüchtige Mannschaft, mit Kraft zum Dienst, zweiundsechzig von Obed Edom. |
⁹ Meschelemjahu hatte an Söhnen und Brüdern, Tüchtigen, achtzehn. |
¹⁰ Choſsa von den Söhnen Mraris hatte an Söhnen Schimri, das Haupt – denn ein Erstling war nicht mehr da, so setzte sein
¹¹ Vater ihn zum Haupte ein –, | Chilkijahu, der Zweite, Tbaljahu, der Dritte, Secharjahu, der Vierte, aller Söhne und Brüder Choſsas dreizehn. |
¹² Diese Abteilungen der Torleute, nach Manneshäuptern, hatten Hutposten ihren Brüdern zugegen, in SEINEM Haus zu amten. |
¹³ Sie ließen Lose fallen für ihre Vaterhäuser, ob klein ob groß, für Tor um Tor. |
¹⁴ Das Los gen Osten fiel an Schelemjahu,
auch seinem Sohn Schearjahu, einem Ratgeber aus Begreifen, ließ man Lose fallen, und sein Los fuhr aus gen Norden, |
¹⁵ an Obed Edom gen Süden, an seine Söhne das Vorratshaus, |
¹⁶ an Schuppim und Choſsa nach Westen, samt dem Abwurftor an der aufsteigenden Straße, Hutposten dem Hutposten zugegen. |
¹⁷ Nach Osten sechs der Lewiten, nach Norden für den Tag vier, nach Süden für den Tag vier, für die Vorräte zwei um
¹⁸ zwei, | für die Arkade nach Westen vier nach der Straße zu, zwei nach der Arkade zu. |

¹⁹ Dies sind die Abteilungen der Torleute für die Korachsöhne und für die Mrarisöhne. |
²⁰ Und die Lewiten:
Achija über die Schätze des Gotteshauses und an den Schätzen der Darheiligungen; |
²¹ die Söhne Laadans – die Gerschonsöhne, von Laadan, die Vaterschaftshäupter für Laadan den Gerschoniten: den
²² Jechieliten –, | die Jechielitensöhne Satam und sein Bruder Joel, über die Schätze SEINES Hauses; |
²³ von dem Amramiten, von dem Jizhariten, von dem Chebroniten, von dem Usieliten ... |
²⁴ und Schbuel Sohn Gerschoms Sohns Mosches Vorsteher über die Schätze, |
²⁵ und seine Brüder von Elieser her: dessen Sohn Rechabjahu, dessen Sohn Jeschajahu, dessen Sohn Joram, dessen Sohn
²⁶ Sichri, dessen Sohn Schlomit, | – der, Schlomit, und seine Brüder über alle Schätze der Darheiligungen,
die der König Dawid dargeheiligt hatte und die Häupter der Vaterschaften, von den Obern der Tausendschaften und der Hundertschaften und die Obersten der Heerschar, |
²⁷ – von den Kämpfen, von der Beute heiligten sie dar, zur Verstärkung für SEIN Haus, – |
²⁸ und alles, was dargeheiligt hatte Schmuel, der Seher, Schaul Sohn Kischs, Abner Sohn Ners und Joab Sohn Zrujas, alljeder Darheiligende,
zuhanden Schlomits und seiner Brüder. |
²⁹ von der Jizharschaft Knanjahu und seine Söhne für das Außenwerk über Jifsrael, als Rollenführer und als Richter, |
³⁰ von der Chebronschaft Chaschabjahu und seine Brüder, Tüchtige, tausendsiebenhundert über die Ämterordnung Jifsraels jenseit des Jordan westwärts, für all SEIN Werk und für den Dienst des Königs, – |
³¹ von der Chebronschaft Jerija, das Haupt der Chebronschaft, nach seinen Zeugungen, nach Vaterschaften
– im vierzigsten Jahr der Königschaft Dawids wurde nach ihnen geforscht und man fand unter ihnen Wehrtüchtige in Jaaser im Gilad – |
³² und seine Brüder, Tüchtige, zweitausendsiebenhundert, Häupter der Vaterschaften,

I 26,32–27,12] BEGEBENHEITEN DER TAGE 595

der König Dawid ordnete sie der Rubenschaft, der Gadschaft
und dem halben Zweig Mnasche über
für alljede Sache Gottes und Sache des Königs. |

27,1 Und die Söhne Jifsraels, nach ihrer Zählung, die Häupter der
Vaterschaften, die Obern der Tausendschaften und der
Hundertschaften und ihre Rollenführer,
die dem König amten in alljeder Sache der Abteilungen, der
antretenden und der abziehenden, Mondneuung um
Mondneuung, zu allen Monden des Jahres,
die einzelne Abteilung vierundzwanzigtausend: |
2 über der ersten Abteilung, für die erste Mondneuung,
Joschbeam Sohn Sabdiels – zu seiner Abteilung vierund-
3 zwanzigtausend – | von den Söhnen Parez, das Haupt für
alle Obern der Scharen für die erste Mondneuung, |
4 über der Abteilung der zweiten Mondneuung Dodaj der
Achochit und seine Abteilung, und Miklot, der Anführer,
und zu seiner Abteilung vierundzwanzigtausend, |
5 der dritte Scharoberste, für die dritte Mondneuung, Bnajahu
Sohn Jehojadas, des Priesters, als Haupt, und zu seiner
6 Abteilung vierundzwanzigtausend, | – das ist Bnajahu, der
Dreißigschaftsheld und über den dreißig, zu seiner Abtei-
lung sein Sohn Amisabad, |
7 der vierte, für die vierte Mondneuung, Asael, der Bruder Joabs, und sein Sohn Sbadja nach ihm, zu seiner Abteilung
vierundzwanzigtausend, |
8 der fünfte, für die fünfte Mondneuung, der Obre Schamhut,
von Jisrach, zu seiner Abteilung vierundzwanzigtausend, |
9 der sechste, für die sechste Mondneuung, Ira Sohn Ikkeschs,
der Tekoiter, zu seiner Abteilung vierundzwanzigtausend, |
10 der siebente, für die siebente Mondneuung, Chelez, der Plo-
niter, von den Söhnen Efrajims, zu seiner Abteilung vier-
undzwanzigtausend, |
11 der achte, für die achte Mondneuung, Sfibbchaj, der
Chuschait, vom Sarchiten, zu seiner Abteilung vierund-
zwanzigtausend. |
12 der neunte, für die neunte Mondneuung, Abieser, der Ana-
totiter, vom Binjaminiten, zu seiner Abteilung vierund-
zwanzigtausend, |

¹³ der zehnte, für die zehnte Mondneuung, Maharaj, der Netofaiter, vom Sarchiten, zu seiner Abteilung vierundzwanzigtausend, |

¹⁴ der elfte, für die elfte Mondneuung, Bnaja, der Piratoniter, von den Söhnen Efrajims, zu seiner Abteilung vierundzwanzigtausend, |

¹⁵ der zwölfte, für die zwölfte Mondneuung, Cheldaj, der Netofaiter, von Otniel, zu seiner Abteilung vierundzwanzigtausend. |

¹⁶ Und über den Zweigen Jifsraels:
für die Rubenschaft als Anführer Elieser Sohn Sichris,
für die Schimonschaft Schfatjahu Sohn Maachas, |

¹⁷ für die Lewischaft Chaschabja Sohn Kmuels,
für Aharon Zadok, |

¹⁸ für Jehuda Elihu, von Dawids Brüdern,
für Jifsachar Omri Sohn Michaels, |

¹⁹ für Sbulun Jischmajahu Sohn Obadjahus,
für Naftali Jerimot Sohn Asriels, |

²⁰ für die Söhne Efrajims Hoschea Sohn Asasjahus,
für den halben Zweig Mnasche Joel Sohn Pdajahus, |

²¹ für den halben Mnasche nach Gilad zu Jiddo Sohn Secharjahus,
für Binjamin Jaafsiel Sohn Abners, |

²² für Dan Asarel Sohn Jerochams.
Dies sind die Obern der Zweige Jifsraels. |

²³ Aber nicht erhob Dawid ihre Zahl, vom Zwanzigjährigen abwärts,
denn E R hatte zugesprochen, Jifsrael zu mehren wie die Sterne des Himmels, – |

²⁴ Joab Sohn Zrujas begann zu berechnen und beendete nicht:
ein großer Grimm geschah über Jifsrael.
So ging die Zahl nicht ein in die Aufzählung der Begebenheiten der Tage des Königs Dawid. |

²⁵ Und über die Vorräte des Königs: Asmawet Sohn Adiels,
und über die Vorräte im Gefild, in den Städten, in den Dörfern und in den Türmen: Jehonatan Sohn Usijahus, |

²⁶ und über die, die Feldarbeit taten, im Ackerdienst: Esri Sohn Klubs, |

I 27,27-34]   BEGEBENHEITEN DER TAGE   597

²⁷ und über die Rebgärten Schimi, der Ramaiter, und über die an den Rebgärten für die Weinvorräte waren, Sabdi, der Schifmiter, |
²⁸ und über die Olivenhaine und die Maulbeerfeigenpflanzungen, die in der Niederung, Baal Chanan, der Gederiter, und über die Ölvorräte Joasch, |
²⁹ und über die Rinder, die im Scharon weiden, Schitri, der Scharoniter, und über die Rinder in den Tälern Schafat Sohn Adlajs, |
³⁰ und über die Kamele Obil, der Jischmaelit, und über die Ese-
³¹ linnen Jechdjahu der Mronotiter, | und über das Kleinvieh Jasis, der Hagriter, –
all diese Oberverwalter der Habe, die des Königs Dawid war. |
³² Jehonatan, Dawids Oheim, war Ratgeber, ein verständiger und schriftkundiger Mann, er und Jechiel Sohn Chachmonis, bei den Söhnen des Königs, |
³³ Achitofel war Ratgeber des Königs, und Chuschaj, der Ar-
³⁴ kiter, Genosse des Königs, | und nach Achitofel Jehojada Sohn Bnajahus und Ebjatar,
Heeresoberster des Königs war Joab. |

28,1 Dawid versammelte alle Obern Jifsraels,
die Obern der Zweige, die Obern der Abteilungen, die dem
    König amteten, die Obern der Tausendschaften, die Obern
    der Hundertschaften und die Obern aller Habe und Her-
    denzucht des Königs und seiner Söhne, zusamt den Käm-
    merlingen und den Helden, alles Heldentüchtige, nach Je-
    rusalem. |
² Der König Dawid erhob sich auf seine Füße und sprach:
Hört mich, meine Brüder und mein Volk!
Es war mir am Herzen, ein Haus der Ruhe für den Schrein
    SEINES Bundes und zum Fußschemel unsres Gottes zu bauen,
    und ich bereitete den Bau, |
³ aber die Gottheit sprach zu mir:
Nicht sollst du meinem Namen ein Haus erbauen,
denn du bist ein Mann der Kriege und hast Blut vergossen. |
⁴ ER, der Gott Jifsraels, hatte aus all meinem Vaterhaus mich
    erwählt, König über Jifsrael auf Weltzeit zu sein,
denn Jehuda erwählte er zum Herzog, und im Haus Jehudas
    mein Vaterhaus, und unter den Söhnen meines Vaters be-
    gnadete er mich, zum König über alles Jifsrael mich zu
    machen, |
⁵ uns nun erwählte er unter all meinen Söhnen – denn viele Söh-
    ne hat ER mir gegeben – meinen Sohn Schlomo, zu sitzen
    auf dem Stuhl SEINER Königschaft über Jifsrael. |
⁶ Er sprach zu mir:
Schlomo, dein Sohn, er ists, der mein Haus und meine Höfe
    erbauen soll,
denn ich habe ihn mir zum Sohne erwählt und ich werde ihm
    Vater sein, |
⁷ und gründen will ich sein Königtum für Weltzeit,
bleibt er nur stark, meine Gebote und meine Rechtsgeheiße
    zu tun wie an diesem Tag. |
⁸ Und nun, vor den Augen alles Jifsrael, SEINES Gesamts, und
    vor den Ohren unseres Gottes,
wahret und suchet all SEINE, unsres Gottes, Gebote, auf daß
    ihr das gute Land ererbt haltet und es euren Söhnen nach
    euch zueignet für Weltzeit. |
⁹ Und du, mein Sohn Schlomo,
erkenne den Gott deines Vaters

und diene ihm mit befriedetem Herzen und mit lustreicher
  Seele,
denn alle Herzen durchsucht ER und unterscheidet alles Gebild der Planungen.
Wirst du ihn suchen, wird von dir er sich finden lassen,
wirst du ihn verlassen, wird er dich verwerfen auf immer. |
¹⁰ Sieh nun,
daß ER dich erwählt hat, ein Haus als Heiligtum zu erbauen, –
  sei stark, tus! |
¹¹ Dawid gab seinem Sohn Schlomo den Bauentwurf des Saals
  mit seinen Gehäusen, seinen Geheimgemächern, seinen
  Söllern, seinen Innenkammern, und dem Gehäus für das
  Verdeck |
¹² und den Bauentwurf von allem, was ihm im Geiste war,
für die Höfe SEINES Hauses und für alle Lauben ringsum, für
  die Schätze des Gotteshauses und für die Schätze der Dar-
  heiligungen |
¹³ und für die Abteilungen der Priester und der Lewiten und für
  alles Dienstwerk SEINES Hauses und für alle Dienstgeräte
  SEINES Hauses; |
¹⁴ an Gold nach dem Goldgewicht für alle Geräte, Dienst um
  Dienst,
für alle Silbergeräte nach Gewicht für alle Geräte, Dienst um
  Dienst, |
¹⁵ und das Gewicht für die goldenen Leuchter und ihre Lichte,
  Gold nach dem Gewicht von Leuchter um Leuchter und
  seinen Lichten,
und für die silbernen Leuchter nach dem Gewicht für den
  Leuchter und seine Lichte, dem Dienst von Leuchter um
  Leuchter gemäß, |
¹⁶ und das Gold, Gewicht, für die Tische der Darschichtung, für
  Tisch um Tisch, und Silber für die silbernen Tische, |
¹⁷ und die Gabeln, die Sprengen und die Kannen, reines Gold,
und für die goldenen Becher nach dem Gewicht für Becher um
  Becher, und für die silbernen Becher nach dem Gewicht für
  Becher um Becher, |
¹⁸ und für die Statt der Räucherung geläutertes Gold nach dem
  Gewicht,
und für den Bau des Gefährts, der Cheruben, Gold, für die

über dem Schrein SEINES Bundes Spreitenden und Schirmenden: –|
19 Alles in einer Schrift von SEINER Hand über mir her, so machte es mich alle Werke des Baus begreifen.|
20 Dawid sprach zu Schlomo:
Mein Sohn,
sei stark, sei fest,
tus,
fürchte dich nimmer,
ängste dich nimmer,
denn ER, Gott, ist bei dir,
nicht entzieht er sich dir,
nicht verläßt er dich,
bis beendet ist alles Werk für den Dienst SEINES Hauses.|
21 Und da sind die Abteilungen der Priester und der Lewiten für allen Dienst des Hauses Gottes,
und bei dir sind in allem Werk Willige allerart in Weisheit für allen Dienst,
dazu die Obern und alles Volk
für all deine Sache.|
29,1 Dann sprach der König Dawid zu aller Versammlung:
Mein Sohn Schlomo,
den Gott einzig erwählt hat,
jung und zart ist er,
und das Werk ist groß,
denn nicht für einen Menschen ist die Pfalz,
sondern für IHN, Gott.|
2 Mit all meiner Kraft habe ich für das Haus meines Gottes bereitet
Gold fürs Goldne, Silber fürs Silberne, Erz fürs Erzene,
Eisen fürs Eiserne, Holz für Hölzerne,
Beryll- und Einfüllungssteine, Hartmörtel- und Buntsteine,
allerhand Edelgestein, und Alabastersteine in Menge.|
3 Weiter aber, da ich Gefallen habe am Haus meines Gottes:
ich habe ein Sondergut an Gold und Silber,|
4 das gebe ich für das Haus meines Gottes über all das hinaus,
was ich fürs Heiligungshaus vorbereitet habe:
dreitausend Barren Goldes, von Ofirgold, siebentausend Barren
geläuterten Silbers, die Wände der Gehäuse zu überziehen,|

5 an Gold fürs Goldne, an Silber fürs Silberne, und für alles
 Werk von der Hand der Arbeitsleute. |
6 Wer zeigt sich nun willig, seine Hand heute für IHN zu füllen?
 Willig zeigten sich die Obern der Vaterschaften, die Obern der
 Jiſsraelzweige, die Obern der Tausendschaften und der Hun-
 dertschaften und die Obern des Königswerks, |
7 sie gaben für den Dienst des Gotteshauses Goldes fünftausend
 Barren und eine Myriade Dareiken, Silbers zehntausend
 Barren, Erzes eine Myriade und achttausend Barren,
8 und Eisens hunderttausend Barren, | und bei wem sich
 Gestein fand, sie gabens für den Schatz SEINES Hauses
 zuhanden Jechiels, des Gerschoniten. |
9 Das Volk freute sich über ihre Willigung,
 denn mit befriedetem Herzen willigten sie für IHN,
 und auch der König Dawid freute sich in einer großen
 Freude. |
10 Dawid segnete IHN angesichts aller Versammlung,
 Dawid sprach:
 Gesegnet du, Gott Jiſsraels, DU, unser Vater, von Weltzeit
 in Weltzeit! |
11 Dein ist, DU, die Größe, die Macht, die Herrlichkeit, die
 Strahlung und die Hehre,
 ja, alles, im Himmel und auf Erden.
 Dein ist das Königtum, DU,
 der über allem als Haupt sich erhebt. |
12 Der Reichtum und die Ehre, von deinem Antlitz her sind sie,
 du waltest über alles,
 in deiner Hand ist Kraft und Macht, und in deiner Hand, alles
 groß und stark zu machen. |
13 Und nun, unser Gott, danken wir dir
 und preisen den Namen deiner Herrlichkeit. |
14 Wer denn bin ich und wer mein Volk,
 daß wir die Kraft hegen, solches zu willigen!
 von dir ja ist alles,
 aus deiner Hand haben wir dir gegeben. |
15 Gäste sind wir ja alle vor deinem Antlitz,
 Beisassen wie all unsre Väter,
 wie ein Schatten sind unsre Tage auf Erden,
 da ist kein Beharren. |

¹⁶ Du, unser Gott,
all das Gepränge, das wir bereitet haben,
dir ein Haus für den Namen deiner Heiligung zu bauen,
aus deiner Hand ists,
alles ist dein. |
¹⁷ Ich habs erkannt, mein Gott,
daß du das Herz prüfst,
und an Geradmütigkeit hast du Gefallen:
ich, in der Geradheit meines Herzens habe ich all dies gewilligt,
und nun habe ich dein Volk, das sich hier findet, dir in Freuden willigen gesehn. |
¹⁸ Du, Gott Abrahams, Jizchaks und Jifsraels, unsrer Väter,
bewahre dies auf Weltzeit als das Gebild der Herzensplanungen deines Volks
und richte ihr Herz auf dich! |
¹⁹ Und meinem Sohn Schlomo gib ein befriedetes Herz,
deine Gebote, deine Vergegenwärtigungen und deine Gesetze zu wahren,
so alles zu tun
und die Pfalz zu erbauen, die ich vorbereitet habe! |
²⁰ Dawid sprach zu aller Versammlung:
Segnet doch IHN, euren Gott!
Sie segneten, alle Versammlung, auf dem Gott ihrer Väter zu,
sie bückten sich und warfen sich nieder vor IHM und vor dem König. |
²¹ Auch schlachteten sie Schlachtopfer IHM und höhten IHM Darhöhungen dar, am Nachmorgen jenes Tags,
tausend Farren, tausend Widder, tausend Lämmer, und ihre Güsse,
und Schlachtmahle die Menge für alles Jifsrael, |
²² sie aßen und tranken vor SEINEM Anlitz an jenem Tage
in großer Freude.
Dann königten sie Schlomo Sohn Dawids zum zweiten Mal,
sie salbten ihn IHM zum Herzog und Zadok zum Priester. |

²³ Schlomo saß auf SEINEM Stuhl als König an seines Vaters Dawid Statt,
er hatte Gelingen, und sie hörten auf ihn, alles Jifsrael, |

²⁴ all die Obern und die Helden untergaben sich dem König Schlomo. |
²⁵ ER machte Schlomo überaus groß vor den Augen alles Jifsrael,
er gab über ihn die Hehre der Königschaft, wie sie vor ihm über keinem König über Jifsrael gewesen war. |

²⁶ Dawid Sohn Jischajs war König über alles Jifsrael gewesen. |
²⁷ Der Tage, die er über Jifsrael König war, sind vierzig Jahre: in Hebron war er König sieben Jahre, in Jerusalem war er König dreiunddreißig. |
²⁸ Er starb in gutem Greisentum, satt an Tagen, Reichtum und Ehre,
Sein Sohn Schlomo trat statt seiner die Königschaft an. |
²⁹ Das Redewürdige von König Dawid aber, das frühe und das späte,
wohl, es ist niedergeschrieben in den Reden Schmuels, des Sehers, in den Reden Natans, des Künders, und in den Reden Gads, des Schauempfängers, |
³⁰ mitsamt all seiner Königschaft und seiner Macht,
und den Zeiten, die hingegangen sind über ihn, über Jifsrael und über alle Königreiche der Erdenländer. |

1,1 Schlomo Sohn Dawids bestärkte sich in seinem Königtum,
   ER sein Gott war bei ihm und machte ihn überaus groß. |
2 Schlomo sprach zu allem Jifsrael, zu den Obern der Tausendschaften und der Hundertschaften, zu den Richtern und zu
   alljedem Fürsten in allem Jifsrael, den Häuptern der Vater-
   schaften, |
3 und sie gingen, Schlomo und alles Gesamt bei ihm, zur Kuppe, der in Gibon,
   denn dort war das Begegnungszelt Gottes, das Mosche, der
   Knecht Gottes, in der Wüste gemacht hatte, |
4 den Gottesschrein nämlich hatte Dawid aus Kirjat Jearim heraufgeholt, wo ihms Dawid bereitet hatte,
   denn er hatte für ihn ein Zelt in Jerusalem aufgeschlagen, |
5 aber die eherne Schlachtstatt, die Bezalel Sohn Uris Sohns
   Churs dort vor SEINER Wohnung gemacht hatte, die suchte
   Schlomo und das Gesamt auf, |
6 und Schlomo höhte dort dar, auf der ehernen Statt vor IHM,
   das am Begegnungszelt war, tausend Darhöhungen höhte
   er drauf dar. |
7 In jener Nacht ließ Gott sich von Schlomo sehen und sprach
   zu ihm:
   Wünsche, was ich dir geben soll. |
8 Schlomo sprach zu Gott:
   Du selber hast meinem Vater Dawid große Huld angetan
   und hast mich an seinem Platze gekönigt, – |
9 nun, DU, Gott,
   es verwirkliche sich deine Rede zu meinem Vater Dawid!
   Denn du selber hast mich über ein Volk gekönigt, des viel ist
   wie des Staubs der Erde, |
10 nun gib mir Weisheit und Kenntnis,
   daß ich vor diesem Volk ausfahre und heimkomme, –
   denn wer könnte dieses dein großes Volk richten! |
11 Gott sprach zu Schlomo:
   Drum daß dies dir am Herzen war
   und du wünschtest nicht Reichtum, Besitztümer und Ehre
   und deiner Hasser Lebensodem,
   und auch viele Tage wünschtest du nicht,
   hast dir Weisheit und Kenntnis gewünscht, daß mein Volk du
   richtest, über das ich dich königte, |

¹² Weisheit und Kenntnis sei dir gegeben,
aber ich gebe dir dazu Reichtum, Besitztümer und Ehre,
wie solches die Könige, die vor dir waren, nicht hatten und
   die nach dir solches nicht haben werden. |
¹³ Schlomo kam von der Kuppe, der in Gibon, nach Jerusalem,
vom Zelt der Begegnung her,
und trat die Königschaft über Jifsrael an. |

¹⁴ Schlomo brachte Fahrzeug und Reisige zusammen,
er hatte tausendvierhundert Fahrzeuge und zwölftausend
   Reisige,
die legte er nach den Fahrzeugstädten und als Beistand des
   Königs nach Jerusalem. |
¹⁵ Der König bewirkte, daß es in Jerusalem Silber und Gold wie
   Steine gab
und Zedern gabs wie Maulbeerfeigenbäume, die in der
   Niederung, an Menge. |
¹⁶ Die Einfuhr der Rosse, derer für Schlomo, war aus Ägypten
   und aus Kue,
die Händler des Königs übernahmen sie in Kue zum Markt-
   preis, |
¹⁷ herauf brachten sie, führten aus von Ägypten ein Fahrzeug
   für sechshundert Silbers und ein Roß für hundertfünfzig,
und so für alle Könige der Chetiter und die Könige von
   Aram, durch ihre Hand führte man sie aus. |

¹⁸ Schlomo sprach, man solle ein Haus für SEINEN Namen und
   ein Haus für sein eignes Königtum bauen. |
²,¹ Schlomo zählte siebzigtausend Mann als Lastträger aus und
   achtzigtausend Mann als Hauer im Gebirg und als Beauf-
   sichtiger über sie dreitausendsechshundert. |
² Schlomo sandte zu Churam, dem König von Tyrus, ließ
   sprechen:
Gleichwie du an meinem Vater Dawid getan hast, daß du ihm
   Zedern sandtest, sich ein Haus zu bauen, drin Sitz zu ha-
   ben |
³ – da, ich baue ein Haus SEINEM, meines Gottes, Namen, ihms
   zuzuheiligen, vor ihm das Räucherwerk der Gedüfte auf-

rauchen zu lassen und für die stete Darschichtung und die
Darhöhungen am Morgen und am Abend, an den Wochenfeiern und an den Mondneuungen und an SEINEN, unsres
Gottes, Begegnungszeiten für Weltzeit liegt dies Jifsrael ob, |
4 und das Haus, das ich baue, wird groß, groß ja ist unser Gott
über alle Götter, |
5 und wer hegte die Kraft, ihm ein Haus zu bauen,
die Himmel ja und die Himmel ob Himmeln fassen ihn nicht,
und wer bin ich, daß ich ihm ein Haus bauen dürfte, es sei
denn, um vor ihm aufrauchen zu lassen! –, |
6 und nun,
sende mir einen weisen Mann, für Arbeit in Gold, in Silber,
in Erz, in Eisen, in Purpur, in Karmesin, in Hyazinth, und
kundig, Stiche zu stechen,
den Weisen beigetan, die bei mir in Jehuda und in Jerusalem
sind, die mein Vater Dawid bereitgestellt hat, |
7 und sende mir Holz von Zedern, Zypressen und Algummim
aus dem Libanon,
ich weiß ja selber, daß deine Diener Libanonhölzer zu
schlagen wissen,
und da, meine Diener seien deinen Dienern gesellt: |
8 daß man mir nur Holz in Menge bereite!
denn das Haus, das ich baue, wird groß und wunderbar. |
9 Und da, für die Hauer, für die Holzschläger gebe ich an Weizen die Atzung für deine Diener, zwanzigtausend Malter,
und an Gerste zwanzigtausend Schaff, und an Öl zwanzig-
tausend Schaff. |
10 Churam, der König von Tyrus, sprach in einem Schreiben,
das er an Schlomo sandte:
Weil ER sein Volk liebt, hat er dich über sie als König
gegeben. |
11 Und weiter sprach Churam:
Gesegnet ER, der Gott Jifsraels,
der den Himmel und die Erde gemacht hat,
daß er dem König Dawid einen weisen Sohn gab, Begreifens
und Unterscheidens kundig,
daß der ein Haus IHM und ein Haus seinem eignen Königtum
baue. |
12 Und nun sende ich einen weisen, unterscheidungskundigen

¹³ Mann, meinen väterlichen Churam, | den Sohn eines Weibes von den Töchtern Dans, sein Vater ein tyrischer Mann, der ist kundig der Arbeit in Gold, in Silber, in Erz, in Eisen, in Steinen, in Hölzern, in Purpur, in Hyazinth, in Byssus und in Karmesin, im Stechen von allerart Stich und im Planen von allerart Planung, die ihm übergeben wird,
deinen Weisen gesellt und den Weisen meines Herrn Dawid, deines Vaters. |

¹⁴ Und nun, den Weizen und die Gerste, das Öl und den Wein, was mein Herr zusprach, sende er seinen Dienern, |

¹⁵ und wir wollen Hölzer aus dem Libanon schlagen, allwas du brauchst, und sie dir als Flöße auf dem Meer nach Jaffa bringen, und du magst sie hinaufschaffen nach Jerusalem. |

¹⁶ Schlomo zählte alle gastenden Männer, die im Lande Jifsrael waren
– nach der Zählung, in der sein Vater Dawid sie gezählt hatte –,
und es fanden sich hundertfünfzigtausend und dreitausendsechshundert. |

¹⁷ Von ihnen machte er siebzigtausend zu Lastträgern, achtzigtausend zu Hauern im Gebirg und dreitausendsechshundert zu Beaufsichtigern, das Volk dienstbar zu halten. |

3,1 Schlomo begann SEIN Haus zu bauen,
auf dem Berge Morija, der von seinem Vater Dawid ausersehn war, wo ers vorbereitet hatte, auf dem Dawidsplatz, auf der Tenne Ornans, des Jebufsiters, |
2 er begann zu bauen in der zweiten Mondneuung, am zweiten, im vierten Jahr seines Königtums. |
3 Und dies war die Grundlage Schlomos beim Bau des Gotteshauses:
die Länge — in Ellen nach dem frühern Maß — sechzig Ellen, die Breite zwanzig Ellen. |
4 Und der Flursaal, der vorn an der Längsseite war, vorn an der Breitseite des Hauses zwanzig Ellen, die Höhe hundertundzwanzig,
er überschalte ihn von innen mit reinem Gold. |
5 Das Großhaus bezog er mit Zypressenholz, überzogs mit feinem Gold und brachte dran Palmen und Schnüre an. |
6 Er überschalte das Haus mit kostbarem Gestein zur Zier, und das Gold war Parwajimgold, |
7 er überzog das Haus, die Balken, die Schwellen, seine Wände und seine Türen mit Gold
und ließ Cheruben in die Wände stechen. |
8 Er machte das Haus der Heiligung der Heiligtume,
seine Längsseite vorn an der Breitseite des Hauses, zwanzig Ellen, seine Breite zwanzig Ellen,
und überzog es mit feinem Gold von sechshundert Barren, |
9 das Gewicht für die Nägel von fünfzig Vollgewicht Goldes, auch die Söller überzog er mit Gold. |
10 Er machte im Haus der Heiligung der Heiligtume zwei Cheruben, Schmelzwerk, und verschalte sie mit Gold, |
11 die Flügel der Cheruben: ihre Länge zwanzig Ellen,
der eine Flügel, von fünf Ellen, rührte an die Wand des Hauses,
und der andre Flügel, von fünf Ellen, haftete am Flügel des einen Cherubs, |
12 und des andern Cherubs Flügel, fünf Ellen, rührte an die Wand des Hauses,
und der andre Flügel, fünf Ellen, haftete am Flügel des andern Cherubs, |
13 die Flügel dieser Cheruben spreiteten sich über zwanzig Ellen.

Sie standen auf ihren Füßen, ihre Antlitze einwärts, |
¹⁴ Er machte den Vorhang, Hyazinth, Scharlach, Karmesin und Byssus, und brachte dran Cheruben an. |
¹⁵ Er machte vor dem Hause zwei Säulen, die Höhe fünfunddreißig Ellen, Länge fünf Ellen, der Knauf zuhäupten. |
¹⁶ Er machte Schnüre kettenförmig und gab sie aufs Haupt der Säulen,
er machte hundert Granatäpfel und gab sie an die Schnüre. |
¹⁷ Er richtete die Säulen an der Vorderseite der Halle auf, eine zur Rechten und eine zur Linken,
und rief den Namen der rechten Jakin: Er feste es ... und den Namen der linken Boas: ... in Trotzgewalt! |
⁴,¹ Er machte eine Schlachtstatt von Erz, zwanzig Ellen ihre Länge, zwanzig Ellen ihre Breite, zehn Ellen ihre Höhe. |
² Er machte das Meer, gegossen, von seinem Rand bis zu seinem Rand zehn nach der Elle, gerundet ringsum, seine Höhe fünf nach der Elle, rings umringen konnte es ein Meßstück von dreißig nach der Elle, |
³ und unter ihm die Gestaltung von Rindern, rings umringen sie es, zehn nach der Elle, umkreisen das Meer ringsum, in zwei Reihen die Rinder, mitgegossen in seinem Guß, |
⁴ es stand auf zwölf Rindern, mitternachtwärts gewendet: drei, meerwärts gewendet: drei, mittagwärts gewendet: drei, aufgangwärts gewendet: drei, das Meer obenauf auf ihnen, und all ihre Hinterteile einwärts, |
⁵ eine Faustbreit war seine Dicke, sein Rand wie eines Becherrands Machart Lilienblust, es enthielt dreitausend Schaff, die faßte es. |
⁶ Er machte Kessel, zehn, und gab fünf zur Rechten und fünf zur Linken, zur Waschung: das Gemächt der Darhöhung spülte man in ihnen, das Meer aber war für die Priester, sich darin zu waschen. |
⁷ Er machte die goldenen Leuchter, zehn, nach ihrem Rechtsbrauch, und gab in die Halle fünf zur Rechten und fünf zur Linken. |
⁸ Er machte Tische, zehn, und setzte sie in die Halle, fünf zur Rechten und fünf zur Linken.
Er machte goldene Sprengen, hundert. |
⁹ Er machte den Hof der Priester und die große Einfriedigung,

und Türen zur Einfriedigung, und ihre Türflügel überschalte er mit Erz. |

10 Das Meer gab er an die rechte Schulter, ostwärts, gegen Mittag zu. |

11 Churam machte die Töpfe, die Schaufeln, die Sprengen.
Churam vollendete das Machen des Werks, das er für den König Schlomo im Gotteshaus machte: |

12 zwei Säulen, die Wülste und die Bekrönungen zuhäupten der Säulen, zwei, einzuhüllen die Gitter, zwei, die zwei Wülste

13 der Bekrönungen, der zuhäupten der Säulen, | und die Granatäpfel, vierhundert, für die zwei Gitter, zwei Reihen Granatäpfel für je ein Gitter, einzuhüllen die zwei Wülste der Bekrönungen, derer an den Säulen, |

14 die Gestelle machte er und die Kessel machte er auf den Gestellen, |

15 das eine Meer und die zwölf Rinder darunter, – |

16 die Töpfe, die Schaufeln, die Gabeln, alle ihre Geräte, machte Churam, sein Väterlicher, für den König Schlomo, für SEIN Haus, geglättetes Erz, |

17 im Jordangau ließ der König sie gießen, – in der Dicke des Erdbodens, zwischen Sfukkot und Zredata. |

18 Sehr in Menge machte Schlomo alle diese Geräte,
ja, das Gewicht des Erzes wurde nicht nachgeprüft. |

19 Schlomo machte alle Geräte, die im Gotteshaus waren,
die goldene Statt und die Tische, darauf die Darschichtung ist, |

20 die Leuchter und ihre Lichte, sie nach dem Rechtsbrauch vor

21 der Zelle anzuzünden, geplättetes Gold, | – der Blust, die Lichte und die Zänglein aber, das ist vollkommenes Gold, |

22 die Zwicken, die Sprengen, die Kellen und die Pfannen geplättetes Gold.
Und vom Einlaß des Hauses: seine inneren Türen, zum Heiligenden der Heiligtume, und die Türen des Hauses zur Halle waren golden. |

5,1 Als fertig war all das Werk, das Schlomo für SEIN Haus getan hatte,
kam Schlomo mit dem von seinem Vater Dawid Zugeheiligten,
das Silber, das Gold und alle Geräte gab er in die Schatzkammern des Gotteshauses. |

² Damals versammelte Schlomo die Ältesten Jifsraels und alle Häupter der Stäbe, die Fürsten der Vaterschaften für die Söhne Jifsraels nach Jerusalem,
heraufzuholen den Schrein SEINES Bundes aus der Dawidstadt, das ist Zion. |
³ So versammelten sie sich zum König hin, alle Mannschaft Jifsraels, am Fest, das ist die siebente Mondneuung. |
⁴ Alle Ältesten Jifsraels kamen heran,
und die Lewiten trugen den Schrein. |
⁵ Herauf brachten sie den Schrein, das Zelt der Begegnung, alle Heiligungsgeräte, die im Zelte waren,
die brachten die lewitischen Priester herauf. |
⁶ Der König Schlomo aber
und alle Gemeinschaft Jifsraels, gemeinsam ihm begegnend vor dem Schrein,
schlachteten Schafe und Rinder, die vor Menge nicht zu zählen und nicht zu berechnen waren. |
⁷ Dann ließen die Priester den Schrein SEINES Bundes kommen
ein in seine Stätte,
ein in die Zelle des Hauses,
ein in das Heiligende der Heiligtume:
unter die Flügel der Cheruben ein. |
⁸ Flügelspreitend über die Stätte des Schreins hin waren die Cheruben,
die Cheruben hüllten über dem Schrein und über seinen Stangen von oben. |
⁹ Man ließ die Stangen nur so lang vorragen,
daß die Häupter der Stangen vom Schrein aus nun an der Vorderseite der Zelle eben noch zu sehen waren
und im Außenraum nicht gesehen werden konnten,
so bliebs dort bis auf diesen Tag. |
¹⁰ Im Schrein aber ist kein Ding,
nur die beiden Tafeln, die Mosche am Choreb hingegeben hatte,
durch die ER mit den Söhnen Jifsraels sich zusammenschloß, als sie aus Ägypten zogen. |
¹¹ Und es geschah, als die Priester aus dem Heiligtum zogen
– denn alle Priester, die sich fanden, hatten sich geheiligt, da war nicht auf Einteilungen zu achten, |

¹² und die Lewiten, die Sänger allsamt, von Afsaf, von Heman,
von Jedutun, von ihren Söhnen und von ihren Brüdern, in
Byssus gewandet, mit Zimbeln, mit Lauten, mit Leiern
standen östlich von der Schlachtstatt, bei ihnen Priester,
hundertzwanzig, auf Trompeten trompetend –, |
¹³ und es geschah, als in einem die Trompeter und die Sänger,
einstimmig sich hören ließen, IHN zu preisen und zu bekennen, und als sich die Stimme erhob in den Trompeten
und in den Zimbeln und in den Sanggeräten und in der Preisung IHM »Denn er ist gütig, denn in Weltzeit währt seine
Huld«:
die Wolke füllte SEIN Haus, |
¹⁴ nicht vermochten die Priester zu stehn um zu amten, wegen
der Wolke,
denn SEINE Erscheinung füllte das Haus Gottes. |
⁶,¹ Damals hat Schlomo gesprochen:
Im Wetterdunkel sprach einst ER,
einwohnen zu wollen, –|
² und ich, ein Söllerhaus erbaute ich dir,
Grundfeste deinem Sitz in die Zeiten. |

³ Der König wandte sein Antlitz und segnete alles Gesamt
Jifsraels,
während alles Gesamt Jifsraels stand. |
⁴ Er sprach:
Gesegnet ER, Jifsraels Gott,
der mit seinem Munde redete zu meinem Vater Dawid
und mit seiner Hand erfüllte
den Spruch: |
⁵ Vom Tag an, da ich mein Volk Jifsrael aus Ägypten führte,
habe ich nie eine Stadt aus allen Jifsraelzweigen erwählt,
ein Haus zu bauen, daß dort mein Name sei,
und nie habe ich einen Mann erwählt, Herzog über mein Volk
Jifsrael zu sein, |
⁶ nun aber erwählte ich Jerusalem, daß dort mein Name sei,
und ich erwählte Dawid, über meinem Volke Jifsrael zu
sein. |
⁷ Und meinem Vater Dawid wars am Herzen, ein Haus für
SEINEN, des Gottes Jifsraels, Namen zu bauen. |

⁸ ER aber sprach zu meinem Vater Dawid:
Dieweil dirs am Herzen war, meinem Namen ein Haus zu bauen,
gutgesinnt warst du, daß dies dir am Herzen war, |
⁹ nur: du bists nicht, der das Haus bauen soll,
sondern dein Sohn, der aus deinen Lenden hervorgeht, der soll das Haus meinem Namen bauen. |
¹⁰ Aufgerichtet hat ER seine Rede, die er geredet hatte,
ich richtete mich auf an meines Vaters Dawid Platz,
hinsaß ich auf Jifsraels Stuhl, wie ER geredet hat,
ich baute das Haus für SEINEN, des Gottes Jifsraels, Namen |
¹¹ und setzte dahin den Schrein, drin SEIN Bund ist, den er mit den Söhnen Jifsraels schloß. |
¹² Dann stand er vor SEINE Schlachtstatt hin, allem Gesamt Jifsraels gegenüber,
breitete seine Handflächen aus |
¹³ – Schlomo hatte nämlich eine eherne Plattform gemacht
und hatte sie mitten in die Einfriedigung gegeben,
fünf Ellen ihre Länge, fünf Ellen ihre Breite und drei Ellen ihre Höhe,
darauf stand er, kniete nieder, auf seinen Knien allem Jifsrael gegenüber, und breitete seine Handflächen zum Himmel – |
¹⁴ und sprach:
DU, Jifsraels Gott!
Keiner ist ein Gott gleich dir
im Himmel und auf Erden,
Wahrer des Bunds und der Huld
deinen Knechten, die einhergehn vor dir mit all ihrem Herzen! |
¹⁵ der du deinem Knecht, meinem Vater Dawid, gewahrt hast, was du ihm geredet hast,
mit deinem Mund redetest du und erfülltest mit deiner Hand, wies nun am Tag ist. |
¹⁶ Jetzt aber, DU, Jifsraels Gott,
wahre deinem Knecht, meinem Vater Dawid,
was du ihm geredet hast,
den Spruch:
Nicht schließe je dir vor meinem Antlitz Mannesfolge ab der auf dem Stuhl Jifsraels Sitzenden,

wahren nur deine Söhne ihren Weg, in meiner Weisung ein-
herzugehn,
wie du vor meinem Antlitz einhergegangen bist!|
17 Jetzt also, DU, Jifsraels Gott,
verwirkliche sich deine Rede, die du zu deinem Knecht,
zu Dawid geredet hast!|
18 Wie aber, könnte wirklich Gottheit mit dem Menschen
auf Erden Sitz haben?
die Himmel ja und die Himmel ob Himmeln fassen dich nicht,
wie gar dieses Haus, das ich baute!|
19 Und doch willst du dich zum Gebet deines Knechts und zu
seinem Gunsterflehn neigen,
DU, mein Gott,
zuzuhören dem Aufhall, dem Gebet, das dein Knecht heut-
tags vor deinem Antlitz betet,|
20 – daß geöffnet seien deine Augen zu diesem Hause hin tages
und nachts,
der Stätte zu, von der du sprachst, deinen Namen dort einzusetzen, –
zuzuhören dem Gebet, das dein Knecht nach dieser Stätte zu
beten wird!|
21 Höre den Flehrufen deines Knechts und deines Volkes Jifsrael
zu,
die sie nach dieser Stätte zu beten werden,
selber mögst dus von der Stätte deines Sitzes, vom Himmel
her hören,
so erhör, so verzeih!|
22 Sündigt jemand an seinem Genossen
und man überträgt auf ihn einen Droheid, ihn zu vereidigen,
und er kommt, eidbedroht sich vor deiner Schlachtstatt in
diesem Haus:|
23 selber mögst dus vom Himmel her hören,
so machs zur Tat, so schaffe Recht deinen Knechten,
dem Schuldigen es heimkehren zu lassen, seinen Abweg auf
sein Haupt zu geben.|
24 Wird dein Volk Jifsrael vor einem Feind hingestürzt,
weil an dir sie gesündigt haben,
und sie kehren um, bekennen deinen Namen, beten,
flehen vor dir in diesem Haus:|

II 6,25–33]   BEGEBENHEITEN DER TAGE   615

²⁵ selber mögst dus vom Himmel her hören,
so verzeih die Versündigung deines Volks Jifsrael,
so lasse sie wiederkehren zur Scholle, die du ihnen und ihren
   Vätern gegeben hast. |
²⁶ Wann der Himmel abgehegt ist und es nicht regnet,
weil an dir sie gesündigt haben,
und sie beten nach dieser Stätte zu, bekennen deinen Namen,
kehren um von ihrer Sünde, dieweil du sie beugtest, |
²⁷ selber mögst du im Himmel es hören,
so verzeih die Versündigung deiner Knechte, deines Volks
   Jifsrael,
daß du ihnen den guten Weg weisest, den sie gehen sollen, –
so gib Regen auf dein Land, das du deinem Volk zu eigen
   gegeben hast. |
²⁸ Wenn je Hunger im Land ist,
wenn je Pest ist,
wenn je Versengung ist, Vergilbung, Heuschreck,
   Blankfresser,
wenn sein Feind es im Land um seine Tore bedrängt,
allerart Schaden, allerart Krankheit, – |
²⁹ alles Beten, alles Flehen, das dann geschieht,
seis allirgend eines Menschen, seis deines Volkes Jifsrael allsamt,
da es ihnen bewußt wird, jedermann sein Schaden und sein
   Schmerz,
und er breitet seine Handflächen nach diesem Hause zu, |
³⁰ selber mögst dus vom Himmel, der Veste deines Sitzes, her
   hören,
so verzeih, so gib jedermann nach allen seinen Wegen,
– denn einzig du selber weißt um das Herz der Menschen-
   söhne –, |
³¹ auf daß sie dich fürchten, in deinen Wegen zu gehn alle Tage,
die sie auf der Scholle leben, die du unsern Vätern gegeben
   hast. |
³² Und auch dem Fremden, der nicht von deinem Volk Jifsrael ist,
und der kommt aus fernem Land, auf deinen großen Namen
   hin, deine starke Hand, deinen gestreckten Arm,
sie kommen und beten nach diesem Hause zu: |
³³ selber mögst dus vom Himmel, der Veste deines Sitzes, her
   hören,

so tue, allwie der Fremde zu dir ruft,
auf daß alle Völker der Erde deinen Namen wissen
und dich fürchten wie dein Volk Jiſsrael
und wissen, daß dein Name ausgerufen ist über diesem Haus,
  das ich baute. |
³⁴ Wenn dein Volk zum Kampf ausfährt wider seine Feinde
auf dem Weg, den du sie sendest,
und sie beten zu dir, den Weg hin
nach der Stadt, die du erwähltest,
nach dem Haus, das ich deinem Namen baute: |
³⁵ so höre vom Himmel her ihr Beten, ihr Flehn,
so tue ihr Recht dar. |
³⁶ Wenn sie an dir sündigten
– denn kein Mensch ist, der nicht sündigte –
und du ihnen zürntest
und gabst sie hin vor einen Feind,
und gefangen trieben ihre Fänger sie in ein Land, fern oder
  nah, |
³⁷ und sie fangen an, es in ihre Herzen einkehren zu lassen,
  in dem Land, wo sie gefangen sind,
und kehren um und flehen zu dir in ihrer Gefangenschaft Land,
sprechend: Wir haben gesündigt, wir haben uns verfehlt und
  wir habens verschuldet!, |
³⁸ kehren anhaltend um zu dir mit all ihrem Herzen, mit all ihrer
  Seele,
im Land ihrer Gefangenschaft, wo man sie gefangen hält,
und beten zu dir den Weg hin
nach ihrem Land, das du ihren Vätern gabst,
nach der Stadt, die du wähltest,
nach dem Haus, das ich deinem Namen baute: |
³⁹ so höre vom Himmel, der Veste deines Sitzes, her ihr Beten,
  ihr Flehn,
so tue ihr Recht dar,
so verzeih deinem Volk, was an dir sie gesündigt haben. |
⁴⁰ Jetzt, mein Gott,
daß doch deine Augen geöffnet und deine Ohren aufmerksam
  seien
hin zum Gebet dieser Stätte! |
⁴¹ Und jetzt

steh auf, Du, Gott, – zu deinem Ruheplatz hin,
du und der Schrein deiner Macht!
Deine Priester, Du, Gott, mögen in Siegfreiheit sich kleiden,
deine Holden sich am Guten erfreuen! |
⁴² Du, Gott,
weise nimmer das Antlitz deines Gesalbten ab,
gedenke der Hulden Dawids, deines Knechts! |

⁷,¹ Als Schlomo geendet hatte zu beten,
stieg Feuer nieder vom Himmel und verzehrte die Darhöhung und die Schlachtopfer,
und SEINE Erscheinung füllte das Haus. |
² Nicht vermochten die Priester SEIN Haus zu betreten,
denn es füllte SEINE Erscheinung SEIN Haus. |
³ Als alle Söhne Jifsraels sahn, wie das Feuer und SEINE Erscheinung auf das Haus niederstieg,
bückten sie sich, Stirn zur Erde, aufs Pflaster, warfen sich hin, dankten ihm:
Denn er ist gütig, denn in Weltzeit währt seine Huld. |
⁴ Der König und alles Volk schlachteten Schlachtopfer vor IHM. |
⁵ Der König Schlomo schlachtete als Schlachtopfer zweiundzwanzigtausend Rinder und hundertzwanzigtausend Schafe.
So weihten sie, der König und das Volk, das Haus Gottes. |
⁶ Die Priester standen auf ihren Posten und die Lewiten mit den Geräten SEINES Gesangs,
die der König Dawid gemacht hatte, IHM zu danken, »denn in Weltzeit währt seine Huld«, wann immer Dawid durch sie preisen ließ,
die Priester trompeteten ihnen gegenüber,
und alles Jifsrael stand. |
⁷ Schlomo hatte aber das Mittle des Hofs, der vor SEINEM Haus war, geheiligt,
denn dort machte er die Darhöhungen samt den Fettstücken der Friedmahle,
denn nicht vermochte die eherne Schlachtstatt, die Schlomo gemacht hatte, die Darhöhung, die Hinleitspende und die Fettstücke zu fassen. |
⁸ Zu jener Zeit machte Schlomo die Festbegehung, sieben Tage,
alles Jifsrael ihm gesellt,

ein sehr großes Gesamt, von wo man nach Chamat kommt bis
   zum Bache Ägyptens, |
⁹ und am achten Tag machten sie eine Einbehaltung,
   denn sieben Tage hatten sie die Weihung der Schlachtstatt
   gemacht und sieben Tage das Fest, |
¹⁰ am dreiundzwanzigsten Tag auf die siebente Mondneuung
   aber entließ er das Volk zu ihren Zelten, fröhlich und guten
   Herzsinns über das Gute, das ER Dawid, Schlomo und sei-
   nem Volk Jifsrael tat. |
¹¹ Schlomo vollendete SEIN Haus und das Königshaus,
   und mit allem, was Schlomo ins Herz kam, in SEINEM Hause
   und im eignen Hause zu machen, hatte er Gelingen. |
¹² Da ließ ER sich nachts von Schlomo sehen und sprach zu ihm:
   Gehört habe ich dein Gebet und habe mir diese Stätte erwählt
   zum Schlachtopferhaus. |
¹³ Hege je ich den Himmel ab, daß kein Regen ist,
   gebiete je dem Heuspringer ich, das Land zu verzehren,
   schicke eine Seuche ich unter mein Volk, |
¹⁴ und mein Volk, sie, über denen mein Name ausgerufen ist,
   beugen sich nieder,
   beten, suchen mein Antlitz, kehren um von ihren bösen
   Wegen,
   selber höre vom Himmel her ich,
   so verzeihe ich ihre Versündigung,
   so heile ich ihr Land. |
¹⁵ Jetzt:
   meine Augen werden geöffnet sein und meine Ohren
   aufmerksam
   hin zum Gebet dieser Stätte. |
¹⁶ Und jetzt:
   gewählt und geheiligt habe ich dieses Haus,
   daß dort mein Name auf Weltzeit sei,
   meine Augen und mein Herz sollen dort alle Tage sein. |
¹⁷ Und du,
   wirst du vor meinem Antlitz einhergehn, wie dein Vater
   Dawid einherging,
   es zu machen, allwie ich dir geboten habe,
   wirst meine Gesetze und meine Rechtsgeheiße wahren, |
¹⁸ dann will ich aufrichten den Stuhl deiner Königschaft,

gleichwie ichs mit deinem Vater Dawid geschlossen habe, im
    Spruch:
Nie schließe je dir Mannesfolge ab des in Jifsrael Waltenden. |
¹⁹ Werdet ihr aber abkehren euch,
    meine Satzungen und meine Gebote verlassen, die ich euch
        vors Antlitz gab,
    gehn und anderen Göttern dienen, vor ihnen euch nieder-
        werfen, |
²⁰ dann will ich sie verstoßen von meiner Scholle, die ich ihnen
        gab,
    und dieses Haus, das ich meinem Namen heiligte, von
        meinem Antlitz hinwegschleudern,
    unter allen Völkern es zu Gleichnis und zu Witzwetzung
        geben, |
²¹ dieses Haus, das zuoberst war für alljeden, der dran vorüber-
        schritt,
    schaudern wird er,
    und er wird sprechen:
    Weswegen hat ER so, so diesem Lande und diesem Hause
        getan? |
²² Dann werden welche sprechen:
    Darum, daß sie IHN, den Gott ihrer Väter, verließen,
    der sie aus dem Lande Ägypten führte,
    sich an andere Götter hielten,
    vor ihnen sich niederwarfen, sie bedienten,
    darum hat er über sie all dies Böse kommen lassen. |

⁸˒¹ Es geschah nach Verlauf von zwanzig Jahren,
    in denen Schlomo SEIN Haus und sein eignes Haus erbaut hatte, |
² und auch die Städte, die Churam Schlomo gegeben hatte, die
        baute Schlomo aus und siedelte dort Söhne Jifsraels an: |
³ Schlomo zog nach Chamat Zoba und bemächtigte sich seiner, |
⁴ er baute Tadmor in der Wüste und all die Vorratsstädte aus,
    die er in Chamat baute, |
⁵ er baute das obre Bet Choron und das untre Bet Choron als
    Festungstädte aus: Mauern, Doppelpforte und Riegel, |
⁶ und Baalat und die Vorratsstädte, die Schlomos waren,
    und alle Städte des Fahrzeugs und die Städte der Reisigen
    und alles Begehr Schlomos, was er irgend zu bauen begehrte,

in Jerusalem, im Libanon, in allem Land seines Waltens. |
⁷ Alles Volk, das übrig war von dem Chetiter, dem Amoriter, dem Prisiter, dem Chiwwiter und dem Jebuſsiter, die nicht von Jiſsrael sind, |
⁸ von ihren Söhnen, die nach ihnen im Land übrig waren, die die Söhne Jiſsraels nicht vertilgt hatten,
die hob Schlomo zur Fron aus, – bis auf diesen Tag. |
⁹ Von den Söhnen Jiſsraels aber, die Schlomo nicht in Knechtsdienst für seine Arbeit gab,
die waren Kriegsmannen, Obre seiner Drittkämpfer, Obre seines Fahrzeugs und seiner Reisigen. |
¹⁰ Und dies sind die Vogtsobern, die des Königs Schlomo waren: zweihundertfünfzig, die befehligten das Volk. |
¹¹ Schlomo brachte die Tochter Pharaos aus der Dawidstadt zur Höhe, ins Haus, das er ihr gebaut hatte,
denn er sprach:
Nicht habe Sitz ein Weib im Hause Dawids, Königs von Jiſsrael,
denn Geheiligtes ist das, da SEIN Schrein hineinkam. |
¹² Damals höhte Schlomo Darhöhungen IHM auf der Schlachtstatt, die er vor dem Flursaal gebaut hatte, |
¹³ des Tags Sache an ihrem Tag, nach dem Gebote Mosches, darzuhöhn an den Wochenfeiern, an den Mondneuungen und an den Begegnungszeiten dreimal im Jahr, am Fest der Fladen, am Fest der Wochen und am Fest der Hütten. |
¹⁴ Er bestellte nach dem Rechtsgeheiß seines Vaters Dawid die Abteilungen der Priester an ihren Dienst
und die Lewiten an ihre Obliegenheiten, zu preisen und den Priestern zugegen zu amten, für des Tags Sache an ihrem Tag,
und die Torleute nach ihren Abteilungen, für Tor um Tor, denn so war das Gebot Dawids, des Mannes Gottes. |
¹⁵ Nicht wich man ab vom Gebot des Königs über die Priester und die Lewiten, für alljede Sache, auch für die Schätze. –|
¹⁶ Errichtet war nun alles Werk Schlomos bis vom Tag der Gründung SEINES Hauses an und bis ganz vollendet war SEIN Haus. |
¹⁷ Damals ging Schlomo nach Ezjon Gaber und nach Ejlot am Ufer des Meeres im Lande Edom. |

II 8,18–9,8]   BEGEBENHEITEN DER TAGE   621

¹⁸ Churam sandte ihm durch seine Diener Schiffe und meerkundige Diener,
sie kamen mit Schlomos Dienern nach Ofir und holten von dort vierhundertfünfzig Goldbarren, die ließen sie dem König Schlomo zukommen. |

⁹,¹ Wie die Königin von Saba die Sage von Schlomo sagen hörte,
kam sie, Schlomo mit Rätseln zu prüfen, nach Jerusalem
mit sehr mächtigem Troß, Kamelen, tragend Balsame, Gold in Fülle und Edelgestein,
kam zu Schlomo und redete zu ihm, allwas sie auf dem Herzen hatte. |
² Schlomo ermeldete ihr all ihre Sinnreden,
nicht verbarg sich eine Sinnrede vor Schlomo, daß ers ihr nicht ermeldet hätte. |
³ Als die Königin von Saba die Weisheit Schlomos sah,
dazu das Haus, das er gebaut hatte, |
⁴ das Essen an seinem Tisch, das Umsitzen seiner Diener, das Dastehn seiner Aufwärter und ihre Bekleidung, die Versorgung der Tafel mit Getränken
und seinen Aufzug, in dem er zu SEINEM Hause hinaufzog,
blieb des Geistes nicht mehr in ihr. |
⁵ Sie sprach zum König:
Getreu ist die Rede, die ich in meinem Lande hörte
über deine Beredsamkeit, über deine Weisheit, |
⁶ aber ich traute nicht ihren Reden,
bis ich kam und meine Augen sahn, –
nicht die Hälfte der Fülle deiner Weisheit war mir gemeldet worden!
du überholst die Sage, die ich sagen hörte. |
⁷ O des Glücks deiner Mannen,
o des Glücks dieser deiner Diener,
die immer vor deinem Antlitz stehn
und deine Weisheit hören! |
⁸ Gesegnet sei ER, dein Gott,
der Lust an dir hatte,
dich auf seinen Stuhl zu geben als SEINEN, deines Gottes, König!
Weil er Jiſsrael liebt, es in Weltzeit aufzurichten, gab er dich über sie zum König, Recht und Bewährung darzutun. |

⁹ Sie gab dem König hundertzwanzig Barren Goldes, Balsame in großer Fülle und Edelgestein,
nicht war Balsam jenem gleich, den die Königin von Saba dem König Schlomo gab. |
¹⁰ Auch hatten die Diener Churams und die Diener Schlomos, die von Ofir Gold brachten, Algummimholz und Edelgestein gebracht, |
¹¹ der König ließ aus dem Algummimholz Bahnungen für SEIN Haus und fürs Königshaus machen, dazu Leiern und Lauten für die Sänger,
nie wurde dergleichen zuvor im Lande Jehuda gesehn. |
¹² Der König Schlomo gab der Königin von Saba alles, woran sie Lust hatte, was sie sich wünschte, zudem den Entgelt dessen, was sie dem König brachte.
Dann schied sie und ging heim in ihr Land, sie und ihre Diener. |

¹³ Das Gewicht des Goldes, das bei Schlomo in einem Jahr einkam, war:
sechshundertsechsundsechzig Barren Golds, |
¹⁴ außer dem von den Schatzzubußen der Reisehändler und den Händlern, die es einkommen ließen,
auch alle Könige Arabiens und die Viztume des Landes ließen Schlomo Gold und Silber zukommen. |
¹⁵ Der König Schlomo machte zweihundert Tartschen in geschlagenem Gold,
sechshundert Goldgewicht gingen auf je eine Tartsche drauf, |
¹⁶ und dreihundert Schilde in geschlagenem Gold,
dreihundert Goldgewicht gingen auf je einen Schild drauf.
die gab der König in das Libanonwaldhaus. |
¹⁷ Der König machte einen großen elfenbeinernen Stuhl
und überschalte ihn mit reinem Gold, |
¹⁸ sechs Stufen hatte der Stuhl,
und einen Schemel, in Gold eingefaßt an dem Stuhl,
Armlehnen hierseits und hierseits vom Sitzort,
zwei Löwen standen neben den Armlehnen, |
¹⁹ und zwölf Löwen standen dort auf den sechs Stufen, hierseits und hierseits,
nicht ward in allen Königreichen solches gemacht. |

²⁰ Alles Schenkgerät des Königs Schlomo war aus Gold,
alles Gerät des Libanonwaldhauses war aus geplättetem Gold,
kein Silberzeug wurde in den Tagen Schlomos als irgendwas geachtet. |
²¹ Denn Schiffe hatte der König, die gingen nach Tarschisch,
den Dienern Churams beigesellt,
einmal in drei Jahren kamen die Tarschisch-Schiffe,
sie trugen Gold und Silber, Elefantenzähne, Affen und Pfauen. |

²² Der König Schlomo war größer als alle Könige der Erde
an Reichtum und an Weisheit. |
²³ Alle Könige des Erdlands suchten Schlomos Antlitz auf,
seine Weisheit zu hören, die der Gott in sein Herz gegeben hatte, |
²⁴ und sie kamen, jedermann mit seiner Spende,
Silbergeräten und Goldgeräten,
Gewändern, Bewaffnung, Balsamen,
Rossen und Maultieren,
Jahr um Jahr. |
²⁵ Schlomo hatte viertausend Roßkrippen, dazu Gefährte, und zwölftausend Reisige,
die legte er nach den Fahrzugstädten und als Beistand
des Königs nach Jerusalem. |
²⁶ Walter war er über alle Könige vom Strom bis zum Land der
Philister und bis zur Grenze Ägyptens. |
²⁷ Der König bewirkte, daß es in Jerusalem Silber wie Steine gab
und Zedern gab wie Maulbeerfeigenbäume, die in der
Niedrung, an Menge. |
²⁸ Rosse führte man aus von Ägypten für Schlomo und von allen
Ländern. –|
²⁹ Das restliche Redewürdige von Schlomo aber, das frühe und
das später,
ist es nicht aufgeschrieben in den Reden Natans, des Künders,
und in der Kündung Achijas des Schiloniters und in den
Schauungen Jedos, des Sehers, über Jarobam Sohn Nbats? |
³⁰ Schlomo hatte Königschaft in Jerusalem über alles Jifsrael
vierzig Jahre. |
³¹ Dann legte sich Schlomo bei seinen Vätern hin,
und man begrub ihn in der Stadt seines Vaters Dawid.
Sein Sohn Rechabam trat statt seiner die Königschaft an. |

10,1 Rechabam ging nach Sichem, denn nach Sichem waren alle
von Jifsrael kommen, ihn zu königen. |
 2 Es war aber geschehn, als Jarobam Sohn Nbats etwas hörte
– er war in Ägypten, dahin er vor dem König Schlomo entwichen war –,
da war Jarobam aus Ägypten wiedergekehrt, |
 3 sie sandten nun und ließen ihn rufen.
So kam Jarobam und alles Jifsrael,
und sie redeten zu Rechabam, sprechend: |
 4 Dein Vater hat unser Joch überhärtet,
leichtre jetzt ab von dem harten Dienst deines Vaters,
von dem schweren Joch, das auf uns er gegeben hat,
und wir wollen dir dienstbar sein. |
 5 Er sprach zu ihnen:
Noch drei Tage, dann kehrt wieder zu mir!
Das Volk ging. |
 6 Der König Rechabam beriet sich mit den Ältesten, die vorm
Antlitz seines Vaters Schlomo gestanden hatten, solang er
sprechend: [am Leben war,
Wie ratet ihr diesem Volk Rede zu erwidern? |
 7 Sie redeten zu ihm, sprechend:
Wirst du gütig verfahren mit diesem Volk,
sie annehmen zu Gnaden, gute Rede zu ihnen reden,
dann werden sie dir alle Tage dienstbar sein. |
 8 Er aber ließ den Rat der Ältesten, den sie ihm rieten,
und beriet sich mit den Jungen, die mit ihm großgeworden
den vor seinem Antlitz Stehenden, | [waren,
 9 er sprach zu ihnen:
Was ratet ihr, daß wir diesem Volk an Rede erwidern⟨,
die zu mir geredet haben, sprechend: Leichtre ab von dem
Joch, das dein Vater auf uns gegeben hat⟩? |
 10 Die Jungen, die mit ihm großgeworden waren, redeten mit
ihm, sprechend:
So sprich zu diesem Volk,
die zu dir geredet haben, sprechend: Dein Vater beschwerte
unser Joch, und du, ableichtre es uns doch,
so sprich zu ihnen:

II 10,10-11,1] BEGEBENHEITEN DER TAGE 625

Mein Kleinfinger ist dicker als meines Vaters Hüften, – |
¹¹ jetzt also:
mein Vater packte euch ein schweres Joch auf,
ich aber, noch drauflegen will ich auf euer Joch,
mein Vater züchtigte euch mit Ruten,
ich aber – mit Skorpionen. |
¹² Als am dritten Tag Jarobam und alles Volk zu Rechabam kam,
wie der König geredet hatte, sprechend: Kehrt zu mir am
dritten Tag wieder, |
¹³ antwortete ihnen der König hart,
der König Rechabam ließ den Rat der Ältesten |
¹⁴ und redete zu ihnen nach dem Rat der Jungen, sprechend:
Mein Vater beschwerte euer Joch,
ich aber, noch drauflegen will ich auf euer Joch,
mein Vater züchtigte euch mit Ruten,
ich aber – mit Skorpionen. |
¹⁵ Der König hörte nicht auf das Volk,
denn von dem Gotte aus wars eine Umwendung,
aufzurichten seine Rede, die ER durch Achija den Schiloniter
zu Jarobam Sohn Nbats geredet hatte. |
¹⁶ Alles Jifsrael, da der König nicht auf sie hörte,
erwiderten sie, das Volk, dem Könige, sprechend:
– Was haben wir für Anteil an Dawid!
– Eigen nicht am Jischajsohn!
– Zu deinen Zelten, Jifsrael, jedermann!
– Sieh nach deinem Hause jetzt, Dawid!
Und alles Jifsrael ging zu seinen Zelten. |
¹⁷ Nur die Söhne Jifsraels, die in den Städten Jehudas ansässig
waren, über die behielt Rechabam Königschaft. |
¹⁸ Der König Rechabam entsandte Hadoram, der über der Fron
war,
aber die Söhne Jifsraels schmissen mit Steinen ihn tot.
Der König Rechabam konnte das Gefährt mit Mühe
besteigen, nach Jerusalem zu fliehn. |
¹⁹ So wurden die von Jifsrael dem Hause Dawids abtrünnig, –
bis auf diesen Tag. |
¹¹,¹ Als Rechabam nach Jerusalem kam, versammelte er das Haus
Jehuda und Binjamin,
hundertachtzigtausend Kampftatauserwählte,

mit Jifsrael zu kämpfen,
das Königreich zu Rechabam wiederkehren zu lassen. |
2 Aber die Rede Gottes geschah zu Schmaja, dem Mann Gottes,
ein Sprechen: |
3 Sprich zu Rechabam Sohn Schlomos, König von Jehuda,
und zu allem Jifsrael in Jehuda und in Binjamin im Spruch: |
4 So hat ER gesprochen:
Steigt nicht hinan,
kämpft nicht gegen eure Brüder, die Söhne Jifsraels,
kehrt zurück, jedermann in sein Haus,
denn von mir aus ist dies geschehn.
Sie hörten SEINE Rede,
und sie kehrten wieder um, statt gegen Jarobam anzugehn. |

5 Rechabam hatte Sitz in Jerusalem
und baute in Jehuda Städte zu Festungen aus, |
6,7 er baute aus: Betlehem, Etam, Tekoa, | Bet Zur, Sfocho, Adul-
8,9,10 lam, | Gat, Marescha, Sif, | Adorajim, Lachisch, Aseka, | Zo-
ra, Ajjalon, Hebron, die in Jehuda und Binjamin sind, be-
festigte Städte, |
11 er machte die befestigten stark, gab Befehlshaber in sie und
Vorräte an Speise, Öl und Wein, |
12 und überall, Stadt um Stadt, Tartschen und Lanzen, er machte
sie gar sehr stark,
Jehuda und Binjamin war sein. |
13 Die Priester und die Lewiten aber, die in allem Jifsrael waren,
traten zu ihm über aus all ihrem Gebiet, |
14 denn die Lewiten verließen ihre Weidetriebe und ihre Hufen
und gingen nach Jerusalem
– denn Jarobam und seine Söhne verwarfen sie, IHM
zu priestern, |
15 er bestellte sich Priester für die Koppen, für die Bockschrate
und für die Kälber, die er machte –, |
16 und ihnen nach kamen von allen Zweigen Jifsraels sie, die ihr
Herz drangaben, IHN, den Gott Jifsraels, zu suchen, nach
Jerusalem, |
IHM, dem Gotte Jifsraels, zu schlachtopfern. |
17 Sie stärkten das Königtum Jehudas und festigten Rechabam
Sohn Schlomos, für der Jahre drei,

denn man ging auf dem Weg Dawids und Schlomos der Jahre
drei. |

¹⁸ Rechabam nahm sich eine Frau, Machlat Tochter Jerimots
Sohns Dawids von Abichajil Tochter Eliabs Sohns Jischajs, |
¹⁹ sie gebar ihm Söhne, Jeusch, Schmarja und Saham. |
²⁰ Nach ihr nahm er Maacha Tochter Abschaloms,
sie gebar ihm Abija, Attaj, Sisa und Schlomit. |
²¹ Rechabam liebte Maacha Tochter Abschaloms mehr als seine
Frauen und seine Kebsen
– er führte nämlich achtzehn Frauen und der Kebsen sechzig
heim und zeugte achtundzwanzig Söhne und sechzig
Töchter –, |
²² und Rechabam stellte zuhäupten Abija, den Sohn Maachas,
als Herzog unter seinen Brüdern, um ihn nämlich zu königen. |
²³ Er unterschied und trennte all seine Söhne nach allen Ländereien Jehudas und Binjamins, nach allen befestigten
Städten,
er gab ihnen Nahrung in Menge und warb ein Gewimmel
von Frauen |

¹²,¹ Es geschah aber,
als aufgerichtet war die Königsmacht Rechabams und er in
seiner Stärke,
verließ er SEINE Weisung, und alles Jifsrael ihm gesellt. |
² Und es geschah,
im fünften Jahr des Königs Rechabam zog Schischak König
von Ägypten auf, wider Jerusalem herauf
– denn sie waren IHM untreu geworden –|
³ mit tausendundzweihundert Fahrzeugen, sechzigtausend
Reisigen und Kriegsvolk ohne Zahl, die ihm gesellt von
Ägypten kamen, Libyer, Sukkiten und Kuschiten, |
⁴ er eroberte alle befestigten Städte, die Jehudas waren,
und kam bis Jerusalem. |
⁵ Da kam Schmaja, der Künder, zu Rechabam und den Obern
Jehudas, die vor Schischak nach Jerusalem eingeholt worden waren,
und sprach zu ihnen:

So hat ER gesprochen:
Ihr, verlassen habt ihr mich,
so habe auch ich euch der Hand Schischaks überlassen. |
⁶ Sie beugten sich, die Obern Jifsraels und der König,
und sprachen:
Bewahrheitet ist ER. |
⁷ Als ER nun sah, daß sie sich beugten,
geschah SEINE Rede zu Schmaja, ein Sprechen:
Sie haben sich gebeugt,
ich verderbe sie nicht,
über ein weniges gebe ich euch ein Entrinnen,
und nicht soll mein Grimm sich durch Schischak über Jerusa-
   lem ergießen, |
⁸ doch sie sollen ihm dienstbar werden,
daß sie erkennen: mein Dienst – und der Dienst der
   Königtümer der Erdenländer. |
⁹ Schischak König von Ägypten stieg wider Jerusalem heran,
er nahm die Schätze aus SEINEM Haus und die Schätze aus
   dem Haus des Königs,
das alles nahm er,
und die goldnen Schilde nahm er, die Schlomo hatte machen
   lassen. |
¹⁰ Statt ihrer ließ der König Rechabam eherne Schilde machen,
die verordnete er in die Hand der Obern der Läufer, die den
   Einlaß des Königshauses hüten, |
¹¹ und seither geschahs, wenn der König in SEIN Haus kam,
da kamen die Läufer und trugen sie hin und ließen sie in die
   Wachtstube der Läufer zurückkehren. |
¹² Weil er sich aber gebeugt hatte, kehrte sich SEIN Zorn
   von ihm ab, ihn nicht allzumal zu verderben,
Es waren ja auch in Jehuda noch gute Begebnisse. |
¹³ Der König Rechabam aber erstarkte in Jerusalem und hatte
   Königschaft,
denn einundvierzigjährig war Rechabam, als er die Königschaft antrat, und siebzehn Jahre hatte er Königschaft in
   Jerusalem,
der Stadt, die ER gewählt hatte unter allen Zweigen Jifsraels,
   seinen Namen dort einzusetzen.
Der Name seiner Mutter: Naama, die Ammoniterin. |

¹⁴ Er tat das Böse, denn er hatte nicht sein Herz drauf
gerichtet, IHN zu suchen. |
¹⁵ Das Redewürdige von Rechabam aber, das frühe und das
späte,
ist das nicht aufgeschrieben in den Reden Schmajas, des
Künders, und Iddos, des Schauempfängers,
übers Zugehörige, auch die Kämpfe Rechabams und
Jerobams all die Tage? |
¹⁶ Rechabam legte sich bei seinen Vätern hin und wurde in der
Stadt Dawids begraben.
Sein Sohn Abija trat statt seiner die Königschaft an. |

13,1 Im achtzehnten Jahr des Königs Jarobam hatte Abija
die Königschaft über Jehuda angetreten, |
2 und drei Jahre hatte er Königschaft in Jerusalem.
Der Name seiner Mutter: Michajahu Tochter Uriels, von Giba.
Kampf aber war zwischen Abija und Jarobam. |
3 Abija zettelte den Kampf an mit einem Heer kampfgeübter
Wehrleute, vierhunderttausend auserwählter Mannschaft,
Jarobam aber reihte den Kampf wider ihn mit achthunderttausend auserwählter Mannschaft, Wehrtüchtigen. |
4 Da stellte sich Abija oben auf den Berg Zmarajim, der im Gebirg Efrajim ist, und sprach:
Hört mich, Jarobam und alles Jiſsrael! |
5 Ists nicht an euch zu wissen, daß ER, der Gott Jiſsraels, Dawid
das Königtum über Jiſsrael gab auf Weltzeit, ihm und seinen
Söhnen, in einem Salzbund? |
6 aber Jarobam Sohn Nbats, ein Diener Schlomos, des Sohns
Dawids, empörte sich wider seinen Herrn, |
7 und um ihn rotteten sich leichte Männer, ruchlose Buben, die
strafften sich wider Rechabam Sohn Schlomos.
Rechabam aber war ein Knabe und weichherzig, er hielt sich
nicht in Stärke vor ihnen. |
8 Und nun, ihr sprecht davon, euch stark zu machen vor
SEINEM Königtum in der Hand der Söhne Dawids,
ihr seid ja ein großes Getümmel,
und bei euch sind die goldenen Kälber, die euch Jarobam zu
Göttern gemacht hat! |
9 Habt ihr nicht SEINE Priester vertrieben, die Söhne Aharons,
und die Lewiten,
und machtet euch Priester wie die Völker der Erdenländer?
alljeder, der kam mit einem Farren, Jungrind, und sieben Widdern, sich die Hand darfüllen zu lassen,
der wurde Priester der Ungötter! |
10 Wir aber – ER ist unser Gott,
nicht haben wir ihn verlassen,
die Priester amten ihm, die Söhne Aharons, und die Lewiten,
mit der Arbeit, |
11 aufrauchen lassen sie IHM Darhöhungen Morgen um Morgen,
Abend um Abend,
Räucherwerk der Gedüfte, Darschichtung Brots auf dem

reinen Tisch, goldner Leuchter und seine Lichte, Abend um Abend anzuzünden,
Denn wir wahren SEINE, unseres Gottes, Verwahrung,
ihr aber habt ihn verlassen. |

12 Und da, bei uns zuhäupten, ist der Gott, SEINE Priester und die Trompeten des Geschmetters, darauf zu trompeten, –
kämpft nimmer wider IHN, den Gott eurer Väter, denn es wird euch nicht gelingen! |

13 Jarobam aber ließ den Lauertrupp sich drehn, hinter sie zu kommen,
so waren sie vor Jehuda und der Lauertrupp hinter denen, |

14 die von Jehuda wandten sich, da, Kampf an sie her vorn und hinten!
Sie schrien zu IHM,
die Priester trompeteten in die Trompeten, |

15 und die Mannschaft Jehudas, sie schmetterten auf.
Und es geschah,
als aufschmetterte die Mannschaft Jehudas:
Gott stieß Jarobam und alles Jiſsrael vor Abija und Jehuda hin. |

16 Die Söhne Jiſsraels flohn vor Jehuda, Gott gab sie in derer Hand,

17 Abija und sein Volk schlugen auf sie ein, einen großen Schlag,
Durchbohrte fielen von Jiſsrael, fünfhunderttausend, auserwählte Mannschaft. |

18 Die Söhne Jiſsraels beugten sich zu jener Zeit,
die Söhne Jehudas aber strafften sich, denn sie stützten sich auf IHN, den Gott ihrer Väter. |

19 Abija jagte hinter Jarobam her
und eroberte Städte von den seinen, Bet-El und seine Tochtersiedlungen, Jeschana und seine Tochtersiedlungen, Efrejin und seine Tochtersiedlungen. |

20 Nicht hegte mehr Jarobam Kraft in den Tagen Abijahns,
ER stieß ihn nieder, und er starb, |

21 Abijahn aber erstarkte.
Er führte sich vierzehn Frauen heim und zeugte zweiundzwanzig Söhne und sechzehn Töchter. |

22 Das übrige Redewürdige von Abija aber, seine Wege und seine Reden sind aufgeschrieben in der Ausforschung Iddos, des Künders. |

²³ Abija legte sich bei seinen Vätern hin, man begrub ihn in der
Stadt Dawids.
Sein Sohn Afsa trat statt seiner die Königschaft an.
In seinen Tagen rastete das Land, zehn Jahre. |

14,1 Afsa tat, was in SEINEN, seines Gottes, Augen gut und gerade ist, |
2 er beseitigte die Schlachtstätten der Fremde und die Koppen,
er zerbrach die Standmale,
er zerhackte ihre Pfahlbäume, |
3 er sprach Jehuda zu, IHN, den Gott ihrer Väter, zu suchen
und nach der Weisung und dem Gebote zu tun, |
4 er beseitigte aus allen Städten Jehudas die Koppen und die Glutmale.
Das Königreich rastete vor seinem Antlitz. |
5 Er baute Festungsstädte in Jehuda aus, denn das Land rastete,
und nicht gabs Kampf gegen ihn in diesen Jahren,
denn ER schaffte ihm Ruhe. |
6 Er sprach zu Jehuda:
Bauen wir diese Städte aus und umschließen wir sie mit Mauer
und Türmen, Doppelpforte und Riegeln!
noch ist das Land vor uns frei,
denn gesucht haben wir, gesucht IHN, unsern Gott,
und er hat uns Ruhe geschafft ringsumher.
Sie bauten und hatten Gelingen. |
7 Afsa hatte eine Wehrmacht,
Speer und Tartsche tragend, von Jehuda dreihunderttausend
und von Binjamin Schildträger und Bogenspanner,
zweihundertachtzigtausend,
all diese Wehrtüchtige. |
8 Da zog gegen sie aus Sarach, der Kuschiter, mit einer Wehrmacht von tausendmaltausend und dreihundert Fahrzeugen,
und kam bis Marescha. |
9 Afsa zog aus, vor ihn hin,
und sie reihten den Kampf in der Schlucht Zfata bei Marescha. |
10 Afsa rief zu IHM seinem Gott, er sprach:
DU, bei dir kanns an Hilfe nicht fehlen, ob einer groß oder kraftlos ist, –
hilf uns, DU unser Gott,
denn auf dich stützen wir uns,
und mit deinem Namen kommen wir wider dieses Getümmel an,
DU bist unser Gott,
nimmer hegt ein Menschlein sich gegen dich ab. |

¹¹ Er stieß die Kuschiter vor Afsa und vor Jehuda hin, die
 Kuschiter flohen, |
¹² Afsa und das Volk, das bei ihm war, er jagte sie bis nach Grar,
 an Kuschitern fiel, daß ihnen kein Aufleben mehr war,
 denn gebrochen wurden sie vor IHM und vor seinem Lager.
 Man trug sehr viel Beute davon. |
¹³ Man schlug alle Städte rings um Grar,
 denn SEIN Schrecken war über ihnen,
 man plünderte alle Städte, denn vieles Plündergut war in
  ihnen, |
¹⁴ auch die Zelte der Herdenleute schlug man, fing sich Kleinvieh
 in Menge und Kamele und kehrte nach Jerusalem zurück. |

15,1,2 Asarjahu Sohn Odeds aber – über ihm war SEIN Geist | – trat
 hin vor Afsa und sprach zu ihm:
 Hört mich, Afsa und alles Jehuda und Binjamin!
 ER ist bei euch, wann ihr bei ihm seid,
 sucht ihr ihn, gibt er euch sich zu finden,
 verlasset ihr ihn, verläßt er euch. |
³ Viele Tage warens für Jifsrael ohne den Gott der Treue,
 ohne Priester, Lehrer und ohne Weisung, |
⁴ aber als es bedrängt war, kehrte es um zu IHM seinem Gott
 und verlangte nach ihm, und er gab sich ihnen zu finden. |
⁵ In jenen Tagen war für den Ziehenden und für den Kommenden kein Friede,
 denn viele Verstörungen waren über allen Insassen der Erden-
  länder, |
⁶ sie zerspellten einander, Stamm den Stamm und Stadt die
  Stadt,
 denn Gott verwirrte sie durch allerart Drangsal. |
⁷ Ihr aber, seid stark,
 nimmer dürfen eure Hände erschlaffen,
 denn eurem Wirken west ein Lohn. |
⁸ Als Afsa diese Rede hörte, die Kündung Odeds, des Künders,
  erstarkte er,
 hinweg warf er die Scheusäler aus allem Lande Jehuda und
  Binjamin und aus den Städten, die er vom Gebirge Efrajim
  erobert hatte,
 und erneute SEINE Schlachtstatt, die vor SEINEM Flursaal. |

II 15,9-16,2] BEGEBENHEITEN DER TAGE   635

⁹ Zuhauf holte er alles Jehuda und Binjamin und die bei ihnen
 Gastenden von Efrajim, Mnasche und Schimon,
 denn zugefallen waren ihm von Jifsrael die Menge, als sie
 sahn, daß ER, sein Gott, bei ihm war, |
¹⁰ zusammengeholt wurden sie nach Jerusalem in der dritten
 Mondneuung des fünfzehnten Jahres von Afsas Königschaft, |
¹¹ sie schlachtopferten IHM an jenem Tag von der Beute, die sie
 heimgebracht hatten, siebenhundert Rinder und sieben-
 tausend Schafe |
¹² und kamen in den Bund, IHN, den Gott ihrer Väter, mit all
 ihrem Herzen und mit all ihrer Seele zu suchen |
¹³ – und alljeder, der IHN, den Gott Jifsraels, nicht sucht, sollte
 getötet werden, von Klein bis Groß, von Mann bis Weib –, |
¹⁴ sie schwuren sich IHM zu mit lauter Stimme, mit Geschmet-
 ter, mit Trompeten und mit Posaunen. |
¹⁵ Und alle von Jehuda freuten sich über den Schwur,
 denn mit all ihrem Herzen hatten sie geschworen,
 und mit all ihrem Willen hatten nach ihm sie verlangt,
 und er hatte sich ihnen zu finden gegeben.
 ER schaffte ihnen Ruhe ringsumher. |
¹⁶ Auch Maacha, die Großmutter des Königs Afsa, ihr Herr-
 scherinnentum beseitigte er,
 weil sie der Pfahlfrau ein Schauderding gemacht hatte,
 Afsa hieb ihr Schauderding um, malmte es und verbrannte es
 im Bach Kidron. |
¹⁷ Aber die Koppen wurden nicht beseitigt.
 Doch war das Herz Afsas befriedet mit IHM all seine Tage. |
¹⁸ Die Darheiligungen seines Vaters und dazu eigne
 Darheiligungen hatte er in SEIN Haus kommen lassen,
 Silber, Gold und Geräte. |
¹⁹ Nicht war aber Kampf bis zum fünfunddreißigsten Jahr der
 Königschaft Afsas. |

¹⁶,¹ Im sechsunddreißigsten Jahr der Königschaft Afsas aber zog
 Baascha König von Jifsrael hinauf wider Jehuda
 und baute Rama aus, um Afsa König von Jehuda weder Aus-
 fahrt noch Einkunft mehr freizugeben. |
² Da führte Afsa Silber und Gold hinaus von den Schätzen
 SEINES Hauses und des Königshauses

und sandte es an Benhadad, König von Aram, der in Damaskus Sitz hatte, zu sprechen: |
3 Bund ist zwischen mir und dir,
zwischen meinem Vater und deinem Vater,
da habe ich dir Silber und Gold gesandt,
brich deinen Bund mit Baascha König von Jifsrael,
daß er hinweg ziehe, weg von mir! |
4 Benhadad hörte auf den König Afsa,
er sandte seine Heeresobern gegen die Städte Jifsraels,
und sie schlugen Ijon, Dan, Abel Majim und alle Vorratsplätze der Städte Naftalis. |
5 Es geschah, als Baascha es hörte, da ließ er vom Ausbauen von Rama ab und verabschiedete seine Arbeit. |
6 Der König Afsa nahm alles Jehuda heran,
sie trugen die Steine von Rama und seine Hölzer, die Baascha verbaut hatte, fort,
und mit denen baute er das Gaba Binjamins und Mizpa aus. |
7 Zu jener Zeit aber kam Chanani, der Seher, zu Afsa, König von Jehuda, und sprach zu ihm:
Da du dich auf den König von Aram gestützt hast und nicht stütztest du dich auf IHN, deinen Gott,
deshalb ist das Heer des Königs von Aram deiner Hand entschlüpft. |
8 Hatten nicht die Kuschiter und die Libyer der Heeresmacht viel, an Fahrzeug, an Reisigen überaus viel,
und da du dich auf IHN gestützt hattest, gab er sie in deine Hand? |
9 Denn ER – seine Augen durchschweifen alles Erdland,
daß er stark beistehe denen, deren Herz befriedet ist zu ihm hin.
Töricht bist du in diesem gewesen,
denn von jetzt an gibts Kämpfe bei dir. |
10 Afsa verdroß das vom Seher, und er tat ihn ins Haus des Krummblocks,
als aber sein Volk darüber in Wut geriet, ließ er zu jener Zeit etwelche aus dem Volke mißhandeln. |
11 Und da, das Redewürdige von Afsa, das frühe und das späte,
da, aufgeschrieben ists im Buch der Könige von Jehuda und Jifsrael. |

¹² Aſa erkrankte an seinen Füßen, im neununddreißigsten Jahr
   seiner Königschaft, eine überschwere Krankheit,
   aber auch in seiner Krankheit suchte er IHN nicht, sondern
   Ärzte. |
¹³ Und Aſa legte sich bei seinen Vätern hin, er starb im einund-
   vierzigsten Jahr seines Königseins, |
¹⁴ sie begruben ihn in seiner Gräberkammer, die er sich in der
   Dawidstadt hatte aushauen lassen,
   sie legten ihn auf ein Lager, das man gefüllt hatte mit Balsamen und den Gattungen von Durchwürztem in
   Würzgemischs Machart, und sie brannten ihm einen gar
   großen Brand. |

17,1 Sein Sohn Jehoschafat trat statt seiner die Königschaft an.
Er zeigte sich stark über Jifsrael, |
2 er gab Streitmacht in alle befestigten Städte Jehudas,
er gab Vögte ins Land Jehuda und in die Städte Efrajims, die sein Vater Afsa erobert hatte, |
3 ER war bei Jehoschafat,
denn er ging in den früheren Wegen seines Vorvaters Dawid einher,
er suchte die Baale nicht, |
4 sondern den Gott seines Vaters suchte er und in seinen Geboten ging er, nicht wie Jifsrael tat. |
5 So richtete ER das Königtum in seiner Hand auf.
Von allem Jehuda gaben sie Jehoschafat Spende,
sein wurde Reichtum und Ehre in Menge. |
6 Sein Herzsinn stieg in SEINEN Wegen,
und er beseitigte wieder die Koppen und die Pfahlbäume. |
7 Im dritten Jahr seiner Königschaft sandte er seine Obern
Ben-Chajil, Obadja, Secharja, Ntanel und Michajah, in den Städten Jehudas zu lehren, |
8 und ihnen beigesellt die Lewiten Schmajahu, Ntanjahu, Sbadjahu, Afsael, Schmiramot, Jehonatan, Adonijahu, Tobijahu und Tob-Adonija, die Lewiten,
und ihnen beigesellt Elischama und Jehoram, die Priester, |
9 sie lehrten in Jehuda, und bei ihnen war das Buch SEINER Weisung,
sie durchstreiften alle Städte Jehudas und lehrten im Volk. |
10 Und SEIN Schrecken war über allen Königreichen der Länder, denen rings um Jehuda,
sie kämpften nicht gegen Jehoschafat. |
11 Von den Philistern brachte man Jehoschafat Spende, Silbers eine Traglast.
auch die Araber brachten ihm Kleinvieh, siebentausendsiebenhundert Widder und siebentausendsiebenhundert Böcke. |
12 Jehoschafat wurde fortgehend größer, in hohem Maß,
er baute in Jehuda Pfalzburgen und Vorratsstädte aus, |
13 viele Arbeiterschaft hatte er in den Städten Jehudas,
Kampfmannschaft, Wehrtüchtige, in Jerusalem. |
14 Und dies ist deren Zuordnung nach ihren Vaterhäusern:
für Jehuda die Obern der Tausendschaften,

II 17,14-18,5] BEGEBENHEITEN DER TAGE 639

der Oberste war Adna, ihm beigetan an Wehrtüchtigen dreihunderttausend, |
15 ihm zuseiten der Obre Jehochanan, bei ihm zweihundertachtzigtausend, |
16 ihm zuseiten Amaſsja Sohn Sichris, der sich IHM zugewilligt hatte, bei ihm zweihunderttausend Wehrtüchtige, |
17 für Binjamin:
der Wehrtüchtige Eljada, bei ihm mit Bogen und Schild Gerüsteter zweihunderttausend, |
18 ihm zuseiten Jehosabad, bei ihm hundertachtzigtausend Stürmer der Heerschar. |
19 Diese sinds, die dem König amteten,
außer denen, die der König in die Festungsstädte in allem Jehuda gab. |

18,1 Jehoschafat hatte Reichtum und Ehre in Menge,
er verschwägerte sich aber mit Achab. |
2 Nach Ablauf von Jahren stieg er zu Achab nach Samaria hinab.
Achab schlachtete für ihn Kleinvieh und Rinder in Menge und für das Volk, das ihm gesellt war.
Dann verlockte er ihn, mit ihm nach Ramot in Gilad hinaufzuziehn, |
3 Achab König von Jiſsrael sprach zu Jehoschafat König von Jehuda:
Willst du mir gesellt gen Ramot in Gilad gehn?
Er sprach zu ihm:
So du, so ich,
so dein Volk, mein Volk,
dir gesellt in den Kampf! |
4 Dann sprach Jehoschafat zum König von Jiſsrael:
Beforsche doch des Tags noch SEINE Rede! |
5 Der König von Jiſsrael holte die Künder zuhauf, vierhundert Mann, und sprach zu ihnen:
Sollen wir in den Kampf nach Ramot in Gilad gehn oder soll ich verzichten?
Sie sprachen:
Zieh hinauf,
der Gott gibts in des Königs Hand. |

⁶ Jehoschafat sprach:
Ist hier IHM kein Künder sonst, daß wir durch ihn beforschen?|
⁷ Der König von Jifsrael sprach zu Jehoschafat:
Sonst ist ein einziger Mann nur da, IHN durch den zu beforschen,
aber ich, einen Haß habe ich auf ihn,
denn keinmal kündet er über mich zum Guten, sondern all seine Tage zum Bösen einher,
das ist Michajhu Sohn Jimlas.
Jehoschafat sprach:
Nimmer spreche der König solches!|
⁸ Der König von Jifsrael rief einen Kämmerling und sprach:
Eilig her mit Michajhu Sohn Jimlas!
⁹ Der König von Jifsrael und Jehoschafat König von Jehuda saßen jeder auf seinem Stuhl,
mit Staatsgewändern bekleidet, so saßen sie in der Tenne am Toreinlaß von Samaria,
und alle Künder kündeten vor ihnen einher.|
¹⁰ Zidkijahu Sohn Knaanas hatte sich eiserne Hörner gemacht,
er sprach:
So hat ER gesprochen:
Mit diesen stößest du Aram nieder,
bis sie alldahin sind.|
¹¹ Und alle Künder kündeten solches, sprechend:
Zieh hinauf gen Ramot in Gilad
und habe Gelingen,
ER hats in des Königs Hand gegeben.|
¹² Der Bote aber, der gegangen war, Michajhu herbeizurufen, redete zu ihm, sprechend:
Wohlan, einmündig haben die Künder Gutes zu dem König gesprochen,
sei doch deine Rede wie die Rede eines von ihnen,
rede Gutes!|
¹³ Michajhu sprach:
Sowahr ER lebt:
das, was mein Gott sprechen wird, ja, das werde ich reden.|
¹⁴ Als er zum König kam, sprach der König zu ihm:
Micha,

sollen wir in den Kampf nach Ramot in Gilad gehn
oder soll ich verzichten?
Er sprach:
Zieht hinauf und habt Gelingen,
sie werden in eure Hand gegeben. |
15 Der König sprach zu ihm:
Bis zu wie vielen Malen muß ich dich beschwören,
daß du nicht anders zu mir mit SEINEM Namen reden sollst
  als nur getreulich! |
16 Da sprach er:
Ich sah alles Jifsrael
auseinandergesprengt auf den Bergen
wie Schafe, die keinen Hirten haben,
und ER sprach:
Diese haben einen Herrscher nicht mehr,
zurückkehren mögen sie nun,
jedermann nach seinem Haus,
in Frieden. |
17 Der König von Jifsrael sprach zu Jehoschafat:
Habe ich nicht zu dir gesprochen: Er kündet über mich nie
  Gutes, sondern zum Bösen einher! |
18 Er aber sprach weiter:
Ebendarum
hört SEINE Rede!
Ich sah
IHN sitzen auf seinem Stuhl
und alle Schar des Himmels umstehn ihn
zu seiner Rechten und zu seiner Linken, |
19 und ER sprach:
Wer kann Achab König von Jifsrael betören,
daß er ziehe,
daß er falle bei Ramot in Gilad?
Nun sprach man, der sprach: So! und der sprach: So! |
20 Da fuhr hervor der Brausewind,
stand vor SEINEM Antlitz und sprach:
ich bins, der ihn betören wird.
ER sprach zu ihm:
Womit? |
21 Und er sprach:

Ausfahre ich
und werde zum Lügenbraus
im Mund all seiner Künder!
Da sprach er:
Du magst betören,
du wirsts auch vermögen,
fahr aus und mach es so! – |
²² Und jetzt,
wohlan,
einen Lügenbraus hat ER in den Mund dieser deiner Künder
  gegeben,
Böses über dir geredet hat ER. |
²³ Da trat heran Zidkijahu Sohn Knaanas,
schlug Michajhu auf die Backe und sprach:
Welches Wegs wär SEIN Geistbraus aus mir entlaufen, aus dir
  zu reden?! |
²⁴ Michajhu sprach:
Wohl,
du siehsts an jenem Tag,
da du kammeraus kammerein kommst, dich zu verstecken. |
²⁵ Der König von Jifsrael sprach:
Nehmt den Michajhu fort und geleitet ihn zurück –
zu Amon dem Stadtobersten und zu Joasch dem Königssohn, |
²⁶ und sprecht:
So hat der König gesprochen:
Setzt diesen ins Kerkerhaus
und reicht ihm knapp Brot zu essen, knapp Wasser,
bis ich in Frieden wiederkehre. |
²⁷ Michajhu sprach:
Kehrst zurück du, zurück in Frieden,
dann hat in mir ER nicht geredet.
Und sprach:
Hörts, ihr Völker alle! |

²⁸ Der König von Jifsrael zog hinauf und Jehoschafat König von
  Jehuda nach Ramot in Gilad. |
²⁹ Der König von Jifsrael sprach zu Jehoschafat davon, sich zu
  verkappen und so in den Kampf zu kommen:
...du freilich magst mit deinen Gewändern bekleidet bleiben.

Der König von Jiſsrael verkappte sich, und sie kamen in den Kampf. |
³⁰ Der Aramäerkönig aber hatte den Wagenobersten, die bei ihm waren, zweiunddreißig, geboten, sprechend:
Kämpft nicht mit Klein noch mit Groß,
sondern einzig mit dem König von Jiſsrael! |
³¹ Es geschah nun, als die Wagenobersten Jehoschafat sahn,
da sprachen die: Das ist der König von Jiſsrael!
und drehten um, nach ihm hin, zum Kampf.
Aber Jehoschafat schrie auf, und ER half ihm, er lockte sie von ihm fort. |
³² Es geschah, als die Wagenobersten so ersahn, daß es nicht der König von Jiſsrael war:
sie kehrten um, von ihm hinweg. |
³³ Unterdes aber hatte ein Mann in seiner Einfalt den Bogen gespannt
und traf den König von Jiſsrael zwischen die Verheftungen und den Panzer.
Er sprach zum Wagenlenker:
Wende deine Hände, daß du mich aus dem Lager fahrest,
denn ich bin erschöpft. |
³⁴ Da aber der Kampf an jenem Tag hochging,
blieb der König dann doch im Wagen stehn, angesichts der Aramäer, bis zum Abend.
Er starb zur Zeit, da die Sonne einging. |
¹⁹,¹ Jehoschafat König von Jehuda aber kehrte in Frieden nach seinem Hause zurück. |
² Da trat Jehu Sohn Chananis, der Schauempfänger, vor sein Antlitz und sprach zum König Jehoschafat:
Dem Frevler ist zu helfen?! Und SEINE Hasser hältst du lieb!
Um dieses ist ein Grimm über dir von seinem Antlitz her. |
³ Es haben sich jedoch bei dir gute Begebnisse gefunden,
du hast ja die Pfahlbäume aus dem Lande gemerzt
und hast dein Herz drauf gerichtet, den Gott zu suchen. |

⁴ Jehoschafat blieb nun wieder in Jerusalem sitzen,
aber in Wiederkehr fuhr im Volk er umher, von Berscheba bis zum Gebirg Efrajim,

und machte sie umkehren zu IHM, dem Gott ihrer Väter. |
⁵ Auch bestellte er Richter im Land, in allen befestigten Städten Jehudas, Stadt um Stadt. |
⁶ Er sprach zu den Richtern:
Seht zu, was ihr tut!
Nicht von einem Menschen aus richtet ihr ja,
sondern von IHM aus,
in einer Rechtsrede ist bei euch er. |
⁷ Und nun,
SEIN Schrecken sei über euch!
wahrets und tuts!
bei IHM, unsrem Gott, ist ja keine Falschheit noch Hochhalten von Antlitzen noch Annahme von Bestechung. |
⁸ Auch in Jerusalem bestellte Jehoschafat von den Lewiten, den Priestern und den Vaterschaftshäuptern für SEIN Gericht und die Streitsachen der Insassen Jerusalems. |
⁹ Er entbot ihnen, sprechend:
So sollt ihr tun, in SEINER Furcht, in Treue, mit befriedetem Herzen:|
¹⁰ aller Streit, der an euch kommt von euren Brüdern, die in ihren Städten ansässig sind,
zwischen Blut und Blut, zwischen Weisung, Gebot, Gesetzen und Rechtsgeheißen,
verwarnen sollt ihr sie, daß sie sich gegen IHN nicht verschulden und nicht Ergrimmen geschehe über euch und über eure Brüder!
So tut, und verschuldet euch nicht!|
¹¹ Und da, Amarjahu, der Hauptpriester, ist über euch für all SEINE Sache,
und Sbadjahu Sohn Jischmaels, der Vorsteher fürs Haus Jehuda, für alle Sache des Königs,
und als Rollenführer sind die Lewiten euch vorm Antlitz.
Seid stark, tuts, und ER sei mit dem Guten!|

20,1 Danach geschahs:
die Söhne Moabs und die Söhne Ammons und ihnen gesellt von den Ammonitern kamen, wider Jehoschafat zu kämpfen. |
² Man kam und meldete Jehoschafat, sprechend:

Ein großes Getümmel kommt wider dich von jenseit des
   Meers, von Aram, und da sind sie, in Chazzon Tamar –
   das ist Engedi –. |
3 Er fürchtete sich,
Jehoschafat gab sein Antlitz daran, IHN zu beforschen, und
   rief für alles Jehuda ein Fasten aus. |
4 Die von Jehuda wurden zuhauf geholt, von IHM zu erfragen,
   auch aus allen Städten Jehudas kam man, IHN zu befragen. |
5 Jehoschafat trat in die Versammlung Jehudas und Jerusalems,
   in SEINEM Haus vor dem neuen Hof, |
   und sprach:
6 DU, Gott unsrer Väter,
   bist nicht du Gott im Himmel, und du, der aller Königreiche
      der Weltstämme waltet?
   in deiner Hand ist die Kraft und die Macht, und keiner ist,
      der neben dir bestünde. |
7 Hast nicht du, unser Gott, die Insassen dieses Landes vor
      deinem Volk Jifsrael her enterbt
   und hast es dem Samen Abrahams, deines Liebenden, für
      Weltzeit gegeben, |
8 sie siedelten darin und bauten dir darin ein Heiligtum für
      deinen Namen, mit dem Spruch: |
9 Wird über uns ein Böses kommen, Gerichtsschwert, Seuche,
      Hunger,
   wollen wir vors Antlitz dieses Hauses treten, vor dein
      Antlitz, denn in diesem Haus ist dein Name,
   und aus unsern Bedrängnissen schreien zu dir,
   und du wirst hören und wirst befreien. |
10 Und nun,
   da sind die Söhne Ammons und Moabs und des Sfeïrgebirgs,
   worein zu kommen du Jifsrael nicht zugabst, als sie aus dem
      Lande Ägypten kamen
   – sie wichen ihnen ja aus und vertilgten sie nicht –, |
11 da, sie vergeltens uns so, daß sie kommen, uns aus unserm
      Erbe, das wir ererbten, zu vertreiben! |
12 Unser Gott, willst du sie nicht richten?
   In uns ist ja keine Kraft vor diesem großen Getümmel, das
      über uns kommt,
   Wir, nicht wissen wir, was wir tun sollen,

sondern auf dich zu sind unsre Augen. |
13 Alles Jehuda war vor SEIN Antlitz getreten, auch ihre Kleinkinder, ihre Frauen, ihre Söhne. |
14 Jachasiel Sohn Secharjahus Sohns Bnajas Sohns Jeiels Sohns Mattanjas, der Lewit, von den Söhnen Afsafs,
15 über ihm war SEIN Geist, | und er sprach:
Merkt auf, alles Jehuda, Insassen Jerusalems, König Jehoschafat!
So hat ER zu euch gesprochen:
Ihr, fürchtet euch nimmer, bangt nimmer vor diesem großen Getümmel,
denn nicht euer ist der Kampf, sondern Gottes. |
16 Morgen steigt hinab gegen sie!
Da, sie ziehen herauf auf dem Blumensteig,
ihr findet sie am Ende des Bachbetts vor der Wüste von Jeruel. |
17 Nicht an euch ists, in diesem zu kämpfen,
stellt euch auf, tretet vor und seht SEINE Befreiung an euch, Jehuda und Jerusalem,
fürchtet euch nimmer, bangt nimmer,
morgen zieht aus vor ihr Antlitz hin!
ER ist bei euch. |
18 Jehoschafat bückte sich, Stirn zur Erde,
und alles Jehuda und die Insassen Jerusalems fielen vor SEIN Antlitz hin, sich vor ihm niederwerfend, |
19 und die Lewiten, von den Söhnen der Khatiten, und zwar von den Söhnen der Korachiten, erhoben sich, IHN, den Gott Jifsraels, mit überaus lauter Stimme zu preisen. |
20 Am Morgen machten sie sich früh auf und zogen nach der Wüste Tekoa.
Als sie auszogen, trat Jehoschafat vor und sprach:
Hört mich, Jehuda und Insassen Jerusalems!
vertraut IHM, eurem Gott, und ihr bleibt betreut,
vertraut seinen Kündern, und ihr habt Gelingen! |
21 Er hielt Rat mit dem Volk und ließ Sänger vortreten IHM,
daß sie IHN im Erglänzen der Heiligung preisen, da sie vor der Stürmerschaft ausziehn, und sprechen:
Danket IHM,

denn in Weltzeit währt seine Huld. |
²² Zur Zeit aber, da sie mit Jubel und Preisung begannen,
gab ER Laurer wider die Söhne Ammons, Moabs und des Sfeïrgebirgs, die gegen Jehuda herangekommen waren,
und sie stießen einander nieder: |
²³ die Söhne Ammons und Moabs traten wider die Insassen Sfeïrs an, zu bannen und zu vertilgen,
und als sie mit den Insassen Sfeïrs fertig waren, halfen sie jedermann seinem Genossen zum Verderben. |
²⁴ Als die von Jehuda zur Wüstenwarte kamen und sich nach dem Getümmel hin wandten,
da, Leichen, hingefallen zur Erde, keins entronnen! |
²⁵ Jehoschafat kam und sein Volk, ihre Beute zu plündern, und fanden an ihnen, so an der Habe, so an den Leichen, die Menge, auch kostbare Geräte,
sie strichen für sich ein, daß es nicht fortzutragen war,
drei Tage waren sie am Plündern der Beute, so war die Menge. |
²⁶ Am vierten Tag sammelten sie sich im Segenstal
– denn dort segneten sie IHN, deshalb rief man den Namen des Ortes Segenstal, bis auf diesen Tag –, |
²⁷ dann kehrten sie um, alle Mannschaft Jehudas und Jerusalems, und Jehoschafat ihnen zuhäupten,
nach Jerusalem heimzukehren in Freuden,
denn ER hatte sie an ihren Feinden erfreut. |
²⁸ Sie kamen nach Jerusalem mit Lauten, mit Leiern, mit Trompeten, nach SEINEM Haus. |
²⁹ Und ein Schrecken Gottes war über allen Königreichen der Länder,
als sie hörten, daß ER gekämpft hatte wider die Feinde Jifsraels. |
³⁰ Das Königtum Jehoschafats rastete, Gott schaffte ihm Ruhe ringsumher. |

³¹ So war Jehoschafats Königschaft über Jehuda:
fünfunddreißigjährig war er, als er die Königschaft antrat,
und fünfundzwanzig Jahre hatte er Königschaft in Jerusalem.
Der Name seiner Mutter: Asuba Tochter Schilchis. |
³² Er ging im Weg seines Vaters Afsa und wich nicht davon, im Tun des in SEINEN Augen Geraden. |
³³ Die Koppen jedoch wichen nicht,

noch immer hatten sie, das Volk, ihr Herz nicht auf den Gott ihrer Väter gerichtet. |

34 Das übrige Redewürdige von Jehoschafat aber, das frühe und das späte,
da, aufgeschrieben ists in den Reden Jehus Sohns Chananis, dem, was eingerückt ist ins Buch der Könige Jifsraels. |

35 Danach verband sich Jehoschafat König von Jehuda mit Achasja König von Jifsrael; frevelhaft war, was der machte. |

36 Er verband ihn sich, um Schiffe zur Fahrt nach Tarschisch zu machen,
und sie machten Schiffe in Ezjon Gaber. |

37 Elieser Sohn Dodawahus aus Marescha aber kündete einer, wider Jehoschafat, im Spruch:
Weil du dich mit Achasja verbandest, reißt ER deine Machwerke nieder.
Die Schiffe zerbrachen, nicht hegte mans mehr, nach Tarschisch zu fahren. |

21,1 Jehoschafat legte sich bei seinen Vätern hin und wurde bei seinen Vätern in der Dawidstadt begraben.

Sein Sohn Jehoram trat statt seiner die Königschaft an. |
² Er hatte Brüder, Söhne Jehoschafats, Asarja, Jechiel,
  Secharjahu, Asarjahu, Michael und Schfatjahu, all diese
  Söhne Jehoschafats Königs von Jifsrael. |
³ Ihr Vater hatte ihnen Gebühranteile in Silber, in Gold, in
  Kleinodien gegeben, nebst befestigten Städten in Jehuda,
  das Königtum aber hatte er Jehoram gegeben, denn er war
  der Erstling. |
⁴ Als Jehoram sich erhob im Königtum seines Vaters und erstarkte,
  brachte er all seine Brüder mit dem Schwerte um, auch von
  den Obersten Jifsraels. |
⁵ Zweiunddreißigjährig war Jehoram, als er die Königschaft
  antrat, und acht Jahre hatte er Königschaft in Jerusalem.
⁶ Er ging im Weg der Könige Jifsraels, gleichwie die vom
  Hause Achabs taten,
  denn eine Tochter Achabs hatte er zur Frau,
  er tat das in SEINEN Augen Böse. |
⁷ Aber ER war nicht gewillt, das Haus Dawids zu verderben,
  des Bundes halber, den er für Dawid geschlossen hatte,
  gleichwie er versprochen hatte, ihm ein Fortleuchten und sei-
  nen Söhnen für alle Tage zu geben. |
⁸ In seinen Tagen wurde Edom der Hand Jehudas abtrünnig,
  sie königten einen König über sich, |
⁹ Jehoram zog mit seinen Obersten hinüber und alles Fahrzeug
  mit ihm,
  aber es geschah, er mußte sich nachts hinwegheben und sich
  durch Edom schlagen,
  das ihn und die Obern des Fahrzeugs eingekreist hatte. |
¹⁰ So wurde Edom der Hand Jehudas abtrünnig
  – bis auf diesen Tag.
  Ebendamals, zu jener Frist, wurde Libna seiner Hand
  abtrünnig.
  Denn er hatte IHN, den Gott seiner Väter, verlassen, |
¹¹ auch hatte selber er Koppen im Gebirg Jehuda gemacht,
  die Insassen Jerusalems verhurt und Jehuda abgesprengt. |
¹² Da kam zu ihm ein Schreiben von Elijahu dem Künder, im
  Spruch:
  So hat ER, der Gott deines Vorvaters Dawid, gesprochen:

Dafür, daß du nicht in den Wegen deines Vaters Jehoschafat
und in den Wegen Afsas Königs von Jehuda gingst, |
¹³ gingst in den Wegen der Könige Jifsraels, verhurtest Jehuda
und die Insassen Jerusalems, dem Verhuren des Hauses
Achabs nach,
und brachtest auch deine Brüder um, das Haus deines Vaters,
sie, die besser waren als du, |
¹⁴ da, ER stößt dein Volk, deine Söhne, deine Frauen, all deine
Habe nieder, ein großer Niederstoß, |
¹⁵ dein aber wird vielfältiges Kranksein, Erkrankung deines Eingeweids, bis von der Krankheit deine Eingeweide heraustreten, Tage um Tage. |
¹⁶ ER erregte wider Jehoram den Geist der Philister und der
Araber, derer zuseiten der Kuschiter, |
¹⁷ sie zogen wider Jehuda auf, drangen in es ein und führten alle
Habe, die sich im Hause des Königs fand, auch seine Söhne
und seine Frauen, hinweg,
nicht blieb ihm ein Sohn, außer Jehoachas, dem Jüngsten
seiner Söhne. |
¹⁸ Nach alledem stieß ER ihn an seinen Eingeweiden nieder, mit
einer Krankheit, für die es keine Heilung gibt, |
¹⁹ und es geschah nach Tagen und Tagen, da die Frist auf Tag und
Jahr eintrat:
seine Eingeweide traten durch seine Krankheit heraus, und er
starb in bösen Krankheitsqualen.
Nicht machten sie, sein Volk, ihm einen Brand, gleich dem
Brand seiner Väter. |
²⁰ Zweiunddreißigjährig war er gewesen, als er die Königschaft
antrat, und acht Jahre hatte er Königschaft in Jerusalem.
Als ein Unbegehrter ging er dahin.
Man begrub ihn in der Dawidstadt, aber nicht in den Königsgräbern. |

22,1 Die Insassen Jerusalems königten statt seiner Achasjahu, seinen jüngsten Sohn,
denn alle früheren hatte die Rotte umgebracht, die unter den Arabern ins Lager gekommen war.
So trat Achasjahu Sohn Jehorams Königs von Jehuda die Königschaft an. |

2 Zweiundzwanzigjährig war Achasjahu, als er die Königschaft antrat, und ein Jahr hatte er Königschaft in Jerusalem.
Der Name seiner Mutter: Ataljahu Tochter Omris. |

3 Auch er ging in den Wegen des Hauses Achabs,
denn seine Mutter war seine Beraterin im Freveln. |

4 Er tat das in SEINEN Augen Böse, dem Haus Achabs gleich,
denn die waren ihm Berater nach dem Tod seines Vaters,
ihm zum Verderben. |

5 Auf ihren Rat auch ging er mit Jehoram Sohn Achabs König von Jifsrael den Gang in den Kampf wider Chasael König von Aram bei Ramot in Gilad.

6 Die Ramaiter schlugen Joram, | und der kehrte um, sich in Jesreel von den Schlagwunden zu heilen, die sie ihm bei Rama geschlagen hatten, als er Chasael König von Aram bekämpfte,
Achasjahu Sohn Jehorams König von Jehuda stieg hinab, nach Jehoram Sohn Achabs in Jesreel zu sehn, da er krank war. |

7 Aber von Gott her geschahs zur Zertretung Achasjahus, das Kommen zu Joram.
Denn als er gekommen war, zog er mit Jehoram gegen Jehu Sohn Nimschis, den ER gesalbt hatte, das Haus Achabs auszurotten. |

8 Es geschah, als Jehu das Gericht am Hause Achabs vollstreckte: er fand die Obersten Jehudas und die Söhne der Brüder Achasjahus, die dem Achasjahu amteten, und ließ sie niedermetzeln. |

9 Dann suchte er Achasjahu, und sie griffen ihn auf, er hatte sich nämlich in Samaria versteckt,
sie brachten ihn zu Jehu, und sie töteten ihn.
Sie begruben ihn aber, denn sie sprachen:
Ein Sohn Jehoschafats ists, der mit all seinem Herzen IHN suchte. –

Vom Haus Achasjahus war nunmehr keiner, der die Kraft zum Königtum gehegt hätte. |

¹⁰ Als Ataljahu, Achasjahus Mutter, sah, daß ihr Sohn tot war,
erhob sie sich und wüstete allen königlichen Samen ab. |
¹¹ Aber Jehoschabat, des Königs Tochter, nahm Joasch, Achasjahus Sohn,
sie stahl ihn mitten unter den Königssöhnen weg, die getötet werden sollten,
und gab ihn und seine Amme in die Kammer der Betten.
Jehoschabat, die Tochter des Königs Jehoram, Frau des Priesters Jehojada – sie war ja die Schwester Achasjahus –,
barg ihn vor Ataljahu, daß er nicht getötet wurde. |
¹² Sechs Jahre war er bei ihnen im Hause Gottes versteckt,
während Ataljahu über das Land Königschaft hatte. |
²³,¹ Im siebenten Jahre aber griff Jehojada in Stärke durch,
er nahm zu Verbündeten sich die Obern der Hundertschaften, Asarja Sohn Jerochams, Jischmael Sohn Jehochanans, Asarjahu Sohn Obeds, Maafsijahu Sohn Adajahus und Elischafat Sohn Sichris, |
² sie streiften durch Jehuda, holten die Lewiten aus allen Städten Jehudas und die Vaterschaftshäupter Jifsraels zusammen und kamen nach Jerusalem. |
³ Alles Gesamt schloß im Gotteshaus einen Bund mit dem König,
und jener sprach zu ihnen:
Da ist der Königssohn, er soll König sein, gleichwie ER über die Söhne Dawids geredet hat. |
⁴ Dies ist die Sache, die ihr tun sollt:
ein Drittel von euch, die für die Wochenfeier zusamt den Priestern und den Lewiten aufziehn, zu Hütern der Schwellen, |
⁵ ein Drittel ins Königshaus
und ein Drittel ans Grundtor,
alles Volk aber in die Vorhöfe SEINES Hauses! |
⁶ nimmer komme einer in SEIN Haus gezogen, es sei denn die Priester und die Lewiten, die sollen kommen, denn sie sind eingeheiligt,
alles Volk aber sollen die Hut SEINES Hauses hüten, |
⁷ die Lewiten umringen den König im Kreis, jedermann in seiner Hand seine Waffen,
und was ans Haus heranzieht, wird getötet,
ihr sollt mit dem König sein, wann er hier einzieht und wann er dort hinaustritt. |

⁸ Die Lewiten und alle von Jehuda taten alles, wie Jehojada der
   Priester geboten hatte,
   sie holten jedermann seine Mannschaft,
   die für die Wochenfeier Aufziehenden samt den zur Wochenfeier Abtretenden,
   denn Jehojada der Priester beurlaubte die Abteilungen nicht. |
⁹ Dann gab Jehojada der Priester den Hundertschaftsobern die
   Speere, die Schilde und die Rüstungen, die des Königs
   Dawid, die im Gotteshaus, |
¹⁰ und er stellte alles Volk auf, jedermann seinen Wurfspieß in
   seiner Hand,
   von der rechten Schulter des Hauses bis zur linken Schulter
   des Hauses,
   nach der Schlachtstatt zu und nach dem Haus zu, im Kreis
   um den König. |
¹¹ Dann ließ man den Königssohn heraustreten,
   man gab auf ihn den Weihreif und den Schmuck,
   man königte ihn, ihn salbte Jehojada und seine Söhne,
   und sie sprachen:
   Der König lebe! |
¹² Als Ataljahu die Stimme des Volks, der Herzueilenden und
   den König Preisenden hörte,
   kam sie zum Volk in SEIN Haus gezogen |
¹³ und sah:
   da, der König steht auf seinem Hochstand an der Einzugsseite,
   und die Obern und die Trompeten um den König,
   und alles Landvolk freut sich und stößt in die Trompeten,
   und die Sänger mit den Sanggeräten kündigen das Preisen an.
   Ataljahu riß ihre Gewänder ein und sprach:
   Aufruhr! Aufruhr! |
¹⁴ Aber Jehojada ließ die Hundertschaftsobern vortreten, die
   über das Heer Verordneten, er sprach zu ihnen:
   Laßt sie hinaustreten nach dem Innenraum der Säulenseiten,
   auch was ihr nachzog töte man mit dem Schwert!
   Denn der Priester sprach: Nimmer dürft ihr in SEINEM Hause
   sie töten. |
¹⁵ So legten sie Hand an sie,
   sie wurde auf den Weg gezogen, wo man in das Pferdetor ein-
   zieht, am Königshaus,

und sie töteten sie dort. |
16 Dann schloß Jehojada einen Bund zwischen ihm, allem Volk
und dem König,
daß sie IHM zum Volk werden wollten. |
17 Sie zogen, alles Volk, ins Haus des Baal und schleiften es,
seine Schlachtstätten und seine Bilder zertrümmerten sie
völlig,
Mattan, den Priester des Baal, brachten sie vor den Schlacht-
stätten um. |
18 Jehojada legte eine Ämterordnung SEINES Hauses in die
Hand der lewitischen Priester,
die Dawid für SEIN Haus zugeteilt hatte, SEINE Darhöhungen zu höhen, wie in der Weisung Mosches geschrieben ist,
mit Freude und mit Gesang, nach Dawids Verfügung. |
19 Er stellte die Torleute an die Tore SEINES Hauses,
daß nicht ein in allirgendeiner Sache Makliger einziehe. |
20 Dann holte er die Hundertschaftsführer, die Vornehmen und
die dem Volk Obwaltenden, dazu alles Landvolk,
und brachte den König von SEINEM Hause hinab.
Sie zogen mitten durchs obere Tor ins Königshaus
und setzten den König auf den Königsstuhl. |
21 Da freuten sie sich, alles Landvolk, und die Stadt rastete,
wiewohl man Ataljahu mit dem Schwerte getötet hatte. |

24,1 Siebenjährig war Joasch, als er die Königschaft antrat,
und vierzig Jahre hatte er Königschaft in Jerusalem.
Der Name seiner Mutter: Zibja aus Berscheba. |
2 Joasch tat das in SEINEN Augen Gerade alle Tage Jehojadas
des Priesters. |
3 Jehojada vermählte ihm zwei Frauen, und er zeugte Söhne
und Töchter. |
4 Danach wars: am Herzen war es Joasch, SEIN Haus zu erneuen. |
5 Er holte die Priester und die Lewiten zusammen und sprach
zu ihnen:
Zieht aus in die Städte Jehudas und holt von allem Jifsrael
Silbers zusammen,
das Haus eures Gottes zu verfestigen, Jahr für Jahr,
und ihr, beeilt euch mit der Sache.
Aber die Lewiten beeilten sich nicht. |

⁶ Der König berief Jehojada, das Haupt, und sprach zu ihm:
Weshalb hast du die Lewiten nicht angefordert,
aus Jehuda und aus Jerusalem das von Mosche, dem Knecht
Gottes, und dem Gesamt Jifsraels für das Zelt der Vergegen-
wärtigung Aufgetragene einzubringen? |
⁷ Denn Ataljahu, die Verfrevelte, – ihre Söhne haben das Haus
Gottes eingerissen,
und auch alle Darheiligungen SEINES Hauses haben sie den
Baalen übermacht! |
⁸ Der König sprach, und man machte einen Schrein, und man
gab ihn ins Tor SEINES Hauses nach außen. |
⁹ Sie gaben einen Ruf aus in Jehuda und in Jerusalem,
das von Mosche, dem Knecht Gottes, Jifsrael in der Wüste
Aufgetragene herbeizubringen. |
¹⁰ Und sie freuten sich, alle Obern und alles Volk, und brachten
und warfen in den Schrein, bis es allzuend war. |
¹¹ Und es geschah zur Zeit, da man den Schrein zur königlichen
Ausordnung durch die Lewiten brachte,
als sie da sahn, daß des Silbers viel ist,
kam ein Schreiber des Königs und ein Beordneter des Haupt-
priesters,
sie leerten den Schrein, und dann trugen sie ihn an seinen Ort
zurück.
So taten sie nun Tag um Tag und sammelten Silbers gar
viel. |
¹² Der König gab es und Jehojada dem Werktätigen im Dienst
SEINES Hauses,
und man dang Steinhauer und Zimmermeister, SEIN Haus zu
erneuen, und auch Meister in Eisen und Erz, SEIN Haus zu
verfestigen. |
¹³ Die Werktätigen tatens, und unter ihrer Hand wuchs eine
Wundhaut dem Werk,
sie stellten das Haus Gottes in seinem Gemäße her und ver-
stärkten es. |
¹⁴ Als sie aber allzuend waren, brachten sie vor den König und
vor Jehojada den Rest des Silbers,
und man machte davon Geräte für SEIN Haus, Geräte des
Amtens und der Darhöhung und Kellen, goldne und silberne Geräte.

Und sie höhten Darhöhungen in SEINEM Hause, stetig, alle
   Tage Jehojadas. |
¹⁵ Als Jehojada alt und an Tagen satt war, starb er, – hundert-
   dreißigjährig war er, als er starb. |
¹⁶ Man begrub ihn in der Dawidstadt den Königen nebenan,
   denn er hatte Jifsrael Gutes getan, so auch an Gott und
   dessen Haus. |

¹⁷ Nachdem Jehojada gestorben war, kamen die Obern von
   Jehuda und warfen sich vor dem König nieder.
   Dazumal hörte der König auf sie. |
¹⁸ Sie verließen SEIN Haus, das des Gottes ihrer Väter, und
   dienten den Pfahlfrauen und den Schnitzdocken.
   Da geschah ein Ergrimmen über Jehuda und Jerusalem um
   diese ihre Schuld. |
¹⁹ Er sandte unter sie Künder, sie zu IHM umkehren zu lassen,
   sie vergegenwärtigten es ihnen, aber sie wollten nicht lau-
   schen. |
²⁰ Da umkleidete sich der Geist Gottes mit Secharja Sohn Jehojadas des Priesters,
   er stand vorm Volk obenan und sprach zu ihnen:
   So hat der Gott gesprochen: ...
   warum übertretet ihr SEINE Gebote?
   Nicht werdet ihr Gelingen haben.
   Drum daß IHN ihr verlassen habt, hat er euch verlassen. |
²¹ Sie verknoteten sich wider ihn und überschmissen ihn mit Stei-
   nen nach dem Gebot des Königs, im Hof SEINES Hauses. |
²² Nicht gedachte der König Joasch der Huld, die Jehojada, sein
   Vater, ihm dargetan hatte, umbringen ließ er dessen Sohn.
   Er aber sprach in seinem Sterben:
   Sehe ER und fordre ein! |

²³ Es geschah zum Umlauf des Jahrs:
   Das Heer Arams zog auf, gegen ihn herauf,
   sie kamen an Jehuda und Jerusalem,
   sie verderbten alle Obern des Volkes, aus dem Volke hinweg,
   und all ihre Beute übersandten sie dem König nach Damaskus. |
²⁴ Denn mit einer winzigen Mannschaft kamen sie, Arams Heer,
   aber ER gab in ihre Hand Heeres sehr viel,

denn verlassen hatten die IHN, den Gott ihrer Väter.
Sie vollstreckten an Joasch das Strafgericht. |
25 Als sie aber von ihm gegangen waren
 – sie verließen ihn nämlich in einem schweren Kranksein –,
 verknoteten sich wider ihn seine Diener, wegen der Bluttat am
  Sohn Jehojadas des Priesters,
 sie brachten ihn in seinem Bette um;
 und als er gestorben war, begruben sie ihn zwar in der Dawid-
  stadt, aber nicht in den Königsgräbern. |
26 Diese sinds, die wider ihn sich verknoteten:
 Sabad Sohn Schimats der Ammoniterin und Jehosabad Sohn
  Schimrits der Moabiterin. |
27 Seine Söhne aber und das viele Lastwort über ihn und die Ver-
  gründung des Gotteshauses,
 da, aufgeschrieben sind die in der Ausforschung des Buches
  der Könige.
 Sein Sohn Amazjahu trat statt seiner die Königschaft an. |

25,1 Fünfundzwanzigjährig trat Amazjahu die Königschaft an,
und neunundzwanzig Jahre hatte er Königschaft in Jerusalem.
Der Name seiner Mutter: Jehoaddan aus Jerusalem. |
2 Er tat das in SEINEN Augen Gerade, jedoch nicht mit befriedetem Herzen. |
3 Es geschah aber, als das Königtum sich ihm bestärkte:
er brachte seine Diener um, die den König, seinen Vater,
erschlagen hatten. |
4 Aber ihre Söhne ließ er nicht sterben,
dem gemäß nämlich, was geschrieben steht in der Weisung,
im Buche Mosches, dem ER geboten hat, sprechend:
Nicht sollen Väter sterben um Söhne,
Söhne sollen nicht sterben um Väter,
sondern jedermann sterbe für seine eigene Sünde. |
5 Amazjahu holte Jehuda zuhauf
und stellte sie auf nach Vaterhäusern, nach Tausendschaftsobern und Hundertschaftsobern, für alles Jehuda und Binjamin,
er musterte sie vom Zwanzigjährigen aufwärts und fand ihrer
dreihunderttausend Erlesne, was zur Heerschar auszieht,
Tartsche und Speer tragend, |
6 dazu dang er aus Jifsrael hunderttausend Wehrtüchtige um
hundert Barren Silbers. |
7 Aber ein Mann Gottes kam zu ihm, sprechend:
O König, nimmer komme dir gesellt eine Schar aus Jifsrael,
denn keineswegs ist ER mit Jifsrael, all den Söhnen Efrajims, |
8 sondern komm du selber, tue, stark sei im Kampf, –
Gott könnte dich straucheln machen vor dem Feind,
denn in Gott west Kraft, zu helfen und straucheln zu machen. |
9 Amazjahu sprach zu dem Mann Gottes:
Und was ist mit den hundert Barren zu tun, die ich der
Jifsraelrotte gegeben habe?
Der Mann Gottes sprach:
Es west IHM an, dir viel mehr als dieses zu geben. |
10 Amazjahu sonderte sie ab – die von der Rotte, die zu ihm aus
Efrajim gekommen war –, nach ihrem Ort heimzugehn.
Ihr Zorn entflammte sehr wider Jehuda, sie kehrten in
Zornesentflammen nach ihrem Orte zurück. |

¹¹ Amazjahu aber verstärkte sich, er führte sein Kriegsvolk, ging
  zum Salztal und schlug die Söhne Sseïrs, zehntausend, |
¹² und zehntausend nahmen die Söhne Jehudas lebend gefangen,
  brachten sie auf das Felshaupt und stürzten sie vom Felshaupt hinab, sie alle zerschellten. |
¹³ Die Rottenleute aber, die Amazjahu zurückgeschickt hatte,
  ohne sie mit ihm in den Kampf gehen zu lassen,
    sie streiften durch die Städte Jehudas, von Samaria aus, bis Bet
    Choron, schlugen von ihnen dreitausend und plünderten,
    des Plünderguts viel. |
¹⁴ Es geschah aber, nachdem Amazjahu vom Schlag wider die
  Edomiter heimkam:
    er brachte die Götter der Söhne Sseïrs und stellte sie sich als
    Götter auf, vor ihnen warf er sich nieder und ihnen ließ er
    aufrauchen. |
¹⁵ Da entflammte SEIN Zorn wider Amazjahu,
  er sandte zu ihm einen Künder, und der sprach zu ihm:
    Warum suchst du die Götter des Volks, die ihr Volk aus deiner
    Hand nicht erretten konnten!|
¹⁶ Es geschah aber, als er zu ihm redete, er sprach zu ihm:
    Hat man dich dem König als Berater beigegeben?
    laß ab! warum soll man dich schlagen!
  Der Künder ließ ab, sprach aber noch:
    Ich weiß, es ist Gottes Ratschluß, dich zu verderben,
    drum daß du dies tatest und nicht hörtest auf meinen Rat. |
¹⁷ Amazjahu König von Jehuda beriet sich
  und sandte an Joasch Sohn des Jehoachas Sohns Jehus, König
    von Jisrael, den Spruch:
    Geh, wir wollen einander ins Antlitz sehn!|
¹⁸ Aber Joasch König von Jisrael sandte an Amazjahu König
    von Jehuda den Spruch:
  Die Distel, die auf dem Libanon,
  sandte an die Zeder, die auf dem Libanon,
  den Spruch:
  Gib deine Tochter meinem Sohne zum Weib!
  Aber daher fuhr das Getier des Feldes, das auf dem Libanon,
  und zerstampfte die Distel. |
¹⁹ Du sprichst dir zu: da hast du die Edomiter geschlagen,
  nun treibt dich dein Herz hochhinaus,

dich wichtig zu machen!
Jetzt bleib nur sitzen in deinem Haus,
warum willst du das Bösgeschick reizen,
daß du fallen mußt, du und Jehuda mit dir? |
²⁰ Aber Amazjahu hörte nicht darauf,
denn von Gott her wars, um sie in eine Hand zu geben,
drum daß sie die Götter Edoms gesucht hatten. |
²¹ Da zog Joasch König von Jiſsrael heran,
und sie sahn einander ins Antlitz, er und Amazjahu König von Jehuda,
bei Bet Schamesch, dem in Jehuda. |
²² Jehuda wurde vor Jiſsrael hingestoßen,
sie flohn, jedermann nach seinen Zelten, |
²³ und Amazjahus selber, des Königs von Jehuda, des Sohns Joaschs Sohns des Jehoachas, bemächtigte sich Joasch König von Jiſsrael bei Bet Schamesch, und brachte ihn nach Jerusalem.
Er riß Bresche in die Mauer von Jerusalem, vom Efrajimtor bis zum Ecktor, vierhundert Ellen, |
²⁴ und alles Gold und Silber und alle Geräte, die sich im Gotteshaus [bei Obed Edom] fanden, und die Schätze des Königshauses,
dazu Geiseln, –
damit kehrte er nach Samaria zurück. |
²⁵ Amazjahu Sohn Joaschs König von Jehuda lebte nach dem Tode Joaschs Sohns des Jehoachas Königs von Jiſsrael noch fünfzehn Jahre, |
²⁶ Das übrige Redewürdige von Amazjahu, das frühe und das späte,
ist das nicht da aufgeschrieben im Buch der Könige Jehudas und Jiſsraels? |
²⁷ Von der Zeit an aber, als Amazjahu von SEINER Nachfolge abgewichen war, knotete man gegen ihn in Jerusalem Verknotung,
er floh nach Lachisch, sie sandten nach Lachisch ihm nach, und man tötete ihn dort, |
²⁸ man hob ihn auf Pferden hinweg und begrub ihn bei seinen Vätern in der Stadt Jehudas. |

26,1 Sie nahmen, alles Volk Jehudas, den Usijahu, sechzehnjährig war er,
und königten ihn statt seines Vaters Amazjahu. |

2 Er wars, der Ejlot ausbaute und es zu Jehuda heimkehren ließ, sogleich nachdem der König sich bei seinen Vätern hingelegt hatte. |

3 Sechzehnjährig war Usijahu, als er die Königschaft antrat, und zweiundfünfzig Jahre hatte er Königschaft in Jerusalem. Der Name seiner Mutter: Jecholja aus Jerusalem. |

4 Er tat das in SEINEN Augen Gerade, alwie sein Vater Amazjahu getan hatte. |

5 Er war darauf aus, Gott zu suchen, in den Tagen Secharjahus, der ihn in der Gottessicht beschied,
und in den Tagen, da er IHN suchte, ließ ihms der Gott gelingen. |

6 Er fuhr aus und kämpfte gegen die Philister,
er riß die Mauer von Gat, die Mauer von Jabne und die Mauer von Aschdod nieder
und baute Städte im Aschdodischen und sonst bei den Philistern. |

7 Der Gott half ihm wider die Philister und auch wider die Araber, die in Gur Baal Sitz hatten, und die Meuniter, |

8 die Ammoniter gaben Usijahu Spende.
Sein Name ging hinaus bis wo man nach Ägypten kommt,
denn er war überaus stark geworden.

9 Usijahu baute Türme in Jerusalem, auf dem Ecktor, auf dem Schluchttor und auf dem Winkel, und verstärkte sie, |

10 er baute Türme in der Wildnis und hieb viele Zisternen aus, denn er hatte vielen Herdenstand, so in der Niedrung so in der Ebne,
Ackrer und Winzer, im Gebirge und im Weingartenland, denn er war ein Liebhaber der Scholle. |

11 Usijahu hatte eine kampftätige Wehrmacht, die fuhren rottenweise aus in der Heerschar,
in der Zahl ihrer Musterung unter der Hand Jeuels des Schreibers und Maaßsijahus des Rollenführers, zuhanden Chananjahus, von den Obersten des Königs. |

12 Die Zahl allsamt der Vaterschaftshäupter für die Wehrtüchtigen: zweitausendsechshundert, |

¹³ und ihnen zuhanden die gescharte Wehrmacht, dreihunderttausend und siebentausend und fünfhundert,
kampftätig, in Wehrkraft, dem König gegen den Feind zu helfen. |
¹⁴ Usijahu ließ für all die Schar Schilde, Lanzen, Helme, Panzer, Bogen und Schleudersteine herrichten, |
¹⁵ er ließ in Jerusalem Planungen machen, Planwerk des Planers, daß es auf den Türmen und auf den Eckzinnen sei, mit Pfeilen und mit großen Steinen zu schießen.
Sein Name fuhr bis fernhin aus, denn wunderbar ward ihm geholfen, bis er so stark war. |
¹⁶ Als er aber so stark war, wurde hochmütig sein Herz, bis zur Verderbnis,
er wurde untreu IHM seinem Gott,
er kam in SEINE Halle, auf der Statt der Räucherung zu räuchern. |
¹⁷ Hinter ihm her aber kam Asarjahu der Priester und ihm gesellt von SEINEN Priestern achtzig, wehrhafte Leute, |
¹⁸ sie traten auf den König Usijahu zu und sprachen zu ihm:
Nicht an dir ists, Usijahu, IHM zu räuchern,
sondern an den Priestern, den Söhnen Aharons, die zu räuchern eingeheiligt sind, –
geh hinweg aus dem Heiligtum, denn du bist untreu geworden!
nicht zur Ehre ists dir, von IHM deinem Gotte her. |
¹⁹ Der König grollte auf, das Rauchbecken zum Räuchern in seiner Hand.
Wie er aber die Priester angrollte,
gleißte an seiner Stirn der Aussatz auf,
angesichts der Priester, in SEINEM Haus, an der Räucherungsstatt, |
²⁰ Asarjahu der Hauptpriester wandte sich ihm zu und alle Priester,
da, er war aussätzig an seiner Stirn.
Sie scheuchten ihn von dannen,
er selber auch hastete hinaus,
denn ER hatte ihn mit dem Schaden gerührt. |
²¹ Der König Usijahu war aussätzig bis zum Tag seines Todes,
er hatte Sitz im Hause der Amtsledigkeit, aussätzig,

denn er war abgeschnitten von SEINEM Haus,
und über dem Königshaus war Jotam, sein Sohn, das Landvolk richtend. |
²² Das übrige Redewürdige von Usijahu, das frühe und das späte, hat Jeschajahu Sohn Amozs, der Künder, niedergeschrieben. |
²³ Usijahu legte sich bei seinen Vätern hin, und man begrub ihn bei seinen Vätern auf dem Feld am Begräbnis, dem der Könige,
denn man sprach: Aussätzig ist er.
Sein Sohn Jotam trat statt seiner die Königschaft an. |

27,1 Fünfundzwanzigjährig trat Jotam die Königschaft an,
und sechzehn Jahre hatte er Königschaft in Jerusalem.
Der Name seiner Mutter: Jeruscha Tochter Zadoks. |
2 Er tat das in SEINEN Augen Gerade,
allwie sein Vater Usijahu getan hatte,
– nur daß er in SEINE Halle nicht kam.
Noch aber handelte das Volk verderbt. |
3 Er wars, der das obre Tor SEINES Hauses baute,
und an der Mauer des Bühls baute er viel. |
4 Städte baute er im Gebirg Jehuda,
in den Forstgebieten baute er Pfalzburgen und Türme. |
5 Er wars, der mit dem König der Söhne Ammons kämpfte
und sich ihnen überstark erwies,
die Söhne Ammons gaben ihm in jenem Jahr hundert Barren
Silbers, zehntausend Malter Weizen, Gerste zehntausend,
dieses wiederholten ihm die Söhne Ammons so im zweiten so
im dritten Jahr. |
6 Jotam erstarkte, denn er hatte all seine Wege SEINEM, seines
Gottes Antlitz zu gerichtet. |
7 Das übrige Redewürdige von Jotam, all seine Kämpfe und
seine Wege, da, aufgeschrieben sind sie im Buch der Könige Jiſsraels und Jehudas. |
8 Fünfundzwanzigjährig war er, als er die Königschaft antrat,
und sechzehn Jahre hatte er Königschaft in Jerusalem. |
9 Jotam legte sich bei seinen Vätern hin, und man begrub ihn
in der Dawidstadt.
Sein Sohn Achas trat statt seiner die Königschaft an. |

28,1 Zwanzigjährig war Achas, als er die Königschaft antrat,
und sechzehn Jahre hatte er Königschaft in Jerusalem.
Er tat nicht seinem Vorvater Dawid gleich das in SEINEN
   Augen Gerade, |
² er ging in den Wegen der Könige von Jifsrael,
auch Gußbilder machte er für die Baale, |
³ er ists, der aufrauchen ließ in der Schlucht des Sohns Hinnoms,
er brannte seine Söhne im Feuer an,
den Greueln der Stämme gleich, die ER vor den Söhnen
   Jifsraels enterbt hatte, |
⁴ er schlachtete und räucherte an den Koppen und auf den Hügeln und unter alljedem üppigem Baum. |
⁵ Da gab ER sein Gott ihn in die Hand des Königs von Aram,
sie schlugen auf ihn ein, fingen ihm großen Fang ab und
   ließens nach Damaskus kommen.
Auch in die Hand des Königs von Jifsrael wurde er gegeben,
er schlug auf ihn ein, einen großen Schlag, |
⁶ Pakach Sohn Remaljahus brachte in Jehuda an einem einzigen
   Tag hundertzwanzigtausend um, alles wehrhafte Leute, –
weil sie IHN, den Gott ihrer Väter, verlassen hatten. |
⁷ Sichri, ein Held Efrajims, brachte Maafsijahu um, einen Sohn
   des Königs, Esrikam, den Vorsteher des Hauses, und Elkana, den Zweiten nach dem König, |
⁸ Die Söhne Jifsraels nahmen von ihren Brüdern zweihunderttausend gefangen, Frauen, Söhne und Töchter,
auch viele Beute plünderten sie ihnen ab und ließen die Beute
   nach Samaria kommen. |
⁹ Dort war ein Kunder IHM, Obed sein Name,
der trat hinaus vor die Heerschar, die nach Samaria heimkam,
   und sprach zu ihnen:
Da, in SEINEM, des Gottes eurer Väter, Erglühn über Jehuda
   hat er sie in eure Hand gegeben,
und ihr habt in der Wut von ihnen umgebracht, daß es zum
   Himmel reichte. |
¹⁰ Und nun sprecht ihr euch zu, die Söhne Jehudas und Jerusalems euch zu Knechten und Mägden zu pressen.
Ist das nicht für euch selber Verschuldung an IHM eurem Gott?! |
¹¹ Und nun, hört mich und schickt den Fang zurück, den von
   euren Brüdern ihr finget,

denn ein Entflammen SEINES Zornes ist über euch. |
¹² Männer erhoben sich, von den Häuptern der Söhne Efrajims,
Asarjahu Sohn Jehochanans, Berechjahu Sohn Meschillemots,
Jechiskijahu Sohn Schallums und Amafsa Sohn Chadlajs,
¹³ gegen die von der Heerschar Gekommnen, | sprachen zu ihnen:
Laßt die Gefangnen nicht hierher kommen,
denn was ihr besprecht, heißt, unsrer Versündigung und
unsrer Verschuldung noch hinzufügen,
denn viel ist unsrer Verschuldung und des Zornentflammens
über Jifsrael. |
¹⁴ Da ließ die Stürmerschaft die Gefangnen und das Plündergut
vor den Obern und allem Gesamt. |
¹⁵ Die Männer, die namentlich bezeichnet sind, erhoben sich,
sie ergriffen die Gefangnen in all ihrer Nacktheit, holten Kleider für sie aus der Beute, bekleideten sie, beschuhten sie,
speisten sie, tränkten sie und salbten sie,
sie geleiteten sie auf Eseln, alljeden Strauchelnden,
und ließen sie nach Jericho, der Palmenstadt, kommen, neben
ihre Brüder hin,
dann kehrten sie nach Samaria zurück. |
¹⁶ Zu jener Zeit sandte der König Achas zu den Königen von Assyrien, daß sie ihm hülfen. |
¹⁷ Noch waren Edomiter gekommen, hatten auf Jehuda eingeschlagen und Gefangne gefangen, |
¹⁸ Philister waren durch die Städte der Niedrung und des Südlands Jehudas gestreift,
sie hatten Bet Schamesch, Ajjalon, Gderot, Sfocho und seine
Tochtersiedlungen, Timna und seine Tochtersiedlungen,
Gimso und seine Tochtersiedlungen erobert und sich dort
festgesetzt. |
¹⁹ Denn ER zwang Jehuda nieder um Achas' Königs von Jifsrael
willen,
denn der hatte Jehuda entfesselt und hatte treulos Untreue an
IHM geübt. |
²⁰ Dann kam Tilgat Pilnefser König von Assyrien über ihn und
bedrängte ihn, – nicht stärkte er ihn. |
²¹ Denn wohl hatte Achas SEIN Haus und das Haus des Königs
und der Obersten zerteilt und davon dem König von Assyrien übergeben, aber nicht geriets ihn zu Hilfe. |

²² Und in der Zeit, da er bedrängt war, fügte er der Untreue an
 IHM noch hinzu, –
 das ist der König Achas. |
²³ Er schlachtopferte den Göttern von Damaskus, die auf ihn
 eingeschlagen hatten, und sprach:
 Die Götter der Könige von Aram helfen ihnen ja,
 denen will ich schlachtopfern, und sie werden mir helfen.
 Sie aber warens, die ihn und alles Jifsrael straucheln machten. |
²⁴ Achas holte die Geräte des Gotteshauses zusammen,
 er zerstückelte die Geräte des Gotteshauses und verschloß die
 Türen zu SEINEM Haus.
 Dann machte er sich Schlachtstätten an jeder Ecke in Jerusa-
²⁵ lem, | und allerwärts, Stadt um Stadt von Jehuda, machte er
 Koppen, um anderwärtigen Göttern zu räuchern,
 so verdroß er IHN, den Gott seiner Väter. |
²⁶ Das übrige Redewürdige und all seine Wege, die frühen und
 die späten,
 da, sie sind aufgeschrieben im Buch der Könige von Jehuda
 und Jifsrael. |
²⁷ Achas legte sich bei seinen Vätern hin,
 man begrub ihn in der Stadt, in Jerusalem, denn nicht ließ man
 ihn in die Gräber der Könige Jifsraels kommen.
 Sein Sohn Jechiskijahu trat statt seiner die Königschaft an. |

29,1 Jechiskijahu trat fünfundzwanzigjährig die Königschaft an,
und neunundzwanzig Jahre hatte er Königschaft in Jerusalem.
Der Name seiner Mutter: Abija Tochter Secharjahus. |
2 Er tat das in SEINEN Augen Gerade, allwie sein Vorvater
Dawid getan hatte. |
3 Er wars, im ersten Jahr seiner Königschaft, in der dritten
Mondneuung, der die Türen SEINES Hauses öffnete und
sie verstärkte. |
4 Er ließ die Priester und die Lewiten kommen und versammelte sie auf dem Ostplatz |
5 und sprach zu ihnen:
Hört mich, Lewiten!
Heiligt euch jetzt, und heiligt SEIN, des Gottes eurer Väter,
Haus, und schafft den Unflat hinaus aus dem Heiligtum! |
6 Denn Untreue übten unsre Väter, sie taten das in SEINEN,
unsres Gottes, Augen Böse,
sie verließen ihn, sie wandten ihr Antlitz von SEINER Wohnung ab und gaben den Nacken herzu, |
7 sie schlossen auch die Türen des Flursaals und löschten die
Lichte, räucherten Räucherwerk nicht, höhten
Darhöhung nicht dem Gotte Jiſsraels im Heiligtum. |
8 SEIN Ergrimmen geschah über Jehuda und Jerusalem, er gab
sie her zum Popanz, zum Erstarren und zum Zischeln,
gleichwie ihrs mit euren Augen seht. |
9 Und da, unsre Väter fielen durchs Schwert, unsre Söhne,
unsre Töchter, unsre Frauen in Gefangenschaft
deswegen. |
10 Jetzt ist mir am Herzen, auf IHN zu, den Gott Jiſsraels,
einen Bund zu schließen,
daß das Entflammen seines Zornes sich von uns kehre. |
11 Meine Söhne, jetzt lullt nimmer euch ein!
Euch ja hat ER erwählt,
vor seinem Antlitz zu stehn, ihm zu amten,
ihm Amtende und Räuchernde zu sein. |
12 Da machten sich die Lewiten auf:
Machat Sohn Amaſsajs, Joel Sohn Asarjahus von den Khatsöhnen und von den Mrarisöhnen Kisch Sohn Abdis und
Asarjahu Sohn Jehallels, und von der Gerschonschaft Joach
13 Sohn Simmas und Eden Sohn Joachs, | von den Söhnen Eliza-

fans Schimri und Jeuel, von den Söhnen Afsafs Secharjahu
14 und Mattanjahu, | von den Söhnen Hemans Jechiel und Schimi, und von den Söhnen Jedutuns Schmaja und Usiel, |
15 sie versammelten ihre Brüder, heiligten sich
und kamen, dem Gebote des Königs gemäß, nach SEINEN Reden, SEIN Haus zu reinigen. |
16 Die Priester kamen ins Innre SEINES Hauses, um zu reinigen,
sie schafften allen Makel, den sie in SEINER Halle fanden, weg in den Hof SEINES Hauses,
und die Lewiten empfingens, es ins Kidrontal hinauszuschaffen. |
17 Sie begannen mit der Heiligung am ersten auf die erste Mondneuung,
und am achten Tag auf die Neuung kamen sie an SEINEN Flursaal,
binnen acht Tagen heiligten sie SEIN Haus,
und am sechzehnten Tag auf die erste Neuung waren sie allzuend. |
18 Sie kamen zum König Chiskijahu nach innen und sprachen:
Gereinigt haben wir SEIN Haus,
die Statt der Darhöhung und all ihre Geräte,
den Tisch der Darschichtung und all seine Geräte, |
19 und alle Geräte, die der König Achas in seiner Königschaft verworfen hatte in seiner Untreue,
wir haben sie hergerichtet und geheiligt,
da sind sie vor SEINER Schlachtstatt. |
20 Frühmorgens machte der König Chiskijahu sich auf,
er versammelte die Obern der Stadt und stieg zu SEINEM Haus auf. |
21 Sie brachten sieben Farren, sieben Widder, sieben Lämmer und sieben Ziegenböcke
zur Entsündung für das Königsgeschlecht, für das Heiligtum und für Jehuda,
und er sprach den Söhnen Aharons, den Priestern, zu,
auf SEINER Schlachtstatt darzuhöhen. |
22 Man metzte die Rinder, die Priester empfingen das Blut und sprengtens auf die Schlachtstatt,
sie metzten die Widder und sprengten das Blut auf die Schlachtstatt,

sie metzten die Lämmer und sprengten das Blut auf die
Schlachtstatt. |
²³ Sie holten die Böcke der Entsündung heran vor den König
und das Gesamt, und die stemmten auf sie ihre Hände, |
²⁴ und die Priester metzten sie und entsündeten mit ihrem Blut
an die Schlachtstatt, über allem Jiſsrael zu bedecken,
denn für alles Jiſsrael, so sprach der König, ist die
Darhöhung und die Entsündung. |
²⁵ Er hatte die Lewiten an SEINEM Haus aufgestellt mit Zimbeln, mit Lauten und mit Leiern,
nach dem Gebote Dawids, Gads, des Schauempfängers des
Königs, und Natans, des Künders, – denn aus SEINER
Hand ist das Gebot in der Hand seiner Künder. |
²⁶ Die Lewiten standen mit Dawids Geräten und die Priester
mit den Trompeten. |
²⁷ Chiskijahu sprach, es sei die Darhöhung auf der Schlachtstatt
zu höhen.
Zur Zeit, da die Darhöhung begann, begann SEIN Gesang
und das Trompeten, zuhanden den Spielgeräten Dawids,
des Königs von Jiſsrael. |
²⁸ Alles Gesamt, sie warfen sich nieder,
gesungen ward der Gesang,
es trompeteten die Trompeten,
all das, bis die Darhöhung allzuend war. |
²⁹ Als sie mit dem Darhöhn allzuende waren,
knieten der König und alle, die bei ihm sich befanden, hin
und warfen sich nieder. |
³⁰ Der König Jechiskijahu sprach und die Obern den Lewiten
zu, IHN mit der Rede Dawids und Aſsafs, des
Schauempfängers, zu preisen,
sie priesen ihn bis zum Freudensturm,
sie bückten sich und warfen sich nieder. |
³¹ Dann hob Jechiskijahu an, und sprach:
Jetzt habt ihr eure Hände für IHN gefüllt,
tretet heran und bringt Schlachtopfer und Dankspenden für
SEIN Haus.
Sie brachten, das Gesamt, Schlachtopfer und Dankspenden,
und alljeder Herzenswillige Darhöhungen, –|
³² die Zahl der Darhöhung, die sie vom Gesamt brachten, war:

siebzig Rinder, hundert Widder, zweihundert Lämmer, zur
Darhöhung IHM all diese, |
³³ und der Darheiligungen sechshundert Rinder und dreitausend
Kleinviehs. |
³⁴ Nur waren der Priester zu wenig, sie vermochten nicht, alle
Darhöhungen abzuhäuten,
so verstärkten ihre Brüder, die Lewiten, sie, bis die Arbeit allzuend war und bis die Priester sich geheiligt hatten,
denn die Lewiten waren geraderen Herzens darauf aus
sich zu heiligen als die Priester. |
³⁵ Es war aber auch der Darhöhung eine Menge samt den Fettstücken der Friedmahle und samt den Güssen für die Darhöhung.
So ward der Dienst an SEINEM Haus wieder gerüstet, |
³⁶ Jechiskijahu freute sich und alles Volk drob, daß der Gott es
dem Volke zugerüstet hatte,
denn unversehens war die Sache geschehn. |

³³,¹ Jechiskijahu sandte an alles Jifsrael und Jehuda, auch Briefe
schrieb er an Efrajim und Mnasche,
sie sollten zu SEINEM Haus in Jerusalem kommen, IHM, dem
Gott Jifsraels ein Übersprungsmahl zu machen. |
² Der König faßte nämlich und seine Obern und alles Gesamt
in Jerusalem den Ratschluß, das Übersprungsmahl in der
zweiten Mondneuung zu machen, |
³ denn sie hatten zu jener Zeit es noch nicht zu machen vermocht, denn die Priester hatten sich nicht zur Genüge geheiligt, und das Volk, sie hatten sich nicht in Jerusalem ver-
sammelt. |
⁴ Die Sache war in den Augen des Königs und in den Augen alles
Gesamts eine gerade, |
⁵ so hatten sie die Sache zum Bestande gebracht, einen Ruf
durch alles Jifsrael, von Berscheba bis Dan, ergehen zu lassen,
IHM, dem Gotte Jifsraels, in Jerusalem ein Übersprungsmahl
zu machen,
denn nicht hatten zumeist sies gemacht, wie vorgeschrieben ist. |
⁶ Die Läufer zogen mit den Briefen von der Hand des Königs
und seiner Obern durch alles Jifsrael und Jehuda, nach dem
Gebot des Königs sprechend:

Söhne Jifsraels, kehrt um zu IHM, dem Gott Abrahams, Jizchaks und Jifsraels,
daß er umkehre zu der Entronnenenschar, die euch restet aus dem Griff der Könige von Assyrien! |
7 Nimmer seid wie eure Väter und wie eure Brüder, die an IHM, dem Gott eurer Väter, Untreue übten,
und er gab sie zu einem Erstarren, gleichwie ihr seht! |
8 Verhärtet jetzt nimmer euren Nacken wie eure Väter, reichet IHM die Hand,
kommt in sein Heiligtum, das er heiligte auf Weltzeit, und dienet IHM eurem Gott,
daß er das Entflammen seines Zorns abkehre von euch! |
9 Denn wenn ihr umkehrt zu IHM,
ists für eure Brüder und eure Söhne zu Erbarmen bei ihren und heimkehren zu dürfen in dieses Land.   [Fängern,
Denn ER euer Gott ist gönnend und erbarmend,
er wird sein Antlitz von euch nicht seitwärts wenden, werdet ihr umkehren zu ihm. |
10 Das war ein Ziehn der Läufer von Stadt zu Stadt, im Lande Efrajims und Mnasches und bis nach Sbulun, –
und das war ein Lachen über sie und ein Spotten ihrer. |
11 Nur Männer von Ascher und Mnasche und von Sbulun beugten sich und kamen nach Jerusalem. |
12 Auch war Gottes Hand an Jehuda, ein einiges Herz ihnen zu geben: das Gebot des Königs und der Obern zu betätigen nach SEINER Rede. |
13 Sie scharten sich in Jerusalem, Volkes viel, das Fest der Fladen zu machen in der zweiten Mondneuung, eine Versammlung, sehr viele. |
14 Sie ⟨standen auf und⟩ beseitigten die Schlachtstätten, die in Jerusalem, alle Räuchergestelle entfernten sie und warfens in den Kidronbach, |
15 dann metzten sie das Übersprungsmahl am vierzehnten auf die zweite Neuung, –
die Priester, die lewitischen, waren beschämt gewesen, sie hatten sich geheiligt, und Darhöhungen in SEIN Haus gebracht, |
16 sie stellten sich nun an ihren Stand nach ihrem Rechtsbrauch, nach der Weisung Mosches, des Manns Gottes,
die Priester das Blut aus den Händen der Lewiten sprengend. |

17 Denn eine Vielheit war in der Versammlung, die sich nicht geheiligt hatten, so waren die Lewiten am Metzen der Übersprungsmahle für alljeden, nicht Reinen, IHM darzuheiligen. |
18 Denn die Vielheit des Volks von Efrajim, Mnasche, Jifsachar und Sbulun, viele hatten sich nicht gereinigt, sondern aßen das Übersprungsmahl nicht so wie vorgeschrieben war.
Jechiskijahu betete denn auch für sie, sprechend:
19 ER, der Gütige, bedecke um| alljeden, der sein Herz drauf gerichtet hat, den Gott, IHN, Gott seiner Väter, zu suchen, und nicht nach der Reinheit der Heiligung! |
20 ER hörte auf Chiskijahu und ließ das Volk heil bleiben. |
21 Die Söhne Jifsraels, die sich in Jerusalem fanden, machten das Fest der Fladen sieben Tage in großer Freude,
und Tag um Tag priesen IHN die Lewiten und die Priester, mit SEINEN mächtigen Spielgeräten. |
22 Dann redete Jechiskijahu zum Herzen aller Lewiten, die mit gutem Bedacht SEIN gedachten.
Als sie aber die Begegnungsfeier, das Siebent der Tage, genossen hatten, Friedmahlschlachtungen schlachtend und sich zu IHM, dem Gott ihrer Väter, bekennend, |
23 faßte all die Versammlung den Ratschluß, sie noch sieben weitere Tage zu machen, und sie machten sie ein Tagsiebent in Freuden. |
24 Denn Chiskijahu König von Jehuda hatte für die Versammlung tausend Farren und siebentausend Kleinviehs gehoben,
und die Obern hatten für die Versammlung tausend Farren und zehntausend Kleinviehs gehoben,
und der Priester hatten sich viele geheiligt. |
25 Sie freuten sich, alle Versammlung Jehudas, die Priester, die Lewiten und alle Versammlung derer, die aus Jifsrael gekommen waren, und die Gastsassen, die aus dem Lande Jifsrael gekommen waren und die in Jehuda Sitz hatten, |
26 eine große Freude war in Jerusalem,
denn von den Tagen Schlomos Sohns Dawids, Königs von Jifsrael, war nicht dem Gleiches in Jerusalem gewesen. |
27 Dann erhoben sich die Priester, die lewitischen, und segneten das Volk.
Ihr Rufen wurde erhört,
Ihr Gebet kam zum Hage seines Heiligtums, zum Himmel. |

31,1 Als aber all dies allzuend war, zogen sie, alles Jifsrael, die sich
da befanden, nach den Städten Jehudas,
sie zerbrachen die Standmale, sie kappten die Pfahlbäume, sie
schleiften die Koppen und die Schlachtstätten von allem Jehuda, Binjamin, Efrajim und Mnasche, bis sie alldahin waren.
Dann kehrten alle Söhne Jifsraels heim, zu ihren Städten, jedermann zu seiner Hufe. |

² Jechiskijahu erstellte die Abteilungen der Priester und der Lewiten nach ihren Einteilungen, jedermann seinem Dienst entsprechend,
für die Priester und die Lewiten, für die Darhöhung und für die Friedmahle, zu amten, zu danken und zu preisen in den Toren SEINER Lager. |

³ Eine Gebühr des Königs aber war von seiner Habe zum Höhen der Darhöhungen am Morgen und am Abend, und der Darhöhungen für die Wochenfeiern, für die Mondneuungen und für die Begegnungszeiten, wie in SEINER Weisung geschrieben ist. |

⁴ Er sprach nun dem Volk, den Insassen Jerusalems zu, die Gebühr der Priester und der Lewiten herzugeben, damit sie sich in SEINER Weisung bestärken, |

⁵ und wie sich die Sache verbreitete, lieferten die Söhne Jifsraels die Menge, Anfang von Korn, Most, Ausbruchöl, Honig und aller Einkunft des Feldes, von allem ließen sie den Zehnten in Menge einkommen, |

⁶ und die Söhne Jifsraels und Jehudas, die in den Städten Jehudas Sitz hatten, auch sie ließen einkommen den Zehnten an Rindern und Kleinvieh und den Zehnten an Darheiligungen, die IHM ihrem Gott dargeheiligt wurden, sie gabens her, Stapel um Stapel. |

⁷ In der dritten Neuung begannen die Staplungen sich zu gründen und in der siebenten Neuung wars allzuend. |

⁸ Da kamen Jechiskijahu und die Obern herbei, sie sahn die Stapel und segneten IHN und sein Volk Jifsrael. |

⁹ Als Jechiskijahu die Priester und die Lewiten wegen der Stapel
¹⁰ befragte, | sprach zu ihm Asarjahu, der Hauptpriester, vom Hause Zadoks, er sprach:
Seit man begann, die Hebe in SEIN Haus einkommen zu lassen,

war da Essen und Sattwerden, und in die Menge ist überblieben, denn ER hat sein Volk gesegnet, und was überblieb ist dieser Hauf. |

¹¹ Jechiskijahu sprach, man solle in SEINEM Haus Lauben bereiten, und sie bereitetens, |

¹² und einkommen ließ man die Hebe, den Zehnten und die Darheiligungen in Treuen,
darüber als Vorsteher Kananjahu der Lewit, Schimi sein Bru-
¹³ der als Zweiter, | Jechiel, Asasjahu, Nachat, Afsael, Jerimot, Josabad, Eliel, Jifsmachjahu, Machat und Bnajahu als Verordnete zuhanden Kananjahus und Schimis, dessen Bruders, auf Anordnung des Königs Jechiskijahu, und Asarjahu, der Vorsteher des Gotteshauses. |

¹⁴ und Kore Sohn Jimnas der Lewit, der Tormann nach Osten zu, über die Willigungen für Gott, SEINE Hebe und die Abheiligung der Darheiligungen auszugeben, |

¹⁵ und ihm zuhanden Eden, Minjamin, Jeschua, Schmajahu, Amarjahu und Schchanjahu in den Städten der Priester, in Treuen auszugeben ihren Brüdern nach den Abteilungen, so Großen so Kleinen, – |

¹⁶ außerdem die Zugehörigkeit, nach Männlichen, vom Dreijährigen aufwärts, für jeden, der zu SEINEM Hause kommt, um Tages Sache an ihrem Tag, um ihren Dienst an ihren Hutposten, nach ihren Abteilungen. |

¹⁷ und die Zugehörigkeit der Priester nach ihren Vaterhäusern und der Lewiten, vom Zwanzigjährigen aufwärts, an ihren Hutposten, in ihren Abteilungen, |

¹⁸ nebst der Zugehörigkeit all ihrer Kleinkinder, ihrer Frauen, ihrer Söhne und ihrer Töchter, für all das Gesamt, –
denn in ihrer Treupflicht wurden am Heiligtum sie eingeheiligt. |

¹⁹ Zudem hatten die Söhne Aharons, die Priester, in dem Weidegefild ihrer Städte, allerwärts, Stadt um Stadt, Männer, die namentlich bezeichnet waren, Gebührantteile allem Männlichen unter den Priestern und allem den Lewiten Zugehörigen zu geben. |

²⁰ Solches tat Jechiskijahu in allem Jehuda,
er tat das Gute, das Gerade und das Getreuliche vor IHM seinem Gott, |

II 31,21-32,9] BEGEBENHEITEN DER TAGE 677

²¹ und in aller Tätigkeit, die er im Dienst des Gotteshauses begann,
in der Weisung und im Gebot, wars, seinen Gott zu suchen.
Er tats und hatte Gelingen. |

²¹,¹ Nach diesen Begebenheiten, der Treuebekundung, kam Sfancherib König von Assyrien heran, kam gegen Jehuda, belagerte alle Festungsstädte und sprach sich zu, sie sich aufzubrechen. |
² Als Jechiskijahu sah, daß Sfancherib herankam, sein Antlitz
auf Kampf wider Jerusalem zu, |
³ faßte er mit seinen Obersten und seinen Helden den Ratschluß, die Wasser der Quellen, die außerhalb der Stadt
sind, zu verstopfen, und sie halfen ihm, |
⁴ sie holten vieles Volk herbei und verstopften alle Quellen und
den Bach, der mitten im Erdboden fließt, – man sprach
sichs zu: Warum sollen die Könige von Assyrien, herankommend, viel Wasser finden! |
⁵ Er bestärkte sich und baute all die Mauer, das Eingerissene
auf, die Türme überhöhend, dazu nach außen eine weitere
Mauer,
er verstärkte die Bastei der Dawidstadt,
er ließ Wurfspieße in Menge und Schilde machen, |
⁶ und er gab Kampfobre über das Volk.
Die holte er mitsammen zu sich, zum Platz des Stadttors, und
redete ihnen zu Herzen, sprechend: |
⁷ Seid stark, seid fest,
fürchtet euch nimmer, bangt nimmer vor dem König von Assyrien und vor all dem Getümmel, das bei ihm ist,
denn bei uns ist mehr als bei ihm: |
⁸ bei ihm ist ein fleischlicher Arm,
bei uns aber ist ER, unser Gott, uns zu helfen und unsre
Kämpfe zu kämpfen.
Das Volk, sie lehnten sich an die Reden Jechiskijahus, des Königs von Jehuda. |
⁹ Danach sandte Sfancherib König von Assyrien seine Diener
nach Jerusalem
– er selber war vor Lachisch und all seine Verwaltung bei ihm –
an Jechiskijahu König von Jehuda und an alles Jehuda, das in
Jerusalem war, zu sprechen: |

¹⁰ So hat Sancherib König von Assyrien gesprochen:
Auf was verlaßt ihr euch, daß ihr in der Einengung in Jerusalem sitzen bleibt?|
¹¹ Verlockt euch Jechiskijahu nicht, euch herzugeben, in Hunger und in Durst zu sterben,
sprechend: ER unser Gott wird uns aus dem Griff des Königs von Assyrien erretten?!|
¹² Hat nicht er, Jechiskijahu, seine Koppen und seine Schlachtstätten beseitigt
und hat zu Jehuda und zu Jerusalem den Spruch gesprochen:
Vor einer einzigen Schlachtstatt werft euch nieder, an ihr laßt aufrauchen!|
¹³ Wißt ihr nicht, was ich tat, ich und meine Väter, all den Völkern der Länder?
haben die Götter der Stämme der Länder vermocht,
vermocht, ihr Land aus meiner Hand zu retten?|
¹⁴ wer ist unter allen Göttern dieser Stämme, die meine Väter bannten, der sein Volk aus meiner Hand zu retten vermochte,
daß euer Gott euch aus meiner Hand zu retten vermöchte!|
¹⁵ Und jetzt,
nimmer berücke euch Chiskijahu, nimmer verlocke er euch solchermaßen! vertraut ihm nimmer!
denn nicht vermochte allirgend ein Gott allirgend eines Stammes und Königreichs, sein Volk aus meiner Hand und aus der Hand meiner Väter zu retten, –
wie gar eure Götter! sie retten euch nicht aus meiner Hand.|
¹⁶ Noch mehr redeten seine Diener wider IHN, den Gott, und wider Jechiskijahu, seinen Diener.|
¹⁷ Dazu schrieb er Briefschaften, IHN, den Gott Jißraels, zu verhöhnen und wider ihn zu sprechen, den Spruch:
Wie die Götter der Stämme der Länder die sie nicht retteten aus meiner Hand,
so wird der Gott Jechiskijahus ihn aus meiner Hand nicht erretten.|
¹⁸ Sie riefens mit lauter Stimme judäisch auf das Volk Jerusalems hin, das auf der Mauer war,
sie in Furcht zu versetzen und zu verstören, damit die Stadt sie erobern könnten,|

19 sie redeten wider den Gott Jerusalems wie gegen die Götter
der Völker des Landes, das Gemächt von Menschenhänden. |
20 Der König Jechiskijahu betete deswegen und der Künder Jeschajahu Sohn Amozs, sie schrien zum Himmel auf. |
21 Da sandte ER einen Boten,
der vertilgte alljeden Wehrtüchtigen, Anführer und Obern im Lager des Königs von Assyrien,
beschämten Anlitzes kehrte er in sein Land zurück.
Als er aber ins Haus seines Gottes kam, fällten ihn seinem Leibe Entsproßne mit dem Schwert. |
22 So befreite ER Jechiskijahu und die Insassen Jerusalems aus der Hand Sfancheribs Königs von Assyrien und aus der Hand aller,
und er lieh ihnen Geleit ringsumher. |
23 Viele brachten nach Jerusalem Spenden für IHN und Kleinodien für Jechiskijahu König von Jehuda,
erhoben war er danach in den Augen aller Stämme. |

24 In jenen Tagen war Jechiskijahu auf den Tod erkrankt.
Er betete zu IHM, und der sprach zu ihm und gab ihm einen Erweis. |
25 Aber nicht dem ihm Zugefertigten nach erstattete Jechiskijahu,
denn sein Herz war hochmütig geworden.
Da geschah über ihn ein Ergrimmen und über Jehuda und Jerusalem. |
26 Doch Jechiskijahu beugte sich aus dem Hochmut seines Herzens, er und die Insassen Jerusalems,
und nicht kam über sie SEIN Grimm in den Tagen Jechiskijahus. |
27 Jechiskijahu hatte des Reichtums und der Ehre sehr viel,
Schatzkammern machte er sich für Silber, für Gold, für Edelgestein, für Balsame, für Schilde und für allerart kostbare Geräte, |
28 und Vorratsräume für die Einkunft von Korn, Most und Ausbruchöl, und Stallungen für allerhand Vieh und Vieh, Herdenstallungen. |
29 Städte machte er sich, dazu Erwerb von Schafen und Rindern in Menge,
denn Gott gab ihm der Habe sehr viel. |
30 Er wars, Jechiskijahu, der den obern Ausfluß der Wasser des

Gichon verstopfte und sie geradeaus nach unten leitete,
westwärts, zur Dawidstadt.
Und Jechiskijahu hatte Gelingen in all seinem Tun. |

³¹ [So wars auch mit den Wortführern, den Obern des Königs
von Babel, die zu ihm entsandt wurden, den Erweis auszuforschen, der im Lande geschehn war:
Gott überließ ihn da sich nur um ihn zu erproben, alles zu
erkennen, was im Herzen ihm war.] |

³² Das übrige Redewürdige von Jechiskijahu und seine Holdschaften, da sind sie, aufgeschrieben in der Schau Jeschajahus Sohns Amozs, des Künders, im Buch der Könige von
Jehuda und Jifsrael. |

³³ Jechiskijahu legte sich bei seinen Vätern hin,
man begrub ihn im Hochgrund der Gräber der Dawidsöhne,
Ehre tat ihm alles Jehuda an und die Insassen Jerusalems in
seinem Tode.
Sein Sohn Mnasche trat statt seiner die Königschaft an. |

33,1 Zwölfjährig war Mnasche, als er die Königschaft antrat, und
fünfundfünfzig Jahre hatte er Königschaft in Jerusalem. |
2 Er tat das in SEINEN Augen Böse,
den Greueln der Stämme gleich, die ER vor den Söhnen Jifsraels her enterbte, |
3 er baute die Koppen wieder aus, die sein Vater Jechiskijahu
geschleift hatte,
er errichtete Schlachtstätten für die Baale,
er machte Pfahlbäume,
er warf sich vor aller Schar des Himmels nieder und diente
ihnen, |
4 er baute Schlachtstätten in SEINEM Haus, von dem ER
gesprochen hatte: In Jerusalem wird mein Name sein für
Weltzeit, |
5 er baute Schlachtstätten für alle Schar des Himmels in beiden
Höfen SEINES Hauses, |
6 er ists, der seine Söhne in der Schlucht des Sohns Hinnoms
durchs Feuer darführte,
er trieb Tagwählerei, Zeichendeuterei und Zauberei, machte
sich zu tun mit Elb und Wisserischem,
er tat des in SEINEN Augen Bösen die Menge, ihn zu verdrießen. |
7 Er setzte sogar das Meißelbild der Unform, die er gemacht
hatte, in das Haus Gottes,
von dem Gott zu Dawid und zu seinem Sohn Schlomo gesprochen hatte:
In diesem Haus und in Jerusalem, das ich aus allen Stäben Jifsraels erwählte, will ich meinen Namen einsetzen für Weltzeit |
8 und will hinfort den Fuß Jifsraels nicht weichen lassen von der
Scholle weg, darauf eure Väter ich stehn hieß,
wahren sies nur, alles zu tun, was ich ihnen geboten habe,
nach all der Weisung, den Gesetzen und den Rechtgeheißen
durch Mosches Hand. |
9 Mnasche irrte Jehuda und die Insassen Jerusalems, Böseres zu
tun als die Stämme, die ER vertilgt hatte vor den Söhnen
Jifsraels her. |
10 ER redete zu Mnasche und zu seinem Volk, aber sie merkten
nicht auf. |
11 Da ließ ER über sie kommen die Heeresobersten, die des
Königs von Assyrien,

die fingen Mnasche mit Haken, fesselten ihn mit Doppelerzketten und ließen nach Babel ihn gehn. |
¹² Als er aber bedrängt war, suchte er SEIN, seines Gottes, Antlitz zu sänften,
er beugte sich sehr nieder vor dem Antlitz des Gottes seiner Väter, |
¹³ er betete zu ihm.
Und er ließ sich von ihm erbitten,
er erhörte sein Gunsterflehn
und ließ ihn nach Jerusalem in sein Königtum zurückkehren.
So erkannte Mnasche, daß ER der Gott ist. |
¹⁴ Danach baute er eine äußere Mauer für die Dawidstadt westlich vom Gichon im Bachtal, wo man nach dem Fischtor kommt, rings um den Bühl, und machte sie sehr hoch
und setzte Heeresoberste ein in allen befestigten Städten in Jehuda. |
¹⁵ Er beseitigte die Fremdgötter und die Unform aus SEINEM Haus, und alle Schlachtstätten, die er auf dem Berg SEINES Hauses gebaut hatte,
und warf sie zur Stadt hinaus, |
¹⁶ er baute SEINE Schlachtstatt wieder auf und schlachtete drauf Schlachtungen der Friedmahle und des Danks,
und er sprach Jehuda zu, IHM, dem Gott Jifsraels, zu dienen. |
¹⁷ Noch schlachteten sie zwar, das Volk, auf den Koppen, aber nur IHM, ihrem Gott. |
¹⁸ Das übrige Redewürdige von Mnasche, sein Gebet zu seinem Gott und die Reden der Schauempfänger, die mit SEINEM, des Gottes Jifsraels, Namen zu ihm geredet hatten,
sie sind ja aufgeschrieben in den Denkwürdigkeiten der Könige Jifsraels, |
¹⁹ und sein Gebet und das Ihm-sich-erbitten-lassen und all seine Versündigung und seine Untreue und die Orte, an denen er Koppen baute und die Pfahlbäume und die Schnitzbilder aufstellte, bevor er sich beugte,
die sind ja aufgeschrieben in den Seherreden. |
²⁰ Mnasche legte sich bei seinen Vätern hin, und man begrub ihn in seinem Haus.
Sein Sohn Amon trat statt seiner die Königschaft an. |

²¹ Zweiundzwanzigjährig war Amon, als er die Königschaft antrat,
und zwei Jahre hatte er Königschaft in Jerusalem. |
²² Er tat das in SEINEN Augen Böse, gleichwie es sein Vater Mnasche getan hatte.
Allen Meißeldocken, die sein Vater Mnasche gemacht hatte, schlachtopferte Amon und diente ihnen. |
²³ Und nicht beugte er sich vor SEINEM Antlitz, wie sich sein Vater Mnasche gebeugt hatte,
sondern er, Amon, mehrte die Schuld. |
²⁴ Da verknoteten sich wider ihn seine Diener und töteten ihn in seinem Haus. |
²⁵ Aber das Landvolk, sie erschlugen alle, die wider den König Amon Verknoteten,
und das Landvolk, sie königten statt seiner seinen Sohn Joschijahu. |

34,1 Achtjährig war Joschijahu, als er die Königschaft antrat, und einunddreißig Jahre hatte er Königschaft in Jerusalem. |
2 Er tat das in SEINEN Augen Gerade,
er ging in allen Wegen seines Vorvaters Dawid,
wich nicht davon nach rechts oder links ab. |
3 Im achten Jahr seiner Königschaft, als er noch ein Knabe war, begann er den Gott seines Vorvaters Dawid zu suchen,
und im zwölften Jahr begann er Jehuda und Jerusalem von den Koppen, den Pfahlbäumen, den gemeißelten und den gegoßnen Bildern zu reinigen. |
4 Vor seinem Antlitz schleifte man die Schlachtstätten der Baale, die Glutmale, die oben über ihnen, hieb er um,
die Pfahlbäume, die gemeißelten und die gegossenen Bilder zerbrach und malmte er und streute es den Gräbern derer ins Antlitz, die ihnen geschlachtopfert hatten, |
5 die Gebeine der Priester verbrannte er auf ihren Schlachtstätten,
er reinigte Jehuda und Jerusalem. |
6 Auch in den Städten von Mnasche, Efraim, Schimon bis Naf-
7 tali, – auf ihren Trümmerplätzen ringsum, | da schleifte er die Schlachtstätten und die Pfahlbäume,
die Meißelbilder zersplitterte er zum Malmen,
alle Glutmale in allem Land Jifsrael hieb er um
und kehrte nach Jerusalem zurück. |
8 Im achtzehnten Jahr seiner Königschaft aber, da das Land und das Haus er gereinigt hatte,
entsandte er Schafan Sohn Azaljahus, Maafsijahu, den Stadtobersten, und Joach Sohn des Joachas, den Erinnerer, SEIN, seines Gottes Haus zu verfestigen. |
9 Sie kamen zu Chilkijahu, dem Großpriester, und übergaben das Silber, das ins Gotteshaus eingekommen war
– das die Lewiten, die Schwellenhüter, aus der Hand Mnasches und Efrajims, aus allem Überrest Jifsraels und aus allem Jehuda und Binjamin und den Insassen Jerusalems eingesammelt hatten –, |
10 und man gab es zuhanden der in SEINEM Haus übergeordneten Werktätigen,
und die Werktätigen, die an SEINEM Haus tätig waren, gabens her, zu spleißen und zu verfestigen, |

BEGEBENHEITEN DER TAGE

¹¹ sie gabens für die Vorschneider und für die Bauzimmerer,
und zum Erwerben von Bausteinen und Holz für die Binder und um die Hausteile zu bälken, die die Könige Jehudas hatten verderben lassen. |
¹² Und die Männer waren in Treuen tätig am Werk.
Über sie aber waren verordnet Jachat und Obadjahu, die Lewiten, von den Söhnen Mraris
– dazu Secharja und Meschullam von den Khatsöhnen zur Chorleitung, nebst den Lewiten, alljeder sanggerätsverständig –, |
¹³ und über die Lastträger, und alljeden Werktätigen zu Dienst um Dienst anleitend.
Von den Lewiten waren auch Schreiber, Rollenführer und Torleute. |
¹⁴ Als man aber das Silber herausnahm, das in SEIN Haus eingekommen war,
fand Chilkijahu der Priester das Buch SEINER Weisung durch Mosche. |
¹⁵ Chilkijahu hob an, er sprach zu Schafan dem Schreiber:
Das Buch der Weisung habe ich in SEINEM Hause gefunden.
Und Chilkijahu gab Schafan das Buch. |
¹⁶ Schafan brachte das Buch dem König und erstattete dem König noch Rede, sprechend:
Alles, was in die Hand deiner Diener gegeben ward, tun sie, |
¹⁷ sie haben das in SEINEM Haus gefundne Silber ausgeschüttet
und habens in die Hand der Verordneten und in die Hand der Werktätigen gegeben. |
¹⁸ Dann meldete Schafan der Schreiber dem Könige, sprechend:
Ein Buch hat mir Chilkijahu der Priester übergeben.
Und Schafan las draus dem König vor. |
¹⁹ Es geschah aber, als der König die Reden der Weisung hörte:
er riß seine Gewänder ein. |
²⁰ Und der König gebot Chilkijahu dem Priester, Achikam Sohne Schafans, Abdon Sohn Michas, Schafan dem Schreiber und Afsaja dem Königsdiener, sprechend: |
²¹ Geht, beforschet IHN
um mich und um was restet in Jifsrael und in Jehuda,
wegen der Reden des Buches, das aufgefunden ward,
denn SEINE Zornglut ist groß, die sich ausschüttete über uns,
deswegen daß unsere Väter SEINE Mahnreden nicht wahrten,

allem in diesem Buch Geschriebnen gemäß zu tun. |
²² So ging Chilkijahu und die des Königs zu Chulda, der Künderin,
dem Weibe Schallums Sohns Tokhats Sohns Chasras, des Gewänderverwahrers,
sie hatte Sitz in Jerusalem, im Zweitbezirk,
und sie redeten zu ihr dem gemäß. |
²³ Sie aber sprach zu ihnen:
⟨So hat ER gesprochen, der Gott Jifsraels:
Sprecht zu dem Mann, der euch zu mir entsandte:⟩
²⁴ So hat ER gesprochen:
Wohlan, Böses lasse ich kommen
über diesen Ort, über seine Insassen,
alle Droheide, die geschrieben sind in dem Buch, das man vor dem König von Jehuda gelesen hat, |
²⁵ dafür daß sie mich verließen und ließen aufrauchen anderen Göttern,
um mich zu verdrießen mit all dem Gemächt ihrer Hände,
ausschütten wird sich meine Zornglut über diesen Ort und wird nicht erlöschen. |
²⁶ Zum König von Jehuda aber, der euch entsandte, IHN zu beforschen, –
so sollt ihr zu ihm sprechen:
So hat ER gesprochen, der Gott Jifsraels:
Zu den Mahnreden, die du gehört hast: |
²⁷ weil dein Herz erweicht ist
und du vor dem Antlitz Gottes dich gebeugt hast,
als du seine Reden über diesen Ort und über seine Insassen hörtest,
hast vor meinem Antlitz dich gebeugt und deine Gewänder eingerissen
und hast vor meinem Antlitz geweint,
habe auch ich gehört
– SEIN Erlauten –, |
²⁸ wohlan, erst will ich dich zu deinen Vätern einsammeln, daß du in deine Grabstätte eingesammelt bist in Frieden,
deine Augen sollen auf all das Böse nicht sehen, das ich über diesen Ort und über seine Insassen kommen lasse.
Als sie nun die Rede an den König kehren ließen, |
²⁹ sandte der König aus
und versammelte alle Ältesten von Jehuda und Jerusalem. |

BEGEBENHEITEN DER TAGE

³⁰ Der König stieg zu SEINEM Hause hinauf
und alle Männer von Jehuda, die Insassen Jerusalems,
die Priester und die Lewiten, und alles Volk von Groß bis Klein,
und er las in ihre Ohren alle Reden des Buchs des Bundes,
das in SEINEM Haus gefunden worden war. |
³¹ Der König stand auf seinem Hochstand
und schloß vor SEINEM Antlitz den Bund,
in SEINER Nachfolge zu gehn,
seine Gebote, seine Vergegenwärtigungen und seine Gesetze zu wahren
mit all ihrem Herzen und mit all ihrer Seele,
zu betätigen die Reden des Bundes,
die in diesem Buch niedergeschriebnen. |
³² Einstehn ließ er alles, was sich in Jerusalem und Binjamin fand,
und die Insassen Jerusalems taten nach dem Bunde Gottes,
des Gottes ihrer Väter. |
³³ Weichen ließ Joschijahu alle Greuel aus allen Ländereien, die der Söhne Jiſsraels waren,
und nahm alles, was sich in Jiſsrael fand, in die Dienstpflicht,
IHM ihrem Gott zu dienen.
All seine Tage wichen sie von SEINER, des Gottes ihrer Väter,
Nachfolge nicht ab. |

³⁵,¹ Joschijahu machte in Jerusalem ein Übersprungsfest IHM.
Man metzte das Übersprungsmahl am vierzehnten auf die erste Mondneuung. |
² Er stellte die Priester an ihre Posten und bestärkte sie im Dienst SEINES Hauses. |
³ Er sprach zu den Lewiten, die allem Jiſsrael Einsicht vermitteln, den IHM Geheiligten:
Gebt den Schrein der Heiligung in das Haus, das Schlomo Sohn Dawids, König von Jiſsrael, baute,
keine Last mehr sei euch auf der Schulter,
dienet nun IHM eurem Gott und seinem Volk Jiſsrael, |
⁴ rüstet euch nach euren Vaterhäusern, in euren Abteilungen,
nach der Schrift Dawids Königs von Jiſsrael und nach der Vorschrift seines Sohns Schlomo, |

⁵ steht im Heiligtum nach den Spaltungen der Vaterhäuser eurer Brüder, der Söhne des Volks, in Zuteilung je eines Vaterhauses an die Lewiten, |

⁶ metzt das Übersprungsmahl, haltet euch geheiligt und rüstets für eure Brüder, nach SEINER Rede durch Mosche zu tun. |

⁷ Joschijahu hob für die Söhne des Volks Kleinvieh aus, Lämmer und junge Ziegen, alles für die Übersprungsmahle für alljeden, der sich vorfand, dreißigtausend an Zahl, und dreitausend Rinder, dies aus der Habe des Königs, |

⁸ und seine Obern hoben aus als Willigung fürs Volk, für die Priester und für die Lewiten:
Chilkija, Secharjahu und Jechiel, die Vorsteher des Gotteshauses, für die Priester gaben sie, für Übersprungsmahle, zweitausendsechshundert, dazu dreihundert Rinder, |

⁹ und Kananjahu, seine Brüder Schmajahu und Ntanel, Chaschabjahu, Jeiel und Josabad, die Obern der Lewiten, hoben aus für die Lewiten, für Übersprungsmahle, fünftausend, dazu fünfhundert Rinder. |

¹⁰ Als der Dienst gerüstet war, standen die Priester an ihrem Stande und die Lewiten in ihren Abteilungen, nach dem Gebot des Königs. |

¹¹ Man metzte das Übersprungsmahl,
die Priester sprengten, aus der Hand jener, und die Lewiten häuteten ab. |

¹² Sie taten die Darhöhung beiseit, sie herzugeben nach Aufspaltungen, nach Vaterhäusern der Söhne des Volks, um IHM darzunahn, wie im Buche Mosches geschrieben ist, und so mit den Rindern. |

¹³ Dann kochten sie das Übersprungsmahl im Feuer nach dem Rechtsbrauch, die Darheiligungen aber kochten sie in Kesseln, in Töpfen und in Schüsseln und brachtens eilends allen Söhnen des Volks. |

¹⁴ Danach rüsteten sie für sich und für die Priester, – denn die Priester, die Söhne Aharons, waren bis zur Nacht am Höhen der Darhöhung und der Fette, so rüsteten die Lewiten für sich und für die Priester, die Söhne Aharons. |

¹⁵ Und die Sänger, die Söhne Afsafs, waren an ihrem Stande, nach dem Gebot Dawids, Afsafs, Hemans und Jedutuns, des Schauempfängers des Königs,

und die Torleute an Tor um Tor, nicht wars an ihnen, von ihrem Dienst zu weichen, denn ihre Brüder, die Lewiten, rüsteten für sie zu. |
16 So ward an jenem Tag all SEIN Dienst gerüstet,
das Übersprungsmahl zu machen und Darhöhungen auf SEINER Schlachtstatt darzuhöhn, nach dem Gebot des Königs Joschijahu. |
17 Die Söhne Jifsraels, die sich vorfanden, machten das Übersprungsmahl zu jener Zeit und das Fest der Fladen sieben Tage. |
18 Nicht ward eine Übersprungsfeier gleich dieser gemacht seit den Tagen Schmuels des Künders,
alle Könige Jifsraels hatten nichts gemacht gleich der Übersprungsfeier, die Joschijahu machte und die Priester, die Lewiten und alles Jehuda und Jifsrael, das sich vorfand, und die Insassen Jerusalems. |
19 Im achtzehnten Jahr des Königtums Joschijahus wurde diese Übersprungsfeier gemacht. |

20 Nach all diesem, da Joschijahu das Haus hergerichtet hatte,
zog Necho König von Ägypten herauf, um in Karkmisch am Euphrat zu kämpfen.
Joschijahu zog ihm entgegen. |
21 Er aber sandte Boten zu ihm mit dem Spruch:
Was habe ich mit dir zu schaffen, König von Jehuda!
nicht gegen dich, das Deine, gilts heut, sondern wider das Haus, das ich bekämpfe,
und Gott hat gesprochen, mich anzutreiben, –
laß du ab von dem Gott, der bei mir ist,
daß er dich nimmer verderbe! |
22 Joschijahu aber wandte sein Antlitz nicht von ihm ab,
denn mit ihm kämpfend wollte er sein ledig werden,
so hörte er nicht auf die Reden Nechos aus dem Mund Gottes,
und er kam zum Kampf in die Ebene von Megiddo. |
23 Da schossen die Schützen auf den König Joschijahu.
Der König sprach zu seinen Dienern:
Bringt mich hinweg, denn ich bin sehr geschwächt. |
24 Seine Diener brachten ihn aus dem Fahrzeug, ließen ihn im Zweitgefährt fahren und zogen mit ihm nach Jerusalem, da starb er.

Man begrub ihn in dem Begräbnis seiner Väter.
Alles Jehuda und Jerusalem, sie trauerten um Joschijahu. |
25 Jirmejahu hielt Totenklage um Joschijahu,
und alle Sänger und Sängerinnen sprachen in ihren Klageliedern um Joschijahu, bis heut,
man gabs zu einer Satzung für Jifsrael,
und da sind sie, in den Klageliedern niedergeschrieben. |
26 Das übrige Redewürdige von Joschijahu und seine Holdschaften, dem in SEINER Weisung Geschriebnen gemäß, |
27 seine frühen und späten Denkwürdigkeiten,
da sind sie, aufgeschrieben im Buch der Könige Jifsraels und Jehudas. |
36,1 Das Landvolk, sie nahmen Jehoachas Sohn Joschijahus und königten ihn statt seines Vaters in Jerusalem. |

² Dreiundzwanzigjährig war Joachas, als er die Königschaft
antrat, und drei Mondneuungen lang hatte er Königschaft
in Jerusalem. |
³ Dann setzte ihn der König von Ägypten in Jerusalem ab,
und büßte das Land um hundert Barren Silbers und einen
Barren Golds. |
⁴ Der König von Ägypten königte den Eljakim, seinen Bruder,
über Jehuda und Jerusalem
und wandelte seinen Namen in Jehojakim,
seinen Bruder Joachas aber nahm Necho mit, er ließ ihn nach
Ägypten kommen. |

5 Fünfundzwanzigjährig war Jehojakim, als er die Königschaft antrat,
und elf Jahre hatte er Königschaft in Jerusalem.
Er tat das in SEINEN, seines Gottes, Augen Böse. |
6 Herüber zog, über ihn her, Nebukadnezar König von Babel,
er ließ ihn mit Doppelketten fesseln, ihn nach Babel zu führen. |
7 Von den Geräten SEINES Hauses ließ Nebukadnezar nach Babel kommen und gab sie in seine Halle in Babel. |
8 Das übrige Redewürdige von Jehojakim, seine Greuel, die er tat, und was sonst sich über ihn vorfand,
da sind sie, aufgeschrieben im Buch der Könige Jifsraels und Jehudas.
Sein Sohn Jehojachin trat statt seiner die Königschaft an. |

⁹ Achtjährig war Jehojachin, als er die Königschaft antrat, und drei Mondneuungen und zehn Tage hatte er Königschaft in Jerusalem.
Er tat das in SEINEN Augen Böse. |
¹⁰ Um die Wiederkehr des Jahrs sandte Nebukadnezar und ließ ihn nach Babel kommen, mit köstlichen Geräten SEINES Hauses,
und königte seinen Bruder Zidkijahu über Jehuda und Jerusalem. |

¹¹ Einundzwanzigjährig war Zidkijahu, als er die Königschaft antrat,
und elf Jahre hatte er Königschaft über Jerusalem. |
¹² Er tat das in SEINEN, seines Gottes, Augen Böse,
er beugte sich nicht vor Jirmejahu, dem Künder aus Gottes Mund. |
¹³ Auch empörte er sich gegen den König Nebukadnezar, der ihn bei Gott hatte schwören lassen,
er steifte seinen Nacken und festete sein Herz gegen die Umkehr zu IHM, dem Gott Jifsraels. |
¹⁴ Auch alle Obern, die Priester und das Volk mehrten Untreue um Untreue, allen Greueln der Weltstämme gleich,
und sie bemakelten SEIN Haus, das er in Jerusalem geheiligt hatte. |
¹⁵ ER, der Gott ihrer Väter, sandte an sie durch seine Künder, Sendung vom Frühmorgen an,
denn er wollte sein Volk und seinen Hag verschonen. |
¹⁶ Sie aber trieben ihr Spiel mit den Boten Gottes,
sie verachteten seine Reden,
sie äfften seinen Kündern nach,
bis hochstieg SEIN Entflammen über sein Volk,
bis daß keine Heilung mehr war. |
¹⁷ Heransteigen ließ er an sie her den König der Chaldäer,
er brachte ihre Jünglinge um am Haus ihres Heiligtums,
nicht schonte er des Jünglings, der Maid, des Alten, des Greises, alles gab er in seine Hand.
¹⁸ Alle Geräte des Gotteshauses, die großen und die kleinen, die Schätze SEINES Hauses und die Schätze des Königs und seiner Obern,
alles ließ er nach Babel kommen. |
¹⁹ Sie verbrannten das Haus Gottes,
sie schleiften die Mauer Jerusalems,
alle Paläste verbrannten sie im Feuer,
alle Geräte seiner Köstlichkeiten verfielen dem Verderben. |
²⁰ Den Überrest, der dem Schwerte entging, verschleppte er nach Babel,
sie wurden ihm und seinen Söhnen zu Knechten
– bis das Königtum von Persien die Königschaft antrat –, |
²¹ daß sich SEINE Rede durch den Mund Jirmejahus erfülle:

bis das Land nachschatzte seine Feierjahre,
alle Tage seines Verstummens feierte es,
bis erfüllt waren siebzig Jahre. |

²² Im ersten Jahre aber Cyrus', des Königs von Persien,
daß ausgewirkt sei SEINE Rede durch den Mund Jirmejahus,
erweckte er den Geist Cyrus', des Königs von Persien,
und er ließ einen Ruf ergehn durch all sein Königreich, mit
  einem Schreiben auch, des Spruchs: |
²³ So hat Cyrus, der König von Persien, gesprochen:
Alle Königtümer der Erde hat mir ER, der Gott des Himmels, gegeben,
und er ists, der mir zuordnete, ihm ein Haus in Jerusalem, in
  Jehuda zu bauen. –
wer unter euch von all seinem Volk ist: ER sein Gott ist bei
  ihm, er ziehe hinauf! |

INHALTSVERZEICHNIS

INHALTSVERZEICHNIS

DAS BUCH DER

PREISUNGEN
[DIE PSALMEN / DER PSALTER]

Erstes Buch [1.–41. Preisung] 9
Zweites Buch [42.–72. Preisung] 67
Drittes Buch [73.–89. Preisung] 109
Viertes Buch [90.–106. Preisung] 137
Fünftes Buch [107.–150. Preisung] 160

DAS BUCH

GLEICHSPRÜCHE
[DIE SPRÜCHE SALOMOS / DAS BUCH DER SPRICHWÖRTER]

Die Zuchtrede 213
Die Gleichsprüche Schlomos 229
Die Reden der Weisen 253
Die chiskijanische Sammlung 259
Die Reden Agurs 269
Die Reden an Lemuel 272

DAS BUCH

IJOB
[DAS BUCH HIOB]

Die Geschichte von der Versuchung 277
Ijobs erste Klage 281
Elifas' erste Entgegnung 282
Ijobs zweite Klage 285
Bildads erste Entgegnung 288
Ijobs dritte Klage 289
Zofars erste Entgegnung 292
Ijobs vierte Klage 293
Elifas' zweite Entgegnung 297

INHALTSVERZEICHNIS

Ijobs fünfte Klage 299
Bildads zweite Entgegnung 301
Ijobs sechste Klage 302
Zofars zweite Entgegnung 304
Ijobs siebente Klage 306
Elifas' dritte Entgegnung 308
Ijobs achte Klage 309
Bildads dritte Entgegnung 312
Ijobs neunte Klage 312
Elihus Rede 322
Die Rede Gottes aus dem Sturm 332
Ijobs Bekenntnis 338
Die Geschichte von der Wiederkehr 340

DIE FÜNF ROLLEN

1. DER GESANG DER GESÄNGE 345
   [DAS HOHELIED / DAS HOHELIED SALOMOS]
2. DAS BUCH RUT 361
3. DAS BUCH WEHE 373
   [DIE KLAGELIEDER JEREMIAS]
4. DAS BUCH VERSAMMLER 389
   [DER PREDIGER SALOMO / KOHELET]
5. DAS BUCH ESTER 413

DAS BUCH

DANIEL

Die Knaben werden nach Babel gebracht 435
Der Traum Nebukadnezars 436
Die drei Knaben im Feuerofen 442
Nebukadnezar bei den Tieren 446
Die Schrift an der Wand 451
Daniel in der Löwengrube 455
Die erste Schau 459

INHALTSVERZEICHNIS

Die zweite Schau 462
Die dritte Schau 465
Die Vermeldung Gabriels 469

DAS BUCH

ESRA

Cyrus' Ruf an die Heimkehrenden 479
Bau und Widerstand 483
Die Weihe des Hauses 490
Esra kommt nach Jerusalem 491
Die fremdbürtigen Frauen 497

DAS BUCH

NECHEMJA

[DAS BUCH NEHEMIA]

Nechemjas Gebet 505
Nechemja wird nach Jerusalem entsandt 506
Wie die Mauer gebaut ward 508
Die Heraufgezogenen 518
Die Gaben für das Werk 521
Die Feste werden gefeiert 521
Die Ansässigen 530
Die Weihe der Mauer 533
Reinigung und Ordnung 535

DIE BEGEBENHEITEN DER TAGE

[1. UND 2. BUCH DER CHRONIK]

1

Die Geschlechter 541
Dawids Königtum 561
Dawid bereitet den Bau des Gotteshauses 598

2

Schlomos Königtum 604
Rechabam 623
Abija 630
Afsa 633
Jehoschafat 638
Jehoram 649
Achasjahu 651
Joasch 653
Amazjahu 659
Usijahu 662
Jotam 665
Achas 666
Jechiskijahu 669
Mnasche 681
Joschijahu 684
Joachas 691
Jehojakim 692
Jehojachin 693
Zidkijahu 694

———

Martin Buber:
Zur Verdeutschung des letzten Bandes der Schrift ... [1]

MARTIN BUBER

Zur Verdeutschung des letzten Bandes der Schrift

—

Beilage zum vierten Band
Die Schriftwerke
Verdeutscht von Martin Buber

I

ZUR VERDEUTSCHUNG DER
PREISUNGEN

DER ÜBERSETZER der Schrift wird durch die »Preisungen«, ihrer Gestalt und ihrem Stil nach, vor manche neue Aufgabe gestellt, so daß ein Anlaß gegeben erscheint, über einige wichtige Punkte dem Leser Auskunft zu erteilen.[1]
Die hebräische Bibel will als Ein Buch gelesen werden, so daß keiner ihrer Teile in sich beschlossen bleibt, vielmehr jeder auf jeden zu offengehalten wird; sie will ihrem Leser als Ein Buch in solcher Intensität gegenwärtig werden, daß er beim Lesen oder Rezitieren einer gewichtigen Stelle die auf sie beziehbaren, insbesondre die ihr sprachidentischen, sprachnahen oder sprachverwandten erinnert und sie alle einander erleuchten und erläutern, sich miteinander zu einer Sinneinheit, zu einem nicht ausdrücklich gelehrten, sondern dem Wort immanenten, aus seinen Bezügen und Entsprechungen hervortauchenden Theologumenon zusammenschließen. Das ist nicht eine von der Auslegung nachträglich geübte Verknüpfung, sondern unter dem Wirken dieses Prinzips ist eben der Kanon entstanden, und man darf mit Fug vermuten, daß es für die Auswahl des Aufgenommenen, für die Wahl zwischen verschiedenen Fassungen mitbestimmend gewesen ist. Aber unverkennbar waltet es schon in der Komposition der einzelnen Teile: die Wiederholung lautgleicher oder lautähnlicher, wurzelgleicher oder wurzelähnlicher Wörter und Wortgefüge tritt innerhalb eines Abschnitts, innerhalb eines Buches, innerhalb eines Bücherverbands mit einer stillen, aber den hörbereiten Leser überwältigenden Kraft auf. Man betrachte von dieser Einsicht aus die sprachlichen Bezüge etwa zwischen Propheten und Pentateuch, zwischen Psalmen und Pentateuch, zwischen Psalmen und Propheten, und man wird immer neu die gewaltige Synoptik der Bibel erkennen.
Bau und Sinn vieler Psalmen werden erst von da aus deutlich. Aber die einer besonderen Absicht entbehrende Wiederkehr von Leitworten untersteht dem gleichen objektiven Prinzip

---

1] Ich muß hier – für den Leser gerade dieses Bandes – einiges davon wiederholen, was bereits in einer der Verdeutschung der »Fünf Bücher der Weisung« beigegebenen Abhandlung dargelegt worden ist.

des Aufeinanderbezogenseins der Stellen. Manche Leitworte offenbaren ihre Sinnweite und -tiefe nicht von einer einzigen Stelle aus, die Stellen ergänzen, unterstützen einander, Kundgebung strömt dauernd zwischen ihnen, und der Leser, dem ein organisches biblisches Gedächtnis zu eigen geworden ist, liest jeweils nicht den einzelnen Zusammenhang für sich, sondern als von der Fülle der Zusammenhänge umschlungen. Die latente Theologie der Schrift wirkt unmittelbar da, wo sich der Gehalt der einzelnen Leitworte solcherart aus verschiedenen Sätzen, verschiedenen Textformen, verschiedenen Äußerungsstufen als der gleiche auftut. Wohl ist nicht das Wort, sondern der Satz natürliches Glied der lebendigen Rede, aber der biblische Satz will biblisch erfaßt werden, d. h. in der Atmosphäre, die sich durch die Wiederkehr der gleichen Leitworte erzeugt. Daß diese ein wirkungsstarkes Eigenleben führen, macht den Zusammenhang des Psalmenbuchs erst voll verständlich.

Dieses innere Band sichtbar zu machen, ist ein Dienst, in den auch der Übersetzer gestellt ist. Er kennt die Macht der Trägheit, der Geläufigkeit, des Drüberweglesens, im Hebräischen wie im Deutschen; er weiß, wie die von Kind auf Bibellesenden dieser Macht besonders leicht verfallen; er muß das Seine aufbieten, um ihr Einhalt zu tun. Dazu gehört, daß er, wo es nottut und wo es angeht, das prägnante, einprägsame Wort wähle, das, wo es wiederkehrt, sogleich wiedererkannt wird, und dabei auch ein ungewohntes nicht scheue, wenn die Sprache es gern aus einer vergessenen Kammer hergibt; dazu gehört, daß er, wo es nottut und wo es angeht, einen hebräischen Wortstamm durch einen einzigen deutschen wiederzugeben bestrebt sei, einen nicht durch mehrere, mehrere nicht durch einen. Wo es nottut; denn bei geistig wenig betonten oder unbetonten Worten wird man den Grundsatz – soweit nicht das Amt aller Übersetzer auch hier zu üben ist, die Synonyme nicht durcheinander zu werfen, sondern in ihrer Sinndifferenzierung zu belassen[2] – lockern oder aufheben dürfen. Und

---

[2] Dieses Postulat wird auch heute noch von den Übersetzern des Alten Testaments unbeachtet gelassen; eine so bedeutende Psalmenübersetzung wie die Gunkels gibt z. B. vier verschiedene Wortstämme durch den einen »spott« und fünf verschiedene durch den einen »schrei« wieder.

wo es angeht; denn oft wird sich aus den besonderen Bedingtheiten einer Stelle die Pflicht ergeben, sie als Ausnahme zu behandeln. Jeder Dolmetscher ist ja unter eine Doppelheit von Gesetzen gestellt, die einander zuweilen zu widerstreiten scheinen: das Gesetz der einen und das der andern Sprache; für den die Schrift Übertragenden tritt eine andere Doppelheit hinzu; das Gesetz, das aus dem Eigenrecht der einzelnen Stelle, und das andere, das aus der biblischen Ganzheit spricht. Aber wie jene zwei sich aus der Tatsache versöhnen, vielmehr verbünden, daß es nur vorletztlich Sprachen, letztlich aber – unhörbar und doch unüberhörbar – die eine Sprache des Geistes, »jene einfache, allgemeine Sprache« [Goethe] gibt, so überwindet sich der Widerstreit zwischen Recht des Satzes und Recht des Buches immer neu aus der Tatsache, daß beide ihren Sinn von der einen dialogischen Begegnung ableiten, die dort der menschlichen Person und dem Augenblick, hier dem Volke und der Weltzeit gilt, dem Volk, in das die eigenständige Person, und der Weltzeit, in die der eigenständige Augenblick gefügt ist. Was der Übersetzer jeweils als Kompromiß anzusehen geneigt ist, kann auch einem andern Bereich als dem seiner menschlichen Armut entstammen.

Aber auch dem einzelnen biblischen Buch, dem einzelnen biblischen Bücherverband kann dem Ganzen gegenüber solch ein Eigenrecht zustehen, so daß in diesem Raum etwelche Wörter anders als sonst übersetzt werden dürfen und sollen, weil die Art und der Stil dieses Teils der Bibel es fordern, weil etwa das eine oder andre Wort hier unsinnlicher, abstrakter geworden ist, oder auch weil gerade durch die Abweichung von der bisherigen Wiedergabe nun eine einheitliche innerhalb des einzelnen Buches ermöglicht wird, die ihre spezifische Wichtigkeit hat. Überall wird nach dem für die Absicht der Übertragung höheren Wert zu fragen und danach zu entscheiden sein.

Ich will hier zunächst an fünf Grundworten die strenge, dann an ein paar andern Beispielen die aufgelockerte Methode darlegen.

Von den fünf sind die drei positiven im »Buch der Preisungen« ebenso gleichmäßig wie in den früheren, die zwei negativen noch gleichmäßiger übersetzt worden.

Cheſsed, zedek und *emeth,* zentrale Begriffe der biblischen

Theologie, die göttliche Tugenden verherrlichen und dem Menschen, der »in den Wegen Gottes« gehen soll, zur Nachahmung darstellen, sind alle drei Begriffe der Übereinstimmung, der Zuverlässigkeit. *Chefsed* eine Zuverlässigkeit zwischen den Wesen, und zwar wesentlich die des Bundesverhältnisses zwischen dem Lehnsherrn und seinen Dienstmannen, ganz überwiegend die Bundestreue des Herrn, der seine Diener erhält und beschützt, sodann auch die der Untertanen, die ihrem Herrn treu ergeben sind. Der diesem Gegenseitigkeitsbegriff entsprechende deutsche Wortstamm ist »hold«: sowohl das Adjektiv hold wie das Nomen Huld bezeichnen ursprünglich auch die Treue von unten nach oben [»dem Schutzherrn mit redlichem Herzen hold und gewärtig zu sein«, heißt es bei Niebuhr], der »Holde« hieß mittelhochdeutsch der Lehnsmann, und in unserem »huldigen« lebt diese Seite des Begriffs fort; aber auch dessen ästhetische Verselbständigung, wie sie von Jes 40,6 gefordert wird, gibt der deutsche Wortstamm mit »Holdheit« her. In den Psalmen sind Gottes *chafsidim* seine Holden, seine treue Gefolgschaft. *Zedek* ist die weitere und vielfältigere Konzeption: es bedeutet die Zuverlässigkeit eines Handelns einem äußeren oder inneren Sachverhalt gegenüber; einem äußeren gegenüber, indem es ihn zur Geltung bringt, ihm Raum schafft, ihm sein Recht werden läßt; einem inneren, indem es ihn verwirklicht, ihn aus der Seele in die Welt setzt. Der einzige deutsche Wortstamm, der beiden Bedeutungen Genüge tut [wogegen das dem Stamm *schafat* entsprechende »recht« nur auf die erste trifft], ist »wahr«: Wahrheit, Wahrhaftigkeit, Bewahrheitung [des Unschuldigen im Gericht], Wahrspruch, Wahrbrauch [der mit ehrlicher Intention getane Brauch], Bewährung stecken den Umfang des Begriffes ab. *Emeth* schließlich [das man durch »Wahrheit« wiederzugeben pflegt] bezeichnet die Zuverlässigkeit schlechthin, auch die ganz innere, und kann, wie das stammeszugehörige *emuna*, nur vom Wortstamm »trau« aus einheitlich erfaßt werden; *emeth* ist wesentlich die Treue, und *emuna* kommt ihm zuweilen so nah, daß es da nicht wie sonst durch »Vertrauen«, sondern ausnahmsweise [ich habe hier lange aber vergeblich zu widerstreben versucht] durch das gleiche Wort »Treue« wiedergegeben werden muß.

Besonders streng mußten die beiden negativen Grundbegriffe erfaßt werden. Bei *awen* ist der Grund dafür offenkundig. Auch wenn man nicht mit Mowinckel annimmt, daß damit schwarze Magie gemeint sei, muß man die ungeheure Wucht erkennen, die das Wort gerade in den Psalmen hat: es bezeichnet das Böse als die unheimliche Macht des »Argen«, des Args. Von anderen Motiven ist die Wiedergabe von *schaw* bestimmt. *Schaw* ist das Fiktive – und zwar zum Unterschied z. B. von *hebel*, Dunst oder Tand, das Fiktive besonders als dem die Realität angemaßt wird, das sich daher bis zum eigentlich Widergöttlichen, Widerwirklichen steigern kann. Wörter wie »eitel«, »nichtig«, »falsch« sind nicht stark genug, um diese Weltmacht des Götzentums zu benennen; es gibt nur ein einziges deutsches Wort, das dies vermag, und das ist »Wahn«. Darum ist die zentrale *schaw*-Stelle, die des Dekalogs, in unsrer Verdeutschung so wiedergegeben: »Trage nicht SEINEN deines Gottes Namen auf das Wahnhafte« [nicht »Du sollst den Namen ... nicht freventlich aussprechen«; *nafsa* ohne *kol* kann wohl anheben, aber nicht aussprechen bedeuten], d. h. belege nicht eine aufgeblähte Fiktion mit dem Namen der höchsten Wirklichkeit, und die auf diese Stelle über das *schaw* im Verhältnis zu Gott bald [2.M 23,1] folgende[3] mit gleichem Verb über das *schaw* im Verhältnis zum Mitmenschen so: »Trage nicht Wahngerücht um!« Dem *schaw* ergibt sich eben nicht bloß, wer vom Wahn aus, sondern auch wer auf den Wahn hin redet oder handelt, nicht bloß wer Wahn übt, sondern auch wer Wahn erzeugt; in den Psalmen kommt diese Bedeutung von *schaw*, als »Suggerieren« des Fiktiven, frevelhaftes Spielen mit dem im andern erzeugten oder zu erzeugenden Wahn, Trugspiel, Wahnspiel, 12,3, 26,4, 41,7 und 144,8,11 vor. Aber auch die Dekalogwendung kehrt zweimal in den Psalmen wieder, und es sind außer jenen Stellen des Pentateuchs die einzigen in der Bibel, an denen *nafsa la-schaw* steht; an der einen, 139,20, heißt es von den »Gegnern Gottes«, daß

3] Auch in die Deuteronomiumsfassung des Dekalogs ist eine entsprechende Stelle aufgenommen worden, indem das *scheker*, Lüge, der Exodusfassung durch *schaw* ersetzt wurde, offenbar um auch hier den Spruch über das *schaw* im Verhältnis zu Gott durch einen über es im Verhältnis zum Mitmenschen zu ergänzen.

sie ihn »zu Ränken besprechen«, und es, dieses Besprechen, also den besprochenen Namen »hinheben auf das Wahnhafte«; an der andern, 24,4, wird »der am Herzen Lautere« gepriesen, »der zum Wahnhaften nicht hob seine Seele« [von hier aus erweist sich wieder die Hinfälligkeit der angeblichen Bedeutung »aussprechen«], d. h. der seine Seele nicht der weltmächtigen Fiktion ergab. Diese beiden Stellen wollen mit dem Dekalogspruch zusammengehört werden. Von ihrem Pathos geht etwas auf alle Psalmverse über, in denen das Wort *schaw* wiederkehrt, und dieses Pathos muß in der Übertragung erhalten werden: wie 31,7 nicht »schlechte Nichtigkeiten« [Duhm] oder »nichtige Götzen« [Gunkel], sondern »Dunstgebilde des Wahns«, und wie 60,13 nicht »eitel ist ja der Menschen Hilfe«, sondern »Befreiertum von Menschen ist Wahn«, so ist 89,48 nicht »zu welcher Nichtigkeit« oder »für nichts«, sondern »zu wie Wahnhaftem hast du erschaffen alle Menschenkinder«, und 127,2 nicht »eitel für euch steht ihr früh auf« oder »umsonst daß ihr frühe aufsteht«, sondern »Wahnheit ists euch, die ihr überfrüh aufsteht« zu übertragen. So erst steht in der Breite des Psalmenbuches die mächtige Fiktion in ihren mannigfachen Untaten sichtbar genug der Wirklichkeit gegenüber.

Anders verhält es sich mit Wörtern, die diese Betonung und Assoziationsdichtigkeit nicht haben. So braucht z. B. das kaum betonte *ra* nicht einheitlich wiedergegeben zu werden [daß dabei »böse« bevorzugt wurde, liegt daran, daß dieser Wortstamm die geforderte Doppelbedeutung von Missetat und Unglück mit größerer Intensität als andre darbietet]. Ein mittlerer Weg durfte da eingeschlagen werden, wo ein Wort zwar sein eignes Pathos besitzt, aber seine begriffliche Sonderheit nicht so ausgeprägt ist, daß eine einheitliche Behandlung geboten erschiene. Solcherart ist z. B. der gewichtige, aber nicht scharf determinierte Wortstamm *elaf*. Man durfte hier, zumal eine durchaus befriedigende deutsche Entsprechung wohl nicht zu finden wäre, der Vielfältigkeit des Begriffs, der Macht, Trotz, Wehr und Sieg umfaßt, Rechnung tragen; doch mußten, um die verbindenden Linien nicht zu verwischen, innerhalb der Gruppen zusammengehöriger Lieder Verknüpfungen und auch zwischen den Gruppen nach Möglichkeit Übergänge hergestellt werden [dabei wurde das zwar kaum etymologisch, wohl aber volksetymologisch hierher gehörende *maof* zur Abhebung von *of* durch Komposita wiedergegeben].

Ein Wort, dessen einheitliche Wiedergabe, so notwendig sie an den entscheidenden Stellen und allen mit ihnen in Beziehung stehenden ist, von vornherein nicht als eine unbedingte angesehen werden konnte und im Psalmenband eine weitere Auflockerung erfahren mußte, ist *ruach*. Es war von den Absichten dieser Verdeutschung aus unumgänglich, diesem Wort, das in einer elementaren Einheit die Bedeutungen »Geist« und »Wind« umschließt, seine Sinnlichkeit zu bewahren, die dieses Umschließen ermöglicht, und das war die Sinnlichkeit nicht eines Dings, sondern eines Geschehens und mußte es bleiben; da aber das Wort »Geist«, das ursprünglich diese dynamische Sinnlichkeit besaß, sie längst verloren hat, mußte eins wie »Braus« herangezogen werden, das sich zu »Geistbraus« und »Windbraus« gabelte. Aber »Geistbraus« war nur da angemessen, wo vom Geist als dem von Gott ausgehenden schöpferischen begeisternden Geistessturm die Rede ist, nicht wo es sich um den abgelösten und in sich beschlossenen Menschengeist handelt, der eben verdinglicht als »Geist« auftreten muß; und ebenso war »Windbraus« nur [außer noch an Stellen, wo »Geist« und »Wind« nah beieinander stehen und ihre Einheit nicht verlorengehen darf] da zulässig, wo der Naturvorgang als ein von oben kommender, als einer, in dem der Schöpfungsbraus nachweht, empfunden werden sollte, nicht aber wo lediglich der Ablauf der Naturerscheinung gemeint und also das bloße »Wind« angefordert war. Im Buch der Preisungen tritt, trotz der Schöpfungshymnen, die es enthält, jenes Ursprüngliche gegen Pentateuch, Geschichtsbücher und Propheten weit zurück.

Es gibt aber Fälle, wo Art und Stil dieses Buchs, oder der dichterischen Bücher der Bibel überhaupt, zu radikaleren Änderungen der Wortwahl nötigten. So verlangt der Wortstamm *tamam* hier eine andere Behandlung als bisher: während die Adjektive *tamim* und *tam* im Pentateuch sinngeschieden sind und das zweite mit »schlicht«, das erste aber, wo es eine Eigenschaft der Seele bezeichnet, mit »ganz« übertragen wurde, das allein dem Gehalt von Imperativen wie 1. M 17,1 und

5. M 18,13 gerecht werden kann, nähern sie sich einander in den Geschichts- und Künder-Büchern und verschmelzen im Psalmenbuch, wie auch in den beiden nachfolgenden, zu einem einzigen Grundwort, welches – die beiden Adjektive mit den zugehörigen Substantiven umfassend – insbesondere für die Psalmen den Charakter eines führenden Begriffs gewinnt, dessen starkem Ethos eine annähernd einheitliche Wiedergabe gebührt. Diese Wiedergabe kann in der Atmosphäre der Psalmen nicht mehr von »ganz«, nur noch von »schlicht« aus versucht werden. Wenn diesem auch nicht die Absolutheit von »ganz« eignet, so hat es doch eine edle Anschaulichkeit, die den üblichen Übersetzungen »fromm«, »vollkommen« abgeht.

Für Wortstämme, die nur an einzelnen Stellen notwendigerweise eine Entsinnlichung erfahren haben, mag *sawach* [50,14,23, auch 43,4 und 84,4] als Beispiel dienen; es bedeutet ursprünglich »schlachten« als Opferhandlung, hier aber »opfern«. Erwähnt mag hier auch *mascḃal* werden, das einen parallelistisch gebauten Versspruch bedeutet und daher durch »Gleichspruch« [49,5] wiedergegeben wird, aber zuweilen, wie 44,13, als »Gleichnis« verstanden werden darf.

II

ZUR VERDEUTSCHUNG DER
GLEICHSPRÜCHE

Eine Erklärung des Terminus »Gleichsprüche« erscheint erforderlich, da er einem des Hebräischen unkundigen Leser und vielleicht auch manchem seiner Kundigen befremdlich klingen mag.
Das Nomen *maschal*, das ich mit »Gleichspruch« übersetze, kann nicht wohl von dem Verb *maschal*, herrschen, sondern nur von dem Verb *maschal*, vergleichen, abgeleitet werden. [Daß beide Verben wurzelgleich sind und die Bedeutung im Kal etwa als »die einander entsprechenden Dinge zusammenordnen« zu fassen ist, möchte ich immerhin vermutungsweise äußern: von dieser Einheit aus läßt sich eine Verzweigung zu einerseits »regeln, verwalten, walten« und anderseits »als entsprechend behandeln, vergleichen« wohl verstehen.] ›Vergleichen‹ ist keine ganz zulängliche Wiedergabe der Bedeutung im Niphal: gerade auf eine strenge Gleichung könnte das Wort nicht angewendet werden; richtiger ist ›teilweise gleichen‹, noch genauer ›entsprechen‹. Wenn von A gesagt wird, daß es *nimschal* dem B, so heißt das nicht, es werde mit ihm identifiziert, sondern es gebe in A Elemente, die sich mit Elementen von B sinnlich oder sinnhaft berühren, und A könnte B so gegenübergestellt werden, daß diese Berührung unmittelbar verspürt wird. Als Bezeichnung eines sprachlichen Gebildes weist das Nomen *maschal* doch wohl am ehesten auf die Zusammenordnung zweier oder mehrerer einander entsprechender rhythmischer Teileinheiten hin, wobei die Entsprechung dann als vollkommen angesehen werden darf, wenn bestimmte Worte der einen Einheit sich mit den an der gleichen Stelle stehenden der anderen sinnhaft berühren. *Maschal* ist also zunächst ein in sich »parallelistisch« gebautes Gebild, ein Gleichlaufgebild. Von da aus entwickelt sich aber die Wortbedeutung über den Bereich der rhythmischen Zusammenordnung in den der ungebundenen Äußerung hinaus, und zwar scheint der Übergang das aus dem salomonischen Spruchbuch wohlbekannte »malende« Distichon [z. B. Kap. 25, Verse 11, 12, 14, 18, 19] zu sein, in dem der erste Stichos einen sinnlichen, der zweite einen jenem verglichenen geistigen Vorgang behandelt.

Auch ohne rhythmisches Gleichmaß kann »Gleichnis« gestaltet werden, auch es heißt *maschal*. Es kann sich aber auch eine Aneinanderreihung von parallelistisch gebauten Spottversen zum lockerer geformten Spottgedicht, eine Aneinanderreihung von parallelistisch gebauten Sinnsprüchen zur lockerer geformten Lehrrede umbilden, und auch diese werden *maschal* genannt. Auch zur Orakelrede können sich die Distichen zusammenschließen, und auch ihr haftet der gleiche Name an. Dagegen wird das reine Lied niemals *maschal* genannt, weil der primäre Charakter seiner einheitlichen Ganzheit so stark ist, daß es schlechthin nicht als eine Zusammenfügung jener kleinen Einheiten aufgefaßt werden kann; ein Lied setzt sich eben nicht aus Versen zusammen, sondern gliedert sich in ihnen.

Parallelistische Dichtung ist nicht den Semiten eigentümlich; wir finden sie überall, von »primitiven« Negerstämmen bis zu einer so verselbständigten höfischen Kultur wie die chinesische. Als ihren Ursprung möchte ich die dialogische oder antiphonische Improvisation ansprechen. Bei den Ostasiaten singen in Jahreszeitfesten, mit denen Brautwerbungsriten verschmolzen sind, Jünglings- und Mädchenchöre einander parallelistisch an; bei den finnisch-ugrischen Völkern fassen je zwei Sänger des Volksgesangs, Knie an Knie gegenübersitzend, einander an den Händen und singen, die Oberkörper einander rhythmisch zuwiegend, mitsammen die parallelistischen Doppelverse der Sage. Auch in der Bibel wird oft [so 2. M. 32,18; Ri. 5,11; I. Sam. 18,7; 21,12; Jes. 27,2] von Wechselgesang berichtet, und der Begründer der biblischen Poetik, Robert Lowth, meint sogar [De sacra poesi Hebraeorum, 1753], bei den Hebräern habe fast alles Dichten irgendwie dialogische Form. Ich glaube annehmen zu dürfen, daß auch der Ursprung des Maschal, dieser konzentrierten parallelistischen Gestaltung, ein dialogischer gewesen ist: der eine Sprecher sagt einen Vers, der andere antwortet ihm, antithetisch oder bildausdeutend oder ergänzend, immer aber in der Form der Entsprechung. Während jedoch z. B. in China die subtilste Ausbildung des Parallelismus in einem literarischen Spiel geschieht, wo die Aufgabe gestellt wird, einen Satz durch einen Wort um Wort entsprechenden zum Doppelvers zu run-

den, vollzieht sich in Israel ein merkwürdiger Prozeß. Unter den möglichen Antwortarten tritt die antithetische beherrschend hervor, und in ihrer Form spricht sich ein gegensätzliches Grundverhältnis aus, welches den Kern aller hebräischen Spruchdichtung darstellt: der Kampf zwischen der »Weisheit«, die die Erkenntnis der Wege Gottes ist, und der »Torheit«, als die das Abirren von diesen Wegen erscheint. Dieser Kampf ist das große, bei aller Einheitlichkeit doch erstaunlich vielfältig variierte Hauptthema der »Gleichsprüche«, auf das alle andern Themen direkt oder indirekt bezogen sind.
Die hebräische Spruchdichtung ist nicht original. Sie hat der altorientalischen, insbesondere der reichen ägyptischen Weisheitsliteratur vieles entnommen, einiges geradezu daraus übertragen. Aber das entscheidende Moment der Geistesgeschichte, die Wandlung in der Übernahme, bekundet sich auch hier. In einen neuen, wesensverschiedenen geistigen Lebenszusammenhang, in die Sphäre dieses leidenschaftlichen, vorbehaltlosen Streites der um Gott wissenden »Weisen« gegen die »Toren«, die sich wider das Um-Gott-zu-wissen-bekommen sperren, gebracht, wandeln sich die Sprüche Ägyptens und Babyloniens zu etwas Wesensverschiedenem. Die durch die Form des Gleichspruchs begünstigte vitale Antithetik entfaltet sich hier, und nur hier, zur Aussprache eines Ringkampfs, der den Raum der Welt und die Dauer ihrer Geschichte braucht, um ausgefochten zu werden.

III
ZUR VERDEUTSCHUNG DES BUCHES IJOB

DAS BUCH IJOB stellt den nach der echten Treue strebenden Übersetzer vor zwar sehr spezielle, aber auch sehr gewichtige Probleme.

Dieses Buch ist eine dialogische Komposition, verbunden mit einer Rahmengeschichte, die vermutlich einer älteren literarischen Schicht entstammt, aber dann als im Hinblick auf das dialogische Werk überarbeitet angesehen werden muß.

Die Dialogik ist hier jedoch von einer besondern Art: sie ist von Dialektik durchsetzt; und zwar von einer vielfach geradezu forensisch wirkenden Dialektik. Im Mittelpunkt steht Ijobs Rechten mit Gott als seinem Richter. Eine Apologie ist es nicht; eher darf man es einen Protest und einen Appell nennen, und zwar nicht eigentlich gegen ein Urteil – Ijob vermag nicht anzuerkennen, daß ein solches gefällt worden wäre –, sondern eher gegen eine, eben durch kein Urteil begründete, Strafe. Das, was ihm widerfahren ist, muß er, von der unerschütterlich überlieferten Lehre von Lohn und Strafe aus, als eine solche betrachten, aber, da sie von keinem ihm irgend erkennbaren Urteil gedeckt wird, als eine ungerechte Strafe. Appellieren kann er naturgemäß von dem Gott, der »Schlichte und Schuldige tilgt« [9,22], der sein, Ijobs, Recht, sein Recht auf ein Urteil »hat entweichen lassen« [27,2, vgl. 34,5], an ebendenselben Gott, der als Gott letztlich doch gerecht sein, also jetzt und hier wieder gerecht werden, das Recht wiederkehren lassen muß. Ijob fordert, was man im irdischen Gerichtsverfahren eine ordnungsgemäße Prozedur nennen mag. Zugleich aber weiß er genau, daß diese seine Forderung widersinnig ist; so übermächtig ist Gott ja seinem Geschöpf, daß er den eignen Mund des »bewährten« Menschen ihn »schuldigen« lassen kann [9,20]. »Ich soll, ich soll schuldig sein«, ruft Ijob, »wozu mag um Dunst ich mich mühn!« [9,29]. Aber er geht noch darüber hinaus. Gewiß, er, der Mensch, sündigt, weil er eben Mensch ist, aber wie kann der ihm unendlich Überlegene sich mit diesen Menschensünden abgeben! »Habe ich gesündigt, was bewirke ich dir, Hüter des Adamgeschlechts? ... Weshalb erträgst du meine Abtrünnigkeit nicht?« [7,20f.].

BUCH IJOB [15]

In eigentümlicher Weise greift der erste Teil der Rahmengeschichte dieser Klage vor. Hier wird diesseits der Dialektik mit epischer Eindeutigkeit berichtet, daß das, was Ijob widerfuhr, nicht eine Strafe, sondern eine Versuchung ist, die Versuchung eines »schlichten und geraden, Gott fürchtenden und vom Bösen weichenden« Mannes [1,8] durch Gott, der ihn als solchen kennt und rühmt. Die Gestalt des »Hinderers« [das bedeutet das hebräische Wort Satan], der Gott »reizt, ihn umsonst zu verschlingen«, wird wohl aus einem alten Volksbuch herübergenommen sein; aber die jetzige Fassung läßt Bezüge auf die dialogische Komposition erkennen. Ein solcher Bezug erscheint in dem Wort »umsonst« [hebr. *chinnam*], das hier als Leitwort auftritt, und zwar in seinen zwei Bedeutungen, »ohne Entgelt« und »grundlos«. Der Hinderer fragt Gott in ihrem ersten Zwiegespräch [1,9f.]: »Ist's umsonst, daß Ijob Gott fürchtet? Bist nicht du's, der ihn und sein Haus und alles Seine rings umschirmt hat?« Im zweiten Gespräch aber kehrt das Wort, wie oben angeführt, in der entscheidenden Bedeutung wieder: Gott sieht das Ijob Angetane als »umsonst«, grundlos getan an: Ijob hat dazu keinen Anlaß gegeben, es war eben eine Versuchung – und die Versuchung wird fortgesetzt. Die Verknüpfung mit der Klage Ijobs [9,17], Gott schnappe im Sturm nach ihm und mehre »umsonst« seine Wunden, ist offenkundig. Einer der »Freunde« bestreitet, daß Gott dergleichen tue; er, Ijob, sei es vielmehr, dem solches vorzuwerfen sei: wenn Gott ihn so straft, habe er gewiß seine Brüder »umsonst« gepfändet [22,6]. – Noch charakteristischer ist eine andere Leitwort-Führung, die sich zwar auf die einleitende Erzählung beschränkt, sie also nicht mit der dialogischen Komposition verknüpft, von deren Dialektik aber sichtlich beeinflußt ist. Es geht hier um das Verb *barech*, das im allgemeinen »segnen« bedeutet, aber ein »gegensinniges« Wort ist,[1] das auch den Sinn von »jemandem absagen«, indem man sozusagen durch einen Abschiedsgruß, einen Abschiedssegen, die Verbindung mit ihm abbricht, haben kann; dann ist das Verb in einer Übertragung wie diese, die – insbesondere wo es um leitwortartige Wiederholungen geht – auf Wahrung des Wortstamms bedacht

---

1] Solche Stellen als nachträgliche »Euphemismen« zu erklären, halte ich für abwegig.

ist, durch »jemandem absegnen« wiederzugeben. Der Hinderer spricht zu Gott [1,10 f.]: »Das Tun seiner Hände hast du gesegnet ... rühre an alles Seine, ob er nicht in dein Antlitz dir absegnet!« Seinen Worten präludiert ein Ausspruch, den Ijob vordem zu tun pflegte, wenn er befürchtete, seine Söhne könnten sündigen und »Gott in ihrem Herzen absegnen« [1,5]. Und auf dem Gipfel der Heimsuchung redet Ijobs Weib ihn so an [2,9]: »Noch hältst du an deiner Schlichtheit! Segne Gott ab und stirb!« Daß Ijob dies als eine schändliche Rede verwirft, hängt leitwortmäßig eng zusammen mit seinem kurz vorher [1,21] berichteten Spruch: »*ER* ist's, der gab, und *ER* ist's, der nahm, *SEIN* Name sei gesegnet!« Die dialogische Komposition läßt, dem von der Gegensätzlichkeit durchwobenen Stil des Buches gemäß, die erste Klage Ijobs mit einem Fluch beginnen [3,1]: er verwünscht den Tag seiner Geburt. Er flucht dem eigenen Dasein, über das solches verhängt worden ist, und er segnet Gott, der es verhängt hat. In all seinen Klagen und Protesten sagt er diesem seinem Gott nicht ab, vielmehr er bezeugt ihn, den übermächtig Geheimnisumwitterten, durch eben diese Klagen und Proteste, durch eben seinen Anspruch, seine nicht ablassende Ansprache. Als Gott ihm dann unmittelbar entgegentritt und ihm aus dem Sturme antwortet, ohne dem Appell irgend Folge zu leisten, nur eben das Geheimnis einer Schöpfung, in der kein Recht waltet, als sein eignes Schöpfergeheimnis proklamierend, da beugt Ijob sich, er zieht seinen Appell zurück und bekennt, was er im Grunde schon je und je wußte und bezeugte: daß das Geheimnis ihm »zu wunderbar« ist, als daß er es zu »kennen« vermöchte. In diesem Bekenntnis birgt sich aber noch etwas, das wir nur andeutungsweise erfahren: Ijob sagt, »aufs Hörensagen des Ohrs« [also aus menschlicher Kunde von Gottesworten] habe er bisher ihn »gehört«, nun aber habe ihn sein Auge »gesehn« – unmittelbar, wiewohl ohne alle Minderung der Geheimnishaftigkeit. Vordem, in der letzten seiner Klagen [29,4] hatte Ijob von den Tagen seiner »Frühe« berichtet: »wann Gottes Einvernehmen mir überm Zelt war, wann der Gewaltige noch war bei mir«: Ijobs Glück war nur eine Ausstrahlung von Gottes Nähe; alles Unheil, das ihm hernach widerfuhr, war nur eine Auswirkung der allein wesentlichen

Tatsache, daß Gott ihm seine Nähe entzog und er sich mit dem »Hörensagen« zu bescheiden hatte. Nun aber hat Gott ihm seine Nähe wieder geschenkt, er darf ihn wieder »sehen«, das »Einvernehmen« von einst ist zu seiner Vollendung gediehen. Nun bedarf es keiner Entgeheimnissung mehr, denn der Mensch darf im Angesicht des nicht zu enträtselnden Geheimnisses leben. Zwischen Recht und Unrecht wird nicht entschieden; sie werden aufgehoben durch das »Sehen«. Das Leid bleibt vorerst ungemindert, Ijob sitzt immer noch »hier in dem Staub und der Asche«, und doch hat sich alles verwandelt, denn der Gegensatz von Lohn und Strafe ist durch das Mysterium der Nähe abgelöst worden.
Die Rahmengeschichte spricht ein Wissen aus, das Ijob selber und der ganzen dialogischen Komposition fremd bleibt: sie versteht das Wirken des Geheimnisses in Ijobs Schicksal als eine Versuchung. Gott »versucht« je und je Menschen, denen er nah ist und die er liebt. Der Schluß der Rahmengeschichte bekundet, daß Ijob, der Mann der Klagen und Proteste, die Versuchung als ein Gott Bezeugender bestanden hat: wie im Anfang [1,8; 2,3], so nennt ihn jetzt wieder [42,7f.] Gott Mal um Mal seinen »Knecht«, und nun im Sinn einer endgültigen Berufung, der Berufung zu einem Mittler [42,8,10; das hier hervorgehobene Wort für »beten« bedeutet ursprünglich: sich ins Mittel legen].

*

Für die Verdeutschung der dialogischen Komposition ist von zentraler Wichtigkeit, daß sie von der Gegensätzlichkeit zweier Wortstämme, *zadak* und *rascha*, durchzogen ist. Der erste ist, wie ich [im Abschnitt über die »Preisungen«] dargelegt habe, notwendigerweise nicht durch den Wortstamm »recht«, sondern, wie in allen andern Büchern der Schrift, durch »wahr« wiederzugeben. Hier, im Buch Ijob, geht es vor allem um den Begriff der »Bewahrheitung«: die Sache des »Bewährten« soll in ihrer Wahrheit erwiesen werden. Der diesem gegenüberstehende Wortstamm kann dagegen hier nicht, wie sonst, von dem Stamm »frevel« aus wiedergegeben werden; wir müssen den Stamm »schuld« heranziehen, denn auch hier geht es im wesentlichen um ein Erweisen, nur eben um ein negatives, um ein Als-schuldig-erweisen, genauer: ein Als-schuldig-erscheinen-lassen. »Schuldige mich nimmer!« – so ruft Ijob Gott an [10,2]. Gott aber spricht zu ihm [40,8]: »Willst du gar mein Recht zerbröckeln, mich schuldigen, damit du bewahrheitet werdest?« Hier ist die Dialektik im Raume zwischen Gott und Mensch an ihr Ende gelangt.

IV

SCHLUSSBEMERKUNGEN[1]

1

ALS ICH ANFANGS 1914 mit ein paar Freunden den Plan einer neuen Übertragung der hebräischen Bibel faßte, und wir sogar einen großen deutschen Verlag dafür gewannen [der Anfang des Kriegs hat dann dem Vorhaben ein Ende gemacht], empfanden wir zwar diese Unternehmung als notwendig, ohne aber eigentlich zu wissen, worin das Neue zu bestehen habe, also auch ohne eigentlich zu wissen, weshalb sie notwendig sei. Und als 1920 Franz Rosenzweig mit einem Freunde die Frage einer für die jüdische Gemeinschaft in deutschsprachigen Ländern bestimmten neuen Übersetzung erörterte, widersprach er dem Gedanken; es komme, sagte er, nur eine »jüdisch revidierte Lutherübersetzung« in Betracht – womit er ja nicht bloß das Vorhandensein eines neuen Übersetzungsprinzips, sondern geradezu dessen Möglichkeit bestritt. Noch Anfang 1925 hat er »eine neue offizielle Bibelübersetzung nicht bloß für unmöglich, sondern sogar für verboten« gehalten [Brief an mich vom 25. Januar]. Diese Überzeugung hat er dann auch, als ich bald darauf, Anfang Mai, von einem jungen deutschen Verleger, Lambert Schneider, aufgefordert, das »Alte Testament« neu zu übersetzen, ihn, Rosenzweig, zur Mitarbeit einlud, mir gegenüber nachdrücklich vertreten. Nur das Experiment konnte entscheiden. Ich habe mit redlichem Eifer einen Tag an den Versuch gewandt, von Luthers erstem Genesis-Kapitel zu erhalten, was sich erhalten ließ. Der Versuch scheiterte; nichts ließ sich erhalten, Satz um Satz wandelte sich vom Grunde aus. »Die Patina ist weg, dafür ist es blank wie neu, und das ist auch was wert«, urteilte Rosenzweig. – Und so begann Die Schrift.

2

Am 19. Juni schrieb mir Rosenzweig: »Die Mitarbeit hat mich von meinen anfänglichen Vorbehalten bekehrt: ich halte jetzt selbst das von Ihnen gefundene Prinzip einer Übersetzung

---

1] Leicht abgeänderter Wortlaut einer Ansprache, die eine nach Vollendung der Übertragungsarbeit veranstaltete Hausfeier abgeschlossen hat.

SCHLUSSBEMERKUNGEN

für das richtige.« Was für ein »Prinzip« war das, und wie ist es »gefunden« worden?

In den für den Weg meines Denkens entscheidenden Jahren 1916-1920 ging mir – inmitten einer universalen Klärung – auf, wie ich Goethes Satz von der Ursprungstiefe menschlicher Geschlechter zu verstehen hätte: »wie das Wort so wichtig dort war, weil es ein gesprochen Wort war«. [Meine Rede von 1960 über »Das Wort, das gesprochen wird«[2] ist nur der vollgereifte Ausdruck jener Erkenntnis.] Ich bin damals dem Charakter früher mündlicher Überlieferung heiliger Texte nachgegangen, und zwar vornehmlich aus Epochen in denen das die Überlieferung tragende Volk bereits eine ausgebildete Schriftlichkeit seiner Sprache besaß [so in der vedischen Religion, in einem gewissen Maße auch noch im frühen Islam]: man verstand die Texte [im wesentlichen Gesänge und Lehrreden berichtender, deutender und anweisender Art] niederzuschreiben, aber man tat es nicht, es war nicht gebührlich – nur in besonderen Fällen und zu besonderen Zwecken gebot sich die Niederschrift. Von Gewicht war dabei für mich die Tatsache, daß man vielfach in der mündlichen Übergabe die größere Sicherheit für die Erhaltung des Wortlauts sah – eine Auffassung, die bemerkenswerterweise von bedeutenden Forschern unserer Zeit als für bestimmte religiöse Kulturen zutreffend bezeichnet wird. Durch jene Studien ist das in mir seit langem wachsende *akustische* Verständnis der Bibel zum ordnenden Bewußtsein gebracht worden.

Es ergab sich mir vor allem, daß für eine mündliche – und das heißt: nicht objektivierende – Textentstehung und Textbewahrung von vornherein eine elementare Verbundenheit von Gehalt und Form besteht. In dieser Sphäre tönender und sinngeladener Spontaneität war die Sagweise von dem zu Sagenden gar nicht zu trennen: dieses konnte überhaupt nur *so* gesagt werden. Das gilt freilich in einem gewissen Maße auch für alle echte Dichtung; aber zum Unterschied von dieser ist in jenem Bereich heiliger Gesprochenheit weithin keine durch Symbolzeichen darstellbare Gleichmäßigkeit zu finden. So

---

[2] Veröffentlicht in »Wort und Wirklichkeit«, R. Oldenbourg, München, 1960, sowie zusammen mit einer anderen Rede in meinem Buch »Logos«, Lambert Schneider, Heidelberg 1962.

kann sich hier zwar ein metrischer Bau entwickeln [ein großer
Teil der Bibel ist ja bereits metrisch geformt], aber das Ursprüngliche ist nicht das Metrum, sondern die Kolometrie,
d. h. die Gliederung in Einheiten [Kolen], die *zugleich* Atemeinheiten und Sinneinheiten sind. »Das Grundprinzip der
natürlichen, der mündlichen Interpunktion« hat Rosenzweig
zutreffend den Atemzug genannt [in dem Aufsatz »Die Schrift
und das Wort«]; nur muß dabei beachtet werden, daß in dem
Bereich der reinen Mündlichkeit, von dem wir hier reden,
Atemholen und Sinnpause derselbe Moment sind.

Aus dieser fundamentalen Mündlichkeit ist das große Ausdrucksmittel hervorgegangen, dessen Wesen durchaus nicht
etwa von ästhetischen Gesichtspunkten aus zu erfassen ist:
die emphatische Wiederholung. Damit ist nicht die Wiederkehr von Lauten gemeint, wie sie uns als Alliteration, Assonanz u. ä. auch im biblischen Schrifttum entgegentritt; diese
geläufigen »paronomastischen« Figuren dienen hier zuweilen
dem Hinweis auf die Wichtigkeit des so hervorgehobenen
Wortgefüges, zuweilen auch nicht. Auch die bloße Wiederkehr ganzer Worte in benachbarten Abschnitten ist nicht gemeint; diese ist gewöhnlich, so in einem Teil der deuterojesajanischen Schrift und in einem Teil der Psalmen, von kompositionellen Zwecken bestimmt. Es geht hier vielmehr wesentlich um das Bezogenwerden zweier oder mehrerer Textstellen,
sei es im gleichen Abschnitt, in verschiedenen Abschnitten,
sei es auch in verschiedenen Büchern, aufeinander durch Wiederholung von Wörtern, Wortstämmen, Wortgefügen, und
zwar solcherweise, daß die Stellen im Verständnis des Hörers einander erläutern, die neugehörte die altbekannte verdeutlicht, aber auch diese die neue zulänglicher erfassen hilft.
Es geht somit um jenes Strukturprinzip, dessen prägnanteste
Erscheinung ich als »Leitwort« bezeichne. Man vergegenwärtige sich nur diese Sprecher, lehrende Wahrer mündlichen Urguts und Träger des Wortes im geschichtlichen Augenblick
zugleich, und ihre Hörer, geladenerweise oder wie es sich
eben traf auf heiligen und profanen Plätzen Versammelte,
die aber auch sie das bisher vernommene Wort, das bislang in
ihre Ohren Gerufene, die bisherige Urbibel, in ihrem vitalen
Gedächtnis hegten – und wie nun ein einst gehörtes seltenes

SCHLUSSBEMERKUNGEN

Lautgebild oder ein ihm nahverwandtes in neuer Verbindung an ihr Ohr dringt: sie horchen auf, sie ergreifen jenes und dieses in einem, und jetzt *sehen* sie auch beides in einem, etwa den mit vibrierenden Flügelspitzen über den eben flügge werdenden Völker-Nestlingen »schwingenden« Adler [Dt 32,11] und den eben so über den Wassern der Vorschöpfung schwingenden »Braus Gottes« [Gen 1,2], und die beiden Bilder illuminieren einander. [Man muß verstehen, was für das urbiblische Bewußtsein das von uns kaum noch beachtete Faktum bedeutet hat, daß die mit »schwingen« übersetzte Verbalform nur an diesen zwei Stellen zu finden ist.][3]

Dies also war mein Hauptbeitrag zum gemeinsamen Werk. Der Rosenzweigs gehörte einem andern, aber benachbarten Gebiet an, der Wortwahl; benachbart, sage ich, da es, das Prinzip der Wiederholung einmal erkannt, Pflicht war, irgend wichtige wurzelgleiche Worte durch wurzelgleiche wiederzugeben, damit die gegenseitigen Bezogenheiten auch in der Übersetzung offenbar werden. Das aber kann rechtmäßig nur geschehen, indem man die ursprüngliche Bedeutung des einzelnen Wortstammes faßt und hält, von der aus sich der Bedeutungswandel bis in die subtilsten Begriffsverzweigungen vollzieht. So stammt von Rosenzweig, um nur ein einziges, aber besonders beredtes Beispiel anzurühren, der kühne Entschluß, nicht wie allgemein üblich, durch den deutschen Wortstamm »recht« sowohl *zadak* wie *schafat* wiederzugeben, sondern Recht und Gerechtigkeit dem letzteren allein, also dem Bereich des jemandem Zukommenden und der richterlichen Zuteilung dieses Zukommenden vorzubehalten, wogegen dem *zedek* als dem wahren Sachverhalt und seiner Erweisung in voller Wirklichkeit, der Wortstamm »wahr« [daher *zedaka* Bewährung, *zaddik* der Bewährte, *hazdek*, bewahrheiten usw.] als der allein ihm zu entsprechen bereite zuzuteilen war.

3] Für weitere Beispiele und ihre Interpretation verweise ich u. a. auf meine Aufsätze »Die Sprache der Botschaft«, »Leitwortstil in der Erzählung des Pentateuchs« und »Das Leitwort und der Formtypus der Rede« und auf Rosenzweigs »Das Formgeheimnis der biblischen Erzählungen« [sämtlich in Buber und Rosenzweig, »Die Schrift und ihre Verdeutschung«, Berlin 1936], ferner auf mein Büchlein »Recht und Unrecht«, Deutung einiger Psalmen, Basel 1952 [jetzt: 2. Aufl. Gerlingen 1994].

Anderseits aber war offenbar, daß der Stamm *aman* nicht, wie
»wahr«, eine objektive Richtigkeit meint, sondern das feste
Beharren der Person, ihre Zuverlässigkeit, ihre Treue – und
das Vertrauen zu ihr –, von wo aus denn auch die deutschen
Entsprechungen zu suchen waren.
Dieser Standort war es, der Rosenzweig den großen Schritt
zur getreuen, und das heißt hier: konkreten, Wiedergabe des
vierbuchstabigen Gottesnamens ermöglicht hat, wie die Dornbuschrede ihn verstanden wissen will, als Ausspruch nicht eines
Seins, sondern eines Da-seins, Bei-uns-seins, wie Rosenzweig
es in seinem Aufsatz »Der Ewige« dargelegt hat. Ich selbst habe
hier nur allerhand wissenschaftliches Stützwerk beigebracht.[4]

Um was es ihm in diesem Bereich der Wortwahl ging, davon
hat Rosenzweig mit jenem Humor, der ihm – nie genug zu bewundern – in der unvorstellbaren Tiefe der Krankheit [einer
fast völligen Lahmlegung des Bewegungssystems] nicht bloß
verblieben sondern gewachsen war, in seinem letzten Lebensjahr in einem Brief an den Rabbiner Joseph Carlebach, zur
Antwort auf dessen »Warnung vor Übertreibung des an sich
berechtigten Eindringens in den Wortgehalt« so berichtet:
»Da bin ich das Karnickel. Buber führt täglich schriftlich und
einmal wöchentlich mündlich gegen mich mit Leidenschaft
und Spott die Sache des armen Lesers. So glauben Sie mir nun
aber auch, daß nichts, was schließlich bleibt, aus Feinschmekkerei bleibt, sondern ausschließlich aus rabies theologica«.

3

Am 10. Dezember 1929 starb Franz Rosenzweig.
Damals waren wir am Übersetzen des 53. Jesaja-Kapitels, und
seine letzte zu Papier gebrachte Äußerung hat diesem gegolten.
Ich habe in den folgenden Jahren die Arbeit, wenn auch in
langsamerem Tempo, allein fortgeführt. Um die Identität
zu wahren, mußte ich den Anteil Rosenzweigs in mich aufnehmen und die Auseinandersetzung nach Möglichkeit un-

---

4] Vgl. das Kapitel »Der brennende Dornbusch« in meinem Buch
»Moses« und das Kapitel »JHWH der Melekh« in meinem Buch »Königtum Gottes«.

geschmälert in mir sich fortsetzen lassen. Das ist in dem der menschlichen Person gegebenen Maße geschehen. In den sechs Bänden, die noch – drei noch bei Lambert Schneider und drei [unter Hitler] im Schocken-Verlag – erschienen sind, macht sich die von manchen hervorgehobene »Urbanität« kaum erst fühlbar; das ist erst später gekommen.
Im März 1938 ging ich nach Palästina. Nach der Kristallnacht ist der Schocken-Verlag aufgelöst worden.
In den letzten Jahren meines Aufenthalts in Deutschland hatte ich mich Mal um Mal an der Übersetzung des Buches Ijob versucht, stieß aber immer wieder auf Schwierigkeiten, derengleichen mir bei der bisherigen Arbeit nicht begegnet waren. In Jerusalem wollte ich von neuem darum ringen. Da aber, wie es sich zeigte, an eine Veröffentlichung der bisher noch unübersetzten Bücher nicht zu denken war, verstand ich, daß ich die Arbeit aufzugeben hatte.
Zur Zeit der Auswanderung war ich 60 geworden. Zehn Jahre danach, zu meinem 70. Geburtstag, machte sich Salman Schocken mir gegenüber erbötig, eine Übersetzung des Buches Ijob zu drucken, sobald sie fertig wäre. Es handelte sich aber nicht um eine Wiederaufnahme der Schrift-Publikation. Zu einer bloßen Vergrößerung des Torsos habe ich mich nicht entschließen können.
1950 trat ein Verlegerkonzern mit dem Sitz in der Schweiz und in Deutschland an mich mit dem Anerbieten heran, eine Neubearbeitung zu unternehmen und das Werk zu Ende zu führen. Der Name der Firma war Jakob Hegner; Hegner, mir von seiner Jugend an wohlbekannt, hatte, zuerst für Schneider, danach für Schocken, die 15 erschienenen Bände der »Schrift« sowie die revidierte »Logenausgabe« des Pentateuchs gedruckt. Noch intensiver als damals, da Lambert Schneider mich zuerst besucht hatte, mußte ich den Spruch besinnen, den meine Großmutter Adele im Mund geführt hatte: »Man weiß niemals vorher, wie ein Engel aussieht«. Ich sagte zu und ging an die Arbeit. 1954 erschien der erste Band, »Die fünf Bücher der Weisung«, 1955 der zweite, »Bücher der Geschichte«, 1958 der dritte, »Bücher der Kündung«. Im Herbst 1959 habe ich das Buch Ijob übersetzen können, und der Rest der Schriftübertragung ist Anfang 1961 vollendet worden.

Die früher erschienenen Teile habe ich neu bearbeitet. Mit Recht gewinnt man beim Vergleichen den Eindruck einer größeren »Urbanität«. Aber das Prinzip der Übertragung ist unabgeschwächt geblieben, und auch jetzt hieß es, bei seiner Durchführung notfalls bis an die Grenzen der deutschen Sprache zu gehen, innerhalb derer man der hebräischen die Entsprechungen zu finden hatte. Daß diese Grenzen jetzt dem Leser vertrauter erscheinen dürfen als damals, liegt eben daran, daß der Übersetzer die seitherigen Jahre lang fortgelernt hat.
Manches ist unvermeidlicherweise spröd geblieben, einiges hat sogar eine neue Sprödigkeit angenommen. Jede solche Änderung geht darauf zurück, daß ich mich mit ihrem Gegenstand neu habe befassen müssen. So war ich in der Schöpfungsgeschichte genötigt, vom »Abgrund«, für den sich Rosenzweig nachdrücklich einsetzte, zum »Urwirbel« überzugehen, weil eine erneute Vergleichung aller Stellen, ab denen das Nomen vorkommt, mir gezeigt hat, daß auf seinen dynamischen Charakter nicht verzichtet werden darf: ein *tehom* kann dem andern »zurufen« [Ps 42,8], weil sie beide tobend emporwirbeln. Und etwa für die Wiedergabe der Opferbezeichnung *oloth* war ich genötigt, von »Hochgaben« zu »Darhöhungen« überzugehen, obgleich »Darhöhungen darhöhen« auch bei freundlichen Lesern Ärgernis zu erregen vermag; denn »Hochgabe« gibt das falsche Bild einer hochgehäuften Gabe, es geht aber darum, die *Bewegung* des im Brande Aufsteigenlassens, das »Auf den Himmel zu« des opfernden Menschen spürbar zu machen.

4

Nun aber höre ich sagen, das Unternehmen dieser Verdeutschung sei inzwischen »utopisch« geworden, da es [ich sage es mit meinen eigenen Worten] nach der widergeschichtlichen Selbsterniedrigung des deutschen Volkes ein authentisches und daher auch authentisch aufnahmefähiges deutsches Sprachleben nicht mehr gebe.
Im Gebiet des Geistes müssen alle Prognosen dessen gewärtig sein, daß sich ihnen ein Fragezeichen anhängt. Aber eine andersartige Antwort ist bei Rosenzweig zu finden.
Er hat zwar nicht mit der Möglichkeit dessen gerechnet, was

dann in der Hitlerei Gestalt gewann, wohl aber hat er die Vulgarisierung eines geistigen Prozesses genau erkannt, die dann in den Tätigkeiten der »Deutschen Christen« und der weitergehenden »Deutschen Glaubensbewegung« ihren freilich recht problematischen Ausdruck fand. Es geht um die Lossagung von einem schaffenden und seiner Schöpfung offen bleibenden Gott als einem nur »Gerechten«, nicht »Liebenden«, und damit vom »Alten Testament« – eine Tendenz, die auf den christlichen Gnostiker Marcion zurückgeht und daher in ihren modernen Ausprägungen als Neomarcionismus bezeichnet werden kann. Rosenzweig schreibt an mich schon während der Arbeit am Genesis-Band [29. Juli 1925]: »Ist Ihnen eigentlich klar, daß heut der von den neuen Marcioniten theoretisch erstrebte Zustand praktisch schon da ist? Unter Bibel versteht heut der Christ nur das Neue Testament, etwa mit den Psalmen, von denen er dann noch meist meint, sie gehörten zum Neuen Testament. Also werden wir missionieren.« Und ein halbes Jahr danach ist sein Gedanke zu unüberbietbarer Präzision gediehen. Er schreibt [an den Freund Eugen Mayer, 30. Dezember 1925]: »Ich fürchte manchmal, die Deutschen werden diese allzu unchristliche Bibel nicht vertragen, und es wird die Übersetzung der heut ja von den neuen Marcioniten angestrebten Austreibung der Bibel aus der deutschen Kultur werden, wie Luther die der Eroberung Deutschlands durch die Bibel war. Aber auch auf ein solches Golus Bowel [babylonisches Exil] könnte ja dann nach siebzig Jahren ein neuer Einzug folgen, und jedenfalls – das Ende ist nicht unsere Sache, aber der Anfang und das Anfangen.«

Es sieht mir nicht danach aus, als ob Die Schrift siebzig Jahre zu warten hätte. Aber »missionieren« – ja, auf jeden Fall! Ich bin sonst ein radikaler Gegner alles Missionierens und habe auch Rosenzweig gründlich widersprochen, wenn er sich für eine jüdische Mission einsetzte. Aber diese Mission da lasse ich mir gefallen, der es nicht um Judentum und Christentum geht, sondern um die gemeinsame Urwahrheit, von deren Wiederbelebung beider Zukunft abhängt. Die Schrift ist am Missionieren. Und es gibt schon Zeichen dafür, daß ihr ein Gelingen beschieden ist.